心理学基础课系列教材

社会心理学（慕课版）（第4版）

普通高等教育“十一五”国家级规划教材

Social Psychology

俞国良 著

北京师范大学出版集团
BEIJING NORMAL UNIVERSITY PUBLISHING GROUP
北京师范大学出版社

图书在版编目（CIP）数据

社会心理学 / 俞国良著 . -- 4 版 . -- 北京 : 北京师范大学出版社 , 2021.9

新世纪高等学校教材 . 心理学基础课系列教材

ISBN 978-7-303-26969-3

Ⅰ. ①社… Ⅱ. ①俞… Ⅲ. ① 社会心理学—高等学校—教材Ⅳ. ① G912.6

中国版本图书馆 CIP 数据核字（2021）第 083138 号

营销中心电话 010-58807651

北师大出版社高等教育分社微信公众号 新外大街拾玖号

XIANDAI XINLIYUJIAOYU TONGJIXUE

出版发行：北京师范大学出版社 www.bnup.com

北京市西城区新街口外大街 12-3 号

邮政编码：100088

印　　刷：天津旭非印刷有限公司

经　　销：全国新华书店

开　　本：787mm × 1092mm 1/16

印　　张：32

字　　数：590 千字

版　　次：2021 年 9 月第 4 版

印　　次：2021 年 9 月第 17 次印刷

定　　价：68.00 元

策划编辑：周雪梅　　责任编辑：杨磊磊　葛子森

美术编辑：李向昕　　装帧设计：李向昕

责任校对：康　悦　　责任印制：马　洁

第四版前言

承蒙高等学校广大师生的推崇与厚爱，拙著《社会心理学》自 2006 年首版后已第 18 次重印。春节后，每 5 年一次的修订时间又如期而至。

这次修订，遵循社会心理学是心理学枢纽学科的原则，把社会心理学视为社会心理服务体系建设的理论、研究和方法支撑，力求使“社会心理学一只脚站在实验科学的基础上，而另一只脚则处于社会变革的波涛之中”。(G. Murphy，1972)在保留原书基本结构、框架和风格特色的前提下，结合自己的研究实践，我重点做了四件事，这里择要列举如下。

一是强调学科建设与国际化进程的同步。例如，第四章第 98 页、第五章第 137 页、第十三章第 404 页围绕“学科建设的相关研究”，第二章第 55 页、第七章第 197 页则聚焦“国际化进程的思路与方法”，分别进行了新的讨论和阐述。

二是突出学科站位与多学科融合研究的发展。例如，第一章第 6 页、第十一章第 356 页就依据“提高学科站位”展开讨论，第二章第 70 页、第十四章第 457 页则围绕“加强多学科融合研究”展开讨论，这些相关论题都是新增加的内容。

三是关注领域研究新进展与新成果的汲取。例如，第五章第 140 页、第十章第 316 页、第十二章第 378 页就集萃了“研究的新进展与新趋势”，第十一章第 330 页、第十四章第 434 页则展示了“研究的新成果与新理论”，并对近年来的研究热点、态势进行了深入阐释。

四是重视“本土特色”与“时代特点”的结合。例如，第八章第 239 页、第十四章第 420 页、第十五章第 467 页就源自“本土特色的研究”，第一章第 19 页、第二章第 45 页则藉据“时代特点的研究”，就是对上述新论题的分析和回应。

此外，对第三版教材中的各章建议参考资料、全书文字表述也进行了较大的更新和润色。

我深深地知道，优秀教材的打磨、修订一直都在路上。“路漫漫其修远兮，吾将上下而求索。”愿与志同道合者一起艰难跋涉之、攀登之、欣赏之！

俞国良于北京西海探微斋

2020 年 4 月 28 日

第三版前言

《社会心理学》第二版出版五年后，又以新面貌与大家见面了。

这次修订的第三版，把社会心理学作为心理学的枢纽学科，强调在认识论层面上要关注社会结构对社会心理的影响，在实践论层面上更要关注社会心理对人们社会行动、社会实践的影响。第三版除保留原书基本框架和风格特色，对各章内容进行适当增删外，有的放矢地做了四件事。

一是凸显时代和社会对社会心理学的迫切需求。例如，第 1 章“转型期社会心理特点”，第 5 章“不同阶层的社会心理预期”，以及第 15 章“社会心理学在政治与军事领域应用中关注的热点”，这些与时代特质相关的话题都是新增加的内容。

二是强调社会心理学与现实社会生活的紧密联系。社会心理学源于社会生活又指导社会生活。有鉴于此，在第 3 章“大数据研究”，第 8 章“人们对老年群体的偏见”，以及第 12 章“社会性感染，互联网对社会舆论的影响”中，对此内容进行了新的分析和讨论。

三是关注社会心理学最新研究成果和学科前沿发展。例如，第 6 章“社会态度”，第 8 章“社会认知”，第 12 章“亲社会行为”，以及第 13 章“攻击性行为”中，就对近五年来上述研究领域的热点、态势与未来发展走向进行了新的阐释。

四是重视社会心理学学科中相关知识领域的系统性与完整性。例如，第 2 章“社会转型：中国社会心理学的实验靶场”，第 9 章“人际好奇现象”，第 10 章“友谊的特点”，以及第 14 章“群体心理研究的历史”，就是对此新的回应。

优秀教材需要不断打磨、修订。但教材修订仅是保持教材生命力的前提，读者关心、支持、爱护和使用才是教材修订的目的。衷心感谢广大读者十年如一日的呵护和厚爱，我无以回报，只能期盼下一次修订，力争“把有意义的事做得有意思，把有意思的事做得有意义”。

愿与诸位共勉。

俞国良于北京西海探微斋

2015 年 4 月 18 日

第二版前言

《社会心理学》自2006年8月首版以来，一直受到读者朋友的垂爱和专家学者的首肯，始料未及。诚惶诚恐之余，其实修订计划一直在酝酿中。

衷心感谢教育部新世纪优秀人才支持计划的资助和美国加州大学心理与社会行为科学系教授Chuansheng Chen博士、美国心理学会人口与环境心理学分会前主席Daniel Stokols教授的盛情相邀，美国纽约库克大学副校长Tianzhong Huang教授的精心安排，使我有机会能放下纷繁的案头工作，再次远涉重洋，来到太平洋彼岸的加州大学尔湾分校，安心、静心、专心地进行《社会心理学》第二版的修订工作。

这次修订，在保留原书基本框架的前提下，主要做了四件工作。一是对教材内容进行了较大程度的删减调整，使其能更加简明扼要地阐述社会心理学的基本概念、基本理论和经典实验；二是增补了自教材出版以来国内外社会心理学的新进展、新成果，特别是蓬勃发展的社会认知神经科学对社会心理学的贡献；三是删除了各章前的教学目标，删除或重写了各章后的阅读资料，改为“拓展苑”，意为介绍与讨论相关内容的研究与进展，以激起人们进一步思考与探究的欲望；四是力求加强该教材与我主译或主编的社会心理学课程参考读物《社会心理学导论》《社会性发展心理学》《社会心理学经典导读》和《社会心理学前沿》的联系，使之相互借鉴和参考，从而增进读者对本教材内容的进一步理解和认识。

最后，感谢师长、弟子和课题组的热情帮助，朋友和家人的大力支持，特别是张登浩博士的帮助和责任编辑周雪梅博士的鼓励，使我有勇气和信心摸爬滚打完成了这一艰难“旅程”。至于究竟是“美味佳肴”还是“粗茶淡饭”，任由读者朋友和专家学者评说。对于我，一定闻过则喜，知错即改，并期盼下一次的修订能让诸位满意。

俞国良
于中国人民大学心理研究所、加州大学心理与社会科学系
2009年9月12日

前　言

《社会心理学》是教育部普通高等教育"十一五"国家级规划教材和新世纪高等学校心理学基础课教材，主要供全日制高等院校心理学专业和哲学、法学、社会学、教育学、经济管理、新闻传播和社会工作等相关专业、自学高考心理学专业的读者使用，也可作为爱好社会心理学的大学生、研究生及党政工作者、科研工作者和教育工作者的学习参考用书。

顾名思义，社会心理学主要研究与社会有关的心理学问题，即研究个体在特定社会文化环境中，与他人、群体和社会的相互作用及心理活动发生、发展和变化的规律。研究对象包括人与人相互作用中，个体过程、人际过程和群体过程中发生的社会心理与社会行为。这里有两种倾向值得关注：一是认知心理学影响的不断增强；二是人们对其应用兴趣的日益加强。在当代心理科学中，认知心理学和社会心理学已成为心理学所有分支学科中的两个"重镇"。诚如心理学史学家墨菲(G. Murphy)所言：社会心理学一只脚站在实验科学的基础上，而另一只脚则处于社会变革的波涛之中。唯其如此，社会心理学的根本任务在于，根据现实社会生活建构知识体系，运用这些概念和理论很好地理解、预测和控制个体的社会行为；同时，将社会心理学的研究成果应用于现实生活的各个方面、各个领域，为社会进步和发展提供咨询和服务。毋庸置疑，社会心理学是直接或间接的"生产力"。因此，学习社会心理学的知识、理论、方法和原理，具有十分重要的现实意义。它是人类认识自己、理解他人和群体、融入社会和生活的启蒙版"教科书"。社会现实的迫切需要，正是社会心理学从曾经的边缘地位终于进入现代心理学核心的主要原因。

面对社会心理学的迅速发展和其在整个心理学体系中的特殊地位，编写一本具有科学性、系统性、时代性和实用性，能反映社会心理学规律和最新研究成果的教材，是我的夙愿。1986 年我给大学生讲授"社会心理学"课程，使用的教科书是南开大学组织翻译的安德烈耶娃编写的《社会心理学》，当时就有这种冲动，无奈力不从心。1993 年我有幸师从著名心理学家林崇德教授攻读博士学位，在导师的精心指导和栽培下，1995 年博士毕业后，无论在北京师范大学从事教学科研工作，还是在教育部中央教育科学研究所专职从事科研工作，我始终把自己的研究范围框定在"儿童青少年个性、社会性发展研究领域"。二十年弹指一挥，虽然在这个研究领域承担了一些课题，做了一些工作，积累了一些资料，但一直没有胆量和信心实现夙愿。恰逢 2004 年 6 月调到中国人民大学，我负责心理研究所和心理学科建设工作，同年又成功申批了社会心理学(应用心理学)博士学位点，这样，社会心理学的教材建设就成为责无旁贷的任务，而北京师范大学出版社为我实现这个夙愿提供了“天时地利人和”的条件，于是，我就斗胆把20年来学习社会心理学的心得奉献给大家，权且作为另一种形式的“考试”吧！

20世纪80年代以来，国内先后出版了一系列社会心理学教科书，这些教科书在教学工作和人才培养方面做出了重要贡献。在使用这些教材的过程中，我们也感到有些地方尚需改进。本书从社会心理学的研究对象出发，以人际交往过程中的个体心理与行为为明线，以人际交往过程中存在的文化与社会环境为暗线，按照个体过程、人际过程、群体过程逐步展开的逻辑思路，来建构社会心理学的教材体系。全书15章内容大体可以划分为5个部分。第一部分(第一章至第三章)简要介绍社会心理学的研究对象、学科性质、研究任务、国内外发展历史和目前的进展，以及社会心理学的基本理论、研究方法论和具体研究方法。这是全书的导论。第二部分(第四章至第七章)阐述个体社会化的内容、社会角色的认知，社会动机、人格和自我知觉，社会态度的形成、发展和改变，以及社会情绪和言语交际策略。旨在说明社会个体的心理特点和规律。第三部分(第八章至第十一章)讨论了社会认知、图式、归因和印象的形成，人际关系的形成、发展与测量，人际喜欢与吸引现象以及人际间相互作用，即社会影响。目的是使人们了解人际交往过程的社会心理本质。第四部分(第十二章至第十四章)论述了亲社会行为的概念、发展和影响因素，攻击行为的理论、发展和影响因素及其干预，群体的合作与内聚力、群体中的社会比较，以及群体对个体的影响、文化对个体的影响。试图从群体过程来更好地理解社会心理现象。第五部分(第十五章)论及了社会心理学理论、知识和方法在政治、经济、军事、法律、教育、环境等领域的广泛应用。实际上，社会心理学本身就是应用性很强的学科，突出其应用性，有利于人们更好地知晓其价值。

全书在撰写过程中，重视基本概念、基本理论的阐述，重视基本知识、基本实验和研究成果的介绍，并尽量结合社会生活和社会文化加以诠释。各章前都有该章的教学目标、学习重点和重要术语，以帮助学生做好学习的准备；后附该章的概要、参考资料和复习思考题，便于学习、总结和提高。各章“食”部分内容，可供有兴趣者和学有余力者进一步阅读。值得注意的是，在社会心理学的学习和教学过程中，要特别重视结合中国人的社会心理与社会行为，培养问题意识和提出问题、分析问题的能力，以便学生能够在中国的社会、文化和历史条件下，不断形成阐释、干预或解决社会现实问题的方案与对策，并对理解和解决日常生活中出现的社会心理问题提供帮助。“学以致用”应是学习社会心理学的根本宗旨。

虽然这是一部个人撰写的社会心理学教材，但本书的编写得到了著名心理学家林崇德教授、沈德立教授、杨治良教授、黄希庭教授、沈德灿教授、龚浩然教授、章志光教授、沙莲香教授等前辈许多鼓励和鞭策，杨玉芳研究员、董奇教授、乐国安教授、王登峰教授、莫雷教授、叶浩生教授、沈模卫教授和李其维教授等也给予了多方面的关心、帮助和支持。我在中国科学院心理研究所的博士生张雅明、董妍、闫嵘、侯瑞鹤、姜兆萍，在北京师范大学的博士生王永丽和中国人民大学的博士生曾盼盼、博士后戴斌荣等，协助我做了大量的文献资料和前期准备工作，为全书的顺利完成打下了坚实的基础。特别是妻子罗晓路博士和策划编辑周雪梅女士，为本书的编写和出版付出了辛勤的劳动。因此，可以说本书是集体劳动的结晶，是我所在的课题组每个成员齐心协力的结果。同时，本书在编撰中参考了大量相关研究文献，特别是国外社会心理学的研究成果。在此，谨向各位老师和朋友致以诚挚的谢意。此外，受篇幅所限，参考文献未能尽数列上，还望读者见谅。

由于本人水平和能力有限，加上时间仓促，书中缺点与不足在所难免，渴望读者和同行批评指正，所谓"三人行，必有我师焉"。

最后，谨以此书献给即将上学的一双儿女，以及同样处于成长和发展中的中国人民大学心理学学科、社会心理学(应用心理学)博士学位点和心理研究所。

俞国良于北京观河锦苑
2006年4月18日

目　录

第一章 绪 论

【学习目标】

掌握社会心理学的概念和研究对象。社会心理学是一门独立的边缘学科，不同取向的社会心理学决定了不同的对象范围，重点把握心理学取向的社会心理学研究。社会心理学的基本内容和任务，决定了社会心理学在现代社会生活、经济发展中具有重要的作用。

【重要术语】

社会心理　社会行为　社会心理学　人际相互作用　社会情境　心理学的社会心理学　社会学的社会心理学

当代心理科学中，认知心理学（cognitive psychology）和社会心理学（social-psychology）是所有心理学分支学科中的两个“重镇”。社会和现实的迫切需要，使社会心理学从曾经的边缘地位最终进入现代心理学的核心领域。今天的社会心理学已成为一个体现科学价值的学术领域。何谓社会心理学？其研究对象和学科性质是什么？为什么人们需要学习社会心理学？诸如此类的问题，我们将在这一章中逐一予以回答。

迈向社会心理学的“门槛”，需要从这里才能“登堂入室”。

第一节 社会心理学的研究对象

五彩缤纷的社会生活，成就了形形色色的社会现象。由于社会心理现象本身的复杂性和特殊性，诸如紧握对方的手会留下更好的第一印象吗？天气炎热是否会增加攻击性？有纯粹的助人和利他行为吗？对此，许多社会心理学家在一定的时代背景和文化背景下，提出了自己的观点和对社会心理学的理解，力图从不同侧面揭示社会心理现象的本质和特点。

一、社会心理学的界定

众所周知，对一门学科概念的科学界定，蕴含着该学科的研究对象和学科性质。国内外心理学者从不同的认知和经验出发，对社会心理学进行了定义。1982 年，我国社会心理学家吴江霖从 1937—1980 年卷帙浩瀚的文献中，筛选出具有代表性的社会心理学定义 30 条，归纳为以社会互动、人际关系、社会影响和社会化为主要内容的四类。可见，确定社会心理学的定义，并非轻而易举之事。对此，美国社会心理学家阿伦森（E. Aronson）曾说，“社会心理学的定义之多，几乎同社会心理学家的人数一样多”。

（一）国外社会心理学家的代表性观点

现代社会心理学起源于美国。迄今为止，国外学者对社会心理学概念的理解，大多源于美国社会心理学家的观点，即用科学的方法研究人们如何感知人和社会事件，研究人们如何影响他人以及人际关系的实质等。

美国社会心理学家、人格心理学家奥尔波特（G. W. Allport）从人际影响的角度出发，认为社会心理学是了解和解释个人的心理、情感、行为怎样受他人存在的影响的。这种影响包括潜在的、隐含的、想象的和实际存在的。这一观点为大部分研究者所接受且广泛流行。他们普遍认为社会心理学应研究个体心理变化的特点和过程，揭示影响个体行为的社会环境条件，并探讨影响个人行为的动机、需要和自我意识等心理机制对个体的制约作用。这就将社会相互作用的范围拓展到个体的全部生活，意味着即使没有他人的实际影响，个人对他人及社会角色的认知、对人际关系的意识，也会持续地影响其心理与行为。以奥尔波特的定义为代表的对社会心理学的定义，是目前美国乃至国际社会心理学界影响最大、最广和最持久的经典定义。

美国社会心理学家弗里德曼（J. L. Freedman）从行为主义观点出发，认为社会心理学是系统研究社会行为的科学，包括一切人际相互作用领域及各种社会影响。其研究范围既涉及个体如何认识他人，如何对他人的行为做出反应；又包括他人如何对个体的行为做出反应，个体怎样受所处社会环境的影响等。格根（K. J. Gergen）曾明确提出，社会心理学是系统研究人与人的相互作用及其心理基础的科学。提出与上述观点略为不同的观点的是梅厄斯（D. Myers）。他从社会认知的思路出发，在其1992年出版的《社会心理学》一书中提出，社会心理学是研究人们相互理解、相互影响和相互关系的科学。在这部教科书中，人们可以发现在其他书中看不到的一些内容，如社会信念等。当然，他在书中也用较大篇幅讨论了社会认知、社会影响和人际关系。在强调社会相互作用的同时，也有一些心理学家强调文化与经验的社会化作用。例如，斯托瓦特（E. W. Stewart）强调，社会心理学应研究各种文化背景中个体的心理、行为和人格特点；克莱诺（W. D. Crano，1982）则认为，理解个体与他人交往、相处时的行为，以及由这些行为形成的社会经验对以后其心理和行为的影响，应是社会心理学不可推卸的历史使命。

可见，以美国社会心理学家为代表的国外社会心理学家，虽然对社会心理学的定义不尽相同，但其一致性倾向却越来越明显，即强调社会心理学的核心是人际相互作用和社会影响及其原因。例如，泰勒（S. E. Taylor）等人在2006年出版的《社会心理学》一书中开宗明义地指出，社会心理学是研究人们如何认识他人、影响他人、与他人相互作用的一门科学。在社会心理学中，**人际相互作用**（interpersonal interaction），又被称为互动，是指个人与个人、个人与群体、群体与群体之间的交互作用。例如，人们一起工作时的工作效率与单独工作时的工作效率，即属此例；而**社会影响**（social influence）则强调对他人态度和行为所发生的作用，即人们在社会生活中的相互作用。

2003年，美国社会心理学家巴伦（R. A. Baron）和伯恩（D. Byrne）出版了影响广泛的社会心理学教科书的第十版。在这一版中，作者认为社会心理学是“探讨个体在社会情境中行为和思维的本质及其原因的科学领域”，即社会心理学要研究个体在社会情境中，如何表现出特殊的社会行为，为什么会产生特殊的社会思想和情感等。

（二）我国社会心理学家的代表性观点

我国社会心理学的研究从 20 世纪 20 年代译介西方社会心理学著作伊始。

我国现代心理学的奠基人、心理学家潘菽（1931）认为，社会心理学主要研究人的一生的全部心理发展变化及其一般的表现，与其所受社会环境影响的关系；同时，个人对这种社会环境方面的影响也必然会有不同的反应方式，这也应该属于社会心理学的研究对象。这个定义，正确地揭示了个体行为受社会环境影响的同时，个体也有改造环境的力量。我国现代社会心理学的奠基人孙本文则认为，社会心理学研究社会中个人的行为：一方面研究社会对个人行为的影响；另一方面研究个人对社会的影响，强调人与社会之间的相互作用。

人物栏

图 1-1　潘菽

潘菽（1897—1988），中国现代心理学家。原名有年，曾用名潘淑，字水淑（菽）（见图 1-1）。1897 年 7 月 13 日生于江苏省宜兴县，1988 年 3 月 26 日卒于北京。早年就学于北京大学哲学门（系）。1921 年留美专攻心理学，1926 年获芝加哥大学哲学博士学位。1927 年回国后任第四中山大学（后改称中央大学）理学院心理学系副教授、教授、系主任。1949—1956 年先后任南京大学教务长、校务委员会主席、校长兼心理学系主任。1955 年被聘为中国科学院生物学部委员。同年中国心理学会恢复后连续当选为 1～3 届理事长（1955—1984）。1956 年中国科学院心理研究所成立后任所长，1983 年 5 月改任名誉所长。他还是中国科学工作者协会（1945，重庆）和九三学社的主要发起人与领导者之一。他主要致力于心理学基本理论方面的研究，主张中国心理学必须走自己的道路，要在辩证唯物论的指导下，结合中国的实际，建立能为社会主义服务的理论体系。他提出生活、实践的观点是心理学的首要的和基本的观点；把心理活动分为认识活动和意向活动两个基本范畴；认为“意识就是综合的认识”；提出并阐明了对心身关系问题的唯物一元论观点，认为身体是心理的主体，心即身体的作用；指出人体尤其人脑有生理的和心理的两种功能；等等。他的观点对中国心理学的发展有深刻的影响。主要著作有《心理学概论》（1929）、《社会心理学基础》（1931）、《心理学的应用》（1935）；主编《教育心理学》（1980）和《人类的智能》（1983）；论文有《背景对学习与回忆的影响》《论所谓心身问题》等 80 余篇。

（摘自《中国大百科全书·心理学》，中国大百科全书出版社，2002）

我国当代社会心理学家吴江霖认为，社会心理学是研究个体或若干有组织的个体在特定社会生活条件下心理活动变化发展的科学。显然，这个定义把社会心理学研究集中于个体，尽管也提到了若干个体，但这并不等于群体。这个观点和他对心理学框架的看法有关。与德国心理学家冯特（W. Wundt）的观点相似，吴江霖认为心理学有两个研究取向，即生理心理学和社会心理学，前者研究心理活动的生理生物基础，后者探讨社会因素对人的心理与行为的影响，两者的研究重心都是个体。华东师范大学教授胡寄南则认为，社会心理学是从社会与个体相互作用的观点出发，研究特定社会生活条件下个体心理活动发生、发展及其变化的一门学科。社会心理学既研究个体心理活动如何在特定的社会生活条件下，受他人或群体影响，同时也研究个体心理活动如何影响社会中的他人或群体。显然，这个定义强调个体与社会之间的相互作用，以及个体与社会情境之间的相互关系，同时也重视个体的内在心理因素，特别是各种心理特征，如性格（character）、动机（motivation）、态度（attitude）、价值观（value idea）和自我意识（self-consciousness）等对社会心理现象的影响。

中国社会心理学会原会长、北京大学沈德灿教授在对形形色色的社会心理学定义进行了分析、整合后，认为社会心理学是研究个体和群体的社会心理、社会行为及其发展规律的科学。这个定义目前为我国大多数社会心理学研究工作者所接受。社会心理（social mentality）则主要是指在周围社会情境下，在他人或群体影响下，个体心理的主观感受与变化。中国人民大学沙莲香教授（2015）认为，社会心理是人类文明中的一种精神存在，指一定社会生活状况下形成的、互有影响的多数人所共有的心理现象。我们认为，**社会心理**（social mentality）是群体心理（如从众、模仿、舆论等）和个体心理（如动机、态度、信念等）的总称。同时，社会心理表现在社会生活的不同层面中，个体心理受群体的影响而形成并不断发展，群体心理通过个体心理的整合而形成，两者是辩证统一的。社会心理作为人们对社会生活的认知、情感和期望的一种表达，集中反映了他们对当前及未来社会生活的所思、所感和所盼。社会心理既是社会发展的“风向标”，也是社会现实的“晴雨表”，更勾勒了时代“精神气质”的概貌。**社会行为**（social behavior）是这种社会心理的外部表现，是个体通过外部行为活动对社会刺激情境外显或内隐的反应。社会行为既包括个体受他人或群体影响而发生的行为，也包括群体的共同行为，两者是密切关联的连续体。

（三）我们对社会心理学的理解

我们认为，**社会心理学**（social psychology）是研究特定社会情境中个体与他人、群体和社会的相互作用及其心理活动发生、发展和变化规律的一门学科。这意味着社会中的每个个体，一方面受社会中他人、群体的影响，另一方面个体又对他人、群体和社会发生作用。在这种人际相互作用过程中形成了社会心理和社会行为。从这个角度，我们认为社会心理学研究社会心理与社会行为的特点与规律，并不为过。

我们可以从以下几个方面来理解这个定义。

一是强调个体与他人、群体和社会的相互作用。人与人相互作用的观点，是社会心理学研究的出发点。个体是社会的细胞，与社会中的他人、群体等始终发生着人际交往活动，正是在这种人际交往活动过程中，建立了人际关系，产生了人际的相互作用，形成了各具特色的社会心理现象，出现了带有浓厚社会文化烙印的社会行为。

二是重视个体心理活动的发生、发展和变化规律。社会心理学作为心理学的重要分支学科，其研究对象自然与其他心理学分支学科的研究对象有重叠的地方。不过，社会心理学更重视在社会情境或社会文化影响下，人际交往与人际关系背景中个体心理活动的特点，特别是人格的各种心理特征对社会心理反应产生的影响，以及个别差异造成的社会心理、社会行为的特点和社会心理现象中的个体心理过程特点，如内隐的知觉、想象、思维、需要、动机以及外显的情绪表现和言语交际行为等。

三是关注特定社会文化情境和社会生活条件的影响。社会心理学特别关注个体所处的社会文化环境，包括个体生存的政治、经济、教育、文化、科学和法律、历史、地理环境。这表现在个体生活中的形式是**社会情境**（social situation）。这是社会心理学的一个重要概念，标志着一种基本的研究思路和研究立场。社会情境作为一种人际交往的微观环境，意味与个体直接关联的社会环境。它蕴含着个体与社会环境的相互作用，是与个体心理相关的全部社会生活的组织状态。一般地，社会情境是直接影响个体或群体心理与行为的那部分环境，不依附于人的意识而存在、发生作用，不受人的意识的影响。

因此，从本质上说，社会心理学关注人际交往过程中的心理学问题，是一种生活的心理学，一种对于现实社会的心理学理解与研究，一种在社会文化背景下展开的心理学干预与研究。我们特别要提高站位，在社会心理服务体系建设的高度，正确理解社会心理学的本质。我国处于社会转型的特殊历史时期，需要中国特色的社会心理服务与社会心理建设。它们可以被简单地理解为对民意民心的描述，对偏见歧视的理解，对社会心态和社会舆论的监测，对志愿者行为的引导。从其服务对象与范围看，包括个体层面上正确的社会态度和健康的社会情绪服务、人际层面上客观的社会认知和健全的社会影响服务，以及群体层面上积极的社会行为和公平的公共服务。微观、中观和宏观环境系统是不同层面上社会心理服务的主要路径。社会心理服务是社会心理建设的基础，社会心理建设是社会心理服务的产物，建构具有中国特色的社会心理服务体系，其实就是中国特色的社会心理建设。它包括：①社会态度、社会情绪调查系统，形成民意监测与社会情绪预警机制；②社会认知、社会影响测量系统，形成社会心理疏导与心理危机干预机制；③社会行为、社会绩效评价系统，形成社会力量干预与国家力量监督机制。

二、社会心理学的对象范围

由于社会心理学研究对象的错综复杂性，社会心理学家至今对这门学科的研究对象和研究范围仍难以达成共识。一般地，从社会心理学的定义中，我们可以看出这门学科的研究对象及研究范围，即不同社会环境中人与人相互作用的个体过程、人际过程和群体过程。这里有两点值得特别关注。

第一，社会心理学着重研究个体的行为。无论是人际交往、人际吸引，还是亲社会行为或攻击行为，无论是友谊、婚姻，还是偏见或从众，所有社会行为的基点都是个体。基于这个事实，社会心理学家着重研究的对象也应是个体，特别是微观环境中与个体有关的心理与行为。当然，个体并非孤立于社会和文化的影响，或远离社会和文化。但是，社会心理学家感兴趣的是社会和文化（社会情境）如何影响个体的心理与行为，即个体心理的社会性。

社会心理学研究与个体有关的心理与行为，其主要研究对象和研究范围包括以下几点。

• 态度和态度改变。态度问题一直是社会心理学家的“保留”课题，并受到广泛重视，已有许多理论和研究成果被用来解释态度的形成、发展和改变。

• 社会认知、归因与认知失调。社会认知是20世纪中期到80年代研究者普遍关注的问题，针对归因与认知失调的相关实验已成为社会心理学的经典研究，与此相关的理论也得到广泛的应用。近十年来，随着文化心理学的兴起，研究者对归因的个体差异研究，又使归因理论进一步成为焦点。认知过程与认知失调，现在则更多应用于个人印象管理、消费、决策和大众传播等领域。

• 自我知觉和自我意识。自我一直是众多心理学分支学科的研究对象，社会心理学家则更关心社会情境中的自我、自尊、自我概念和自我意识。

• 动机、人格和社会性发展。这是社会心理学的一个传统领域。它关心动机、人格如何在社会和文化的影响下形成与发展，个体社会化的内容、进程和途径，以及在人格和社会性发展中学校、家庭、社会环境、大众传播所发挥的作用。

此外，与个体有关的心理与行为研究课题，还包括个体行为与社会角色行为、成就行为与个体的工作绩效、个体的情绪表达规则与言语交际策略等。

第二，社会心理学强调人际和群体的相互影响过程，大多数社会心理现象都是在这个过程中形成和发展的。这里包含两层含义：一是从中观环境与人际的角度研究人类心理与行为，二是从宏观环境与群体的角度研究人类心理与行为。

人际过程研究是从社会中观环境的角

度，分析和探究人类的心理与行为。它涵盖了人与人相互作用的所有领域，该领域的研究对象和研究范围包括以下几点。

• 人际交往和人际吸引。通过人际交往活动，人与人之间产生了情绪上的好感或恶感，于是便有了人际吸引、亲密关系、婚姻爱情和人际排斥、人际冲突。对这些问题的研究，可以为建立良好的人际关系提供指导。

• 人际相互作用、遵从和服从。人与人时时处处都在发生相互作用，在这个过程中会产生从众、感染、模仿和暗示等社会心理现象。阿希（S. E. Asch）和谢里夫（M. Sherif）对从众和服从的研究，已成为社会心理学这一领域的经典实验。

• 攻击行为和亲社会行为。为什么某个个体会产生攻击行为，而另一个个体会产生亲社会行为？生活中的压力、挫折导致的后果是什么？怎样才能减少攻击行为，促进亲社会行为的发生？社会心理学家研究这些问题的目的在于减少攻击，培养利他观念。

当然，涉及人际过程的研究课题还有非言语交流与沟通、性别角色与性别差异等。凡是涉及人与人相互影响、相互作用的研究领域，都在此列。

群体过程研究是从社会宏观环境的视野，分析和探究人类的心理与行为，其研究领域的对象范围包括以下几点。

• 群体过程和群体行为。对群体形成和发展的规律进行研究，一直是社会心理学的传统领域，其中对群体的类型、目标、规范、性质和效应，以及群体的内聚力、心理气氛、合作与竞争的研究，已积累了相当丰富的研究成果。

• 群体对个体的影响。个体在群体中不仅会产生社会助长或社会惰化作用，还会产生令人费解的集群行为和去个性化行为。这些现象的内部心理机制以及群体领导与组织的决策、群体中的社会比较等，都是该领域的研究课题。

• 文化与社会心理。随着文化心理学的兴起，研究者对社会文化因素在人类心理与行为中所充任的角色产生了浓厚的兴趣，如文化变迁对人格的影响，民族心理、民族性格对个体的影响，特别是种族偏见和种族歧视对战争与和平的影响等。

此外，社会心理学对群体过程的研究还包括跨文化的比较研究、人际与环境心理学的研究以及健康心理学的研究等。有时，我们也把这部分内容归入社会心理学的应用领域。应用社会心理学是运用社会心理学的理论、知识和方法阐释人际关系、群体过程、社会行为等实际问题，并提出解决对策的一门学科。社会心理学既可以对具体问题进行微观分析，也可以对整个社会及其发展进行宏观分析，主要应用在政治、经济、工业、教育、文化、司法、临床、军事、消费、广告、旅游等群体生活领域。

从社会心理学的现状和发展角度对研究对象和研究范围进行考查，目前有两种倾向需要引起人们的特别重视。

一是认知心理学对社会心理学的影响不断增强。当代社会心理学家仍然关注感知、记忆、思维、态度、信念和价值观等认知因素，以及决策判断和推理等社会认知因素对社会行为与社会心理的影响。就目前来说，社会心理学家格外关注的是记忆运作、推理的过程，以及新信息的接受与整合过程对社会行为与社会心理的影响，即人类社会行为背后的内在机制。这是21世纪以来，社会心理学家与认知科学家合作，研究人的社会行为和社会认知的神经基础的产物。社会心理学的一些独特研究范式与神经影像技术的结合，为研究社会认知的内在机制提供了一个新视角。

二是对社会心理学应用的兴趣不断增加。就目前来说，社会心理学家比以往任何时候都更重视将社会心理学的理论和知识应用于实际生活，并且应用的领域和范围也在不断扩大。例如，帮助个体抵御心理压力，建立健康的生活方式等涉及心理健康的研究；鉴定证人证词的有效性，确定影响法官决策的因素等涉及法律心理的研究；工作条件对工作者的影响，工作者对于工作和生活的满意度等涉及生活质量的研究。

值得注意的是，考查社会心理学的研究对象和研究范围时，应特别关注社会心理与行为的原因。个体过程、人际过程和群体过程中的社会心理现象是很复杂的，社会心理学要研究的问题便是影响这些过程的因素和条件，即探究社会心理与社会行为的原因。这里有五个因素应纳入研究者的视野：他人的行动和特征、认知过程、环境变量、文化背景和生物因素（Baron & Byrne，2003）。一言以蔽之，个体所处的特定社会生活条件是其社会心理与行为的根本动因。因此，我们在认识论层面上要关注社会结构对社会心理的影响，在实践论层面上更要重视社会心理对社会行动的作用。

第二节 社会心理学的学科性质

学科性质决定学科的发展方向。社会心理学家一致认为，社会心理学是一门边缘学科，与其母学科——心理学和社会学有着千丝万缕的联系。作为一门独立学科的社会心理学，不仅从母学科中吸收了大量营养，而且还从其他学科中不断汲取养分，从而促进了自身的成长与发展。

一、社会心理学是一门学科

毋庸置疑，心理学是介于自然科学与社会科学之间的一门边缘学科，那么，社会心理学呢？我们认为，社会心理学是介于心理学与社会学之间的一门边缘学科。这是由社会心理学的研究对象和研究范围本身的特点所决定的。社会心理现象既受个体心理因素的影响，又受社会和文化环境因素的制约。社会心理学既吸收心理学的研究成果，用心理学的理论和方法来观照社会心理现象，又吸收社会学的研究成果，用社会学的理论和观点来解释社会心理现象，从而使社会心理学成为心理学与社会学交叉点上的边缘学科。

关于社会心理学学科体系的归属问题，学术界目前尚未达成共识。在心理学家看来，社会心理学毫无疑问是心理学的一个分支学科，而不是社会学的分支学科；在社会学家的心目中，社会心理学理所当然是社会学的一个分支学科，它仅仅是从心理学中汲取养分而已；更有甚者，文化人类学家则把社会心理学划入比较文化心理学的范畴。虽然这只是学科性质上的分歧，但恰恰应验了社会心理学的边缘学科性质。实际上，社会心理学的形成与发展，既受益于心理学关于自我、人格、态度和认知的研究，以及客观准确的实验方法，也受益于社会学关于角色、群体和社会化的理论及科学的抽样调查方法。它是心理学和社会学在解释人类行为时彼此接近、相互渗透的结果。20 世纪中叶，欧洲及美国的一些社会科学家认为，应把心理学、社会学、社会心理学、文化人类学等统统划入行为科学（behavioral science）的范畴，以这些学科的理论为基础，形成研究人类行为规律的一门综合性学科。但是，就行为科学的学科性质而言，它同样属于一门边缘学科。

进一步地，社会心理学是一门独立的边缘学科。从社会心理学的概念界定、研究对象、理论体系和研究方法来看，它是一门独立的边缘学科。社会心理学虽然从心理学、社会学等母学科中吸收了不少有益的东西，并在此基础上逐步形成，且今后的社会心理学发展还将不断从中汲取养料，但它既不是某一学科的附属品，也不是上述学科的简单拼凑和“大杂烩”。现代社会心理学已经从心理学、社会学两门学科的孕育中产生，形成了具有心理学、社会学等学科所不具备的特征和理论，成为一门具有独特理论观点与体系的独立的新学科。尤为重要的是，社会心理学家为提出证实和证伪某种理论假设，无论是心理学取向的还是社会学取向的，都各自使用了本学科的技术特长，进行了大量的实验室实验、问卷测量和访谈研究以及广泛的社会调查，并建立了具有社会心理学特色的理论体系和学术观点。

我们相信，社会心理学作为一门独立的边缘学科，虽然仍有对母学科的依赖，但它所具有的“反哺”功能，同样能够为心理学、社会学的发展做出自己应有的贡献。事实上，不仅社会心理学与心理学、社会学等不存在绝对界限，其他人文社会科学也同样如此。以人为研究对象的学科，彼此之间总是存在着相互交叉、相互接近和相互影响的现象。

二、心理学取向的社会心理学

从社会心理学的发展历史来考查，最早的社会心理学反映了其在形成时的两种取向：一种是心理学取向的社会心理学（psychological social psychology，PSP），着重研究社会情境中的个体心理；另一种是社会学取向的社会心理学（sociological social psychology，SSP），着重研究群体心理。20 世纪 80 年代后，出现了跨文化取向的社会心理学（cross-cultural social psychology，CCSP），被称为比较文化取向和文化人类学取向的社会心理学，着重研究文化对个体心理与行为的影响。

（一）心理学取向的社会心理学

心理学取向的社会心理学研究的代表人物，应首推英国心理学家麦独孤（W. McDougall）和美国心理学家奥尔波特。

在社会心理学作为一门独立学科的形成过程中，斯宾塞（H. Spencer）对社会心理的个体主义阐释、塔尔德（J. G. Tarde）的模仿心理学、特里普利特（N. Triplett）的竞争实验等，直接促成了这种研究取向。其中，麦独孤是这种研究取向的杰出代表。麦独孤认为本能是推动人类一切活动的东西，他把本能论引入社会心理学，以本能论来解释人类的一切社会行为。例如，用合群本能去解释人类社会的产生和发展，用模仿本能去解释社会传统、风俗和习惯，用储蓄本能去解释私有财产现象，用好斗本能去解释人类的战争。然而人类的社会行为是十分复杂的。麦独孤无法解释时，便只好不断增加本能的项目，以此来应付对各种不同社会行为的解释。由于用生物学观点解释社会现象，因而他的社会心理学观点不断遭到人们的批评。但无论如何，麦独孤开创了心理学取向的社会心理学研究，功不可没。

奥尔波特作为 20 世纪 20 年代美国社会心理学的领军人物，被称为美国实验社会心理学之父。他继承和发扬了特里普利特和莫德（W. Moede）用实验方法研究社会心理学的传统，有力地推进了美国实验社会心理学的发展和对社会促进现象的广泛研究。特别是他关于社会心理学的定义，在美国至今仍较为流行，并为不少社会心理学家所接受。奥尔波特认为社会心理学是心理学的一部分，主要研究个体的社会行为和社会意识。此后的态度研究和小群体实验研究等有力地推进了这种研究取向。里帕（R. A. Lippa）还进一步发展了奥尔波特的思想，指出“社会心理学家不仅要研究行为的社会影响，还要研究行为的非社会影响，如大恐慌、物理环境对人们友谊和侵犯的影响”。同时，奥尔波特有关他人在场对完成大多数任务起促进作用，对完成某些任务也可能产生不利影响的社会促进效应研究等，在美国社会心理学界产生了很大的影响。

心理学取向的社会心理学研究，强调严格的心理学方法和实验，以个体变量为分析重点，探讨个体在社会环境中的心理变化特点与过程，分析影响个体心理与行为的社会文化环境因素，揭示影响个体心理与行为的社会心理机制。除实验方法外，他们还大量地运用系统观察，调查研究（如问卷和访谈），测量（舆论测验、智力测验、人格测验和态度测量等），个案研究，档案研究，模拟研究和比较文化研究等方法。由于这些方法建立的社会心理学倾向于心理学，故称为**心理学的社会心理学**。该领域的代表性著作有弗里德曼等人的《社会心理学》和巴伦（R. Baron）等人的《社会心理学》等，这些著作中论及的社会心理学主要理论有场论（field theory）、归因理论（attribution theory）、社会学习理论（social learning theory）、社会认知理论（theory of social cognition）和弗洛伊德（S. Freud）的精神分析理论（theory of psychoanalysis）等。一般而言，这种研究取向具有精确的量化分析，对个体或微观社会心理现象的研究较细致、深入，科学性强等优点，但对中观或宏观心理层面的了解不够，尤其是实验设计情境与现实生活有一定距离，研究结论缺乏普便适用性。尽管如此，由于受西方实证主义科学研究倾向的影响，心理学取向的研究一直在社会心理学中居于主导地位。

（二）社会心理学与心理学的关系

社会心理学是心理学的一个重要组成部分，是心理学的一个分支学科，持这种观点的主要是心理学研究者，其代表性观点有下列两种。

第一，社会心理学是心理学的一个分支。

大多数心理学家认为，社会心理学与心理学的关系是局部与整体的关系。诚如奥尔波特所言：“社会心理学不应当被看作与个体心理学截然不同的学科，它是个体心理学的一部分……”苏联社会心理学家安德烈耶娃（I. M. Andeleawa）在其《社会心理学》（南开大学出版社，1984 年中文版）中有更为明确的表述：“社会心理学是心理学的一个分支。”显然，在上述社会心理学家看来，社会心理学与发展心理学、教育心理学、认知心理学和实验心理学等心理学分支学科相互并列，共同构成了心理学的整个学科体系。

第二，社会心理学是心理学的主干和支柱。

以苏联心理学家洛莫夫（B. Lomov）等为代表的一些学者认为，社会心理学是心理学的主干和支柱。他们用系统论思想指导心理学研究，把人的心理看成是两个由各种不同成分构成的多水平、多层次系统。根据他们的观点，可以把心理学看成是科学森林中的一棵大树，树身最下面一段是心理学史，上面一段是普通心理学，然后树身又分成两条主干枝，一枝是社会心理学，另一枝是个体心理学。前者的分支有教育心理学、犯罪心理学、民族心理学、管理心理学和广告心理学等，后者的分支有神经心理学、生理心理学、动物心理学和医学心理学等（见图 1-2）。唯其如此，在西方心理学研究中，个体心理学和社会心理学才得以并存和并行发展。

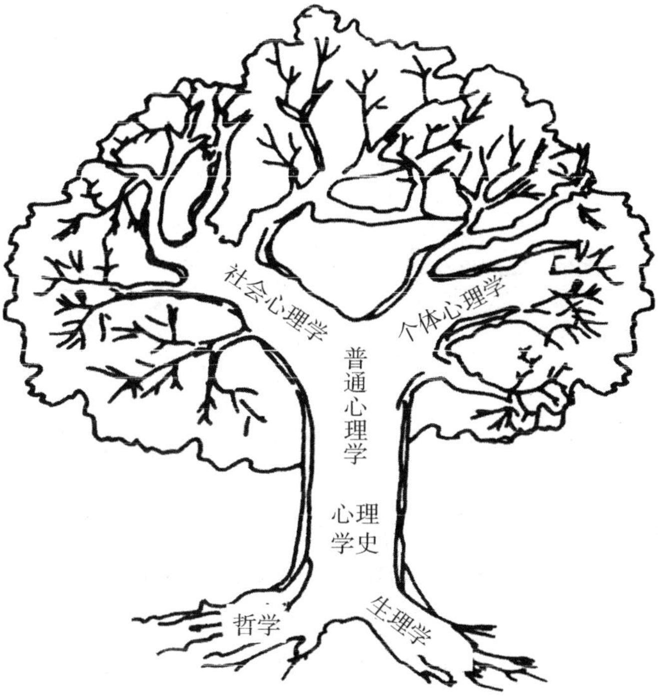

图 1-2　社会心理学是心理学的主干之一
摘自 1984 年的《外国心理学》(现改为《应用心理学》)

以德国心理学家、现代心理学之父冯特为代表的构造心理学家，把民族心理学和生理心理学看成是心理学的两大支柱，前者是经验科学，后者是实验科学。在冯特看来，比较简单的心理机能，如感觉、知觉等可以用实验室研究方法来进行研究，而对于较高级、受制于语言习惯和文化传统的心理过程，只能用社会学、人类学和社会心理学的方法才能进行有效的研究。这种观点反映在其 1900—1919 年完成的 10 卷本《民族心理学》中。那是一部关于社会心理学的著述。我国社会心理学家吴江霖发展了冯特的观点，他认为把心理学中研究人的心理活动的社会基础这一支柱独立出来，并加以详尽研究是必须的，把社会心理学作为心理学学科的支柱是合理的。

确实，在人类科学知识体系中，心理学作为介于自然科学和社会科学之间的一门学科，起着整合多种学科知识的枢纽作用，被称为枢纽科学 (hub science)。社会心理学在心理学各分支学科中的作用，恰恰类似于心理学在各门学科中的作用。它一方面吸收基础分支学科，如认知心理学、生理心理学等的研究成果；另一方面又将本学科的研究成果输出给应用分支学科，如健康心理学、组织心理学等。可见，社会心理学在心理学乃至整个科学知识体系中，发挥着重要的作用。

更有甚者，瑞特纳（C. Riterner）把社会心理学作为心理科学的总称。他认为“社会心理学是心理科学所有其他分支学科的指导性构架，它不像人们目前所设想的那样，仅仅是其众多分支学科中的一支”，并用图说明了这种观点（见图 1-3）。

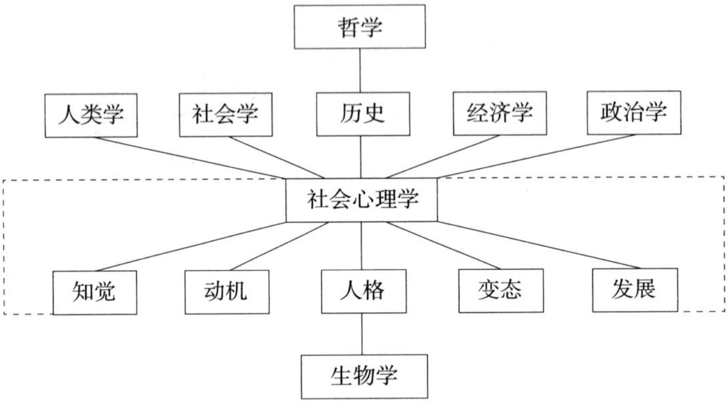

图 1-3　社会心理学与心理学各分支关系图

必须承认，冯特和瑞特纳的观点虽然有失偏颇，但对于深入理解社会心理学和心理学的关系，不无启迪作用。我们倾向于赞同第一种观点，认为心理学研究，绝不可能是脱离生理基础的研究，同时也绝不可能是脱离社会基础的研究。生理心理学和社会心理学应该共同发展、携手前进。社会心理学是心理学的一个分支，这是由心理学取向的社会心理学基本特点所决定的。

如前所述，心理学取向的社会心理学的研究重点是个体心理与行为，即他人和群体对个体心理与行为的影响。这种研究思路首先得益于弗洛伊德的精神分析理论，弗洛伊德的理论详细阐释了他人参与对个体心理生活的影响。其次是勒温（K. Lewin）的群体动力学理论，该理论认为，当个体对他人和群体组成的社会场有了充分认识时，就能描述、解释他人和群体的行为。海德的社会认知理论也功不可没，这个理论在强调个人的外部行为受其内在认知过程影响的同时，指出了他人对个人的认知形成和改变有着重要的影响。此外，这种研究思路也受益于班杜拉（A. Bandura）的社会学习理论，该理论认为个体的社会行为主要是通过观察学习获得的，即通过个体同环境中的他人和群体接触、交往而获得的。这些理论及其代表人物在心理学学科发展中举足轻重，他们对社会心理学形成和发展的贡献同样功不可没，特别是对社会心理学理论和体系的建构至关重要。可以说大多数社会心理学理论都是在上述元理论的基础上发展起来的。

从心理学取向的社会心理学研究方法方面来考查，这种取向的基本研究方法是奥尔波特所倡导的实验室实验，而这恰恰属于心理学最基本和最重要的研究方法。

三、社会学取向的社会心理学

社会学（sociology）是研究社会的结构及其内在关系与社会发展规律的科学。它侧重于社会组织、结构与功能，以及社会变迁和社会群体的研究。由法国实证论者孔德（A. Comte）于1830年首创。社会学取向的社会心理学研究也继承了这种研究传统，从宏观社会环境和社会群体角度，运用调查、访谈、问卷和文献资料分析方法，对社会心理现象进行描述研究和相关研究。

（一）社会学取向的社会心理学

社会学取向的社会心理学研究，其当之无愧的代表人物是美国社会学家罗斯（E. A. Ross）和苏联社会心理学家库兹明（E. C. Kotsmin）。

罗斯认为社会心理学应着重研究群体生活。其中，模仿和暗示在群体生活中发挥着核心作用。时尚、狂热、时狂、风俗习惯等社会心理现象都是暗示的必然结果。他认为一种狂热发展到顶峰是需要一定时间的，动态社会比常规社会更容易受狂热驾驭，狂热越高涨，反作用也越强。他提出社会控制说作为解决犯罪问题的基本观点，并研究了各种社会控制的作用，强调个人很容易淹没于集体之中。但罗斯的社会心理学观点遭到后继研究者的不断质疑，认为他的理论尽管对于解释社会心理现象有一定启迪作用，但论据不足，仅是一种假说。

苏联社会心理学家库兹明认为，社会心理学研究不同水平的交往，交往发生在个人与个人、个人与组织、正式组织与非正式组织之间。交往和活动是社会心理学的核心概念，通过人际交往活动，人们产生相互感知、模仿、暗示、信任、领导与从属、亲密与冲突、合作与竞争等社会心理现象。但这样理解社会心理学，使其研究对象与范围过于庞大，研究者很难把握。

一般认为，社会学研究取向的社会心理学采用社会学研究方法研究个体的行为，以社会互动或群体变量为分析重点，阐释社会政治、经济、教育、文化和法律等社会结构因素对个体心理与行为的影响，从而揭示社会环境与个体行为之间的关系。由这种方法建立起来的社会心理学倾向于社会学，故被称为**社会学的社会心理学**。其代表作有贝克（K. Back）和安德烈耶娃的《社会心理学》（均有中文译本）。主要理论有符号交互作用理论（symbolic interactionism）、社会交换理论（social exchange theory）、参照群体论（reference group theory）和角色理论（social role theory）等，这些理论均具有鲜明的社会学取向的社会心理学特色。一般而言，社会学取向的研究具有层面广、课题敏锐、结果应用性强等优点，但也存在着对个体和微观层面了解不深、关注不够、缺乏精确性等缺点。由于受西方科学实证主义思想背景的影响，社会学取向的研究在整个社会心理学中一直处于次要地位。

（二）社会心理学与社会学的关系

从社会心理学的历史演变来看，社会

学家始终不能像心理学家那样，理直气壮地把社会心理学划为自己的“领地”，将其作为社会学的分支学科。但不可否认，社会心理学的形成与发展和社会学的关系仍十分密切。

一是社会学研究对社会心理学学科的贡献。在社会心理学形成和发展的早期，许多社会学家的研究成果对社会心理学理论体系的形成发挥了重要作用。法国社会学家迪尔凯姆（E. Durkheim）首倡了**“集体表象”（集合表象）**（collective representation）的概念，认为相互作用的情境能产生自然形成的规范，这些规范具有外化特点和强制力，制约着个体的心理与行为；塔尔德（G. Tarde）和雷朋（G. LeBon）等人对犯罪动机与犯罪行为、暗示—模仿（suggestion-imitation）、集群性行为进行了研究，并在研究中重视个体面对面相互作用的调节过程，强调模仿、暗示和感染在其中的作用。这些在社会心理学早期发展中曾发挥了重要作用。特别是美国社会学家罗斯，他认为社会心理学这一术语是揭示人与社会之间的相互作用怎样在心理领域发展的学问，并从社会学角度建构了社会心理学的理论体系。无怪乎早期的社会心理学家吉丁斯（F. H. Giddings）认为，社会心理学是社会学的重要组成部分；我国学者孙本文也认为，“就社会心理学发展的历史及近时心理学与社会学的趋向而言，我们似乎应把社会心理学视为社会学的一个重要部门……”可见，社会学对社会心理学是有重要贡献的。

二是社会心理学与社会学在理论与方法上的交融。社会学取向的社会心理学强调群体，以及试图通过群体内部的互动来解释人类的社会行为，这一特点在社会心理学理论体系中得到了很好的体现。米德（G. H. Mead）的符号互动作用理论、萨宾（T. R. Sarbin）的社会角色理论、戈夫曼（E. Goffman）的社会戏剧理论、勒默特（E. Lemet）的标签理论、霍曼斯（G. C. Homans）的社会交换理论和海曼（H. Hyman）的参照群体理论，都是围绕群体内的互动展开论述的。社会心理学与社会学在理论建构方面相互交融、相互影响。从本质上说，两者的理论立足点有许多共通之处。例如，两者都非常重视从个体与社会环境相互作用的角度，来解释个体的社会心理现象；两者都强调应从对人的社会关系和社会行为的研究中，窥探社会环境对个体的影响。社会心理学家借社会学的研究成果，成功地完成了“个体—环境”的社会互动的心理分析，从而实现了社会心理学和社会学的相互倚重与取长补短。

从社会学取向的社会心理学研究方法考查，两者都采用了实验、测验、问卷和访谈等方法，但心理学取向的社会心理学更多地使用了前两种方法，社会学取向的社会心理学则更多地使用了后两种方法。在实际研究工作中，人们则是综合使用多种方法，在研究方法上也出现了相互补充、相互交融的趋势。

（三）文化人类学的取向及其融合

文化人类学取向的社会心理学研究，

是最近20年的研究。其标志是特里安德斯(H. C. Triandis)等人主编的《跨文化心理学手册》(*Handbook of Cross-culture Psychology*)。其第五卷为“社会心理学”，作者在该卷中首次提出了这种研究取向。

这种研究取向的社会心理学，强调社会文化因素对个体心理与行为的影响、调节作用，重视不同文化背景下个体与群体行为的比较。他们认为，不同文化对于人们的行为及其特征所发挥的作用的影响有所不同。该领域的一个经典研究便是文化人类学家米德所做的一个现场研究，即在几内亚的三个原始社会的男性特征和女性特征的差异研究，米德把差异的解释归咎为文化影响的结果。目前该领域的研究人员从最初的文化人类学家，发展到现在有许多心理学家加盟，业已形成从文化人类学角度研究社会心理学的一个新领域，并有可能成为研究社会心理学的第三种力量。

当然，不同取向的社会心理学研究，并不是截然割裂的。从目前的发展态势看，上述各种取向的社会心理学研究逐渐趋向于合流。现在大部分的社会心理学既不是纯心理学的，也不是纯社会学、纯文化人类学的。就心理学和社会学取向的社会心理学而言，由于勒温的研究，这种差距已经不再明显。勒温认为，人类的行为应被看成个体的特征与社会情境的有机结合，是两者相互作用的结果，社会心理学应该分析个体与社会之间的相互作用和相互影响。事实上，人际的相互作用确实既不能仅归因于个体心理特征，也不能仅归因于社会情境与文化环境的影响，而是两者相互影响的结果。20世纪80年代后，社会心理学在自身的发展中获得了某种统一。研究者爱德华·琼斯(E. Jones)在《五十年来社会心理学的主要发展》一文中，用统计曲线说明了这种发展态势。图1-4所示的是1908—1980年在美国出版的社会心理学教科书的数目，这可以作为这种融合趋势的一个证明。

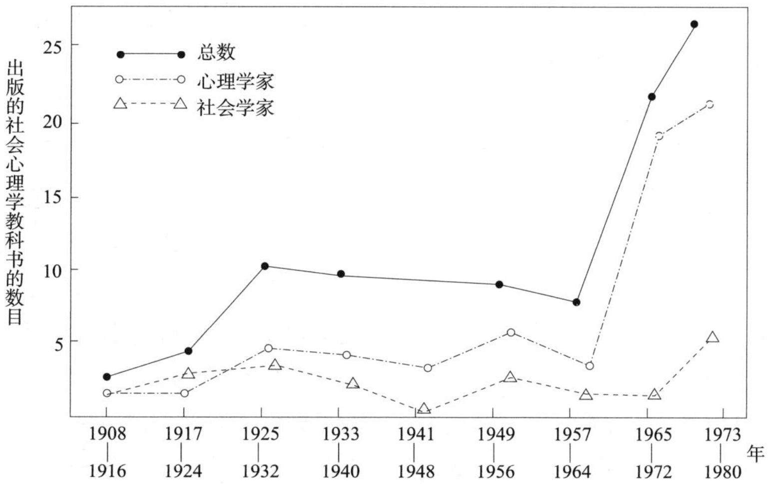

图1-4 心理学的社会心理学与社会学的社会心理学的综合态势(高觉敷，1991)

第三节 社会心理学的任务与作用

社会心理学是一门年轻而有为的学科。说它年轻是因为其历史短暂，说它有为是因为其在现代社会发展中正发挥着越来越重要的作用。作为一门理论学科，社会心理学需要探讨在特定的社会文化环境下，个体的人格特征、社会心理和社会行为发生、发展与变化的规律；作为一门实践性很强的应用学科，社会心理学需要用理论和方法去分析、解决现实社会生活中的一系列实际问题。

一、社会心理学的理论任务

社会心理学是一门理论性很强的学科，既有来自心理学、社会学等母学科的影响，也体现在其本身提出的一系列有别于其他学科的理论与观点，逐步建构了社会心理学的理论体系。令人遗憾的是，人们往往把社会心理学理解为一门缺乏理论根基的学科，一个重要的原因就在于，社会心理学家考虑的问题往往与现实社会生活有着最为直接的联系，任何人都会有所感悟、有所体验。从这个意义上说，每个人都是一个通俗的社会心理学家。但是，我们应该看到，社会心理学是对社会生活以及参与社会生活的个人、他人和群体的本质思考，是对人类心理与行为的本质思考，完全不同于个体的经验和生活常识。

社会心理学需要研究在特定社会生活条件下，个体心理活动发生、发展与变化的规律。社会情境与社会文化怎样对个体心理发生作用，个体又如何反作用于这种影响？即宏观的社会结构、组织和群体是怎样通过微观的个人环境，对个体的心理与行为施加影响的？个体又通过什么过程和机制把这种影响内化为个人特质？只有深入揭示在社会环境中“个体—人际—群体”间的相互作用和规律，才能够建立起科学的社会心理学理论体系。

社会心理学需要着重理解社会行为和思想的根本原因。他人的行动和特征会对个体带来什么影响？排队购物时的插队、恋爱双方的冲突，都可能影响个体的行为和思想，甚至交往者的外貌也会使个体产生不同的行为反应。自我和他人的印象是如何形成的，不同的交往对象为什么会出现不同的交往效果，其中个体的认知、评价和情境因素发挥了什么作用？有效的沟通又需要什么条件？朋友约会迟到，会使对方感到不快，但不同的解释又会使认知失调转向认知平衡，这取决于个体的认知建构（construal）。社会行为的背景因素，如物理世界的温度、气候和噪声，精神世界的价值观、社会规范和文化认同感等，对社会行为是如何发挥作用的？有无中介变量？其内部心理机制是什么？这些问题都需要社会心理学的理论给予一个恰当的解释。

一句话，社会心理学的理论任务在于，必须根据现实生活建构一系列理论，这些理论能够很好地理解、预测和控制个体的社会行为。它包含四层含义。

第一，从社会现实生活出发，采用科学的方法，客观、准确地描述和概括各种社会心理现象。

第二，形成科学的概念、理论体系和研究工具、手段、方法，用来分析各种社会心理和社会行为，并能够解释其原因。

第三，在不同社会情境下揭示个体过程、人际过程和群体过程，个体心理活动的发生、发展和变化的规律，并预测由此伴随的社会心理和社会行为的发展变化。

第四，在科学预测的基础上，采取一定的措施来调节和控制发展变化的速度、方向，使之适应社会现实生活的需要，并尽可能促进社会的进步与发展。

二、社会心理学的实践任务

如果说社会心理学与现实社会生活的密切联系，造成了人们对社会心理学理论的怀疑，但这也是社会心理学应用的天赐良机。安德烈耶娃认为，“在社会心理学中，应用工作方面在一定程度上‘超过了’基础研究”。毫无疑问，社会心理学的最终目的，就在于将其研究成果应用于现实生活，为社会进步和发展服务。

从社会心理学形成与发展的历史过程来考查，不仅社会心理学的产生导源于现实生活的需要，而且在日后的发展中都直接从这种需要中获得动力。20 世纪 20 年代工业生产的实际需要，导致了“霍桑实验”的研究，提出了工人的士气和工作积极性与生产效率有密切关系；30 年代经济和社会的萧条、动荡，导致了对社会舆论、流言与谣言、种族关系和价值冲突的研究；40 年代的第二次世界大战，使专制、信仰、偏见、态度和态度改变、民族性格和领导方式等成为研究的重点；50 年代社会和经济平稳发展，促使社会心理学把研究的触角伸到了社会生活和经济生活的各个方面；60 年代环境、拥挤、心理健康、种族歧视等被摆到了社会心理学的重要议事日程上。所有这一切既成就了社会心理学的繁荣景象，也使它在现实社会生活中扮演着越来越重要的“角色”。

今天，社会生活的各个领域比以往任何时候都更需要社会心理学。特别是我国正处于社会转型期，从自我中心化向自我实现和协调发展转化，从幸福本位化向国家幸福和共同幸福演变，从人际世俗化向人际信任和人际和谐发展，从群体无序化向群体秩序和社会公平迁移，从网络碎片化向网络规范化和集约化发展。在 2020 年春节前后，突如其来的新冠肺炎疫情使社会心理处于一种暂时的无序状态，随着防疫工作进一步可控有序，社会心理也会由无序向有序变迁。所有这些现象，都需要社会心理学为现实社会生活提供更好的咨询与服务。

工业企业需要社会心理学来帮助优化企业的组织结构，提高管理者的管理水平，减少企业人际冲突，防止出现生产事故，提高劳动生产效率，充分调动企业员工的工作积极性，有效地开发与利用人力资源。

学校教育需要社会心理学来帮助教师处理好师生关系，减少师生冲突，指导学生同辈群体中的人际关系，建构良好的课堂教育气氛，维持和促进学校心理健康水平，提高教育教学质量。

医疗卫生需要社会心理学来帮助医务人员更好地预防心理疾病，优化治疗方案，建立良好的医患关系，提高身心健康水平，特别是全社会的心理健康水平。

商业营销需要社会心理学帮助营销人员进行有效的市场预测、广告宣传和产品营销，了解市场动向和消费者的需求，更好地了解社会的购买力，为消费者提供优质服务，创立产品品牌及信誉。

政府决策服务需要社会心理学来帮助决策者顺应民意，科学决策，提高政府机关工作效率，建立政府机关的权威；有效发挥政府职能，建立良好的干群关系；正确驾驭舆论宣传工具，使上情下达和下情上达的渠道通畅，特别是军队、外交、情报、宣传、司法和公安等部门，需要社会心理学家担任咨询工作进行调查研究和决策指导。

从国际视野看，不仅欧美和日本等发达国家，而且绝大多数发展中国家，都把社会心理学作为直接或间接的“生产力”。社会心理学在这些国家的政治、经济、军事、法律、新闻、文化、教育、管理、司法、医疗、宣传、卫生和宗教等诸多领域，正发挥着越来越重要的作用，社会心理学的社会功能也越来越显著地得到了实现。

但是，我们也应看到，在社会心理学的应用研究中有两个问题值得注意。

一是运用社会心理学的理论与方法解决实际问题时，宜提倡多学科之间的协作。社会问题是十分复杂的，受政治、经济、文化、思想和心理等众多因素的制约，社会心理学仅是考查这个因素群中的心理因素。如果把社会生活中的一些重大问题简单归结为社会心理原因，奢望用社会心理学的理论和方法来加以解决，这是不妥当的，也是不可能的。例如，青少年犯罪问题，需要由社会学来探讨社会组织、结构、形态对青少年犯罪的影响，比较社区中不同层次、不同教育背景和家庭背景青少年的犯罪率；由法学来研究青少年犯罪的类型、性质和严重程度；由文化人类学来分析文化与环境因素对青少年犯罪的影响；由教育学来研究青少年犯罪教育与转化的途径和方法；而社会心理学着重研究青少年从事犯罪行为的原因和内部心理机制。

因此，对于社会中重大问题的解决，社会心理学要联合政治学、管理学、伦理学、经济学、社会学和教育学等多学科协同作战。其中，社会心理学要利用本学科的理论与方法，着重研究该问题的心理方面，开展实证研究与定量分析，获得第一手资料，在定量研究基础上得出定性结论，为解决这个问题提供社会心理依据，并将其作为制定解决方案时的科学依据之一。

二是社会心理学的应用研究要强调适合国情、注重社会效益。运用社会心理学的理论与知识解决社会生活问题时，必须从现实的可能性出发，从中国的国情出发。**社会心理学的本土化或中国化**（movement of indigenous research on social psychology），是指将中国社会的文化特征与民族特征融入社会心理学，确立中国人自己的理论框架、概念和方法。这里包括三层含义：一是对西方社会心理学知识体系的反省和批判；二是中国社会心理学知识体系的建立；三是解决中国特有的社会心理问题。西方社会心理学的研究结论与研究经验，固然可以被借鉴和吸取，但我们不能盲目搬用，代替自己的研究。不加辨别地直接引用西方社会心理学的研究结论指导现实生活，从理论上说是错误的，运用于实践中则是有害的。因此，从中国国情出发，结合现实生活开展社会心理学的应用研究，是迫切而艰巨的任务。一方面，社会心理学的应用是有局限性的，在解决诸如民族问题、犯罪问题、失业问题、环境问题、贫困家庭问题、农民进城务工问题等重大社会问题时，我们应该承认，社会心理学在其中发挥的作用是有限的，研究结果是背景性的，更多的是为决策者提供信息，而不是直接服务。另一方面，对于社会心理学研究成果的衡量，不能仅着眼于经济效益，而应更加注重社会效益，在社会心理学解决实际问题的过程中，使个体的心理素质有所提高，社会化进程有所加速；人际关系更加和谐，团结与合作成为主流；群体的内聚力增强，领导水平和领导者威信更上一层楼。我们相信，个体、人际和群体的和谐发展，其间释放出来的能量是无法用具体数字来计算的。

三、研究社会心理学的意义

社会心理学既然是一门独立的学科，那么，这门学科必然有其他学科不可替代的作用。这种作用主要表现在由生活的常识向生活的理论过渡，由通俗的社会心理学家向科学的社会心理学家的转化上。在宏观上，不断适应这个充满未知和不确定的社会（2009 年 5 月 14 日出版的《自然》杂志发表社论《为未知做好准备》，呼吁科学界要充分应对未来不确定性挑战）；在微观上，从认识自己开始，不断理解他人和群体，最终融入社会和生活。

首先，社会心理学是个体认识自我的“教科书”。自我知觉，认识自己，实现这样的目标需要丰富的知识和技能。社会心理学作为一门边缘学科，不但导源于社会学和心理学的研究，而且与哲学、人格心理学、文化人类学、社会生物学等其他许多学科有密切联系。研究社会心理学，可以丰富和拓展自己的知识面，进一步掌握认识自我的技能、技巧，更好地了解自己心态的形成和行为的机制，了解自己与他人和环境的关系，充分发挥自己的心理潜能，履行自己的社会角色，执行自己的社会职能，有的放矢地提升自己的心理素质、沟通能力和决策能力。特别是提高自己在社会转型时期和信息化、互联网时代的心理承受能力，实现自我内部主我与客我的和谐。在这里，社会化和社会角色的理论、动机和人格的概念、社会态度的形成与转变，以及社会情绪和言语的表达规则，将给认识自我提供诸多帮助。例如，现在大家都觉得个人的文明素养不够，有随地吐痰、排队加塞、违反交通规则等不文明行为，如何加以认识和改变？从社会心理学角度考查，就需要从“别人心目中的自己”（镜中我）来认识，从转变认知态度落实到行为的改变。

其次，社会心理学是理解他人和群体的“教科书”。个体都生活在社会中，每时每刻都要与他人、群体打交道。但是，有的人能说会道、左右逢源，有的人则是木讷呆板、处处碰壁，不善于与人相处，且经常在人际交往中遇到困难。社会心理学是一门“交际学”，对于理解他人与群体、正确与人交往提供了分析的理论、评价的标准和相处的原则。社会认知的原理、印象的形成、偏见的产生、人际沟通和人际关系、人际冲突与人际吸引、恋爱婚姻和亲密关系，这些知识将会昭示待人处世的道理。特别是在目前多样化的社会环境中，建立良好的人际关系，拥有和谐的团队精神，已成为人生成功的重要因素。从这个角度来看，研究社会心理学确有必要，且不失其现实意义。当恋爱和结婚时，对于恋爱的过程、爱情和友谊的关系、妻子和丈夫的角色扮演、讨人喜欢的技巧以及调适夫妻关系等，社会心理学都能提供指导性答案留待参考。可以毫不夸张地说，对于刚刚走上工作岗位或漫漫人生旅途中的青年人，社会心理学实在不失为一部有效的人际交往指南。

最后，社会心理学是融入社会和生活的“教科书”。社会和生活是纷繁复杂、五彩缤纷的，诚如一首歌词中所说的，“外面的世界很精彩，外面的世界很无奈”。但是，社会心理学可以帮助个体把握“外面的精彩世界”，即有效地融入社会公共生活。更重要的是，社会心理学作为一种知识背景，可以帮助个体用新的思维方式去理解范围广阔的社会生活，使个体思考问题的方法和行为的视角更符合社会生活现实。这便是社会影响或社会相互作用的原理。其中，利他行为或亲社会行为是进入社会生活的“门票”，认识攻击性行为是减少冲突和纠纷的“秘密武器”。在此基础上，群体的竞争与合作，群体目标和社会目标的同一性，群体和社会对个体的有效影响就能够顺利实现，同时个体也能正确对待社会上的舆论、流言、谣言和时尚现象。总之，离开了社会心理学的具体成果，如社会变迁、文化认同、阶级形成、舆论影响等，许多问题便难以解释或解释不全面。通过学习社会心理学知识，个体可以在任何社会情境下，以不变应万变，在社会生活中游刃有余。

总之，人类的社会心理与社会行为是极其复杂的，而经验的总结和常识的概括毕竟只能作为社会生活的有限参考。唯有依靠社会心理学知识和理论的帮助，通过社会心理学的学习与科学研究，从社会心理的探究走向社会行为的理解，从心理和谐的调适走向和谐社会的建设，最终把握社会心理与社会行为发生、发展和变化的规律，才能使人们从经验的“此岸”走向 理论的“彼岸”！

拓展苑

社会心理学的中国化问题

社会心理学的中国化问题，源于心理科学100多年发展历史所集腋的经验教训，形成于当前世界心理学发展的错综复杂的环境中。通过对心理学发展历史的简略考察，我们认为，社会心理学研究的中国化必须经历：验证、对比国内外研究成果，研究中国人社会心理发展中特有的和重要的心理现象，建立适合中国国情的社会心理学概念、理论及研究方法等过程。其基本途径是学习、选择、中国化。

1. 面向社会现实研究社会心理学

坚持面向社会，在社会实践活动中研究社会心理学，这是中国社会心理学前进的主要方向，否则就是无源之水，无本之木。研究中国人的社会心理现象，应该让中国人自己起来“说话”。

(1) 逐步积累中国的研究材料，克服“拿来主义”。我们有的社会心理学研究报告，从设计、方法到结果，几乎全是模仿外国的。社会心理学著作的体系与国外同类书大同小异，如此下去，就不可能建立起我们自己的社会心理学。中国人与外国人有共同的心理特点，但更重要的是具有不同的特点。

(2) 选择合理的研究课题，克服研究的盲目性。社会心理学的研究课题不外乎来自理论和实践两方面，而更多的是来自社会实践。当前，社会实践正渴望我们提供大量有价值的社会心理学的科学依据，同时也为我们提出了一系列带有方向性和根本性的重要研究内容。

(3) 加强应用研究，克服研究脱离实际的倾向。社会心理发展的特征及其规律是研究工作的出发点，社会实践呼唤社会心理学。但目前社会心理学和社会实践存在着严重脱离的现象，这与实现社会心理学为时代服务的宗旨是不相称的。我们从1986年以来，从事“中国人学习困难现象”研究，坚持把社会心理学理论应用于教育实际，目前已获得了许多有意义的研究结果。我们从研究实践中深深体会到，社会心理学要向社会证明自己的价值，必须加强应用研究，舍此别无他路。

2. 加强中国社会心理学的学科建设

在实现社会心理学研究中国化的道路上，我们强调理论联系实际，强调应用，并不是放弃基础理论的建设。今天，社会心理学发展的另一项根本任务是实现其本身的现代化，即加强学科建设。

第一，明确我国社会心理学研究与国外的差距，艰苦奋斗，尽快缩小这种差距。

从研究课题上看，差距主要体现在研究的年龄范围、具体内容及其深度、理论研究和应用研究等方面。从研究的方法学上看，国外20世纪20年代之后就开始注重研究科学化，经过半个多世纪，已发展起专门研究社会心理学研究方法的方法学，包括设计、测量、统计和评价等。从研究手段、工具上看，由于现代科学技术的发展，国外社会心理学的研究中，采用了现代化的技术设备，如录音、录像、电子计算机、现代化观察室、实验室等。这对于深入研究个体的社会心理现象是有帮助的，特别是电子计算机系统和录像系统。

第二，组织各方面的人才，融合多学科的知识，共同研究社会心理学。

在科学技术突飞猛进的今天，如果要使社会心理学有所突破、有所前进，光靠社会心理学家本身的工作是不够的；应该组织各方面的人才，融合多学科的知识，共同研究社会心理学。这里的关键是发展横向联系，开展跨地区、多学科的科研协作。国内社会心理学工作者在自愿、平等、互利、协商原则下，开展校（单位）际协作、取长补短、互通信息、各地取样，共同突破一个课题。在有条件的情况下，还可以开展与国外学者的合作研究，跨文化、跨地区、跨国家地探索共同感兴趣的社会心理学问题。

第三，大力开展中国人社会心理与行为的研究，不断提高研究质量，逐步建立中国社会心理学的知识体系。我们提倡大力开展中国人社会心理特点的研究，在课题方面，不外乎两个方面，即在中国社会的文化、历史背景下开展个体心理和群体心理的研究，进一步探索中国人社会心理发展的特点和规律。

【本章摘要】

1. 西方社会心理学，强调社会心理学概念的核心是探讨人际相互作用和社会影响及其原因，即用科学的方法研究人们如何感知人和社会事件，研究人们如何影响他人以及人际关系的实质等。

2. 社会心理学是研究个体在特定社会文化环境中，与他人、群体和社会的相互作用及其心理活动发生、发展和变化规律的一门学科。社会心理学的研究对象与范围是指人际交往过程中，在社会的文化、历史脉络下的个体、人际和群体中发生的社会心理与社会行为。

3. 社会心理学是一门独立的边缘学科，兼具自然科学和社会科学的性质。从社会心理学现状与发展角度来看，考查社会心理学的研究对象和范围有两种倾向值得关注：一是认知心理学影响的增强；二是人们对应用兴趣的增加。

4. 心理学取向的社会心理学研究，采用严格的心理学方法和实验，探讨个体在社会环境中心理的变化特点与过程，分析影响个体社会心理与社会行为的社会文化环境因素，揭示个体心理与行为的社会心理本质。

5. 社会学取向的社会心理学，采用社会学研究方法研究个体和群体的行为，阐释社会政治、经济、教育、文化与法律等社会因素对个体行为的影响，从而揭示社会环境与个体行为、群体行为之间的关系。

6. 社会心理学是在心理学、社会学等母学科中成长起来的边缘学科。唯其“边缘学科”的性质，与文化人类学、人格心理学和社会生物学等其他学科有着千丝万缕的联系。

7. 社会心理学的理论任务在于，必须根据现实社会生活建构知识体系，这些概念和理论能够很好地理解、预测和控制个体的社会行为。社会心理学的实践任务在于，将研究成果应用于现实生活的各个方面，为社会发展提供咨询和服务。社会心理学是直接或间接的“生产力”。

8. 运用社会心理学理论与知识解决社会生活问题，或从社会生活中寻找社会心理学的研究课题时，宜提倡多学科之间的协作，从中国国情出发，实现社会心理学的本土化或中国化。学习社会心理学具有重要的现实意义。它是正确认识自己、理解他人和群体、融入社会和生活的“教科书”。

【建议参考资料】

1. 林崇德，杨治良，黄希庭. 心理学大辞典. 上海：上海教育出版社，2004.

2. 中国大百科全书总编辑委员会. 中国大百科全书・社会学. 北京：中国大百科全书出版社，2002.

3. 沙莲香. 社会心理学（第四版）. 北京：中国人民大学出版社，2015.

4. 俞国良. 简明社会心理学. 北京：开明出版社，2012.

5. 俞国良等. 社会心理学经典导读（第 3 版）. 北京：北京师范大学出版社，2016.

6. 高觉敷. 西方社会心理学发展史. 北京：人民教育出版社，2002.

7. R. A. 巴伦，D. 伯恩. 社会心理学. 黄敏儿，王飞雪，等译. 上海：华东师范大学出版社，2004.

8. Taylor S E，Peplau L：A，Sears D O. Social Pychology（11th ed. ）. Prentice Hall Pearson，2003.

9. Franzoi S L. Social Psychology（5th ed. ）. McGraw-Hill Companies，2009.

10. Crawford T. Introduction to Human Social Behavior（2nd ed. ）. Pearson Custom Publishing，1999.

11. Taylor S E，Peplau L A，Sears D O. Social Psychology（12th ed. ）. Pearson Education，Inc. 2006.

【复习思考题】

1. 谈谈你对社会心理学概念的理解。
2. 如何正确理解社会心理学的研究对象与研究范围?
3. 从社会心理学的研究对象入手，简述社会心理学的学科性质。
4. 社会学的社会心理学和心理学的社会心理学有什么区别?
5. 根据自己的社会生活经验，简述学习社会心理学的意义。

第二章
社会心理学的历史与发展

【学习目标】

对社会心理学历史发展过程有正确认识，对国外早期社会心理学思想有正确认识；掌握国外社会心理学的发展特点，特别是美国社会心理学发展的基本态势；知道中国有丰富的社会心理学思想，但其发展过程是漫长而曲折的。通过学习社会心理学在理论、方法和具体研究领域的新进展，把握社会心理学的发展趋势。

【重要术语】

德国民族心理学　法国群众心理学　团体动力学　心理场　后现代社会心理学　图式理论　混沌理论　小群体生态学

研究个体的社会本质、社会意识与社会行为，社会环境中人与人、人与群体之间的关系及其相互影响，以及这些关系和影响形成的规律，历来为许多大思想家所关注。我国的老子和孔子，以及对西方社会心理学思想形成最有影响的柏拉图和亚里士多德，都是“在哲学知识内部建立了社会心理学主题思想”的创始人。在19世纪许多思想家也同样为社会心理学这门学科的产生做出过重要贡献，如孔德（A. Comte）、霍布斯（T. Hobbes）、边沁（J. Bentham）、穆勒（J. S. Mill）；而直接为社会心理学的产生做了理论和方法准备的，必须提及德国的民族心理学和法国的群体心理学。1908年，美国的罗斯和英国的麦独孤分别出版了《社会心理学》和《社会心理学导论》，社会心理学从此以学科的名义正式登场。然而，只有实验方法的介入，才被认为是科学社会心理学的开始。一般地，1924年奥尔波特的《社会心理学》专著的出版，被认为是实验社会心理学正式形成的标志。随后，态度的测量、心理场的研究、人际关系的研究、社会学习和模仿的研究，使社会心理学进入了迅速发展的鼎盛时期。

第一节 社会心理学的源起

必须承认，社会心理学首先是在西方兴起和发展的。迄今为止，西方社会心理学仍然在该学科发展中占据着核心位置。从历史过程考察，社会心理学的演变历经了社会哲学、社会经验与社会分析三个阶段，又被称为哲学思辨阶段、经验描述阶段和实证分析阶段。与其对应的是社会心理学的孕育、形成和确立阶段。在这三个发展阶段中，从心理学取向的社会心理学视野看，最重要的是麦独孤《社会心理学导论》一书的出版，及其本能论社会心理学思想的系统表述。

一、社会心理学的孕育

社会哲学阶段的社会心理学，是指近代以前人们主要以思辨和推测的方式来阐释社会心理现象，以社会心理学在古代社会的那些哲学渊源为代表。社会心理学史研究者又称其为社会心理学的孕育阶段。社会心理学作为一门学科，在诞生之前就经历了长期的思想积累和准备。其中，柏拉图和亚里士多德对社会心理学的影响尤为深刻。研究者普遍认为，他们是揭开社会心理学思想序幕的两个伟大人物。

柏拉图（Platon，前427—前347）的社会心理学思想主要集中在他的《理想国》《政治家》《法律篇》等著作中。柏拉图认为，国家是扩大了的个人，人的灵魂由理性、意志和情欲三部分组成，其中理性占统治地位。这三个部分又体现出人的四种品德，即智慧、勇敢、节制和正义。人们形成社会团体是因为他们需要它。柏拉图的观点属于“社会契约”论。他认为，人性虽然不能摆脱生物遗传的影响，但是，却完全可以通过环境和教育而得到塑造。

亚里士多德（Aristotle）的观点同柏拉图的观点不一致。他认为社会源于人的本性，而人性又是由生物性和本能的力量所决定、支配的。因此，人出生后，其本性不可能有很大的改变，改变人的本性，建立理想国的主张是不可能实现的。亚里士多德的社会心理学思想主要集中在他的《雅典政制》《政治学》等著作中。他认为，国家是最高最广泛的社会团体，其目的是实现最高最广泛的“善业”，也就是要帮助组成国家的个人获得一定的物质财富、健康的身体和良好的品德，而人的本性又是合群的，国家也正是产生于这一本性的需要。

法国实证主义哲学家孔德在其主要著作《实证哲学教程》中，首先使用了“社会学”这一名词，并对社会学的系统化进行了尝试，因而被后人称为社会学的创始人。他认为，个体是社会的产物，是一个有创造力的动因，而社会学就是围绕着个体而存在的科学。语言、文化或者社会体系的存在对个体来说是必不可少的，个体的变化也不会明显地改变集体的存在。

英国机械唯物主义哲学家霍布斯认为，人组成社会是为了满足需要，防止受到攻击，而社会会使人产生恐惧与自私自利的思想。他在哲学、政治、社会心理学方面的主要著作有《利维坦》《论公民》《论人性》等。其社会心理学思想的基础是人性论，是其关于“自然状态”“国家起源”“国家主权理论”的出发点。在他看来，人在国家产生之前都享有自然权利，人的本性都是自私的，于是在行使权利时就产生了冲突，而引起冲突的原因有三个：一是竞争；二是猜疑；三是荣誉。人的基本动机和行为是追求权力。

边沁，英国功利主义哲学家，其全部理论的核心是“避苦求乐”的功利享乐主义。他认为，“避苦求乐”是人的本性，是人行为的动机，是个人行为的基础，同时也是国家和政府活动所应遵循的准则。但也正是人的这一“避苦求乐”的需要，导致社会出现了许多不平等现象。穆勒对这一理论进行了发展，对社会和经济行为进行了心理学分析。他认为任何人的行为，只有涉及他人的那部分才需要对社会负责，而涉及本人的部分则是完全自由的；功利主义是人们的行为准则和国家政治生活的原则。

此外，近代西方思想家和哲学家洛克（J. Locke）、爱尔维修（C. A. Helvetius）、卢梭（J. L. Rousseau）、黑格尔（G. W. F. Hegel）、尼采（F. W. Nietzsche）等都从不同角度探讨和分析了社会心理现象。

二、社会心理学的形成

1908 年前后，社会心理学的理论和方

法主要来自对社会生活、实践经验的描述。它延续着两种不同的传统，即从社会学角度进行研究和从心理学角度进行研究。塔尔德、雷朋和罗斯等人都是从社会学角度出发的社会心理学研究者代表，主要研究人类直接相互作用对行为的调节过程，注重模仿、暗示、同情的概念；从心理学角度出发的社会心理学研究者代表是麦独孤，他的社会心理学理论体系是以本能为中心建立起来的。

（一）德国的民族心理学

19 世纪后期，许多门类的社会科学，尤其是语言学与神话的研究，产生了一种要求探讨心理基础的倾向，因此，**民族心理学**以科学的形式被提上了议事日程。其代表人物主要有人类学家拉扎拉斯（M. Lazarus）、语言学家斯坦达尔（H. Steinthal）及心理学家冯特。他们都对社会心理学的建立做出了巨大贡献，并成为当时欧洲社会心理学研究的主流。

拉扎拉斯和斯坦达尔的民族心理学，属于人类学的社会心理学。他们认为民族是绝对必要的，并且是最重要的群体之一，民族心理学是研究民族精神生活的成因与规律的科学。他们把民族心理学分为两个部分：一是民族史的心理学，即研究一切民族共通的心理规律；二是心理的人种学，研究各个民族的特殊心理规律。民族心理学研究的主要目的是发现这两种民族现象发展过程中，存在着什么样的心理学基本原理，以及这两种民族现象如何相互影响，共同构成民族心理学的发展。他们认为，人是社会性存在，个人同时属于社会共同体，并有集合心，研究集合心是不可缺少的，而“民族”的结合是人类共同生活的基本形态，因此研究“民族心理学”是十分重要的。拉扎拉斯和斯坦达尔所创办的《民族心理学和语言学》杂志，以他们所发表的《民族心理学引论》一文，认为社会心理学的任务是“从心理方面认识民族心理的本质，揭示民族精神活动的规律”。他们的研究工作对社会心理学的形成发挥了重要作用。

冯特的民族心理学与前者不同，《关于人类对和动物心灵的讲演录》和 10 卷本的《民族心理学》是其社会心理学思想的集中反映。他的民族心理学研究围绕群体的一般发展，以及有普遍价值的、共通的精神产物发生为基础的心理过程，也就是“民族心”这一集合精神。而“民族心”的主要构成要素则是语言、神话和习惯，民族心理学主要研究语言、神话、风俗、艺术发生发展的原理。冯特认为，这四种现象有其自身的心理规律：语言表现为表象的结合与改组，艺术与神话表现为一般表象内容和艺术想象所受到的感情与冲动的影响，风俗则从这些感情与冲动的意志方面，表现于社会组织的作用之中。因此，语言指表象作用，神话指感情，风俗指意志，艺术和神话是想象的作用。冯特在研究民族心理学时，使用了两种不同的方法，一是分析法，二是综合法。他在论述语言、神话和艺术问题时，常常用分析法来分别说明其发展，用综合法来研究这些现象作为一个整体时的发展情况。冯特在民族心理学中坚持对更高级的心理过程和心理现象进行研究。在实验心理学基础上取得的进一步发展，是对个体心理学的补充和研究领域的延伸，而且为社会心理学的诞生奠定了基础。

人物栏

图 2-1 冯特

冯特（1832—1920），德国心理学家（见图 2-1）。1832 年 8 月 16 日生于曼海姆北郊内卡劳，1920 年 8 月 31 日卒于莱比锡；1856 年提出《因炎症而引起变性器官的神经变化》的论文并获得医学博士学位，次年担任海德堡大学生理学讲师；1859—1862 年发表《对感官知觉理论的贡献》一书；1863 年出版《关于人类和动物心灵的讲演录》，这部著作从许多方面论述人的意识现象和动物的心理；1865 年年初出版《人体生理学教程》，反映了当时生理学的成果，曾得到恩格斯肯定的评价；1874 年出版《生理心理学原理》，它是实验心理学的第一部重要专著；1875 年应聘于莱比锡大学任哲学教授，共任教 45 年，直到去世。1879 年，冯特在莱比锡建立了世界上第一个心理学实验室。这个实验室很快发达兴盛起来，成了国际性研究机构，致使国内外学者云集于冯特门下。1889 年冯特荣任莱比锡大学校长，1900 年至 1919 年 9 月从事《民族心理学》一书的写作。这部共 10 卷 4000 余页的著作代表了冯特社会心理学的观点和思想。1911 年出版《心理学引论》；1912 年出版《民族心理学原理》；1920 年冯特写成自传《经历与认识》一书，回忆了他在实验心理学和民族心理学领域中艰苦奋斗的一生。

冯特是一位杰出的心理学家，应该是心理学史上的一个里程碑。他在心理学领域，把直接经验的研究规定为心理学的任务，1862 年率先提出“实验心理学”的名称。他坚决利用生理学，坚持走实验的道路，使心理学的面目大为改观，即从哲学中独立出来成为一门科学。他坚决主张用客观的方法研究心理问题，为心理学的研究方法开拓了一条新的途径。冯特的心理学观点反映了从一种原子论和分析的概念转到一种比较统一、有机的概念。他在莱比锡心理学实验室的基础上，逐渐创立了一个空前的国际心理学派——构造心理学。这个学派不仅是现代巨大的国际心理学派，而且在心理学的各个领域都做出了富有教益的理论和实验上的贡献。诸如对记忆、动机、意志行为、情感、情绪、语言、发音动作、手势语言等的研究，这些成果直到今天对教育、学习、训练也还有一定的实用价值。而冯特对视觉深度空间知觉的分析不仅丰富了心理学的内容，而且影响近百年来感知心理学的实验研究的发展，对生产、军事、医学、天文观察等的实际应用，直到今天也仍然有比较大的作用。此外，冯特在个性心理学上，探讨了素质、气质、性格等问题；在变态心理学上提出了意识的变态、幻觉、错觉、睡眠、催眠、梦、精神伤害等问题；在动物心理学上提出了“度的差异”的理论，批判了动物的理智说、反射说和本能说；在发展心理学上提出了感觉和情感的发展、感觉的质的差异、空间和时间表象的发展、言语的形成、想象的作用、游戏的起源和发展、悟性作用的完成等问题；在民族心理学（社会心理学）上提出了集体意识、语言、神话、宗教、风俗、习惯的发展规律等问题。对这些领域中的问题，他不仅批判地分析了前人的论述，而且提出了个人的主张。这为西方心理学的发展奠定了理论基础。但是，冯特的世界观倾向、宗教信仰、哲学观点以及当时思想潮流和科学条件等，给其自身的发展带来了很大的局限。

（摘自《中国大百科全书·心理学》，中国大百科全书出版社，2002）

（二）法国的群体心理学

法国群体心理学是其早期社会学的直接产物，代表人物是塔尔德、迪尔凯姆和雷朋（又译为勒朋）。

塔尔德主要从事法理学和犯罪学的研究，他对社会心理学的最大贡献是在所著《模仿律》（*the law of imitation*）中创设的“暗示—模仿”原理。他认为，模仿可以用来解释一切社会现象，是产生一切社会现象的原因，是社会生活所特有的行为决定因素，如风俗和时尚。他认为，发明是信念和愿望的函数，而信念和愿望是两种心理学上的量，其内容和心向是社会性的，只有通过模仿才能发挥作用，才能有发明，并进一步扩散和普及。他把模仿法则理解为社会过程的心理社会机制，存在于语言、宗教、政治、法律和道德、艺术等社会生活的各个领域，并普遍地发生作用。

迪尔凯姆的研究观点同塔尔德的观点正好相反，他认为集体意识大于个体意识之和，并且决定个体意识，社会心理学始于群体并终结于群体。迪尔凯姆始终从集体方面论及人的行为，他对社会心理学的重要贡献主要在于其提出的“集体表征”（collective representations）概念。集体表征指群体所共有的社会生活经验或体验的心理表征。他认为，集体表征是无数人观念、情操的联合统一的结果，存储着数代人的知识和经验，因而比个体表征更加丰富和复杂，从而具有外在性和约束力。

雷朋注重群体心理研究，尤其是群体兴奋的社会控制研究。他在1895年出版的著作《民族和群众心理学》中，集中论述了群众心理这一概念的本质。他所研究的群体，是属于自发行动起来的群体，不论在情绪、意志，还是在观念上，都趋向同一个方向，形成一种同质性群体心理，而其中的个体是被动的。群体状态下的个体有一种本能的趋从于多数人力量的倾向，因此，群体具有感染和暗示的力量，其实质是心理结合。他对群体在社会过程中所扮演的角色，给予负面评价，认为其具有难以控制的匿名性和破坏性，容易导致“群众的盲动”。

（三）其他

斯宾塞的社会有机体论，也为社会心理学的形成做出了贡献。由于他以生物学为基础来解释社会现象，并以生物发展规律来取代社会发展规律，因此他的理论又被称为“生物社会学”。他认为社会同自然界中的生物一样，是一个由简单到复杂不断发展进化的“有机体”，而“社会有机体”同一般生物有机体之间，尽管有差别，但没有本质上的不同。换言之，生物发展的规律就是社会发展的规律。斯宾塞是把进化论引入社会心理学的第一人。他的思想一方面受到英国联想心理学的影响；另一方面又增加了进化论的观点，成为进化的联想心理学。

特别值得一提的是，罗斯与麦独孤在1908年分别出版了《社会心理学：大纲和资料集》和《社会心理学导论》，这两本书的出版，标志着社会心理学作为一门独立学科的正式登场，也代表了社会心理学研究者在社会经验阶段所取得的最高成就。罗斯的理论沿袭了法国社会学派的群体心理学，尤其是塔尔德所强调的社会过程的“暗示—模仿”理论。他认为社会心理学是研究人与社会之间发生在心理领域中的相互作用。社会心理学重视人与人之间的相互作用，这种相互作用是从人所具有的被暗示性中产生的。暗示是一种刺激，从外部迅速进入人的意识中，成为人意识的一部分并具有意志的效果。暗示与模仿是同一事物的两个方面，并互为因果。罗斯认为群体和个人的支配性是交互的，一方面群体决定个人，另一方面个人决定群体。社会支配性又可以分为社会影响和社会控制，其中社会影响包括人群、群体心理等主体而没有个人意愿的参与，而社会控制则包括个人的意愿，执行着实现人类社会生活的任务。罗斯的研究与探索，开创了社会学的社会心理学研究取向。

三、社会心理学的确立

社会心理学发展到运用实验方法进行研究，这是一个巨大的历史进步。不可否认，20世纪20年代以前，社会心理学仍然带有浓厚的思辨和抽象性质。社会心理学真正开始引起人们的关注是1924年，因为这一年奥尔波特出版了有史以来第三本社会心理学教科书，证明了实验方法能够为理解人类的社会心理与社会行为提供重要的手段。奥尔波特通过一系列的实验研究，提出了社会促进效应、从众行为的J-曲线假说（认为传统制度规范与个人人格规范不一定吻合），同时对社会态度、群体影响和习俗行为等进行了独创性研究。特别是他把实验方法引入社会心理学，不仅为社会心理学从实验研究走向现场研究开辟了道路，而且对后继的社会心理学研究影响深远。从那时起，随着各种实验手段的运用，社会心理学完成了其发展历史上最具革命意义的转折，进入了确立时期，即由“社会经验论”阶段进入了“社会分析论”阶段。之后，社会心理学从描述转变为实证，从定性研究转变为定量研究，从理论转变为应用，从大群体分析转变为小群体研究。这些都说明社会心理学作为一门学科开始逐步走向成熟。特别是奥尔波特的《社会心理学》一书的出版，被人们认为是实验社会心理学诞生的标志。

用实验方法研究社会心理学问题，可以上溯到1898年特里普利特所做的关于社会促进的实验研究。他研究了人们骑自行车的速度，发现独自一个人骑车的速度比同一群人一起骑要慢20%；而一群10～12岁儿童的卷线工作即团体工作的效率比个体工作效率高10%。由此他得出结论：团体工作效率比个体工作效率要高。第一次世界大战后，美国的奥尔波特和德国的莫德积极推广实验社会心理学，把社会心理学作为一门实验科学，使得实验社会心理学成为社会心理学研究的主流。

莫德于1920年在德国莱比锡发表了他早在1913年进行的群体实验。实验内容是测定耐痛阈、辨别声音的能力、注意的稳定性、计算能力等多项内容。结果发现，随着被试人数的增多，实验成绩出现了明显差异。特别是奥尔波特所创立的社会心理学实验方法及其成果，对社会心理学的进一步发展具有划时代的意义。他的理论有两个显著特点：一是强调对客观行为的研究，把人的条件反射当作社会成长和群体成员相互作用的客观基础；二是坚持社会心理学不是与群体心理有关的一种研究，而是与社会情境有关的个体心理的研究。因此，人们往往认为他的社会心理学理论具有极端的个体心理学倾向。但是不可否认，正是奥尔波特的研究工作，才使人们把社会心理学视为一门实验科学。

至此，社会心理学从经验的描述一跃成为科学的分析，社会心理学开始进入了迅速发展时期。1928年，瑟斯顿（L. L. Thurston）提出了态度测量法，把自托马斯（W. Thomas）和兹纳涅茨基（F. W. Znaniecki）开始的态度研究水平提高了一些。1934年，莫雷诺（J. T. Moreno）提出了社会测量法，测量群体内的人际吸引和排斥问题。1935年，谢里夫在实验室用似动错觉来研究社会规范，为以后的从众研究提供了范例。1938年，勒温把场论引入社会心理学，提出了个人生活空间或场的概念，认为行为是个人特点和情境因素相互作用的函数。特别是勒温对群体的形成、群体内聚力、领导方式和领导决策的群体动力学研究，堪称经典。

总之，这个阶段的社会心理学研究成果表现出以下几个特点：第一，运用实验方法研究个体和群体现象，重视实验数据；第二，用对社会心理现象的定量分析来对定性分析进行补充，甚至有取代定性分析的趋势；第三，重视社会心理学的应用，以适应社会政治、经济发展的需要。

拓展苑

麦独孤与本能论社会心理学

麦独孤（1871—1938，又译为麦克杜格尔）是西方社会心理学的创始人之一，也是西方现代心理学流派——策动心理学或目的心理学的主要代表者和发言人。一般地，人们把1908年麦独孤出版的《社会心理学导论》作为心理学研究取向的社会心理学形成的标志。虽然麦独孤的本能论社会心理学从提出伊始就一直是众多心理学家批评的靶子，但麦独孤对社会心理学的重要贡献，仍是不可抹杀的。特别是20世纪初叶，本能作为一种对社会行为的解释，大大地促进了社会心理学的繁荣和发展。当时的一些社会科学家和社会心理学家，都以麦独孤的本能心理学为基础，将其作为阐释人类社会行为的根据。甚至，后来的心理学大家，如桑代克（E. L. Thomdike）、杜威（J. Dewey）都曾支持过麦独孤的本能论，从中汲取营养，并明确宣称，人类的社会心理现象与本能有密切关系。此外，麦独孤关于社会情境下个体的社会心理与社会行为的观点，以及关于道德发展、情操、意志的论述，对后来的心理学家，如皮亚杰（J. Piaget）等，都有重要影响。心理学理论家查普林（J. P. Chaplin）对此做了恰如其分的评价：麦独孤的论述，受到同时代人过于宽厚的对待，而又受到历史过于严峻的考验！

虽然麦独孤的心理学思想存在着这样或那样的缺陷，但不可否认，他强调社会行为的趋向性及动机在其中的作用，用目的心理学观点研究心理学，立一家之言，对心理学发展是有一定贡献的。特别是他于1908年出版的《社会心理学导论》教科书，对社会心理学作为一门独立学科的诞生发挥了重要作用。从那以后，世界各国出现了许多以“社会心理学”为标题的书，这被美国心理学史研究者墨菲（G. Murphy）等誉为“社会心理学新时代的开始”。在1908—1921年，此书重版14次，到1960年，它的英文版本已出到第23版，足见其影响之大，范围之广。因此，麦独孤被公认为社会心理学的先驱，对于社会心理学成为独立学科起到了举足轻重的作用。

此外，麦独孤的本能论社会心理学思想，在社会心理学史中被称为一尊理论（simple and sovereign theory），亦被当时的经济学家维布伦（J. Veblen）和社会学家特罗特（W. Trotter）等用来解释经济行为、社会行为，在一定程度上促进了其他人文社会科学的发展。但是，麦独孤对社会心理学的探讨并不是人们公认的科学探讨，对许多概念术语的阐释，并没有超过描述水平，不过在社会心理学形成与发展的早期阶段，他的论点比起其他人的一些论点来，显然是一大进步，因而有着较大的影响。在评价西方心理学家以及他们的理论观点时，要注意区别心理学家的世界观和他们在专业方面取得的成就，要顾及时代的局限性和科学发展的水平。

第二节 国外社会心理学的发展

实验社会心理学研究方向出现以后，20 世纪 40 年代，在第二次世界大战和勒温的影响下，社会心理学主要研究信仰、偏见、宣传、群体影响和态度问题。拉扎斯菲尔德（P. Lazarsfeld）对 1940 年战时美国总统的选举进行了调查，并提出了“二级传播理论”；斯托夫（S. A. Stouffer）等人通过对美军人员素质和心理状况的调查，提出了“相对剥夺”概念。到了 20 世纪 50 年代，阿希等人开展了从众的研究；霍夫兰（C. I. Hovland）所代表的耶鲁学派，则从战前进行的人类学习的研究转向社会影响、社会劝说及社会交往的实验研究，对于交往者的可信度、劝说效果的保持，以及首因效应和近因效应进行了创造性研究。费斯廷格（L. Festinger）提出的认知失调理论（cognitive dissonance theory），成为 20 世纪 60 年代的研究中心。20 世纪 50 年代末到 20 世纪 60 年代初，社会心理学的研究主题非常广泛，从社会认知及劝说、合作竞争及冲突、人格与社会行为的关联、领导行为与群体的凝聚力，到组间关系、社会化及亲社会行为等，社会心理学研究在美国处于鼎盛时期。20 世纪 70 年代，海德（F. Heider）的《人际关系心理学》一书使得归因理论成为研究重点。20 世纪 80 年代，认知心理学和应用社会心理学日益受到重视。20 世纪 90 年代以后，认知神经科学对社会心理学的影响和贡献受到研究者的高度关注。可以说，20 世纪后半期的国际社会心理学界是美国的天下，美国社会心理学具有压倒一切的优势。欧洲社会心理学界则一直淹没在美国社会心理学的背影中，然而，经过 40 年的不懈努力，以 2001 年出版的《欧洲社会心理学手册》为标志，欧洲社会心理学成功打破了美国主流社会心理学的主宰地位，在国际社会心理学界占据了重要的一席之地。相比之下，亚洲、南美洲和非洲的社会心理学影响力仍然较小。

一、美国社会心理学的发展

社会心理学在美国的发展以芝加哥学派为先。芝加哥学派于 19 世纪 90 年代初产生，因其团体所在地为芝加哥大学而得名。其主要成员有哲学家及教育心理学家杜威、哲学家及社会学家米德、社会心理学家托马斯、社会学家埃奥沃德等人。进入 20 世纪后，社会学及社会心理学的问题成为其主要研究课题，他们对家庭、犯罪、婚姻、道德等一系列问题进行了系统的研究，取得了令人瞩目的研究成果。

20世纪30年代前期，是美国社会心理学学科制度化和学科合法化的建构时期。奥尔波特是当时最负盛名的社会心理学家，他倡导且身体力行的实验社会心理学在美国影响巨大，尤其是在社会心理学的学科定位和方法论开拓方面，功不可没。但是，他的研究形成了以个体为中心的实验室研究倾向，否定了群体的影响，因而也忽略了社会文化背景下的群体心理研究。

第二次世界大战期间，一批颇有学术造诣的心理学家从欧洲流亡到美国，对社会心理学的发展产生了重要影响，其中尤以勒温的集体动力实验研究影响深远。勒温把相互依存的原理用于社会心理学研究，强调情境、生活空间、场的作用。勒温认为，个体的心理活动是一种“心理动力场”，由个体的需要和心理环境相互作用的关系组成，包括可能影响个体的过去、现在和将来的一切事件，可以决定任何一个情境下个体的行为。**“心理场”**其实就是“心理的生活空间”，包括个体心目中的自然环境、社会环境，以及思想观念与现实的差异构成的心理环境。勒温把生活空间看作一个由人的需要、目的、信仰、记忆、无意识社会事件和任何其他为一个人或其行为而存在的东西所包含的概念。他采用拓扑学的向量来解释人的行为，用公式表示为$B=f(P, E)$，即行为是人及其所处环境的函数，行为在个体的生活空间内的功能是可以预见的。他的**团体动力学**提出，团体及其环境形成了社会场，团体的行为取决于特定时间内现存的整个场的情形。团体的不同类型会对个体产生很大的影响，个体的行为受其从属的社会团体的影响，是个体的知觉、情感和行为的背景。从婴儿期开始，个体就受到社会因素的影响和社会环境的控制，个体所属的团体决定了个体的行为和心理趋向。勒温的动力场实验研究，揭示了群体成员的群体行为、士气、意见及领导风格的变化特征及变化条件，推动了实验社会心理学的进一步发展。

人物栏

勒温（1890—1947）是德国心理学家，格式塔心理学的后期代表、拓扑心理学的创始人（见图2-2）。1890年9月9日生于普鲁士的莫吉尔诺（今在波兰），1947年2月12日卒于美国马萨诸塞州的牛顿维尔。1914年获柏林大学哲学博士学位，1922年任柏林大学讲师，1927年任教授，1932年赴美任访问教授。于1933年移居美国，在康奈尔大学任教。1935年起任艾奥瓦州立大学儿童福利研究所儿童心理学教授。1945年前往马萨诸塞理工学院建立并主持团体动力学研究中心。

图2-2　勒温

勒温的心理学研究活动可分为3个时期：①在柏林期间，他根据大量有关成人和儿童的实验，打开了人的动机的实验研究的领域。②在艾奥瓦州立大学期间，转向社会心理的研究，研究重点放在奖励、惩罚、冲突和社会影响等人际过程上。③在马萨诸塞理工学院团体动力学研究中心期间，他考察了技术、经济、法律和政治对于群体的社会约束，研究了工业组织中的冲突和群体之间的偏见与敌对行为等方面的问题。

个性理论是勒温的主要贡献之一，他系统地研究个性，提出了心理学的场论，认为人就是一个场，包括个人和他的心理环境的生活空间（LSP）。行为是由当前这个场决定的。他的基本公式是B= f(P，E)= f(LSP)，即行为（B）依赖于人（P）和环境（E）的相互作用。他用拓扑学概念表示人和环境。他又研究解决心理动力问题的几何学的基本特征，创立了向量学。他先后用“动力心理学”“拓扑心理学”“矢量心理学”“场论”来描述和解释他的心理学。他的主要著作有《个性的动力理论》（1935）、《拓扑心理学原理》（1936）、《心理力量的概念表述和测量》（1938）、《解决社会冲突》（1948）、《社会科学中的场论》（1951）等。

（摘自《中国大百科全书·心理学》，中国大百科全书出版社，2002）

美国学者在20世纪30年代到20世纪50年代集中关注的是态度和态度测量的研究，认为态度是构成行为基础的一个复杂结构，这种结构导致了人们的趋避行为。第二次世界大战前，人们关注态度的测量，战后人们则关注态度的改变。20世纪20年代中期，博哥达斯的社会距离量表率先出笼，各种与态度测量有关的技术、理论和方法纷纷登台亮相，持续发展了30年，出现了许多有影响的态度测量理论和技术，主要有瑟斯顿量表、李凯尔特量表、博哥达斯社会距离量表、古特门的渐增累加测量技术、奥斯古德等人的语义差异量表等。

第二次世界大战后，美国社会心理学受认知心理学的影响尤为深刻。认知心理学的产生以及对社会认知的研究，使社会心理学的发展迈出了关键的一步。社会认知包括与他人互动的自己、他人、想象中的他人、人际关系、群体、社会信息和记忆中的社会信息、不同的文化及其互动状态等。从过程来看，社会认知得以形成和实现的主要原理在于沟通与互动。社会认知研究在理论和方法上推进了认知领域的社会心理学研究，其中包括归因、态度的形成和变化、对人的认知和沟通等。

第二次世界大战后美国社会心理学发生的另一个重要变化是，随着研究领域的拓展，社会心理学出现了细分和微观化发展的倾向。社会心理学开始关注并解决临床应用方面的问题，如社会生活中出现的社会心理问题，以及个人、家庭、企业或社会生活不同层面的问题。20世纪70年代至20世纪90年代，美国社会心理学家除重视社会认知、社会影响、人际关系等基本问题研究外，由于生活方式的改变和社会问题的出现，社会心理学危机开始呈现，当时人们对社会心理学的批评集中于两个方面：一是社会心理学实验只是一种在实验室中的游戏，严重脱离社会现实；二是社会心理学的研究成果缺乏普遍性意义，实验室的研究成果缺乏外部效度。于是，出现了理论和方法再探讨的趋势。其中最具代表性的特点是理论上的折中主义，人们开始重视普遍理论的研究，如认知失调理论、归因理论等；同时出现了工业社会心理学、临床社会心理学、生态社会心理学等研究趋势，在研究方向上重视与社会现实的结合，在方法上强调现场研究与实验室实验的结合，在课题上更注意基础研究和应用研究并重。例如，重视自我概念、家庭资源对儿童的影响，环境设计、成就动机等一系列应用问题，社会心理学的应用性明显加强。

近几年来，美国社会心理学研究中的认知神经科学取向越来越明显。社会心理学家利用认知神经科学家的数据考证对立的理论假设，尤其是无法用行为数据直接考查的假设；同时，认知神经科学家借助社会心理学家的理论知识，了解决定个体如何知觉他人和自己的影响因素。两者的有机结合，使“社会认知神经科学”呼之欲出，并从社会水平、认知水平和神经水平来分析与理解社会心理现象，特别强调脑机制在社会心理与行为中的重要性，研究主题几乎涵盖了社会心理学研究的各个方面，包括态度、偏见、归因、共情、心理理论、社会排斥、人际吸引、自我意识、自我认知、自我提升、认知失调、道德推理、社会决策等，使社会心理学在研究方法和理论整合方面有了新的提升，大大丰富了社会心理学在他人、自我、自我与他人相互作用方面的研究内容，并取得了一批有影响的、原创性研究成果，使社会心理学在经历“危机”后又走上了蓬勃发展的道路。

总之，美国社会心理学以实证主义与实用主义为理论基础，以实验室实验为基本研究方法，采用现代最新技术和方法，把基础研究和应用研究结合起来，尤其重视解决社会现实问题。社会心理学以心理学研究取向为主，主流是实验社会心理学，它支配并推动着美国社会心理学的进一步发展和繁荣。

二、欧洲社会心理学的发展

欧洲社会心理学在 19 世纪的德国方兴未艾。但是，1933 年后的欧洲，随着纳粹的出现和欧洲动乱，大批天才学者和心理学家被迫移民美国。社会心理学的研究重心也因此转移到了美国，当时美国社会心理学就是国际社会心理学的代名词。

战后的欧洲，虽然一些大学中还有少数的学者在进行社会心理学的研究和教学，但是彼此都没有意识到对方的存在，也很少相互沟通和进行学术交流。在随后的冷战背景下，美国开始资助欧洲的社会科学和行为科学研究，社会心理学也是其中的一部分。这一系列的资助、沟通和合作，直接导致了 1963 年欧洲实验社会心理学会的成立。参加学会的成员国有英国、德国、法国、瑞典、丹麦、挪威、瑞士和波兰等。

但此时的欧洲，其社会心理学研究是由美国的观念所主宰的，而多数欧洲社会心理学家也都是在美国接受教育和训练的。因此，那时欧洲的社会心理学实际上是美国的翻版。

1971 年，欧洲实验社会心理学会正式创办其学术期刊《欧洲社会心理学杂志》，开始组织编写"欧洲社会心理学专著丛书"，使之成为具有欧洲特色的社会心理学的主要载体之一。从 1979 年开始，欧洲实验社会心理学会与欧洲社会心理学实验室合作出版"欧洲社会心理学研究丛书"，在构建欧洲社会心理学的国际学术声誉方面立下了汗马功劳。2001 年，《欧洲社会心理学手册》［包括《个体内过程》（*inter-individual processes*）、《人际过程》（*inter-personal processes*）、《群体过程》（*group processes*）、《群际过程》（*inter-group processes*）］四卷本的出版，成为重新塑造欧洲社会心理学的世界学术权威的载体之一。

欧洲社会心理学奠基人之一莫斯科维奇（S. Moscovici），在《社会心理学研究中的社会和理论》一文中，雄辩地论证了美国主流社会心理学的概念框架、理论模式和方法技术，是成长于欧洲的社会现实和文化传统中的事实。而另一位奠基人塔乔弗尔（H. Tajfel）则在《真空中的实验》一文中，严厉批评了美国主流社会心理学的实验是真空中的实验，把复杂的社会现实歪曲成人为的实验个体之间不真实的社会互动。

在对美国主流社会心理学研究定向的批评和反省过程中，欧洲社会心理学开始逐步建构自己独特的研究方法和技术，即修辞学和语句分析（discourse analysis）的方法。1971—1980 年，欧洲社会心理学研究者关注社会影响和群际关系。与美国研究者不同的是，他们重视社会行为发生的社会背景，追求理论和元理论的建构。其代表人物是莫斯科维奇等人。他们所开创的社会影响研究，关注群体创新和社会变迁，以及少数人的影响力，人们称其为群体创新理论。而塔乔弗尔则致力于群际过程和群体过程现象的研究，如偏见、歧视、刻板印象、群体成员资格和群体凝聚力，并建构了社会认同论。这些都是欧洲社会心理学对国际社会心理学发展做出的巨大贡献。

20 世纪 80 年代后的欧洲社会心理学研究，更加关注认知和行为的社会、文化影响因素，更加关注在群体基础上研究群际关系、社会认同和社会影响。而美国的研究者更为关注个体及其功能化的过程。90 年代以后，欧洲社会心理学独特的社会关怀，如社会认同论、群体创新论等社会心理学理论，已经融入美国当代社会心理学研究之中，社会表征论也开始对美国社会心理学产生重要影响。同时，美国社会心理学的社会认知研究范式，也成为欧洲社会心理学的主导研究范式之一。

总之，欧洲社会心理学研究以解决社会问题为目标，重视社会发展变化过程中社会行为与社会联系的研究，重视社会心理学的理论建设，特别是在研究社会问题的过程中建立起自己的理论。但是，显而易见，“欧洲的社会心理学研究受美国的影响太深，上述特征不能很明显地引起人们的注意”，豪斯顿（B. K. Houston）的评述可谓一语中的。

三、亚洲与日本社会心理学的发展

第二次世界大战后，社会心理学在美国迅速且卓有成效的发展，对亚洲许多国家的社会心理学产生了广泛而又深刻的影响，并逐渐引起亚洲各国社会心理学者对美国社会心理学的思考，以及对本国社会心理学发展思路的探讨，他们开始重点关注文化与社会因素对社会心理形成及发展变化的重要影响。1988 年，亚洲社会心理学会正式成立，此后每隔 4 年举行一次大型学术研讨会。

在亚洲，日本是第二次世界大战后社会心理学发展最快和富有特色的国家。由于其社会心理学的理论是第二次世界大战后直接从美国移植过来的，因此同样具有社会学和心理学两种研究取向。第一个系统开设社会心理学课程的是心理学科班出身的南博，他于 1957 年出版了《社会心理学》一书，系统地介绍了作为精神动力的社会心理学。另外，社会学出身的清水几太郎也于 1951 年出版过《社会心理学》一书，从社会学角度分析了社会心理现象的基本特点。这在一定程度上代表了日本社会心理学研究的两种取向。

日本的社会心理学高度重视应用研究。他们的研究包括两种方式：一是被日本学者称为日本人论的研究；二是国民性研究，即计量性日本人论。日本人论的研究始于 1887 年，主要采用文献法、观察法和小型调查法。以实证研究为特征的日本人国民性研究，作为文部省统计数理研究所国民性调查委员会的项目，于 1953 年开始，每 5 年做一次追踪调查，连续进行了 7 次，每次都有调查报告刊行于世。1988 年，林知己夫出版了《日本人心理测量研究》，书中谈到研究日本人的目的，那就是重塑日本人的根性意识。书中对 30 年来日本人国民性根性及变化做了总结，并提出了日本人根性表现为日本人意识中深厚的义理人情倾向。此国民性调查研究采取义理人情与科学文明观、价值观作为区分传统与现代的两个大的维度，用以测量日本人国民性变化状况。调查的数据显示，第二次世界大战后的日本人，每 15 年出现一种明显的变化，到了 1975 年，经济的繁荣和社会的安定，使得人们的思考方式发生了变化，传统与现代的观念界限开始崩溃。从 30 年的变化趋势看，义理人情依然是日本人人际关系的根性，但在评价和选择方面的中性比率明显增加；在科学文明观、人生价值观方面的变化出现了某种回归现象。其实，日本社会心理学的研究领域除了上述两个主要方面外，还有很多其他的研究领域，诸如犯罪心理、环境心理和心理健康等，他们的研究根植于日本社会，为日本社会和经济的发展提供了卓有成效的咨询和服务。

第三节 中国社会心理学的发展

在中国，社会心理学的思想源远流长；作为一门学科，社会心理学是随着对西方社会心理学的译介和学习发展起来的。中国社会心理学经历了一个曲折、漫长和艰苦的发展过程。

一、中国古代社会心理学的思想

社会心理学产生的根源在于探索人们的身心关系、个体与群体、群体与群体之间社会关系的心理现象。心理学思想、社会心理学思想在中国社会的萌芽，应该说是最早的。正如墨菲等人在《近代心理学历史导引》一书中所说："心理学的历史只能开始于稳定的文化，人们在高度发展的劳动分工和经济剩余的富饶土地上，才开始转向内部，探索使得社会变化得以衍生的知觉与反省心灵本身的性质。"例如，这发生于中国、印度和地中海区域，表现为中国的老子和孔子，印度的《奥义书》，从南意大利到小亚细亚许多城邦的希腊思想家等，在哲学和心理学方面都有惊人的兴起。(《近代心理学历史导引》中文版，北京：商务印书馆，1982)

中国古代的许多思想家都曾提出过丰富的社会心理学思想。宏观理论方面有人贵论和性习论，即对人性的探讨；微观理论方面有人格心理学思想、心理治疗理论等。

人贵论认为，人在世界万物中是最为尊贵和伟大的，老子、荀子、董仲舒、王充、朱熹等人都表达过这种观点。人贵论在心理学方法论思想上的特殊意义在于，把人放在研究对象的基点和核心位置上，避免各种还原论的倾向。性习论探讨人性形成、发展和变化中遗传与环境的关系问题。对此，孔子提出"性相近，习相远"，意指人性既有自然本性相近的一面，也有后天习染造成的社会本性的一面。孟子的"性善论"和荀子的"性恶论"则分别阐述了人的社会性和自然性。中国古代的社会化理论主要有"渐染说"和"童心失说"。"渐染说"认为，人性的善恶、人的社会化是个体在社会环境中接受不同的教育影响"渐染"而成的；"童心失说"则认为，个体的成长过程就是人不断失去童心的过程。个性化理论主要有"阴阳五行"差异说与"习与性成"差异说。"阴阳五行"差异说是根据人体阴阳之气禀赋的不同，解释人的心理与行为差异的个性化理论，强调禀赋即先天因素在人的个性化形成中的作用；"习与性成"差异说则是指人的心理与行为个性化过程中，由于个体习染的差异，形成了他们心理与行为的个体差异，强调环境、教育、学习在个体社会化中的决定性作用。

中国古代的社会心理学思想有许多涉及心理治疗理论，如道家思想、禅宗的冥想等。道家常常强调人的自我意识，需要人依靠自己的力量提高自身自知自控的能力，治愈自己因为自我调控水平不高而出现的一些心理疾病，如焦虑、忧郁、强迫症等功能性神经症。同时，道家强调要正确认识规律，如果不能正确认识外部刺激，就不能采取正确的应对方式，从而出现过度焦虑、过度抑郁、悲伤的行为，就不能从根本上保持自我的心理平衡。道家还强调节制欲望、知足知止，合理调整自己的期望目标，保持宁静、恬淡的心态，这些都是心理自我调适的好方法，同时也发展出了许多心理治疗的技术。

今天的存在主义哲学家和心理学家，为了解决当代人的焦虑和抑郁，吸取了中国禅宗心法的有关理论，如冥心静坐、沉思。禅宗心法是功夫与见地、禅坐与生活、渐修与顿悟的统一，在心理治疗方面有着特殊的作用。禅宗认为，要想排除烦恼，保持内心的平静，仅仅依靠冥想是不够的。冥想的修习必须与世界观的转变相结合，也就是以“见地”来“修正”观念的不正确，否则，不但无法领悟宇宙和世界的规律，反而可能步入歧途。禅宗的禅坐不仅仅是在禅坐过程中要实现心理的平静，在生活中也要求保持心态的平静超然，这样才能实现心理治疗的作用。

此外，乐国安总结了中国古代在社会交往、社会认知和群体心理方面的社会心理学思想。关于社会交往，孔子主张多交朋友，孟子主张交友应该与人为善。在协调人际关系方面，孔子认为应该进行心理换位，自己不想做的事不要强加于人；孟子则主张以德服人。关于社会认知方面，孟子认为可以采取直接观察法，如通过观察对方的眼神和行为去认识他人；还可以使用间接推测法，通过了解对方的朋友来认识对方。在群体心理方面，中国古代的社会心理学思想家认为，群体活动中一定要讲究“人和”，同心同德对于群体活动的成功具有非常重要的意义。

二、中国社会心理学的形成和发展

在中国，20 世纪 50 年代前，社会心理学就曾作为一门独立学科存在过。

清末民初，我国已经开始引进、介绍心理学及其分支学科社会心理学，应该说在起步阶段我国就紧跟世界潮流，很多学者王国维、蔡元培、陈大齐、张耀翔等都为此做出过重要贡献。1889 年，由颜永京翻译的中国最早的哲学心理学著作《心灵学》出版；1909 年，王国维翻译的霍夫丁的《心理学概论》出版；1917 年陈大齐在北京大学创建了第一个心理学实验室。1924 年，陆志韦所著的《社会心理学新论》作为中国第二本社会心理学专著正式出版。孙本文 1929 年开始在中央大学教授社会心理学课程，20 世纪 30 年代，潘菽的《社会心理学基础》出版，赵寅翻译了奥尔波特的《社会心理学》，高觉敷翻译了雷朋的《群体心理学》。1948年，我国社会学家孙本文的《社会心理学》出版，标志我国社会心理学在当时的重要成就。另外，陈雪屏的《谣言的心理》、潘光旦的《性心理学》等陆续出版。中国早期对社会心理学的引进和著述异常丰富。同样，社会心理学的实验研究也开始起步。1922年，张耀翔首次进行了选举民意调查、中国青年的情绪研究、迷信、商人心理学研究等。1942年，社会学家费孝通和心理学家周先庚在昆明进行了第二次工业社会心理学研究，为社会心理学的本土化研究做了有益的尝试。20世纪40年代至20世纪50年代，吴江霖、林传鼎、曾性初等分别对习俗的J-曲线分布、中国人的表情模式、奖惩的相对效果进行了系统研究，在国际社会心理学界产生了一定影响。

20世纪60年代中期，中国台湾经济崛起，促进了台湾学者的文化觉醒，以杨国枢为代表的中国人性格研究的学术群体异常活跃。1964年，杨国枢等开始采用实证方法研究中国人的性格特点，提炼出了表示中国人心理与行为的概念和理论。20世纪80年代，以杨国枢为代表的中国台湾学者和以杨中芳为代表的中国香港学者率先掀起了社会心理学本土化运动（movement of indigenous research on social psychology），强调将中国社会文化特征与民族性融入社会心理学研究中，建立中国人自己的理论框架、概念和术语，尤其是中国特有的人文主义和集体主义取向。这里有两层含义：一是对西方社会心理学知识体系的反省与批判；二是中国社会心理学知识体系的自觉与建设。他们进行了大量的理论上的探讨和对中国人心理与行为的实证研究。

从中国内地的情况看，1950—1980年的30年间，社会心理学的研究几乎处于停滞状态。20世纪80年代以后，中国社会心理学开始进入重建与复兴阶段。1981年，北京市心理学会首次举办了“社会心理学学术座谈会”，讨论了社会心理学的对象、性质、方法以及理论问题，是社会心理学重建的重要标志，1982年4月中国社会心理学研究会（第一任会长为陈元晖）成立，后改为中国社会心理学会（Chinese Social Psychology Association）。此后社会心理学在中国迅速发展，开展了人际关系、群体心理、民族心理和商业心理等多方面的研究，出版了许多专著、教科书，教学和科研不断发展。20世纪80年代中期后，受海内外心理学本土化研究的启发，中国内地学者开始关注如何建立具有中国特色的社会心理学体系问题，并对社会心理学中国化研究的方法、路径、研究对象等进行了具体探讨。

进入20世纪90年代，中国的社会心理学发展更加迅速，成果丰硕。专著、教科书、研究报告不计其数，新的研究、教学机构不断建立，研究队伍不断扩大。最明显的变化是，越来越多的心理学工作者进入社会心理学领域，研究领域向现实社会生活的方方面面扩展。研究课题主要集中在价值观、激励、社会观念、群体心理、人格、需要、人际关系和中国民族性等方面。研究趋势之一是社会认知、社会态度和社会观念、社会环境、社会地位及社会活动对社会心理的影响，以及社会压力导致的社会心理问题与调节等。

三、中国社会心理学发展的基本趋势

目前中国社会心理学发展从基本趋势上进行考察，理论上主要集中在社会心理学理论体系建立、社会心理学基本理论探讨、人际交往理论与社会性发展理论探讨方面；实践上主要体现在社会心理学在政治、经济、文化、教育、新闻和法律等领域的具体应用。同时，目前中国的社会心理学研究仍有着两种取向：心理学研究取向和社会学研究取向。心理学研究取向的社会心理学家偏重以个体的心理与行为作为社会心理学的研究对象；社会学研究取向的社会心理学家则坚持以群体和社会互动作为社会心理学的研究对象。迄今为止，心理学研究取向的社会心理学一直居主流地位。然而，面对 20 世纪 80 年代世界性社会危机，社会心理学无法很好地解决现实生活中的实际问题，这使得社会心理学者开始重新反思社会心理学研究。综合性观点认为，中国社会心理学应该紧密联系中国社会实际，遵循中国的传统文化和历史背景，既要研究群体的社会心理现象，也要研究个体问题；既要重视实验、实证研究，也要重视经验描述、定性分析，把基础研究和应用研究结合起来，把新学科、新方法、新理论和传统思想的开拓结合起来，这才是中国社会心理学发展的基本方向。

目前中国社会心理学从研究的课题与研究成果来考察，主要集中在个体的社会心理与社会行为、人际相互作用、个体与群体及其群体互动等方面。除自我、群体过程、人际关系、社会认知、刻板印象、偏见、态度、社会情绪、成就动机等传统研究课题外，从社会认知尤其是内隐社会认知的视角对社会知觉、归因、态度、自尊，甚至文化认知等问题进行研究，已成为当前社会心理学研究的热点。污名、恐惧管理和社会心理的脑认知神经机制研究更是近年凸现的新的研究增长点。此外，本土化和跨文化比较也一直为中国社会心理学家所关注。西方社会心理学建立在西方文化背景中的科学主义、实证精神基础上，不可能适合中国的国情，注重社会心理学的本土化，一直是中国社会心理学工作者的理想追求。人们普遍开始重视文化对人的心理与行为的重要作用，着眼于中国社会—历史—文化的发展脉络，致力于发展适合中国人的社会心理学研究课题与研究成果，聚焦于中国传统文化与社会心理学、社会心理与社会行为的脑机制研究、中国人的群体决策行为、心理健康问题对社会的影响，以及习惯与目标、自我意识情绪、价值观、人际互动与组织行为研究等，业已取得一批有价值、有影响的社会心理学研究成果。

四、社会转型：中国社会心理学的实验靶场

人们对社会转型视角社会心理学的研

究兴趣，源于我们所处的时代和学科的性质。随着我国社会经济不断发展，整个社会处于转型期、关键期，各种社会问题与人际矛盾接踵而来，如诚信危机、人际冲突、群体事件、违法犯罪、环境污染和生态危机等，为研究者提供了前所未有的研究素材和机遇。第二次世界大战后，美国社会心理学抓住自己的社会现象获得了第一次繁荣，欧洲抓住自己地区多元、民族共存的社会现实成功突围。我国社会变迁与转型背景下的许多新变化和新现象，具有高度的本土独特性和全球启发性，对这些现象进行深入研究，有可能为其注入现存任何流派的社会心理学都不具备的活力。

在改革开放和社会变迁最为快速的 30 年，我国社会心理学取得了一定成果。特别是 2008 年汶川地震后社会心理学家参与灾后的心理干预、研究和重建，可以看作中国社会心理学发展的一个转折点。我们认为，社会心理学的发展趋势表现为：一是“神经革命”；二是应用革命；三是“文化革命”。据此，未来的研究可能聚焦在三个层面。第一，个体层面。①中国人道德判断与道德行为的心理与脑机制，能否通过行为手段或神经科学手段对不当道德判断与行为进行矫正；②个体心理因素在腐败行为和司法实践中发挥的作用，腐败主体对腐败风险及其可控性认知如何影响其腐败行为，以及如何抑制腐败？③个体宗教信仰如何受到遗传和文化因素的影响，并进而影响其自我意识、道德情感和亲社会行为，其神经机制是什么？第二，人际层面。①重视新型人际关系的功能研究，如亲子依恋、同伴关系与师生关系如何影响其情绪理解与调节能力的发展，人际关系在亲社会行为、问题行为和社会适应中发挥了什么作用；②不同民族的个体间冲突如何延伸到群体中从而导致矛盾的激化，如何建立系统的民族冲突心理预警机制来避免极少数民族分离主义的煽动；③不同社会经济地位如何影响人的社会心理与行为，又如何通过具体行为来改变自己的社会阶层？不同社会阶层人的典型社会心理与行为，如何积累与积聚进而成为社会稳定和不稳定因素。第三，群体层面。①中国文化中的独特元素，如中庸、群体意识、集体主义等，对中国人群体的心理有何独特的塑造，其相应的神经基础是什么？②对新移民等不同社会群体的刻板印象、偏见和歧视的心理机制是什么，中国社会的纵向时代变化和横向社会分层所促成的群际关系有何特殊性？③公共事件、网络集群如何诱发社会心理波动与集群行为，其发生发展和变化规律是什么？与上述层面相关的心理健康研究，是社会心理学为社会服务的主要方向和领域，包括心理障碍、网络成瘾和心理健康服务体系机制研究；幸福、健康的心理学研究，中国文化下自我、创造力与心理健康的关系研究，提升处境不良群体的心理健康，以及独生子女群体、学生群体、职业群体、特殊群体和网民群体的心理健康等。

可见，社会转型的历史时期，需要中国特色的社会心理服务与社会心态培育。从社会心理服务走向社会心态培育，这是由我国发展的不平衡和不充分决定的，也受到时代背景、心理学学科发展，以及社会心理服务在领域、区域、群体发展不平衡、不充分的影响。社会心理服务的对象、目标、内容、途径方法、队伍建设决定了社会心理服务是社会心态培育的基础，社会心态培育是社会心理服务的必然产物。此外，社会心态培育为社会心理服务提供了必要的氛围、方向、群众基础与政策保障。社会心理服务影响社会心态培育的内容，社会心态培育主导社会心理服务的方向，两者是互为因果、相互促进的关系。

第四节 社会心理学的新进展

20 世纪 60 年代后，社会心理学承受着来自学科内外的质疑。从内部看，罗森塔尔的研究证实了“期望效应”的存在，奥恩也发现了社会心理学实验中的“需求特征”，即被试的角色扮演。从外部看，对伦理问题的关注，引发了社会心理学研究中的伦理论争；动乱背景（巴黎五月风暴、越南战争、种族冲突）下的激进学生运动，造成了社会的大动荡，使人们对社会科学的价值产生了怀疑。人们呼吁社会心理学家走出实验室，到社会现实中去分析和解决实际问题。

上述严峻问题，迫使社会心理学研究者不断深入思考和自我批判。20 世纪 80 年代以后，研究者从方法、理论和实践等方面进行了不懈的探索，特别是社会认知神经科学对社会心理学的影响已初见端倪，并已出现了许多原创性研究成果，如对态度的事件相关电位（ERPs）研究，对腹内侧前额皮层的社会情绪研究，以及应用脑成像方法（如 fMRI）对图式、选择性注意、抑制、自我、内隐和外显加工的研究等。至于它是否会像社会认知一样，席卷整个社会心理学领域，人们正拭目以待。无论如何，社会心理学的新进展又开始引起学术界的瞩目。

一、社会心理学理论新进展

社会心理学理论的新进展，主要表现为后现代主义思潮对社会心理学理论的影响，以及在信息加工心理学中人类认知对社会心理学理论的持续影响（尤其是图式理论）等几个方面。

（一）后现代社会心理学理论

人们普遍认为，现代社会心理学是指秉承传统的科学心理学的观念和方法，相信通过科学的方法最终能够揭示人类社会心理和社会行为“普遍真理”的社会心理学研究。但是，社会心理学的这种实证研究倾向，使得社会心理学的研究被局限在严格控制的实验室内，忽略了对宏观社会环境的考察，从而在面对社会危机时，显得束手无策。

后现代主义社会心理学是 20 世纪 90 年代兴起的一种新思潮。“后现代主义”本意指一种以抛弃普遍性、背离和批判现代主义的设计风格为特征的建筑学倾向，后来被用于形容文学、艺术、美学、哲学、社会学等诸多领域中具有类似倾向的思潮。格根曾提出了**后现代社会心理学**（postmodernism social psychology）的几个特点。一是科学不应该只存在一个基本的研究领域。我们对周围世界所做的论述，只是在特定的社会常规下思考的结果，或遵照一定的科学研究程序获得的产物。二是我们无法在研究领域中找到具有普遍性的特征。每位研究者在从事研究时，都应该考虑到自己开展研究的历史和文化脉络，应该对自己的文化背景有深刻的反省意识。三是方法不再神圣。研究者很可能因为精心设计，从而误导自己得出错误的结论，成为把自己想法“合理化”的工具。四是实证研究并非获得真理的必然途径。

方俊明认为，后现代主义社会心理学的基本研究思想包括以下内容。

一是反对机械论和实证论，提倡经验论和相对主义。后现代主义社会心理学家认为，用机械论和实证论这些自然科学的研究方法来研究社会心理学，必然使学科背上沉重的包袱。把客观的、可验证性的实证原理，运用到社会心理学研究上是荒唐的。任何理论和方法都只是在一定条件下才适用的。

二是社会心理学的研究应该尽快同伦理学、艺术、社会学接轨，应该重视人的创造性、人际关系和自我实现等高级心理过程的研究，使其与人们的日常生活有更为密切的联系，能够解决现实生活中人们面临的复杂社会问题。

三是提倡从整体论和文化的角度来研究人的心理。他们认为借用自然科学的方法，运用实证、归纳和推理等方法来探讨社会心理的普遍规律是没有意义的，甚至还会割裂人与社会文化的联系，应该采用多元文化观点，全面认识社会差异，即不同的文化和人类差异会影响人们的社会思想与行为，提倡用历史文化的研究方法来研究社会心理学。

因此，后现代社会心理学研究的重点可能包括以下几个方面。

一是探讨人的社会性。后现代社会心理学把研究的重心从个体转向社会，从认知发展转向社会性发展，从个人理性转向文化关系和社会互动，重新挖掘人性概念，关注商品信息化社会中人的时空观、价值观和历史深度感的变化。

二是注重语言的研究。后现代主义认为，语言不是表达思想，而是规定思维，为人们提供一个认识世界的框架和思想范畴。研究语言应该重点研究语言的建构性而不是反映性。

三是注重心理投射的研究。尤其是建筑和艺术对人们心灵深处的影响。

四是提倡超个体研究。后现代主义主张个人回归大众与平凡，或以宗教性怡然来消除自我奋斗的焦虑和恐惧，这就是超个体主义。这是在竞争激烈的后现代社会应对巨大心理压力的有效方式。

后现代主义社会心理学目前还只是一种思潮，还处于起步阶段，但是它在很大程度上反映了后现代主义社会中物质文明与精神文明的巨大反差，人被物欲化、商品化的社会心态，以及如何根据时代的发展来调整和规划社会心理学的发展方向。后现代主义社会心理学强调以人为本，打破实验室研究方法的局限，把研究重心从个体转向社会关系，并使研究方法从实证分析转向语言分析和历史文化分析。虽然其方向是可取的，但是对社会心理学主流研究方法的全盘否定则是不可取的。

（二）图式框架中的社会心理学理论

随着认知心理学的兴起，社会心理学在认知方面的研究大幅度增加。目前，这种发展趋势更是越演越烈。例如，研究者努力将记忆、推理和决策等基础心理学知识应用于社会思维与行为的研究中，对社会信息加工的研究兴趣也在不断增加。几乎所有社会心理学家都相信，人们对所处社会情境的认知在很大程度上决定着社会情境中的行为，认知研究的发现极大增加了人们对社会心理与社会行为的理解。许多社会心理学研究者开始从关注行为表面，转向关注人的社会心理和社会行为的内部信息加工机制。其中，图式理论为社会心理学的研究提供了一个新视角，并从人格、自我概念、刻板印象、社会认知偏差四个方面对社会心理学产生重要影响。

认知心理学的一个核心概念是图式。我们可以把图式理解为人脑中的知识单元或进行认知活动时的认知结构。**图式理论**认为，图式不但是一种知识单元，更是一种文化要素，是社会思想的共有模式，人们利用图式进行沟通和交流并把它们完好地保存下来。认知心理学认为，人的大脑中存在着不同的图式，包括人的图式、自我图式、群体图式、角色图式和事件图式。人的图式就是对人的人格进行描述的认知结构，组织了关于他人人格的概念，使人们可以形成对他人行为的期望。研究者（Shweder）认为，人的图式是从语言发展而来的，词汇本身就提供了某些特征间的关系。当一个词被用在某人身上时，人们认为意思相近的词也适用于此人。还有一些研究者（Anderson & Sedikides）提出内隐人格理论（implicit personality theory），指出某些人格特点与其他人格特点存在着联系，并分析了行为与各种人格特征的联系。内隐人格之所以是内隐的，是因为人们并不会在日常生活中精确地检验这些图式，或者并没有明确地意识到具体内容，但是却往往会在行为中影响人们对他人的判断和评价。内隐人格理论认为，人们心里存在着一张心理地图（mental map），用以表现各个人格特征之间的关系，相近的特征被排列在一起，不同的特征则分布很远，同一个人身上不可能同时具备这些特征。当人们观察他人时，就会根据这张心理地图来推论他人的人格特征，尤其是信息较少的时候，往往会根据这些图式来确定对他人的印象。

自我图式可以用来解释自我概念的形成和发展。自我图式组织形成了人们对自己品质和特征的概念，人们运用自我图式的维度来评价自己。自我图式来自过去的经验，并指导个体对社会经验中与自我有关的信息进行加工。例如，一个人认为自己是具有依赖性的人，他的行为方式就会更多地表现出依赖性，以及与依赖性有关的特征。但是，自我图式并没有包含个体生活的方方面面，而只是那些与自我密切相关的行为特征，逐步形成对自己总的看法和评价。此外，我们必须注意到，自我图式对人的某些认知活动是有影响的，如人们信息加工的速度和准确性，以及如何解释来自他人的反馈信息，而对另一些认知活动则不能发挥作用。

群体图式是与某个特殊社会群体或社会范畴有关的图式，它刻板地反映了特殊社会群体和社会范畴的属性与行为。群体图式可以用来解释刻板印象。研究者(Campbell) 认为，群体图式是人们通过刻板印象，与群体成员直接接触而形成的。例如，人们认为英国人很保守，就会把这种印象放到所有英国人身上。另有研究者(Eagly & Steffen) 认为，刻板印象部分起源于有偏向性地使用社会角色，而将群体进行分类，并把角色的特征放到群体成员身上。刻板印象的研究对社会心理学有重要意义。一是刻板印象可以简化复杂社会，使人们在少量信息的基础上可以做出判断和预测。在当前社会中，很多刻板印象是关于种族和性别的，它不受职业、年龄和政治面貌以及学历的影响。近年的研究表明，刻板印象的内容是随着时间变化而发生变化的。二是群体的标志之一就是具有特殊的图式，不同群体的成员会具有不同的图式，群体间的不同体现在图式的不同上。此外，不同的图式会影响群体之间的关系，如果两个群体之间的图式完全没有共同之处，他们之间就很难进行沟通和合作。

图式理论还可以用来解释社会认知偏差。图式理论认为，人们出现认知偏差的原因是头脑中固有的图式对社会认知产生了负面影响。人们往往会过度地接受那些与图式相一致的信息，即当人们遭遇与图式相一致的信息时，在认知上会倾向于接受，并会选择与图式一致的信息，而忽略不一致的信息。面对缺失信息时，人们会填充与图式一致的信息，这些信息并不一定是准确的。此外，由于人们固着于已有的图式，即使是错误的也是如此，往往导致对事物的错误解释、推断和反应。于是，就出现了人们在解释社会心理与社会行为时的认知偏差。一般而言，社会认知偏差可以通过调整思维方式等途径得到有效的控制。

（三）混沌理论对社会心理学理论的影响

继耗散理论、协同学理论、系统自组织发展之后出现了**混沌理论。混沌**（chaos）是指在确定性系统中出现的类似随机现象的过程，是一种看似无规则的运动。

所谓确定性系统，是指结构相对稳定，各要素间有明确的内在关系，从理论上可以预测未来的动力学行为。现代科学中的混沌并不是完全无序的，而是不具备周期性和对称性特征的有序状态，是无序中的有序。科学进入混沌研究的同时，社会心理学研究也得益于其崭新的视角。

在混沌理论中，有序与无序是同确定性与随机性相对应的一对范畴。这种有序与无序可以从心理结构客观表征上加以考察。例如，研究表明，正常人的脑电波是呈现无序状态的，而神经症患者的脑电波却是有序的。同时，简单性和复杂性也是相互对应、相互包含、相互促进的，这种关系正好说明了人类心理千差万别的原因。在人的心理的发展演化过程中，心理内部不断地与外部进行物质、能量、信息和知识的交流，并根据外部环境条件的变化调整内部心理组织结构。随着心理的演化过程，心理系统也就由简单到复杂逐步发展。心理发展进入成熟期后，就会出现波动，带来发展中的危机，解决危机之后，心理就会再次进入成长期。

混沌理论将确定性和随机性统一起来，同样，心理世界也并非完全无序和随机的，而是确定性和随机性共存的统一体。一般而言，线性系统是简单的，非线性系统是复杂的，在混沌系统中，线性与非线性是共存的，而且更多表现为非线性，这为意识、大脑智能系统和社会心理等复杂心理现象的研究开辟了新途径。混沌理论认为，任何一个初始条件的微小误差，都会受到系统非线性反馈过程的不断放大和缩小，从而最终导致完全不同的结果。原因和结果间的关系随着时间的变化而消失，从而使得预测变得不再实用和可靠。这种特性使得传统心理测量技术不再适用于分析长时间的心理变化。依据混沌理论，只有依靠数量分析的理性与重视面对面的沟通相结合的预测模式，才是最佳的模式。特别是在社会心理学研究中要重视现场研究和系统观察研究。只有这样，才能提高社会心理学研究的生态学效度。

人类的心理要素非常繁多，心理空间的运动基本上是随机的非线性运动。像混沌系统一样，心理运动是一个涨落的过程。一个人的心理可能会影响到许多人，某个人的情绪状态可能也会感染许多人，这就是心理传播中的强化效应，即一个人的某种观念、信仰或价值观等被另一个人或群体接受并融入自己的心理系统中，通过消化、吸收和创造后输出，从而影响了与其生活在一起的所有人。这个过程就类似于混沌理论中的迭代。社会心理和社会行为的高度复杂性，大多来自时间、地域、民族条件的不同，以及与之相伴随的文化心理、民族心理、价值观念和行为模式的差别。

总之，社会心理学理论的发展以时代的科学范式为背景，随着时代科学范式的转换，社会心理学的研究范式也要改变，将社会心理现象理解为非线性复杂系统，在此基础上建构符合时代要求的社会心理学理论体系。我们相信，把混沌理论应用于社会心理学的研究，必将获得令人耳目一新的研究结果，为丰富社会心理学理论奠定坚实的基础。

二、社会心理学具体研究领域的新进展

社会心理学发展迅速，主要表现在研究方法、研究视角和研究主题三个方面。在研究视角上，出现了积极心理学、进化心理学和认知神经科学等新的研究视角，尤其是“社会认知神经科学”，使人类对社会心理现象的理解从社会水平和认知水平深入神经水平、细胞水平，代表了未来发展的一个趋势。与这一领域紧密相连的另一个更广泛的跨学科研究视角——“具身认知”（embodied cognition），被认为有可能将心理学整个学科统合起来。

（一）社会认知领域

20 世纪 80 年代以后，社会认知领域的研究丰富多彩，社会认知心理学家开始研究情绪、目标、动机在认知中的作用。研究主要集中在情感对社会判断和认知策略的影响上；在社会认知概念、研究内容和文化视角的关注等方面也都有了许多新的研究成果。

施瓦茨（N. Schwarz）等人指出，个体在做出判断时，情绪本身也是一种信息的来源。一个人目前的情绪可能确实是由当前的目标对象引起的，但是情绪具有弥漫性，因此，无法把对事物的情感反应同以前的情绪状态清楚地区分开，这样就会在评判时受情绪的影响而不自知。情绪对加工策略也会有影响。人们情绪好的时候，往往会依赖于以前的一般知识结构，对问题采取自上而下的策略性加工，较少注意问题的细节；情绪不好的时候则更可能运用系统信息加工策略，过于关注事物的细节。这就是情绪的信息功能。人的情绪会反映环境的状况，遇到威胁时情绪不好，否则情绪就好。人的思维过程与情绪表达的情境要求是一致的，消极情绪会使人特别关注细节，进行仔细分析和精细加工，以避免不好的结果。

蔡肯（S. Chaiken）等人提出了社会认知双过程模式，认为个体对目标和社会情境的特殊性是非常敏感的，他们会根据不同情境的需要，采取不同的信息加工策略，这些加工策略可能花费的认知资源较少，也可能花费的较多。菲斯克（S. T. Fiske）等人提出，当社会关系对人们非常重要时，人们就会分配充足的认知资源，形成与认知对象有关的特殊信息，以帮助形成印象。但是，如果此关系并不重要时，人们就会简化认知任务，根据刻板效应来形成印象。此外，拥有不同权力的人，人际知觉的策略是不同的：权力小的人会在形成印象前，寻求更多的与权力者有关的信息；而权力大的人则更关心如何证实刻板印象，这就进一步加强了刻板印象的作用。

近些年来，社会心理学家对沟通与认知过程的关系进行了多方面的研究。他们认为社会认知和判断过程中的误差，可能部分是由研究情境的沟通性质引起的，而并不是像以前人们所认为的那样，是由人在社会认知判断中本身的内在缺陷引起的。社会心理学家认为，沟通存在着的一些准

则，会影响到被试对实验材料的理解，从而影响实验结果，使之出现明显的偏差。在实验中，被试往往会依据沟通的原则，对信息做出判断。例如，在实验中首先向被试提供关于个性的信息，就会使被试认为这一信息对于决策非常重要，否则就不会首先呈现，结果造成了错误判断。另外，社会心理学领域出现了许多关于内隐社会认知、心理控制的研究，说明人可以灵活地调整自己的思维过程，以满足当前的需要与目标。内隐社会认知（implicit social cognition）是指在社会认知过程中，个体具有的某些过去经验和知识，能潜在地对个体的行为和判断产生影响。研究最多的是刻板印象的激活对行为的无意识影响。特别是在运用认知神经科学的方法，对社会性信息加工的脑定位研究、神经网络的相关探索，以及对传统社会认知理论的验证和充实方面，都取得了有重要价值的新进展。

目前，文化心理学的兴起，为社会心理学的自我反思和发展提供了一个新视角。文化心理学认为，心理与文化是相互形成的过程，文化习惯及其意义可以填补和表现心理过程，而心理过程则生成和转换这些文化习惯和意义。从文化角度来说，社会关系对于人类生存、生产和生活是非常必要的，文化模式会影响人的行为习惯和思维方式，从而成为其心理的组成部分。因此，研究社会认知就有必要研究对象的文化背景，考察文化对社会知觉活动的影响。例如，为获得认知平衡而改变自己态度的行为，在不同的文化中解释是不同的。集体文化会赞许这种行为，而个体文化则谴责这种行为。因此，解决认知不一致的观点就会受到文化的影响。归因同样受到文化的影响。在集体主义文化中，对行为特点的归因往往会集中到社会角色等情境因素上，即外部归因；而在个体主义文化中，对行为特点的归因则往往会集中到个人特性上，即内部归因。

（二）群体心理研究

20 世纪 80 年代以来，社会心理学的群体心理研究主要集中在小群体、社会冲突、社会标签、群际关系、群际过程，群际过程中的偏见、歧视、刻板印象、群体凝聚力等方面，并相互渗透、相互影响。应该说，群体心理的研究始终有两个中心：一是解决社会生活的需要；二是促进群体中成员的人格完善和提高工作效率。

关于小群体的研究，是群体心理研究的热点之一，主要集中在以下几个领域：群体构成、群体结构、群体冲突、群体生态学。群体构成的研究认为，可以从群体成员的能力、观点及人格来研究不同的人格特征；用不同的方式来测量群体特征的分布；群体构成是社会和心理活动的结果，是形成其他心理现象的背景，是影响群体结构、群体动力及行为的原因。巴伦（R. Baron）认为，良好的群体构成是减少某些不良社会心理现象的重要因素。群体结构则主要包括身份系统、角色、规范、凝聚力和文化等，这些结构将随着时间而发生变化。群体冲突则是由目标不一致的群体成员所具有的不同信念而产生的。冲突的重要性在于，它能在一定水平上影响群体及其成员的健康。研究主要包括社会困境、谈判、联盟的形成、意见分歧的解决等。其中，小群体生态学是针对过去研究过多依赖于实验情境，忽视社会心理学研究的生态学效度而提出的。实验室群体和自然情境下的群体都不是单独在空间上发挥作用的，也没有脱离环境孤立存在。自然的、社会的及当前的环境都会影响群体成员彼此作用的行为方式。小群体研究虽然活跃，但是仍然存在许多问题。一是各个研究之间缺乏内在的联系，往往缺乏全面性；二是对群体的研究忽略了群际关系，削弱了内部过程的研究。

关于社会冲突的研究，是群体心理研究的热点之二。社会互动中不可避免地会出现冲突，冲突是双方或多方相互对立的行为。近年来，社会冲突的研究主要集中在社会困境、谈判、人际冲突、冲突解决等几个方面。①社会困境研究关注个体和组织在社会困境中的问题解决方式，认为群体成员解决冲突的办法依赖于综合的决策过程；而影响社会困境的因素则主要有个体特征、动机、参与方的期望与行为、社会控制、交往、群体规模等。②谈判是冲突双方都有针对另一方的动机时，为达成折中而采取的行动。人们在谈判中常常采取三种行为：妥协、斗争、问题解决。而影响谈判策略选择的变量研究则有双重关心模型和感知可行性两个方面。③人际冲突，其基本内涵有三个方面，冲突各方认为冲突是因为利益分歧而引起的，研究主要关注冲突解决的程序、解决策略、解决方式。

（三）态度研究领域

态度研究一直是社会心理学研究的热点问题。20 世纪 80 年代至今，研究者主要关注态度的结构、态度与行为的关系、偏见、态度改变的过程及理论、态度改变过程的多元变量研究等方面。

在态度的结构方面，研究者不再局限于态度要素结构（认知要素、情感要素、行为倾向）和态度立体结构（垂直结构、水平结构）的分析，而提出了内在态度结构、交互态度结构和系统态度结构。**内在态度结构**是研究态度对象以前的经验与态度对象之间的关系的结构。内在态度结构的变量是行为评价一致性与情绪评价一致性，后者指个体的整体态度评价，同与态度对象有关的情绪情感内容的一致性。两者都会影响态度的形成。**交互态度结构**则是反映不同态度之间相互关系的一种外在结构关系。态度的交互关系有不同类态度之间的制约关系，以及态度之间层级系列的决定关系，如最近研究者提出的**态度联结网络模式**（attitude associative network model）。该模式把态度视为相互联系的点，而这些点是与评价相一致的。如果相互联结的点，其评价都是消极的或积极的，那么点与点之间的关系就是平衡的，否则不平衡，从而不稳定，可能会引起态度的改变。态度具有层级结构，态度、信念和价值观之间往往会形成一个复杂的网络，其核心是价值观，决定着态度的形成。目前，更多的社会心理学家把态度看作一个大系统，由态度单元、态度系统和态度空间三个层次组成。其中态度单元是系统中最基本的结构单元，是没有具体内容的抽象实体；态度系统的结构则是有机统一的态度整体，构成态度空间的本体；态度空间则由态度系统及其相关的认知和情感组成。此外，还有双重态度模型等。在态度与行为关系研究方面，研究者一直关心影响态度与行为之间关系的因素，以及态度与行为之间关系的模型。米切尔（H. A. Micher）与德拉梅特（J. D. Delamater）认为影响态度与行为关系的三个变量为：态度的激活、态度的特性、行为的情境设定。态度的激活是指某种态度影响行为一定要被激活，才能从记忆中进入意识域，激活态度的途径是安排一定的场景来呈现态度对象。态度的特性会影响态度与行为的关系，这是因为态度具有对对象的情感评价，如果与态度的认知之间一致性很强，那么态度与行为间的联系就越强。态度如果来自过去的直接经验，那么它对行为的影响就更强。而态度与行为之间的关系模型则主要是**自主行动模型**。该模型认为，过去的直接行为经验由于与态度对象有很强的行为关联，即一致性和关联性，因此最容易产生作用；态度不需要积极的、有意识的理性加工就能启动，它可以自发地、自动地被激活。激活的态度会自动引发态度与行为的关系。

偏见的研究主要集中在偏见产生的认知来源和产生过程中的信息加工方面。偏见产生的认知来源研究发现，偏见的产生有社会标准思维加工、刺激的特性、基本归因错误、公平世界现象、预设偏见等认知原因。偏见的信息加工过程研究则探讨了预设偏见、动机性偏见、偏见的知识存储对态度信息的影响等。研究发现，动机和能力是偏见性信息加工的重要因素。其中动机有四类：对抗性动机、平衡性动机、印象管理动机、自我肯定动机。它们引导个体做出偏见性判断，从而进行动机性偏见加工。

在态度改变的理论与过程研究方面，研究者主要提出了态度改变的详析可能性模型，以及协同学模型。态度改变的**详析可能性模型**认为态度改变是一个连续体，涉及有动机和能力的个体如何评价他人、某种观点的核心属性或价值。**协同学模式**则是把态度改变看成是表现出一定概率分布的转变，而影响态度改变概率分布的参数有两个：偏好参数和服从参数。偏好参数表示对某种意见存在倾向性偏好，服从参数表示群体意见对个体的压力。一旦确定了两个参数的取值问题，态度改变的概率就可以确定。此模型提出的系统演化中的随机因素思想，为社会心理学的方法研究从机械性因果关系，转向概率论的统计性因果关系提供了可能。

三、社会心理学研究方法论的新进展

社会心理学的发展进程中，一直存在着两种研究范式，即实证主义和人文主义，这是因不同历史时期、不同社会需要、时代发展需要而产生的特定研究范式。应该说，实证主义的研究是主流社会心理学的研究方法取向，但是随着时代的发展，实验室研究的许多问题也暴露了出来，引起了社会心理学家的反思。

在过去的实验室研究中，实验被试的代表性往往令人疑惑，因为大多数社会心理学的实验被试都是大学生，显然以这样不具代表性的被试研究得出的实验结果以及理论，是不具代表性的，因而也难以推广。社会生活会随着历史的进程而发生改变，某一时间所进行的实验，往往是同当时的文化及历史背景相联系的，由于时间的作用，实验结果会大相径庭。此外，严格控制了变量和情境的实验室实验，失去了丰富复杂的社会互动，使得被试往往从社会赞许的角度做出反应，从而影响了实验的准确性，尤其是生态学效度。以此研究结果得出的结论自然也就难以服人。因此，社会心理学研究应该慎重对待实验室研究。

1977 年，米格莱姆（S. Milgram）所主持的服从实验引发了实验研究的伦理学争论。被试在实验中所受到的欺骗、伤害、隐私侵犯等问题，日益被社会心理学家和社会科学家关注，从而最终形成了实验研究的操作规范和职业伦理规则，如采用知情同意的被试，对欺骗进行补救，实施隐私的保护等。

但是，社会心理学研究的主流仍然是实验社会心理学。目前以美国为首的西方国家，社会心理学研究方法论的一个新趋势是应用脑科学或认知神经科学的研究方法，如事件相关电位技术（ERP）、功能性磁共振成像技术（fMRI）和正电子发射断层扫描技术（PET）等，考查社会心理现象的脑机制和认知神经基础，不仅包括社会心理现象的脑定位研究，也包括脑神经网络方面的研究，给社会心理学研究方法论注入了新的血液和生命力。据此，有的研究者（F. Moghaddam）根据对学科的影响力和创造力的不同，把心理学及社会心理学分为三个层次：第一个层次是美国社会心理学，是主流社会心理学，处于学科影响的中心；第二个层次是欧洲发达国家社会心理学；第三个层次是发展中国家社会心理学。发展中国家社会心理学的本土化运动，以及欧洲社会心理学对美国社会心理学的反叛，成为社会心理学本土化运动的标志，也是社会心理学研究方法论进一步发展、成熟的契机。

可见，北美社会心理学在科学方法和研究视角迅速发展的同时，吸收欧洲社会心理学关注群体研究的特点，促进社会心理学走向新的繁荣。当前中国社会心理学正处于既在学术阵营中边缘化，又在社会实践中失语的尴尬境地。这种尴尬处境来源于国际化与本土化的困局，其间混合着重理论还是重应用的研究策略选择之纠结。面对国际和国内的双重挑战，中国社会心理学应抓住亚洲社会心理学以本土及文化心理学为特色，向西方主流社会心理学突围的历史机遇，充分发掘和培养自己的文化自觉、文化自信，密切关注中国在急剧社会变迁过程中发生的重大社会心理现象和问题，以本土化推动国际化，在理论建构、学科与学术共同体建设、国际合作等方面进行实质性突破，最终在为中国社会发展服务的同时，也能为国际社会心理学发展做出自己的独特贡献。一言以蔽之，社会心理学处于“北美长期占主导、欧洲后来融入、亚洲正在突围”的时空发展模式。中国社会心理学的发展归根结底应着眼于重视中国现实社会问题、具有国际视野和全球意义的本土研究。

【本章摘要】

1. 在社会心理学的孕育时期，柏拉图和亚里士多德等人“在哲学知识内部建立了社会心理学的主题思想”。同时，实证主义哲学、机械唯物主义和功利主义哲学家都为社会心理学思想做出了贡献。

2. 德国的民族心理学、法国的群体心理学和英国的本能心理学都为社会心理学诞生做好了理论与方法上的准备。1908 年，社会学家罗斯和心理学家麦独孤的《社会心理学》同时出版，这是社会心理学形成时期的标志。

3. 社会心理学产生于西方。麦独孤是心理学取向的社会心理学的主要创始人，其本能论社会心理学思想对现代社会心理学的产生与发展曾产生过重要影响，在社会心理学发展历史中占有一席之地。1924 年奥尔波特《社会心理学》一书的出版，被人们认为是实验社会心理学诞生的标志，也是科学社会心理学的确立时期，其在随后的几十年中成为西方社会心理学研究的主流。

4. 在国外社会心理学的发展中，美国社会心理学占有压倒一切的优势。美国社会心理学以心理学研究取向为主，其研究主流是实验社会心理学。美国在 20 世纪 30 年代至 20 世纪 50 年代主要关注态度和态度测量的研究、场的研究、社会学习和模仿的研究；20 世纪 60 年代至 20 世纪 90 年代集中关注社会认知领域的社会心理学研究，以及其他临床和应用社会心理学的研究。

5. 欧洲社会心理学通过对美国主流社会心理学的学习、批判和反省，开始逐步建构具有欧洲特色的社会心理学理论、方法和技术，特别是认知和行为的社会、文化决定因素。亚洲和日本社会心理学深受美国社会心理学发展的影响。日本的社会心理学尤其重视服务社会和经济发展的应用研究。

6. 中国古代具有丰富的社会心理学思想。20 世纪 50 年代前，中国社会心理学就曾作为一门独立的学科存在过。80 年代以后，中国社会心理学开始进入重建与振兴阶段，进入 90 年代后社会心理学发展迅速，成果丰硕。中国社会心理学发展的基本趋势为：重视社会心理学的理论建设，强调社会心理学的应用性。其主流是心理学取向的社会心理学研究。

7. 社会现实要求社会心理学研究者从社会心理学的方法论基础、理论定向、社会期望等方面展开反思，其目的是实现社会心理学的发展与时代同步，“与时俱进”。

8. 社会心理学的理论新进展主要表现为后现代主义思潮、信息加工心理学中人类认知对社会心理学理论和研究的影响，即后现代社会心理学理论、图式框架中的社会心理学理论和混沌理论对社会心理学的影响等方面。

9. 社会心理学具体研究领域的进展，主要反映在社会认知、社会态度和群体心理等研究领域。对社会心理学研究方法论的发展而言，应慎重对待社会心理学的实验室实验，但主流仍然是实验社会心理学，关键是缩小与社会现实的差距，提高研究的生态学效度。

【建议参考资料】

1. 高觉敷. 西方社会心理学发展史. 北京：人民教育出版社，1991.

2. 刘恩久. 社会心理学简史. 南京：江苏教育出版社，1988.

3. 俞国良等. 社会心理学前沿（第 3 版）. 北京：北京师范大学出版社，2010.

4. 乐国安. 20 世纪 80 年代以来西方社会心理学新进展. 广州：暨南大学出版社，2004.

5. G. 墨菲，J. 柯瓦奇. 近代心理学历史导引. 林方，王景和，译 . 北京：商务印书馆，1980.

6. 威廉・麦独孤. 社会心理学导论. 俞国良，雷雳，张登印，译 . 杭州：浙江教育出版社，1997.

7. Hewstone M，Stroebe W. Introduction to Social Psychology：A European Perspective（4th ed. ）. Blackwell publishing，2008.

8. Sahakian W S. History and Systems of Social Psychology. New York：Hemishere publishing corporation，1982.

9. Kenrick D T，Neuberg S L，Cialdini R B. Social Psychology：Goals in Interaction（6th ed. ）. Pearson Education，2005.

10. Baron R A，Branscombe N R. Byrne D. Social Psychology（13th ed. ）. Pearson Education，2011.

11. Taylor S E，Peplau L A，Sears D O. Social Psychology（12th ed. ）. Pearson Education，2006.

【复习思考题】

1. 简述社会心理学的起源。

2. 简述奥尔波特创立的实验社会心理学及其历史贡献。

3. 美国社会心理学的发展特点是什么？

4. 欧洲社会心理学为什么要反思美国社会心理学对其的影响?
5. 简述后现代主义思潮对社会心理学理论的影响。
6. 什么是图式理论?图式理论对社会心理学理论发展有什么贡献?
7. 从社会认知和社会态度两个方面,阐述社会心理学具体研究领域的新进展。

第三章
社会心理学的理论与方法

【学习目标】

正确理解社会心理学基本理论，特别是社会学习理论和社会认知理论；了解社会心理学研究方法论的重要性和方法论的基本原则，以及开展社会心理学研究应注意的伦理问题；知道社会心理学研究设计的基本范式、研究过程和研究步骤，掌握系统观察、相关研究和实验研究等具体研究方法，能根据社会心理学的具体研究方法，从现实生活中选择一个研究主题，进行初步的社会心理学研究设计。

【重要术语】

社会学习理论　观察学习　社会认知理论　内隐联想测验　进化社会心理学理论　决策理论　实验性欺骗　系统观察　相关研究　现场实验　模拟实验　元分析研究

社会心理学作为系统研究个体社会心理与社会行为的科学，与人们的日常生活联系十分紧密。社会心理学家不仅要研究人们没有意识到的问题，也要研究一些人们认为是“普遍真理”和“理所当然”的问题。显然，社会心理学的研究能够帮助人们更好地分析社会心理现象，理解自我与他人、社会的关系。本章将介绍社会心理学的基本理论、研究方法论、研究设计过程以及一些具体的社会心理学研究方法。

第一节 社会心理学的基本理论

一百多年来，随着社会心理学的不断发展，逐渐形成了众多应用于某一范围的社会心理学“中层”理论（middle-range theories）和学说，构成了社会心理学的理论“大厦”。这些理论有两个来源，即心理学家的研究，以及社会学家和文化人类学家的研究。这里，我们主要介绍前者，如社会学习理论、社会认知理论、精神分析理论、符号交互作用理论等经典社会心理学理论；同时也概括介绍新近发展起来的一些社会心理学理论，如社会文化理论、进化社会心理学理论和决策理论等。值得注意的是，许多理论的提出者只重视某个因素，而忽视了其他因素。

一、社会学习理论

社会学习理论（social learning theory）是社会心理学中的一个重要理论流派。从社会学习理论的发展历程来看，社会学习理论是在行为主义“刺激—反应”学习原理基础上发展起来的，可以追溯到 19 世纪末桑代克的快乐主义联想论、巴甫洛夫（Ivan Petrovich）的条件反射学说、华生（J. B. Watson）的行为主义学习理论、斯金纳（B. F. Skinner）的操作性作用原理，以及托尔曼（E. C. Tolman）的认知学习理论、赫尔（C. L. Hull）的行为原理、米勒（N. E. Miller）与多拉德（J. Dollard）的早期社会学习理论、班杜拉的观察学习理论等。

社会学习理论的理论渊源主要是新行为主义学习理论。持这种观点的社会心理学家广泛研究了各种社会行为，包括攻击、利他、模仿、说服、态度、人际吸引、社会促进、合作与竞争等。这些社会学习理论的代表人物虽然都对各自的研究领域有所偏爱，并且理论观点有所不同，但是，他们的核心理念是相同的，即社会学习理论的核心是一个人的当前行为是由其过去的经历决定的，已有的经验、训练、强化对行为的习得起着至关重要的作用。社会学习理论强调认知因素、观察学习、自我调节过程，以及个体行为和环境的相互作用。该理论认为，在某些情境下，一个人的行为随着时间的流逝能够变成某种习惯，当人们再次遇到同样情境的时候，就会倾向于用同样的方式进行反应，这是社会学习的结果。例如，“红灯停绿灯行”，就是人们在过去的经验中学会了怎样对红灯与绿灯进行反应。同时，社会学习理论研究者倾向于强调从外在环境中寻找行为的原因，而不重视人对情境的知觉和对情绪的认知这些主观因素对行为的影响。

社会学习理论认为个体的学习行为有三种机制，即联结、强化和观察学习。这三种机制为人们正确理解社会行为提供了独特的视角和方法。

（一）联结

社会学习理论中联结（association）的概念，源于巴甫洛夫的经典条件反射学说。在巴甫洛夫的实验中，由于每次给狗呈现食物的时候都伴随铃声，因此狗学会了听到铃声就分泌唾液；一段时间后，即使没有食物出现而只有铃声的时候，狗也会分泌唾液，这样狗在铃声和分泌唾液之间就建立了某种联结。根据经典条件反射学说提出的联结理论，学习就是刺激—反应联结的形成。这一理论强调各种联结的作用：情境与行为的联结、一些行为与另一些行为的联结、一些知觉的联结，甚至一些情绪也是由于联结而形成的。在社会心理学中，人们经常用联结的观点来解释社会态度、人际吸引、社会规范等现象。人们常通过联结而习得对某一社会事物的态度；人们喜欢那些与美好的经验联结在一起的人，而讨厌那些与不愉快的经验联结在一起的人；在特定情境中发挥过作用的社会规范会制约以后相似情境中的行为。

（二）强化

强化（reinforcement）是斯金纳和其他一些行为主义者研究中的一个重要概念。强化理论认为，人们学习表现某个行为是因为随后会有一个令人愉快的，或者可以满足其某种需要的东西出现，这是一种正强化；而人们避免表现出某种行为是因为随后会有一个不愉快的结果出现，这是一种负强化。例如，一个孩子可以学会帮助他人，可能是因为他在帮助父母做家务时得到了父母赞许的微笑，或者是当他和小朋友一起分享玩具时得到了父母的表扬。相反，如果儿童没有完成作业，父母就不让他看电视或者给以其他的惩罚，那么，他就可能会减少不完成作业的次数。各种社会行为，如攻击行为、人际吸引、态度改变、助人行为等，都可以用强化理论进行解释。强化可以分为直接强化、替代强化与自我强化三种。直接强化就是人们受到自己行为的直接后果的影响；替代强化就是人们还会观察他人做出行为后得到了什么后果，这种后果也会影响人们是否以及怎样做出相同的行为；自我强化就是人们在行为之后，对自己的认知与评价会影响人们进一步的行为表现。在行为强化过程中，强化物、强化频率、强化时间等都会对人们的行为产生影响。

人物栏

图 3-1 斯金纳

斯金纳（1904—1990），美国当代心理学家、新行为主义心理学的主要代表（见图 3-1）。1904 年 3 月 20 日生于宾夕法尼亚州的萨斯奎汉纳，1990 年 8 月 18 日卒于波士顿。1931 年获哈佛大学哲学博士学位。

斯金纳提倡一种“彻底的行为主义”，主张心理学应该坚持描摹环境和有机体行为之间可观察的函数关系，认为主观的心理活动实质上全都是有机体的反应，都具有物理的维度。他本人毕生致力于行为的实验分析，从长期的研究中得出结论：欲使个体行为形成，强化必须依随反应而发生。从 20 世纪 50 年代前后起，他开始尝试将自己的结论以及行为主义的哲学观点运用到人文科学的广泛领域中去，引起了东西方思想界的注目。他一生在心理学上的成就很多。他发展了巴甫洛夫和桑代克的研究，揭示出操作性条件反射的规律。他用来研究操作性条件反射的实验装置“斯金纳箱”，也已被心理学家和生物学家广泛采用。他还根据对强化作用的研究，发明了著名的“教学机器”，并设计出“程序教学”的方案，对美国教育产生过深刻的影响。他是行为矫正技术的创始人之一。为了表彰他在心理科学上的成就，1968 年，美国政府授予他最高的科学奖励国家科学奖章。他的主要著作有：《有机体的行为》(1938)、《科学和人类行为》(1953)、《言语行为》(1957)、《教学技术》(1968)、《关于行为主义》(1974) 等。他的小说《沃尔登第二》(1948)，以及他的《超越自由和尊严》(1971) 等书，曾在美国社会中激起巨大的反响和争议。

（摘自《中国大百科全书·心理学》，中国大百科全书出版社，2002）

(三) 观察学习

在众多社会学习理论研究的基础上，社会学习理论的大师班杜拉对社会学习理论进行了更为深刻、广泛的探讨，其代表著作《社会学习论》(1997)，系统阐述了社会学习理论的基本观点和理论框架，提出了以认知为基础的观察学习。**观察学习**(observational learning) 理论认为，人们仅通过观察他人或者模仿榜样，就可以学习某种社会态度和行为。例如，儿童学习本民族的语言，只通过听周围人说话即可习得。因此，在观察学习中，环境中的他人是一个重要的信息来源。观察学习可以在没有任何其他外在强化的情况下出现。然而，无论人们是否实际表现出了通过观察学习获得的行为，这种行为也会受到行为结果的影响；当人们不仅观察而且还“复制”一个榜样的行为时，就是一种模仿(imitation)。

这一理论是目前社会学习理论中最有

活力、在西方心理学界与社会生活中具有广泛影响的理论。在班杜拉的理论体系中，我们可以看到来自行为主义与认知心理学两方面的深刻影响。与早期社会学习理论代表人物的观点不同，班杜拉强调从人类行为那里获得第一手资料；认为人的行为是以认知为中介的，人是具有自我定向和思维能力的生物。一般地，观察学习具有三个特征：①观察学习不必具有外显反应；②观察学习并不依赖直接强化；③观察学习通常有认知成分的参与。班杜拉按照人类信息加工的模式，把观察学习分为注意、保持、再现以及动机或激励四个过程。

二、社会认知理论

社会认知理论（social cognition theory）从认知过程、认知心理学角度来解释人类的行为，强调一个人的行为依赖于其知觉社会情境的方式。该理论显然受到以科勒（W. Kohler）、勒温等人为代表的格式塔心理学（gestalt psychology）的深刻影响。该理论认为，个体的认知结构对知觉社会现象有重要的影响，突出了人的心理的主动性和能动性。实际上，社会心理学家非常愿意在方法论上使用社会认知理论这一术语。通常它用以概括所有从社会认知入手、对人类的社会心理和社会行为进行研究的方法，以及由此提出的各种学说（乐国安，1997）。与学习理论相反，社会认知理论关注的重点是人们对人和社会情境的认知过程。这个理论认为，人们在面对现实世界时，会把自己的知觉、思想和信念组织成简单的、有意义的形式。不管情境多么混乱或无序，人们都会把某种秩序应用进来。人们会本能地倾向于将事物进行分类或者归类；往往将一些事物知觉为图形（特点突出的物体），将一些事物知觉为背景。因此，人们对社会情境和人的知觉会形成一个认知结构，这个认知结构进一步影响人们对事物的知觉和解释，进而影响着人们在所有情境，尤其是在社会情境中的行为方式。换言之，一个人的行为，取决于他对当前情境做出怎样的认知和解释，而不在于过去的联想、强化或榜样。总之，社会认知理论首先关心当前的知觉而不是过去的学习；强调个体对某个特定情境的知觉或解释的重要性，而不是作为一个中立的观察者所看到的情境的客观真实性。

社会认知理论的重要来源是格式塔心理学。勒温把格式塔的思想应用到社会心理学中，强调个体知觉社会环境的重要性，即勒温提出的个人的“心理场”。在勒温看来，行为受个体特征（如能力、人格和基因特点）与其所知觉到的社会环境的影响。社会认知的研究始于 20 世纪 40 年代中期。第二次世界大战结束后，美国心理学家布鲁纳（J. S. Bruner）等人首先提出了“社会认知”的概念，强调知觉过程受社会因素的制约。在第二次世界大战期间，布鲁纳亲自参与了联合军队欧洲最高司令部心理作战部的工作，研究宣传技术、战后谈判意见与人格的关系。这些军事社会心理学的研究经历，使他认识到以往对知觉的研究，忽视了需要、价值、情感、人格、情境等因素对知觉的作用。从 20 世纪 50 年代开始，社会认知取向的研究者对社会知觉、社会印象、社会判断等整个社会认知过程进行了全面的研究，并提出了各种认知理论观点。随后，研究者对各种社会认知过程进行了更加深入、细致的研究。认知心理学的发展，对人类信息加工的心理学研究，进一步激发了社会心理学中认知取向的研究。将认知心理学的研究成果应用到社会心理学时，社会认知研究尤其关注人们怎样加工、整合有关人和情境的信息，人们怎样对他人做出的推断进行归类。除了勒温的场论外，阿希的从众理论、道奇（M. Deutsch）的合作与竞争理论以及社会认知的一致性理论、人际知觉理论、社会认知的归因理论，都是社会认知取向的社会心理学家提出的具有代表性和深远意义的理论。

随着社会认知研究的进一步深入，一些研究者认识到从社会信息加工中的有意识和无意识性入手，可以将社会认知分为外显与内隐两个方面，而且人们的社会认知在很多方面具有更强的内隐性。内隐社会认知的概念，拓宽了社会认知的研究领域，引起了社会认知研究者的广泛关注。因此，从 20 世纪 90 年代开始，内隐社会认知已成为社会认知研究领域中的热点。内隐社会认知的研究相比以往的社会认知研究，更多地借鉴了认知心理学的研究方法。特别是 1998 年格林沃尔德（A. G. Greenwald）提出的**内隐联想测验**（Implicit Association Test，IAT），成功地促进了内隐社会认知研究的蓬勃发展。这一方法采用反应时指标，通过一种计算机化的分类任务来测量两类词（概念词与属性词）之间自动化联系的紧密程度，继而对个体的内隐社会态度等内隐社会认知进行测量。研究方法上的革新是研究不断取得进展的关键因素，因此，内隐联想测验的提出对于社会认知领域的研究具有重要意义。虽然内隐联想测验本身也在不断完善之中，但是，它目前已经被广泛应用于社会认知研究的各个领域和其他相关领域。例如，对内隐社会知觉、内隐态度、内隐自尊、刻板印象、印象形成、攻击等方面的研究都取得了很多新成果。我们（董奇，俞国良）曾专门撰文介绍了内隐联想测验在临床心理学（如社交焦虑、抑郁与成瘾行为）中取得的丰硕成果。我们有理由相信，该方法也将在社会心理学领域中有广泛的应用，内隐社会认知的研究将会吸引越来越多的研究者加入其中。

目前，社会心理学家运用认知信息加工的观点取得了丰硕的研究成果，但是，在社会认知理论研究中也有一些值得注意的问题。首先，研究者有必要进一步明确社会认知与一般认知的本质区别，避免脱离现实的社会生活实践；其次，研究者在重视人对情境知觉的时候，也要注意人与情境之间的交互作用，特别是社会文化因素对情境知觉的影响。

三、精神分析理论

精神分析（psychoanalysis）是现代西方心理学的主要流派之一，由弗洛伊德创立。精神分析的社会心理学思想主要涉及两个方面：一是和个体社会化有关，即人怎样成为社会人；二是和群体心理有关，主要涉及原始道德和宗教。在阐述这两个问题时，弗洛伊德使用的一个重要概念是“认同”或“自居”（identification），即由于某种动机而有选择地模仿别人某些特质的行为，从而使个体在心理上产生一种归属感。

（一）关于个体社会化

弗洛伊德认为儿童早期把父亲或母亲作为性欲的对象。男孩爱恋母亲，他或迟或早地明白了父亲妨碍了他对母亲的爱恋，于是对父亲产生嫉妒甚至憎恨，此即所谓**俄狄浦斯情结**（杀父娶母）。而社会道德规范不允许乱伦，解决这一矛盾的典型方法就是加强对父亲的认同，模仿父亲的行为举止。女孩则相反，会加强对母亲的认同。对父母的认同是最基本的认同，但儿童不会把所选择的理想人物局限于父母，还会指向他人，并“力求按选中的‘模特’来塑造自己的自我”。儿童通过认同作用，把外来的社会经验内化为自己的特质，并据此行事，逐渐成长为社会人。除认同外，“本能”“本我、自我、超我”，这几个精神分析理论中的经典概念，也与个体的社会化有着密切的联系。弗洛伊德认为自我本能和性本能指向生命的生长和增进，可以通称为生的本能，与之相对的是死的本能。弗洛伊德用**本能**重新解释了人类行为的最初动因，改变了原来人们对其自身行为的种种解释。他认为，最终决定人的行为的根本动力就是人的原始本能。所以，弗洛伊德的本能论就是他的社会心理动机论。幼儿时期，个体行为主要的动力是追求快乐的满足，在其身上保持着未加以分化的本能——力求生理紧张状态的解除和快乐的满足。然而，在现实社会中，本能是不能肆意表现的，它受到现实的限制，社会通过家庭、学校、社会舆论、道德规范和法律等形式，要求甚至强迫个体接受社会已有的文化，依照社会规范行事。这样，本我就被压抑起来，它只能在自我和超我的监督控制下，以被社会允许的方式出现。本我、自我和超我在个体身上达到了相对平衡状态，个体接受了社会规范、文化习俗，建立了自己的理想，习得了知识、技能，其社会化也就基本完成了。因此，弗洛伊德认为，人的社会化过程就是协调好本我、自我和超我三者之间关系的过程。

（二）关于道德和宗教问题

弗洛伊德根据人类学的一些观点推论，原始民族与神经病患者之间有明显的相似之处。他进一步断言，原始人对于乱伦的畏惧是其图腾崇拜和族外婚的原因。他试图证实宗教、伦理，甚至艺术和社会本身的起源都源于俄狄浦斯情结。弗洛伊德认为，原始人在魔法和宗教仪式中表达的对同一事物的矛盾心理，与儿童对父母的矛盾心理相类似。例如，原始人对宗教首领的感觉，如同男孩憎父爱母一样，十分矛盾。弗洛伊德进一步推论，历史上可能发生过“儿子们”谋杀宗教首领的事件，后来“儿子们”懊悔了，于是制定了禁止谋杀和乱伦的风俗。这种懊悔表明，“儿子们”对首领的嫉妒与憎恨，是以认同的方式来解决的。于是，在这个基础上制定了道德和宗教原则。为什么宗教会长久存在呢？弗洛伊德认为，文明依赖于人们继续信仰上帝，否则，他们就不会用道德的观念判断行动；如果人们停止对上帝的信仰，混乱、谋杀和暴力就会充斥世界。上帝来源于原始的“父亲”，宗教也是由图腾衍变而来的，都有一定的禁忌作用。弗洛伊德将宗教归因于人类心灵的一种依赖需要。

继弗洛伊德之后又有了新精神分析学派，他们在新的历史条件下，背离了正统的精神分析观点。新精神分析学派否定了弗洛伊德的本能论、泛性论和人格结构说，强调文化、社会历史条件和人际关系等因素对个体心理与行为的影响，强调家庭环境和童年经验对人格形成与发展的作用，重视自我的整合与调节作用。其代表人物有沙利文（H. S. Sullivan）、霍妮（K. Horney）、弗洛姆（E. Fromm）和埃里克森（E. H. Erikson）等。沙利文注意到文化和社会因素的作用，强调人与人之间的关系，认为心理失调主要是人际关系或社会关系失调引起的，所以他的精神分析理论又叫作人际关系理论。霍妮接受了弗洛伊德的基本概念，如压抑、抵抗、自由联想等，但她反对利比多概念，更强调社会文化在理想人格中的作用，认为人的焦虑及神经症都受社会文化的影响。她的理论包含了弗洛伊德的潜意识冲突，也容纳了阿德勒的社会文化思想。弗洛姆研究社会背景，如政治、经济、文化、教育等方面对个体产生的影响。埃里克森则发展了弗洛伊德的人格分期观点，抛开了泛性论，从生物、心理、社会环境三个方面考查自我的发展，强调人格发展要贯穿人的一生，社会环境在自我形成和发展中具有重要作用，进而提出了人格发展的八个阶段理论。后来，埃里克森深入分析了美国社会的一些棘手问题，使其理论超出了精神分析的临床范围，在社会科学的其他领域也产生了广泛的影响。

四、符号交互作用理论

社会心理学成为一门独立学科后，一直以来有两种研究取向，一是心理学取向的社会心理学；二是社会学取向的社会心理学。前面介绍的社会学习理论、社会认知理论和精神分析理论均属于前者，而符号交互作用理论或符号互动理论（symbolic interactionism theory）则是属于后者。符号交互作用理论的代表人物是米德等人，其理论来源于詹姆斯（W. James）、库利（C. H. Cooley）、托马斯等人的著作。**符号交互作用理论**认为人的行为是由社会因素决定的，个体的社会心理与社会行为是在相互作用过程中形成的。

（一）符号与互动

米德认为，语言能力是人类独有的能力，社会心理学应特别重视语言符号在人类行为和互动中的作用。米德认为：“只有当个体是虽不言明但有意识地做出反应时，姿势才变成符号。”（转引自乐国安主编的《社会心理学理论》，兰州大学出版社，1997年，第132页）符号的意义是稳定的、能够共同分享的。只有人类才具有这种能力，才能由低级的姿态对话发展到有稳定意义的语言符号的使用。使用语言符号进行沟通，沟通者必须具备以自己的行动引起对方反应的能力，而这样的沟通就是符号互动。米德将互动分为两类，即非符号互动和符号互动。非符号互动是一种直接的反应，是没有经过思考和选择的行为，是一种简单的生物本能性反应。人类互动中占主要地位的是符号互动。

在符号互动中，个体的反应和他人先前向他发出的行为之间有一个中介过程，即他要对别人的行为加以解释，确定其意义，然后才能确定自己适当的反应行为。符号互动有三个特点：①有一个解释别人行为的过程；②有一个定义的过程，即把自己准备做出的行为告诉他人；③对对方的反应具有预见性，即能够推测自己的行为会引起对方怎样的反应。这个过程依赖于互动双方是否有一个共享的意义符号系统。米德认为所谓“精神”，就是建立在有意义符号的使用基础上的一种内在的沟通过程，是通过与他人的互动和自我会话而循序渐进地形成的。在米德的理论中，“精神”不仅能表示环境中他人的一举一动，还能把自己作为认识对象。也就是说，有了“精神”的作用，个体在互动中便能够借助符号而站在他人的立场上来审视自己的行为，即能够在意识中扮演其他人的角色。

人物栏

图3-2　米德

米德（G. H. Mead，1863—1931），美国哲学家、社会心理学家（见图3-2）。1863年2月27日生于马萨诸塞州的南哈德利，1931年4月26日卒于芝加哥。早年就读于奥伯林学院，后又入哈佛大学攻读哲学，获文学学士学位。1891—1893年执教于密歇根大学，此后在芝加哥大学任教直至去世。在哲学上，他是一位实用主义者。在实用主义哲学思想指导下，他建立了自称为社会行为主义的社会心理学体系，着重论述生物有机体如何在社会过程中发展成为具有心智、自我及其他独特品质的社会化个体。他用以进行社会心理分析的单元是社会性动作。他认为社会性动作的最初阶段是无意义的体态，它在心智产生及发展中起着重要的作用。无意义的体态在进化过程中的某一阶段“突创”为有意义的符号或语言，从而使心智和自我得以突然出现。他认为，没有心智和自我，人类社会就不会存在，因为人类社会最独有的特征是以其个体成员拥有心智和自我为先决条件的。人类社会的基本原则是交往，正是在交往活动中产生了“概括化了的社会态度”，可以把它称为

"习俗"。个体间完美交往的社会过程的运行机制，展示出一幅人类社会的理想图景。米德去世后，他的学生把他的讲稿和文稿编成4卷文集：《当代哲学》(1932)、《心智、自我及社会》(1934)、《十九世纪的思想运动》(1936) 和《行动哲学》(1938)。

(摘自《中国大百科全书·心理学》，中国大百科全书出版社，2002)

(二) 自我和社会

人类运用语言符号的能力，使自我的形成与发展成为可能。人类可以用符号把自己表示为客体，从他人的角度对自己做出反应和评价。米德认为，在这个过程中，最重要的是随着有机体的成熟，通过每一个互动场合的具体他人形成暂时的"自我想象"，并最终将其具体化为相对稳定的、把自己归属于某类客体的"自我概念"。这一过程可分为三个阶段：预备阶段、玩耍阶段和游戏阶段。米德所说的自我的形成和发展过程，其实就是个体社会化的过程。米德认为这个过程取决于互动以及用符号合成和扩大能动互动的能力。自我形成是一个个体和社会能动互动的过程，即个体在其生活的社会环境中的活动发展过程。

米德把社会看成是不同个体之间有组织的互动或定型化的互动，这样的互动形式依赖于"精神"的作用，亦即使用符号进行角色扮演并选择自己反应的能力。如果没有这种能力，个体就无法使他们的行动协调一致，也就形成不了"社会"。因此，米德把自己的观点称为**"社会行为主义"**(social behaviorism)。

受到米德符号交互作用理论的直接影响，社会心理学又发展出了角色理论。**角色理论**是1966年由比德尔 (B. J. Biddle) 和托马斯在著作《角色论：概念与研究》中提出的，随后很多学者对这一理论都做出了贡献。角色理论是一种理论和知识整体，它包含了一种流派观点、一组理论和众多相互联系的假设，以及各种关于在社会环境中个体功能的概念。角色理论认为角色是指一套与个体在社会中所处地位有关的思想、信念和行为方式，并认为个体的行为是由其在群体中扮演的角色决定的。角色理论并没有强调行为的某一种单一决定因素，如态度、人格或动机等，而是从角色、角色期望与角色规范、角色技能及参照群体等方面的相互关系来解释行为的原因。我们将在第四章对角色理论进行更详尽的阐释。

五、其他社会心理学理论

除上述社会心理学经典理论之外，还有一些比较有代表性和新近发展起来的理论，如社会生物学理论、社会文化理论、进化社会心理学理论和决策理论等。

(一) 社会生物学理论

社会生物学理论从生物学入手来理解人和动物的行为，其理论渊源可以追溯到达尔文的进化论。在这个理论的形成过程中，洛伦兹 (K. L. Orenz)、廷伯根 (N. Tinbergen) 和威尔逊 (E. O. Wilson) 功不可没。其中，威尔逊作为社会生物学之父，在20世纪70年代一手促成了社会生物学这门学科的创立。社会生物学（sociobiology）主要研究一切社会行为的生物学基础，以及由此产生的各种假说。社会生物学的方法比较新颖，它从生态行为学和心理学的传统模型中提取关于社会组织的重要事实，然后在群体的水平上加以研究，并在生态学和遗传学的基础上重新组合，以说明社会群体是如何通过进化来适应环境的。以往的心理学只解决了个体的生物性与社会性的关系，揭示了个体的感觉、知觉和思维、情感等心理过程，社会生物学则探讨了整个人类群体的社会性和生物性的关系问题，它力图揭示漫漫历史长河中人类丰富的文化思想、精神现象的进化，证明和检验关于社会行为的潜在遗传基础。

威尔逊反对洛伦兹和斯金纳对人类行为的两种极端解释，他认为通过生物学与社会科学的结合，可以产生一条分析人类、洞察人类精神机制及其历史的新途径。威尔逊认为人类的攻击性是遗传和环境相互作用的产物，具有一定的规律性，它是可以预测的。攻击行为的形式，如战争、犯罪等是后天习得的，但是攻击也有先天的基础，先天的因素使人们容易产生非理性的敌意。对于利他行为或亲社会行为，威尔逊认为利他行为的形式和特征在很大程度上是由文化决定的，但是，促使利他行为产生的人的内心感情是通过基因而得以演变、发展的。此外，威尔逊还从解剖学、生理学入手，剖析男女两性差异，对人类的伦理本性提出了自己的见解。后来，威尔逊从早期的“基因决定论”转向注重基因与文化两方面因素，并力求探明它们之间的关系。尽管该理论有明显的还原论倾向，但是它的许多见解和观点确实给人们理解人类行为提供了一个新的视角。

（二）社会文化理论

社会文化理论或文化决定论（theory of cultural determination）和文化人类学家米德的研究工作密切有关。米德基于《在萨摩亚到达法定年龄》（1928）和《三个原始社会的性别与气质》（1935）等研究成果，认为一种文化可以把某种行为模式强加于该文化的所有成员或某种性别的成员，这就是文化决定论观点。由于该观点忽视了自然生态、生理因素和经济基础的作用，因此，人们提出了**文化相对论**（cultural-relativism），认为由于文化能对人的心理与行为起塑造的作用，所以不同文化背景中人的心理活动特点和规律有所不同。有鉴于此，判断人们的心理与行为的标准应视不同的文化背景而定。

最近几年，社会心理学家开始关注不同的社会文化背景如何影响人们的思想、感情和行为。在这里，文化是指特定人群所共有的信念、价值、习俗和行为模式，特定人群可以是同民族、种族的人群、宗教团体，甚至是青少年团伙、成人犯罪团伙等。文化由上一代人传给下一代人，是通过社会化的形式进行的。社会规范是指群体成员应该如何行动的规则和期望，它是文化的组成部分，并且群体中不同身份、地位的人都应该遵守同样的社会规范。社会心理学的社会文化取向，对于理解在特定情境或文化下的行为很有用处。社会文化理论也注重跨文化的比较研究。通过这种研究，他们试图理解社会行为是如何受不同文化的价值、规范和规则影响的。跨文化研究多是比较个人主义文化和集体主义文化下人们社会行为的差异。对于这些问题，我们在第十四章有更详细的讨论。

在一些文化中，守时是一个非常重要的品质，因为人们的生活节奏很快。而在另一些文化中，人们对待时间的态度可能很随便，因为他们的生活节奏要慢一些。莱文（Levine）曾做过一个研究，发现美国大学生可以容忍朋友对自己的约会迟到 19 分钟，而巴西的大学生则在朋友晚到 34 分钟后才认为他们迟到了。可见，这种对待时间的社会态度的不同，体现了文化的差异。为了理解这些社会行为的差异，社会心理学家开始承认文化的重要性。

（三）进化社会心理学理论

进化社会心理学（evolutionary social psychology）的研究是应用进化和自然选择的原理，来理解人类的社会行为和社会生活的。社会文化理论强调人类行为之间差异的文化根源，而进化社会心理学则关注作为一个种族，在人类本质中的遗传部分。在远古时期，像避免灾难和寻求食物的这种倾向，增加了我们祖先生存下来的可能性。儿童不断地重复这样的行为，后来这些行为就成为人类基因遗传的一部分。进化社会心理学认为，今天在人类身上看到的很多行为，都是人类种族历史和自然选择的产物。进化心理学是从心理现象的起源和适应功能来探索人的心理机制的。

进化社会心理学理论有如下一些主要观点。

• 人类的许多行为倾向和偏好是自然选择的结果。进化心理学认为“过去是理解现在的钥匙”，要充分理解人的心理现象，就必须了解这些心理现象的起源和适应功能。这里的“过去”不只是指个体成长发展的经历，还指人类的种系进化发展史。在人类进化过程中，“过去”不仅在人的身体和生存策略方面留下了烙印，同样也在人的心理和相互作用的行为策略方面留下了印记，成为探索人类心理机制的基础。

• 所有人类行为都反映了内部心理定向（包括进化的心理机制）和外部情境要求的共同影响。人们是在特定社会情境中行动的生物有机体，生物因素和社会因素对行为的影响都是重要的。

• 功能分析是理解心理机制的主要方法。描述和分析人的心理机制的方法可能很多，但进化社会心理学认为一个最好的方法是采用功能分析方法，弄清心理现象的功能。男性为何比女性更倾向于使用暴力，更容易陷入婚外恋？女性为何偏爱选择比自己年龄大的伴侣？只有弄清了这些心理现象的功能，才能对这些现象有更清晰的理解。

• 人类祖先所面临的一些重要问题本质上是社会性的。人类在社会群体中出生并度过一生，使得许多进化的心理机制和人际关系有关，包括被群体排斥的恐惧，与别人合作的能力以及在孩子身上倾注心血的意愿等。

（四）决策理论

决策理论（decision-making theories）假设个体会评价各种行为的代价和利益，然后以逻辑和推理的方式做出一个最好的选择。他们的选择往往是具有“以最小代价获取最大回报”的特点。决策包括权衡可能选择的正、反两面（利益和代价），然后采用其中最好的一个。正、反两面的相对强度决定了人们的最终选择。期望价值理论扩展了代价和利益的概念，增加了对每种选择发生可能性的研究。

这个理论认为，决策基于两个因素的联合作用：①每种可能结果或选择的价值；②可能或“期望”从每种决定中得出的实际结果。大多数时候，人们的决策的确是按照决策理论做出的。然而，越来越多的社会心理学家也意识到，在现实生活中判断和决策并不总遵循严格的理性，有时候人们的决策也受情感、个人目标、成就动机等方面的影响。总之，理性的决策模型并不总是能够运用到日常生活的决策和问题解决之中。

（五）生态系统理论

生态系统本指在自然界的一定空间内，生物与环境的统一整体以及这二者在一定时间内的动态平衡。借用这一概念，布朗芬布伦纳提出了社会环境影响个体心理发展的“生态系统理论”（The Bioecological Model of Human Development）。该理论将个体心理的各种社会影响因素归纳为一个由微系统、中系统、外系统、宏系统和时间系统构成的生态系统，个体并不是在真空中生存的，其心理状态在某种程度上是环境的产物。

该理论认为，社会影响可以归纳为以个体为圆心扩展开来的嵌套式系统。这一系统的核心是个体，包括个体的生理、心理特征；紧邻个体的是那些能够对个体产生最直接影响的社会因素，如家庭、朋友、学校，被称为微系统；包裹微系统的是该系统中各因素的交互作用，被称为中系统；中系统之外，是那些直接影响微系统中重要他人的因素，如父母的工作状况等，这些因素构成了外系统；位于外系统外层的是宏系统，包括特定文化中的价值观、态度、习俗及法律等；最后，社会变迁及其对其他系统中的因素的影响构成了时间系统，居于整个模型的最外围。

第二节 社会心理学的研究方法论

社会心理学作为一门较年轻的独立学科，与其他研究人类社会行为的学科相比，一个主要特征就是其科学的方法论，即基于定量分析的定性分析。这里，首先阐述社会心理学研究的特征，然后从研究方法论的角度，介绍社会心理学研究中应该遵循的客观性原则、分析与综合的原则及伦理性原则。在社会心理学研究中，我们应高度重视伦理道德规范问题。

一、社会心理学研究的特征

社会心理学的研究对象是个体的社会心理与社会行为。由于人本身的心理与行为很复杂，而人的社会心理与社会行为又受到各种社会因素的制约，因此，社会心理学的研究就变得更加复杂。一般而言，社会心理学研究具有下面几个特点。

(一) 研究内容的广泛性

随着社会心理学学科的繁荣与发展，社会心理学家研究的范围日益推进到现实社会生活的各个领域。其研究的范围大致可以分为四个水平。①个体水平的研究，指对个体的一些社会心理和社会行为的研究，如对自我的研究、个体社会化过程的研究。②个体与他人水平的研究，指对个体与他人进行社会交互作用时的心理与行为的研究，如对人际关系和亲密关系的研究。③群体水平的研究，指对不同性质群体的一些特定社会心理问题的研究，如对特殊群体的研究、种族偏见的研究。④公众水平的研究，指涉及全体社会成员的一些社会心理和社会行为的研究，如社会舆论、大众传媒对公众影响的研究等。

(二) 直接观察很难发现规律

人类的社会心理与社会行为比较复杂，一般采用直接观察很难得到真实和客观的结果。作为被研究的对象，他们的社会行为既受到自身的动机、情绪、态度等内部因素的影响，又受到来自社会环境、自然条件甚至实验条件等外部因素的制约，同时观察者本人的一些特点也会影响观察的结果。所以，观察虽然是社会心理学研究的第一步，可以积累许多事实资料，解释一些社会现象，但是，要对社会心理现象进行深入的研究，证实或证伪某种假设，发现某种规律，仅仅依靠直接观察是很难实现上述研究目标的。

(三) 研究的难以控制性

由于与现实生活联系紧密，因此，社会心理学有源源不断的研究课题。但是，也正是与日常生活联系紧密，使社会心理学的研究更容易掺杂无关变量，导致研究难以控制。同时，人们在进行社会心理学研究时：一方面要考虑科学研究的效度，防止实验偏向问题；另一方面人们又要考虑社会心理学研究中的伦理原则。因此，社会心理学家在进行研究时，有时会感到左右为难，要想得到一个真实的研究结果很难。例如，研究种族歧视问题时，很多被试在作答时可能会掩饰自己的真实态度，由此得出的结论很可能与真实的情况不完全一致。研究者希望随着社会心理学研究方法的不断完善，社会心理学研究得出的结论能更加真实可靠。

二、社会心理学的研究方法论原则

（一）客观性原则

客观性原则要求社会心理学研究以客观事实为依据进行假设、推论和获得结论。一切心理活动都是由内、外刺激引起的，通过一系列生理和心理变化来实现，并在个体的各种实践活动中表现出来的。研究人的社会心理，就要从这些可以观察得到的现象中去探求。社会心理学研究的一个很大风险，就是它所涉及的问题更多是人们日常生活中的问题。由于每个人都具有使自己的行为获得定向的需要，往往会在日常生活中根据经验和感受，对所研究的现象形成定势或某种先定概念。这些倾向常常会形成一种偏见，直接影响人们对事物的理解和因果关系的解释。例如，“如果给一个人一笔钱，去做一个与自己信仰相反的演讲，他很可能会同意。给他的钱越多，他越有可能改变他的态度”。这种说法可能在某些人看来是完全错误的，但事实证明是很合理的。因此，在进行社会心理学研究时，不能凭主观想象有什么样的结果，更重要的是在研究设计、假设提出、资料收集、数据的统计分析、结论的形成等方面，都要贯彻客观性原则，使该研究经得起重新评价、检验和确认。

（二）分析与综合的原则

分析是把复杂事物分解为相对简单的部分，综合则是将事物的各个部分联合成为统一体，是一个普遍的方法论原则。在社会心理学研究中贯彻分析与综合的原则，包括两方面含义：其一，社会心理与社会行为虽然是极其复杂的综合现象，但人们仍然可以通过分析，将其分解为多个方面加以专门考察研究。其二，在研究某一社会心理或现象与现实条件的依存关系时，人们可以先分析考察某一条件，或行为动力系统中的某一环节所起的作用，然后将各个方面联系成为有机整体，将分析性研究结果综合为整体的结论。显然，没有分析的认识，就不能实现综合的理解；没有综合的过程，分析的结论也是不全面的。

（三）伦理性原则

伦理性原则是社会心理学研究中需要特别予以强调的。由于社会心理学直接以人为研究对象，并且在研究时经常需要隐藏真实的研究目的，因此，社会心理学研究如何避免给被试带来伤害，就成为不可回避的问题。从伦理道德的角度，用欺骗的手段诱导被试参加社会心理学研究，而他们又不知道自己的哪些方面正在被研究，这本身就是一个不道德的事情。此外，有些实验的确可能对被试造成不利影响，如实验中损伤被试的自尊心等。因此，社会心理学研究必须坚持伦理性原则，保护被试的身心健康。对此问题，我们在下面还将予以详细阐释。

三、社会心理学研究的伦理问题

（一）知情同意的原则

1. 保障被试的知情同意权

保障被试的知情同意权这一原则规定，心理学实验的被试有权在研究前了解研究的目的和内容，并仅在被试自愿同意的情况下参与实验。目前，美国心理学联合会坚持要求研究成果发表时，出示被试同意被研究的文件。研究者在进行实验前，必须如实告诉被试研究的目的、程序和研究所具有的特点，包括那些可能导致有害影响的内容，被试有拒绝参与研究的权利。

在不知道全部信息的情况下，被试参与研究的前提应建立在被试对合格研究者和研究结构充分信任的基础上。也就是说，由于信任研究者和这个机构，因此某人可能会在对研究一无所知的情况下自愿参加实验。从本质上说，因为他相信研究者不会做出违背自己意愿的事，所以就把自己交给了别人，这是有意义而合法的默许形式。

2. 实验性欺骗

“保障被试的知情同意权”要求被试自愿参加实验，似乎合情合理，但有时候却给社会心理学家带来了尴尬。实际上，不告诉被试研究的真实目的在于避免出现反应上的偏见，甚至一些最简单的研究，被试也很少被告知特定的假设。因此，在社会心理学的一些研究中，有时为了研究的需要，为了避免出现由于知晓实验的真正目的或真实过程而干扰实验效果的现象，研究者往往向被试隐瞒实验条件和实验目的，这种研究策略被称为**“实验性欺骗”**。

“实验性欺骗”违反了知情同意的原则，事实上这种欺瞒手段，往往使有道德的科学家面临两难境地。为此，欺瞒技术必须慎用，仅仅在欺瞒对被试没有害处，并且实验的潜在利益远远超过被试可能遇到的任何危险时，才能考虑使用欺瞒策略。另外，研究者应当尽量让被试了解实验事实，并在实验完成后告知被试真相。一些研究者认为，实验性欺骗是不符合伦理原则的，不应该在研究中使用。大多数研究者普遍认可的一个标准是尽可能不使用实验性欺骗，除非实验所带来的好处超过了实验可能带来的伤害。无论何种情形，被试都必须是自愿的。

阿希（Asch，1951）关于个体对群体压力的屈从的研究，就采取了“实验性欺骗”这一策略。他请来五位学生，告诉他们这是一项关于知觉的研究，实验任务是让他们判断线段的长度。每次呈现两张卡片，一张卡片上有三条线段，长度不等，另一张卡片上只有一条线段。要求学生在三条线段中找出一条与另一张卡片上相等的线段。这实际上不难。因为其中一条确实与标准线的长度相同，而另外两条线都与标准线相差较大。然而，当实验进行到第二次时，前四名学生都一致地做出了错误的回答，这时，第五名学生会如何回答呢？一些被试屈从了错误的回答。其实，最后一名学生才是真正的被试，其他四位被试是已安排好的实验助手，而真正的被试一概不知情。如果被试事先知道真相，研究就无法进行。

3. 角色扮演技术

“实验性欺骗”一直受到许多争议。有人认为这有悖于伦理道德，有鉴于此，为了尽可能减少欺骗措施的运用，一些社会心理学家主张采用一种叫作“角色扮演的技术”，来代替真实实验中对被试的欺骗。所谓**角色扮演**就是研究者向被试描述一种情境，然后询问被试，他在这种情境下将怎样做。比如，向被试描述，一个小孩不慎落水，很多人都看见了，假如你也是其中一人，你会怎样做?

角色扮演技术的优点有两个：一是避免了伦理方面的问题，因为没有对被试隐瞒或欺骗；二是可以消除来自被试方面的怀疑和恐惧，使被试更容易合作。然而，角色扮演的缺点也是明显的。被试说他在特定情境中要做的事，只是一种猜测，在真实的情境中，他是否真的这样做，研究者难以确定，或者说值得怀疑。比如，对于救助落水儿童问题，被试可能回答，我一定下水救他。被试之所以这么说可能是他怕受到道德谴责，或者是迎合主流道德价值观的判断，受到社会赞许性的影响；而真正遇到这种情况时，他可能会袖手旁观、无动于衷；也可能是另外一种情形，即被试真的遇到儿童落水时，会奋不顾身地去抢救儿童，可被询问时，由于怕别人说他说大话、哗众取宠、美化自己，因此被试会回答说看看别人怎么办再说。

另外，角色扮演技术也不可能完全消除或化解伦理问题。例如，有时被试的自尊可能从另一角度受到伤害。在津巴多（P. Ximbardo）做的模拟实验中，他们要求大学生在某种模仿监狱环境的情况下扮演囚犯和看守的角色。在实验进行过程中，扮演看守的学生对扮演犯人的学生来说，变成了十足的虐待狂，导致实验不得不中断，这时扮演犯人和看守的大学生很可能都受到某种心理伤害。

（二）避免伤害与最小危险原则

社会心理学研究紧密联系人们的日常生活，因此，在研究情境的设计中应尽可能接近被试已经习惯的生活，使其成为自然生活环境，从而避免研究对被试造成不利影响。研究者应该尽量保证被试离开研究时的身心状态和进入研究时是一样的。**最小危险原则**指的是被试在研究中可能遇到的危险，不大于他们在日常生活中所遇到的危险。但是，某些社会心理学实验看起来挺有趣，也有重要的科学价值，却可能因为将被试置于生理和心理压力之下，而使被试受到伤害。比如，不让被试吃饭、喝水、睡觉或者将被试置于尖锐的噪声或电击环境中。一些研究中被试可能变得烦躁、焦虑甚至恐惧；一些研究可能会威胁到被试的自尊。有研究者（D. Richardson）报告说，佐治亚大学的大学生中有 20%的人报告了一些伤害性结果，如欺骗、情感耻辱、经历身体上的不适，或者变得爱生气。米尔格拉姆服从权威的实验，就曾使一个成熟的、镇定自若的商人，最后变得痉挛、口吃、精神几乎崩溃。

在这种情况下，作为研究者应该把可能发生的危险告诉被试，以被试自愿参加为原则，让被试自由地做出决定。当被试对研究出现不良反应、意识到研究对自己不利或对研究不再有兴趣时，被试应有随时退出研究的权利。同时还要建立必要的安全措施，提出应急计划。如果研究中出现像监狱模拟实验那样对被试不利的影响，研究者必须本着维护被试个人权利和彻底消除不良影响的原则，及时终止研究，并对受影响者进行必要的心理补救，直到他们恢复研究前的心理状态。

（三）保护个人隐私原则

在社会心理学研究中，研究者必须充分尊重被试的隐私权。研究涉及一些敏感话题，如宗教信仰、民族偏见、性行为的情况，或者研究有关智力、诚实、勇敢等个人品质时，研究者必须保护被试拒绝提供这些信息的权利或保证对他们的回答严格保守秘密。在没有征得被试同意前，研究者一概不能向任何人透露被试的私人秘密。为了避免对被试隐私的侵犯，在实际研究中，可以采取匿名的方式，在需要姓名的情况下，要尽可能使用化名。总之，要保护和尊重被试的私人秘密。当然，在西方一些国家，公众记录上的公众行为和事件是不必保密的。例如，任何人都可以走进地方法院，查阅出生日期、婚姻和死亡状况等资料。

（四）事后解释原则

在一项实验结束后，被试应该能被告知一些与实验有关的解释，如详细地解释研究的目的和程序等。同时，被试可以有机会提出一些问题，表达他们的情绪感受。研究者和被试之间的友好讨论，有助于被试从实验引发的不适中恢复，有助于获悉他们的被研究经历。另外，当研究涉及比较敏感的主题时，研究者给被试提供一些进一步了解这个主题的途径是非常重要的。当统计处理研究结果后，研究者可以提供给被试一份有关研究结果的书面信息。如果一项社会心理学研究需要在方法上采取隐瞒和欺骗时，研究者通常应在事后向被试解释这样做的理由，解除被试心理上产生的压力、内疚和不愉快。最后应告诉被试，他们的友好配合对理解人类行为做出了贡献。

总之，在进行社会心理学研究的时候，研究者必须考虑以下三点。第一，必须重视研究设计的完善。任何实验或研究的冒险，只有在拥有足够证据相信研究的结果对人类的福祉有意义，且研究设计已经最大限度地考虑到了被试的利益时，这一研究才能被考虑付诸实施。第二，研究应尽可能减少隐瞒或欺骗措施的运用。第三，研究应尽可能减少对被试的任何不利影响。

第三节 社会心理学的研究设计与研究过程

任何科学研究都需要事先进行研究设计。这里，我们从定性与定量两方面介绍社会心理学的研究设计及研究过程。定性与定量研究虽然有所不同，但是定性与定量研究相结合才是科学研究的重要法则。同时，我们还要介绍社会心理学研究的一般过程与步骤，以便对开展社会心理学研究有一个基本的了解。

一、社会心理学的定量研究设计

定量研究是一种对事物可以量化的部分进行测量和分析，通过分析变量之间的数量关系，揭示事物之间的内在联系规律，以检验研究者有关理论假设的研究方法。定量研究有一套比较完整的模式，包括抽样方法（如随机抽样、分层抽样、系统抽样、整群抽样），资料收集方法（如问卷法、实验法），数据统计方法（如描述性统计、推断性统计和结构方程模型）等。采用定量研究进行研究设计时，应着重解决的问题是研究变量的控制与操纵，无关变量与误差的控制，以及对测量结果进行分析时统计方法选择的合理性。

（一）研究的变量与操作

变量是指在数量上或质量上可变的事物的属性。在社会心理学的定量研究中，经常会涉及自变量、因变量、无关变量和中介变量等。

1. 自变量与因变量

自变量是个体行为变化的原因，在实验中又是研究者操纵控制的、对被试的反应产生影响的变量，社会心理学的自变量一般是影响社会行为或心理表现的外部条件。**因变量**是个体行为变化的结果，在实验中是在自变量的影响下发生变化的变量，也是研究者要测量的变量，在社会心理学中是各种社会行为与心理特征，如态度、自尊、社会倾向、恐惧感或安全感等。对自变量的操纵首先要对自变量确定一个操作定义。在心理学上根据测定变量的程序来下定义就叫操作定义。比如，对疲劳进行研究，就首先要对疲劳确定一个操作定义。如果要把测量某种体力劳动的时间量作为疲劳的指标，就可以把疲劳定义为从事某种体力劳动的时间量。接下来研究者还要操纵自变量的变化，一般在实验研究中将自变量界定为几个不同的水平，同时要注意使自变量的范围必须足够大，以免出现天花板效应或地板效应。对因变量的控制也是要对其测量有一个明确的操作定义，要使所有被试在因变量上有同等地被观察、被记录的机会。

2. 无关变量与中介变量

无关变量是指对因变量会产生影响，但却是研究者不关心的变量。例如，专业知识对于努力和绩效之间的关系来说，就是一个无关变量。在进行实验研究时，必须对无关变量加以控制，才能单纯而方便地考查自变量对因变量的影响。

在研究中，有时研究者觉得除了自变量对因变量有直接影响之外，可能还有其他因素使自变量对因变量有间接的影响，这个因素就是**中介变量**。例如，激励（自变量）能够引起学习成绩（因变量）的变化，可是，研究者发现有一种学习动机能够解释学习成绩变化的原因，并且，研究者发现激励增强了学习动机，从而提高了学习成绩，因此，在这里学习动机就是一个中介变量。

（二）研究的控制与误差

1. 被试的选取与分配

社会心理学是与人们的日常生活联系最紧密的学科之一，在研究过程中很容易掺杂无关变量或额外变量。因此，在定量研究中，为了保证样本具有代表性，研究者通常采用随机分配的方法，控制无关变量，以使社会心理学的研究更加严谨、科学。随机分配指每一位被试被安排到各种实验条件下的机会是完全相同的。这种安排的目的，是将各种没有得到控制的无关变量均衡或随机分配到各种实验条件下，使得这些变量所造成的效应被平衡掉。另外，定量研究还经常选取处于上下两端的被试进行比较。例如，将自尊水平高的人和自尊水平低的人进行比较，将学习困难者和学习优秀者进行比较等。这种设计通常没有问题，但当进行前测、后测设计时，会出现一种回归现象，即前测得分低的被试在分组后所测成绩上升。这种情况对于结果的解释会有干扰。

2. 工具的有效性

定量研究设计中工具的选择是一个非常重要的问题，在定量研究中必须保证测量工具的可靠性与有效性。例如，使用的物理仪器必须精密，使用的调查问卷必须满足心理测量学要求的信度和效度等。

3. 实验的效度

在定量研究中，实验研究是一种主要的方法。在社会心理学研究中，常有一些无关因素与实验变量相混淆而影响实验的结果，这样就会影响实验的内部效度和外部效度。时间、成熟、分组的随机化、被试的流失、仪器的使用等是影响内部效度的因素；而影响外部效度的因素有重复实验处理，实验的额外效果（如霍桑效应、期望效应）等。

（三）合理使用统计分析方法

定量研究离不开数据资料，在设计中无论是对无关变量的控制，还是对测量工具和测量过程的控制，目的都在于能得到合理的、真实的数据，而一项好的研究除保证数据的真实合理外，还要正确地使用统计分析方法。当进行相关研究的时候，可以采用相关分析、回归分析等；当进行实验研究的时候，多采用方差分析等。

二、社会心理学的定性研究设计

定性研究一般以研究者本人为研究工具，通常在自然情境下，采用多种资料收集方法，对社会心理现象进行研究，从而归纳出被试自己的观点，并以此为基础建立假设和理论。

（一）定性研究的基本特点

定性研究是针对定量研究而言的实证主义方法论，在很多方面与定量研究存在着根本区别，特别是对研究者与被研究者的关系、心理与行为的因果关系等方面都有不同的认识。

- 定性研究强调从当事人的角度，了解当事人对社会现实的看法。研究者只有了解被研究者的个别经验与亲身感受，才能对现实世界进行描述，并将他们的概念和语词作为分析的单位。
- 定性研究重视把事件置于其发生的情境中做整体、全面的了解，即不仅要了解该事件本身，而且要了解事件发生和变化时的社会文化背景，以及该事件与其他事件之间的关系。
- 定性研究者认为社会是动态的、互相关联的。定性研究是一个不断演化的过程，是对变化着的现实的持续探究。
- 定性研究者重视以第二手资料为依据建立理论，是探索性、发现式的。研究设计往往是在研究过程中逐渐形成的，而不是事先设定的。
- 定性研究对研究方法采取开放的策略。定性研究报告中的方法、过程、结果常常一同呈现。

（二）定性研究的基本过程

定性研究强调在自然状态下进行，一般对研究情境并不进行操纵或控制，因而研究过程显得比较灵活和变通。归纳起来主要包括以下几个步骤，但这些步骤并不严格按照某种顺序进行，有时下一步完成后又回到上一步，环绕式、螺旋式进行。

1. 研究课题的选择

社会心理学定性研究的课题，一般来源于一定的社会现象和现实社会生活。这些社会现象就是研究者希望集中了解的人、事件、行为、过程和意义的总和。在这些研究现象中，研究者需要界定研究的具体问题。定性研究的问题应该是学术界或实践界尚存疑问，研究者确实希望探讨的“有意义的问题”。所谓“有意义的问题”起码有两重含义：一是研究者对该问题确实不了解，希望通过此项研究获得一个答案；二是该问题所涉及的地点、时间、人物和事件在现实生活中确实存在，对被研究者来说具有实际意义，是他们真正关心的问题（陈向明）。

2. 研究场所的选择

定性研究的场所，不是实验室而是日常生活的自然情境，即定性研究要求研究者在现场观察、访问、收集资料，研究者对情境一般不做控制或干预。对研究对象的选择也不是随机抽样，而是根据研究的具体问题事先确定标准，凡符合标准的都可以作为研究对象。

3. 资料收集

社会心理学定性研究需要收集的资料很广泛，需要研究者采取观察、访谈、文献资料和口述资料收集等多种方法。定性研究一般采取的是参与观察或半参与观察，观察者与被观察者在一起生活、活动，在相互接触中倾听、观察其言行举止和内容。定性研究中的访谈一般是无结构的开放式深度访谈，就方式而言可采用一对一的面对面访谈、电话访谈和群体焦点访谈。定性研究中的访谈要求访谈者了解被访者对研究问题的理解、思维方式，给被访问者留有充分的思考和语言表达余地，并按照被访者的思路、交往方式、语言表达习惯来讨论问题。文献材料分析和口述资料的收集也是定性研究中经常使用的方法。

在收集资料时应注意研究对象参与的动机，配合使用录音、录像，选择合适的访谈地点和场合。不管是以何种方法收集资料，都必须进行记录。

4. 资料的整理、分析

定性研究中各种文字资料、数字资料可能很多，再加上录音、录像资料，系统整理分析是一项相当烦琐和艰巨的工作，目前多数情况下是借助计算机来完成的。研究者已开发出“质化分析软件包”，简称“QTSP”，这就大大方便了研究者，提高了对定性研究资料的分析效率。

5. 成果表达

定性研究成果以研究报告的方式加以表达，但研究报告在写作时首先要考虑阅读对象，叙述风格，叙述人称，书写角度，研究者的位置（与被研究者、研究问题的关系）等。

6. 研究结果的评估

在研究设计阶段，需要考虑对定性研究的质量进行检验的问题。包括结果的真实可靠性、代表性，以及有关的伦理道德问题。在研究设计中就考虑这些问题，能够使研究更加严谨，得到的结果更加真实可靠。

三、社会心理学的研究过程与研究步骤

（一）选择研究主题

提出问题是解决问题的前提。进行社会心理学研究的第一步就是选择合适的研究主题。这些研究主题不是臆想的，它可以来自已经存在的理论，也可以来自过去的研究、当前的社会现象和个人的经历。一句话，选择的研究主题要具有理论价值和现实意义。例如，拉塔内发现人们都不愿在集体工作中倾尽全力，而是有所放松、保留，于是提出了这样的问题：人们在集体工作中是否真的有放松现象？他们为什么要放松？如何解决集体工作中的这些问题？这些现实问题就是拉塔内进行“社会浪费”研究的来源。

（二）查阅有关的文献

社会心理学家需要了解他们感兴趣的领域中过去研究的结果，而且这些结果必须和最近同一研究领域发表的研究论文与学术会议报告结合起来考查、分析。尽管研究不一定要从文献出发，但是在选择研究主题后，研究者必须系统地查阅大量该领域的有关文献。查阅文献可以使研究者了解自己感兴趣的领域中什么问题已经解决，什么问题尚未解决。

（三）形成假设

在确定研究主题并阅读了大量文献后，所研究的问题还需要以假设的形式提出，这样有利于进一步的研究，也更符合科学

原则。所谓假设就是关于条件和行为之间关系的陈述，它往往是从理论中得出的针对事件性质的特定命题或期望。一般假设有两种形式。一种形式为“如果 a，那么 b”。这种形式的假设表达的是先行条件（自变量）和后继条件（因变量）之间的逻辑关系。另一种形式为“$b=f(a)$”，这种形式的假设表达的是自变量 a 与因变量 b 之间的函数关系。

（四）选择研究方法

当确定研究假设后，研究者就要选择一种具体的研究方法来对假设进行检验（证实或证伪）。相关研究和实验研究的方法是社会心理学中最常用的两种方法。选择什么方法取决于研究发生的场合。社会心理学的研究可能在实验室（控制的环境），或者在现场（自然的情境）进行。大多数实验室研究采用实验的方法，而大部分现场采用相关研究的方法。

（五）收集数据

当研究设计已经完成，接下来进行的工作就是收集数据。有三种收集数据的方法：自我报告、直接观察和档案信息。采用自我报告的方式收集数据，允许研究者进行测量，如被试的知觉、情感和态度等。然而，自我报告方法的不足是，它依赖于被试对自己内部状态的准确描述——有时这不是被试愿意或者能够做到的。由于这个缺陷，一些研究者更愿意直接观察人们的行为，记录行为的性质和方向随时间的变化。这种观察技术被广泛地被应用到了实验研究中。最后，研究者有时从文献或档案中收集信息。这些文献资料有很多来源（如人口普查信息、法院记录、报纸和杂志等），能够给研究者提供大量的相关信息。

（六）分析数据

数据分析可以采用描述统计或推论统计。描述统计的功能在于将数据加以系统化和概括化。通过对数据的概括处理，研究者就可以发现隐藏在大量数据背后的一般趋势。推论统计中最重要的内容是假设检验。如果经过检验发现所得的差异超过了统计学规定的某一误差限度，则表明这个差异已不属于抽样误差，而是总体上确有差异，那么，这就足以使人们确信它不是由偶然因素造成的，或者说该差异是真实可信的。

（七）报告结果

研究的最后一个步骤就是报告研究结果。研究者通常将他们的研究结果以论文的形式发表在学术杂志上，在专业会议上进行呈现，或者通过学术活动与其他学者进行交流。研究结果一般都是按照研究报告的形式呈现的，包括问题提出、文献综述、研究设计、结果分析与讨论、研究结论和参考文献等。值得注意的是，并不是每一个社会心理学家的研究结果都能够发表。大多数情况是，如果一篇文章有假设、研究方法或数据分析上的问题，就不会被学术杂志采纳。另外，当审稿人认为，该研究是重复劳动或研究成果不是很重要的时候也会拒绝接收。由于这些原因，国外社会心理学领域中的杂志（*Journal of Personality and Social Psychology*，*Personality and Social Psychology Bulletin*）发表的文章仅占投稿量的10%左右。

拓展苑

社会心理学研究中理论的作用

通常社会心理学的研究主题，总是围绕着一个特定的原则或理论提出的。因此，理论作为解释不同事件或过程的框架，不但具有组织数据的作用，而且也发挥着预测的功能，在社会心理学研究中有着重要的作用。

1. 对研究主题进行指导

社会心理学中的很多研究源于社会生活的实践，即解决实际问题。目前，美国社会心理学研究最为显著的特点，就是以问题为中心的研究取向。以问题为中心，固然能够解决很多现实问题，但是没有理论的支撑和印证，得到的结果或者解决问题的方案很难具有普遍适用性。而且，这些问题并不是“无源之水，无本之木”，究其根源，人们不难发现这些问题都与很多最基本的社会心理学理论有着千丝万缕的联系。勒温曾说，没有什么东西比一个好的理论更加实用。因此，在进行社会心理学研究时，理论会对研究起到高屋建瓴的指导作用，是整个研究的出发点和分析问题的基本支撑，从而使研究不仅能够通过数据分析得出一些结果，更能根据理论指导得出一定的结论。研究结果往往是由数据或现象得出的定量分析，但是结论却往往是定性的，即数据是观察与测定的结果，而理论则是对结果的解释。

2. 引发新的研究主题

诚如前述，社会心理学研究中的问题既可以来自已经存在的理论，也可以来自过去的研究、当前的社会现象和个人的经历。但是，目前很多研究者似乎忘记了理论的作用，只重视解决实际生活中的问题。固然，实际生活中出现的问题是很重要的研究课题，但是完善理论也是社会心理学家们应该重视的另一个研究课题。理论与研究之间并不是截然对立的，而是互相促进的。在运用社会心理学研究方法的过程中，应该清醒地把握自己的理论观点，从而更有效地完成课题研究。当理论更加完善、合理的时候，它就能够更好地解释人们的社会行为和心理，更好地指导社会心理学研究；当研究设计合理、严谨、科学，结果准确的时候，也能更好地完善社会心理学的理论，特别是社会心理学理论模型的建构，从而引发新的研究主题。

第四节 社会心理学的具体研究方法

社会心理学研究中经常使用的具体研究方法是观察法、相关研究法和实验法。对这些研究方法的理解与掌握，有助于人们更好地认识、了解和开展科学的社会心理学研究。此外，其他一些研究方法，如调查法、文献资料分析法、跨文化研究法、元分析方法、评价法等，也是社会心理学家在研究某个特定主题时常采用的方法。

一、系统观察

系统观察（systematic observation）通过观察法实现。观察法是较为传统的心理学研究方法。观察法通过观察者直接感知的方式，对人们在日常的、自然条件下的行为表现进行观察，按照一定的科学程序和规则，来获得正在发生的心理现象和行为的资料，这些资料是由研究目的所确定的，以期获得描述性数据来简化复杂现象的研究方法。观察法既是获取客观世界原始信息和感知材料的基本方法，也是发现一些重大科学现象的重要方法。

社会心理学家使用的观察法通常有两种类型：一种是非参与性观察；另一种是参与性观察。这两种观察均伴随着细致和准确的测量。

（一）非参与性观察

非参与性观察，也叫直接观察。在这种观察中，研究者置身于要观察的活动之外，不参与任何事件，只记录要观察的行为。例如，研究群体行为时，可以观察并注意群体中每个人的谈话，看他们怎样谈话，怎样相互注视或接触等。这时，研究者只需记录被试的自然行为，而不需要任何询问和测量。

然而，观察者必须清楚，我们不能把每一件事情都记录下来。因为在一个相互作用的群体中，个人所表现的行为数量和方面几乎是无限的。因此，在观察之前，研究者必须进行观察设计，建立一个记录行为的等级量表。在观察设计时，要确定什么动作应该记录下来。记录时所使用的语言要尽可能明确而客观。比如，观察儿童的群体行为时，研究者记下“某些儿童表现出友好的动作”，这是不明确的，应该记下诸如“谁对别人微笑”“谁把玩具送给别人玩”“谁搀扶别人站起来”等。

（二）参与性观察

所谓参与性观察是指观察者作为被观察者群体中的一员，在与群体其他成员共同活动时，对群体及其成员的行为进行观察。参与性观察与非参与性观察相比，研究者的位置不同、角色不同，因而收集到的资料在性质上也有区别。由于研究者参与到群体中去，因而有利于以被观察者的眼光看待周围的事物，能更好地理解现场发生的事情。例如，美国社会心理学家惠特（W. F. Whyre）于20世纪30年代在波士顿地区为研究反社会团伙，加入了一个美籍意大利青年的街头团伙。经过系统观察，他获得了有关这类团伙的价值观念和行为规范，形成了大量第一手资料，写出了《街头社会》一书。

参与观察大致包括选题、决定研究场所、取得同意后进入观察场合、建立良好关系、直接观察、深度访谈、现场记录、整理资料等几个过程。

二、相关研究

相关研究是对人、事物之间关系的探讨。相关研究法和观察法一样，也是一种基于描述的科学研究方法，因此，相关研究法从理论上说是无法确定因果关系的。相关研究法主要用来探究两个或多个变量之间的相互关系，即一个事件改变的同时，另一个事件也有改变的倾向。

在相关研究中，人们很容易发现研究结果是高相关的还是低相关的。一般前者说明两个变量之间的关系密切，而后者说明变量之间没有什么关系。但是问题往往没有这么简单。相关研究法虽然比观察法前进了一步，但是它仍然是描述性的，无法直接确定因果推论。因此，高相关并不一定意味着正在研究的两个变量间存在着因果关系。如果一定要从高相关做出因果关系猜测，研究者就会面临三种可能：是因素X作用于Y，还是Y作用于X，或者是某种潜在的第三个因素同时作用于X和Y。例如，国外某些研究表明，一个地区的枪支拥有量与该地区谋杀案的发案率呈正相关。于是有些研究者认为，枪支拥有量导致了谋杀案的增多，并进而提倡限制枪支买卖。但是，我们同样也不能排除这种可能：居住在高犯罪率社区的人们为了自我保护而购买了枪支，才出现了上面的相关。甚至还有可能是社会阶层、经济地位等因素导致了高犯罪率和高枪支拥有量。由此可知，中等程度的相关，甚至高相关，都不能推出因果关系的结论。当相关系数很低（几乎接近于零）时，人们往往喜欢断言两个变量间没有关系。但是实际上要做出这种无关性判断，还必须考虑几个额外的问题。其中一个问题就是全距限制（restriction of range）。为了能够计算出真正有意义的相关系数，变量内各个分数之间必须要有一定的差异。如果全距很小，即使两个变量之间存在着真正的相关，也会出现低相关现象。另外一个问题就是研究者往往想当然地认为所用相关系数的前提假设已经满足。例如，皮尔逊相关的前提假设是，两个变量之间必须呈线性关系，而不是曲线。所以，当两个变量之间并非直线关系时，低相关并不是两者不存在相关，而仅仅是反映了该相关系数所依据的前提假设没有被满足。

相关研究法的优点在于可以显示变量

间的共变关系，从而使研究者注意到各种现象之间可能存在的因果关系。相关研究是收集某个问题领域大量资料的一种有效方法，而且适用于自然情境。例如，人们可能会收集到 30 种有关人格变化的资料，以及 20 种关于不同行为的测量资料。然后，可以看看哪种人格因素和哪种行为有联系。通过相关研究方法，人们可以在一个较短的时间内发现大量的联系。与此相反，调查每种人格因素对每种行为的影响作用，则需要做许多实验研究。相关技术有时还能使人们研究那些不适于使用其他方法的问题。例如，有关人口拥挤对人的影响的许多研究就用了相关。在实验条件下，不可能把某个人放在高密度的人群中待很长时间。因为，在一个拥挤的环境下待十小时和仅仅待四小时，产生的结果是非常不同的。所以，实验研究工作虽然有用，但也有局限性，研究者要研究这个问题就要注意在实际情况中收集统计资料。关于不同城市和这些城市的不同地区中人口密度的资料是有用的，这些地区中有关犯罪和精神病的资料也是有用的。把密度的测量和犯罪、精神病的情况联系起来，可以得到人口密度和心理病理学之间相互关系的一些说明。

相关研究的明显缺点在于：①相关研究的结果往往取决于其选用相关研究法的前提条件是否得到了满足。例如，动机水平与任务绩效之间呈倒 U 形曲线关系，因此，用相关研究法可能得到一个极低的相关系数，但这不能真实反映两者的紧密联系。②相关研究法无法确定因果关系的方向。有时两者的相关还可能是由第三个变量引起的，相关研究法难以进行这些检验。例如，一项研究表明，害怕的人会比不害怕的人有更多的合群行为，这并不意味着高度恐惧会导致更强的合群倾向，有可能是合群行为增加了恐惧。但是在有些研究中，人们能够很容易地确定因果关系。例如，第一个出生的孩子比以后出生的孩子更具合群倾向。很明显，如果出生顺序与合群倾向之间有什么因果关系的话，一定是出生顺序是因，合群倾向是果。两个变量之间的关系是否是由第三者引起的，是比因果关系更难确定的。当研究者发现害怕的人比不害怕的人更容易合群时，会感到这两组人在许多方面的差别比恐惧量方面的更大。容易害怕的人也许比那些不容易害怕的人更软弱、更有依赖性、年轻、不那么聪明或更易被人操纵。如果容易受惊吓的人一般都比不容易受惊吓的人软弱，那么，软弱性也能解释他们为什么有那么强的合群倾向。因此，人们知道恐惧与合群有关，但是人们还是不能确定到底哪个是因，哪个是果。

针对以上缺点，研究者可以采用以下两种方法加以改进。①将相关研究建立在观察研究基础上。通过观察法大致描绘出研究者所关心的变量散点图，这样能够大致看出散点图形态是否符合相关研究的假设，从而选用合适的相关研究法。②利用交叉—滞后法（cross-lagged method）来逼近因果关系解释。交叉滞后法的一般策略是，首先获得随时间变化的若干相关系数，然后依据这些相关系数的大小和方向，确定是什么因素导致了这一结果。交叉—滞后法非常耗费时间，但这种方法在确定许多领域的因果关系方面还是取得了某些进展。尽管交叉—滞后法能够有效逼近因果解释，但这一方法还是在首先假设两个变量间存在因果关系的情况下，来进一步断定因果关系的方向；如果两个变量之间其实没有因果关系，如它们同时受第三个变量影响，那么，交叉—滞后法所确定的影响方向也是没有任何实际意义的。

三、实验研究

科学社会心理学的建立是以实验研究方法的使用为标志的，实验研究一直是社会心理学研究方法中的“明珠”。实验法是研究者通过人为地、系统地操作情境，导致某些行为发生变化，并对之进行观察、记录和解释的科学方法。实验法能够确定变量之间的因果关系。在实验研究中，研究者试图操纵的变量是自变量，也就是研究者认为可能是原因的变量；而由研究者测量并受自变量变化影响的是因变量，也就是研究者认为可能是结果的变量。社会心理学家所做的实验研究主要有实验室实验、现场实验和模拟实验三种。

（一）实验室实验

社会心理学的大部分研究都是在实验室中进行的。如前所述，正式把实验室实验引入社会心理学的是奥尔波特。在美国，大学二年级学生经常作为社会心理学实验的被试被请进实验室，所以，人们常开玩笑说，美国社会心理学是靠他们建立起来的。例如，在实验室条件下要求被试做几种不同的工作，如消去一段文字的元音、做算术题、评论文章等。同样的被试，分两种条件工作，一种工作条件是在分隔开的小间，另一种工作条件是在一个小组里围着一张大桌子。结果发现，人们在群体中工作，一些工作会做得更好，而另一些工作则没有单独进行时做得好。奥尔波特把其中的积极效果称为社会促进。目前，实验室实验已被广泛应用于社会心理学的各个研究领域。

实验室实验较容易控制变量，但却脱离了真实的社会生活，人们对其结果一般持谨慎态度。而且，有一些社会心理现象，如观众的情绪感染、人际关系中的亲密现象等很难在实验室中研究。

（二）现场实验

现场实验，又叫自然实验，是社会心理学最适用的研究方法之一。现场实验是指在真实的生活情境中进行的有控制的实验。现场实验要在现实的环境中和现实的人打交道，它避免了在实验室很不真实的环境中通过被试获取研究结果。因此，现场实验要把猜测降到最低限度，这样被试的反应会更加自然，而且更少受猜测引起的各种倾向性的影响。

现场实验与通常的实验室实验是相似的，但是，它是在自然情境下进行的实验，被试经常不知道他们正在参与某项实验。由于现场实验是在自然情境下进行的，通常实验不会引起被试的怀疑和猜测，因此他们的反应要比实验室实验更加真实。现场实验可以从比实验室实验范围更大的人群中收集资料和信息，这样能够增加研究结果的概括性。现场实验的另一个优点是，有时可以涉及相当多的变量和情形，而这些在实验室里是得不到的。比如，研究电视暴力节目与儿童攻击行为之间的关系，可以让两组儿童中的一组观看有暴力镜头的电视节目，另一组观看生活娱乐节目，然后，观察儿童在游戏过程中出现的攻击行为。这里，看电视、做游戏，都是在现实生活的环境中进行的。现场实验的缺点主要是缺乏对实验情境的控制。一般地，在现场实验中，研究者很难把被试随机安排到实验条件中，以保证对因变量进行准确的测量。大量偶然发生的事情和条件都会出现在现场实验中，这经常会使研究者感兴趣的变量作用变得模糊不清。表 3-1 对实验室实验和现场实验进行了比较。

表 3-1　实验室实验和现场实验的比较

	实验室实验	现场实验
对变量的控制程度	高	低
随机分配程度	高	低
便利性	通常很高	通常很低
真实性	低	高
自变量受到的影响	倾向于更低一些	倾向于更高一些
被试的怀疑和实验偏向	倾向于更高一些	倾向于更低一些
外部效率	低	高

（三）模拟实验

模拟实验是研究者设计一种人为的情境，去模仿真实的社会情境，并在其中进行控制的一种实验方法。美国社会心理学家津巴多等人在 20 世纪 70 年代初所做的模拟监狱实验，是经典的社会心理学模拟实验之一。在助人行为或亲社会行为的研究中，现在研究者也经常采用这种方式，如请实验者扮演病人或摔伤者等，看过路行人是否给予帮助及在什么情况下予以帮助等。当然，必须指出的是，模拟实验也具有与实验室实验与现场实验相类似的优、缺点。

四、其他方法

（一）调查法

调查法是根据被试对问题的回答而实现的一种收集资料的方法，包括问卷法、测验法和访谈法。问卷法是通过书面形式，以严格设计的心理测量项目或问题，向研究对象收集研究资料和数据的一种方法。问卷可以分为结构式问卷和无结构式问卷。测验法与问卷法相同，但所使用的研究工具一般为标准化的心理测验。访谈法则是通过面对面、通信或者电话采访的方式，了解被试的心理倾向或反应。社会心理学经常运用调查法研究人们的社会态度、社会知觉，研究群体的兴趣、需要、人际关系等。例如，运用社交测量法研究群体内的人际关系，实际上就是调查法。调查法的优点是能够进行大范围、大样本的研究，使研究者能够及时对自己感兴趣的问题进行广泛研究。此外，经济、省时、易于进行也是调查法的优点。这种方法的不足在于研究缺乏控制，容易产生社会赞许性效应，调查法的准确性很大一部分依赖于被试的真实反应。

（二）文献资料分析法

文献资料分析法又叫档案研究法。它是根据一定的目的，收集和分析文件、作品、记录、书报、杂志、图片、录像、录音、电影等，以探讨某种社会心理现象的方法。由于这种方法的基本出发点是从既有资料积累进行研究，因此，在研究某些具有连续性的社会心理现象时，如离异家庭子女的社会适应等问题，有着特殊的作用。社会心理学家运用这种方法通常是探究两个变量之间的关系，而有关的资料是可以公开收集到的。例如，美国社会心理学家研究棉价下跌（挫折）和私刑（侵犯行为）之间的关系。棉价和私刑数量的资料在美国政府及有关组织的统计中随时可以查到。麦克莱兰通过对教科书及文学作品中主人公的形象进行分析，确定了社会成员成就动机水平的高低与社会工业增长率的关系。库兹明分析了 19 世纪末至 20 世纪初俄罗斯 44 位画家与 154 幅肖像画。结果发现，在女人肖像中，年轻女人肖像占 69%，而且竭力表现女人的身段和服装；在男人肖像中，上了年纪的男人占 61.5%，而且画男人时主要着眼于表现其社会职业。对肖像画的这种分析能够进一步揭示当时社会的性别角色和性别偏见。值得一提的是人本主义心理学家马斯洛（A. H. Maslow）的自我实现理论和自我实现人格特征，也是运用该方法研究了 49 名历史人物（如林肯等人）后提出的。

文献资料分析法研究几乎都是相关研究，通过这种研究方法能够获得大量的信息，而且这种方法无须对研究者做出反应，没有实验偏向，也没有其他涉及人与人相互作用的问题，并且这种方法可以追溯社会发展进行系统研究，也可以进行跨文化比较。这种方法的不足在于，难于做出因果分析，而且获得完整、客观的资料本身也很困难。

（三）跨文化研究方法

进入 20 世纪 90 年代，社会心理学家在注重对本土化心理学研究的同时，也愈加注重文化差异和社会变化对人们社会心理的影响，因此，**跨文化研究方法**日益受到重视。现在跨文化研究方法又分离为人种学现场技术、在自然情境中对行为的系统观察、比较文化的调查和访谈、在各种文化中进行测验和估价、投射技术、比较文化研究中的实验、口头和书面材料的翻译与内容分析、人类关系区域档案的描述和使用等。

跨文化研究可以在现场进行，也可以在实验室进行，甚至可以使用档案资料来完成。这种研究有两个目的。第一，假设这种研究结果适用于多种文化，那么，它的研究结果就可以有更大的普遍适用性。例如，人们总怀疑恐惧与合群的关系只适用于美国，而不适用于日本。研究者想把这一关系认作人类社会相互作用中的一个基本过程，自然要在各种民族的被试中进行研究。跨文化研究是一种检验某种特殊发现的范围和普遍性的方法。第二，跨文化研究可以使人们比较不同社会之间的区别。任何时候在不同文化中都可以找到不同的结果，研究者已经发现某些和个别文化有关的东西。例如，研究已经发现挪威人比法国人更顺从。

（四）元分析研究

随着同一主题研究的增加，研究者经常面临的问题之一就是各个研究之间的结论的不一致，那么，该如何做出一般性结论呢？例如，在社会心理学的研究中有 7 个关于攻击行为性别差异的研究。其中 4 个研究表明男孩比女孩有更多的攻击性，另外 3 个研究则没有发现差异。那么，这能得出什么结论呢？过去，研究者经常使用“大多数原则”去解决这个问题，这样的结论似乎可靠性较差。元分析研究则是解决此类问题的新技术。元分析是一种统计技术，它是对已有的同类研究结论进行综合评价、分析、整合，以获得普遍性、概括性结论的方法。效应度是元分析的重要指标。效应度是指实验处理的效果大小，它与传统统计分析方法中的显著性检验有一定联系。在元分析中，对结果进行评估需要同时涉及效应度和统计显著性两个指标。元分析可以对某一研究领域内的同类研究进行定量的综合，这是元分析最明显的优势，而以往的综合则主要是一些定性的描述，这种定性描述使人们在对研究进行总结时，难免会遗漏许多有价值的信息和资料。在元分析出现之前，许多研究可能发现研究中的组间差异很小，不能达到显著的差异，就认为不存在显著差异。元分析出现后，降低了人们对某一统计显著性水平的绝对依赖。元分析方法指出，研究应该更多地依赖其自身的效应度。因此，元分析能够决定这些小的效应是“真的”或仅仅是测量误差。虽然元分析方法本身也有一定的缺陷，但是，元分析方法在研究攻击等社会行为性别差异方面已经发挥了决定性作用。

（五）评价研究

评价研究是用来检验某种计划是否达到了目标，并能给计划的改善提供正确信息的一种手段。这是美国政府为检验一些政策实施的效果，请社会心理学家进行研究时采用的方法。实际上，这种方法也适用于对个体的研究。我们在确定存在学习困难现象的个体时，使用问题性评价和诊断性评价，辅之以“非正式评价”，在“差异性”评价的框架下对学习困难儿童进行筛选取得了较好的实践效果。虽然这种方法开展起来比较困难，但是它对社会心理的研究却有重要意义。

（六）大数据研究

目前，大数据开始应用于社会心理学

领域。韩国心理健康研究中心的宋太仁（Song TaeMin）等人在2014年发现韩国人于2004至2010年间在搜索引擎中关于自杀、压力、饮酒等关键词汇的搜索频率，并与实际自杀人数建立多水平模型，验证了压力、自杀等词汇的搜索频率与自杀人数的正向相关关系，说明了压力是导致自杀的直接原因。通过大数据研究，研究者可以揭示人类社会内在活动规律，预测人的社会心理与社会行为模式，并为个体或群体的心理健康、决策、社会安全等提供服务。在人格、情绪方面，未来的研究将揭示更多的相关甚至因果关系；在心理健康方面，通过手机软件、可穿戴设备对风险个体实现实时监控，预防心理异常、心理疾病的发生。大数据研究会在数据类型、数据收集方法和研究方法等基础层面展开。

【本章摘要】

1. 社会心理学的基本理论有社会学习理论、社会认知理论、精神分析理论以及符号交互作用理论。其他具有代表性的社会心理学理论有社会生物学理论、社会文化理论、进化社会心理学理论和决策理论等。

2. 社会学习理论的核心思想是一个人的当前行为是由其过去的经历决定的，其已有的经验、训练、强化对行为的习得都起着至关重要的作用。

3. 社会认知理论从人的认知过程解释人的社会心理与社会行为，强调一个人的行为依赖于其知觉社会情境的方式。内隐社会认知的研究已成为目前社会心理学研究的一个热点。

4. 精神分析理论的社会心理学思想主要涉及个体社会化和群体心理两个方面。新精神分析理论强调文化、社会条件、人际关系、家庭环境和早期经验等因素对人格、社会心理与社会行为的影响。

5. 符号交互作用理论是社会学取向的社会心理学理论的典型代表，该理论认为人的行为是由社会因素决定的，个体社会化是在相互作用过程中完成的。

6. 社会心理学研究的方法论包括客观性原则、分析与综合的原则和伦理性原则。开展社会心理学研究尤其要遵循知情同意的原则、避免伤害与最小危险原则、保护个人隐私原则以及事后解释原则。

7. 定性研究的设计主要包括：研究问题的选择、研究现场的选择、资料收集、资料整理和分析、成果表达、研究结果的评估等。定量研究在进行研究设计时着重解决的是变量的控制与操作、研究的控制与误差，以及对测量结果进行分析时选择统计方法的合理性。

8. 相关研究考查两个或多个变量之间的关系，不操纵变量。相关研究能够一次获取大量信息，而且能够考查那些在实验室里不能操纵的现象，但是相关研究不能考查因果关系。

9. 实验研究能够考查自变量对因变量的影响，进而考查变量间的因果关系，但是实验研究容易引发实验者偏向和被试偏向。调查法、文献法、评价法及元分析法也是社会心理学研究中经常使用的方法。社会心理学研究方法的选择，取决于研究主题的需要和研究的效度问题。

【建议参考资料】

1. 俞国良. 当代青少年心理与教育大辞典. 太原：山西人民出版社，1999.

2. 乐国安. 社会心理学理论. 兰州：兰州大学出版社，1997.

3. 王重鸣. 心理学研究方法. 北京：人民教育出版社，2000.

4. 帕克，克拉克-斯图尔特. 社会性发展. 俞国良，郑璞，译. 北京：中国人民大学出版社，2014.

5. Taylor S E，Peplau L A，Sears D O，社会心理学（影印本）. 北京：北京大学出版社，2004.

6. Franzoi S L. Social Psychology. Times Mirror Higher Education Group，Inc，1996.

7. Crawford T. Introduction to Human Social Behavior（2nd Ed.）. Pearson Custom Publishing，1999.

8. Baron R A，Byrne D，Branscombe N R，Social Psychology（13th ed.）. Pearson Education，2011.

9. Kenrick D T，Neuberg S L，Ciaìdini R B. Social Psychology：Goals in Interaction（6th ed.）. Pearson Education，2005.

【复习思考题】

1. 简述社会学习理论关于个体学习行为的基本机制。
2. 试述社会认知理论的主要观点和发展过程，并加以评述。
3. 从个体社会化角度阐述精神分析理论的基本观点。
4. 社会心理学研究中要注意哪些伦理问题？
5. 简述社会心理学研究中定性研究的基本特点和过程。
6. 什么是参与性观察？怎样进行参与性观察和记录？
7. 举例说明相关研究的特点及其优缺点。
8. 什么是实验研究？比较现场实验与实验室实验的基本特征。
9. 联系日常生活实际，设计一个社会心理学的研究方案。

第四章
社会化与社会角色

【学习目标】

掌握社会化和社会角色的概念；了解个体社会化和社会性发展的基本内容，社会角色的认知和角色扮演以及性别角色的获得；能够运用社会化和社会角色的理论、方法，分析个体心理发生、发展与变化的规律，以及性别角色的社会化过程。

【重要术语】

社会化　同辈群体　社会性　社会角色　角色规范　角色认知　角色期望　角色行为　角色冲突　性别角色社会化　性别差异

个体的社会化与社会角色是多学科的研究对象。社会心理学视野中的社会化与社会角色，主要揭示个体心理活动发生、发展及变化与其所处社会环境的关系，研究个体从出生后如何适应社会、建构人格，又如何成为具有独特行为方式的个体，以及作为社会人所应该扮演的角色。一句话，个体在与社会的互动中形成人格，获得社会规范和社会角色，这是个体社会化的本质内容。

第一节 社会化的概念

一、社会化的界定

社会化是个体走向社会公共生活，融入现实社会的起点。个体的社会化过程就是在社会文化的熏陶下，使自然人转变为社会人的过程。一方面，个体接受社会的影响，接受社会群体的信仰与价值观，学习生活、生产技能和行为规范，适应社会环境；另一方面，个体作用于社会，用自己的信仰、价值观和人格特征去影响他人、社会，改造旧文化，创造出适应时代需要的新文化。因此，对个体来说，社会化是一个社会适应的过程；对社会而言，社会化是一个约束和控制的过程。

从古罗马至现代社会，人们已从不同地方发现了许多被社会隔离的所谓“野人”。如法国的阿维龙野孩、王储豪泽、伊莎贝拉和基尼等人，其中最著名的是印度的狼孩(wolf child)。1920 年 10 月，印度牧师在加尔各答东北附近的狼洞中发现了两名女孩，大的 8 岁，名叫玛拉，小的约 3 岁。不久，小女孩死于疾病。玛拉被领回时，其行为和狼一样，用四肢走路，喜食生肉，不辨冷热，日间睡觉，夜里起来乱走，眼睛发亮，声如狼嚎，不愿穿衣，拒绝洗澡。到了 13 岁才学会直立行走，学会穿衣，有羞耻感。到 15 岁时才学会 45 个字，学会一些人类的基本生活习惯，直到 17 岁死去那年其智力才相当于 4 岁幼儿的水平。这个例子充分说明，人出生以后，如果与社会生活隔绝，缺乏社会文化的熏陶，那她仍然是一个动物性的人。同时这也说明个体社会化的必要性，个体不经过社会化，就无法成为一个社会人。社会化是个体走向社会的第一步。

个体社会化的研究源于西方心理学界，随后越来越引起社会学界研究者的关注。1895 年，德国社会学家齐美尔（G. Simmel）在《社会性的问题》一文中已用“社会化”这一概念来表示群体的形成过程。尽管后来许多研究者对“社会化”有着各种表面看来各不相同的定义，但其本质内容大致是相同的，即“社会化”指一个人习得群体所赞同的社会行为，以适应群体生活的过程。诚如赖特曼（Wrightman）所说："从婴儿出生的时候起，他或她就受着各式各样的人或事件的包围，而这些人和事件会塑造他或她对世界的知觉。个体认识到他或她所属的社会的各种价值并把它们吸收进去的过程，一般就称为社会化过程。"

我国研究者也基本上持上述观点，如社会学家费孝通就认为，社会化"指个人学习知识、技能和规范，取得社会生活的资格，发展自己社会性的过程"。社会心理学家时蓉华认为，"在特定的社会与文化环境中，个体形成适应于该社会与文化的人格，掌握该社会所公认的行为方式，叫作社会化"。

我们认为，上述社会化的定义并没有论及人与社会的双向互动关系，仅将人的社会化看成是个体被动适应社会的过程，因而存在着一定的局限性。第一，忽视了个体在社会化中的主体地位和作用，简单地把社会作为个体社会化的主体，而把人当作被动的客体，片面强调社会因素单向对个体的影响、控制和改造作用，忽视了个体因素对自身社会化及对他人社会化的影响。事实上，个体既是社会化的客体，也是社会化的主体。第二，在个体社会化的方向上，只提出个体与既有社会规范、行为准则等社会文化相一致的一面，忽视了个体与社会文化不一致的一面，以及个体选择、发展、创造社会文化的一面。同时，社会化不应只是获得共性，即获得社会认可的心理与行为方式，还应包括个性的获得和人格的形成。

我们认为，社会化作为一种发展过程，是个体与他人之间、群体之间连续的、经历着许多阶段和变化的相互作用过程，是个体获得个性和社会性的过程，它是通过个体与社会环境的相互作用实现的。社会化是一个双向过程，应从人和社会的双向运动的观点给社会化下定义。社会心理学家凯利（Kelly）用简单的模型表示了这一过程，如图 4-1 所示。

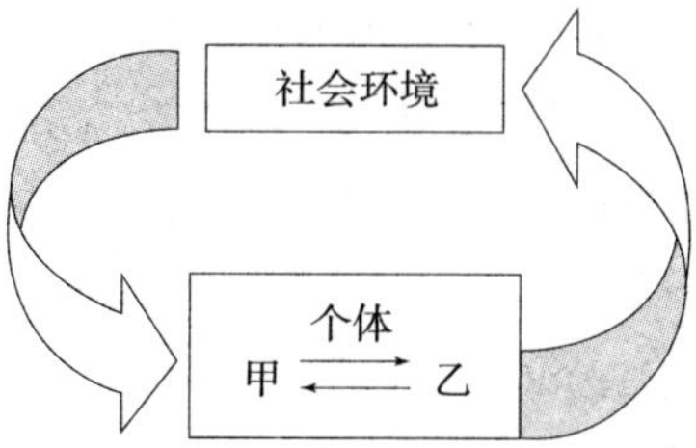

图 4-1　个体与社会环境相互影响示意图

有鉴于此，我们认为**社会化**（socialization）是个体在特定的社会文化环境中，学习和掌握知识、技能、语言、规范、价值观等社会行为方式和人格特征，适应社会并积极作用于社会、创造新文化的过程。它是人和社会相互作用的结果。通过社会化，个体学习社会中的标准、规范、价值和所期望的行为。个体的社会化是一种持续终身的经验。

这个社会化定义蕴含着以下几层含义。

一是社会强制性。社会文化环境对人的影响，是通过各种直接和间接的方式进行的。个体出生后便置身于复杂的社会环境之中，社会总以各种各样的方式和途径影响、作用于个体的身心发展。个体的行为方式也时常有意识或无意识地被周围的人们和环境所塑造，它几乎是不以个体的主观意志为转移的，带有社会强制性质。

二是主观能动性。这种主观能动性即使是在婴儿时也有所表现。美国心理学家克林纳（Klinnert）等人在1983年研究发现，9～12个月的婴儿在处于困难情境时，会观察父母的脸，并根据父母的反应来做出自己相应的行为。随着年龄的增长和心理机能的进一步发展，个体的社会化越来越多地表现出个体的主观能动性——对社会文化的认识、选择和掌握具有更多的自觉性、目的性、积极性。这种能动性体现在两个方面。一方面是个体自身的人格特质等因素影响、引导着个体的社会化，个体不仅有选择地将社会文化内化，并且将内化了的社会文化又创造性地外化。另一方面是社会化个体之间的相互作用，即个体既被社会化，同时也影响着其他个体的社会化。

三是毕生持续性。个体自身因素与社会环境因素的交互作用，不断地推动着个体的社会化，没有固定不变的模式，它必须随着社会的发展而发展。因此，社会化是一个不间断的、终身进行的过程，个体的社会化是通过人的一生完成的。

二、社会化的类型

社会化的过程与个体的生命发展过程是同步的。处于动态社会中的个体的社会化，不可能有固定不变的模式，必然随着社会的发展而变化发展。就个人来说，社会化是一个终身持续的过程，是通过各种不同类型的社会化来完成的。

基本社会化或早期社会化（early socialization）。它发生在个体生命的早期，即婴儿至青少年时期的社会化。这一时期，对个体而言是基本的但至关重要的社会化阶段。这个阶段主要是学习和掌握作为社会成员应具备的交际语言、认知技能、行为规范等，并将社会文化和价值标准内化，建立行为和评价系统，学会承担和扮演各类角色，并初步形成自己的人格特质。

继续社会化或发展社会化（developmental socialization）。在现实生活中，许多成人在生活不断出现新情况、新内容时，如家庭的建立、工作的调动、经济生活和业余生活的变更、社会关系和社会责任的变化、知识和技能的更新等，往往感到不适应，从而导致自己的认知与行为难以与环境和社会的要求相协调。为此，个体步入一个新的社会化过程——继续社会化。它是在基本社会化基础上的发展和扩大，即继续学习知识、经验和行为规范，以适应新的环境和新的角色。

再社会化（resocialization）。它是指个体从原有的生活方式向另一种新的生活方式转变、适应和内化的过程。这意味着个体放弃原有的价值观念和生活方式，认同一种新的价值观念和生活方式。再社会化有广义和狭义之分。广义的再社会化通常是指生活环境的突然改变，人们自觉地转变个人的生活方式和行为规范的过程。狭义的再社会化是一种特殊的社会化，是强制性再社会化。

反向社会化（reversal socialization）。

它是指年青一代将知识、文化传递给前辈的过程。随着世界人口老龄化的加速，反向社会化问题成为社会心理学界日益重视的研究课题之一。

第二节 社会化的基本内容与影响因素

一、社会化的基本内容

社会化的内容极为广泛，而且不同地域的民族、国家在不同的历史阶段，社会化的内容是有差别的。尽管如此，作为人类的社会化，其基本内容又具有共同的方面，如政治社会化、民族社会化、道德社会化、法律社会化和性别角色社会化等。这里，我们想从更微观的层面来探讨，即个体生活技能、职业技能、行为规范和生活目标的社会化。

生活技能的社会化。这包括生活自理能力、日常生活知识、生活适应技能等。在儿童时期，个体缺乏必要的生存能力和生活自理能力，因此社会化的内容首先是教会他们学会生存，掌握基本的生活常识和技能，如学会吃饭、穿衣、睡觉、一些基本的日常用语、饮食用餐的习惯、家庭生活的规矩、公共场所的守则、待人接物的礼节、公共交通的规则等，目的是使其能独立自主地生活。

职业技能的社会化。传授生产技能和职业技能，为个体进入社会开始职业生涯打好基础。这一任务在传统的农业社会是通过家长或师父的言传身教、世代相传的方式来实现的，而在科学技术日益发展的现代信息社会里，人们只有通过学习和接受各种类型的教育、培训，掌握各种职业技能，才能适应现代社会和科学技术高度发展的社会生活。

行为规范的社会化。这是社会化的核心，是个体适应社会生活和形成人格特征的关键，包括政治规范、法律规范、道德规范和角色规范的社会化等内容。

生活目标的社会化。生活目标的社会化：一方面要把社会目标内化为个体的生活目标；另一方面要造就出成千上万胸怀大志、努力将自己的知识、技能、才智和创造力等能动地外化于社会，为社会造福的人，使其成为社会文化的承上启下者。

二、社会化的影响因素

为什么社会文化的影响力能把一个自然人塑造成一个社会人，而不能把一只猴子或一个类人猿塑造成一个社会人呢？这是由影响个体社会化的主观因素和客观因素决定的。

（一）影响个体社会化的主观因素

一般地，影响社会化的主观因素，包括个体的遗传素质、思维能力、语言能力、学习能力和生活依赖期等。

遗传素质。个体的社会化是以其生物遗传素质（heredodiathesis）为基础的。离开了人的遗传素质，个体的社会化就成为无本之木、无源之水。遗传素质的不断分化，表现出个体发展的特有趋势，从而为最终发展成为一个社会人提供了可能性。

思维能力。人虽然是生物的一类，但人是高度发展了的生物有机体，具有高度发达的大脑，复杂的神经系统活动，产生了被恩格斯誉为“世界上最美丽的花朵”的人类的思维。思维作为人类智力活动的核心，使个体能有目的、有意识地认识世界和改造世界，成为自然的主人。

语言能力。人借助语言参与社会生活，学习社会文化，了解他人的经验，积累生活知识，指导自己的行为，处理社会关系，创造社会财富。可见，人类语言能力是人社会化的重要条件和影响因素，没有语言，个体就进入不了社会，无法进行人际交往与社会交往，也就谈不上社会化。

学习能力。人类具有学习和积累知识的能力，一个显著的特征是通过社会生活实践，使知识内化，转变成自己的观念、需要、动机，形成独特的见解，达到认识事物的本质的目的。人的学习能力，在初生的时期，往往限于他人外在表现的动作，随着年龄的增加和生活知识的积累，便能自觉地体会他人内心的想法和计划，一旦自己遇到类似情况时，也就试着形成相似的计划和想法，直至使外显的动作和内心的计划表里一致，变成自我的观念和知识来指导自己的行动，使自己成为一个能动的主体。

生活依赖期。人有一个较长的生理上无法自理、智力上未趋成熟、生活上不能独立的童年时期，因而必须依赖父母或其他养育者的关怀和照顾。正是这种生活依赖性，决定了一个人生下来就必须生活在社会中，而要在社会中生活，就不得不接受广泛的、多重的社会影响。

（二）影响个体社会化的客观因素

社会环境是社会化的客观条件，是个体社会化的关键性影响因素。所谓**社会环境**（social environment），是指影响和作用于个体的全部社会因素，即人们生活的社会经济制度和上层建筑的环境条件，主要包括：家庭、学校、同辈群体、大众传播媒介、社区等。

家庭。家庭是社会的初级群体，也是个体社会化的主要场所。家庭环境对个体社会化具有特殊价值。因为在个体生活的微观环境中，家庭背景反映了个体的基本物质条件与社会生活条件，这些背景因素通过父母与子女的互动影响个体早期的社会化进程。人类的儿童期是一生中社会化的关键时期。儿童不仅在父母及其他监护人的喂奶、偎依、搂抱、亲吻、爱抚中建立了最初的与他人亲密的情感联系，又从父母那里学会了吃饭、穿衣等生活技能，同时习得进一步社会化的手段——学习语言、写字、算数，学会思考和独立的方法；

父母教育和传授给孩子要爱护财物、尊敬长辈、讲卫生、爱清洁、分辨对错、克制自己、礼貌待人等各种社会规范。家庭的种族、阶层、宗教、地区等社会特征和父母的经济收入、财产、所受的教育程度、生活方式、对子女的教育方式等，以及由此形成的不同的价值标准、行为规范、心理特征、思想意识、生活习惯等又不断地影响着孩子，对他们人格的形成有着深刻的影响。我们的研究证实了这个结论。家庭资源，如父母的文化程度、父母的期望、家庭功能、教养方式、学习指导方式、父母监控方式、家庭心理气氛等，对学习困难儿童的成长和心理发展有重要影响。

学校。当儿童进入学龄期后，学校的影响和教师的作用逐渐上升，成为社会化最重要的社会环境因素。学校通过各种教材、教师的威信和人格、教育方式、考试与考核、各种学生社团组织和兴趣小组以及学校文化等对学生的社会化产生影响，其中，教师的作用尤为重要。学校社会化的特点和功能包括以下几点：①它作为集体生活的机构，减少了儿童在家庭中对父母情感上的依赖性，使儿童进入了组织性严、约束力强、强制性大的社会环境；②改变了家庭教育中的松散性、教育态度的不一致性，而对儿童实施系统化、正规化、专门化的教育；③在学校的学习生活中，儿童青少年自我意识的能动性得到显著发展，开始自觉地认识和评价自己与他人的个性品质。

同辈群体（peer group）。它亦被称为同龄群体，指年龄与社会地位相似的人结合形成的群体，如同学、朋友、同伴等。他们成长于相同的社会环境和生活条件下，有相似的价值观，趣味相投，感情融洽，情绪易互相感染，行为易互相模仿，他们强调参与者的平等和一致，同心协力、互相容忍、共有共享、一同参与。这种同辈群体在小学、中学、大学、工作单位中普遍存在，它的影响力常常高于家庭、学校和教师、父母，影响着个体社会化的各个方面，是个体社会化的重要因素。

大众传播媒介（mass media）。在现代信息化社会中，大众传播媒介在个体社会化过程中发挥了越来越重要的作用。社会文化作用于个体的社会化，大都借助于各种大众传播媒介——书籍、报刊、广播电视、电影戏剧、录音、录像、网络、远程通信等来实现。其功能有储存性、新闻性、知识性、舆论性、教育性、娱乐性、审美性等，并可以监督社会规范和准则的实行，使社会目标、信仰、价值、理想和意识形态等达到一致。因此，大众传播媒介对人的社会化有着不可忽视的影响。

例如，我们（俞国良，李森）就系统梳理了家庭环境对个体心理健康影响的研究，并向国外同行介绍了其研究成果。其中，有两项研究均采用元分析方法，系统梳理了国内外相关研究成果，探讨了家庭因素（如亲子关系）对儿童短期心理健康以及长期亲密关系的影响。结果发现，相较于非留守儿童，留守儿童更容易出现心理健康问题；此外，遭受童年虐待的儿童，在恋爱关系和婚姻关系中更容易遭受到伴侣的攻击。另一项研究采用问卷调查法，以青少年为被试研究了童年虐待对亲社会行为的影响，并探讨了其中的内部机制。序列中介结果分析显示，同情和感恩在两者关系中起到序列中介作用。经历童年虐待的青少年具有较低的同理心，进而导致感恩水平较低，并最终导致亲社会行为减少。三项研究成果突出了原生家庭对个体心理与行为发展的影响。因此，营造良好的家庭环境与和谐的亲子关系将有利于儿童安全型依恋的形成以及社会支持体系的构建，从而促进其身心健康发展。

三、社会化与社会性发展

诚如前述，社会使个体由一个生物人或自然人变成了社会人，其中社会宏观环境发挥了重要作用，这便是人的社会化。然而，这种作用必须通过个体来实现。因此，我们还需要从个体微观环境出发，来思考这种内化的过程，这便是人的社会性发展。

（一）社会性发展的概念

社会性发展（social development）这个词，正被心理学研究者广泛使用着。

关于什么是社会性发展，我们或许可以罗列出许多观点，然而，这并不能解决问题。

要正确理解“社会性发展”这一概念，需要分析和考虑“社会性”是什么。

首先，它与个体生活中的社会现象（如道德规范、交往规则）和社会关系（如亲子关系、同伴关系）有关，而与人的自然性（如身体结构、运动能力）无关。

其次，它与个体对社会事物的认识有关，如道德认知、权威观念，而与对自然事物的认识无关，如空间知觉、记忆容量、数概念。

再次，它与个体认识和适应社会时所应具有的内在特质、知识、能力有关，但并非社会现实本身。

最后，它应该发生在个体与社会的相互作用中，特别是个体与他人的相互作用中。虽然它受到遗传因素的影响，但不能通过遗传的方式直接传递。

综上所述，我们认为，社会性是指个体与社会关系系统的相互作用，以及在这个作用过程中对社会中人和事物的认识与适应过程及其结果。这个定义包括如下要点：(1）个体与社会的相互作用主要指人际关系（如个体与父母、朋友、同学、教师以及其他重要他人的关系），既是社会性的内容，也是社会性发展的背景；(2）社会性在过程层面体现为社会认知过程（如社会信息加工的流程、社会学习的步骤）和人际互动过程（如自我知觉、亲子沟通、榜样模仿）；(3）这些过程的结果包括与社会认知有关的知识（如权威概念、性别图式、游戏规则等），特质（如人格、自我概念），情感（如成就动机、社交焦虑、孤独、主观幸福感），行为（如亲社会行为与攻击行为），它们既是社会认知和人际互动的结果也是条件。由此可见，社会性至少应该包括社会性关系（人际互动）、社会性认知、社会性知识、社会性特质、社会性情感、社会性行为等。在个体毕生发展过程中，所有这些层面的发展规律与年龄特征就是社会性发展的主要内涵。例如，我们的研究表明，学习困难儿童的社会性发展便是以“社会交往—社会认知（自我概念）—社会行为”为线索展开的。

然而，如果简单地说社会性是社会化的结果，那么这个“结果”既应该有个性的成分，也应该有共性的成分。社会化的过程，从个体角度考察，也就是社会性发展的过程，它既是个体获得独特性的过程，也是个体获得共性的过程。个性或人格是每个人有别于他人的独特性，体现着作为社会成员的独特价值；而社会性是社会成员应该具有的一般特征，是维系社会关系的基础。作为社会成员，如果没有共性就无法在社会中生存和发展，没有个性就没有存在的价值。因此，如果做进一步的理解，可以笼统地把人格也放在社会性范畴里。有鉴于此，我们认为，社会化是在社会宏观环境中完成的，而社会性发展则是在个体微观环境中实现的，两者殊途同归，统一于人的成长与发展过程中。

（二）社会性发展的基本内容

毫无疑问，心理发展显然是比社会性发展更大的概念，前者属于发展心理学研究的范畴，后者是社会性发展心理学研究的内容。对发展心理学包括的内容和社会性发展心理学包括的内容有个简单的了解，可能有助于理解社会化的过程、社会性发展的内涵，以及社会性发展在整个人类发展中的地位。林崇德在1995年主编的《发展心理学》中，把心理发展分成两个主要部分和四个有关方面。两个主要部分是认知发展和社会性发展，四个有关方面是指心理发展的社会生活条件和教育条件、生理的发展、动作和活动的发展、言语的发展。其中，社会性发展包括兴趣、动机、情感、价值观、自我意识、能力、性格等的发展。显然，社会性发展被视为个体心理发展的两大主要板块之一。

瑞斯（M. E. Rice）编著的《人类发展》一书将发展分成生理发展、认知发展、情绪发展、社会性发展四个方面。而纽曼等人（L. S. Newman & M. L. Newman）编著的《儿童期和青春期》一书将发展分成生理发展、智力发展、情绪发展、社会性发展和自我发展五个方面。从中可以看出，社会性发展是人类发展的重要领域。

谢弗（J. W. Shaffer）在《人格和社会性发展》中具体讨论了早期情感（主要是依恋）、自我、成就动机、性别差异和性别角色、攻击和反社会行为、利他和亲社会行为、道德等领域的发展问题。在张文新的《儿童社会性发展》一书中，社会性发展的具体内容包括儿童的依恋、社会认知、道德与亲社会行为、攻击、性别差异与性别角色，以及儿童自我系统的发展。俞国良和辛自强在《社会性发展心理学》一书中，把社会性发展的研究领域确定在社会认知、自我发展、道德发展、性别角色、同伴关系、依恋关系、攻击行为和亲社会行为，以及父母、家庭和学校对个体社会性发展的影响等方面。

总之，国内外的心理学家通常会把社会性发展视为个体心理发展的重要内容之一。自我发展、社会性情感发展、社会认知发展、社会行为发展、人际关系发展、道德发展、性别角色发展等，都属于社会性发展的研究范畴。

第三节 社会角色的认知

个体社会化和社会性发展的一个副产品，便是个体获得了社会角色。社会角色是沟通和衔接个人与社会的桥梁。个体社会化的最终目的是为社会培养一个符合要求的成员，使其在社会生活中担当一定的角色，并按照他们所处的位置、角色的规范要求来行事。可以说，个体社会化过程就是一个学习社会角色的过程。

一、角色与角色规范

（一）角色概念

1. 角色的溯源和定义

角色这个概念源于戏剧。按其原意，本指演员在戏剧舞台上根据编剧和导演的要求，扮演某一特殊人物的专门术语，也称“脚色”。演员在舞台上的言行举止都必须符合剧本的规定，后来，人们把角色的概念进行了广泛的推广，应用到社会生活的各个领域。对此，莎士比亚戏剧《请君入瓮》中的一段台词形象地道出了这种情形：

全世界是一个舞台，
所有的男人女人都是演员。
他们有各自的进口与出口，
一个人在一生中扮演多种角色。

莎士比亚戏剧中的这段台词的卓见，是对角色观点的最恰当说明。

米德和林顿首先创造性地运用了这个概念，为现代角色理论做出了奠基性贡献。但是，把角色作为一种研究社会行为的方法当首推戈夫曼的研究工作。如前所述，为了探讨角色概念的确切含义，许多研究者对角色进行了系统研究，仔细推敲后我们发现，有关角色概念的定义不外乎从两个方面入手：社会学研究者侧重于从社会关系、社会规范、社会位置、社会身份角度下定义，他们认为，角色要按社会结构中为其规定的规范行事。心理学研究者侧重于从个体行为、人与人相互作用、行为模式角度下定义。我们认为，**社会角色**（social role）是在社会系统中与一定社会位置相关联的符合社会要求的一套个人行为模式，也可以理解为个体在社会群体中被赋予的身份及该身份应发挥的功能。换言之，每个角色都代表着一系列有关行为的社会标准，这些标准决定了个体在社会中应有的责任与行为。例如，一位教师，在学生面前应该为人师表，处处以教师的规范约束自己。每个人在社会生活中都在扮演自己应该扮演的角色，这里不仅意味着占有特定社会位置的人所完成的行为，同时也意味着社会、他人对占有这个位置的人所持有的期望。

2. 角色的特征

角色规定了个体在社会活动中的行为模式，每个角色都在社会大舞台上进行“表演”，即角色扮演（role playing），意味着个体根据自己对各种社会角色的理解，按照这些角色要求来调节自己行为的过程。不同个体在不同的社会舞台上有不同的表现，并在扮演的过程中影响了整个群体以及群体成员的态度。一般地，角色有以下四个特征。

第一，职能性。角色乃是社会对个人职能的划分，它指出个人在社会活动中的地位，在社会关系中的位置，在人际交往中的身份。所有的角色都不是自己认定的，而是社会客观赋予的。例如，一个服务员，必须具有热情、耐心、细致、友好的服务态度，掌握一套熟练的服务技能以及丰富的业务知识。

第二，扮演性。每个个体都必须在社会活动中扮演一系列角色，这并不意味着人们故意在那里装腔作势，也不是说人们必然要产生某种行为。在很大程度上，人们的行为只能由其所处的背景和地位来决定，这就是社会标准。社会标准的许可范围，规定了人们行为的恰当界限。如果一个人想成为合格的社会成员，必须学会角色扮演。

第三，多重性。在社会关系系统中，个体扮演的角色绝不止一种，而是多重角色的统一体。例如，一个大学生，在课堂里是学生角色，在商店里是顾客角色，在公共汽车上是乘客角色，在女朋友面前是“护花使者”角色，社会赋予他的多重角色，在他身上得到了完整的统一。

第四，固定性。社会角色通过社会位置来具体表现。所谓社会位置是指在群体结构或社会关系中的某个地位。角色不是孤立存在的，每一个角色都有对应的角色位置，须对号入座。当个人进入某一位置之后，其行为举止就要受到群体、社会对此角色预先安排的规范、准则的制约。角色位置犹如电影院里的座位，不能坐到其他位置上，至于在自己座位上怎样坐、坐多久，那是个人的事。

（二）角色规范

1. 角色规范的含义

在日常生活中，每个人都在自觉或不自觉地遵守各种角色规范，使自己的行为符合自己所承担角色的要求，符合社会的客观标准。然而，究竟什么是角色规范？角色规范（role norm）是群体中每一角色都必须遵守的行为准则。它是在长期的社会生活中形成的，并在个体的实践活动中表现出来，角色规范与个体在一定社会关系中所处的位置紧密相关，并成为调节行为的重要控制器。虽然角色的形式是潜在的，但是它的作用是外显的，只要个体生活在现实社会中，就永远不能摆脱角色规范的约束和调节。

角色规范有两种表现形式。一种是以

书面形式或用法律条文规定下来的成文的行为准则，这种行为准则具有强制的约束力，是角色规范的高级形式。例如，法律规定父母对未成年子女有抚养义务，而子女对年老的父母有赡养义务。另一种是不成文的、约定俗成的行为准则。它往往以社会公德的形式出现，是角色规范的低级形式。大多数的角色规范是人所没有意识到的，只是由于从小就受到规范的强化而形成了一种自动化、熟练化的行为习惯，深入人们的生活中。总之，角色规范具有不同形式、不同层次，因此它对人的心理与行为举止具有重要的调节作用，人们正是根据角色规范来评价他人、选择行为方式的。从本质上说，一个人接受角色规范的过程，就是实现个体社会化的过程。

2. 角色规范是社会规范的中介

角色规范是社会影响个人的重要中介环节，是社会规范的具体表现形式。社会对个人施加的影响往往通过角色规范来实现。任何人都不可能离群索居，只要在现实社会中活动，就总要在社会的某一群体中占有一定的位置。社会位置有两种获得方式，一种是自然性位置，另一种是获得性位置。年龄、性别、外貌是不可改变的，是一种自然性位置；职业的位置、职称的位置、职员的位置则是获得性位置。每个人都可以经过努力获得自己理想的位置。当个人进入某一社会位置后，就必须接受社会规范的约束，“在其位，谋其政”，具体表现为按照角色规范的标准要求待人处事。人们评价某个人的社会位置，也往往是以其所在位置角色规范的标准来衡量的。角色群体的领袖，按照某一角色规范对其行为实施奖励或惩罚；角色伴侣也按照角色规范对其寄予期望，并逐步纳入角色规范的行为模式中。可见，赋予个人行为以意义，保证社会规范的个人意义，决定个人行为稳定性、连续性的因素，正是角色规范。因此，从某种意义上可以说，角色规范比社会规范更具体，离人们的现实生活更近，对人们生活的影响也更大。

二、角色期望与角色观念

角色认知（role cognition）是角色行为的认知基础。角色认知亦称角色领悟，主要是根据他人所表现出来的各种行为来认识对方的身份、地位，从而判断其应有的角色行为是否符合角色规范的要求。

（一）角色期望

1. 角色期望的含义

在现实生活中，角色期望是普遍存在的。究竟什么是角色期望？一个人占据了社会关系系统中的一个位置，他人、群体和社会就对占有这个位置的人抱有期望，这种期望叫作角色期望（role expectation)。角色期望首先是他人提出符合自己身份的期望，同时本人对这种期望心领神会。如果处于某一角色位置的人不知道他人的期望，就不可能有他人期望的行为产生。一个人为了有效地扮演自己的角色，必须知道自己所承担角色的一套行为模式，这种认识来自他人的期望。例如，对女性的期望是：温柔、美丽、大方、文静、善良、富有同情心和善解人意等，这些特征是人们对女性角色应该怎样的期望；相反，人们也有一些对女性角色不应该怎样的期望：虚伪、粗鲁、急躁、残忍、做作、恶毒、攻击性等。

角色期望是形成社会结构与角色行为之间关系的桥梁。它意味着个人所处的社会群体对其所期望的一系列行为，这些行为是被社会规范化了的行为，表现为希望他这样做而不是那样做。因此，角色期望在许多情况下都是明确的，使人们能够有案可稽。为了实现角色行为，期待是必不可少的。时蓉华的研究表明，家长期待孩子上学（期待孩子成为大学生角色）与其子女的入学率成正相关。这说明期望是实现角色的有效手段。此外，我们也应该看到，角色期望绝不是一些行为的清单，而是复杂的认知系统，它是认识、情感、态度的总和，并在个体社会化的过程中完成。

心理学家罗森塔尔研究了教师在心理上对每个学生抱有的期望，与教育效率（学生的学业成绩）两者之间的关系问题。他和同事们进行了这样一个实验：对小学一至五年级学生实施“预测未来发展”测验后，向各年级教师提供测验信息，称其随机抽出的20%学生有可能比其他学生发展得更好，实际上这20%的学生与另外80%的学生的测验成绩相当。8个月后，罗森塔尔等人又对全体学生做了一次测查，结果发现，就像教师期待的那样，这种期待有力地促进了这些特定学生的智力发展，特别是一、二年级的学生，显示了明显的期待效果。并且，教师给他们的评语也比其他学生好。实验结果表明：尽管是随机取样，由于教师持有暗含期望，使儿童的智力像教师期待的那样得到了提高。在这里，教师对学生的期望是一种信任、一种鞭策、一种爱，学生会被感动，对教师更加信赖、学习更加努力，而这个信息又及时反馈给了教师，形成了一个良性循环，使得师生双方相互信任，因而取得了期望的效果。

2. 角色期望的经典实验研究

从上面的实验研究中可以看到，在人际交往过程中，角色期望具有双重意义。首先是它的反馈性质，这种性质指导着人的行为。教师做出了某些行动之后，会预测对方对这些行为将会做出的反应，于是再反过来调节和改变自己的行为，从而使师生交往有效地持续下去。其次是它的强化性质。一个人的行为要和其他人的期望相一致。当教师向期望高的学生提出更高的要求时，教师预测到学生会做出积极的反应，结果，反馈的结果与他的预测相一致，就会强化教师的期望动机，从而对这个学生另眼相看；而对期望低的学生则表现为相反的情况。这样，必定会使教师坚信自己行为的正确性，从而使角色期望真正产生效果。

（二）角色观念

角色观念建立在自我概念和角色知觉的基础上。如果人们的角色知觉清晰，自我概念同一，那么，角色观念就容易建立。

1. 角色知觉与角色观念

角色知觉（role perception）是角色观念的重要组成部分，它是个体对角色及有关角色现象的整体反映。在现实生活中，人们经常可以发现，如果个人对社会赋予的角色内涵非常明确时，他的角色扮演就完成得很好。萨尔宾的实验证明了这个结论。他把各种角色表演时的记录呈现给被试，要求被试指出发言者所扮演的角色、年龄、性别、行为等，结果发现，那些角色知觉良好的人，能够做出正确的判断，而那些角色知觉混乱的人和精神病患者，在知觉时往往会发生错误。

其他研究者对此进行了进一步的研究，发现角色知觉正确与否与下列因素有密切关系。首先是对角色的社会期望的明确程度。例如，售货员和顾客、教师和学生，都非常清楚社会对自己的期望，能清晰地知觉自己所担任角色的意义。其次是个人的知识、经验和生活阅历。此外，社会环境的变化也会影响个人的角色知觉。例如，在汹涌而来的信息技术革命面前，很多人就不知道自己究竟该怎么办，对角色的期待产生怀疑动摇，从而处于犹豫、彷徨、烦恼之中，要建立明确的角色观念也就无从谈起。

2. 自我概念与角色观念

在自我概念的形成过程中，个体每时每刻都在进行角色扮演。因此，从某种意义上可以说，自我概念是角色观念形成的基本环节。

自我概念，简单地说就是个体对自己所持的看法，即个体的自我观念。人们的心理与行为都要受自我概念的影响。然而，自我概念并非先天就有的，而是在社会实践活动中逐步建立起来的。米德认为，自我概念是人们与他人、社会相互作用的结果。个人的动机、需要、期望等自我意识，通过外部行为表现出来，凭借自己的行为表现把自己介绍给别人，希望别人接受自己；反过来别人对自己的看法又会影响自我认识，即自我接纳。人们通过这个过程来预测他人的反应，同时检查、调节和修正自己的行为，使言谈举止符合角色规范的要求。因此，人的自我观念是一种社会文化历史现象，既受个体知识经验、生活阅历等因素的制约，又受所处文化环境、历史环境的影响，更受到社会相互作用过程中所承担角色的控制。

3. 角色观念的形成过程

角色观念的形成一般要经历三个阶段。

第一，拒绝角色阶段。在这个阶段中，人们拒绝接受任何角色，表现为一种自我中心主义者，他仅考虑寻求自己内心紧张、焦虑尽快消除的途径，而不考虑自然法则、社会习惯、他人反应。就社会心理而言，个体虽然对外界刺激能做出反应，但是，他的反应几乎全部是被动的、消极的，而且从不用社会规范、道德习惯、行为准则来约束和控制自己的行为。因此，从这个意义上说，他仅是一个生物人，而不是一个完整意义的社会人，此时他没有获得任何角色。例如，婴儿就是这样的。

第二，承认角色阶段。人们在消极、被动地对外界刺激做出反应时，开始感到自己的动机、需要等往往得不到满足，于是，他就部分地按照社会的标准来积极主动地做出某些反应，开始认识什么是“必须”的和“禁止”的，开始接受判断是非的社会标准，并在大脑中储存部分社会规范，在社会中实践各种不同角色，学会适应和担任角色，此时的主要手段是观察和模仿。例如，3～7 岁的幼儿就是这样的。

第三，接受角色阶段。接受角色具体体现在承认自己的同时，也承认他人的存在、他人与自己相互关系的存在。相互并存观念的发生和发展，说明其对角色已具有了一定的分析能力，并能根据自己的分析，满足自己的需要，这样就在自己的社会性动机中包含了对别人的知觉。尤其是进入青少年期后，通过参加各种社会实践活动，进一步了解了他人与自我的行为规范，明确了社会的风俗、习惯、道德准则等内容后，人们就可以扮演各种角色，与外部世界进行交互作用，并正式开始实施角色行为。

三、角色行为

角色行为（role behavior）意指实现自己所扮演的角色，并表现为外部行为、角色实现的过程，是主体适应环境和改造环境的过程。

（一）角色技能

如果我们把扮演角色看成是完成一项任务，那么，要完成这项任务，在个人的角色位置、角色期望不变的情况下，任务的完成将取决于个人的角色技能。究竟什么是角色技能？角色技能是人们所具有的能顺利完成角色扮演任务的智慧、能力、经验等心理特征的总和。在社会现实生活中，角色技能存在着明显的个体差异。根据一些学者的研究，我们认为角色技能可分为两类。

1. **一般技能**

一般技能是任何担当角色的个体都必须具备的技能，如果缺少这种技能，个体的社会适应就会出现障碍。一般技能可划分为认知技能和活动技能两种。

（1）**认知技能**。一般认知技能主要指人们在扮演角色时，对所担任角色的分析能力和推断能力，包括分析推测他人对自己所扮演角色的反应，以及对他人角色行为的认知。对整个角色扮演反馈过程的分析，不但有利于不断调整自己的角色行为，而且有利于洞察某一社会位置应当具有的角色期望，并以此来评价自己和他人角色行为的有效性。因此，分析和推断能力是角色扮演的前提条件。认知技能中的另一方面是“角色代演”能力，也就是说要设身处地为他人考虑。在这里，不但要从他人角度看待这个角色，而且还要从他人的情感态度出发，判断在面对外界刺激时应采取的角色行为，这样就能正确地预测他人的社会行为，并以此作为自己将要采取行为的前提，从而保证人际交往中角色行为的正常实施。

（2）**活动技能**。扮演任何一个角色都需要适当的姿势、动作、面部表情、声态表情、体态表情。这些非言语系统，就是角色扮演中的活动技能。成功的角色行为，必须对活动过程进行有效的控制。其中，表达功能，尤其是情绪表达成为角色沟通的桥梁。面部表情、声态表情、体态表情就是用来表达那些只可意会、不可言传的，对双方角色扮演都极其微妙的东西。角色扮演中的这些非语言系统，往往成为一种线索，提供给知觉该角色的其他人。因此，有效地、合理地表达适当的情感，是角色行为得以实现的重要途径。

2. **特殊技能**

特殊技能是在扮演某一特定角色时所必须具备的能力、智慧、经验等特征。特殊技能往往表现在特殊的角色中，这些特殊技能既可以是认知方面的，也可以是非认知方面的。总之，它与特定的角色结合在一起。例如，一个作家，必须具备丰富的生活经验，良好的写作能力；一个印染工人，必须具有健康的视力和对颜色的细微辨别能力。个体具备了某些能力，才能对自己扮演的角色做到得心应手。

（二）角色冲突与协调

如果社会对角色的期望不明确，或者个体对角色的认知错误，尤其是社会要求个体扮演两种以上不同性质的角色时，便会产生角色冲突现象。

1. **角色冲突**

角色冲突（role conflict）是角色行为相互矛盾时的产物。个人在生活中扮演同一角色时，由角色的不同要求而引起的角色内的冲突，或者同时扮演多个角色而引起角色之间的矛盾冲突现象。角色冲突表现形式多种多样，具体来说有下面几种。

（1）**角色内冲突**。角色内冲突是同一社会角色内部的冲突，它往往是由于现实社会中人们对某个角色的期望与要求不一致时，产生的角色冲突形式。例如，工人希望厂长能提高他们的工资、奖金，改善他们的待遇，同时又期望厂长能减少他们的劳动强度和劳动时间，放宽对产品的质量要求。这样，对一个角色的相互矛盾的期望，势必造成角色当事人的紧张、焦虑，从而处于一种进退维谷、无计可施的情况，产生角色内冲突。

（2）**角色间冲突**。角色间冲突是个体身兼几个角色时的内心冲突。当一个人同时占有两个或两个以上的社会位置时，不同的社会位置对他提出不同的期望要求，他感到无法同时满足各方面的要求而产生角色间冲突。例如，一个新婚不久的在职博士研究生，撰写论文、专著要花去许多时间和精力；在单位是业务骨干，有许多日常工作要处理；在家里是一个丈夫，妻子需要他去抚慰、体贴。身兼的多个角色之间发生矛盾，他被“挤在中间”，往往顾此失彼，陷入严重的困境中，产生剧烈的角色冲突。至于角色冲突的严重性则取决于两个因素：一个因素是期望之间相对的不一致程度，另一个因素是特定情景对期望限定的严格程度。

（3）**角色外冲突**。当社会角色改变时，过去曾经担任过的角色与现在的角色会发生矛盾冲突，这就是角色外冲突。例如，一位身居要职的老干部退居二线后，往往对原来的角色耿耿于怀。不肯放弃，而对离休后的新角色又不肯接受，不能适应新的生活和环境，这就是新、旧角色之间产生的冲突。无论这种冲突以何种形式表现，都会导致人们的心理紧张。

2. 角色协调

角色协调（role coordiration）是解决角色冲突的有效办法，主要指个体对自己角色的认识与社会对此角色的期望呈一致性状态。角色协调首先要解决心理紧张问题。因为无论何种形式的角色冲突，都会产生心理紧张，只有心理紧张消除了，角色扮演者才能在社会舞台上顺利地扮演自己应扮演的角色。一般地，当角色扮演者面临心理紧张时，可采取以下几种反应方式。

第一，合作。改变产生心理紧张的外在事件，对某一角色采取合作的态度和行为。心理紧张是由外部刺激物引起的，此时，如果我们能够使社会对某个角色采取一致的期望，就能避免心理紧张。例如，工人在要求厂长增加奖金的同时，努力工作、严格要求自己，那么，这种角色内冲突就可以避免。

第二，转移。把注意力集中于某一角色，忽视其他矛盾的角色期望，可以减少心理紧张。

第三，顺应。改变相互矛盾的角色观念，采取正确的态度对待所面对的角色冲突。例如，当老干部退居二线后，如果他能改变相互矛盾的新、旧角色观念，认为工作时的角色是为党、为人民工作，退休后的新角色仍能为党、为人民工作，发挥余热，那么，他就能很快地适应新角色，从而避免不必要的心理紧张。

第四节 性别角色社会化

性别角色（gender role）是社会为男性或女性确定的行为规范，它是在生物的性别基础上经过社会化过程发展起来的。性别角色社会化（socialization of gender-role）是个体社会化的一项具体任务，它指个体意识到自己的性别，并获得社会期望的、符合其相应性别的动机、价值、心理特征与行为模式的过程。它包括性别概念或性别同一性、性别角色观、性别角色定型、性别行为模式等方面，其中，各种社会因素、文化因素和生理生物因素都会影响性别角色社会化的进程与发展方向。

一、性别角色定型

任何社会都具有传统的性别角色定型。不同的期望反映了人类社会文化的历史。然而，在过去的几十年中，强大的社会力量对改变这些性别角色发生了作用，特别是对女性角色，因为它们不再被看作必需的、可适应的，而是限制性的。

布洛沃曼（Broverman）等人在 1972 年对青少年的几项调查，检验了传统的性别角色定型改变的程度。他们开始让 100 名男性和 100 名女性大学生列出他们认为男女有别的特征，然后把 74 名男性、80 名女性大学生提到的特质写成清单，清单上有 60 项，其中有 41 项被认为是显示了性别类型的行为，其中男性、女性大学生中有 75％认为这些是男性化或女性化的行为。这些特质被分成两部分列于表 4-1 中，一部分是男性化特征更突出的，另一部分是女性化特征更突出的。有趣的是，人们注意到无论是男性还是女性，都认为这些特质是成年男子或女子的典型特征。基于上述研究和其他的发现，布洛沃曼等人得出结论：不同年龄、婚姻状况、宗教信仰和教育程度的人，都普遍赞同这些对男性和女性性别角色特征的界定；并且，人们对男性特质的评价都高于女性特质。事实上，传统的性别角色观念今天依然保留在人们身上。

表 4-1　性别角色的固定形象

能力群集：男性一端更理想	
女性的	男性的
根本没有攻击性	攻击性很强
毫不独立	非常独立
非常易动感情	不易动感情
毫不隐瞒感情	几乎总是隐瞒感情
非常主观	非常客观
很容易被打动	极不容易被打动
非常顺从	好统治他人
很不喜欢数学和科学	很喜欢数学和科学
对小的危机都很激动	对小的危机毫不激动
很被动	很主动
毫无竞争力	很富于竞争力
毫无逻辑性	很富于逻辑性
完全家庭定向	很善于处世
毫无商业技能	很有商业技能
非常含蓄	非常直率
不懂得世道常情	很懂得世道常情
情感很容易受到伤害	情感不容易受伤害
毫无冒险精神	很有冒险精神
很难做出决定	很容易做出决定
很容易哭	从不哭
几乎从不发号施令	几乎总是发号施令
女性的	男性的

续表

能力群集：男性一端更理想	
毫无自信	非常自信
表现出攻击性会很不舒服	表现出攻击性没有什么不舒服
毫无雄心	非常有雄心
不能区别感情与思想	很容易区别感情与思想
非常依赖	毫不依赖
表面上非常自负	表面上从不自负
认为女人总是优于男人	认为男人总是优于女人
不能与男人自由地谈论性问题	与男人自由地谈论性问题
热情表达性群集：女性一端更理想	
女性的	男性的
从不使用粗野的语言	使用非常粗野的语言
很健谈	毫不健谈
很机敏	很迟钝
很温和	很粗鲁
很能领会他人的感受	丝毫不能领会他人的感受
非常虔诚	毫不虔诚
对自己的外表很感兴趣	对自己的外表毫无兴趣
习惯于很整洁	习惯于很懒散
很安静	很吵闹
很强烈的安全需要	很少有安全需要
欣赏艺术与文学	毫不欣赏艺术与文学
很容易表现出温柔	很难表现出温柔

社会对性别角色的定型，影响了儿童性别角色的发展。性别类型化，就是这种影响的主要结果。**性别类型**（gender typing）是指个体根据社会文化对男性和女性的期望所获得的动机、态度、价值观、行为。性别类型化从婴儿期就开始了，并且由于性别不同而被区别对待。在儿童期和青少年期，个体综合了那些被认为适合其性别的行为，从而获得特定的性别角色定型。

二、性别角色的发展

性别角色的发展主要包括三个领域的发展：一是性别概念的发展，主要指性别认同、性别稳定性和性别恒常性的发展；二是性别角色观的发展，即理解怎样才算得上一名男性或女性，认识到社会对男性和女性的期望；三是性别化行为模式的发展，即儿童采取与性别角色相符的活动倾向和行为表现。

(一）性别概念的发展

儿童的性别概念主要包括三个成分：性别认同、性别稳定性和性别恒常性。一般认为，性别认同出现得最早，大概是在2～3岁时；然后是性别稳定性，大概是在3～4岁时；最后则是性别恒常性，大概是在6～7岁时。通常认为，性别认同、性别稳定性和性别恒常性的依次获得标志着性别概念的发展。

性别认同（gender identity）是指儿童对自己和他人性别的正确标定。汤姆逊（M. Thompson）的研究表明，2岁儿童的性别认同发展水平还很低，他们开始理解男人和女人这些词的含义，开始知道一些活动和物体同男性相联系，另一些同女性相联系。但不知道自己与其他人属于同一性别类型。到2岁半时，儿童不但能正确回答自己的性别，还能区分其他人的性别，也知道自己与同性别的人更相似。

性别稳定性是指儿童对人的性别将保持一生不变的认识。3～4岁儿童已经认识到，人的性别不随其年龄、情境等的变化而改变。例如，一个4岁儿童一般能正确回答这样的问题："当你长大以后是当妈妈还是当爸爸?"儿童对自己性别稳定性的认识要早于对他人性别稳定性的认识，他们已经知道，不管怎样，他们不可能变为相反性别的人。

性别恒常性则是指对人的性别不因为其外表（如发型、衣着）和活动的改变而改变的认识。近期研究认为，大部分儿童在6～7岁时就能够达到性别恒常性的水平。谢弗（C. Schaeffer）等人认识到一个人的外貌或活动的变化与性别无关，女孩即使穿男孩的服装，仍然是女孩。男孩留长发或对女孩的一些活动感兴趣也还是男孩。

如上所述，关于性别概念发展的研究发现，性别稳定性的发展早于性别恒常性。有研究者（T. Wehren & DeLisi）认为，性别稳定性的发展依赖于儿童对其心理、个性特征的认知，这方面的特征变化较小，容易判断，而外表、身体和活动方面的特点变化较大，传递的性别信息儿童难以判断。这导致性别稳定性比性别恒常性早出现。

(二）性别角色观和性别化行为模式的发展

1. 性别角色观的发展

性别角色观（identification of gender role），也称性别角色认同，是指儿童对不同性别心理特征与行为模式的认识和理解。儿童的性别角色观有个发展变化的过程。儿童在3岁时，就有了相当多的关于社会对男性、女性期望的知识，形成了对性别行为模式的认识和理解。到四五岁时，他们知道了有关成人职业的大部分条条框框。学前儿童在划分这些性别行为时往往比较刻板。到5岁时，儿童才开始从心理意义上理解不同性别行为模式。

总的来说，随着年龄的增长、对抽象概念的进一步认识、思维灵活性的发展，儿童对性别角色的理解也逐渐脱离表面性而趋向深刻化，不像年幼儿童那样刻板。他们认识到可以把所谓属于男性的和属于女性的行为结合起来，也比较容易接受对传统性别角色的背离。例如，一名 7 岁的儿童可能会说工程师是男性的职业，不适合女性，而 11～13 岁的儿童则可能认为，只要这个女性愿意，她也可以选择从事工程师这种“男性化的职业”。他们对性别稳定性有了清楚的认识，知道性别的同一性不会由于违背了性别角色的规定而改变。

2. 性别化行为模式的发展

儿童的性别概念和性别角色观的形成，使得儿童性别化行为也得到发展。男女两性获得社会期望的、与其性别特征相符的行为模式的过程，就是性别行为模式（gender-typed behavior）的获得过程。这时候他们喜爱社会期待他们的性别所从事的活动和所扮演的角色，并且表现出与此相符的行为。例如，一个已经形成“女孩学缝纫，男孩造飞机”的性别角色观念的女孩，会认真地参加缝纫活动，使自己的行为与性别角色观念相符。其实，儿童很早就表现出了性别化的行为。研究表明，2 岁时，儿童就会选择适合自己性别的玩具和游戏。男孩更喜欢卡车、坦克等玩具，女孩则更喜欢洋娃娃之类的玩具。在学前期，儿童的游戏也是性别化的。比如，男孩可能喜欢竞赛、打仗等游戏，而女孩则喜欢过家家等游戏。

男、女儿童在性别角色化的过程中具有发展上的差异。例如，男女儿童对同性同伴的偏好出现的时间不同，女孩一般在 2 岁，男孩一般在 3 岁。但是，儿童喜欢与同性伙伴玩耍的特点一直持续到儿童中期，并具有跨文化的一致性。还有研究发现，女孩在遵从性别相适行为上没有男孩那么严格。男性角色比女性角色定义得更清楚，因而男孩在遵从性别相适行为上受到的社会压力更大。甚至有研究发现，男孩的性别化兴趣比女孩更稳定，男孩在学前期和学龄期表现出的性别化倾向更多地保持到成年阶段。

三、性别差异

我们在讨论性别行为模式的发展时，已经提到了性别差异。事实上，讨论性别角色社会化的问题，不可能绕开性别差异。性别差异（sex difference）主要指男、女两性的生理差异，以及在智力、人格和成就等方面的心理差异。

性别角色定型反映了社会对不同性别个体所具有的典型行为模式的期望。当这种期望转换成个体的性别角色类型时，就构成了性别差异问题。然而，性别差异不仅存在于社会行为方面，也存在于社会认知等方面。

关于性别差异最广泛的研究是由麦科比（E. Maccoby）和杰克林（C. Jacklin）在 1974 年进行的。他们检验了各种领域的两性差异的调查研究，包括他们在学校的学习、记忆、知觉、人格等。然后，他们把这些领域的发现归纳成三类：第一类是实验或调查证据并不支持有差异的领域；第二类是证明确实存在真正的性别差异的领域；第三类是被认为有性别差异的领域，但因存在疑问或证据不足而不能确证。如表 4-2 所示，实验证据表明，有极少领域表现出了明确的两性行为差异。例如，女孩的言语能力优于男孩，男孩的空间视觉能力、数学能力和攻击性更突出。然而，表 4-2 中的资料表明，两性行为上的相似性远高于两性行为的差异性。

表 4-2　性别差异研究的总结

研究不支持的观点	真正存在性别差异	模棱两可或证据不足的领域
1. 女孩比男孩“社会性更强”	1. 女孩的言语能力比男孩强	1. 触觉感受性
2. 女孩比男孩更易“受暗示”	2. 男孩的空间视觉能力更强	2. 活动水平
3. 女孩的自我评价更低	3. 男孩的数学能力更强	3. 恐惧、怯懦与焦虑
4. 女孩在角色学习和简单的重复任务上表现得更好，男孩则在需要高水平的认知加工和摒弃以前习得的反应上更好	4. 男性更富于攻击性	4. 竞争性
5. 男孩更善于“分析”		5. 支配
6. 女孩更易受遗传影响，男孩更易受环境影响		6. 服从
7. 女孩缺乏成就动机		7. 抚养与“母性的”行为
8. 女孩是听觉的，男孩是视觉的		

麦科比和杰克林归纳的结论引起了一些研究者和评论者的批评，认为这些结论是建立在不甚正确的分析之上的。例如，霍夫曼在 1977 年已经证实了女孩比男孩更易移情。布洛克认为麦科比和杰克林未能区分那些设计良好和设计不好的研究。因此，即使他们的结论基于 1400 项研究而来，但恐怕仍然难以令人信服。

最近的两性行为差异研究集中在所发现的差异的重要性上。例如，麦科比和杰克林在 1974 年得出男孩空间视觉更优秀的结论。一些研究者竭力要确定这种性别差异是否会大于随机选择的差异。换言之，他们认为，重要的问题不在于性别差异是否在统计上显著而是这种差异的程度（量）到底有多大。性别差异可能在统计上显著，但却有差异小而相对无意义或者差异大而较重要的分别。海德（J. S. Hyde）在 1981 年在检验言语能力、数量能力、空间视觉能力和视觉分析能力后得出结论，性别差异是相对较小而无意义的。换言之，两性更多的是相似而不是相异，甚至当两性的平均分数在统计上有差异时也是如此。

可见，性别差异的研究结果并不支持传统的刻板看法。当进行更深入、细致的调查研究时，人们发现揭示可靠的、明确的性别差异比他们想象的要难得多。例如，麦科比和杰克林注意到男孩比女孩的数学能力更强。许多人把这种差异归因于教师在数学课上对待男孩和女孩的不同言行、教学方式。

实际上，很多研究中所谓性别差异，与社会文化要求和期望，甚至于测量方法有关。例如，米德曾指出，男女的性别角色不是由生理特征决定的，而是通过不同文化的性别角色社会化形成的。研究者鲍里（E. Barry）在 1957 年曾比较了 110 个未开化的社会群体，考查其社会成员形成男女性别角色的过程，发现这些社会群体对性别角色行为的要求相当一致，82%的社会群体要求女孩操持家务，照顾弟弟妹妹，而没有一个社会群体要求男孩做到这些；87%的社会群体要求男孩追求成熟，取得成功，只有 3%的社会群体对女孩提出这种要求；85%的社会群体鼓励男孩自主，而没有鼓励女孩自立。由于每个社会群体都形成了对性别期望的固定模式，因此，儿童发展必然会自觉不自觉地朝着这种固定的方向发展。这也意味着，在很多方面所谓性别差异，并不“必然”是现在这个样子的，而是可以改变的。

拓展苑

性别角色的社会文化意义

许多研究者认为，性别角色虽然是以生理上的性别差异为基础的，但是，它在本质上是社会文化发展的产物，是个体社会化的内容和结果。

社会心理学家玛格丽特·米德（M. Mead）曾于 20 世纪 30 年代，对新几内亚的三个部落的性别角色进行过研究。这三个部落分别是阿拉佩什、门杜古莫与特哈布利。研究发现，在前两个部落中几乎不存在什么性别角色差异。但是阿拉佩什部落里男女所显示的行为是在许多其他社会里被认为是女性的行为，而门杜古莫部落男女所显示的行为却是通常认为的男性行为。阿拉佩什部落里的人是消极的、合作的，门杜古莫部落的人通常互相敌视、富有攻击性、很残忍。特哈布利部落的性别角色却与通常的情况相反。在这个部落里的男性很敏感，有依赖性，懂得关心人，对手工艺感兴趣；而女性是独立的，有进取心，在做重大决定时发挥关键作用。这个研究充分说明，不同的文化对性别角色有不同的要求，性别角色主要是一种文化现象。人们认为男人应该怎样、女人应该怎样，只是生活在某个时代、某个文化环境里的“人们”的特定想法，并不一定适合于其他时代和其他文化。

性别角色不是性别本身所固有的，而是社会文化的产物。性别角色是社会文化的折射，社会文化通过教育、书籍、影视等渠道，把对性别角色的要求自觉或不自觉地传递给了个体。因此，同一性别在不同的文化背景下，可以获得迥然不同甚至完全相反的性别角色。

性别角色作为一种社会文化现象，同时也具有一定的稳定性。虽然在科学技术高度发达的现代社会，体力的重要性大大降低，但人们已经习惯了这种世代相传的角色分配，任何改变都可能造成社会心理适应不良。此外，性别角色可以在复杂的社会生活中建立和维持一种性别间长久区分的秩序，这有助于维持社会稳定；而且男女若能在工作、家庭生活、社会交往中进行合理的性别角色互补，不仅能改善个体的适应性，而且同时能改善群体的适应性，有利于社会的良性运行和发展。但也有负面效应，如造成性别刻板印象，影响人们对男、女行为和个性特征的期望，以及对男、女工作绩效的评价和成败的归因，从而压抑了某种性别的自信心和创造力，使其潜能不能得到充分发挥，甚至引起性别歧视，阻碍社会的文明与进步。

【本章摘要】

1. 社会化是个体在特定的社会文化环境中，学习和掌握知识、技能、规范等社会文化与行为方式，形成和发展人格特征，适应社会并积极创造新文化的过程。它具有社会强制性、主观能动性和毕生持续性等特征。

2. 社会化对个人和社会发展都具有重要意义。个体社会化过程通过基本社会化、继续社会化、再社会化和反向社会化等不同类型的社会化来实现。

3. 个体的社会化受多种因素的影响。其中，个体的遗传素质、思维能力、语言能力和学习能力等是影响个体社会化的主观因素；家庭、学校、同辈群体和大众传播媒介是影响个体社会化的客观因素。

4. 个体的社会性与社会化有非常密切的关系，社会性是社会化的结果。社会性主要指个体与社会关系系统的相互作用，以及在这个作用过程中对社会事物的认识和适应过程及其结果。社会性发展更多属于社会性发展心理学的研究范畴。

5. 社会角色是在社会系统中与一定社会位置相关联的符合社会要求的一套个人行为模式。社会角色具有职能性、扮演性、多重性、固定性等特征，其本质是对社会存在和社会关系的反映。

6. 角色规范是群体中每个成员都必须遵守的行为准则，是在长期的社会生活中形成的并在个体的社会实践活动中表现出来，它与个体在一定社会关系中所处的位置紧密相关，并成为调节行为的重要控制器。角色规范是社会规范的中介和具体化。

7. 角色认知是角色行为的重要基础。它主要是根据他人所表现出来的各种行为来认识对方的地位、身份等，从而判断其应有的角色行为是否符合角色规范对其的要求。

8. 角色行为就是实现自己所扮演的角色，并在外部行为上表现出来。角色实现的过程，是主体适应环境和改造环境的过程。良好的角色行为需要一定的角色技能，并有效地处理各种角色冲突。

9. 性别角色社会化是指个体意识到自己的性别，并获得社会期望的、符合其相应性别的动机、价值、心理特征和行为模式的过程。各种社会因素、文化因素和生理生物因素都会影响性别角色社会化的进程。

10. 性别角色虽然以生理上的性别差异为基础，但它在本质上是社会化发展的产物。性别角色的发展包括三方面：一是性别概念的发展，主要指性别认同、性别稳定性和性别恒常性；二是性别角色观的发展，理解社会对男性和女性的期望；三是性别化行为模式的发展，即个体产生与性别相符活动的倾向和行为表现。

【建议参考资料】

1. 侯玉波. 社会心理学（第4版）. 北京：北京大学出版社，2018.

2. 周晓虹. 现代社会心理学——多维视野中的社会行为研究. 上海：上海人民出版社，1997.

3. 俞国良，辛自强. 社会性发展（第2版）. 北京：中国人民大学出版社，2013.

4. 俞国良. 社会转型：社会心理学的立场. 北京：中国社会科学出版社，2016.

5. 泰勒（Taylor），佩普劳（Peplau），希尔斯（Sears）. 社会心理学. 谢晓非，谢冬梅，张怡玲，等译. 北京：北京大学出版社，2004.

6. R. A. 巴伦，D. 伯恩. 社会心理学. 黄敏儿，王飞雪，等译. 上海：华东师范大学出版社，2004.

7. Myers D. Social Psychology（10th ed.）. New York：Mc Graw-Hall，2013.

8. Michad H，Vaughan G. Social Psychology. Prentice Hall，2002.

9. Kenrick D T，Neuberg S L，Cialdini R B. Social Psychology：Goals in Interaction（6th ed.）. Pearson Education，2005.

【复习思考题】

1. 什么是社会化？联系现实生活谈谈你对社会化概念的理解。
2. 简述社会化的基本内容和影响因素。
3. 什么是社会性发展？如何理解社会化与社会性两者的关系？
4. 试从社会角色的概念入手，分析社会角色的特征与本质。
5. 什么是角色认知？简述角色期望和角色观念的关系。
6. 联系实际说明个体在社会生活中是如何扮演角色的。
7. 什么是性别角色社会化？试从社会文化角度加以分析。
8. 性别角色的发展主要包括哪些内容？

第五章
社会动机和自我知觉

【学习目标】

了解内在动机和外在动机的关系，正确理解社会动机、成就动机、亲和动机的概念；掌握常用的人格测量工具，能联系社会生活实际，分析社会文化对人格发展的影响；从历史的脉络把握自我研究，掌握自我概念和自尊的相关知识；在自我认识、自我体验和自我控制的框架下，正确分析自我意识的特征和结构功能；了解自我提升的概念、测量、研究和发展方向。

【重要术语】

社会动机　成就动机　亲和动机　认知风格　心理社会发展理论　自我概念　自尊　自我意识　自我认知　自我体验　自我控制　自我提升

个体从出生开始，一切心理与行为无不打上社会文化的烙印。个体的需要、动机、自我和人格等，都是在错综复杂的社会环境中不断形成和发展起来的。这里重点阐释社会动机的概念、相关理论，人格的概念、特征和社会文化因素对人格的影响，特别是自我知觉、自我概念和自尊的形成，以及自我意识的结构特征和近期兴起的自我提升研究。

第一节 社会动机

人的心理与行为总是由一定原因引起的，这些原因有外部驱力，也有内在动力，动机就是引起、维持和促进个体行动的内驱力。动机是行为的原因，行为是动机的外在表现，动机是个体行为与社会影响的中介。由于人类行为的社会性，因此社会动机对人们日常生活的影响往往比生物性动机更大。概言之，人们在动机的推动下走进社会，又在社会中培育和发展动机。

一、社会动机的界定

（一）社会动机的概念

在回答什么是社会动机前，首先要了解与社会动机紧密相关的两个概念：需要和动机。**需要**（need）是个体内部的一种不平衡状态，它表现为个体对内部环境或外在生活条件的一种稳定的要求，并成为引发个体活动的原动力；**动机**（motivation）则是在需要的基础上产生的，动机由需要激发，是由一定目标或对象引起、维持和推动个体活动以达到目标的内部动力。个体的一切活动都是由一定的动机激起，并指向一定的目标。动机既是个人行为的动力，也是引起人们活动的直接原因。根据个体动机的性质不同，人的动机可分为生理动机和**社会动机**（social motivation）。生理动机是以个体自身的生物学需要为基础的，如饥渴、疼痛、母性、性欲、睡眠、排泄等。由于人是社会性的，人的生物学需要以及满足这些需要的手段，都将受到人类社会生活环境的影响，无不打上社会的烙印。“人的动机以它的本性而言是社会的，故动机也可被称为社会动机”（朱智贤）；“动机是社会化了的内驱力”（吴江霖）。一般地，社会动机（social motivation）就是以人的社会文化需要为基础，在社会生活环境中通过学习和经验而获得的。它是直接推动个体活动达到一定目的的内部动力、内部刺激，是个人行为的直接原因。社会动机推动人们努力学习和工作，积极与他人交往，获得社会和他人的赞许性评价等。社会动机既可用来描述个体的社会行为，也可用来解释个体的社会行为。具体而言，社会动机对个体行为具有激发作用，它能引起并推动个体的活动；同时，社会动机对个体行为又具有维持和导向功能，使个体在一定时间内能够坚持某项活动，并促进个体活动向预定的目标前进，实现个体心理与行为的协调。

（二）动机理论

动机理论是心理学家对动机这一概念所做的理论性与系统性阐释。在研究人类动机时，许多心理学家，也包括一些哲学家、生物学家，都提出了系统的理论，如麦独孤的本能论、洛伦兹（K. Z. Lorenz）的习性论和彼得罗夫斯基的动机系统理论等。这些理论有的试图对整个动机体系进行说明，有的则仅仅用来解释某种或某些特定的动机。在此，我们介绍两种在心理学历史发展中产生过重要影响的动机理论。

1. 弗洛伊德的性欲力学说

弗洛伊德认为，人的行为由各种本能欲望所驱使。本能的目的是维持和再生产生命，它的满足可以给人带来快乐。在这些本能中，他又特别强调性本能，把它称为性欲力或性能量（libido，译为力比多）。这些性能量在人体内逐渐积累，必须通过某种途径发泄出来，它是人类一切心理活动的原动力。弗洛伊德认为，人类所有行为都是这种性本能驱使的，不同的行为只不过是性冲动的一种变式和升华。这种泛性论的观点并没有严格的科学证据，到目前为止，也没有生理学的证据证明力比多的存在，因而受到了许多心理学家的批评。

2. 马斯洛的需要层次理论

人本主义心理学家马斯洛认为，人的本性是在自然进化过程中逐渐形成的，由人类所特有的一些类似本能的内在潜能所决定。潜能论是马斯洛动机理论的基础。每个人身上都有潜能，潜能需要发挥，这是一种自然倾向，也是自我实现论的核心思想。例如，归属与爱的潜能就会产生社会交往的需要。马斯洛根据人类特性是在生物进化阶梯上渐次形成的原理，把整体论、动力论和对文化因素的强调三者结合起来，通过对杰出人物的全面研究，推演出他的**需要层次理论**（theory of hierarchy of needs），即动机论。马斯洛的动机论是以他对人的基本需要的理解为基础的。他认为驱使人类行为的动力是人的一些基本需要，这些需要构成了一个系统，可以分为五个层次：生理的需要、安全的需要、归属和爱的需要、尊重的需要、自我实现的需要（见图 5-1）。在 1950 年出版的《激励与个性》专著中，他又把人的需要划分为七个层次：生理需要、安全需要、归属和爱的需要、尊重需要、认知需要、审美需要和自我实现需要。他认为这些需要是人的基本需要，并由低到高构成一个有相对优势关系的等级体系，个体的行为是由优势需要决定的。最低层次的需要是个体维持生存所必需的，它是一种随生物进化而逐渐变弱的本能或冲动；最高层次的需要是高级的需要，它是随生物进化而逐渐显现的潜能。马斯洛认为，较低层次的需要（如生理需要与安全需要）优先于高层次的社会需要和自我实现需要，而较低层次的需要得到满足之后，它们对行为就不再有激励作用，个体就会将注意力投向更高层次的需要，使之成为引导个体行为的动力，但马斯洛并没有把两者对立起来、绝对化。

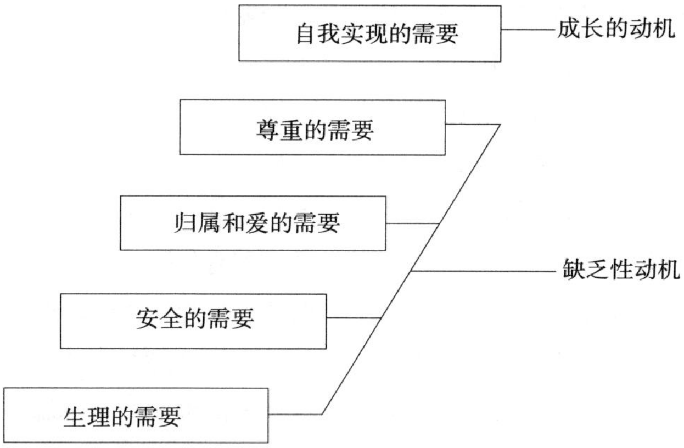

图 5-1　马斯洛的需要层次排列

马斯洛的需要层次理论被广泛地应用于政治、经济、军事、教育、工业、宗教、医疗和组织管理等领域中。但是，人们也应该看到其理论的局限性。他的理论过分强调低级需要得到满足之后，高级需要和动机才会产生，否定了人的主观能动性，以及理想、信仰、世界观等个体倾向性的重要调节作用，这是片面的；同时过分强调人的价值是先天潜能，对社会文化和社会生活条件重视不够，尤其是把自我实现的一系列特征过分美化，是一种理想的人性论的表现；另外，高层次的需要是与生俱来的，还是社会交往的产物，是否具有普遍性，是否具有个别差异，以及在研究方法的严谨性和科学性方面，马斯洛的理论均受到许多研究者的质疑。

二、成就动机与亲和动机

在社会生活中，对人的心理与行为影响较大的社会动机主要有成就动机和亲和动机，以及侵犯动机和利他动机（在第十二章、第十三章中有论述）等。

（一）成就动机

成就动机对个体的活动效率有重要作用。许多研究发现，在两个人智商大体相同的情况下，成就动机高的人比成就动机低的人，成功的可能性要高一些。何谓成就动机？**成就动机**（achievement motivation）是人们希望从事有重要意义、有一定困难、具有挑战性的活动，在活动中能取得优异成绩，并能超过他人。莫瑞（A. Murray）是最早系统地提出成就需要概念的学者。他认为，**成就需要**是指个人想要尽快而且尽可能地把事情做好的一种欲望或倾向（1938）。他编制了主题统觉测验（TAT），通过分析被试根据图片所讲的故事，来判断被试的成就需要。

麦克莱兰（D. C. McClelland）是第一

个全面系统研究成就动机的人，他通过主题统觉测验和对儿童的访谈、观察，对个体的成就动机进行了开拓性实证研究。他认为，成就动机是“个人在做事时与自己所持有的良好或优秀标准相竞争的冲动或欲望”。麦克莱兰发现，成就动机低的人，愿意选择风险较小、独立决策较少的职业；而成就动机高的人爱毛遂自荐，喜欢承担富于开创性的工作，并在工作中敢于自己做出决策。一般而言，高成就动机者有一些共同特征：他们往往愿意接受具有一定难度的挑战性任务，他们非常想知道自己努力的结果，常常以饱满的热情和旺盛的精力投入某项工作中去，并创造性地完成任务。他们对自己的决定高度负责任，往往选择与那些有能力的人共事。研究还表明，个人的成就动机并不是与生俱来的，可以通过学习和训练习得。麦克莱兰报告了许多研究实例，发现一些成就动机本来很低的个体，在经过参加一系列旨在提高成就动机的训练活动后，成就动机明显提高。他认为，一个国家范围内形成了成就动机的氛围，将有利于儿童、青少年成就动机的提高（1953），高成就动机会促进社会经济发展；不发达国家之所以不发达，重要原因之一就是缺少高成就动机的人（1958）。

除麦克莱兰外，成就动机研究的另一个代表人物是阿特金森（J. W. Atkinson）。作为麦克莱兰的学生，他不仅参与了麦克莱兰的研究，而且当麦克莱兰把成就动机研究转向实践领域后，他仍然坚持对成就动机的理论研究。其主要贡献在于将成就动机根据诱因的不同，划分为希望成功的动机和避免失败的动机。前者能带来积极的情绪体验（如自豪感、满足感），从而促使他们朝可能成功的方向不断努力；后者则伴随消极的情绪体验（如羞耻、沮丧和屈辱等），从而试图通过退缩或不作为来避免这种情况的出现。阿特金森的研究，是对麦克莱兰研究的拓展和补充，并进一步丰富了成就动机的理论体系，为后继研究奠定了坚实的基础。影响成就动机的因素有很多，在宏观层面上，有社会文化因素、社会环境因素；在微观层面上，有个人的成长经历、教育程度、个性特征，以及个体对自己水平、能力的估计，对成功或失败概率的估计，对目标的独特吸引力和实现目标所需要承担风险的评价等。张登印、俞国良等人针对 218 名大学教师成就动机的研究发现，40～45 岁是成就动机由积极到消极的分界点，且男教师成就动机略高于女教师，职称、学历等对大学教师的成就动机有显著影响。

麦克莱兰探讨了基督新教伦理对西方人成就动机的影响。他认为，发展独立性是培养成就动机的一个重要途径。新教伦理所代表的价值观，使得父母在教育子女时，非常注重训练他们的独立能力和克服困难的能力，这种教养方式使子女形成了较高的成就动机。麦克莱兰还把成就动机与社会的经济增长和发展联系起来，认为成就动机是社会经济增长的部分原因。由于大部分社会成员都努力工作、追求成就、乐于创业，因此社会的经济发展就获得了强劲的动力。他还分析了中国人成就动机的特点。他认为，中因传统社会是以农业为主的社会。在这种社会里，对儿童的教养方式强调顺从训练、依赖训练和合作训练，因此，中国儿童的成就动机普遍较低。但是，麦克莱兰也指出，在现代化的过程中，中国人的成就动机有了普遍的提高。

对麦克莱兰等人的观点，不少学者提出了尖锐的批评。麦克莱兰认为，父母亲的独立性训练是使子女具有高成就动机的必要条件之一。对此，一些学者指出，麦克莱兰的理论模式，并非有关成就动机的唯一的普遍模式，成就动机的本质与内涵具有浓厚的社会文化色彩。根据中国社会文化的特点，学者余安邦与杨国枢建立了一个本土化的成就动机理论模式，并进行了实证研究的检验。他们把成就动机区分为社会取向成就动机和个人取向成就动机，认为这两种成就动机在“成就目标”“成就行为”“结果评价”“最终结果”“整体特征”五个方面都有其独特的内涵。按照他们的观点，**“社会取向成就动机”**（socialized achievement motivation）是指一种个人想要超越某种外在决定的目标或优秀标准的动态心理倾向，而该目标或优秀标准的选择主要取决于社会（如父母、师长、家庭群体或其他重要他人）。**“个人取向成就动机”**（personalized achievement motivation）则是指一种个人想要超越某种内在的目标或优秀标准的动态心理倾向，而该目标或优秀标准的选择主要决定于个人。这两种取向的成就动机各有所长。例如，在需要团队合作完成的社会工作中，工作绩效依赖于其他人，个人取向成就动机高的人就可能表现平平，而社会取向成就动机高的人则可能表现出色。他们认为，中国人具有较强的社会取向成就动机，因此，中国人对成就动机进行归因时，比较强调主流社会的标准，即表现为集群化倾向。我们（俞国良等人）2014 年的研究表明，目前不同社会群体心理预期总趋势是实现“发展预期”的成就动机强烈，重点从追求生存等物质层面向追求发展等精神层面转化。具体表现为：不同社会群体共同心理预期是依法治国、惩治腐败以及降低压力感、提高安全感。以企业家为代表的群体渴望社会政策和秩序稳定、推动渐进式社会改革；以进城务工人员为代表的低收入者的成就动机是希望提升自我、获得富裕生活和实现自我价值；以老年人为代表的其他群体则盼望“政府法治、企业诚信、百姓道德、个人幸福”。这是我国社会经济协调发展的动力所在。毫无疑问，社会取向成就动机的概念和评价标准，为该领域研究的本土化建立了一个很好的研究范式。

人物栏

图 5-2　杨国枢

杨国枢，中国现代社会心理学家。1932 年 12 月 22 日生于山东胶县（见图 5-2）。早年在台湾大学心理学系任教，后赴美留学，1969 年获伊利诺伊大学博士学位。返台后任台湾大学心理学系教授兼主任（1982—1988 年）、台湾民族学研究所研究员。20 世纪 60 年代初曾从事动物行为、罗夏测验、文艺心理学等方面的研究工作，从 1969 年起致力于社会心理学领域的研究，重点是对中国人性格及其现代化进行研究。近年来，他提出理论模式，说明中国人在传统的农业生态环境中，重视秩序与和谐的社会结构的发展过程，中国文化中儒家道德与宗教信仰传递历程以及个人“社会取向”性格的形成。他自 1969 年以来，在中国台湾地区多次发起以“中国民族性”为主题的跨学科学术研讨会，从心理学、人类学、社会学、精神医学、哲学等不同专业观点与方法对中国人的性格进行探讨。主要著作有：《中国人的性格》(1972)、《中国人的现代化》(1976)、《现代社会的心理适应》(1978)、《现代化与民族主义》(1980)、《现代化与中国化论丛》(1984) 等。

（摘自《中国大百科全书·心理学》，中国大百科全书出版社，2002）

（二）亲和动机

亲和动机（affiliation motivation），又被称为结群动机、交往动机，是指个人害怕孤独而愿意和他人在一起，或者希望加入某个群体的需要。亲和动机是需要与人亲近的内在动力，主要表现为每个人都愿意归属于某个群体，喜欢与人交往，希望得到别人的关心、友谊、支持、合作与赞赏。亲和动机是一种基本的社会动机，它是一个情感连续体，包含着个体从低级到高级的各种集群需要，通过学习而形成。

马琪奇（Mckeachie）在 1966 年曾研究了亲和动机满足与否对人的心理产生的影响。研究对象是两个班的学生，在第一个班中，教师和学生共同创造比较融洽的心理气氛；在第二个班中，教师和学生之间、学生与学生之间接触很少，也缺乏相互支持和帮助，群体气氛比较冷淡。研究发现，第一个班的学生的各种作业成绩均比第二个班的学生要好得多。此外，亲和动机高的学生在友好、温和的教师所任教科目上的成绩更好，亲和动机低的学生则不会有这种进步。由此可见，亲和动机是人类社会中一种很重要的心理现象，它不仅揭示了认知、情感和动机之间的关系，而且揭示了不同动机之间的关系。亲和动机实际上代表了一种安全需要和归属需要，个体希望与他人在一起获得认可和接受的心理需要，它的满足与否对人的心理会产生较大的影响。

关于亲和动机的心理基础，主要存在两种观点。一种观点是本能论。麦独孤等人认为亲和或结群是人的一种本能。该理论认为，结群是生物自然选择的结果。在远古时期，独立的人类个体势单力薄，不足以对抗巨大凶狠的野兽，结群使人类祖先可以互相警戒、互相支援，提高了生存能力。另一种观点认为，亲和是后天学习的结果，是在社会化过程中通过模仿、强化而形成的。例如，在大多数社会文化中，友好、亲和的行为会得到奖赏，而以冷漠、敌意的态度对待别人往往会被排斥、拒绝。大多数社会心理学家都赞成亲和动机是在后天社会生活条件中发展起来的观点。

沙赫特（S. Schachter）在 1959 年对亲和动机进行了深入研究，他提出的**“焦虑一亲和”**假说就是一种后天说。他认为由焦虑导致的恐惧是促使人们结群的原因，经历过不安的人亲和倾向更强。他曾用实验验证了焦虑和亲和之间可能存在的关系。

实验的表面目的是要测量电击的效应。主试采用两种实验条件：在高焦虑条件下，让被试看到庞大的电力装置，并告知被试他们将接受痛苦的电击；在低焦虑条件下，告诉被试电击会十分轻微，跟搔痒差不多。然后主试告知被试由于实验仪器还没有准备好，需要等一等，被试在此期间可以单独待在一间房间里，也可以待在另一间同其他人在一起。结果发现：在高焦虑条件下，62%的被试选择与别人一起等待；而在低焦虑情况下，只有 33%的被试选择与他人一起等待。这说明焦虑导致的恐惧会促进结群，人与人之间的亲和是为了减少不安和恐惧。当人处于不安的恐惧状态时，希望同处境或地位或能力基本相当的人接近，相似性可以使人们容易产生共鸣和理解，以取得协作和友好的联系，同时也减少了某种不确定性。

沙赫特的研究揭示了认知、情感和动机之间的关系，也揭示了各种动机之间错综复杂的联系。但是应该指出，焦虑和恐惧并非人们产生结群动机的唯一原因，促使人们希望和他人相联系的还有很多因素，如享受交流、沟通的乐趣，梳理自己的情绪体验，找到自我评价的比较基准等。此外，结群也可能产生一些负面效果，如社会懈怠、屈从、群体思维等。

第二节 人格

“人心不同，如其面焉。”对于人格的研究由来已久。人格是关于人的思想、情感、态度、信仰、动机与行为的动力组织，是个体与环境发生相互作用时，表现出来的独特的、显著的、稳定的心理品质。人格的形成与发展是通过种种错综复杂的社会化过程实现的。不同的社会文化会造就不同的人格特点。因此，人格具有鲜明的社会性，它是社会文化和社会环境的产物。

一、人格的界定

（一）人格的概念

由于心理学家各自的研究取向不同，因而对人格的看法有很大差异。美国人格心理学家奥尔波特就曾收集了不少于 50 种的人格定义。综合各家的看法，我们可以将**人格**（personality）定义为：在社会化过程中形成的，构成一个人思想、情感、态度、价值、动机及行为的特有统合模式，这个独特模式包含了一个人区别于他人的稳定而独特的心理品质。从这一定义中可以看出，人格是个体内在的行为倾向性，是一个具有丰富内涵的概念，反映了人格的多种本质特征，即人格的独特性、稳定性和系统性。

（二）人格的结构

人格是由不同心理成分构成的一个复杂的结构系统。它主要包括气质、性格、认知风格等方面。其中，性格和认知风格会受到环境和社会文化因素的深刻影响。

1. 气质

气质（temperament）就是人们平时常说的脾气、秉性，它是在心理活动的强度、速度、灵活性与指向性等方面表现出来的稳定的心理特征。在所有的人格要素中，气质是最具有遗传色彩的。人的气质差异是先天形成的，受神经系统活动过程的特性制约。对于气质类型的研究，最早且最有影响的首推古希腊学者希波克拉底（Hippocrates）的体液说。后来，罗马医生盖伦进一步确定了气质类型，提出人的四种气质类型为：胆汁质、多血质、黏液质和抑郁质。在现实生活中，单一气质的人并不多，大部分人都是四种气质互相混合、兼而有之的。气质无好坏之分，它只是给每个人的心理行为活动蒙上了独特的色彩，它不能决定人的社会价值，不具有社会道德评价的含义，也不能决定一个人的成就。任何气质类型的人都既可以成为品德高尚的或具有杰出才华的人，也可能成为有害于社会或平庸无为的人。

2. 性格

性格（character）是一种与社会文化相关最密切的人格特征。性格体现了人们对现实和周围世界的态度，并表现在他的行为举止中，主要体现在对自己、对他人、对事物的态度和所采取的言行举止上，是个体对现实稳定的态度体系和习惯化的行为方式。性格是个体在后天的生活实践中形成的，它是最没有遗传色彩的人格要素，可塑性强，人格的社会差异主要体现在性格上。性格表现了一个人的品德，更多地是由人获得的共同社会文化条件赋予的，它受人的价值观、人生观、世界观的影响。性格有好坏之分，具有道德评价的含义，如有的人热爱祖国、诚实正直、见义勇为，有的人自私自利、冷酷无情、恃强凌弱。

3. 认知风格

认知风格（cognitive style）是指个体在认识事物的过程中，个人所偏爱使用的信息加工方式，也叫认知方式。认知风格主要表现为个体在认知活动中的人格倾向和人格特征上的差异，它是个体自动形成的一种认知活动的习惯方式。例如，有人喜欢与别人讨论问题，从别人那里得到启发；有人则喜欢独立思考，形成自己的独特见解。研究表明，认知风格与问题意识、个体创造力有着千丝万缕的联系。认知风格有多种，从整体分析维度上看主要有场独立性和场依从性、冲动型和沉思型、同时性和继时性等。

（1）场独立性—场依从性。场独立性-场依从性主要表现在人对外部环境（“场”）的不同依赖程度上。场独立性的人的心理分化水平较高，在信息加工时主要依据内在标准或内在参照，与人交往时也很少能体察入微；场依从性的人的心理分化水平较低，加工信息时对外在参照物有较大的依赖性，与别人交往时更多地考虑对方的感受。

（2）冲动型—沉思型。冲动型—沉思型主要表现在对问题的思考速度上。冲动型认知风格的特点是反应快，但精确性差。具有这种认知风格的人面对问题时总是急于求成，不能全面细致地分析问题的各种可能性。他们使用的信息加工策略多为整体性策略。沉思型认知风格的特点是反应慢，但精确性高。具有这种认知风格的人重视问题解决的质量，而不是速度，他们考虑问题周全，然后才做出反应。这种人加工信息多采用细节性策略。

（3）同时性—继时性。同时性—继时性认知风格的特点是解决问题时，一步一步地分析问题，每一步骤只考虑一种假设，第一个假设成立后再考虑第二个假设，一环接一环地推导出问题的结果。继时性加工中各成分之间是线性关系。言语操作、记忆等都属于该类加工过程。同时性认知风格的特点是在解决问题时，采取宽视野的方式，同时考虑多种假设，并兼顾解决问题的各种可能性。其解决问题的方式是发散式的。许多数学操作、空间问题的操作都要依赖于这种同时性加工方式。必须指出，同时性—继时性认知风格不存在加工水平上的差异，仅仅是加工方式上的差异。

二、人格的形成与发展

在人生的整个发展历程中，人格与自我意识的形成与发展贯穿始终。人格的发展既受到个体生理成熟和认知发展的影响，也受到社会文化习俗和社会环境的制约。关于人格的发展理论很多，主要有三种理论：弗洛伊德的性心理发展理论、埃里克森的心理社会发展理论和班杜拉的社会学习理论。其中，埃里克森的理论超越了弗洛伊德的性心理发展理论，可以被视为人格研究中重视社会文化因素影响的一个标志性理论，影响较大。

（一）弗洛伊德的性心理发展理论

弗洛伊德认为，儿童早期是人格发展的决定性时期。这段时期，儿童要处理自身身体、性驱力以及与社会要求的冲突。弗洛伊德根据儿童不同发展时期性心理满足的身体部位不同，把儿童人格发展分为五个**心理性欲阶段**（psychosexual stages），即口唇期（出生～18 个月）、肛门期（8 个月～3 岁）、性器期（3～5 岁）、潜伏期和生殖期，每个阶段的发展都通过试图满足性驱力——力比多来实现，当某一阶段的需求得不到满足或过度沉溺其中时，发展就会停滞。个体每个阶段性驱力满足的经验，将决定个体在成年后的适应形态和人格特征。

人物栏

弗洛伊德（1856—1939），奥地利精神病医生、精神分析学派的创始人（见图 5-3）。1856 年 5 月 6 日生于摩拉维亚，1939 年 9 月 23 日卒于英国。1881 年获医学博士学位。

图 5-3　弗洛伊德

弗洛伊德在求学时即与布罗伊尔医生相友善。他看到布罗伊尔用催眠法治疗疾病，感觉到身心关系的微妙。因而于 1885—1886 年就学于夏尔科，后又赴南锡观察利埃博尔和伯恩海姆的催眠疗法，更深信神经病是可以通过心理治疗而奏效的。1887 年他曾用催眠治病。但到 1892 年左右，他发现催眠的疗效不能持久，乃改用他所特创的精神分析疗法，借以挖掘忘记了的观念或欲望。

弗洛伊德认为被压抑的欲望绝大部分是属于性的，性的扰乱是精神病的根本原因。1897 年，他对自己进行了艰苦的自我分析，提出了恋母情结（俄狄浦斯情结），即仇父恋母的情绪倾向。但必须指出，弗洛伊德的“性”是广义的，他以为身体上的敏感部分都属于性觉区。弗洛伊德的这个性的观点使他失欢于布罗伊尔，并导致了精神分析学派的分裂，他的信徒阿德勒和荣格都因反对这个观点而先后另立门户。

弗洛伊德的主要著作有《梦的释义》（1900）、《日常生活的心理病理学》（1901）、《精神分析引论》（1917）、《精神分析引论新编》（1933）、《弗洛伊德自传》（1935）。

（摘自《中国大百科全书·心理学》，中国大百科全书出版社，2002）

（二）埃里克森的心理社会发展理论

埃里克森认为，弗洛伊德的理论低估了社会文化因素对人格发展的影响，而只看到原始驱力的作用。**心理社会发展理论**强调社会和文化因素在每个发展阶段对自我的影响。从出生到死亡，埃里克森把个体的人格发展划分为八个阶段，并认为这八个阶段的顺序是不变的，是由遗传决定的（见表 5-1）。但是每一阶段能否顺利度过却是由社会环境决定的。在心理发展的每一阶段上，都存在一种与某种重要的冲突有关的人格危机，如果冲突或危机能得到满意的解决，个体将形成健康的人格，否则就会妨碍人格的健康发展。

表 5-1 埃里克森人格发展八个阶段的危机和相应的品质

阶段	危机	年龄/岁	危机积极解决的品质	危机消极解决的品质
1	信任对不信任	0～1	希望	恐惧
2	自主对羞怯和疑虑	1～3	自我控制和意志	自我疑虑
3	主动对内疚	4～5	方向和目的	无价值感
4	勤奋对自卑	6～11	能力	无能
5	同一性对角色混乱	12～20	忠诚	不确定感
6	亲密对孤独	20～24	爱	两性关系混乱
7	繁殖对停滞	25～65	关心	自私
8	自我整合对失望	65～死亡	明智	失望和无意义感

然而，埃里克森的理论至今尚未得到实证研究的证实。目前还没有研究者（包括他本人）在这方面进行量化研究或追踪研究的资料。尽管如此，该理论在社会心理学、教育心理学和发展心理学等领域仍有着极为广泛的影响，被认为是从社会文化角度探索人类动机和人格发展的杰出代表。

三、社会文化对人格的影响

社会文化是一个内涵十分广泛的概念。每个民族和国家在长期的历史发展中，都形成了自己独特的文化模式和传统。人们的生产、生活、交往都是按照一定的文化模式和传统进行的。因此，这种特定的社会文化模式和传统对人格有着重要的影响。例如，我们（俞国良等人）曾对农村文化背景下成长的青年知识分子的人格特点进行分析，发现他们的人格发展大多数经历了从自卑走向超越的过程，勤奋与诚实、负责与进取是他们成才的人格“动力”。

社会文化对人格具有塑造功能，使社会成员的人格结构朝着相似的方向发展，从而使社会文化影响下的不同个体其人格表现出一些共同特征，最终形成所谓典型人格。每个国家、每个民族都具有一些典型人格特征，如中国人勤劳、美国人自由、英国人绅士、德国人严谨、法国人浪漫……即使同一国家、同一个民族，由于不同的文化圈，也会形成不同的典型人格。例如，生活在平原和生活在山地的美国印第安人，就有不同的文化。平原文化叫酒神文化，倡导竞争，这里的印第安人好斗、放纵、自私自利；而山地文化叫太阳神文化，这里的印第安人不喜欢竞争，他们乐于助人、随和友好。在我国的南方和北方、沿海和内陆不同区域的不同文化圈中，也可以发现人格上的显著差异。

社会文化对人格的影响力因文化而异。这要看社会对顺应的要求是否严格。这种要求越严格，其影响力越大。影响力的强弱也要看行为的社会意义，对于社会意义不大的行为，社会允许有较大的变异；而对于社会意义十分重要的行为，就不允许有太大的变异。如果一个人极端偏离其社会文化所要求的人格特质，不能融入社会文化环境中，就可能被视为行为偏差或患有心理疾病。

另外，社会文化的变迁往往导致人格的变化。今天，伴随全球性新技术革命的发展，人类的文化也在不断变迁，知识经济、信息时代、太空开发以及新材料、新能源的开发和利用，都使人与人之间的关系、人与自然的关系发生了翻天覆地的变化。哈根（Evevrtt E. Hagen）把社会心理视为社会变迁的前提条件，他对权威人格和创新人格进行系统研究后，高度强调创新人格对于社会变迁具有关键性作用。新的思潮、新的生活方式、新的时尚不断冲击人们旧有的或本土的文化。比如，我国传统文化是一种自制的、自谦的文化。进入改革开放时代后，社会文化中相应地出现了一些新的特质，如强调竞争。在新文化的冲击和熏陶下，中国人的典型人格特征也出现相应的变化，如独立性增强、敢于竞争和冒险，甚至敢于张扬个性等。

第三节 自我知觉

一、自我研究的理论

自我是人格的核心，也是个体社会领域的中心。自我的研究有悠久的历史。在20世纪之前，对自我的解释主要来自哲学家的思考，如康德、穆勒、孔德等人。在康德（I. Kant）看来，研究自我也就是研究善意，决定道德的就是这种善意，而非行为的后果。穆勒（J. S. Mill）认为，研究自我就是研究一个人怎样冲破习俗的压力，使自已朝着善行和良心的方向发展。孔德则从发展的角度认为，自我要经历三个阶段：神学的、形而上学的和科学的，分别对应于儿童、青少年和成人。在心理学成为一门科学之后，心理学家开始了对自我的研究和理论诠释。

（一）精神分析学派的自我观

1. 弗洛伊德的自我观

自1920年弗洛伊德首次提出“自我功能”这个概念后，1923年他在《自我和本我》一文中，明确了自我的任务是控制。自我是一个组织，围绕着它有三个方面：现实的环境、本我和超我。自我的任务就是协调和调节本我与外部世界或本我与超我之间的关系。自我遵循现实的原则，它尽力满足本我的要求，同时又要考虑现实的可能和超我的允许。

弗洛伊德的人格结构理论，虽然不否认自我的存在，但是自我并没有被赋予较高的地位，自我只是产生于对本我的控制，它还不断受到本我和超我的左右。在现实环境的作用下，有一部分本我会渐次改造自我，超我也会促进自我的形成。自我表现良好时，超我就给予奖励，引起自尊感；自我表现落后时，超我就给予惩罚，产生罪恶感。总之，超我监督着自我，自我又为本我所驱动。

2. 阿德勒的自我观

弗洛伊德推崇潜意识的本能决定论，自我也只是在本我的基础上产生的，并受到本我的影响。他的观点受到了很多人的诘难，其中包括他的大弟子阿德勒。阿德勒的个体心理学强调意识的作用，认为人格的动力是社会动机，如自卑感和对优越的追求。由于身体缺陷或功能不足，人会产生自卑感，自卑感驱使人产生了对优越的渴望，优越包含更加完美的发展、成就、满足和自我实现。总之，自卑感和对优越的追求是自我发展的强大动力。阿德勒认为，虽然人类要受到遗传和环境的影响，但并不是被动地接受影响的。相反，每个人都自由地作用于这些影响，按照自己“创造”的方式将它们加以组合。由此，他提出了创造性自我的概念，它指人格中的自由成分，它使得个体能够自由地选择自己的生活风格和追求生活目标。

3. 沙利文的自我观

美国精神病学家沙利文（H. S. Sullivan）提出的**人际关系理论**，为自我研究的发展做出了重要贡献。沙利文强调自我发展的社会和人际关系基础，特别强调早期的母婴交往中的体验和感知决定着自我的发展。在沙利文看来，焦虑是婴儿最不愉快的体验，因而试图回避它是婴儿最主要的动机；而“自我系统”的出现，提供了回避和控制焦虑的方法。**自我系统**是指以个体的人际经验为基础建立起来的一种自我印象。它最初源于母婴之间的焦虑，即婴儿为了满足生理需要、获得安全感而竭力取悦母亲，并逐步服从母亲所代表的社会规则，因奖励和惩罚而区分出“善我”“恶我”“非我”——凡是导致奖励和人际安全感的就是善我，凡是导致轻微的或中度焦虑的就为恶我，而非我则与突如其来的、不可抵挡的重度焦虑相结合。自我系统是社会道德规范和文化的产物，其功能在于减轻焦虑，认识外界环境中的各种人际关系，并加以应对和适应。

（二）罗杰斯现象学理论的自我观

人本主义心理学家罗杰斯（C. R. Rogers）强调**现象学**的研究取向，即根据人们如何看待自己和周围世界来理解他们。根据这一研究取向，罗杰斯提出每个人都以一种独特的方式来看待世界，这种知觉构成个人的现象场，它包括有意识知觉和无意识知觉。对行为最重要的决定因素，是有意识的或者能成为意识的知觉。现象场的关键部分是自我。自我是一套有组织的知觉模式，包括现象场中区分为主格“我”、宾格“我”和所有格“我的”等部分。这个自我，实际上是现实的自我，它反映了经验，又影响着经验。相对于现实的自我，罗杰斯提出还有“理想的自我”，代表个体最希望拥有的自我概念。

罗杰斯认为，早期的自我很大一部分来自对父母评价的感知，儿童的自尊或对个人价值的判断都与这些感知有关。父母的赞同和支持，被作为新的经验纳入自我感知，在这种情况下自我和经验是一致的。有时父母也会把条件强加在儿童基本的自我价值感上，即在某些情况下尊重儿童，而在其他情况下则不尊重他们，这时，儿童会把这些经验知觉作为对自我价值的威胁而加以拒绝。由此，这些与自我结构不一致的经验会被否定和歪曲，从而产生“自我经验矛盾”。例如，一个自认学习很好的学生，不会因一次考试失败引起教师或父母的批评而把这些经验纳入自我结构中去。这种对经验的歪曲往往不为当事人所意识，因此，治疗者要帮助他们更好地察觉和接受自己的经验。

人物栏

图5-4　罗杰斯

罗杰斯，美国心理学家。1902 年 1 月 8 日生于芝加哥附近的奥克帕克（见图 5-4）。1924 年毕业于威斯康星大学，同年进入纽约联合神学院，后转入哥伦比亚大学师范学院学习临床心理学。1928 年获硕士学位，1931 年，在工作之余获得哥伦比亚大学博士学位。1940 年到俄亥俄州立大学任心理学教授。1957 年回母校威斯康星大学任心理学和精神病学教授。1962—1963 年，任行为科学高级研究中心研究员，以后又到加利福尼亚州西部行为科学研究所和哈佛大学任职。

在 1927 年以来的半个多世纪中，罗杰斯主要从事咨询和心理治疗的实践与研究。他以首倡患者中心治疗而驰名。他还在心理治疗的实践基础上，提出了关于人格的“自我理论”，并把这个理论推广到教育改革和其他人际关系的一般领域中。1956 年，他提出了心理治疗客观化的新方法，并因此获得美国心理学会的卓越科学贡献奖。1972 年，又获美国心理学会卓越专业贡献奖。

罗杰斯是当代美国人本主义心理学的主要代表之一。他的理论观点与当代行为主义形成了鲜明的对比。1956 年，罗杰斯与斯金纳共同署名发表了《有关人类行为控制的若干问题——一篇专题讨论文章》的争论文章，载于美国《科学》杂志上。该文就人本主义和行为主义在心理学若干基本理论问题上的分歧进行了深入的论述，阐明了人本主义心理学观点，表现出作者对人类自我实现潜能、人的积极自主性的坚信。他的主要著作有：《咨询和心理治疗：新近的概念和实践》(1942)、《患者中心治疗：它的实施、含义和理论》(1951)、《在患者中心框架中发展出来的治疗、人格和人际关系》(1959)、《论人的成长：一个治疗者的心理治疗观》(1961)、《学习的自由》(1969)。

(摘自《中国大百科全书·心理学》，中国大百科全书出版社，2002)

(三) 自我的社会认知观

1. 凯利的个人构念理论

自我的社会认知观是以认知心理学的理论和方法为基础的。凯利 (G. A. Kelly) 的**个人构念理论**认为，人们就像科学家一样，通过观察形成概念或构念，以组织现象预测未来。科学家的主要目的是创立能够准确预测未来的理论，以减少人类生活的不确定性。事实上，所有的人都像科学家一样，通过“个人构念”预期未来，以求减少不确定性，使自己的生活明朗化。这种个人构念，是以个人对周围世界进行知觉、解释和赋予意义的方式来实现的。构念被组织成一个系统，高级的构念在系统的上层，低级的构念则处于下层。在构念系统中，有一些核心构念，它们是构念系统的基础，并且不会轻易改变；而那些边缘构念，则不太重要，可以改变并且不会对系统的其他部分产生太大的影响。

在个人构念理论中，自我是运用这些构念的个人或角色。同时，自我也可以是一个构念，而且通常是核心的、高级的构念。所有的构念都有两极，与自我构念相对的一极就是“非我”，从而形成更高级的我—非我构念。自我本身也可以有两极，如善我—恶我构念。

凯利认为，人遇到新的情景时，其行动是依照“详察—预断—控制”这样一个过程进行的。在详察期，人们开始接触新事物，并小心谨慎地尝试多种构念，这些构念是对情景的可能解释；接下来是预断期，人们从上一阶段尝试的各种构念中，选择出可以用于决断的构念；最后是控制期，人们根据基于构念的决断控制事件，减少不确定性。例如，第一次遇到一个人，可能用诚实或者狡猾这样的构念来理解这个人；通过仔细观察这个人的行为表现，发现他确实是诚实的，就选择用诚实的构念来解释他的其他举动，从而对他将来的行为有一定的把握。同时，凯利认为，一个人会根据自我构念，预测自己的行为，当行动不符合自我构念时，就会体验到焦虑；更严重的情况则是，个体担心自己的构念系统会发生整体的变化，这时个体体验到的是威胁。

尽管凯利的理论强调了自我的认知方面，有闪光之处，但是他的理论对后来有关自我的社会认知研究，并没有产生多少影响。

2. 马库斯的自我图式理论

在自我的社会认知观中，产生重要影响的是马库斯 (H. Markus) 的**自我图式理论**。自我图式是指影响个体对自己的信息编码、存储和提取的认知结构，是“有关自我的认知类化，它源于过去的经验，组织并指导包含在个人经验中的有关自我信息的处理”。马库斯的研究已经证明了自我图式对有关自我信息加工的影响。研究发现，具有独立性自我图式的人在行为上不同于具有依赖性自我图式的人，而且具有这两种图式的人与两种图式都不具有的人也不同。具有自我图式的人与无相关自我图式的人相比，能更快地处理相关信息，对相关图式做出更多的解释，并能更好地拒绝那些与自我图式不一致的信息。总之，马库斯认为，自我图式是一种与其他认知结构功能相似的认知结构，影响着人类的信息加工过程，影响着对新刺激的评价。

后来对抑郁患者的研究，进一步证明了自我图式所起的重要影响。研究发现，抑郁患者对与他们的负面自我图式相一致的信息处理极快，几乎是自动执行；而对不一致的信息，则需要努力注意和有意识控制。另有研究发现，在信息资源不充足情况下的社会推理中，认知图式显示具有抑郁特征的个体比没有抑郁特征的个体，在推理中表现出更多的悲观特征。然而，研究者对产生这一现象更深层次的原因，并没有达成一致意见。

(四) 智能结构的三层次理论对自我的理解

智能结构的三层次理论是由塞浦路斯大学心理学教授安德烈亚斯·德米特里欧(A. Demetriou) 提出的。在该理论中，智能被设想为一个分层次的大厦，它包括三个主要的层次：环境指向系统、自我指向系统和加工系统。其中，环境指向系统和自我指向系统都是建立在加工系统这个平台上的。环境指向系统负责对来自环境的不同领域的信息进行表征和加工。但是，只具有环境指向系统，还不能称其为智能，动物和计算机也拥有类似的系统，能够解决各种具有一定复杂程度的问题。要具备智能，一个认知系统必须有自知之明。它必须在一定程度上能记录自己和他人的心理活动；它必须能意识到自己的行为，必须用这些知识来理解和调控自己的活动以及其他认知系统（如他人、动物、计算机）的活动。换言之，一个系统要成为有智能的，它必须包含更高的认知系统。

这个更高的认知系统（又被称为超认知系统）主要指自我指向系统，包括自我理解、自我监控、对他人智能的理解等方面的过程和知识。这个层次的功能主要是监控自己和他人的认知活动，并在心理地图中记录这些活动。当需要解决问题时，个体就在这些心理地图的基础上调整自己和他人的心理活动。该认知系统还是下面几个领域之间的中介：①心理和现实；②环境指向系统的任何部分和其他认知功能，如记忆、注意；③加工系统与环境指向系统。

德米特里欧的三层次理论，从智能的本质这一角度来理解自我，它主要强调了自我的认知功能，是自我研究的新思路。然而，除了理论家本人外，目前以该理论为基础进行的实证研究并不多见。

自21世纪以来，社会认知神经科学家

期望通过脑科学的研究手段揭示自我的神经基础，其主要贡献体现在对自我的脑功能定位和自我的神经网络方面所进行的研究。例如，我国心理学研究者运用脑成像技术（如 fMRI），从神经科学的角度探索自我的本质及其认知神经基础，并取得了重要进展，这些研究成果集中在自我参照加工、自我面孔识别和自传体记忆等方面。这些结合中国文化的原创性研究，对传统的自我研究及其理论提出了挑战。

二、自我概念的形成与发展

库利（C. H. Cooley）认为，自我概念是个体与他人交往时产生的。他提出了“镜中我”（looking-glass self）的概念，即自我概念是我们相信他人如何知觉我们的反应。米德认为，只有当人们意识到自己成为他人的知觉对象时，才会形成自我概念。在米德的理论中，**自我概念**的一个重要方面，就是人们具备担当他人角色的能力，即从别人的角度看待自己的能力。在认知心理学家看来，自我概念是对自身的信念和自我感观的体系化，是一种基本的自我图式，由有组织的关于自身信念和态度的集合构成。我们认为，**自我概念**（self-concept）是个体对作为一个整体自己的意识和体验相对稳定的观念系统，它具有复杂的心理结构，是一个多维度、多层次的心理系统，也可称为自我知觉或自我印象。

自我概念的形成与发展，可以从自我概念结构和自我概念量的变化两个方面来考查。自我概念结构的变化，重要的表现之一是从混沌到分化。最初，幼儿的自我概念比较混沌，只能在对父母的规则的初步理解上，把自己简单地视为“好孩子和坏孩子”，而很难做出更细致的划分。后来，儿童的自我概念发生了分化，儿童认识到自己的特征并不是绝对处于某个极端，而是处于两极之间的某个位置。而且，自己不同方面的自我可以是不同的。例如，幼儿会说：“我长得漂亮，但是跑得没有别人快。”儿童自我概念的维度随着年龄增长而增加。一开始，幼儿的自我概念主要反映生理、运动等方面的内容。随着年龄增长、生活范围的扩大和人际关系方面的自我概念增加，小学生的自我概念则更多地与学校和学业有关。总之，儿童的自我概念在不断由混沌和笼统，走向分化和精确。随着年龄的增长，自我概念的结构不断复杂化、整合化，并且包含了越来越多独特的、抽象的内容。到了青少年阶段，个体更趋向于从人格和特质等抽象概念方面来描述自我，而不是根据身体或行为的方式。到了青年后期，他们能够理解自我的变异，并且对此进行判断或调整。他们可以采用一套整合的法则，使得他们理解自己可以在相似的情境下表现得判若两人。此时自我概念的高度发展，表明个体已获得了自我同一性。

在自我概念量的变化问题上，许多研究表明，这种发展是有起伏的，呈现曲线式的发展模式，有时发展得快，有时发展得相对稳定，有时甚至会下降。有研究发现，儿童自我概念的发展水平从小学到初中逐年下降，在青春期后显著上升，大学毕业后又开始下降，此后趋于平稳。然而，这一趋势可能与自我概念的测量内容与方法有关，并非如此绝对。

三、自尊的建构与测量

（一）自尊的建构

自尊是自我知觉的一种表现，是对自我的评价与接纳。人们总是根据多种信息来评价自己，从而形成不同水平的自尊。什么叫自尊？**自尊**（self-esteem）是个体基于自我评价产生和形成的一种自重、自爱，并要求受到他人、群体和社会尊重的情绪体验。其本质是对自己在一个正向或一个负向维度上的态度，属于人格自我调节结构的心理成分。自尊有强弱之分，自尊过强成为虚荣心，自尊过弱成为自卑感。这两种极端状态对个体的发展均有不利影响。一个人自尊的高低主要受三种信息的影响。

第一，生活中的成败经验。成功常使人感觉不错，信心倍增，从而形成高自尊；失败常使人信心全无，从而形成低自尊。

第二，社会比较得到的信息。莫尔斯（S. J. Mouse）等人做过一项有关社会比较如何影响自尊的研究。在大学的研究中心，来应聘助理研究员的被试遇见了另外一个申请者。这个申请者的真实身份是主试的同谋。他或者是西装革履、沉着、满腹经纶的样子（称为洁先生），或者是不修边幅、慌乱、冷漠的样子（称为脏先生）。被试在见到洁先生或脏先生的前后分别填写测量自尊的问卷。结果发现，被试见到自己的对手洁先生后，自尊降低；见到自己的对手脏先生后，被试的自尊反而提升了。可见，与他人的比较会影响人们对自己的评价。

当人们可以自由选择比较的对象时，他们常常倾向于与下行社会比较，即与不幸运、不成功的人比较，来维护自己的自尊。还有一种策略就是把自己与成功的人的距离拉大，使自己与他们的相似性降低，割断与他们的联系。所以，在现实生活中，人们常发现这样的情况：当甲的同学考上了名牌大学，而甲自己却名落孙山时，甲可能会说：“他家条件多好啊，我哪能跟他比啊。”甲所使用的策略就是降低他与这个同学的相似之处，从而把自己排除在比较对象之外，进而避免了自尊的降低。

第三，自己的内部标准。在现实生活中，人们常常可以看到这样的人：在他人看来，他已经很成功了，但是，他自己仍觉得不够好。由此可见，个体对自己的评价不仅受他人的影响，还与自己设立的内部标准有关。根据希金斯（E. T. Higgins）的自我差距理论，个体有两种内在标准——理想自我与应该自我。**理想自我**是指人们想成为的人，它激励人们实现自己的抱负；**应该自我**是指觉得自己应该成为的人，它引导人们尽职尽责、尽义务。当实际自我与理想自我产生差距时，个体就会产生负性的抑郁情绪；当实际自我与应该自我产生差距时，个体就会产生负性的焦虑情绪。这两种情况都会导致个体自尊的降低。北京大学王垒等人以我国大学生为被试，对希金斯的自我差距理论进行了跨文化研究。结果发现，实际自我与理想自我及应该自我的差异都与焦虑显著相关，但与抑郁的相关不显著。

至于自尊的作用，它是个体行为的主要动力，是自我结构中具有评价意义的成分，是与需要相联系的自我态度体验，也是个体身心健康的重要决定因素。我们（俞国良，张亚利）基于中国学生群体，运用元分析方法探讨了自尊与社交焦虑间的关系。经过文献检索和筛选，共纳入原始文献57篇，含57个独立样本，被试总数达31 537名。根据同质性检验结果，选择随机效应模型分析发现，自尊与社交焦虑存在中等程度的负相关（$r=-0.35$，95%CI为［-0.39，-0.31］），社交焦虑测量工具类型能够显著调节两者的关系，但性别和被试类型对二者的关系不存在显著的调节效应。结果表明个体的自尊水平与社交焦虑关系密切。研究表明，高自尊的人能够树立合适的目标，能够以自我提高的心态来利用反馈，能成功地应付困难情境。低自尊的人则常常选择不切实际的目标或不树立目标，以悲观的态度面对未来，对他人的反馈往往会产生更多的消极情绪及行为反应。有许多因素会影响个体的自尊，如性别、经济地位、工作绩效和文化程度等。

（二）自尊的测量

1. 自我报告测量法

（1）罗森伯格（M. Rosenberg）自尊量表。罗森伯格自尊量表是最常用的测量整体自尊的工具，它关注人们在整体上看待自己的方式，而没有涉及一些具体的品质和特性。该量表包括10个题目，因此，它易于施测、计分和解释。这个量表最初是为青少年设计的，但也被广泛应用于成年人的测量中。此量表的一个最大问题是易受社会赞许性反应倾向的影响，使受测者的分数分布倾向于正分偏斜，即大多数人的自尊分数都较高。

（2）得克萨斯社会行为调查量表（Texas Social Behavior Invenory，TSBD）。得克萨斯社会行为调查量表，也经常被用来测量整体自尊，但实际上测量的是个体感觉自己在社交场合中的舒适度和胜任度。这个问卷的得分和罗森伯格自尊量表的得分相关较高（r 在0.65左右），但两个问卷测量的并不是同一个东西。个体虽然在社交场合中感觉不舒服，但在整体上仍然喜欢自己；或者个体在社交中虽然感觉很轻松，也容易与人相处，但可能在整体上，并不喜欢自己。由于这个原因，罗森伯格量表更适合测量整体自尊。得克萨斯社会行为调查量表尽管不是对自尊的整体测量，但“社交”自尊是整体自尊的一个重要决定因素。

用自我报告法测量自尊的应用非常广泛，同时，也具有较高的构想效度和预测效度，但也存在一些问题。例如，鲍迈斯特（R. Baumeister）等人认为采用自我报告法测量自尊，可能会受到自我展示（self-presentation）的影响。高自尊得分代表了过分自信的人际交往特点，人们在这种情况下很想以积极的方式展示自己；而低自尊得分则反映了谦虚的人际交往风格，他们不愿意以非常积极的方式展示自己。研究者认为自我展示的模式与人们内心如何看待自己没有太大的关系。此外，自我防御机制也会影响自尊的自我报告。在自尊的自我报告测量中得分高的人，可能会防御性地报告比实际更好的自我感觉。但人们也应看到，在现实生活中，某些类型的自我欺骗实际上是健康的，在个体心理调节过程中发挥着重要作用。

2. 内隐自尊测量法

自陈式自尊量表测量到的自尊，虽然对个体的认知、情感和行为有较强的预测力，但这种直接测量的方式蕴含着个体能够通过内省，在意识层面上接触到内在自我评价的假设。如果个体的自我评价中有一部分存在于自己也无法觉察的潜意识或下意识中，那么，自陈式自尊量表便无法测得这一层面。同时，自陈式量表难以消除社会赞许效应的影响，因而自陈式量表的测量无法反映完整的自尊概念。由于自陈式自尊量表具有这些局限性，近年来，一些研究者试图以某种间接的方式对自尊进行测量，力图反映出这种个体自己无法或没有意识到的自尊层面，即所谓**内隐自尊**。相应地，以自我报告方式测出的自尊则被称为外显自尊。测量内隐自尊的方法有角色扮演、姓名字母效应、内群体偏见等。姓名字母效应是要求被试对一系列配对字母进行偏好测验。尽管在实验中被试没有注意到某些字母是自己姓名中的字母，但他们对来自自己姓名中的字母的积极评价程度要高，从而产生明显的偏好效应。内群体偏见是指人们倾向于对自己所属群体的成员做积极评价，同时低估其他群体成员的现象。同属于一个群体提供了把群体成员与自我相联系的机会，从而导致内隐自尊反射投影到该群体中。间接的、内隐的测量自尊的方法，会比自我报告法更隐蔽，人们可能并没有感到这是在测量他们的自尊。这使所测得的自尊更真实、客观和可信。

拓展苑

10～15 岁学习困难儿童自我概念的研究

自我概念在儿童的社会交往及个体发展中具有重要意义。研究者（Coopersmith）发现自我概念与能力及学业成绩明显相关，自我概念和智商相关达到显著水平；还有研究者（L. Boker 和 P. P. Cantwell）发现，与正常儿童相比，学习困难儿童自我概念较差，自我评价较低。

我们从四所小学、两所普通中学中随机抽取班级，在班级中进行分层取样。小学包括四、五、六年级，共 32 个班，初中包括七、八年级，共 19 个班，合计抽取实验组被试

211 名，对照组被试（学习中等学生，或者一般学生）217 名，各实验组被试以学生上学期期中和期末考试的平均成绩为入组标准，同时充分考虑预测实验中学生基本学习状况的调查。学习困难学生入组标准为：①主课（语文、数学）平均成绩居全班第一个百分位以内（10%）；②班主任和任课教师对其学习能力和品德操行的综合评定为“学习困难”（或曰“后进生”）；③智商（IQ）在 90 以上；④没有明显的躯体或精神疾病。对照组学生和学习困难学生（实验组）同班级作为匹配条件。

研究采用福托斯编制的田纳西自我概念量表修订版。研究测量被试对自己多方面知觉的总和，包括被试对自己性格、能力、兴趣、欲望的了解，个人与他人和环境的关系，个人处理事物的经验以及对生活目标的认识和评价等。该量表包括生理自我（PN）、道德伦理自我（ME）、心理自我（PER）、家庭自我（FA）、社会自我（SO）、自我认同（ID）、自我满意（SA）、自我行为（B）、自我批评（SC）和自我总分（TOT）。依据对信度的基本要求，本研究对同质性信度（Cronbach Alpha）系数值在 0.60 以上的项目进行分析，自我满意、自我批评这两个维度排除在外。

研究结果表明：

1. 学习困难学生自我概念的性别差异显著，小学女生发展优于小学男生。

2. 学习困难学生自我概念随年龄增加不断向前发展，但各年龄阶段具有不同发展任务，小学六年级可能是自我概念发展的重要时期。

3. 一般学生的自我概念在各个维度上均优于学习困难学生，两者的性别差异也十分显著。

第四节 自我意识与自我提升

个体在社会化过程中，一方面在社会文化与社会环境各种因素的作用下融入社会，成为一个合格的社会成员；另一方面又逐步形成和完善自我意识，把自己与他人相区别以形成人格。自我意识和自我提升，使个体在社会环境中能动地发挥作用，在接受社会文化与社会环境影响的同时不断促进自我的成长。

一、自我意识的界定

（一）自我意识的概念

由于自我意识是隐藏在个体内心深处的心理结构，因此，对自我意识的概念，研究者众说纷纭。有人认为，“自我意识是一个人对他自己的心理过程和心理内容的反映”。朱智贤据此把自我意识划分为两个层次，一个层次是个体能体验或意识到自己心理活动的结果；另一个层次是个体能意识到自己心理活动的内容。也有人把自我意识和自我等同，认为自我意识就是自我，是个体的一切叫作“我”的总和。有人则强调对人—我关系的意识，认为自我意识就是关于主体的意识，特别是人际关系的意识。综上所述，自我意识是一个人对自己的意识。一个人对自己的外貌、身高的了解，对自己能力、性格等的认识，对自己与他人相处的融洽程度和自己在他人心目中地位的理解等，都是自我意识的具体表现。因此，我们认为，自我意识（self-consciousness）是个体对自己作为客体存在的各方面的意识，即个体对自己心身状态的察觉和认识，包括认识自己的生理状况（如身高、体重、形态等），心理特征（如兴趣、爱好、能力、性格、气质等），以及自己与他人和周围世界的关系（如自己与他人的关系、自己在群体中的地位和作用等）。一般来说，自我意识包括个体对自身的意识和自身与周围世界关系的意识两大部分。社会认知神经科学家认为，个体对自我经历的反思和表征体现了人类的特殊性。当个体完成自我反思的任务时，内侧前额皮层和内侧顶叶皮层（Medial Parietal Cortex）会被激活。这表明前额皮层和顶叶皮层是自我意识的关键脑区，但都在内侧。这可能就是自我意识的生物学基础。

（二）自我意识的特征

1. 自我意识的社会性

如前所述，个体自我意识的发生发展，是个体社会化过程的重要组成部分，而已形成和发展起来的自我意识则进一步推动着个体社会化的进程。人只有在社会环境中才能发育成长，在成长过程中逐渐产生对周围世界的认识，形成“自我”，认识到自己是什么人、有什么特点、在与他人的关系中自己处于什么样的地位和有什么样的作用等。与此同时，人也产生了对自己的认识，即形成自我意识。初生的婴儿只有一些天生的、固有的神经联系，他们还不能把自己从环境中区分出来。随着年龄的增加，个体通过对周围外在世界的探索，在与他人交往中，观察他人的态度，关注他人对自己的评价和判断，并把这些他人的态度、观点内化和整合为自己的心理模式，并以此作为评价和调整自己行为的标准。这就是个体自我意识形成的过程。由此可见，自我意识其实就是在社会生活过程中个体对人际关系和社会关系的反映。

2. 自我意识的能动性

具有意识是人类区别于动物的重要标志。作为主体的人与动物不同，动物只是单纯适应外界环境，产生与本能需要相关的一些适应行为，而人则能够通过自己的感知觉、思维、情感、意志等意识活动，能动地认识自然和改造自然，意识到人对自然界的力量，意识到自己和周围人的关系。人作为意识的主体，已把自己从周围环境中剥离出来，有了自然界的观念，意识到自己的存在、地位和需要，了解自己和别人的关系，能根据对外界情况和对自己力量的了解，制订一系列计划，选择恰当的方法，并在社会实践过程中，评定自己的行为和他人的行为，从而调整自己的行为以及与他人的关系，来实现改造环境、掌握自己的目的。因此，在人类身上，我们可以明显地看到独特的自我意识。它成为个体心理活动和行为的调控系统。

特别是自我反省，就更加明显地反映了自我意识的能动性。艾杜克和克罗斯（Ayduk & Kross，2010）认为自我反省的视角有两种，一种是自我沉浸视角（self-immersed perspective）；另一种是自我抽离视角（self-distanced perspective）。自我沉浸视角是个体将自己重新置于情景中，将注意力狭窄地聚焦在当时的细节和感受上，以当事人的眼光重现事件发生的过程；而自我抽离视角从观察者的角度，用更为宽广的视野观察自我和当时的经历，它是个体从超越自我中心的观点看问题的过程（Kross，Gard，Deldin & Clifton，2012），即个体能够从旁观者的角度观察当时的自己，将过去的自己作为客体来审视。克罗斯和艾杜克（Kross & Ayduk，2011）进一步认为，以自我抽离的观察视角进行自我反省是具有适应性的，而以自我沉浸视角进行自我反省可能是适应不良的。

3. 自我意识的同一性

人总是生活在不断发展变化的现实世界里，但个体对自身的本质特点、理想信仰、言行举止及其他身心重要方面的基本认识和基本态度能够始终保持一贯性。这就是说，个体对自我的存在具有一种跨时间、跨空间的“稳定的同一感”。他知道自己是一个持续存在的生命体，不管外界环境如何变化，不管自己具有什么新特点，都能意识到自己是同一个人。自我意识的同一性，标志着个体的内部状态与外部环境的协调一致。同一性不稳定是自我意识不成熟的表现。从个体心理健康的理念出发，如果已建立起来的同一性发生混乱，个体将会出现人格障碍和心理障碍。

4. 自我意识的统一性

个体的自我意识，如自尊等，绝不是在封闭状态下自然而然形成的，而是在与周围世界形形色色人们的人际交往中，注意他人对自己的态度，想象他们对自己的评价，以此为基本素材、客观标准内化到自己的心理结构中，在这个基础上形成自我形象。实际上，他人的认知与评价正是反映了当时社会规定的角色要求和群体的价值体系与价值观。由此可见，自我意识是社会评价的反映，是社会价值观的反映。

随着年龄的增长，个体在与周围人们的交往中，尤其是在与生活中重要他人的交往中，逐渐把他人的判断内化为自己的判断。于是，个体就按照自己所想象的他人的观点来看待自己。随着时间的推移，个体自我意识中的自我态度也慢慢地脱离了他人的评价，成为自律的东西而发挥作用。由于形成了自我态度，因而个体渴望追求自己的价值与地位，对人际交往中忽视自己或不重视自己的人就没有好感，从而对他们采取回避或疏远的态度；对人际交往中那些肯定自己的人则怀有好感，主动去接近他们，表现为主动、积极和亲近的态度。所以，自我意识到了自律阶段就会变得“我行我素”，充分发挥个体的主动性和独立性。一句话，自我意识既是客观的，又是主观的。它是主、客观的统一体。

二、自我意识的结构

自我意识可以从不同的角度进行分类。国内外社会心理学家卓有成效的研究工作与理论探索，为该领域的发展做出了重要贡献。

（一）主体我和客体我

威廉·詹姆斯（W. James）把自我区分为客体我（M）和主体我（I）。**客体我**是指作为经验客体的自我，而**主体我**指的是作为在情境中活动着的自我，即把自我一方面作为主体来认识，另一方面又作为活动对象或内容来认识。

詹姆斯主要分析了客体我的结构，他认为客体我包括了物质自我、社会自我和精神自我（见表5-2）。物质自我是个体对自己的身体、性别、体形、容貌、年龄、健康状况等生理特征的意识，包括个体对某些与身体密切相关的衣着、打扮，以及外部物质世界中与个体紧密联系的人和物（如家属和所有物）的意识。物质自我表现为占有感、支配感和爱护感，物质自我是最早产生的自我意识。婴儿刚出生时，还不能把自己的躯体和外部世界区分开，这时并没有自我意识；随着年龄的增加和智力的发展，个体在8个月左右，开始产生了“物质自我”，即能把自己的躯体从外部世界中区分出来，但是直到3岁左右，其物质自我才完全成熟。

表5-2　客体我的结构

	物质的自我	社会的自我	精神的自我
自我认识 自我评价	对自己的身体、外貌、衣着、风度、家庭、所有物等的认识和评价。	对自己在群体中的地位、声望、拥有的财产等的认识与评价。	对自己的智力、性格与人格特点以及自己的道德、宗教信仰等的认识与评价。
自我追求 自我体验	追求自己的身体外表，物质欲望的满足，维持家庭的现状，由此产生自豪感与自卑感。	追求自己的名誉、地位，争取得到他人的好感等，由此产生自豪感与自卑感。	追求自己的能力以及智慧的发展，要求自己的行为符合社会规范，追求宗教信仰等，由此产生自豪感与自卑感。

社会自我指的是自己被他人如何看待和承认。在宏观方面，它是指个体对自己隶属于某一时代、国家、民族、阶层的意识；在微观方面，它是指对自己在群体中的地位、名望、受人尊敬、接纳的程度，拥有的家庭、亲友及其经济、政治地位的意识。社会自我是他人知觉的自己所担任的社会角色、社会任务或社会地位，即主体呈现给社会的形象。社会自我的发展经历了幼儿期、小学、初中阶段的发展，才

达到基本成熟。

精神自我是个体的内部自我或心理自我，个体所感知到的能力、态度、情绪、兴趣、动机、意见、气质、性格及愿望等都是精神自我的组成部分。简言之，精神自我是指个体所感知到的内部心理品质，它代表了个体对自己的主观体验——个体对自己有什么样的感受。精神自我是自我意识最核心的部分，是自我意识发展的最高阶段。一般在高中阶段后，个体逐渐脱离了对成人的依赖，开始更关注自己内心的想法，表现出自我意识的主动性和能动性，强调自我的价值和理想，能够透过自我意识去认识外部世界。

（二）现实自我和理想自我

罗杰斯根据自己的临床实践，把自我意识区分为现实自我和理想自我。现实自我指个体对自己在与环境相互作用中，所表现出来的现实状况和实际行为的意识、看法。它是自我对现实的、社会存在的真实反映。现实自我有时不一定与想象中他人对自己的看法完全相同，两者之间可能会有距离。

理想自我指个体理想或为满足内心需要而在头脑中建立起来的有关自己的理想化形象，也就是个体想要达到的完善的自我形象，如个体对生活目标和对未来的设想、抱负、成就期待，以及自己想成为一个什么样的人。理想自我的内容尽管也是客观社会现实的反映，包括对来自他人和社会规范的要求以及它们是否满足个体需要的反映，但由这些内容整合而成的理想自我却是观念的、非实际存在的东西，它是个人追求的目标，不一定与现实自我一致，两者间更有可能存在距离。

现实自我和理想自我的形成与社会环境的影响密切相关。现实自我产生于自我同现实社会环境的相互作用，理想自我则产生于这种相互作用中他人和社会规范的要求被内化后，在个体头脑中整合形成的自我的理想形象。

（三）实际自我、理想自我和应该自我

希金斯（E. T. Higgins）把自我界定为三个成分：实际自我、理想自我和应该自我。实际自我，即个体或他人认为该个体实际具有的特质，也就是一般意义上的自我概念；理想自我，即个体或他人希望该个体具备的特性；应该自我，即个体或他人认为该个体在有关承担责任与义务方面应该具有的特质。希金斯认为，理想自我和应该自我是人们生活的一种标准，因而也被用来作为对自身进行评价的标准，与个体的实际自我进行比照，而这种比照就产生了两种自我差异：实际—理想自我差异和实际—应该自我差异。希金斯认为两种自我差异代表了两种不同的负性状态，分别对应于不同的情绪。他认为，在实际—理想自我差异中，个体由于愿望、理想未能实现而易于产生抑郁类的情绪，产生沮丧、悲伤、失望等情绪体验；在实际—应该自我差异中，个体认为自己未能履行职责，将受到惩罚、责备，因而常常产生焦虑类的情绪体验。

（四）自我认知、自我体验和自我控制

我国社会心理学家时蓉华等人认为，自我意识是由知、情、意三方面统一构成的高级心理活动反映形式，即自我认知、自我体验和自我控制。

自我认知（self-knowledge）是对自己的洞察和理解，即对自己各种身心状况、人—我关系的认知，包括自我观察、自我评价等。自我观察就是自己对自己的感知、所思所想及意向等内部感受的觉察，并对所观察的情况进行初步分析、归纳。这是自我认识的初始阶段，它有待上升为自我评价阶段。自我评价则是一个人对自己的外貌、动机、需要、观念、期望、品德、行为及个性特征等的判断与评估。自我评价是自我意识的重要组成部分。个人的自尊心、自信心等都是在自我评价的基础上建立起来的；同时自我评价也是自我调节、控制的重要条件。“人贵有自知之明”，正确、客观地认识和评价自己存在的价值与自己的言行，有利于处理好个人与社会、他人的关系，有利于人格的健全发展。

自我体验（self-experience）是自我意识在情感上的表现。它是伴随自我认知而产生的情绪体验，包括自我感受、自尊、自信、自爱、自豪感、责任感等。个体在自我评价基础上，对评价结果是否符合自己的需要进行判断，并由此产生一定的情绪体验。自我体验对个体的心理与行为具有调节作用。它可以把自我认识内化为个体的需要和信念，从而指导个体的言行。自我体验还可以伴随自我评价，激励个体从事适当的行为，并且制止不良行为，对个体的行为起到引发、维持或抑制的作用。

自我控制（self-control）是自我意识在行为上的表现，指个体对自己心理活动和行为自觉而有目的的调节。它是个体主动地提出目标，以实际行动与环境相互作用的过程，是个体自觉能动性的表现，也是发展个性品质的过程。自我控制包括自我监控、自我激励、自我教育等成分，表现为自立、自主、自制、自律等。自我控制体系对个体的心理和行为的调节一般通过以下环节完成。首先，个体意识到自己的需求或社会要求，并力求使自己的行为符合社会规范，从而激发起自我控制的动机。其次，个体根据以往经验以及已有的知识，正确评价自己运用这些知识满足需求的可能性。再次，个体确定能够实现自己行动的相应计划和程序。最后，个体在行动中运用自我分析、自我体验、自我鼓励、自我监督、自我命令等各种激励手段，确保行动的完成。在整个行动的执行过程中，个体会对行为动机、行为计划和执行反复进行调整，来达到对自己心理和行为的控制，最终实现自我意识的调节作用。

自我认知、自我体验和自我控制，使自我意识各部分构成相互联系、相辅相成的三个组成部分。自我认知和自我体验是自我控制的基础，自我控制需要以自我认知为依据，并伴随着某种自我体验的产生。个体对人、事物的自我认知和自我体验，都会影响到个体对自身活动的控制、调节。例如，对自己健康状况不佳的认知可以导致焦虑、苦恼的情绪体验的产生，进而使

个体产生加强锻炼、提高健康水平的意向，并发动、支配、调节自己的行为去实现这一意向。

三、自我提升的研究

现实生活中，人们在对自我进行知觉时，只有一部分人能够无偏见地认识自己，但另一些人则会高估自己（overestimating），表现出自我提升偏见（self-enhancement bias），或者低估自己，表现出自我降低偏见。这种个体在自我知觉过程中产生的积极自我偏见即**自我提升**。简言之，自我提升就是“吹牛皮”，自己夸奖自己、肯定自己、从积极方面评价自己，它是个体在社会比较中努力保持和提升自尊的倾向。通过自我提升，人们希望对自己产生满意感、能力感和有效感。自我提升的研究不仅对进一步发展和完善自我理论具有重要意义，还与归因、助人、攻击、偏见、归属感和人际吸引等方面的研究有密切关系。

（一）自我提升的界定与测量

在自我知觉中，澄清自我提升的含义是非常重要的。虽然研究者公认自我提升是一种自我动机，然而并没有一个公认的说法。因此，在对自我提升进行阐述之前，我们有必要先弄清楚自我提升的含义，然后再进行测量。

1. 知觉自我与知觉他人相比较的自我提升及其测量

（1）知觉自我与知觉他人相比较的自我提升。在以往的一些研究中，研究者认为，个体对自我的知觉与他人对自己的知觉相比较时，如果个体知觉自己要好于他人知觉，则个体存在自我提升偏见。在这种界定中，他人可以指同伴、熟悉的人和一般他人等。例如，泰勒在2003年的研究中就采用了这种自我提升的界定，实验中采用的被试同与被试年龄和性别相同的一般大学生进行比较。在这种界定自我提升的研究中，采用自己与一般他人进行比较的最多，因此，这种方法也被称为常态模型法（normative models）。有研究者认为，这种将自我知觉与他人知觉相比较的界定方法源于费斯廷格的社会比较理论。

在这种界定自我提升的方法中，研究者把个体作为社会知觉中的知觉主体，对自己和他人的知觉同时进行比较。但是，这种方法忽略了别人对个体的评价，也混淆了自我提升和个体的真实情况。也就是说，如果个体真的比别人好，那么，它评价自己比别人积极，就是对自己的准确知觉而不是自我提升。在这种情况下，此种方法就不能很好地界定个体是否真的是自我提升。

（2）社会赞许性反应测验与内省测验。在采用知觉自我与知觉他人相比较来界定自我提升的方法中，研究者常采用社会赞许性反应测量（measures of socially desirable responding）和内省测验（intrapsychic measures）来测量自我提升。通过社会赞许性反应来测量个体差异是一种很普遍的方法，也有研究者采用这种方法对自我提升动机进行测量。例如，用问卷测量被试夸大了他们的哪些积极特质，而减少了哪些消极特质。个人赞许性测验（Personal Desirability of Traits Measure）就是一种采用社会赞许性反应测量自我提升动机的测验。但是，研究者有时很难从社会赞许性中区分出哪些是被试的真正特质，哪些是被夸大了的成分，因此，这种方法被质疑为没有外部效度。内省测验法测量自我提升的方法是让被试把自己的很多特征和一般他人进行比较。例如，测量自我提升的 HSM 问卷（How I See Myself Questionnaire）就是一种内省测验。该测验由 21 个积极品质和 21 个消极品质组成，让被试比较自己和同伴在这些特质上的表现。该量表具有较好的表面效度，但同样被质疑为没有外部效度。该方法不能准确地鉴别认为自己比别人好的被试的知觉中，哪些是他们对自己的准确知觉。换言之，一些人认为自己有较多的积极特质，较少的消极特质很可能是正确的。

2. 自我知觉与外在标准相比较的自我提升及其测量

（1）自我知觉与外在标准相比较的自我提升。在有关自我提升的研究中，一些研究者认为，可以通过个体对自我的知觉与外在的标准进行比较，来考查被试是否存在自我提升偏见。这些外在标准通常是一些客观的成绩、绩效等，有时也可能是观察者（受过训练的观察者、同伴、朋友、临床医生等）对个体的评价。有研究者认为，与成绩等客观指标进行比较的方法是社会一致性方法。克韦恩（J. Kwan）等人认为这种自我提升的界定与奥尔波特的自我洞察理论有关。然而，这种界定方法忽视了个体是如何知觉别人的，混淆了自我提升和个体对别人的知觉，也就是说，如果个体知觉自己高于实际状况，但是个体对自己的评价比别人的评价要差一些，在这种情况下，这种界定方法就不能准确区分个体是否是属于自我提升。

（2）标准差异测验与过分一宣称技术。在采用自我知觉与外在标准进行比较来界定自我提升的研究中，研究者通常采用标准差异测量（criterion discrepancy measures）和过分一宣称技术（the over-claiming technique），来对自我提升进行测量。标准差异测验测量自我提升中自我评价与外在标准之间的一致性。标准分为两类：操作标准和社会一致性标准。操作标准有明确具体的成绩指标。例如，智商被用来作为智力自我评价的标准；分数被用来作为学业能力的评价标准；录像的社会行为被用来作为人格评价的标准。社会一致性标准通常是一组观察者的平均评价。这些观察者可以是同伴、朋友、临床医生、受过训练的观察者等。但也有研究者质疑这种测量方法：他人知觉也可能存在着各种各样的偏差。

过分一宣称技术最早是由菲利浦（M. Phillips）等人提出来的。过分一宣称是指对各种人、事件、行为等知道程度的自我评价过高，即在该测验中有一些项目是不存在的，但被试对这些不存在的项目宣称自己知道。过分一宣称技术可以用来测量自我提升。过分一宣称技术采用信号检测论的方法进行记分，其中鉴别力指数代表被试知道的准确性（knowledge accuracy），反应偏差则代表被试的自我提升程度。目前在测量自我提升的方法中，这种方法是较少被质疑的，但是与环状测量法相比，此种方法缺乏一定的生态学效度。

3. 基于社会关系模型的自我提升及其测量

（1）基于社会关系模型的自我提升。前面两种界定自我提升的方法一直受到不同研究者的质疑。有鉴于此，为了避免对自我知觉界定的不完整性，泰勒等人在2003年的研究中，采用了多种界定自我提升的方法，但这些界定方法之间仍然是相互独立的。2004年，克韦恩等人基于社会关系模型理论，提出了一种新的自我提升的界定方法。这种对自我提升的界定，是在完整的人际知觉过程中分离出自我提升的方法。社会关系模型（Social Relation Model，SRM）是肯尼（D. A. Kenny）提出的人际知觉理论。SRM把人际知觉分解为三个基本成分：知觉者（the perceiver），即怎样知觉他人；被知觉者（the target being perceived），即怎样被他人知觉；特定知觉者和特定被知觉者之间的关系。肯尼等人最初提出的SRM并不包括自我知觉，但克韦恩等人认为个体总是作为一个社会知觉者和一个被别人知觉的对象来行动的，即自我既是知觉者，也是被知觉者。因此，自我知觉是一种固有的人际现象，不能孤立地进行研究。

克韦恩等人在之前提出的界定自我提升的方法中，混淆了人际知觉中的一些其他成分，并且测量的自我提升并不准确，而基于SRM的这种界定能够有效克服前两种方法带来的问题。另外，自我提升研究中有很多相互矛盾的结果，实际上是因为不同研究者在研究自我提升时使用的界定方法和测量方法不一致。基于SRM的自我提升的界定似乎比前两种方法更加合理，因此，采用这种方法重新研究自我提升可能会给这些相互矛盾的结果一个合理的解释。

（2）环状设计测量法。环状设计测量法（round robin design）是沃纳（M. G. Warner）和肯尼（D. A. Kenny）等人提出的。在环状设计中，每个人都能与其他人进行相互作用，并且观察所有被试的社会行为，这种方法克服了实验室设计的一些缺点。环状设计能够给研究者提供两种信息：首先是被试间个体差异的信息；其次是这种相互作用模式对所有被试行为的共同影响的信息。

（二）自我提升的相关研究

1. 自我提升与心理健康

自我提升与心理健康的关系，一直以来就是一个争论不休的问题。1988年，泰勒和布朗在回顾了大量社会心理学文献（包括实验研究和人们面对生活压力威胁时的自然观察）后，发现人们有一种对待自己比对待别人更积极的倾向，人们在知觉自己的积极品质上多于同伴，消极人格品质上少于同伴，其他的证据也表明了自我提升动机存在的普遍性。他们认为自我提升的倾向与心理健康的标准是很相似的，自我提升的积极错觉能使个体更好地适应社会。这同时也得到了一些研究的支持。泰勒等人一直持这一观点，近十多年来，他们围绕着这一假设做了大量的实证研究。2003 年，他们再次采用多种测量自我提升和心理健康的方法，考查了两者之间的关系。结果进一步证明了他们的结论：自我提升与心理健康的多个指标都有密切关系。

与此相反，有些研究者则认为自我提升与心理不健康的那些特征相关。在一个管理小组的讨论结束后，研究者让被试评价自己在小组中的成绩，并与其他组员、工作人员的评价相比较，发现自我提升者在自恋测验上的得分更高一些。科尔文(C. R. Colvin)五年的纵向研究表明，自我提升与社会技能不良和心理不适应有关。在实验室研究中，他们发现有自我提升倾向的个体，表现出不利于积极的社会相互作用的行为。有鉴于此，他们认为自我提升对个体有消极作用。

最后一种观点认为，自我提升在短期内对个体的心理健康有益，但从长远看个体会因此付出代价。罗宾斯(R. W. Robins)等人发现，在小组环境下，短期的自我提升会对学业成绩有帮助，但是长期的自我提升会使被试降低自尊，减少主观幸福感，出现任务脱离和学业成绩下降。

2. 自我提升与生理变化

自我提升与生理变化之间的关系也引起了一些学者的兴趣。一些研究者认为自我提升作为一种积极的错觉，能促进健康和长寿。例如，感染上艾滋病毒或被确诊为艾滋病的患者，如果有积极的自我错觉，存活的时间就能更长。与此相反，一些研究者则认为，自我提升是一种防御性神经过敏症，使个体对消极的自我进行了自我欺骗式的抑制，它能使个体付出生理神经内分泌的代价。因此，持有此种观点的学者认为，自我提升与生理和神经内分泌系统呈对立状态。泰勒等人的实验室挑战压力研究范式(laboratory stress-challenge paradigm)，发现自我提升者对压力有更低的心血管系统反应，更迅速的心血管机能恢复能力，更低的皮质醇基线水平。他们的研究结果表明自我提升是一种积极的错觉，而不是防御性神经过敏症。此外，他们的研究证实了，自我提升与生理变化之间的关系是受心理资源调节的。

3. 自我提升与自尊

自我提升是自尊的需要，自尊是自我提升的基础。可见，维持自尊是产生自我提升动机的一个主要原因。因此，人们在将自己和别人进行比较时，会提升自己的价值。但是，在自我提升与自尊关系的研究中，出现了两种相互矛盾的观点。一些研究者认为低自尊的人有很强的自我提升倾向，另一些研究者认为高自尊的人有强烈的自我提升倾向。塞塔(C. E. Seta)等人的研究澄清了自我提升和自尊之间的关系。他们发现，在和自我相关低的情境中，低自尊的被试更多地表现出自我提升的动机，而在自我相关高的情境中，低自尊的被试则有相反的表现。其他研究发现，人们在评价他人和自己的行为、态度时，会有对比效应。特别是在自尊受到威胁的时候，他们会有更多的利己比较。比如，被试对他人智力和学业测验上的评价就比自己的更消极一些。在实验之前，已受到自尊威胁的被试，也表现出了更多的这种对比效应。

4. **自我提升与成绩**

泰勒等人宣称，自我提升的积极错觉能够激发和导致更好的成绩（performance）或绩效。布兰顿（H. Blanton）也发现，过度积极的自我评价是和高成绩相关的。但是，罗宾斯等人发现自我提升在学业成绩上有益处也有坏处。入学之初，他们测量了大学生的自我提升，尔后发现，自我提升可能在短期内是合适的，但是从长期看是不合适的，自我提升并不能促进优异学业成绩的出现。在大学生活结束时，自我提升者并没有获得更好的分数，甚至毕业的人数比准确知觉自我的被试更少。

有研究者（R. H. Gramzow）认为，一些学生夸大他们的年级平均成绩是为了避免不良成绩带来的消极意义；另一些学生的这种夸大可能是想获得好成绩的一种需要。他们认为这两种动机分别代表了保护/避免和提升/接近这两种取向的程度。研究证明，这种夸大与后继的不良学业成绩相关。如果控制了被试过去的成绩效应，对过去成绩的夸大实际反映了被试成就的需要（提升/接近动机）。也就是说，这时对原来成绩的夸大是为了促进未来成绩的提高。

自我提升与成绩之间的关系还表现为自我提升在自恋行为和成绩之间有调节作用。研究发现，非临床诊断的自恋者的成绩受自我提升机会的影响。当自恋者面对那些和自我提升有很强关系的任务时（例如，面对挑战性强的、很难完成的任务时，被试更容易表现出自我提升动机），他们会有更好的成绩，表现也会更好。而低自恋者的成绩则不受自我提升的影响。

5. **自我提升的跨文化研究**

自我提升的跨文化研究是目前一些研究者比较关注的问题。

有研究表明，美国的人文环境相对来说有助于自我提升，美国人更喜欢沉浸于自我提升；而日本的人文环境相对来说有助于自我批评，日本人更多地沉浸在自我批评中。钱（E. C. Chang）等人在跨文化研究中发现，美国人对积极和消极的典型或非典型生活事件都持有乐观的倾向，日本人对消极的典型或非典型生活事件都持有悲观的倾向。日本人虽然没有对积极事件持悲观的倾向，但是研究也没有发现他们对积极事件持有乐观的倾向。这些结果为自我提升和自我批评存在文化差异的观点提供了证据，即西方人的自我提升动机是十分普遍的。钱等人的研究还证明自我提升在东、西方文化中都存在，但是在两种文化下自我提升的表现是不一样的。在西方文化中，他们会认为自己比别人有更多的个人主义的行为和特质；在东方文化中，他们则认为自己更具集体主义的行为和特质。此外，对新加坡人和以色列人的研究发现，在集体主义和个人主义文化下，都存在自我提升的动机。在两种文化下，自我提升均与幸福感和自尊有积极的相关。

（三）自我提升的研究展望

第一，自我提升通常是个体对自我品

质的评价，表现出来的是一种自我动机，以往的大部分研究都是在外显测量中进行的。然而，个人品质更多的是内隐的心理特质，社会比较也经常是自动发生的。因此，考查是否存在内隐和外显两种自我提升，内隐和外显的自我提升在什么条件下发生，两者有何区别，可能是该领域研究中需要关注的一些基本问题。

第二，就研究样本而言，有关自我提升的研究多采用大学生被试，而青少年时期是自我意识发展高度膨胀的时期，他们的自我提升动机有什么变化呢？自我提升的年龄特点又是什么呢？这些都应该是今后这一研究领域的主要问题。

第三，目前个人主义和集体主义文化下自我提升差异的研究，多是以美国人和日本人为被试的。中国是最典型的东方国家，是集体主义文化的典型代表，但是有关中国人自我提升动机的实证研究却很少见。中国人历来以谦虚为美德，那么，中国人是否存在自我提升动机？中国人与西方人的自我提升动机是否存在文化差异？这些问题应成为今后研究的一个重要方向。

【本章摘要】

1. 动机在需要的基础上产生，是由一定目标或对象引起、维持和推动个体活动以达到目标的内部动力。社会动机是以人的社会文化需要为基础的，是个体在社会生活环境中通过学习和经验获得的。

2. 内部动机是指由个体内在需要引起的动机，由于个体对活动本身感兴趣，在活动中个体能得到满足，因此活动本身成为个体从事该活动的内在推动力。外在动机是指个体在外界的要求与外力的作用下产生的行为动机，个体参与某种活动并不是基于对活动本身的兴趣，而是由活动以外的刺激诱发的。

3. 成就动机是人们希望从事对其有重要意义、有一定困难、具有挑战性的活动，在活动中能取得优异的结果和成绩，并能超过他人的动机。亲和动机是个人与他人在一起，或者要加入某个群体的需要。对于亲和动机的心理基础主要存在两种观点：一种观点是本能论；另一种观点认为亲和动机是后天学习的结果。

4. 人格是在自然与社会因素的交互作用下形成的，构成一个人的思想、情感及行为的特有统合模式。这个独特模式包含了一个人区别于其他人的稳定而统一的心理品质。人格是由不同成分构成的一个复杂的结构系统。

5. 埃里克森的心理社会发展理论强调社会文化因素在人格发展阶段中对自我的影响。他把人格发展划分为八个阶段，每个阶段都存在一种与某种重要的冲突有关的人格危机。危机是否得到满意的解决，影响着人格的健康发展。

6. 自我知觉是个体对自己的心理行为进行认识和评价的过程，包括两个基本成分：

自我概念和自尊。自我概念是个体对自己的身体外貌、社会角色、性格、能力等方面的感知和认识；自尊是个体通常持有的对自我价值的评价和体验，是基于自我评价产生和形成的自爱、自我尊重，以及要求他人、群体和社会尊重的情绪体验。

7. 自尊主要受到生活中的成败经验、社会比较得来的信息以及自己的内部标准三个方面的信息的影响。测量自尊的方法有自我报告法和内隐自尊测量法等。

8. 自我意识是个体对自己作为客体存在的各方面的意识，包括认识自己的生理状况、心理特征以及自己与他人周围世界的关系。自我意识具有社会性、能动性、同一性和统一性等特征，并可以从不同角度分类。自我概念是自我意识的重要组成部分。

9. 自我提升的内涵包括知觉自我与知觉他人的比较、自我知觉与外在标准的比较、基于社会关系模型（SRM）的界定等。自我提升与个体的心理健康、生理变化、自尊、成绩等有密切关系，自我提升是目前自我研究的一个热点。

【建议参考资料】

1. 黄希庭．人格心理学．台北：东华书局，1998.

2. 时蓉华．社会心理学．杭州：浙江教育出版社，1998.

3. 俞国良等．社会心理学前沿（第 3 版）．北京：北京师范大学出版社，2016.

4. 俞国良，辛自强．社会性发展（第 2 版）. 北京：中国人民大学出版社，2013.

5. 余安邦，杨国枢．成就动机本土化的省思//杨中芳，高尚仁．中国人、中国心——人格与社会篇．台北：远流出版社，1991.

6. Petri H L. Motivation-theory，Research and Application（6th ed.）. New York：Wadswarth Pulishing Company，2012.

7. Barmeister R F. The Self in Social Psychology. Philadelphia，PA：Psychology Press，1999.

8. Baron R A，Branscombe N R，& Byrne D. Social Psychology. Pearson Education，2011.

9. Kenrick D T，Neuberg S L，Cialdini R B. Social Psychology：Goals in Interaction（6th ed.）. Pearson Education，2005.

10. Taylor S. E，Peplau L A，Sears D O. Social Psychology（12th ed.）. Pearson Education，2006.

【复习思考题】

1. 什么是成就动机？联系实际，说明成就动机的影响因素。

2. 什么是亲和动机？用沙赫特的“焦虑亲和”假说进行分析。

3. 试用埃里克森的心理社会发展理论说明人格的形成与发展。

4. 联系现实社会生活说明社会文化对人格的影响。
5. 简述自我的社会认知观，并加以评述。
6. 自我概念是怎样形成和发展的？
7. 简述自我意识的特征与我国学者的自我意识结构观。
8. 什么是自我提升？谈谈你对自我提升内涵的理解。

第六章 态度及其转变

【学习目标】

了解态度的概念和本质，知道态度的形成与发展也是个体社会化的过程；了解态度形成和发展的心理条件和影响因素；根据态度测量的方法，来评定自己或他人在现实生活中的某种态度，并尝试运用态度转变的理论与方法加以转变；重点是对态度转变中的有效沟通能够提出实质性建议。

【重要术语】

态度　态度的ABC结构　外显态度　内隐态度　平衡理论　认知失调理论　利克特量表　登门槛技术　可信性　睡眠者效应　对比效应　同化效应

一个人的态度决定自己所看到的、听到的、想到的和做到的，即与环境相互作用的方式。正是由于人们对现实世界不同的态度，因此构成了色彩斑斓的现实世界。任何态度无不打上社会与文化的烙印。这里，有时我们也就把态度和社会态度作为同义词使用。我们从态度的概念和结构入手，讨论态度的本质、态度的形成和发展，态度的转变，以及态度转变过程中沟通者、沟通内容和沟通对象的影响，使人们对态度有一个全景式的俯瞰。

第一节 态度的概念

态度是社会心理学的一个基本概念。自社会心理学诞生以来，它在解释人类的社会行为方面始终占主导地位。早期的社会心理学家甚至把社会心理学定义为“研究态度”的科学。态度在当前社会心理学领域中仍占据重要的地位，受到研究者的关注。

一、态度的界定

态度是社会心理学中定义最多的概念之一，人们常把“态度”与“意见”“信仰”“观念”，甚至“价值观”等而视之。许多学者对此并不满意，于是就从自己的理解出发，给态度下定义。心理学中最早使用态度概念的是斯宾塞和贝因（A. Bain）等人，他们认为态度是一种先有主见，是把判断和思考引导到一定方向的先有观念或先有倾向，即心理准备性。

西方社会心理学的代表人物奥尔波特在《社会心理学手册》一书中指出，态度是根据经验而系统化了的一种心理和神经的准备状态，它对个人的反应具有指导性或动力性的影响。他强调个体的知识经验对态度的作用，关注个人行为的倾向，以及与态度对象有关的特定的准备。这是从行为主义心理学角度下的定义。

洛可奇（M. Rokeach）认为，态度是一种具有结构和组织的复杂认知体系，“是个人对于同一对象的数个互相关联的信念组织”。他着重指出了态度结构和组织性，以及由此构成的认知体系。其他认知定向的心理学家们赞成一种更为复杂的三重结构图式，他们把态度看成是一种包含认知、情感和意向成分的复合体，由一些相互联系的、对态度对象或问题进行理解、感知并有所行动的方式组成。这是从认知心理学角度下的定义。

美国社会心理学家巴克（K. Back）认为，态度是对待任何人、观念或事物的一种心理倾向。他侧重于认为态度是一种观念、意见等主观意识的东西，而观念、意见等属于情感体验的范畴，情感是态度的核心。瑟斯顿和奥斯古德（C. E. Osgood）也认为态度是一种评价或情感反应。菲什拜因（M. Fishbein）和阿吉曾（I. Ajzen）认为“态度是习得的，……它导致活动。这些活动对事物始终是赞成或不赞成的”。对态度有比较完整理解的是迈尔斯（Myers），他认为“态度是对某物或某人的一种喜欢与不喜欢的评价性反应，它在人们的信念、情感和倾向性行为中表现出来”。更为全面的定义是把态度理解为“对现实世界所有方面的评价”。上述诸种看法，在某种程度上已达成了一致，即强调态度中情感的重要性。

我们认为，**态度**（attitude）是个体对特定对象（人、观念、情境或事件等）所持有的稳定的心理倾向。这种心理倾向蕴含着个体的主观评价（赞成或否定），以及由此产生的行为倾向性。它是在社会生活过程中经过学习和经验积累形成的。对于这个定义，可以从四个方面来理解。

第一，态度是一种心理倾向，并非行为本身。众所周知，态度是不能直接被观察到的一种假设，只能从个体的外部行为中去推知，或通过对客体做出积极或消极的评价来测量。因此，态度的形成是一个主观评价过程。狭义的理解：态度只是一种行为倾向，是一种内部的心理变化过程。换言之，态度是刺激与反应的中间媒介，是不可能直接观察到的构念。广义的理解：态度除了心理行为倾向外，还应包括伴随心理倾向而来的外部行为。这比较符合日常生活中人们对态度的解释。

第二，态度具有对象性。态度不是无缘无故产生的，必定由刺激物激起。这个刺激物就是态度的对象。它可以是人、事物，也可以是价值、观念、制度、规范，是主体与客体的关系。总之，人们生活的周围世界都是态度的对象。其中，对人或与人有关的社会性事物产生的态度，就是社会态度（social attitude）。一方面，由于态度是个体针对某一人、事物做出的反应，个体与人或事物之间具有一对一的对应关系，因此态度具有针对性。另一方面，态度是针对某一特定的人、事物而言的，与具体的人或事物联系密切。因此，态度又是具体的。

第三，态度具有一致性和稳定性。态度不是一时性状态的动机、驱力或定势，即使个体的社会生活环境不断改变，个体对此做出的反应也具有一致性和稳定性。个体在家里喜欢听邓丽君的歌，在其他社会情境下也一样。态度是行为产生的先兆，一致的态度产生一致的行为，态度的协调性保证了态度的持久性和稳定性。态度在形成后，不会轻易改变，会成为个性的一部分，在行为模式上表现出一致性和稳定性，这样才能使人们更好地适应社会环境。

第四，态度具有组织性和结构性，即个别态度可形成结构化的态度群和态度群集（constellation）。下面将对这个问题进行详细论述。

二、态度的结构

迈尔斯指出，分析态度的结构时会涉

及三个维度，情感（affect）、行为意向（behavior intention）和认知（cognition），即态度的ABC结构。心理学家对态度的结构有着一致的理解，都认为态度由三部分要素组成，即认知成分、情感成分和行为成分。

第一，认知成分。这是由个体对某一类社会事物（人、事或物）性质的笼统认识而形成的一种心理印象，即对态度对象所持有的信念和看法。人们的印象属于思想、信念或理智的部分，供个体了解和判断社会事物时参考。它是态度其余部分的基础，带有判断和评价的意义。认知成分是态度的基础。

第二，情感成分。这是个体对某一社会事物（人、事或物）的情感反应，带有雄厚的情绪倾向，反映了一个人对态度对象所持有的情绪体验。积极的情感包括尊重、同情、喜欢、好感等，消极的情感包括轻视、冷漠、仇视、恶感等。安德森（L. W. Anderson）甚至通过描述情感的特征（情绪、一致性、目标、方向和强度）来定义态度，认为态度是个体在面临一个特殊的事物时，用赞同或不赞同的方式准备或预备做出反应的一种适度情绪。因此，情感成分是态度的核心。

第三，行为成分。这是个体对某一类社会事物（人、事或物）的外显反应或行动。它是个体在一定的社会情境下产生的，是个体对态度目标采取行动的必然结果，反映了一个人对认知对象所持有的行为倾向。也有人认为行为部分仅仅是指行为的倾向性，即人们在采取行动时心理上的准备状态。这样来理解也是可以的。态度的三个成分之间的关系，如图6-1所示。

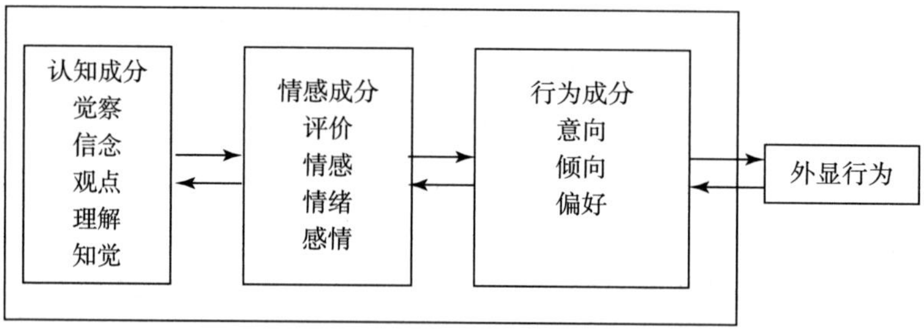

图6-1 态度结构中各成分的关系示意图

在图6-1中，人们可以发现以下内容。①态度结构中的三个成分是互相依赖、协调一致的。人们对周围事物的知觉会影响到对它的评价（好感或恶感，肯定或否定），从而产生某种行为倾向。②赞成或反对的情感成分是态度的关键，这种情感评价不仅会影响行为倾向性，而且会对认知或观念产生影响，并且这种影响是双向的。例如，“一见钟情”“情人眼里出西施”。③态度只是在特定条件下才与实际行为发生联系。一方面，从态度到实际行为的转换常常通过行为倾向性来实现；另一方面，有了某种行为倾向性并不等于就有某种实际行为。

这里有一个堪称经典的研究。20 世纪 30 年代经济大萧条时期，拉皮埃尔（R. T. LaPiere）为了研究态度和行为之间的关系，和一对年轻的亚洲夫妇用两年时间环游美国。他们在所有停留过的饭馆、旅馆都受到热情周到的款待。然而，当以邮件方式询问 184 间饭馆和 66 间旅馆的商家是否会接待亚洲夫妇时，在回信的 128 名商家中，92%的饭馆和 91%的旅馆说不愿意接待他们。这个结果说明态度与行为之间有时存在巨大差异。可见，实际行为的产生还要取决于其他因素。因而行为倾向性与外在行为是有区别的，不可混为一谈。

目前，研究者在深入探讨态度的要素结构的基础上，提出了内在态度结构（intra attitude structure）的概念，其基本观点认为态度是在多个要素相互联系的结构中，基于评价而形成的。

根据态度结构的组成成分，我们可以对态度进行分类。

按个体认知评价划分，态度可以分为肯定的态度和否定的态度。肯定的态度产生对人、事、物的积极评价，否定的态度产生对人、事、物的消极评价。

按个体情感体验划分，态度可以分为积极的态度和消极的态度。积极的情感体验使个体对人、事、物产生好感，消极的情感体验使个体对人、事、物产生反感。

按个体行为倾向划分，态度可以分为外显态度和内隐态度。2000 年，威尔逊（T. D. Wilson）等人提出了“双重态度模型”（a model of dual attitude），认为人们对同一态度客体有两种评价：外显态度和内隐态度。这里，**外显态度**（explicit attitude）是指人们能够意识到的，通过自我反省就能表现出来的态度；**内隐态度**（implicit attitude）则是人们对态度客体的自动反应。外显的态度可以用语言来表达，能使人理解；而内隐的态度不能用语言来表达，是埋在心里的、压抑的、克制的态度。双重态度不同于矛盾心理。矛盾心理指的是人们对同一客体可能同时具有积极和消极的评价，人们完全可以意识到这种态度客体的好处和坏处，而且矛盾心理可以通过自我报告进行测量。双重态度只有在人们对于记忆中的同一态度客体有不同评价时才会发生，而且其中一种评价更容易提取，并占有绝对优势，往往被人们视为唯一的评价，因此人们很少感到内心冲突。但实际上还存在另一种评价，这种评价只有在某些情况下才会出现并对个体行为产生影响。另外，双重态度模型中的内隐态度一般不能通过自我报告法进行测量，而是可以通过采用内隐联想测验来实现。

三、态度的本质

（一）态度的功能

为什么人们产生某种态度而不产生另一种态度？这可能是因为所产生的态度是符合特殊心理需要的，为一定的心理功能服务的。为此，卡兹（D. katz）在《态度研究的功能探讨》一书中提出了态度的四种功能：工具性功能或调整性功能、认识性功能、价值表现功能和自我防御功能。这是从功能主义角度的探讨。我们认为，态度具有以下四种功能。

顺应功能——态度能促进个体把活动指向有助于达到自己目的的对象上去，以保持与环境的平衡关系。在态度形成过程中，这表现为人们有意识地协调、调节和态度对象的关系。

认知功能——态度能给个体待人接物的行为方式提供必要的信念，以利于自己保持清醒的意识状态、正确的定向行为，它似乎起着图式、心理框架的作用。兰波特（W. E. Lambert）等人曾在加拿大蒙特利尔做过实验，结果表明一般人容易根据现有的态度去判断他人，这显然是态度认知功能的反映。穆勒（Munro）等人的研究更进一步表明，人们会认为与自己态度一致的信息更加准确，而与自己态度不一致的信息则不可信。

防御功能——态度决定行为的潜在动机，能促进个体心理冲突的解决，增加对挫折的忍耐力，以实现预期的目标。在一定的社会生活条件下，个体的态度和动机对其行为活动的倾向和质量，都有巨大的作用。每个人的态度都受人生观、世界观、价值观的调节，以确保自己奋斗目标的实现。劳勒（Lawler）和波特（Poter）研究了工作满意感和生产率的关系。他们的实验表明，好成绩或高生产率导致奖励，而公平的奖励引起了工作的满意感，形成对工作的满意态度。

调节功能——态度能帮助个体摆脱自己内部的紧张状态，并作为个性的一部分而存在，调节着自己的行为；同样也调节人际关系，调节与他人的交往关系。兰波特以大学生为对象做了疼痛忍耐力的实验研究，结果表明：在相同的实验条件下，个体态度的改变，引起了疼痛忍耐力的变化。这说明态度具有调节行为的功能。

（二）态度的特性

从本质上说，态度就是以主体对某一对象评价为核心特征的心理倾向，即态度的核心特征是评价。这样的心理倾向既有一定的延续性，也有一定的情境性和评价性，并且服务于一定的功能。一般地，态度具有社会性、具体性和协调性等特性，这些特性反映了态度的本质属性。

1. 态度的社会性

态度是在社会生活中经过一定的体验后积累了经验而形成的，是在后天的社会生活中通过联想、强化和模仿三种过程获得的，因而具有社会性，受到社会关系和社会文化的制约与影响。从某种意义上说，态度是社会思想形成的重要基础和最初的基石。

态度属于个人和外界对象的关系范畴，并不纯粹属于个人主观的范畴或纯客观的范畴。动物由于缺乏意识，无法区别自身与外界事物，因此动物不存在自身与周围事物的关系问题。婴儿刚出生时，对外界事物不存在任何态度，只是在社会环境影响下，随着自我意识的出现，以及生活经验的积累，才逐步形成与发展对人、事、物的态度。这就足以说明，态度属于个人在活动中逐步建立的主体与客体的关系，或者说是个体对于自己与他人、周围环境等关系方面的内在心理状态。

2. 态度的具体性

诚如前述，态度是个体对特定的人、观念或事物的稳定的，由认知、情感和行为倾向三种成分构成的心理倾向。所谓特定的，亦即具体的态度对象。态度通常针对某一件事、某一个人或某一观点而言。人们通常所说的“勇敢”“美丽”，这些都不是态度，只有与具体的人和事物相联系才是态度。例如，“我妻子美丽又善良”，表示了丈夫对妻子的殷殷之情，这是一种对婚姻关系的积极评价态度。

3. 态度的协调性

态度由认知、情感和行为倾向三种成分组成。就具体的态度而言，以上三种心理成分是相互影响、协调一致的。如果三者不协调，那就不是稳定的心理倾向，而是处于变动状态下的心理倾向。这里把态度定义为较为稳定的心理倾向，以区别于日常生活中“态度”一词的含义。这几种心理成分必须是协调一致的，相互结合成有组织的整体，并对个体的内在心理活动和外显行为具有激发、调整和协调作用。

总之，从社会心理学诞生开始，态度研究领域就有丰富的理论积累和实验研究。目前的新探索也不断取得引人注目的成就。例如，有关内隐态度的研究，补充了单纯探求外显态度所表现出的不足，为偏见的测量提供了新的技术手段；在群体态度方面，刻板印象内容模型（Stereotype Content Model，SCM）和偏差地图（BIAS map）的提出，是对社会认知、自我、群际关系和性别差异研究的重要贡献。因此，有待将来深入探究的态度研究主题可能就是内隐态度、态度的具身性和群体态度。

第二节 态度的形成和发展

态度的形成和发展是极其复杂的。它不是一次完成的，而是个体经历多次重复的动机冲突后，由逐步积累起来的行为经验凝结而成。每个人的社会态度都打上了生活经验和现实世界的烙印，因此它是一个社会学习的历程，即强化、模仿和观察学习的过程。

一、态度形成和发展的理论

社会心理学家有一系列理论，用于解释态度是怎样形成和发展的。行为主义倾向的学习理论认为，态度是由条件反射塑造的；功能主义的观点把态度的形成与个体的需要联系在一起；认知理论则寻求综合性认知体系，在这一体系中态度用来保持行为与认知的平衡。

（一）学习理论

从某种意义上说，态度形成的全部理论都是学习理论。研究者相信，人们能像获得事实、概念、思想意识、思维方式和习惯一样去获得态度。情绪与事实的结合，引起了态度的发展与改变。对于态度，学习理论的探讨是直接和具体的，并以相当可观的实验研究作为依据。

斯台茨（C. F. Stice）和伯恩·克劳雷（G. L. Clare）等心理学家首先把学习理论应用在态度的研究中。他们认为：

第一，环境刺激会引起情绪反应。如果新刺激与旧刺激有联系，那么，新刺激同旧刺激一样能引起与旧刺激相联系的情绪反应。情绪与刺激事实一旦结合，就构成了个体特定的态度。触景生情就是这个道理。

第二，由奖励、赞赏或社会承认所促进的心理倾向多半能持续下去，对个体的态度或行为是一种积极强化。这种积极的情绪体验得到满足后，便与态度对象联系在一起，产生积极的态度。反之，惩罚、批评、指责等否定性强化将引起对于态度对象的否定态度。

第三，人们可以通过学习来模仿他人的行为，态度也同样。最明显的例子是孩子模仿父母的态度，模仿父母针对某个对象的行为。儿童早期的体验能形成根本的态度和价值观，并随成长发展带入成年期，影响其对人、事、物的态度。在儿童早期，父母控制着儿童极大部分的模仿实体，并控制着进入儿童头脑的大部分信息。

第四，一种态度的发展可能间接来自同其他态度的情绪联系。个体态度的形成，是以对象与其他态度的联系为基础的，这决定于人们以前所获得的情绪体验。一般地，重复接触影响了态度中的认知部分，从而影响情感，最终影响人们的态度形成和发展。李特尔（K. Little）和约翰逊（R. N. Johnson）1968 年的实验成功地表明，学习可以帮助人们改变对少数民族群体的态度。

（二）认知理论

半个世纪以来，许多西方心理学家把兴趣集中在这样一个问题上，即社会态度怎样适应一种整体性认知结构。他们的研究结果表明，认知对态度的形成和发展的影响表现为两个方面：一是态度的平衡性；二是态度的一致性。据此，他们认为，人类有一种普遍的需要，就是平衡或一致的需要。人们在认知上有了不平衡性和不一致性时，就会产生紧张与焦虑，从而促使人们向平衡和一致的方向转化。

1. 平衡理论

平衡理论是海德（F. Heider）等人提出来的。海德的研究始于 20 世纪 40 年代，但全面且系统的理论阐述直到 1958 年才得以完成。**平衡理论**涉及一个人和两个态度对象之间的三角形关系。

海德认为，态度的两个实体之间存在着两种关系，即平衡关系和不平衡关系。如果我们用符号“P”表示认知的主体，“O”表示态度针对的另一个人，“X”表示态度的某个对象，用“＋”表示喜欢，用“－”表示不喜欢，那么P—O—X就构成三角形关系。

海德认为，P—O—X形成的三角形关系是一种情感关系，即好感或反感态度。人们喜欢完美的平衡关系（见图6-2），不喜欢有缺陷的不平衡关系（见图6-3）。在图示中，平衡的结构必须是三角形三边符号相乘为正，不平衡关系的结构必须是三角形三边符号相乘为负。海德认为，对于P—O—X不平衡关系的任何一种情形，人们都企图改变某一项而使之恢复平衡关系。例如，P有一个好朋友O，O喜欢踢足球X。如果P不喜欢踢足球，他就可能采取如下办法，使自己的认知达到平衡：一是说服O不要踢足球，二是改变对O的亲密关系，三是说服自己改变对足球的态度。这样的情况是很多的，其结果是通过平衡来维持和发展P与O之间业已建立起来的良好人际关系。

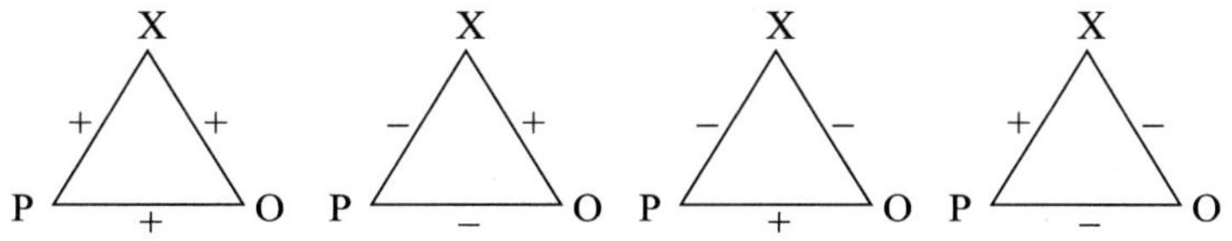

图6-2 平衡关系

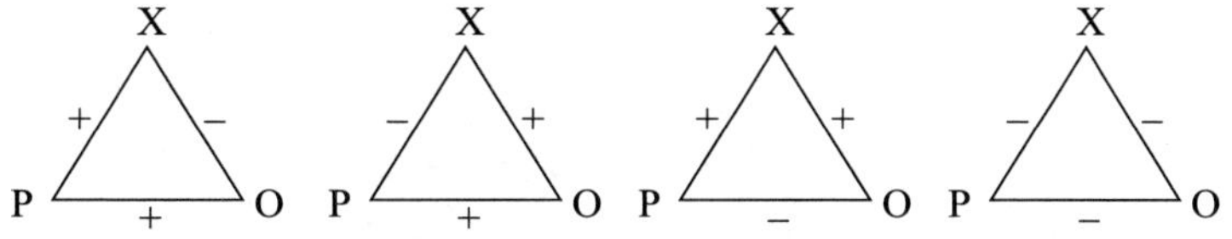

图6-3 不平衡关系

2. 一致性理论

一致性理论由奥斯古德和坦南鲍姆在1955年提出，实际上是对海德理论的发展。它与其他认知平衡理论相比有一定长处，尤其比海德的平衡理论有更多的合理性。因为它是在一定条件下提出来的，能够测量态度变化的程度和方向。态度的一致性是良好人际关系的重要因素。

一致性理论认为，一致性原则支配所有人的思维。人们总是通过改变态度来达到一致性，以便减少或消除不一致性。相似导致人际喜欢和吸引，就是这个原则发生作用的典型例子。这个理论基本上只涉及某人对某一对象的评价，从而影响另一个人态度的表现方式。它特别注重信息源、信息内容，以及接收信息者对两者的反应。简言之，对人们持肯定态度的个体，对人们持赞成态度的对象也持肯定态度。一个肯定的信息源，对一个肯定的对象做出了肯定评价，于是双方产生了一致性。这个理论认为，一旦产生了不一致状态，马上就会产生一种心理压力，从而在增加一致的方向上改变一个人的评价，最终来影响一个人的态度。例如，“酒逢知己千杯少，话不投机半句多”就是这个道理。

（三）功能主义理论

功能主义理论包括史密斯（P. T.

Smith）等人和卡兹提出的理论，这两种理论的基本观点比较相似，后来基斯勒（S. Kiesler）等人对此进行了整合。这种理论从态度的功能角度，探讨态度的形成与发展。他们认为，人们选择的是符合其特殊心理需要的态度，把态度与个体的内在需要联系起来。人的态度是为心理功能服务的，人如何选择态度依赖于个体的利害关系。适合于一种态度的心理因素，在另一种情况下可以是另一种态度。或者说，两个人可能由于完全不同的原因而形成同样的态度。总之，态度的形成和发展是与个体的功利关系直接联系在一起的。这个理论和人际关系的社会交换理论有相似之处，虽然态度和人际关系的这种功能主义观点是错误的，但是基于西方社会的文化背景，也是事出有因的。在实际应用中，要准确地测量人的需要是一件较为困难的事，所以，这一理论在应用方面也存在着一定的局限性。

二、态度形成与发展的心理条件

任何态度的形成与发展，都需要一定的社会生活和心理条件。认知是个体态度结构的基础，人们对自己以及所处社会环境的认知观念主要源于直接经验和间接经验，并通过逻辑推理而形成。这是态度产生的根源，也是个体由自然人转变为社会人的途径之一。态度的形成与发展和下列心理因素或心理生活条件密切相关。

（一）个体的需要

态度是在满足个体的社会性需要的基础上产生和发展的。人们的需要水平不断提高，从而激励了行为动机。于是，人们的态度就在不断满足需要的基础上发展起来。如果某个事物能满足个体的需要，并能消除由行为的内驱力引起的紧张状态，人们在情感上就比较容易接受，便对此形成积极的态度；反之，如果人们所面临的人、事、物不是缓和而是增加了紧张状态，使个体处于一种紧张、焦虑状态，个体便会对此形成消极的态度。

（二）个体的经验

社会态度是个体在社会生活经验积累中形成的，直接经验以及与之相关的观念是其重要的源泉。个体的知识经验、实践的范围和目的，决定了个体形成何种态度。个体所参与的学习、生活、工作、消遣、娱乐等活动形式，使个体学习到了被社会认可的一系列行为准则、道德规范，通过内化，逐步形成了待人接物的种种态度。这些态度往往被社会生活环境所强化，形成正确的积极态度，如文明礼貌的待人方式，热情诚恳的处世方式。反之，那些被社会所禁止的态度也得到了矫正。

（三）交往的对象、性质

社会态度是在与交往对象的交互作用中形成和发展起来的。无论直接经验还是间接经验，都是在交往活动中获得的。人们社会交往领域的扩大和加深，使个体有可能从别人那里学到更多的东西。个体通过模仿、认同等心理过程，对特殊的人、事、物形成特殊的态度。反之，如果个体不愿和其他人交往，孤陋寡闻、故步自封、孤芳自赏，那么，要形成正确的社会态度也是困难的，并容易造成人际交往的障碍。此外，交往的性质也影响态度的形成和发展。心理学家劳特（A. J. Lott）曾经进行了一项实验。他将被试分为若干个小组进行游戏活动，在交往过程中实验组的被试能得到奖励，控制组的被试没有奖励，然后让被试写出两个他最满意的交往伙伴。实验结果表明：实验组被试往往选择同组的伙伴，而控制组被试较少选择同组伙伴。这是获奖的愉悦情绪体验与积极的情感伴随在一起，并不断得到强化，从而使被试对同组伙伴产生了积极的态度。这说明交往的性质反过来会影响个体的态度。

（四）个体的自我意识

自我意识是对他人、自己以及周围环境的认知，是在个体的生活过程中逐步形成和发展的。个体的直接经验或间接经验在自我意识的参与下，在逻辑推理后形成观念。自我意识的发展水平，直接影响着个体的活动倾向和态度倾向。随着自我意识的水平不断提高和完善，社会态度就得到巩固和稳定。态度实际上也是自我意识发展的产物。个体只有对自己、对他人、对生活的环境有了正确的认识，才能形成对人、事、物正确的态度。在这个过程中，自我形象、自我认识、自我评价和自我监控起着重要的作用，而所有这些都调节和制约着人际关系。

三、态度形成和发展的影响因素

态度形成和发展的影响因素是十分复杂的。有关同卵双生子的研究表明，态度受遗传因素影响，而且遗传因素对不同态度的影响不同。影响个体社会化的变量，如父母的态度、社会文化、大众传播媒介、学校教育、交往活动、同伴影响等，均对态度形成和发展产生作用。因此，社会学习理论家班杜拉等人十分重视态度形成和发展中的关键概念——强化和模仿，并以此来说明起始态度的获得及其后来的态度转变。此外，人际关系、个性心理特征、社会群体和社会组织等因素也会影响态度的形成和发展。

（一）人际关系

在社会生活活动中，同伴对个体的影响力是不可低估的。人们往往无意识地遵循同伴的观点、意见、态度。这在青少年时期尤其明显，而父母、教师的影响力在儿童时期较为明显。苏联心理学家维果茨基曾经说过，人之所以会变成他自己，是以他人作为参照系来对照自己行为的结果。街头团伙、犯罪团伙的形成，就是因为他们具有歪曲了的态度和价值观，而这实际上是人际关系中重要他人影响的结果。因此，态度和人际关系是密不可分的，人际关系对态度的形成与发展有着一定的制约作用。

（二）个性心理特征

社会所给予的奖励或惩罚对人们态度的形成与发展有重要作用，这种影响反映在个性心理特征上。如果一个人的智力和个性得到了全面和谐的发展，态度形成与发展就容易些；反之，则比较困难。例如，智力发展水平较高的人，能清楚地判断自己所面临的社会情境，得出赞成或反对的意见，建立和维护自己的态度。然而智力发展迟缓的人，缺乏正确的观察和判断，容易受他人和环境的暗示、感染，产生从众行为。对他们来说，无所谓自己的态度形成，因为其态度不过是他人态度的翻版。同样，性格外倾的人与性格内倾的人相比，前者态度形成更容易些，因为他有主见、有判断、有自信。黄煌烽等人用卡特尔量表对 56 个新入学的大学生进行了个性特征与态度转变的研究，结果发现被试在 7 种个性特质上（A、C、E、I、L、O、Q）存在着很大的差别，这表明个人的个性心理特征与态度转变有着十分密切的关系。

（三）社会群体与社会组织

个体参与的社会群体与社会组织对态度的形成有着不可忽视的影响。许多人建立了新的态度，是因为面临一个新环境、加入了一个新群体与新组织，其态度与行为就要受到此群体的共同行为准则的影响和制约，作为群体成员必须维护、遵守共同的规章制度和行为准则，采取一致的态度和行为。此时，群体或组织是作为参照系来对个体发生作用的，个体接受新规范，必定要有一个新态度与此对应。这样，态度的形成与发展就会水到渠成。何立婴在 1989 年曾对中学领导者的职务态度进行了调查，结果发现中学领导者职务热爱与得到他人支持的态度之间的相关最高，这两种态度之间的关系最为密切。另外，教育程度、学校的类别、年龄等对中学领导者职务态度有一定的影响。

四、态度的测量

态度或社会态度作为一种个体特有的稳定的心理倾向，可以用直接或间接的方式进行测量。到目前为止这些方法和技术已达百种之多。所谓**态度测量**（attitude-measurement），是运用信度和效度较高的方法来确定个体对某一事物的态度。对态度进行测量时，我们要明确态度对象，并注意态度的评价性及程度。态度测量常用于社会心理学和教育心理学中的市场调查、兴趣爱好、教育评估等方面的研究。

（一）直接测量

态度的直接测量的方法一般包括自陈法（self-report）、行为观察法和问卷法等。自陈法一般采用态度量表来测量；行为观察法通过行为改变记录进行推断；问卷法则要把调查的问题编成问卷让被试进行回答。

1. 瑟斯顿量表

瑟斯顿量表由瑟斯顿及其助手凯夫（E. Chiff）于 1929 年首创。这是一种精确的态度测量方法，也被称作主观外显相等间距法，即**等距量表**。瑟斯顿量表一般有

25题左右，运用于对战争、死刑、宗教、少数民族的态度的测量。量表的题目或项目的分数，由一群评定者评定，并按11个等级排列。被试对这些项目进行同意或不同意的判断，按1～11级评分来回答，最后以被试同意项分值的中位意义决定其在这一问题上的态度。

2. 利克特量表

1932年，利克特（Likert）为了避免瑟斯顿量表编制过程过于复杂的问题，提出了更为简便的方法，通常是5点或7点量表，量表的题目数在20题左右，让被试用1～5或－3、＋3进行回答，再将其相加，得出总分作为指标。这是目前应用较广泛的态度量表。

3. 语义区分量表

语义区分量表是奥斯古德（C. E. Osgood）等人于1957年发展起来的态度量表，旨在评价态度的评价性成分，其基本方法是用成对的两极性形容词，如好坏、强弱等来评价态度对象，按7个等级进行评定，记录被试在所有回答上的得分并累加，就可以获得其有关对象态度的资料。目前，研究者用这种方法（杨国枢、王登峰等）来建构中国人的人格问卷。

（二）间接测量

为了避免直接测量个体对某些问题的态度易产生的社会赞许性反应倾向，研究者通过间接的方式来了解他人的态度。

1. 投射测验

投射测验通常是给予被试相关的一定的刺激物，让其据此联想，并进行口头报告或书面报告，然后通过分析联想的内容，来推测人们的态度和个性。其中，最有代表性的是主题统觉测验（Thematic Apperception Test，TAT）和罗夏克墨渍测验，前者用来测定态度或成就动机，后者主要用于病理心理诊断。

2. 生理指标测量

生理指标测量通过测量人们的一些生理指标来推断态度。因为态度可以引起有机体的一系列生理反应（心跳、呼吸、血压、皮肤电等），如用皮肤电反应来看一个人的紧张程度，用脑电P300波来看一个人有没有说谎。最常用的生理指标为皮电反应、肌电图、瞳孔的放大与缩小、心率及脑电波等。这些生理指标也用于测谎设备中对态度的评定。

3. 内隐联想测验

为了克服传统态度测量的缺陷，研究者（A. G. Greenwald）发展了测量内隐态度的方法——内隐联想测验（Implicit Association Test，IAT）。内隐联想测验的目标在于查明各种态度和各种评价属性之间的自动化联结程度，即它所测量的是某个给定的态度客体（花或昆虫）与某种评价属性（愉快或不愉快）的联结程度，并假设联结程度越高，内隐态度就越强烈。这种方法已得到广泛运用，并正在进一步发展和完善中。

拓展苑

幼儿教师和家长对幼儿电视节目的态度调查

为了了解幼儿看电视的时间和家长的监督方式、幼儿电视节目有哪些功能、家长和教师对幼儿电视节目有什么期望与评价等，以便能进一步明确什么样的幼儿电视节目最能够促进幼儿身心的健康发展，以及幼儿究竟需要什么样的电视节目，我们（俞国良，董娇，闫荣，王永丽）2004年进行了一项态度调查。

本次调查的对象为北京、上海、广州三个城市的3～6岁幼儿的教师和家长。被调查的幼儿教师均来自被调查幼儿所在的班级，共34名。在被调查幼儿的家长中，有62名（32.3%）是孩子的父亲，有121名（约63.0%）是孩子的母亲，其余9名没有具体说明身份。被调查幼儿中的96.9%来自双亲家庭，其余来自单亲、分居或其他形式的家庭。共192名家长参与了调查。

对幼儿家长的调查主要采用问卷法。问卷是半开放式的，家长可以进行补充。对幼儿教师的调查方式为半结构式访谈，并对整个访谈过程进行录音，访谈时间为30分钟。

调查发现，我国大部分幼儿每天都看2小时以下的电视节目，看电视已经成为我国很多幼儿日常生活中的一部分。与以往研究（彭聃龄，张令振，陈华峰，1992）相比，目前家长对幼儿观看电视的监督要多些。以往的调查发现92.8%的父母对学龄前幼儿观看电视没有明确的限定，而本研究发现只有32.3%的家长对幼儿观看电视没有明确的时间限制，65.6%的家长对幼儿观看电视有明确的时间限制。现在的家长对幼儿观看的电视节目很重视，大部分家长偶尔或经常和幼儿一起观看并讨论电视节目。这说明，家长已经意识到了电视的确对幼儿的身心发展有重要影响。

目前家长和教师最不愿意让幼儿看打斗类、成人类和恐怖类电视节目，这也正是幼儿教师认为低水平的电视节目存在的问题。这进一步提示人们可能还存在着这些会对幼儿造成不良影响的电视节目，应该进一步限制这些幼儿电视节目的出现。本研究得到以下调查结论：

第一，幼儿对各种类型的幼儿电视节目都比较喜欢，没有特别的偏好；

第二，家长对幼儿观看电视的监督情况良好；

第三，家长和教师对幼儿电视节目的期望主要集中在有教育功能（富有科学道理、能促进幼儿智力发展），有娱乐功能，情节好，画面好，语言规范和音乐好等方面；

第四，幼儿家长和教师最不愿意让幼儿看成人化和打斗类的电视节目。

第三节 态度的转变

在现代社会，人们把态度转变作为考查个体社会适应能力、工作绩效等的依据之一。在这里，我们主要阐述态度转变的理论、方法，影响态度转变的因素；介绍几种态度转变的方法与技术，以及态度转变中的几种沟通要素。

一、态度转变的理论

态度转变是态度研究的核心部分。态度转变的理论必须能解释态度转变的原因、转变的过程，以及在什么情况下完成这种转变。许多心理学家对此进行了探讨，并提出了有说服力的理论观点，其中有代表性的理论是强化理论和认知失调（不协调）理论。

（一）强化理论

强化理论（theory of reinforcement）是耶鲁大学心理学家霍夫兰德、贾尼斯（I. L. Janis）和凯莱（L. K. Kahle）在1953年根据行为主义观点提出的态度改变理论。该理论强调联想、强化和模仿在态度转变中的作用，其主要观点如下。

第一，态度就是对环境刺激的一种反应。它和其他反应一样，但态度更趋向于接近或回避一个确定的人、物、群体或观念等。在一定条件下，劝导性沟通可以诱使一个人改变自己的态度。这种改变就像改变行为习惯一样，必定有某种强化因素参与其中。个体通常采取报酬、奖赏和对不愉快刺激进行回避等方式。

第二，当个体所面对的强化物要求的态度和本人的态度不同时，个体就会产生心理矛盾。结果有两种：要么按照自己的态度做出反应，要么按照强化物的要求改变自己的态度。这种态度的改变依赖于强化物提供的诱因。当诱因的强化大于原有态度的强化时，个体就会产生态度的改变。在这方面，大多数人都把社会赞同作为一种强化物来加以使用。

强化理论在态度研究的初期，曾经有力地推动研究的进展，但是，目前这种重要性已日趋减弱，原因是多方面的。认知失调（不协调）理论的提出，也许是导致强化理论影响力减弱的主要原因。因为在很多社会心理现象面前，强化理论显得软弱无力，而认知失调（不协调）理论则跃跃欲试。譬如，有的人明知抽烟不利于身体健康，但是为什么仍要抽烟，有的人明知自己的观点是错误的，为什么仍要强词夺理、固执己见等。

（二）认知失调（不协调）理论

认知失调（不协调）理论（cognitive dissonance theory）是美国心理学家费斯廷格提出来的。这个理论主要研究认知各元素之间的关系。认知是态度的一部分，而认知是无止境的，因此，态度也是错综复杂的。然而，在现实生活中，人们总是试图使各个认知彼此协商一致。否则，人们就会产生认知冲突。解决这个冲突的过程，就是态度改变的过程。认知失调（不协调）理论的要点如下。

第一，费斯廷格认为各认知元素之间的关系有三种：认知无关，即两个认知同时出现在个体的头脑里，但一个认知与另一个认知没有任何关系；认知协调，即一个认知紧跟着另一个认知，或适合于另一个认知（两个认知就是协调关系），人们总是希望认知之间具有这种协调关系；认知不协调，即一个认知与另一个认知相互矛盾，互相排斥（这两个认知之间的关系就是失调关系）。

第二，认知失调（不协调）理论认为各个认知元素之间的失调程度受下列因素影响：失调程度随着认知之间差异程度的加大而增加；失调程度随着有差异性认知数目的增加而增加；失调程度与个体所有的协调性认知数目成反比；失调程度与认知元素对个体的重要性有关。对失调程度的粗略估计可用下列公式表示：失调程度＝（不一致的认知数×重要性）/（协调的认知数×重要性）。

第三，费斯廷格认为，人们会由于失调而体验到一种不愉快的驱动力状态，这种不愉快的状态随着认知之间的失调程度不断增加而加剧。个体感到减少失调的压力不断增加，这样便产生了人们想要减少或消除这种压力的动机。个体一般采取自我辩护的方式，来减少或消除这种不协调。具体办法有改变认知、增加认知和改变重要性等。

第四，费斯廷格认为，人们在面临多种选择的情况下，会产生认知不协调的情况，一旦决定做出之后，不协调就伴随而来。要减少这种不协调，可以采取重新评价选择对象的方法。减少未选中的对象的吸引力，增加选中对象的吸引力，提高对其的评价，获得心理平衡。

人物栏

费斯廷格（1919—1989），美国心理学家，1919 年 8 月 5 日生于纽约，1989 年 2 月 11 日卒于纽约，1940 年和 1942 年分别获硕士学位与博士学位，曾获美国心理学会的杰出科学贡献奖（1959）（见图 6-4）。

费斯廷格早年跟随勒温进行关于欲求水准的实验研究，并从中阐发了社会比较理论，促进了团体动力学的发展。1957 年，他出版了《认知失调理论》一书，系统地表述了自己的心理学思想，对当时及随后心理学的发展都产生了深刻的影响。他认为，就两个认知要素（思想、态度或信念等）而言，如果从一个要素可以导出另一个要素的反面，那么这两个要素不协调。认知失调在心理上是不愉快的，会促使人们去减少失调以达到心理平衡。根据这种理论，如果人们的行为不符合其思想，那么他们不是重组自己的思想以与行为保持一致，就是改变行为以与思想保持一致。因而认知不协调为一种动机状态。认知失调理论是动力心理学的一种新的观点。

图 6-4 费斯廷格

费斯廷格从 1968 年起离开社会心理学领域而专注于对知觉问题的生理心理学研究，然而他的影响主要还是在社会心理学。他的主要著作还有：《冲突、决策和失调》（1964）和《社会心理学回顾》（1980，主编）。

（摘自《中国大百科全书·心理学》，中国大百科全书出版社，2002）

关于认知失调（不协调）理论，我们还将在后面的章节中进行详细的阐述。从上面扼要的介绍中，我们已发现，认知失调理论在解释态度与行为的转变上，具有重要的意义。特别是这个理论指出，对个人自身行为的知觉是认知元素之一，说明活动和实践行为是态度转变的重要方式，也说明为什么人们同那些怀有偏见对象的直接接触，能有助于态度的转变。因为接触本身是认知元素的转变过程。因此，认知失调理论强调认知成分在态度转变中的重要作用，重视发挥人的主观能动性，强调态度转变就是解决认知矛盾，这种观点蕴含着辩证法的思想。然而，这一理论排除了价值观、人生观、理想、信仰等在态度转变中的主导作用，单纯从心理倾向来解释态度改变，并且片面地强调了认知因素的作用，忽视了情感因素对态度转变的影响，因而无法弄清态度转变的根本原因和各种因素，特别是它在研究方法论上仍是模糊不清的。

二、态度转变的方法

态度转变应注意方式、方法。因为态度的改变与信息源、信息的性质有关，也与信息接收者的人格特征有关。在日常生活中，社会态度转变的方法多种多样，总的来说，要求能改变态度的方向和强度。这里，结合态度转变的实验研究，我们介绍几种态度转变的方法。

（一）参与活动法

参与活动法要求人们通过参加活动来改变自己的态度。心理学中的活动，实际上是一种人际交往活动。人们的态度往往在人际交往活动中体现出来，并在人际交往活动中得到别人的启发和教育，从而发生改变。

对此，国外心理学家进行了许多实验研究。史密斯通过实验发现，要改变人们对黑人的传统态度，就必须与黑人进行广泛交往，深入他们生活的社区里，参与他们的活动，体验他们的生活，倾听他们的呼声。在这种交互作用中，态度可以得到根本的改变。另有心理学家布鲁克（T. C. Brock）曾以耶鲁大学学生为被试，要求他们通过写文章改变对天主教的态度，由本来不相信天主教变成相信天主教。他把被试分成四组：第一组被试在写文章时可以自由地选择材料，第二组被试按规定的材料写，第三组被试必须着重考虑文章的内容，第四组被试必须着重考虑文章的结构与语法。结果表明：第一、第三组被试改变了原来的态度，相信了天主教；而第二、第四组变化不大。布鲁克认为：第一、第三组改变态度的原因是被试参与了活动。无论是自由选择，还是注重内容，被试都必须与原材料作者的文章进行交互作用，结果改变了态度。

（二）登门拜访

登门拜访又称“登门槛技术”，这种方法认为态度转变必须逐步提出要求，从一个小请求向大请求过渡，从而达到彻底改变态度的目的。这种方法最早应用在产品推销上，后来逐步发展成为一种改变态度的技术，并应用到日常生活的各个方面。

登门拜访方法和直接提一个要求，哪一个能在令对方服从方面更成功？为了研究这个问题，弗里德曼和弗雷泽（S. C. Fraser）设计了一个实验。这个实验是在一个小城镇里进行的。他们要考查多少居民愿意在他们的前院放置一个又大又难看的“谨慎驾驶”的牌子。在直截了当的条件下，一个实验者说自己是一个居民群体派来的，宣传安全驾驶，并问被试是否允许在他的前院竖一块大牌子。在登门拜访条件下，采用了好几种技术。一种技术是实验者说自己来自一个交通安全组织．要求被试在窗户上放置一块“做一个安全的驾驶员”这样的小牌子。另一种技术是实验者要求被试签署一项促进安全驾驶的请愿。在第一个实验者登门拜访两个星期后，第二个实验者又来到被试家里，要求在被试家的前院放置一个大的“谨慎驾驶”的牌子，实验者要看看有多少人能服从后一个请求。结果表明，登门拜访技术在影响他人方面是成功的。已经同意服从较小的要求的被试比没有这样做的其他被试，更有可能服从一个大的要求。平均说来，被登门拜访的被试中有55.7%的人同意后一个要求。而在直截了当的条件下，只有16.7%的被试同意。弗里德曼和弗雷泽认为，使被试同意一个小的请求，被试便会把自己看作一个“同意了一个陌生人的请求，做了值得做的事，是出于正当的理由”的人。因为被试改变了在这种“行动姿态”上的自我概念，所以容易使他们服从更大一点的要求。这说明开始提出一个小的请求，再提出一个较大的请求，比较容易使人接受。因而要求个体改变态度，不要操之过急。如果要求过高、过大，个体难以改变态度，反而会使原来的态度坚定起来。分阶段、逐步提出要求登门拜访，才容易改变别人的态度。

（三）群体规定论

群体所具有的公约、规章、准则等可以有效改变人们的态度。这一方面是因为个体有一种力求正确、力求安全的需要；另一方面是因为个体多少具有依赖心、自卑感和自恋感。这样，人们就可以利用群体的纪律来要求各个成员，使他们改变态度，与群体保持一致。心理学家勒温在 20 世纪 30 年代曾进行了这样的实验：他以孩子刚满月的产妇为被试，把她们分成两组，对一组被试进行个别劝说，告诉产妇为了婴儿的正常发育，每天应该给孩子吃鱼肝油和喝橘子水；对另一组被试说是医院规定，必须给婴儿吃鱼肝油和喝橘子水。结果发现第一组被试中只有部分人给婴儿吃了上述食品；而第二组被试几乎全部照办。这说明群体规定比个别劝说有助于转变人们的态度。勒温的其他实验也证明了这个研究结论。

（四）全面宣传法

一般地，要求个体改变态度，既要进行积极方面的宣传，也要进行消极方面的宣传，即要把正、反两方面的宣传结合起来。这样才有助于改变人们的态度。当然，单方面宣传与双方面宣传对不同的个体效果是不一致的。下面还将对这个问题进行详细的阐述。

（五）信息沟通法

在态度转变的过程中，信息沟通是一个重要方面。这里所指的信息沟通，仅指沟通的内容。信息沟通有两种主要的方式，一是对个体进行信息传递；二是对大众进行信息传递。无论哪一种传递，都是为了改变人们的态度。

贾尼斯（I. L. Janis）和费希巴赫（S. Feshbach）在 1953 年进行了一系列实验研究，以验证信息内容对沟通的影响。他们用三种不同的方式说明龋齿和健康的关系。第一组用强硬的讲解方式，说明牙齿腐烂引起的痛苦；第二组用中等强硬程度的方式讲解；第三组用轻柔的方式讲解，试图引起被试不同程度的焦虑，从而改变态度、注意口腔卫生。第一组强烈焦虑，态度转变 8%；第三组轻微焦虑，态度改变 38%；第二组介于两者之间。这说明在信息沟通的过程中，引起的焦虑情绪越强，最后在态度改变上的效果越差。进一步的研究还表明：焦虑情绪和态度变化呈倒 U 形的关系（图 6-5）。

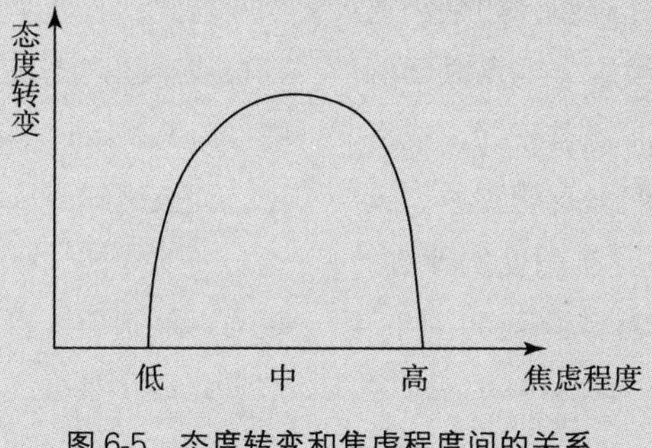

图 6-5 态度转变和焦虑程度间的关系

三、态度转变中的沟通

（一）沟通者

态度转变中的沟通者对于沟通效果的影响涉及许多方面。

1. 沟通者的可信性

所谓“**可信性**”（credibility）是指沟通者的一种特点。这种特点能提高沟通者被信任的程度，提高沟通的效果。可信性是一个多层面的概念，主要包括两个方面：一是沟通者的专长或权威；二是沟通者的动机或意图。

（1）专长或权威。专长或权威具有加强说服的效果，使听众信服，目前已有大量研究雄辩地证明了这个结论。一般说来，沟通者的权威越高，越是某个方面的专家，沟通对象改变态度的程度就越大。

专长或权威对态度改变有强烈的影响，这是毋庸置疑的事实。这就是为什么人们要请一些权威人物来做报告，法庭要请专家来作证。

阿伦森等人曾经做过一个实验，主试告诉被试他们正要参加一个美学实验。然后要求他们评价现代朦胧诗中的九节诗之后，又让被试阅读其他人对其中一节诗的评论。而这一节诗，从被试的初评来看，是他们认为最糟糕的一节。被试所阅读的评论认为，这节诗比被试认为的好，好的水平分为三种程度：比被试认为的稍好一些、更好一些、好得多。然后，主试对一部分被试说，这则评论是一位著名的美国诗人写的，他就是艾略特；对另一部分被试说，这是由一个密西西比州教师学院的学生写的。最后，要被试再来评价这首诗。结果表明，不管这则评论的观点和被试原来的观点相去多远，著名诗人的评论对被试的态度改变，要比学生的评论对被试的态度改变更多。当然，专长或权威效应还与新态度信息对接收者的重要性、新态度信息的明确性有关。

（2）动机或意图。不管沟通者是否是一位专家，或是否具有权威性，影响态度改变的另一个因素是听众对沟通者的意图或动机的信赖程度。研究表明，如果沟通者采用某个观点，而采用这个观点对于沟通者来说是有困难的、需要勇气的，或者采纳这个观点违背了他们本身的利益，就会提高信赖程度，从而增强态度的改变。因为人们认为沟通者没有“隐蔽的动机”和“不可告人的意图”。他所讲的话比较“客观”。在日常生活中，人们常常可以见到这种现象。如果一个产品的制造商或厂家推荐自己生产的产品，夸耀它的性能优良，质量可靠，人们往往会产生怀疑。因为人们看到了这种劝说背后的动机——推销自己的产品。“王婆卖瓜，自卖自夸”就包含了顾客对厂商背后动机的不信赖态度。

对此，心理学家做过许多研究来证实动机或意图对态度改变的影响，如沃尔斯特（E. Walster）等人的研究。他们在研究中，让被试知道一个已判决的罪犯正在辩论。一部分被试听到罪犯正在为增加警察权力、限制个人自由而争辩；另一部分被试听到这个罪犯为让个人有更多的自由、限制警察的权力而争辩。当对被试有关罪犯的态度做测量时，研究者发现，那些听到罪犯为本身利益争辩的被试的态度没有发生变化，但是，听到罪犯为增加警察权力而争辩的被试的态度发生了很大的变化。

由此可见，即使是一个低威信的沟通者，当他为损害自己而不是有利于自己的观点辩护时，也有很大的影响力。当听众认为沟通者不是故意讲给他听时，也就是说，信息是“偶然”被听众听见，也会提高可信性。

沃尔斯特等人在 1962 年研究了“偶然听到”和“通常听到”的沟通效果。他们让学生与他人讨论抽烟和癌症的关系，他人认为抽烟和癌症两者之间没有因果关系，并罗列了证据证明两者之间有因果关系是错误的。在“通常听到”的沟通条件下，沟通者知道被试在听；在“偶然听到”的沟通条件下，被试相信说话的人并不知道他们在场。数天之后，被试（学生）在教室里接受一次健康调查，调查的一个问题是他们对“抽烟导致癌症”观点的看法。实验前后态度的对比表明，抽烟的学生在“偶然听到”的沟通条件下要比“通常听到”的沟通条件下，更加怀疑抽烟和癌症的关系。

这种作用与我们前面说的动机或意图的作用一样，如果沟通者知道人们在听他说话，他就有一种意图使听众相信他所说的，听众就会认为他不那么诚实。当听众不在沟通者所察觉的范围之内时，听众就认为他不会不诚实，这样听众就可能更相信他说的信息，该沟通者也更会得到听众的信任。

从这里人们可以看出，对沟通者的动机或意图的知觉会影响态度转变的程度。总之，在产生态度转变方面，高可信性沟通者比低可信性沟通者更有效果。虽然可信性可以包括很多方面，但可信性至少是专长和信赖（动机或意图）的一个函数。那么，可信性的效果是否可以长时期保持呢？

2. 睡眠者效应

霍夫兰和韦斯（W. Weiss）曾对“可信性”问题进行过深入探讨。他们向被试提出当时（1951 年）引起很大争议的四个问题。这四个问题为：没有医生的处方是否可以出售抗组胺，美国建造核潜艇的可行性，当代钢铁的紧缺是否应由钢铁公司承担责任，家庭电视对电影工业的影响。这四个问题的沟通来源分为高可信性和低可信性两种。这两种沟通内容都一样，只是沟通来源的可信性不同。例如，把劝说人家购买抗组胺的药可以不用处方的广告，或者归于一本有一定影响力的《新英格兰生物学和医学杂志》中，或者归于一位专栏作家。其结果见图 6-6。

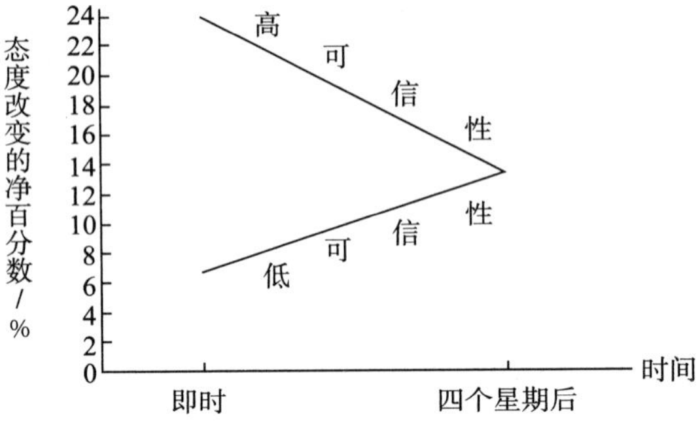

图 6-6　高可信性和低可信性的沟通者即时和长期效果

由图 6-6 可见，就即时效果来说，高可信性沟通者与低可信性沟通者相比，前者对态度的改变明显有更好的效果。如果考虑实验前一个星期所测得的被试的态度，并与即时的态度进行比较的话，高可信性沟通者对态度改变的影响是十分明显的。

随着时间的推移，高可信性沟通者和低可信性沟通者的效果会怎样变化呢？高可信性沟通者所说的话会继续受到人们的尊重，而由低可信性沟通者说的与前者相同的话会继续受到人们的贬低吗？图 6-6 清楚地表明，沟通者的可信性所产生的态度改变的净百分数并没有长期地维持下去。四个星期后，研究者重新询问被试关于这几个问题的态度时，情况有了变化。变化发生在两方面：经由高度可信性沟通者的说服而产生的态度改变随着时间的推移而减少了；而低可信性沟通者传递的信息所产生的态度改变，其程度实际上增加了。由此可见，由低可信性沟通者传递的信息并没有马上发挥出全部作用。这显然与沟通来源有关，但经过一段实践之后沟通会有较大的效果。沟通的说服力随着时间而增长的效应被称为“睡眠者效应”（sleeper effect）。

“睡眠者效应”产生的原因是什么呢？随着时间的推移，人们往往会把信息本身和沟通者分离开来，而且人们遗忘沟通者的速度要比忘记沟通内容的速度更快一些。这也就是说，处于高可信性沟通条件下的被试，在听了沟通信息之后，立刻受到了影响，随着时间的流逝，由于被试把讲话内容和发言人分开了，沟通者是否是专家、是否具有值得信赖的地位的这部分的影响慢慢地消失了。同样，在低可信性条件下，被试表明的态度反映了信息内容的影响减去沟通者低可信性所产生的影响。后来，由于联系的分离，沟通者低可信性所产生的不利影响渐渐消失，因而沟通对态度改变的总影响上升了。

为了验证这个结论，凯尔曼（H. C. Kelman）和霍夫兰让被试听取了有关如何对待青少年罪犯的材料。在一种条件下，他们让一组被试知道说话的人是法官，即高可信性沟通者。另一种条件下的一组被试知道说话者是被逮捕的麻醉药贩子，即低可信性沟通者。如前面一样，他们分别在实验前、实验刚结束及三个星期后对被试的态度进行了测量。但是，上述每一种条件下的一半被试在沟通后三个星期，即在最后回答问卷前，再一次被提醒沟通者的可信性，而另一半被试则不被提醒沟通者的可信性。凯尔曼和霍夫兰的研究结果见图 6-7。

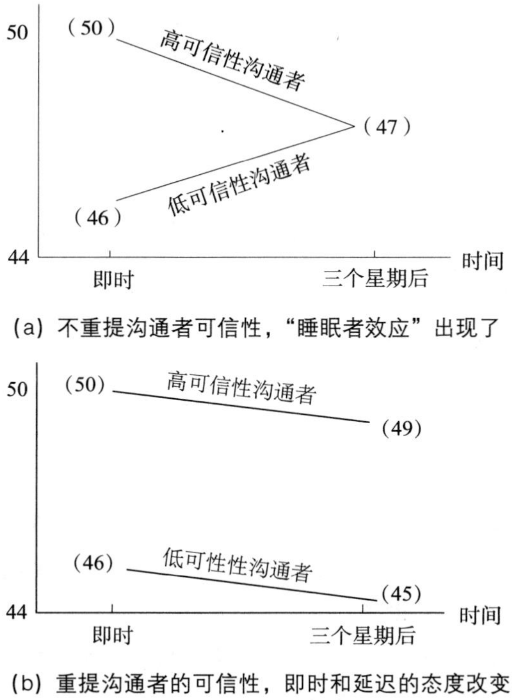

图 6-7　不重提沟通者和重提沟通者可信性条件下，即时和延迟的态度改变

图 6-7（a）展示了其中一半被试的反应结果。这些被试同霍夫兰和韦斯研究中的被试面临同样的条件。这里的结果也与他们两人的研究结果一样，即重新出现了“睡眠者效应”。

图 6-7（b）表明当被试在三个星期后，重新被提醒沟通者的可信性时，“睡眠者效应”发生了变化。在这种情况下，高可信性条件下的被试虽然态度改变有所减少，但不如不重提条件下的被试的态度改变减少得那么严重。低可信性条件下的被试的态度也无增加。于是，我们可以发现，重提沟通者和信息之间的关系会减弱“睡眠者效应”。

3. 类似性

一些研究发现，信息如果由一个与听众相似的人来传递，也会有效果，而一定要依赖具有专门知识的沟通者。在日常生活中，人们常常可以见到以下情况。譬如，在人们购物时，尽管广告把商品描绘得天花乱坠，卖主也在极力向人们推销，但人们总是不那么相信商品的质量和作用。这时，如果有一位站在人们身边的陌生顾客或邻居说，他们买了这个商品后，用起来相当好，人们的态度就会发生很大的转变，会相信这商品真的是好的，从而会去购买。

这是因为陌生顾客或邻居在身份上与自己类似。在消费心理学中，许多商人把这一原理运用到了广告中，让信息由消费者熟悉的、类似的人来传递，并取得了良好的效果。

为什么沟通者不是专家或权威人士却还是这样有效呢？这表明了一条社会心理学规律，即对类似我们的人，我们常常有认同的倾向，把他们看成是“自己人”。类似性（similarity）会导致吸引和喜欢（关于“人际吸引”，第十章会有详细的讨论）。具有吸引力的人与不具有吸引力的人相比，前者所传递的沟通信息更具有说服力。

据此，研究者（如凯尔曼）提出了一个理论，由吸引产生的喜欢之所以能导致态度的改变，是因为人们试图认同所喜欢的沟通者，而沟通者为维护他的观点所做的推理或争论并不十分重要。此外，专家或权威人士之所以能导致人们的态度改变，是因为人们注意了专家的讨论，并且对它们做了一番认真的考虑。

这里的意思是，良好的论证对于专家的说服性来说是关键，但对于人们所喜欢的普通人来说，就显得不很重要了。诺尔曼的研究验证了上述观点。

诺尔曼在研究中用了两个沟通来源：一个是不吸引人的专家；另一个是具有吸引力的普通人。讨论的题目为：普通人每个晚上需要多少小时的睡眠。专家是位生理心理学教授。他刚刚与其他人合著了一本关于睡眠的书。普通人是一个二十多岁的大学生。两者的照片和个人传记都给被试看了。学生是位英俊的、像运动员一样有吸引力的年轻小伙子，刚被选进学生会；而教授是个中年人，毫无魅力。每种条件下的一半被试听到的沟通材料是带有强烈的争论性的，争论的题目是为什么应该缩短睡眠时间。每种条件下的另一半被试听到的沟通材料只是简单地说明应该减少睡眠时间。结果与凯尔曼的理论相符，激烈的争论明显增加了专家的说服力，但是并没有影响吸引人的普通人所引起的态度的改变。

有研究认为，这种现象的基本机制是专家和类似的沟通者分别触动了态度中的某一成分。我们在前面提到过，态度中有认知成分，专家促使我们考虑事实，触动了态度中的认知成分；而类似的或喜欢的人促使我们考虑评价，触动了态度中的情感成分。

戈萨尔斯（G. R. Goethtals）和纳尔逊（D. Nelson）推论说，当类似的沟通者所传递的信息是评价信息时沟通才最有效，而非类似的沟通者只有传递有关事实的认知信息时沟通才最有效。戈萨尔斯和纳尔逊要求被试考察申请入大学的高中生的合格程度。他们让一半的被试审查平均成绩及其他分数，并做出哪些学生是优秀学生（认知成分）的判断；又问另一半被试，哪些申请者可以成为朋友（评价成分）。实验者的同谋或者类似于被试，或者不同于被试。他们一起参加实验，并试图在哪些是优秀学生、哪些可以成为朋友的这些问题上影响被试的判断。结果表明，非类似的同谋在涉及事实的方面更有影响力，是有效的沟通者；但当涉及评价问题时，被试更多地受到类似同谋的影响，由此可见，类似的沟通者和专家都可以成为有效的沟通者。因为他们触动了态度的不同成分。

一般而言，如果沟通者具备这样一些特征。例如，他说得在理（是一位专家或权威人士），说得中肯（没有别有用心的动机），说得动听；或是他的外表很有吸引力，或是一位听众喜欢的人，都会增加态度改变的效果。

（二）沟通内容

也许有人认为，用很有逻辑性、雄辩和组织得很好的方法进行沟通，会具有较大的说服力。虽然这种看法不无道理，但我们还必须考虑其他因素。首先，正如我们在前面已经提到的那样，态度并非都靠道理形成或加以改变的。态度可以和一些会令人愉快的或使人厌恶的事情一起通过经典条件反射联想形成。要改变在这种基础上形成的态度，推理式的争辩往往很难发挥作用，因为其形成的基础是情绪。其次，当我们用理性的争辩来改变态度时，许多问题就接踵而来了。理性的论证应当包括一个问题的正、反两个方面呢，还是仅仅一个方面？沟通本身应该具有结论呢，还是把结论留给听众自己去得出？下面，我们将考虑沟通本身能有效改变态度的方面。

1. 利用情感

诚如前述，有些态度就是在情感的基础上形成的，同样，我们也可以利用情感来改变态度。

（1）好感：唤起喜欢。态度可以与好感相联系，态度也可以通过好感加以改变。

我们在日常生活中经常可以看到凭借“好感”来改变人们态度的例子。例如，在许多广告中，人们常用优美的照片或图片来引起人们的好感；在某些商店里或商品广告中往往有动听柔和的音乐，激起消费者的愉快情绪，使之与商品（店）之间产生联想，从而形成对商品（店）的积极态度。

前面我们提到过的诺尔曼对减少睡眠争论的研究就是一例。他向被试提供沟通者的照片以及他们的个人情况，一位是中年的、不吸引人的专家；另一位是吸引人的年轻人。结果证明，对吸引人的青年人的好感有助于态度的转变。

说服力也可以因其他一些能引起积极情绪的因素而增加。有时，这些因素看来与说服意图毫无关系。例如，詹尼斯等人做了一个饮食对说服效果影响的研究。他们要求被试读几则含有争论性论题的材料，如有关裁军的。他们给其中一些被试在阅读材料时提供点心和苏打水。结果发现，有饮料提供的被试比没有任何饮料提供的被试更容易被材料说服。其结果见表 6-1。

表 6-1　阅读时饮食对各种材料说服力的影响

	论题一 治疗癌症	论题二 军队规模	论题三 环月球探险	论题四 3D 电影
控制组	61.9	42.8	30.2	60.4
实验组	81.1	67.2	54.7	67.2

(注：表中的数字为态度改变的百分比。)

(2) 恶感：激起恐惧。我们可以激起人们对某件事的厌恶感来改变人们对这件事的态度。例如，宗教领袖用永远罚入地狱或遭受苦难来威吓他们的信徒；环境保护人员总是在警告说，如果我们继续砍伐森林、滥用自然资源，我们将会遭到更多、更严重的自然灾害，并且祸及子孙；卫生部门则大力宣传抽烟危害健康，试图改变人们对抽烟的态度。

引起人们的恐惧对态度改变的效果如何呢？利文撒尔和同事的研究表明，当被试觉得高度恐惧时更容易受到沟通的影响。他们考查了恐惧和戒烟能力之间的关系。在中等程度恐惧条件下，主试让被试看一些图表。这些图表表明，香烟出售数量和肺癌发病率之间的关系。主试还提供一些其他形象化的材料，从而使被试产生中等程度的恐惧。在高度恐惧条件下，被试看同样的形象化材料，并且看了肺癌患者血淋淋的肺手术电影。看过材料之后，主试询问被试关于戒烟的愿望。结果，高恐惧条件下的被试比中等程度恐惧条件下的被试表达了更强烈的戒烟愿望。

此外，研究者对破伤风注射的研究、安全驾驶的劝告、采取进一步的牙齿保健措施的研究都获得与利文撒尔同样的结果。从这些研究中，我们可以清楚地看出，要使态度发生改变，就必须使被试产生一定程度的恐惧。然而，近年来也有研究者认为，上述实验中的高恐惧感导致被试过于焦虑，无法对后面那些如何避免威胁的信息进行加工，实际上忽略了这些说服性信息。

2. 组织沟通

在考查了一些利用情绪来改变态度的方法之后，现在我们来看看如何通过理性的论证来改变态度。

(1) 理解材料：说服中的理解。人们一般都认为容易被人理解的材料，更能打动人和说服人。诚如前述，麦圭尔提出理解材料是改变态度的一个主要因素。伊格利在 1974 年的一次实验中，用理解材料作为自变量。他变化了理解材料的程度，对此进行了直接验证。他让被试听了 11 分钟的录音，其内容为学生确实不需要通常所主张的睡眠时间，应该减少睡眠时间。理解材料的变化是这样的：一些被试听正常的录音；另一些被试听录制效果差的录音。结果表明，态度改变的效果与被试能理解的论点、论据的数值有直接的肯定关系，也与被试因不能理解材料中所有的观点而产生的烦恼程度有直接的否定关系。进一步的研究表明，如果被试接受该材料提供的信息，所产生的结果是极有可能实现的，那么，该材料和其他材料相比就极具竞争力。

（2）论证：全面呈现材料。在据理论证时，人们常常用两种方法：一种方法是仅提出我们所赞成的材料来论证观点的正确性；另一种方法是除了列举所赞成的观点的材料外，还提到反面的观点及其论据，通过反驳这些论据和观点，来证明论据的成立和观点的正确性。我们想知道，在说服过程中，究竟是呈现单方面材料好，还是呈现正、反两方面的材料好？

在第二次世界大战时，霍夫兰（Hovland）在耶鲁“沟通和态度改变研究计划”中，针对军队士兵的反战情绪和态度进行了实验研究。他以第二次世界大战反法西斯战争中攻克德国的214名士兵为被试。当时，美国政府要求士兵继续对日作战并告诉士兵做好准备，战争不会很快和轻易地结束。实验者事先对这些士兵就这个问题进行了态度调查，以便实验之后可以把事前、事后的态度进行对比。他们让一组士兵听15分钟的无线电广播，内容是战争至少要持续两年，另一组士兵听同样内容的广播，只是广播中还有几分钟的争论。研究结束时，对这两组以及一个对照组（没有听广播）的士兵的态度进行了测量。对214名士兵的材料进行分析后，研究者发现：①实验组比对照组更坚信战争至少会延缓两年；②听单方面沟通的小组与听正、反两方面沟通的小组之间，态度没有差别。但是，研究者把士兵最初的态度考虑进去之后，得到了有意思的结果。在加强最初赞成沟通观点的那些人的信念方面，单方面沟通要有效得多。正、反两方面沟通对于最初反对沟通观念的那些人有较大的影响力，结果见表6-2。日本心理学家原岗以中小学生为研究对象也得到了类似的结论。

表6-2　单方面和正、反两方面沟通对最初反对和最初赞成沟通观点的被试的不同影响

	最初反对者组	最初赞成者组
单方面沟通	36%	52%
正反两方面沟通	48%	23%
净效果的差	增加了12百分点	减少了29百分点

拉姆斯戴恩（Lrmsdaine）等人拓展了上述研究。他们让被试听一些内容不熟悉的材料，使被试在实验之前没有什么强烈的态度。一半被试听单方面的沟通；另一半被试听正反两方面的沟通。结果和霍夫兰的研究结果一样，这两种沟通方式对于态度的影响有相同的效力。

然而，拉姆斯戴恩等人还想找出哪一种沟通方式能够使听众经受得住反宣传。他们让一半被试在第一次实验之后经受反宣传，效果十分明显。曾经听过正反两方面沟通的被试能维持新态度，而曾经听过单方面沟通的被试的新态度减弱了。所以，在这个研究中，虽然听过单方面和正、反两方面沟通在被试态度改变上具有同样的效果，但正、反两方面论述的信息能使人们抵制得住反宣传。实际上，在考虑信息表达形成和信息加工关系时，正面表达或反面表达的态度论点，会导致更多的信息加工依赖于接收者需要哪种表达形式。

人们要呈现一个材料，如果这个材料包含正、反两个方面，为了增加说服力，就必须懂得如何使用赞成和反对两方面的论证。或许人们会罗列一系列论据来支持自己的观点，把它们充分地展开，然后讨论或反驳支持反面论点的论据，这个想法符合传统的观点，即人们通常认为，先呈现自己赞成的一方面。但事情往往不是那么简单。心理学家艾宾浩斯在 1885 年就提出过人们常常很快忘记告诉给他们的事情。米勒和坎贝尔在 1959 年就这个问题进行了研究。他们认为，先呈现自己的观点通常更为有效。然而我们遗忘的速度是很快的，如果存在着这样的条件使得我们的信息被遗忘了，而反面的信息却被记住，那么，第二个呈现的信息就会占优势。因为遗忘的速度开始很快，然后逐渐放慢。如果两个材料相继呈现，但中间有一长段时间间隔，在第二个材料呈现后立刻进行态度测量，那么，我们对第二个材料的记忆会更好些。但是，如果在上述情况下，态度测量与第二个材料的呈现之间也有一长段时间间隔，那么，第一、第二个材料的遗忘程度相差不多，所测得的态度也不受程序效应的影响。

这种情况特别容易在审判情景中发生。审判时，原告和被告都有机会对陪审团做出“辩护”。原告常常先做“辩论”。每次审问不同的只是“暂停开庭”的次数和长短。米勒和坎贝尔向被试提供了一个犯疏忽罪的真实案件。在一种条件下，原告的“辩论”之后紧接着就是被告的“辩护”。一个星期之后，研究者要求陪审团裁决这个案件。在这个条件下，也就是“辩论 1、辩论 2……裁决”的条件下，原告的“辩论”常常最有影响力，这种效应被称为**首因效应**（primacy effect）；在另一种条件下，被告的“辩护”放在一星期的“暂停开庭”之后，接着被试做出裁决，也就是“辩论 1……辩论 2、裁决”。在这种条件下，**近因效应**（recency effect）发生了，也就是判决有利于被告。

还有两种情况存在：一种情况是，先进行辩论 1，紧接着是辩论 2，然后立即进行裁决；另一种情况是，在辩论 1、辩论 2 以及裁决三个程序之间，都有较长的时间间隔。在这两个条件下，没有发现哪一方占优势。米勒和坎贝尔的研究见表 6-3。

表 6-3　米勒和坎贝尔研究中的条件与效应

条件	效应
辩论 1、辩论 2……裁决	首因
辩论 1……辩论 2、裁决	近因
辩论 1、辩论 2、裁决	无
辩论 1……辩论 2……裁决	无

（注：……表示时间间隔）。

在宣传工作中，人们应当有意识地应用这些规律。

例如，在报告的开头和结尾阐述论点比在中间阐述论点效果更好，这是没有争议的。当报告人需要表达两个对立的观点时，他应当首先阐述他所需要宣传的观点，然后批判地分析对立的观点，最后再回头讨论自己的观点。这样，他就能体现出自己的观点比对方的观点优越。接着，他再用未曾讲过的新论据来充实所宣传的观点。报告人采用这种方式就可以做到：①把宣传的观点既提到了报告的开头又放到了报告的末尾；②首先分析自己的观点，让“首因效应”发生作用；③在报告的末尾再次说明自己的观点的特征，用新的论据充实自己的观点，让“近因效应”发挥作用。由此可见，合理安排观点和论点的阐述程序可以大大提高说服效果。

(3) 结论：清楚、明确呈现。这里要回答的问题是沟通者自己做出结论，还是把结论留给听众自己去做，哪种做法效果好？

霍夫兰和曼德尔（D. R. Mandel）做了一个研究。研究者提出两个论点。这两个论点都主张美元贬值，它们之间唯一的区别为：一个做了明确的结论，即美元应该贬值；另一个是让听众自己根据论据去做出结论。同时，他们让被试阅读包含争论的材料。结果表明，材料中已得出明确的结论，向材料表明的方向去改变被试态度的条件下，比被试自己得出结论的条件下，态度改变的被试人数多两倍以上。

虽然，霍夫兰和曼德尔的研究支持了“应当向听众讲出结论”这一观点。但人们认为，在一定条件下，让听众自己做出结论，也许可以增加沟通的效果。这些条件为：第一，论点必须能够被人理解，这样才能引出结论，服从也会发生；第二，如果论点能理解的话，那么，动机便成为一个关键的变量，如果人们被激发起来，那么，其努力程度越高，其越容易受到材料的影响。

对于这个问题，后来有许多心理学家进行了研究。大量证据表明，明确呈现出结论的材料比留给听众自己去得出结论的材料具有更大的说服力。然而，如果后一种形式的材料能够被充分理解，听众寻求结论的动机能够充分地被激励起来，听众愿意努力地寻求结论，那么，后一种材料会具有更大的说服力。

（三）沟通对象

大家知道，即使最有效的沟通材料由最有效的沟通者来传递，如果不考虑听众本身的因素，沟通也不会获得最佳的效果。我们当然不会对任何一个人以同样的方式说同样的话，所以，沟通对象至关重要。

1. 听众态度

沟通必须适应听众已有的态度。当然，这不是无原则的。可是，就某一个论题来说，人们都会发现有些观点是不能接受的。但是，如果一个观点不是像不能接受的观点那样极端，人们也许或多或少会受它的影响。因此，人们在沟通时必须考虑听众原来的态度。原来的态度是反对我们的观点，我们通过沟通使对方赞成我们的观点或不那么反对；原来的态度是中立的，我们通过沟通使对方赞成我们的观点；原来的态度是稍微赞同的，我们通过沟通使对方更坚定。

听众态度与我们沟通中的观点两者之间的差异，对态度改变有什么影响呢？

（1）同化和对比。我们先画一张十一点量表，然后再举例说明。假如有甲、乙、丙三类人。他们对饮酒的看法分别为：甲主张坚决赞成，即甲的态度是+4；乙的态度为中立，即乙的态度是0；丙的态度为一般反对喝酒，即丙的态度是−2。假如沟通者对于酒类销售和禁酒的态度是−4，即坚决反对，并试图通过沟通，劝说这三类人相信自己的观点，效果会怎样呢？

−5 −4 −3 −2 −1 0 1 2 3 4 5

−5＝极端反对；

0＝中立态度；

+5＝极端赞成

我们从量表中可以看到：甲与沟通者态度的距离在量表上表现为8个等级，乙与沟通者态度的距离为4个等级，丙与沟通者态度的距离为2个等级。如果让甲、乙、丙三类人对沟通者所主张的观点进行评定的话，由于他们原来的态度不同，因此对沟通者观点所做的评定也不一样。甲可能把沟通者的观点评定为−5，这就是说，他会把沟通者的观点评定地比实际情况更为极端。这种效应叫**对比效应**。乙原来持中立态度，由于没有偏见，因此对沟通者的观点的评定可能比较客观。丙的态度与沟通者的观点距离较近，因此可能把沟通者的观点评定为−3，也就是说，把沟通者的观点不仅当成可以接受的，而且把它评论地比实际更接近自己的态度，这种效应叫**同化效应**。

在社会心理学上，听众使不可接受的观点显得比实际更为极端的情况被称为对比效应；听众使可以接受的观点显得比实际更类似自己的观点的情况被称为同化效应。此外，我们把产生同化效应的观点范围叫作听众的“接受幅度”，把产生对比效应的观点范围称为听众的“拒绝幅度”。接受幅度包括个体认为可以容纳的观点以及他认为可以采纳的观点。拒绝幅度包括个体认为不予考虑的所有观点。

由此可见，由于听众原来的态度不同，即使沟通传递的是同样的观点，人们也会得出不同的评价，产生不同的反应。如果听众的态度与沟通者的观点差距较大，并且不接受沟通者的观点的话，他们会把沟通者的观点差距评价得更大。如果听众的态度与沟通者的观点差距较小，并且愿意接受沟通者的观点的话，他们会把与沟通者的观点的差距在主观上评价得更小。前者发生了对比效应，后者发生了同化效应。

（2）沟通对温和观点和极端观点的影响。倘若甲对禁酒的看法是极端反对，乙对禁酒的看法是极端赞成，丙持较温和的态度（稍稍赞成或稍稍反对）的话，当沟通者宣扬的观点倾向于中等程度、不那么极端时，我们可以看到，听众的态度越极端，越不容易接受不同的观点；听众的态度越温和，越容易接受不同的观点。所以，我们发现持极端态度的听众有较窄的接受幅度和较宽的拒绝幅度，而持温和态度的听众则有较宽的接受幅度和较窄的拒绝幅度。当听众倾向于听取中等程度的观点时，同化效应和对比效应就会发生。持极端态度的听众认为倾向于中等程度的观点都在他们的拒绝幅度之内，持温和态度的听众认为倾向于中等程度的沟通者观点更在他们接受范围之内。

由此，沟通者和听众的观点距离较大，与沟通者和听众的观点距离较小相比，从态度改变效果上说，前者的效果比后者差。进一步说，沟通者观点的极端性不仅是所说或所写的话的一个函数，而且有赖于听众的判断过程、个人的拒绝幅度和接受幅度。

美国心理学家霍夫兰、哈维茨等人对俄克拉荷马州禁酒情况的研究，以及苏联学者纳季拉什维利对宣传效果的研究，都证明了上述研究结论。

2. 与听众态度的差距及可信性因素的影响

不管我们表达什么观点，以及我们怎样表达，我们所说的总与某些人的观点有一些差距，而与另一些人有很大的差距。问题是，在使听众完全拒绝我们之前，这个差距可以有多大？它还受到什么因素的影响？

霍夫兰和普里泽科在 1957 年获得了早期的有关这个问题的材料。他们操作沟通目标的观点，使得它与听众观点的差距是小的、中等的和大的。态度在沟通前后被测量。结果表明，沟通者的观点和沟通目标的观点差距越大，态度的改变就越大。

但是，在这个研究中沟通来源是高可信的。那么，沟通的来源如果是低可信的，其结果又是怎样的呢？研究表明，态度改变实际上至少是差距和所知觉的沟通者可信性的一个函数。例如，我们在前面提到过的阿伦森等人的实验。他们要学生评价现代朦胧诗，并使沟通者的评价由具有专长的权威人士发出，不管差距多大，被试的态度都发生变化。而且他们也证明，差距越大，态度发生改变的程度越大。但当沟通者缺乏专长，即沟通者为中等可信性，且差距达到中等程度时，沟通对态度改变的影响已达到了最高点。

如果总结阿伦森等人的研究，我们可以总结出图 6-8 中显示的结论。

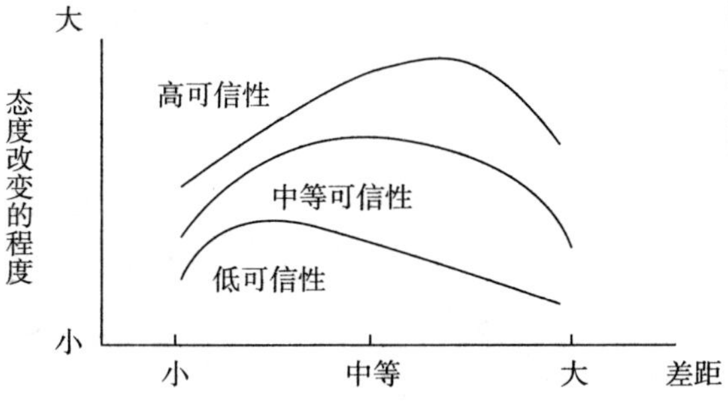

图 6-8　沟通者的可信性、差距和态度改变之间的关系

图 6-7 表明了沟通者的可信性、差距和态度改变之间的关系。由图可见，中等程度的差距可以产生最大的态度改变，但是这一点也随着可信性高低而变化。可信

性越高，产生最大态度改变的差距就越大。

如何解释这种现象呢？社会心理学家认为，当态度对象的本来态度与沟通者的观点产生差距时，态度对象就会产生心理紧张（stress），差距越大，心理紧张程度越高。这时态度对象就会感到压力，并要想办法减少这种压力。如果量表上有 2 个等级差距，就可以由 2 个等级的态度改变来减少这种压力。如果量表上有 5 个等级的差距，那么，5 个等级的态度改变就是必需的。所以，在某些范围内，差距越大，态度改变就越大。当然，事情不是这样简单的，由很大的差距造成的较高紧张程度，有时并不使沟通对象产生态度改变。当差距很大时，人们会发觉要改变态度来减少这些差距变得很困难，并且极端的观点常常使得人们怀疑沟通来源的可信性。人们会采用拒绝沟通者的办法来缩小差距。

改变自己的态度来缩小差距，与怀疑沟通来源的可信性，哪一种发生的可能性大呢？在通常情况下，态度改变比拒绝沟通者更容易发生。但随着差距的增大，态度改变变得越来越困难，拒绝沟通者也就变得越来越容易。在某一点上，作为一种减少紧张的手段，拒绝会变得比态度改变更容易发生。因此，超越了这种差距的范围，人们就开始拒绝沟通者而不是改变态度了。

但是，拒绝高度可信性的沟通者比拒绝低可信性的沟通者困难。因此，就高可信性沟通来说，达到最大态度改变的差距就可能较大。总之，人们拒绝沟通者的困难越大，产生最大态度改变的差距就可能越大。

3. 让听众承诺

承诺（commitment）是指一个人联系或卷入的程度，或者以任何理由放弃一种态度、一种行为的困难程度。

态度改变中的承诺包括如下几个方面。

第一，人们公开讲述某个观点。

第二，人们采取一些与这个观点相一致的不含糊的和可以观察到的行动。

第三，这个观点存在于人们重要的参照群体中。

在这些情况下，个体就做了对态度的承诺。

(1) 公开讲述：不留退路。私下保留的态度要比公开表达过的态度更容易改变。为了检验这一假设，基斯勒等人让赞成到高中学生中去宣传计划生育的妇女签署一项公开的请愿；然后，这些妇女连同没有要求签署请愿但抱有同样态度的控制组一起，听取一个鼓吹不要扩散计划生育宣传的材料。听了反面材料后，对所有妇女的态度进行了测量，结果表明，已承诺的妇女在支持扩大计划生育宣传方面有更加极端的态度，并且自愿来做宣传工作。自愿人数的比例为 4∶1，即承诺妇女组为 40%，而控制组为 10%。

(2) 采取“登门槛”技术和“留面子”技术。“送货上门”的售货员采用的技术就是例子。这一方法使得顾客能够承诺一部分小的任务或做点小的事情。一旦顾客承诺了，那么，使顾客承诺下一步行动或再下一步的行动……就容易了。这便是“登门槛”技术。

“登门槛”技术指出了一个增加服从程度的方法。在前面我们已经讨论了实现从小请求到大请求的“登门槛”。但是，查尔迪尼（R. B. Cialdini）等人认为倒过来的“登门槛”技术，即从大请求到小请求的过渡也会增加服从。他们引进了“留面子”技术。查尔迪尼等人提出，要使一个人同意完成一件中等难度的任务，一个方法是要求他服从一个小一点的请求：“好吧，既然你不愿意干那件事，那么你至少可以干这件小事吧?”查尔迪尼等人进行了一系列的研究。结果表明，先前拒绝服从一个大的请求的被试比先前没有这样做的被试更有可能服从一个小的请求。

卡恩（Cann）、谢尔曼（Sherman）和埃尔克斯（Elkes）在同一实验里检验了“登门槛”技术和“留面子”技术。被试被随机地分配在两种条件下。在一种条件下，他们让被试拒绝一个大的请求；在另一种条件下，他们让被试服从一个小的请求。在这两种条件下，他们都在第一个请求后提出一个中等程度的请求。同时，卡恩等人改变了第一个请求和随后的中等程度请求之间的时间。在一种情况下，在第一个请求之后立即提出中等程度的请求。在另一种情况下，第一、第二个请求之间有7～10天的间隔。结果表明，在立即提出请求的条件下，不仅“留面子”技术，而且“登门槛”技术在产生服从中等程度请求方面都具有效力。然而，在延迟的条件下，“先大后小”的讨价还价是无用的。结果可见图6-9。

（3）参照群体：榜样的力量。参照群体也叫标准群体或榜样群体。参照群体的标准、目标和规范会成为人们行动的指南，成为人们要努力达到的标准。个人会把自己的行动与这种群体的标准进行对比，如果不符合这些标准，就会改正自己的行为。

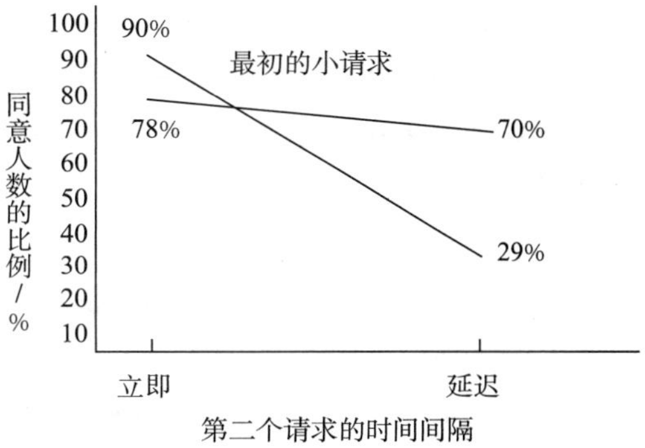

图6-9　同意第二个请求的被试比例作为时间间隔和第一个请求大小的一个函数

对于一个特定的个体而言，他会有很多的参照群体。在一个情景中，参照群体可以是自己的家庭；在另一个情景中，参照群体可以是自己的伙伴或朋友，还可以是自己参加的工作群体或其他群体，如工会。

当我们的参照群体具有一个态度，并且我们认为这个态度十分重要时，由于我们把这个群体作为心目中的榜样，因此我们就会赞同这个态度。例如，一个先进班组是我们的参照群体，当先进班组提倡“节约开支，争取效益”，并对此持积极的态度时，由于我们认同这个班组，因此我们也会赞同这个态度。

4. 个性因素

（1）可说服性。可说服性（persuasibility）可能是一种个性特点。如果这个假设成立，我们就会发觉不管用什么形式和内容的材料，也不管沟通的来源如何，某些人都更容易被说服。霍夫兰和詹尼斯(1959) 就这个问题做过广泛的研究。他们列出一些“易被说服”的个性。这些人能被任何形式和任何沟通来源的信息所说服。这种个性特点被称为“可说服性”。但是，相对于其他许多社会心理因素来说，它的影响力是微弱的。

(2) 智力。或许我们会认为智力高的人更能抵御说服，但研究并没有发现智力与抵御说服之间的关系。麦圭尔在 1968 年曾就智力和说服性之间缺乏一致性的关系提出一个解释。正如我们前面提到的那样，说服包括两个过程：理解和服从。在态度改变的过程中，智力高的人能理解信息，所以也就处于被信息说服的地位。此外，他们对自己的观点也更有信心，更会考虑到反面论点，最后效果也就抵消了。同样，智力差的人因为他们防卫自己观点的能力比较差，更容易被说服。但是，他们理解信息的能力也差，这使得信息减少了效果。于是，对于不同智力的人来说，这种互相抵消的过程产生了在态度改变上无多大差别的结果。他们的认知活动主要受说服信息中实质性论点的影响，而较少受边缘性信息的影响。

(3) 自尊。对于自尊和态度改变的关系，人们的意见比较一致。低自尊的人比较关心自己的不足，对待自己比较容易抱否定态度，不大相信自己。所以，一般来说，他们比高自尊的人更容易被说服。有人认为，高自尊的人和低自尊的人在应付威胁他们的信息时所采取的方式上有差别。低自尊的人对与他们自己的观点相反的信息非常敏感。然而，高自尊的人常常否认或压抑这些信息，结果是反而不容易被说服。

(4) 个性和社会情景的相互作用。如果我们知道某种类型的个性能够被所呈现的信息所说服，那么，态度改变工作就比实际简单得多。然而，要发现这种个性类型，无论是通过可说服性这一维度，还是通过更特殊的特性维度，如智力，都是无济于事、很难实现的。

个性特征不能单独起关键作用的一个重要原因是，个性和社会化过程是互相联系的。恰当的问题不是“谁是最容易被说服的”，而是“在一定的情况下，谁是比较容易被说服的”。一定的沟通形式、一定的沟通者和背景对于高智力、低自尊的人有说服力，但是其他的沟通形式、沟通者和背景对另一些人更为有效。不是个性，也不是社会情景为态度转变的研究提供了答案。人们不是生活在真空里的，对听众个性效果的研究必须考虑听众的特点与高度复杂的社会情景的交互作用。

【本章摘要】

1. 态度是社会心理学的核心概念，是个体对特定对象（人、观念、情境或主体等）

所持有的稳定的心理倾向。这种心理倾向中蕴含个体的主观评价，以及由此产生的行为倾向性。态度是在社会生活过程中经过学习和经验积累而形成的。

2. 态度由认知、情感和行为三种成分组成。这三种成分是互相联系、互相作用的。从本质上说，态度就是以主体对某一对象的评价为核心特征的心理倾向。这可以从态度的顺应、认识、防御、调节功能和态度的社会性、具体性、协调性等特征角度来理解。

3. 行为主义认为，态度是由条件反射塑造的；功能主义的观点把态度的形成与个体的需要联系在一起；认知理论则寻求综合性认知体系，在这一体系中保持行为与认知的平衡，如海德的平衡理论等。

4. 态度形成与发展的心理条件包括个体的需要、经验、自我意识和交往的对象、性质等。态度的形成与发展是个体社会化的过程。经过这个过程，人们内化或认同了社会的角色和价值。

5. 态度的测量包括直接测量，如瑟斯顿量表、利克特量表等；也包括间接测量，如投射测验和内隐联想测验等。

6. 态度转变的理论必须能解释态度转变的原因、转变的过程，以及在什么情况下完成这种转变。其代表性理论有强化理论、认知失调理论。

7. 态度转变的方法有登门拜访、参与活动法、全面宣传法、沟通信息法和群体规定法等。态度转变中的沟通者对于沟通效果的影响涉及许多方面，如沟通者的可信性、类似性等因素。

8. 沟通的说服力随着时间而增长的效应被称为“睡眠者效应”。其原因就是随着时间的推移，人们往往把信息本身和沟通者分离开来，而且人们遗忘沟通者的速度比忘记沟通内容的速度更快一些。

9. 就沟通内容来说，有效地利用积极情感、消极情感和材料进行沟通，能促进个体态度的转变。同时，沟通中听众的态度、与听众态度的差距及可信性因素、听众的承诺态度和个性因素等，都会影响个体态度的转变。

【建议参考资料】

1. 侯玉波．社会心理学（第 4 版）．北京：北京大学出版社，2018.

2. 郑雪．社会心理学．广州：暨南大学出版社，2004.

3. 俞国良等．社会心理学经典导读（第 3 版）．北京：北京师范大学出版社，2016.

4. 郑全全，俞国良．人际关系心理学．北京：人民教育出版社，2011.

5. 帕克，克拉克-斯图尔特．社会性发展．俞国良，郑璞译．北京：中国人民大学出版社，2014.

6. Baron R A，Branscombe N R Byrne D. Social Psychology（13th ed.）. Pearson Edu-

cation，2011.

7. Kenrick D T，Neuberg S L，Newcomb T N，Cialdini R B. Social Psychology：Goals in Interaction（6th ed.）. Pearson Education，2005.

8. Alwin D F，Cohen R L，Newcomb T N. Personality and Social Change：Attitude persistence and Change over the Lifespan. Madison：University of Wisconsin Press，1991.

9. Engly A H，Chaiken S. The Dynamic of Persuasion. Hillsdale，NJ：Lawrence Erllbaum，1993.

【复习思考题】

1. 评述态度概念的代表性观点。
2. 从态度的功能和特性角度，分析态度的本质。
3. 简述态度形成与发展的理论，并加以分析。
4. 举例说明态度形成与发展的心理条件。
5. 简述态度测量的方法，并对其中一种方法进行举例说明。
6. 什么是认知失调理论？谈谈该理论在现实教育生活中的应用。
7. 举例说明态度转变方法在思想政治工作中的应用。
8. 态度转变中沟通者的哪些特征会影响沟通效果？
9. 如何才能有效地利用沟通内容来实现态度的转变？以宣传工作为例。
10. 沟通对象的哪些因素会影响态度的转变？

第七章
情绪与言语交际

【学习目标】

认真体会情绪与社会情绪的关系，正确理解社会情绪的概念和性质；了解人类情绪的发展特点，掌握情绪的管理和调节策略，知道情绪表达规则的概念和理论；认识言语的社会功能，正确地进行言语沟通与情绪表达，特别是言语交际策略的理解与运用。

【重要术语】

社会情绪　基本情绪　复合情绪　兴奋—评定理论　情绪调节　情绪调节过程模型　言语沟通　情绪表达规则　言语交际策略　社交习俗知识　面子理论

人非草木，孰能无情？情绪是人类社会心理生活的重要组成部分。日常生活总是充满着愉快、喜悦、悲伤、痛苦等各种不同的情绪，它们与个体的身心健康和社会发展密切相关。然而，长期以来，有关情绪的研究，特别是情绪的社会属性（社会情绪的研究），是社会心理学的一个薄弱环节。在这里，我们首先讨论情绪与社会情绪的概念和要素；接着从毕生发展的角度阐述人类情绪的发展规律和特点，并探讨文化因素对情绪发展的影响，以及个体对情绪的管理与调节能力；最后讨论情绪表达规则与言语交际策略在社会相互作用过程中的重要作用，以及近年来该新兴领域内的相关研究成果。

第一节 社会情绪

一、情绪与社会情绪

19 世纪以来，心理学家对情绪进行了长期且艰苦的探索。詹姆士—兰格情绪理论从情绪活动的生物基础出发，认为情绪就是对身体变化的知觉，是内脏活动的结果。此后，伊扎德提出了情绪的分化理论，将情绪定义为“神经过程的特殊组合，引导特定的表达和相应特定的感觉”。受生物学观点的影响，长期以来人们都将研究的焦点放在了情绪的生物生理因素方面。

20 世纪 80 年代后期，人们开始逐渐意识到，情绪无法脱离个体生存的社会环境。情绪是人与社会事件关系的反映，与人的需要、期望、目标、兴趣、理想、价值观和个性心理特征等紧密相连。由此，情绪的社会环境因素重新得到重视，社会情绪成为人们探索情绪问题的新视角。区别于以往生物学视野的情绪概念，**社会情绪**（social emotion）是指伴随个体整个社会心理过程产生的主观心理体验和心理感受，是个体在长期社会交往中所体验到和表达着的情绪（孟昭兰，2005）。事实上，人作为社会关系的总和，从一出生就开始体验到的情绪，并不可避免地带有社会和文化的烙印。个体在成长过程中，不断地从与周围人的交往中学习如何表达和体验情绪。在这一过程中，个体所在的社会环境、文化规范和道德信念等，均成为情绪表达与情绪理解不可忽视的影响因素。社会文化的内涵和意义附加到与生俱来的基本情绪中，形成相互交织和相互渗透的诸多复杂情绪，这就是社会化的情绪。从这个意义上说，人的情绪就是社会情绪，人的成长过程就是情绪的社会化过程。因此，在社会心理学学科范围内讨论的情绪，也更多的是针对社会情绪而言的。

作为情绪的一个重要方面，社会情绪

是由独特的主观体验、外部表现和生理唤醒三种成分组成的。主观体验是个体对不同情绪状态的自我感受，构成了社会情绪的心理内容。外部表现通常被称为表情，是在情绪状态发生时身体各部分的动作形式，包括面部表情、姿态和语调等。生理唤醒是情绪产生的生理反应，涉及脑干、杏仁核、内外分泌腺等广泛的神经结构，是社会情绪的生物学基础。

二、情绪的基本理论

（一）早期的生物学情绪理论

1. 詹姆士—兰格情绪理论

美国心理学家詹姆士（W. James）和丹麦生理学家兰格（C. Lange）分别于1884年和1885年提出了内容基本相同的情绪理论，后人称为詹姆士—兰格情绪理论。该理论强调情绪是对身体变化的感觉，使人激动的外部事件所引起的身体变化是情绪产生的直接原因。根据这个理论，快乐是因为笑，悲痛是因为哭。在今天看来，这显然失之偏颇。然而，这个理论是最早对情绪变化做出系统解释的理论，并首先提出了情绪的发生与身体变化相联系的观点。根据这种观点，情绪的发生遵循下列顺序：首先外部的刺激引发个体的生理变化，接着导致直接的行为反应，最后个体对身体反应的知觉产生情绪。更为重要的是，这个理论为后续的情绪研究提供了重要基础。

詹姆士—兰格情绪理论指出了情绪与有机体变化的直接关系，强调了植物性神经系统在情绪产生中的作用，为情绪心理学的发展做出了突出的贡献。但是，他们片面强调了植物性神经系统的作用，忽视了中枢神经系统的调节和控制作用，因而引起了很多争议。

2. 坎农—巴德学说

美国生理学家坎农（W. B. Cannon）和其弟子巴德（P. Bard）首先对詹姆士—兰格理论提出了批评并进行了修正。根据对脑的研究，坎农发现，猫的大脑皮质被切除并不影响其表现情绪行为的能力。坎农认为，当接收到的刺激通过丘脑部位时，冲动一方面上行到大脑皮层，产生情绪的主观体验；另一方面下行传至交感神经，如内脏和骨髓，引起机体的生理变化，如血压升高、心跳加速、内分泌增多等，使个体在生理上进入应激状态。因此，情绪体验和生理变化是同时发生的，它们都受到丘脑的控制。据此，坎农提出了情绪的丘脑学说，这一学说得到了后继者巴德的支持和发展，故后人将其合称为坎农—巴德情绪理论。

人物栏

W. B. 坎农（1871—1945），美国生理学家（见图 7-1）。1871 年 10 月 19 日生于威斯

康星州的普雷里德欣，1945 年 10 月 6 日卒于新罕布什尔州的富兰克林。他对心理学的贡献是他的情绪应激说（后发展为坎农—巴德或情绪丘脑说），主张丘脑受损或丘脑活动在失去大脑皮层控制时有机体情绪变得易于激动，或丘脑病变时人的情绪就变得异常。他认为只有当丘脑过程被激活时，才有专门性质的情绪附加到感觉之上。此说与詹姆斯—兰格情绪理论相比较，在于强调了中枢神经对情绪的作用，却相应地忽视了外周神经的意义，而且只强调了丘脑对情绪的重要性，忽视了下丘脑的作用。

图 7-1　坎农

此外，坎农还澄清了肾上腺素和所谓自主神经系统工作的作用，促进了对化学神经递质的了解，为心身医学提供了基础结构。他被选为美国科学院院士（从 1914 年起）。他的主要著作有：《痛苦、饥饿、恐惧和愤怒的身体变化》（1915，1929）、《身体的智慧》（1932，1939）、《一种研究方法》（1945）。

（摘自《中国大百科全书·心理学》，中国大百科全书出版社，2002）

（二）精神分析学派的情绪理论

弗洛伊德的精神分析学说主张将情绪放置在内驱力、无意识等基本概念框架内进行解释。弗洛伊德以内驱力能量释放的精神分析观点，深入地研究了两种主要的社会情绪：焦虑和忧郁。他认为，焦虑和忧郁都是由能量压抑引起的，而能量的压抑和释放总是与内驱力的冲突联系在一起的。除了从内驱力角度对情绪进行解释外，弗洛伊德有时把情绪与无意识相联系，认为情绪常常被压抑到无意识中去。在对恐惧症和焦虑症患者进行治疗时，他经常使用谈话法从患者的无意识中把他们的恐惧情绪或恐惧对象揭示出来。但弗洛伊德认识到，把情绪等同于无意识的看法是不适当的。因为情绪虽然受无意识的控制，但都是在意识中发生的。因此，弗洛伊德把情绪看作能够释放的过程，也承认情绪活动必须伴随有意识的体验。

第二次世界大战后，以拉帕波特（D. Rapaport）为首的新精神分析学派继承了弗洛伊德的情绪理论，但不同的是，他们把情绪放在更大的心理环境中进行考察。他们在 1950 年出版的《情绪与记忆》一书中提出，能量释放、冲动、动机、知觉、认知、意识和无意识等均参与情绪的形成。新精神分析学派还把情绪放在人格中来考虑，认为幼儿早期发生的重大情绪事件，若当时该情绪被压抑，其能量就会固定下来，永久地成为人格结构的一部分。因此，新精神分析学派注意到情绪与人格因素的关系，重视情绪或能量释放的途径在个体不同发展阶段的变化，这些均为后来情绪理论的发展提供了新的思路。

（三）情绪的认知理论

1. 阿诺德的兴奋一评定理论

20 世纪 50 年代，美国心理学家阿诺德（M. B. Arnold）提出了情绪的兴奋—评定理论，成为情绪认知理论的代表。该理论认为，情绪产生于评价过程。阿诺德指出，情绪体验是在有机体对刺激事件的意义觉知后产生的，而刺激事件的意义则来自评价。例如，人们在森林里遇到熊时，会产生极大的恐惧。然而，如果在动物园里看到熊时，人们不但不会产生恐惧，反而会感到惊喜。导致这种情绪反应差别的原因在于，刺激情境并不直接决定情绪的性质，从刺激出现到情绪产生，要经过对刺激的认知评估过程，即刺激—评估—情绪。同一刺激情境，由于对它的评估不同，因此个体就会产生不同的情绪反应。阿诺德把情绪的产生与高级认知活动联系起来，为情绪研究开辟了一条新途径。

阿诺德还详细研究了情绪产生的神经系统路径，认为情绪产生于大脑皮层与皮层下部位的相互作用，即情绪性刺激在皮层上产生对事件的评估，只要事件被评估为对有机体具有足够重要的意义，皮层兴奋即下行激活丘脑系统，丘脑系统改变自主神经系统的活动而引发身体器官和运动系统的变化。此后，自主神经系统的活动上行再次通过丘脑到达皮层，并与皮层最初评价相结合，至此意识经验便转化为情绪体验。综上所述，情绪的整个神经通路是大脑皮层兴奋的作用和结果，因此该理论被标定为情绪的兴奋—评定理论。

2. 拉扎罗斯的认知—评价理论

拉扎罗斯（R. S. Lazarus）是情绪认知评价理论的另一个代表。他强调指出，人与所处的具体环境对自身的利害性质，决定个体的具体情绪，同一种环境对不同的人产生不同的情绪结果，是因为它对不同人产生了不同的意义，而种种不同的意义是通过不同人的认知评价来实现的。因此，情绪是对意义的反应。按照拉扎罗斯的观点，情绪活动必须有认知活动的指导，只有这样，人们才可以了解环境中刺激事件的意义，才可能选择适当的、有价值的行为反应。因此，在情绪活动中人们需要不断地评价刺激事件和自身的关系。拉扎罗斯将这种刺激评价区分为三个不同层次：初级评价、次级评价和再评价。

初级评价（primary appraisal）是指个体评价情境对自身产生的意义以及利害关系的程度。初级评价随时随地都会发生，是个体生存适应的一个重要方面。初级评价有三种类型：无关，即刺激被评价为与人的利害无关，这一评价过程立即结束；有益，即情境被解释为对人有保护的价值，这类评价可具体表征为愉快、舒畅、兴奋等情绪；紧张压力，即情境被解释为会使人受伤害，从而使人产生失落、被威胁或被挑战的感觉。严重的紧张性评价可表征为应激状态。次级评价（secondary appraisal）是个体对拟采取的应对策略进行的评估，一般用以解释个体评估自己应对压力后造成伤害或威胁的程度。人们要对刺激事件做出行为反应时，必须根据主观条件和客观社会规范来考虑行为的后果，从而选择有效的措施和方法。在这种评价过程中，日常经验起着重要的作用。再评价（reappraisal）是以环境中的新信息为基础，对所选择的成对策略和后果进行的再评估，其本质是一种反馈性的行为。情绪唤醒是通过对情境的再评价，在所产生的活动冲动中产生的，其中包括应对策略、变式活动和身体反应的反馈结果。

3. 沙赫特—辛格两因素情绪理论

两因素情绪理论是由美国心理学家沙赫特（S. Schachter）和辛格（J. Singer）提出的。这种理论认为，情绪受环境、生理状态和认知过程三种因素的制约，其中认知过程因素对情绪的产生起决定作用。对于特定的情绪来说，有两个因素必不可少。一是个体必须体验到高度的生理唤醒；二是个体必须对生理状态进行认知性的唤醒。为了检验情绪的两因素理论，他们于1962年进行了实验研究。结果表明，人对生理反应的认知和了解决定了最后的情绪体验。但该结论并不否定环境因素和生理唤醒对情绪产生的作用。事实上，情绪是环境因素、生理状态和认知过程在大脑皮层中整合的结果。环境中的刺激因素，通过感受器向大脑皮层输入外界信息；生理因素通过内部器官、骨髓肌肉的活动向大脑输入生理状态信息；认知过程参与对以往经验的提取与当前情境的评估，而对来自三方面信息综合处理的结果，最终导致情绪经验的产生。

（四）机能主义情绪理论

随着人们越来越注意情绪在日常生活中的作用，机能主义情绪理论应运而生。机能主义情绪理论的基本思路来自达尔文的适应原则，即情绪是为有机体的生存服务的。该理论的代表人物有汤姆金斯、伊扎德等。

汤姆金斯是从动机的角度分析情绪的重要代表，特别强调情绪的动机作用。他认为，内驱力在强度和紧迫性上作为动机是不够的，而情绪则对内驱力起着放大的作用，最终演化为动机力量。内驱力是生理需要，情绪则是心理反应，二者都需要非特异性神经传导的激活作用。然而，内驱力的关键作用仅在于为维持生命提供信息，因此，内驱力的反应功能相对固定，而情绪的反应功能则具有极大的灵活性，不受时间、地点和其他条件的限制，即使在缺乏内驱力的情况下，情绪也可以成为强烈的动机。显然，情绪在很多情况下并不受内驱力的控制。

伊扎德则进一步发展了汤姆金斯有关情绪与动机的关系理论，认为一切情绪行为都是适应和调节行为，而情绪是一种基本的动机系统。他以人格概念为基础，提出了情绪—动机分化理论。伊扎德认为，人格包括 6 个子系统：内平衡、内驱力、情绪、知觉、认知、动作。这 6 个子系统组合成 4 种类型的动机结构：内驱力、情绪、情绪—认知相互作用、情绪认知结构。在这四种动机系统中，很明显，情绪起着核心作用。他从进化的观点出发，提出大脑新皮质体积的增长和功能的分化，同面部骨骼肌肉系统的分化以及情绪的分化是同步发展的，因此，情绪的分化和适应功能是进化的最终结果。该理论将情绪过程分解为表情、体验和在神经生理上行动的轨迹三个部分，又把情绪分为基本情绪和复合情绪，而每种情绪的原始形式在进化中都有其发生的渊源和适应价值，都有特定的意识体验特性。汤姆金斯和伊扎德都坚持主张情绪产生于面部肌肉模式运动的内导反馈，面部表情行为是情绪体验的激活器。

(五) 情绪的社会结构理论

情绪的社会结构理论认为，个体情绪的发生和发展并非完全独立于外部社会，也不唯一来自内省。个体的情绪体验根植于合理的社会情境关系之中。因此，情绪不是固定不变的，而是随着社会情境和人际关系的改变以不同形式出现。该理论认为，情绪至少包括以下 4 种社会结构成分：第一，个体动机情绪；第二，个体的需要与期待；第三，在认知基础上形成的价值观和信念；第四，在人际关系基础上形成的价值观与信念。所有这些结构成分总是依据变化的社会情境进行不同的整合。从这个意义上说，结构论强调情绪的社会性。此外，结构论还认为情绪是高度个体化的。这一特点突出表现为情绪体验是在个体所处的特定社会关系中的；情绪体验中无不渗透着家庭、性别、年龄、社会地位等个体化因素的影响。

第二节 情绪的发展与调节

个体社会情绪的发展，体现着从以生物属性为主发展到以社会属性为主的复杂过程，展现了人类情绪的生物属性和社会化过程的相互作用。从毕生发展的观点看，人类社会情绪的发展首先基于先天基本情绪的发展，随着生理的成熟和社会化程度的加深，社会情绪开始作用于行为，并发挥了主要作用。在这一过程中，人们逐渐产生情绪体验意识，学会理解、评价自己和他人的情绪感受，以及调节、管理外部情绪表现，使情绪符合社会文化的“约定”，并最终成为一个社会情绪的熟练运用者。

一、情绪的发展

(一) 儿童的情绪发展

许多研究者认为，儿童的基本情绪包括快乐、痛苦和恐惧等，而基本情绪随着儿童生理的成熟而不断发展，并呈现出不同的时间顺序，但同时也具有明显的个体差异。

快乐作为一种基本的正性情绪，源于对个体生理需要的满足和机体舒适感的反应。从社会意义上说，快乐是伴随着某种社会成就的完成而产生的，对儿童的知觉、记忆、理解等能力均起到先导作用。对儿童微笑的观察研究表明，儿童对快乐情绪的体验分为三个不同的阶段：第一阶段，自发性的快乐体验阶段（0～5 周）。在这一阶段，儿童对快乐的体验主要表现为自发性的笑，这是反映他们对生理状态舒适程度的晴雨表。第二阶段无选择的社会性微笑阶段（出生后 5 周～3 个月）。这一阶段，能够导致儿童微笑的刺激范围集中在人的语音和面部表情的变化上。第三阶段有选择的社会性微笑阶段（3 个月后）。这时，儿童能够对熟悉和不熟悉的社会刺激进行区分，并针对不同的社会刺激做出选择性微笑反应，如看到母亲时露出微笑等。斯洛夫（Sroufe）通过仔细观察婴儿的情绪行为，系统总结和概括了 0～3 岁婴儿情绪发生、发展的基本状况（见表 7-1）。他认为，对于婴儿而言，情绪是知觉的表达，也是自我意识的展现。

表 7-1　0～3 岁婴儿基本情绪的发展

最常见的年龄/月	愉快—高潮	担心—恐惧	生气—愤怒
0～3	自发的微笑	惊吓	不舒服的感觉
3	愉快	—	生气、沮丧
4～5	欣喜、主动地微笑	担心、忧愁	—
7	高兴	—	—
9	—	恐惧、厌恶陌生人	—
12	非常开心	焦虑、立即的恐惧	恼怒、愤怒
18	自己有正向评价	害羞	挑战
24	喜欢	—	有意伤害
36	骄傲、爱	—	内疚

痛苦和恐惧是两种最普遍的负性情绪。痛苦一般与悲伤同步，痛苦最明显的外部行为反应是哭泣。大量研究发现，儿童痛苦情绪产生的原因主要是与亲人的分离、失败和被遗弃。恐惧作为另一种消极情绪能够导致儿童思维僵化、活动受到抑制。孟昭兰的研究表明，儿童恐惧情绪的发展一般经历以下 4 个阶段：第一，本能的恐惧阶段（0～4 个月）。在这一阶段，恐惧是一种先天的本能反应。这种本能性的恐惧体验一般是由外部直接刺激引发的，如从高空坠落、巨大的声响等。第二，与知觉经验相联系的恐惧阶段（4～6 个月）。从 4 个月起，过去曾经出现过的恐惧经验刺激有可能再次引发儿童的恐惧反应。第三，陌生恐惧阶段（6 个月至 2 岁）。处于这一阶段的儿童的表征能力逐步增强，能够区分熟悉和陌生的面孔，并产生陌生人恐惧感。第四，预测性恐惧阶段（2 岁后）。2 岁后，儿童的想象能力和推理能力得到进一步发展，开始对黑暗、奇异、陌生事物等想象物产生恐惧。

可见，无论是快乐情绪，还是痛苦和恐惧情绪，都是随年龄的增加而逐步发生、发展的。

（二）青少年与成人的情绪发展

随着进入青少年期，个体的社会化程度不断加深，情绪与社会文化的交融也更加明显。一般地，对处在“疾风骤雨期”的青少年而言，情绪具有突出的不成熟和不稳定的特征。首先，青少年的情绪带有较强的易感性和波动性；其次，青少年情绪的冲动性和爆发性也比其他年龄阶段的强。因此，青少年容易因受到挫折、批评而极度沮丧，同时又可能因受到表扬、鼓励而兴高采烈。对我国 12～15 岁青少年的一项情绪调查发现，高焦虑水平成为青少年情绪发展的鲜明特点。导致高焦虑水平产生的原因包括学习压力繁重、虚荣心受挫、父母期望值过高等。调查还发现，青少年情绪发展带有显著的年级差异，14 岁成为青少年情绪发展的特殊年龄阶段。在焦虑、抑郁、敌对、恐惧这 4 项负性情绪维度上，14 岁青少年均处于最高水平，与 13 岁和 15 岁两个年龄的青少年存在显著差异。此外，青少年情绪发展带有显著的性别差异，在焦虑、孤独、抑郁和敌对等负性情绪的易感性、冲动性方面，女生明显低于男生；而在恐惧方面，女生则明显高于男生。毫无疑问，青少年期是社会情绪发展的关键阶段。

与个体的社会化进程相似，个体进入成年期后，社会情绪并非呈直线衰退或停滞状态，而是呈现出不同于青少年期的特点，仍然具有适应性的发展变化，这种发展是与个体的认知任务紧密相连的。这一时期，个体由社会文化的学习者和接受者转变为社会文化的传递者和创造者，生活领域也由学校、家庭转向职业生涯、家庭生活和社会交往等更为复杂的领域中。个体角色和生活场景的变化，促使成年人在更为复杂的人际互动和社会适应过程中不断丰富、发展自我情绪经验。研究者曾对成人期社会情绪的认知发展水平进行了系统的研究，将成人期社会情绪的发展区分为 4 种水平。①前系统水平。处于该水平的成人，无法将自己的情绪经验整合到一个抽象的系统内，往往不顾社会规范而以自我需要和利益为中心。因此，成年人情绪反应简单，易冲动。②系统内水平。处于该水平的成人只在社会规范单一系统内来理解他人的情绪行为，并以此表达和调节自我情绪，因此具有刻板和绝对化倾向。③系统间水平。处于该水平的成人可以同时考虑多个抽象系统，如自我情绪经验、社会规范等，并能够理解和容忍系统间的冲突，但不能将冲突融合为一体。④整合水平。个体可以成功地整合和协调多个系统，并在此基础上理解他人的情绪意图并调节自我情绪的表达。因此，成年人情绪反应相对灵活，情绪具有较高的弹性和适应能力。这是社会情绪成熟的标志。

二、社会文化对情绪的影响

诚如前述，情绪不仅受生物因素的制约，还受社会文化的影响。近年来，越来越多的研究者认为，情绪是受社会文化影响的一种社会建构。在个体情绪认知过程中，社会文化起着特别重要的作用。个体生活在按照特定风俗、习惯和法则组成的社会中，这些社会规范制约着人们相互交往的行为，同时也反映着人们对社会规范的认识和态度。因而，社会文化促使人们的情绪在特定的情境中，以社会可接受的方式适当地被表达。

对情绪的跨文化研究发现，不同文化对行为规范的定义不同，因此这些差异会连带影响个体在情绪方面的反应和感受，以及情绪的表达。愤怒是一种常见的基本情绪。关于愤怒情绪的表达，学术界主要存在两种观点：一种是带有接受倾向的观点，即你应该表达愤怒，甚至表达谴责；另一种是带有拒绝倾向的观点，即你应该对愤怒情绪进行适当抑制。比较而言，东方文化倾向于后者。有研究发现，中国人生气时习惯压抑，58.4%的接受调查者生气时的举动是“闷闷不乐”，33.3%的接受调查者采取回避方式。对因纽特部落的研究也发现，因纽特人对愤怒的理解和表达倾向于后者，这与其社会文化背景密切相关。由于生活条件的艰苦和长期的迁徙生活，他们对愤怒的表达十分谨慎，愤怒被看成是面对困难和挫折时的一种软弱的表现。相比之下，西方文化倾向于前者，他们认为愤怒情绪的宣泄是可以被社会认可的。

复合情绪不仅依赖于基本情绪，而且更多地受到社会规范的影响。有些复合情绪只有在特定文化中才能形成，具有鲜明的社会文化烙印。例如，波利尼西亚人感觉遇到鬼魂时，会有一种离奇而又不同于恐惧的情绪；日本人在无助状态下会萌生一种依赖的爱；对密克罗尼西亚部落的研究发现，微笑并非代表愉快的一种基本情绪，而是一种带有特定原因的懊恼和愤怒。受儒家文化的影响，中国社会重视和谐的人际关系和行为准则，强调以理想类型为行为模式，因而造成中国人在社会交往中特别关注“脸面”。周美玲等研究者认为，“脸面”指的是个人所声称的而且为他人认可的社会尊严或公众形象。有的研究者指出，“脸面”文化观念直接导致中国人容易产生过度的耻辱感、羞愧感和社会焦虑。例如，由于对长辈、上级的畏惧而产生的地位焦虑，惧怕暴露自身缺点而产生的紧张和掩饰，以及害怕在公众面前展露自我而产生的公众焦虑等。我们（俞国良，刘聪慧，2016；俞国良，李森，2018；2019）对中国人的自豪情绪、乐观、羞怯以及消极情绪进行了研究，并向国外同行介绍了研究成果。结果表明，在真实自豪方面，自评和朋友评估之间具有更高的一致性；而在自大、自豪方面，朋友和陌生人评估之间具有较高的一致性。这表明，真实自豪能够被自我和朋友注意到，而自大、自豪只能被他人注意到。同时以职业人群为被试，检验了影响其主观幸福感的情绪因素。结果显示，羞怯通过影响职业群体的乐观和自我效能感进而降低个体的主观幸福感。最后以道德判断和控制动机理论为基础，采用实验法探讨了个体消极情绪的作用。实验将被试随机分为控制感剥夺组和控制组。随后，两组被试对自我控制感和情绪进行评估并完成道德判断任务。结果表明，个体的消极情绪在控制感剥夺与个体的功利主义道德判断之间起到中介作用。该系列研究加深了我们对情绪的理解，也充分凸显了社会文化对情绪的影响。

可见，虽然每种情绪均有其共同的生物学基础，但是，在不同的社会文化背景下，对情绪的理解和表达却存在着较大的差异。特定社会发展过程中长期形成的文化习俗，扮演着规范情绪并使情绪适宜的关键角色。

三、情绪的调节与管理

（一）情绪调节的含义

个体的情绪反应对个体的行为往往具有干扰或促进作用，并导致其生理与行为的变化。因此，对情绪的控制与调节在个体社会生活和心理健康中扮演着重要角色。

长期以来，学术界针对什么是情绪的调节与管理，说法不一。从本质上说，情绪调节与管理均是指“个体对情绪发生、体验和表达施加影响的过程”“情绪管理主要包括情绪的评估与表达、情绪的调节和情绪的运用三个部分”。有的研究者则将情绪管理理解为：体察自己与别人的情绪，辨别其间的差异，并能运用这些情绪信息来指引个人的思考与行动的能力。简言之，情绪的调节与管理就是情绪的觉察、表达和调整的能力。

综合上述定义，从情绪的生物属性和社会属性出发，我们认为，情绪调节就是有机体在内外部因素的共同作用下，情绪唤醒被再定向、控制、调整或修饰，从而使个体在情绪唤醒中适应性地生存与行动的过程。它与个体社会交往、社会适应等一系列社会心理过程密切相关。一般地，不同形式的自我调节的神经机制比较类似，都会激活前额皮层、扣带回和杏仁核，但目的性自我调节比自动化自我调节的频率更高。在扣带皮质喙部（rACC）区域，自动化自我调节比目的性自我调节的频率更高。

情绪调节具有以下几个特点。首先，情绪调节涉及所有正性和负性的具体情绪。例如，由挫折和失败所导致的焦虑、悲伤或愤怒等。某些正性的社会情绪也需要调整。例如，个体在社会比较中产生的妒忌、骄傲等，如果不经过合理的抑制或控制可能导致同伴的反感，从而影响人际交往的效果，产生不良的人际关系。其次，情绪调节的主要对象不仅包括情绪的生理反应，还包括主观体验、外部表情和行为。研究者指出，情绪在两个方面被调节：其一，情绪格调，即反映心境特点的具体情绪调节；其二，情绪的动力性，即情绪体验和反应的强度、范围、稳定性、潜伏、韧性等特点。最后，情绪调节具有一定的目标。其他研究者也认为，情绪调节是为了使个体在情绪唤醒的情境中保持功能上的适应状态，帮助个体将内部的唤醒维持在可管理的、最佳表现的范围内。因此，情绪调节是为了协调情绪与认知、行为之间的关系，提高作业成绩并使个体社会适应功能达到最佳状态。

（二）情绪调节的过程

由于情绪调节是在情绪发生的过程中展开的，因此，在情绪发生的不同阶段，情绪调节的状态和方式有所不同。对此，格鲁斯（J. Gross）曾提出了情绪调节过程模型（图 7-2）。该模型将情绪调节的过程分为前后相继的 5 个不同阶段，即情境选择（situation selection）、情境修正（situation modification）、注意分配（attention deployment）、认知改变（cognitive change）和反应调整（response modulation）。

情境选择指个体在人际交往中，对自己将要面临的人、物或事件做出回避或接近的选择，从而为由此可能产生的情绪做出控制性的准备。个体对情境的选择可能是有意识的，也可能是随机的。

情境修正是通过改变或修正情绪诱发情境的某一方面的特点，而使情绪发生改变的努力和策略。例如，当身处嘈杂的环境时，个体可以有三种不同的解决方案：脱离、忍受或制止。因此，情境选择和情境修正都需要个体去改变所处的社会环境。

注意分配是个体通过转移注意或有选择地注意，对社会情境中的不同方面进行注意上的调配。注意分配包括分心（distraction）和专心（concentration）等。分心指将注意集中在与情绪无关的方面，专心是对情境中的某一个方面长时间地集中注意。

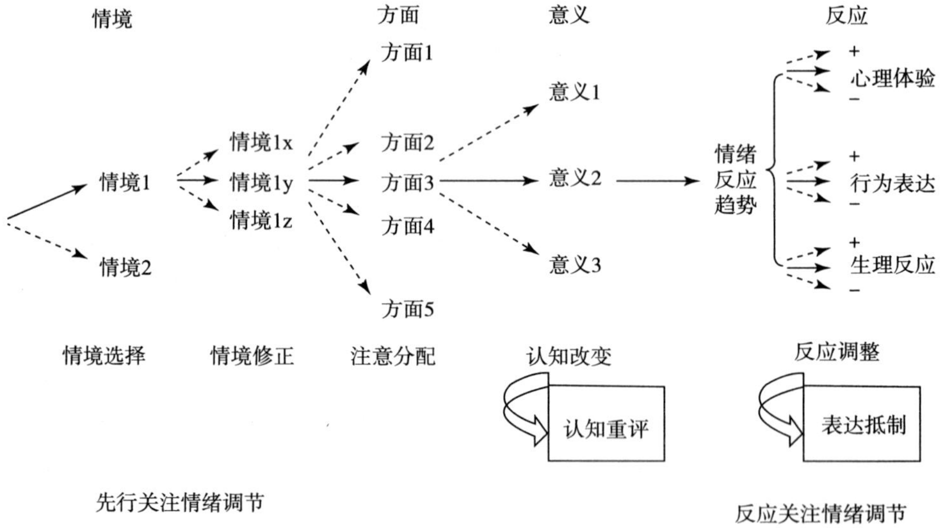

图 7-2 格鲁斯的情绪调节过程模型

认知改变是个体通过改变认知而进行的情绪调节的努力。情绪的产生需要个体为知觉到的情境赋予意义，并评估自己的情绪体验。个体对不同情境要素存在不同的认知，因此，对不同意义的确定和选择，可以改变情绪产生的过程从而调节情绪。

反应调整是指情绪被激发后，对情绪体验、生理反应和外部行为表现等施加影响，一般直接表现为降低或增强情绪反应的行为表达。例如，当别人行走碰撞了你却没有道歉时，你尽管十分生气，却努力控制自己的愤怒，这就属于降低性的反应调整。又如你在看一部电影时，被电影中的人物事迹所感染，激发了你工作或学习的热情，这就属于增强性的反应调整。

（三）情绪调节的策略

近年来，个体面临日新月异的社会发展和急剧增加的竞争压力，对社会情绪调节策略的研究显得越来越重要。由于对情绪概念的理解存在差异，因此学术界产生了形式多样的调节策略，综合起来，情绪调节的策略可以归纳为生理调节、认知调节、行为调节、言语调节和人际调节策略等。

第一，生理调节。生理调节是利用生理和心理彼此间的相互作用，通过使生理和心理两方面同时得到松弛，达到情绪调节的目的。生理调节策略又可以细分为三类。第一类是由身体至心理的放松，即先以身体各部位的松弛作为练习的目标，最终达到心理放松的效果，如“呼吸调节法”“肌肉放松训练”“有氧训练”等。个体通过身体锻炼或肌体运动，不仅可以改善心理状态，而且可以增强体质，预防由不良情绪反应导致的器质性病变。第二类是由心理至身体的放松，即以心理放松为手段，最终使身体部位松弛。第三类是身心松弛法，即利用自我意识，指示身体做出松弛反应，如“意念体温调节法”等。

第二，认知调节。由于认知与情绪体验存在着密切联系，因此，通过某种情绪体验引起某种认知，或通过某种认知激活某种情绪体验，都可以对情绪进行调节。例如，母子分离可能引发幼儿产生负性情绪，但只要让幼儿确信母亲只是暂时离开，就可以帮助幼儿克服这种情绪反应。认知调节策略的种类较多。美国临床心理学家艾利斯（A. Ellis）在 20 世纪 50 年代创立的“合理情绪疗法”是一种典型的认知调节策略。合理情绪疗法认为，情绪并不是由某一诱发事件本身引起的，而是由经历这一事件的个体对这一事件的解释引起的。个体的信念体系对事物的不合理或不现实的归因是不良情绪体验产生的原因。因此，个体要消除不良情绪，就必须借助理性思维。例如，临床诊断中经常会遇到个别女性，因为自己身体肥胖而感到难堪，并逐渐回避公共活动和人际交往，久而久之，产生了抑郁、焦虑、自卑等不良情绪反应。通过对肥胖现象的正确认识和归因，可以使个体逐渐摆脱不良情绪的困扰，形成健康的生活态度和生活方式。

第三，行为调节。行为调节策略是个体通过控制和改变自己的表情或行为，来实现情绪调节的方法。注意转移是一种常见的行为调节策略。研究表明，在产生情绪反应时，个体大脑中存在一个较强的兴奋灶，此时如果另外建立一个或几个新的兴奋灶，便可以抵消或冲淡原先的优势兴奋灶。因此，当情绪高涨时，个体可以有意识地通过转移话题或从事别的事情来分散自己的注意力，如通过数数来缓解紧张情绪，或者在余怒未消时，通过看电影、下棋等活动调节和控制情绪爆发的强度等。此外，忘我地投入工作有时也可以帮助人们忘却烦恼，带来成功的喜悦。研究发现，做出快乐和愤怒的表情，也能够促使个体产生相应的情绪体验。最常用的表情调节策略包括情绪抑制、情绪掩饰等。

第四，言语调节。言语调节又称自我暗示法，是一种使用言语对人的情绪活动施加影响，并进而控制外部行为的一种方法。实验表明，言语活动既能唤起人们愉快的体验，也能唤起不愉快的体验；既能引起某种情绪体验，也能抑制、克服某种情绪体验。例如，在紧张情绪状态下，心中默念“我很放松”“我能行”“我相信自己的能力”等积极的言语表述，能够帮助个体缓解不良情绪，保持心理平衡。

第五，人际调节。人际调节属于社会调节或外部环境调节。有研究表明，如果外部事件与个体目标动机有关，那么，这些事件就可能引起个体的情绪反应。因此，在人际交往中，他人的情绪信号，尤其是与个体关系密切的重要他人（如父母、朋友、老师等）发出的情绪信号对情绪调节具有较大作用。与之相对应，个体的不良情绪也常常是由人际关系矛盾或交往障碍引起的。所以，个体处于焦虑、烦恼、失落、孤独等不良情绪状态时，主动与亲人、朋友进行沟通和交流，往往能够收到事半功倍的效果。

拓展苑

自我意识情绪的实验研究

自我意识情绪（如内疚、羞愧、尴尬、自豪）是一种社会化的情绪，是人们在社会交往中根据一定的价值标准评价自我或被他人评价时产生的情绪。自我意识情绪在激发和调节人们的思维、情感、行为中起着重要作用，使人们在成就和任务领域努力工作，以符合道德和社会期望的方式进行人际交往及形成亲密关系。我们（俞国良、赵军燕）以初中阶段的学习困难学生和一般学生为研究对象，采用情境实验法探查了学习困难少年对自我意识情绪的理解特点，自我意识情绪的生成机制与影响机制，同时对学习困难少年自我意识情绪理解进行了干预，从而为自我意识情绪的研究提供更多的理论支持和实践依据。

本研究分四部分，共六个实验。研究一考查学习困难少年自我意识情绪的理解特点；研究二考查在具体学业和人际领域中自我意识情绪的生成机制，即自我不一致是否能诱发出学习困难少年的自我意识情绪；研究三考查自我意识情绪的影响机制，即在学业和人际领域中，自我意识情绪对学习困难少年自我表征的影响；研究四考查自我意识情绪干预课程对提高学习困难少年情绪理解能力的干预效果。

研究结果如下。

（1）学习困难学生对自我意识情绪理解的能力要显著低于一般学生；在自我意识情绪诱发情境中，学习困难学生更多地体验到基本情绪，而一般学生则更多地体验到自我意识情绪。

（2）在学业和人际领域，实际自我—理想自我不一致可以有效诱发自我意识情绪。不同角度的实际自我—理想自我不一致与其诱发的自我意识情绪类型之间不存在特定的对应关系。

（3）与一般学生相比，在学业领域，学习困难学生在高、低实际自我—理想自我不一致条件下会体验到更高水平的内疚、尴尬、羞愧情绪和更低水平的自豪情绪；而在人际领域，学习困难学生体验到的正、负性自我意识情绪水平与一般学生之间不存在显著差异。

（4）学习困难学生的负性自我意识情绪通过影响其学业能力自我评价水平来影响其积极、消极学业自我表征的稳定性；通过影响其人际能力自我评价水平影响其积极人际自我表征的稳定性。负性自我意识情绪和人际能力自我评价水平对其消极自我表征稳定性无显著预测作用。

（5）无论是在正性还是负性自我意识情绪效价下，学习困难学生的积极学业和人际自我表征稳定性水平都显著低于一般学生。在正性自我意识情绪效价下，学习困难学生和一般学生人际消极自我表征的稳定性不存在显著差异，而在负性自我意识情绪效价下，学习困难学生人际消极自我表征稳定性显著低于一般学生。

（6）自我意识情绪训练课程，能够有效提高学习困难学生的自我意识情绪理解水平。

第三节 情绪表达规则

从日常生活经验中，我们知道由于社会文化的影响和社会环境的复杂性，人们表现出来的情绪不一定是实际体验到的情绪，同样，人们体验到的情绪也不总是表现出来的情绪。研究者用“情绪表达规则”(emotional display rules)来解释这种现象。随后，该领域吸引了许多情绪研究者的注意。实际上，这里所谓“情绪表达规则”属于社会情绪的范畴，或者说是社会情绪概念的核心。

一、情绪表达规则的概念

埃克曼（P. Ekman）等人认为，情绪表达规则是个体在社会化过程中习得的，是指导个体在特定的社会情境下表现社会期望情绪的一套规则，并概括了情绪表达规则调节外部情绪表现的四种基本方式：

减弱真实情感的表现；夸大情绪表现；表现看似自然或中性的表情；表现完全不同于真实情绪的表情。显然，该定义侧重内部情绪体验与外部情绪表现的不一致，重视情绪表现的行为水平。他们认为非言语行为规则是由刺激事件和随后活动的联结经不断强化而形成的，这种联结一旦稳固下来，便嵌入个体的神经系统中，并遗传给后代，同时他们又认为非言语行为规则具有文化差异。可见，他们对规则本身是"本能的"还是"习得的"并未给予明确说明。然而，他们具有开创性的研究工作，不断启发和指导着后继的研究者。

萨莉（C. Saarni）在情绪表达规则内容上与埃克曼等人的观点是一致的。除此之外，她对情绪表达规则本身进行了探讨，认为情绪表达规则可能是在儿童时期习得的，随着其他社会规则或技能的获得而逐步完善。但是，她一方面承认情绪表达规则的社会约定性；另一方面又认为这是人类天生的特质，是个体面对特定情境时的应激方式。与埃克曼一样，对规则本身的起源问题，萨莉也摇摆在先天与后天之间。后来，她试图不断修正自己的观点，把情绪表达规则划分为社会的和个体的两部分，这种划分为确定研究内容提供了便利，但她对情绪表达规则的研究仍多倾向于后者。

研究者根据情绪表达规则的功能将其划分为两个方面：①利用外部情绪表现与他人沟通的方式；②利用头脑中情绪表达规则知识调节自身情绪体验的方式。前者主要指向外部，为一定的社会目标服务；后者主要指向内部，为平衡个体的情绪体验服务。同时，他们把研究视角转向情绪问题儿童这一特殊群体，更体现了情绪表达规则研究的价值。在概念性质的探讨上，他们认为情绪表达规则是存在于特定文化背景下的社会规则，儿童的任务是对其不断进行意义建构，并最终内化为个体自身信念的一部分。他们不仅强调了情绪表达规则对社会沟通的重要性，也指出了它对个体情绪健康发展的意义。

总之，**情绪表达规则**规定个体在什么情境中，对什么人应该表现出什么样的情绪，而不管个体内心真正的情绪状态如何。它是在特定社会文化背景下长期以来约定俗成的，相对于个体而言，是客观存在于外界的社会性规则。社会成员在该规则约定的文化背景中，实现社会交往过程中对他人情绪表现的预测与控制，提高社会沟通的效率。可见，情绪表达规则是个体社会化过程中的一项重要任务。我们（侯瑞鹤，俞国良，2006）从一所普通小学一年级、三年级、五年级中选取90名被试，采用结构访谈法考查他们对情绪表达规则的理解。结果表明，儿童对情绪表达规则的理解在一至三年级时获得快速发展，在三至五年级时变化很小，而且在积极和消极情境下发展趋势较一致，但性别和情境交互作用显著。这说明，个体在社会交往过程中，主动建构所在社会文化下的情绪表达规则，并不断应用于社会实践。这不仅为个体使用情绪表达规则的效果提供了及时的反馈，同时也强化了认知和应用的动机。二者在个体社会化过程中互相交织在一起，互相促进。

二、情绪表达规则的理论

（一）机能主义的观点

在情绪研究中，机能主义情绪理论占据着主导地位，该理论重视情绪适应环境的作用，强调情绪的目的性和有用性，而情绪表达规则在指导和管理个体情绪表现、把人际交往的目标和意图传递给他人的过程中，调整着个体与环境的关系。例如，学前儿童就能够认识到，为了避免消极后果，有时需要控制自己的情绪表现。这说明，他们已开始模糊地认识到情绪表现的社会功能。另外，机能主义情绪理论从情绪的功能性出发，把个体出现情绪问题解释为个体对情绪的调节和控制不力，使情绪的适应功能受阻，从而出现情绪失调或情绪紊乱。该理论隐含了一个假设，即情绪是人类内在固有的、不学而得的，后天的任务就是学会调节和控制情绪，并使之符合个体预期、社会目标和心理健康发展的需要。与其对应的心理治疗理论，以精神分析理论最为典型。

（二）建构主义的观点

建构主义情绪理论是在批判和吸收机能主义情绪理论的基础上发展起来的。该理论认为，儿童对所在社会文化下情绪表达规则的认知发展，是基于同化和顺应的过程逐渐建构起来的。它重视情绪及其表达规则的内容和结构，强调儿童主动建构在情绪发展中的地位，并且对儿童出现情绪问题的原因也提出了自己的观点。研究者认为，情绪问题是儿童用早期的情绪认知结构同化了后来的生活或社会情境，从而导致情绪及其表达规则没有达到与年龄相适宜的建构水平。显然，儿童用不变的认知结构应对变化了的情境和社会期望，极有可能导致消极的社会反馈，从而破坏儿童与外部环境之间有效的沟通，导致儿童产生焦虑、抑郁等，严重的甚至可能导致儿童和青少年自杀。在建构主义理论基础上，认知疗法得以发展。该疗法注重个体情绪结构及其规则重建在心理治疗中的地位。

（三）对两种理论的简要评价

目前的研究多以机能主义情绪理论为基础，因为该理论注重情绪的功能性和目的性，易于对被试的情绪表现进行编码，有助于大样本研究的统计分析；而建构主义则对个案研究或质性研究很有帮助。有经验的主试，通过个案分析，探讨个体情绪发展及其对规则的建构和应用的过程，有助于发现深层次的心理结构，从而提出相关的假设或理论。

事实上，这两种理论并不是非你即我的相互排斥关系。机能主义也讲建构，认为由于特定环境的持续作用，有机体在适应过程中获得新的变化，由机能而获得构造上的变化，并遗传给后代。它有明显的达尔文进化论的渊源的特定。而建构主义也讲情绪的功能性与适应性，只不过更强调个体对情绪及其表达规则的主动建构的过程。所以，把建构主义和机能主义整合起来，更有助于解释儿童情绪表达规则的认知发展机制。正如皮亚杰和维果茨基对“儿童是主动发展，还是由成人帮助在最近发展区才能获得发展”观点上的分歧一样，真理或许就在二者之间的某一点上。

三、情绪表达规则的影响因素

情绪表达规则知识的建构及其在社会交往中的应用，是儿童时期面临的一项重要发展任务。个体对情绪表达规则的认知发展本身是个复杂的过程，同时，又与作为其心理发展社会背景的家庭、社会文化等因素有着千丝万缕的联系。我们（俞国良，侯瑞鹤，罗晓路）采用儿童对情绪表达规则的认知访谈故事，比较了学习不良儿童和一般儿童的情绪表达规则的认知发展特点。结果发现，学习不良儿童的表情调节知识水平显著低于一般儿童，性别差异不显著，组别与年级交互作用不显著，这表明两组儿童发展趋势相似，发展水平不同。学习不良儿童报告出较少的社会定向目标，自我保护目标得分与一般儿童差异不显著。学习不良儿童缺少根据不同人际关系类型，灵活运用情绪表达规则知识的能力，而且较少把情绪表达规则的使用和目标联系起来。

（一）情绪表达规则发展的年龄和性别因素

几乎所有情绪表达规则的研究，均发现个体对情绪表达规则的发展有年龄和性别差异，具体表现在两个方面。

第一，个体对情绪表达规则的认知水平。萨莉在 1984 年用自然实验法研究发现，11 岁儿童比 7～9 岁儿童调节外部情绪表现的能力更强，认知水平更高，而且小学阶段的儿童在成人生气的情境下，更多地应用情绪表达规则。有研究还发现，女孩比男孩更擅长调节情绪表现，这种差异在他们年龄较小时尤其明显。相对于女孩，男孩在失望情境下，试图掩饰情绪时表现出更多的过渡行为（如无力的道谢、咬着嘴唇、触摸面部）。然而，也有研究没有发现性别差异。出现这种研究结果的矛盾可能有以下两方面的原因。一方面，情绪表现的性别差异，依赖于特定的情绪类型。泽曼（J. Zeman）的研究发现，男孩倾向于掩饰痛苦的情绪，而女孩更可能掩饰愤怒的情绪。另一方面，女孩更有可能自我疏泄情绪，或直接表现某些情绪以寻求他人的支持和帮助，而男孩则较少寻求情感支持和帮助。社会对男、女角色的期望不同，从而导致他们表现不同的情绪时，动机水平有着性别差异。

第二，个体调节外部情绪表现的能力。就个体调节外部情绪的表现形式而言，尽管人们不能准确地知道儿童什么时候第一次认识到或应用了情绪表达规则，但个体使用情绪表达规则的发展趋势是从幼儿无意识地调节外部情绪表现，到年龄较大时有目的地调节外部情绪表现。研究发现，学前儿童已开始使用未加工的情绪调节形式，大约在 9 岁时，儿童使用情绪表达规则的形式已趋于稳定。另外，研究还发现，儿童理解和使用言语表达规则要早于理解与使用面部表达规则，原因可能是控制和调节情绪表现需要较高的社会技能以及较好的肌肉控制能力。

(二) 情绪表达规则与家庭环境因素

情绪社会化是在家庭中开始形成并逐渐发展起来的。尤其是母亲或抚养者的情绪表现，对个体情绪发展有更加深远的影响。家庭主导的情绪气氛是儿童情绪及其表达规则发展的主要外部环境，对儿童情绪及其表达规则发展的影响主要表现在以下四个方面。

第一，对儿童日常情绪倾向的影响。家庭中积极的情绪环境有助于儿童获得更多的情绪知识，表现出更多的积极情绪；反之，消极的情绪环境则与儿童较少的情绪知识和较少的积极情绪相关。

第二，对儿童情绪调控能力的影响。家庭中积极的情绪环境使儿童保持积极情绪表现的时间更长。然而，值得注意的一点是，促进儿童情绪社会化最理想的家庭情绪环境，并不是仅鼓励儿童表达积极情绪的家庭，而是支持儿童保持积极情绪的同时，也鼓励他们适当表达消极情绪的家庭。因为积极的家庭情绪环境为儿童保持积极情绪提供了外部支持，而消极情绪的适当表达又减轻了儿童内部情绪的紧张，使儿童在情绪发展的过程中，更少体验到紧张感，获得更多有效地应对各种情绪情境的社会技能。

第三，对儿童应用情绪表达规则实现的社会目标的影响。有研究指出，积极的家庭情绪表现环境，与儿童使用情绪表达规则的亲社会目标呈正相关；而消极或生气占主导的家庭情绪环境，与儿童使用情绪表达规则的自我保护目标呈正相关。

第四，对儿童情绪健康发展的影响。当把研究视角转向有情绪问题的儿童时，研究者发现家庭情绪环境的影响显得更为重要。研究发现，母亲有情绪问题（焦虑、抑郁）的孩子，在以后的社会学习任务中表现出更多的消极情绪和更少的积极情绪，而且儿童在情绪调节和控制方面表现出更多的不足。长期下去，儿童可能会处于情绪失调或情绪紊乱的危险中。另外还发现，不良的家庭情绪环境对男孩和女孩的影响有不同的模式。男孩会表现出较多的外部情绪或行为问题，而女孩会表现出较多的内部情绪或行为问题。然而，目前的研究大多停留在相关研究的层面上，将来的研究应深入考察其具体的影响机制。只有弄清了这个问题，人们才有可能提供有效的干预措施。

另外，影响儿童情绪表现与调控的其他家庭因素，如父母亲交流感情的方式、父母的教育水平以及婴儿依恋的性质等，都是儿童情绪表达规则发展过程中较重要的影响因素。开展这方面的相关研究，可以为改善儿童情绪发展的家庭环境提供更全面的指导。

(三) 情绪表达规则与社会能力因素

个体情绪表达规则的发展是社会适应的基础。因此，它与社会能力之间的关系是显而易见的。我们可以形象地把这种发展描述为一把“双刃剑”。它不但可以建立、保持个体与外部环境（人际关系）或者个体与自身内部（心理健康）的和谐关系，同时也可能瓦解、破坏这种关系，具体表现在以下两个方面。

首先，对情绪情境的认知和评价。从使用情绪表达规则所实现的社会目标来说，较多的情绪表达规则知识有助于亲社会行为目标的产生，而且，同伴和老师也认为拥有较多情绪表达规则知识的个体的社会能力更强。因为他们会更多地考虑他人的情绪，对情绪情境的评价也更积极。反之，情绪表达规则知识较少的个体，在解释他人的行为或动机时，较倾向于敌意归因，尤其在面对模糊情绪情境时，更易于将其解释为消极的情绪情境，相应地很难达到亲社会行为目标，会产生更多消极行为和消极情绪体验。同伴和老师对他们的社会能力评价也较低。此外，他们的认知—情绪体验—情绪表现又是较一致的，而在情绪的有关研究中，一致性是儿童发展较好的评价指标，那么，情绪表达规则发展的水平与其认知—情绪体验—情绪表现的一致性之间到底有什么关系呢？目前的研究还没有涉及这一变量，有待更深入的研究考查两者的关系（McDowell, et al., 2000）。

其次，解决情绪冲突情境的策略。在消极情绪情境或冲突情境下，情绪应对策略与其社会能力水平相关。个体报告出解决情绪冲突情境的应对策略越有效，其社会能力越高。研究者用观察法研究了8～13岁的个体，发现儿童的攻击行为和情绪表达规则知识呈负相关；另一个研究者主要就儿童解决情绪冲突情境的策略与儿童的同伴关系进行了研究，发现儿童积极有效地解决情绪冲突情境的策略与儿童的同伴接受性呈正相关。所以，儿童解决情绪冲突情境的策略是问题行为的一个预测指标。用发怒、生气或攻击等消极方式来面对冲突情境的个体，可能用早期解决情绪冲突情境的方式同化了后来的情绪冲突情境，导致其情绪及表达规则的发展相对滞后。建构主义者认为，在这些个体的情绪知识结构中，表现消极情绪或行为是作为有助于解决问题的策略而存在的。例如，有的儿童认为故意哭闹或表现难过是一种有效解决情绪冲突情境的策略。可见，我们可以通过改变他们的情绪知识结构来促进其情绪表达规则的发展。

第四节 言语与言语交际策略

言语或语言作为一种社会现象、一种符号系统，同时具有运用符号系统来交流思想的功能。作为人类高度共识的符号系统，每一个字词的声形符号都被赋予了一定的社会文化意义。因此，除了情绪表达外，言语沟通成为人类相互交流与信息沟通最普遍的方式。

一、言语沟通与情绪表达

沟通（communication）一般指人与人之间的信息交流过程，对个体社会生活起着重要的作用。沟通的广度和深度将直接影响个体的生活质量。心理学家赫伦曾通过著名的“感觉剥夺”实验发现，作为信息加工和能量转化系统的有机体，人类必须与外部环境保持相互作用，必须接受外界的各种刺激，才能维持正常的生命活动。更为重要的是，人与人之间的沟通所提供的信息是具有社会性的信息。这种信息对于人类而言，比一般的物理刺激更为重要，对个体智力、情绪和社会性的发展具有显著影响。

与非言语沟通相反，**言语沟通**（verbal communication）具体指借助语言符号实现的沟通，也有研究者将其译为“言语交际”。通常提及言语沟通时，我们一般都是指面对面的口语沟通，不包括通过书面文字材料进行的语言交流和通过广播、电视等大众传播方式进行的沟通。交谈、叙述、讨论、演讲、辩论等都是日常生活中经常发生的言语沟通形式。但在言语沟通过程中，非言语性表情、动作、姿势等也会对沟通效果产生积极或消极的影响。

不同研究者对言语沟通的过程有着不同看法。社会语言学观点认为，一个完整的言语沟通过程包含 4 个要素：①沟通参与者；②沟通者的交际动机；③沟通语言及其伴随手段；④沟通环境。社会心理学观点则将言语沟通过程划分为 7 个要素：信息源、信息、通道、信息接收者、反馈、障碍、背景。

不同于其他沟通方式的是，言语沟通具有以下几个特点。首先，言语沟通是一种情境性语言交流，沟通的内容与所处环境有密切联系。因此，沟通时双方往往只用简单的句子甚至用个别单词，来表达自己的思想，语法结构和逻辑关系可能不完整，但不妨碍沟通的正常进行。其次，言语沟通是对话双方的直接交际。沟通双方既是听话人，又是说话人。只有双方正确理解彼此所说的内容，并做出恰当反应，沟通才能继续。最后，言语沟通是一种即席性言语交流。由于对话双方需要随时根据对方的话来调整自己，需要对谈话时的具体情境进行分析，因此沟通缺乏计划性，双方也无法对说出的话语进行斟酌。此外，沟通中信息的保留全凭记忆，容易被遗忘。

除言语沟通外，还存在其他形式的沟通方式。近年来，人们越来越关注情绪表达在人际沟通中的作用。其中，对情绪表达规则的社会认知成为研究的热点。诚如前述，所谓情绪表达规则，意指个体在社会化过程中习得的，指导在特定的社会情境下表现社会所期望的情绪的一套规则。在人际交往中，没有一个人可以真正了解他人的主观感受，除非我们能够表露自己的情绪。因此，有效地表达情绪、良好地应对他人的情绪，不仅可以减少人际冲突，而且能够促进人与人之间的相互理解，增强个体的社会适应能力。有效表达情绪的规则包括：对自我感受的正确觉察、表达时机的适当选择、表达内容清晰和具体等。情绪表达规则和言语沟通一样，还要受到社会习俗和道德规范等因素的制约。

二、言语交际策略

与情绪表达规则类似，人类的言语交际活动也有极大的复杂性。随着交际对象和交际情境的变化，人们时而直言不讳，时而含蓄委婉。显然，在人际交往中，表达同一意图的言语形式并非唯一的，而且外部言语形式传递出来的字面意义常常与实际想表达的意图之间存在某种规律性差别。大量研究表明，人类对语言的使用体现出明显的策略性。究竟是什么导致了"意会并不等于言传"这种现象的产生呢？人类会根据哪些规则对不同的意图表达方式进行选择呢？对这些规则的使用是否也存在一定规律？这些规律又是如何对社会交往的行为和效果产生影响的呢？从 20 世纪 50 年代至今，针对言语交际策略的研究不断深入。

从一般意义而言，**策略**是目标指向的旨在解决问题的心理操作。策略也经常被定义为一种程序，一种灵活的、目标指向的程序，对后续程序的选择和执行有影响。对言语交际策略的研究最早始于对交际能力的考查。美国人类学家海曼斯（D. Hymes）最早提出了交际能力理论，认为一个人的言语交际能力应当取决于以下 4 个参数：可能性程度（degree of possibility）、可行性程度（degree of feasibility）、适宜性程度（degree of appropriateness）和表现程度（degree of preformance）。后续的研究者对该理论重新进行了综合，认为交际能力包括语法能力、社会语言能力和策略能力，并首次将策略能力作为一种独立体系进行研究。纽安（D. Nunan）从言语认知角度出发，指出交际策略是个体在言语交流过程中潜在的心理认知的调节过程。

也有研究者认为，交际策略的实质是以元认知为基础的。安德森（Anderson）曾把学习者获得的语言知识分为两大类：**描述性知识和程序性知识**。描述性知识是指学习者内化了的语言规则；程序性知识是指学习者为了有效习得和使用语言而获得的策略性知识。程序性知识又可以细分为语言生成策略、语言学习策略、社会交际策略等。有研究者曾采用语篇分析法研究了言语交际策略与元认知策略间的关系，认为言语交际策略取决于元认知策略的三个步骤：计划、自我调节与监控、自我评估。例如，以下是甲、乙两人参加完一次研讨会后的对话。

甲：我能问你件事情吗？

乙：当然！

甲：你开车来的吗？

乙：是的。

甲：你能送我一程吗？

乙：你家住在哪儿？

甲：大学城。

乙：好，一起走吧！

很显然，甲在上述对话中使用了交际策略，整个过程具体表现为根据交际意图的需要（会议结束后面临如何回家的困难，需要找一个有车同时又愿意带他回家的人），产生并选择适当的问题解决策略（通过请求言语行为，首先问清乙有无能力带他回去；其次确认乙是否愿意带他回家），创建并实施具体计划，监控与评估交际活动过程，及时调整问题解决的途径或方法。这一交际策略的整个逻辑程序分为以下 3 个计划。

计划 1：甲试图从乙处获得帮助。

计划 2：甲试图掌握乙能否提供帮助的信息。

计划 3：甲确认乙可以提供帮助。

综合以往有关言语交际策略的研究，我们认为，言语交际策略（verbal communication strategies）是个体在社会交往过程中逐步获得的，用以指导在特定情境下，个体如何使用语言表达和理解符合特定社会预期意图，获得良好社交效果的一种规律性认识，以及体现这种认识的言语表达能力。根据这一定义，言语交际策略对内体现为一种静态知识，对外则表现为种言语交际行为。从静态知识的角度分析，言语交际策略具体包含三个基本要素。一是策略所遵循的社交习俗知识，它决定了策略激活的动机水平。二是依据特定社交情境，计划、调节、监控和评估言语交际效果的过程性知识，其本质是一种元认知知识。三是体现策略执行的言语知识，即具有不同社会功能的言语表达形式。

所谓社交习俗知识，是指在特定社会文化背景下长期以来约定俗成的、获得普遍认可和提倡的交际礼仪、准则或契约，受特定社会价值观念的影响，具有鲜明的社会文化特征。个体言语交际策略的产生、发展和变化，均以追求这些契约所预期的效果为目标动机。所谓依特定情境，计划、调节、监控和评估言语交际效果的过程性知识，属于元认知范畴，体现了言语使用者调节意图与表达间差异的程度水平。这种调节作用直接导致了个体能够依据不同的交际对象和情境线索，时而话语直接，时而策略委婉。其目的均是获得符合特定文化习俗的社交效果。体现策略执行的言语知识，是指表达意图时，个体为获得社交习俗预期效果而采用的言语形式。在言语交际过程中，任何一种意图均可以通过不同的言语形式来表达，体现为语言从深层结构到表层结构的连续体，但采用连续体中何种形式则能够反映出个体的策略知识水平。社交情境是策略使用的具体环境，包括时间、地点、交际目的、交际对象等一系列社会线索。这些线索对策略的激活和执行水平具有显著的影响。

从社会认知这一动态过程的角度来分析，当处于特定社交情境中，面对特定对象表达和理解某种意图时，个体为了获得社交习俗所预期的交际效果，会激活储存在大脑中的策略知识。这种图式的激情会影响个体对情境中所包含的不同社会线索进行的编码和表征，也会对来自交际方话语意图的推理、自我意图表达方式的生成产生影响，最终对生成的不同表达形式进行判断和评估，并选择适当的言语形式实现预期目标。言语交际策略的发展，也正是个体在这一交往过程中主动探索、不断适应和建构的过程：一方面个体根据原有的策略图式向对方表达意图，并对来自对方的话语意图进行推理；另一方面个体在这一动态言语交际过程中不断丰富和完善原有的图式，并应用于自我言语的表达，从而在原有基础上不断提高社会交往的能力和效率。

三、言语交际策略的理解与运用

言语交际策略的发展以追求社交习俗效果为目标动机，包括对策略知识的理解与运用两个相辅相成的阶段。策略的运用以策略理解为基础，而策略知识的不断积累和理解能力的提高，则以外部行为经验为条件。言语交际策略的发展过程，就是个体依据社交习俗不断提高自身使用语言进行社会交往能力的过程。它在言语交际互动过程中逐步获得，受主客体因素的共同影响，反映出个体的社会化程度。

(一) 言语交际策略的理解

个体在言语交际过程中，为了维护双方的尊严、脸面，获得特定社交习俗预期的效果，往往通过不同等级的间接言语体现出对策略的使用。因此，在特定情境下对间接言语意图的推理能力往往能够从一个侧面反映出个体的策略知识和理解水平。较早的研究发现，大学生对表达同样请求意图的否定句式（Shouldn' t you open the door?）和肯定句式（You should open the door.）加工的时间存在显著性差异，对否定句式的加工时间显著长于肯定句，尽管两种形式所传递的请求意图相同。这一结果说明，被试在理解不同等级间接言语所传递的意图时，对句子的字面意义进行了加工。研究者以 4～7 岁儿童为被试对此结果进行了验证，得到了相同的结果。然而，另一项实验表明，被试对那些在社交中已经约定俗成的间接请求言语（如你能把那瓶盐递给我吗?）的意图表征，不存在字面与意图的先后阶段性加工过程。此外，对讽刺、暗喻、成语、幽默等话语含义的大量研究均表明，对间接言语意图的理解不仅与字面表达形式有关，同时还要受到间接言语所包含的社会习俗水平的影响。高习俗水平的间接言语，由于为交际双方所共知，具有较高的关联程度，因此不存在对话语字面意义与意图的不同加工阶段；而低习俗水平的间接言语，在使用中对于交际双方的关联度较低，个体理解时则需要付出更多的认知努力。

尽管对间接言语意图的推理，能够在一定程度上反映出策略的理解水平，但研究仅仅停留在言语意图的加工层面，并没有涉及策略理解的内部动机以及语境等其他影响因素。对此，布朗（R. Brown）、莱文森（S. Levinson）等学者从社会心理学的角度，提出了**“面子理论”**（the face theory）和**“礼貌模型”**，将交际过程中策略产生与理解的动机归因于面子和礼貌的需要。该理论认为，交际活动中的言语行为都是一些所谓“威胁面子的行为”（Face Threatening Acts，FTA）。如果在交际过程中双方要相互合作，说话时就必须考虑双方的面子。因此，交际是一种关于言语表达的面子权衡过程。

霍尔特格莱夫斯（T. Holtgraves）等人分别在面子威胁、无面子威胁和模糊三种不同交际情境下，考查了被试对借口、话语转换等不同交际策略的理解水平。结果发现：被试在面子威胁和模糊情境下对策略意图理解的自信度不存在显著性差异，但与无面子威胁情境下的自信度却存在显著性差异。研究还发现，被试在无面子威胁情境下对策略意图加工的反应时，显著长于在面子威胁和模糊情境下的反应时。以上结果说明，出于对礼貌和面子的考虑是言语交际策略产生的内部动机，因而会对策略的理解水平产生影响。然而，越来越多的研究者对该模型的效度表示质疑。造成分歧的原因在于不同民族、社会阶层、性别以及价值观念的群体对礼貌和面子内涵的理解不同，而这种差异不仅体现在对社会影响力和社会距离线索的知觉上，还体现在礼貌言语形式的表达上。

有研究考查了性别、社交地位等情境因素对策略理解水平的影响。研究发现，男性在策略使用中对社会影响力较女性更为敏感，而女性对社会距离则较男性更为敏感。还有研究考查了大学生在不同人际关系条件下对委婉语策略的理解能力，发现他们在面对高社会影响力和高社会距离（低亲密度）的交际对象时，对委婉语的表征速度显著快在于低社会影响力和低社会距离条件下的表征速度。研究者根据布朗和莱文森的请求礼貌模型，比较了 40 名 8～12 岁学习困难儿童（男生）和 40 名同年龄段一般儿童（男生）对请求策略礼貌等级的知觉能力。研究者首先通过图片结合故事的方式设立一个虚拟的冲突情境，然后呈现给被试 13 种具有不同礼貌等级的请求策略。结果表明，交际双方的年龄、社会影响力对儿童策略礼貌等级的知觉和选择具有显著的影响；学习困难儿童对不同礼貌等级策略间差异的知觉水平显著低于一般儿童。这说明对礼貌等级策略的不同理解会显著影响人际交往的效果。

（二）言语交际策略的运用

从知识角度对言语交际策略的理解水平进行考查的同时，许多研究者从言语行为角度考查了策略的运用水平。

1. 言语交际策略运用水平的发展

由于儿童请求言语行为占所有日常言语行为总数的 50%，在同伴加入、人际关系维持、冲突解决等情境中，请求策略水平的高低将直接影响儿童人际交往的效果，因此，对儿童请求策略运用水平的考查成为重点。早期的追踪研究表明，2 岁儿童能够以不同的形式表达给定的交际意图；2.5 岁儿童已经能够使用“请”等言语礼貌标记表达请求；3～4.5 岁儿童已经能够使用命令、间接请求、暗示等不同形式表达请求意图。还有研究者采取虚拟情境的方法，考查了从幼儿园到小学五年级儿童表达请求时的言语行为，发现以 8 岁为分界线，儿童在表达请求的方式上存在显著性差异。8 岁以下儿童使用直接命令形式的数量是使用间接提问形式的数量的 3 倍，但 8 岁以上儿童两种表达策略的数量基本相同。8 岁以下儿童 50%的请求为直接需要表达形式（如我要……），而 8 岁以上儿童这一形式仅占 15%。研究发现，4～8 岁儿童依不同情境表达请求的灵活性得到增强，而且对他人观点的采择能力进一步提高，能够依社会地位、权威及领域侵犯等社会因素调节请求言语礼貌的程度，甚至能够意识到过度礼貌是不合社会规范的。

另一试图对言语交际策略发展水平进行研究的领域是对儿童撒谎行为的研究。研究者在控制条件下，事先向一组 3～7 岁儿童出示一组照片，其中包括主试（教师）的照片，让儿童对照片上主试的形象做出真实评价。在紧接着的实验条件下，研究者故意将相同照片上主试的鼻子处涂上疤痕，使其样子十分难看，然后问被试“你觉得照片上的我好看吗？”最后比较两次评价的差异。结果表明，绝大多数儿童均表现出撒谎行为。这说明 8 岁以下儿童已经具有面子意识，能够采用与事实不符的谎言获得礼貌的效果。

2. 影响言语交际策略运用水平的因素

布朗和莱文森系统地研究了言语交际策略运用中的影响因素，提出了**请求礼貌模型**：说话人实施一个请求言语行为的礼貌权重（Wx），取决于交际双方的社会距离（对称型人际关系）D（S，A）、听话人对说话人具有的影响力（非对称型人际关系）P（A，S），以及在特定社会文化背景下请求话语威胁听话人负面面子的程度（Rx）三个变量权重之和。研究者从跨文化角度，考查了美国和韩国大学生在不同人际关系条件下请求言语的礼貌等级、交际对象社会影响力、社会距离和请求言语面子威胁程度间的关系。回归分析结果表明，人际距离、社会影响力与面子威胁程度，在两种不同文化背景下均成为请求言语策略选择的预测指标。由此，布朗和莱文森将表达不同请求意图时所采用的礼貌策略，看成基于面子权衡的连续体，即从负面面子威胁程度最高的策略（bald-on-record），如命令（开门），到无面子威胁策略（off-record），如暗示（我们出不去了，怎么办）。然而，有关面子权衡连续体的分类说法还没有取得实证研究的一致支持。

【本章摘要】

1. 社会情绪是伴随个体整个社会心理过程产生的主观心理体验和心理感受，是个体在长期社会交往中所体验到和表达着的情绪。社会情绪是由独特的主观体验、外部表现和生理唤醒三种成分组成的。

2. 在情绪的类型上，伊扎德、克雷奇、奥特雷等人提出了不同的理论观点和划分标准；在情绪的理论阐释上，不同学派也提出了各自不同的情绪理论。这都属于心理学家对情绪所做的理论性和系统性的解释。

3. 个体情绪的发展，体现着从以生物属性为主发展到以社会属性为主的复杂过程。在儿童阶段，情绪以快乐、痛苦和恐惧等基本情绪的发展为主。在青少年阶段，情绪具有不成熟和不稳定的特征，而且带有较强的易感性、波动性和爆发性。在成年期后，情绪发展日趋成熟，但并非呈直线衰退或停滞状态。

4. 情绪受生物因素的制约，更受社会文化的影响。情绪是社会文化影响的一种社会建构。在社会心理学学科范围内讨论情绪，更多侧重于情绪的社会属性而言。

5. 情绪的管理与调节对个体社会生活和心理健康起着重要的作用。格鲁斯认为，情绪调节的基本过程包括：情境选择、情境修正、注意分配、认知改变和反应调整五个不同阶段。同时，情绪调节策略各异，有生理调节、行为调节、认知调节、言语调节和人际调节等。

6. 情绪表达在人际沟通中起着特殊作用。情绪表达规则，是指个体在社会化过程中习得的，指导个体在特定社会情境下表现社会期望情绪的一套规则。机能主义和建构主义从不同角度对情绪表达规则进行了理论阐释。

7. 对言语交际策略的界定存在不同视角。综合起来，言语交际策略是指个体在社会交往过程中逐步获得的，用以指导在特定情境下，个体如何使用语言表达和理解符合特定社会预期意图、获得良好社交效果的一种规律性认识，以及体现这种认识的言语表达能力。

8. 人际交往的复杂性导致人类对言语的使用具有鲜明的策略性。言语交际策略的发展以追求社交习俗效果为目标动机，包括对策略的理解与运用两个相辅相成的阶段。言语交际策略是个体社会适应和社会化的必然结果。

【建议参考资料】

1. 孟昭兰．情绪心理学．北京：北京大学出版社，2005.

2. 沙莲香. 社会心理学（第四版）. 北京：中国人民大学出版社，2015.

3. 俞国良，戴斌荣．心理学基础．北京：北京师范大学出版社，2015.

4. 俞国良等．社会心理学前沿（第3版）．北京：北京师范大学出版社，2016.

5. R. A. 巴伦，D. 伯恩. 社会心理学. 黄敏儿，王飞雪，等译. 上海：华东师范大学出版社，2004.

6. M. 艾森克. 心理学——一条整合的途径．阎巩固，译．上海：华东师范大学出版社，2000.

7. 詹姆斯·W. 范德赞登，托马斯·L. 克兰德尔，科琳·海恩斯·克兰德尔．人类发展（第8版）．俞国良，黄峰，樊召锋，译. 北京：中国人民大学出版社，2011.

8. Brown P，Levinson S. Politeness：Some Universals in Language Usage. Cambridge：Cambridge University Press，1987.

9. Hewstone M，Stroebe W. Introduction to Social Psychology：A European Perspec-

tive（4th ed.）. Blackwell publishing，2008.

10. Taylor S E，Peplau L A，Sears D O. Social Psychology（12th ed.）. Pearson Education，2006.

【复习思考题】

1. 简述如何正确理解社会情绪的概念。
2. 简述拉扎勒斯的情绪认知—评价理论。
3. 联系实际分析青少年情绪的社会性发展特点。
4. 以东方文化为例，分析社会文化对情绪的影响。
5. 简述格鲁斯的情绪调节过程模型并加以评价。
6. 用建构主义的观点，阐释个体的情绪表达规则。
7. 简述情绪表达规则的发展与家庭环境的关系。
8. 简述如何从社会心理学角度，正确理解言语交际策略。
9. 联系现实社会生活，说明言语交际策略的理解与运用。

第八章
社会认知

【学习目标】

用信息加工心理学观点理解社会认知的概念和内容，了解社会认知研究范式在社会心理学研究中的重要性；理解图式的概念及其对社会认知的影响，了解社会认知中的偏差现象；知道印象及印象形成的各种心理效应，学会有效的印象管理与控制；掌握归因的概念和理论，了解归因偏差、偏见等社会心理现象；能自觉运用社会认知的理论和方法，正确理解他人和周围环境。

【重要术语】

社会认知　图式　角色图式　事件图式　首因效应　晕轮效应　刻板效应　归因　归因理论　朴素心理学　思维抑制模型　归因偏差　基本归因错误　偏见　歧视

每个人都生活在与他人共同组成的社会环境中，人的社会行为既是朝向他人的，也是对他人行为做出的反应。与行为主义强调外部行为的观点不同，社会认知观点从人的认知信息加工过程来解释人的社会行为，特别是个体与他人、群体、社会、事件的关系，凸显了人作为主体的能动性和主动性。这里主要从信息加工心理学的观点出发，讨论社会认知、图式、印象形成、归因与偏见等。

第一节 社会认知的概念

人类的认识对象包括物理世界、社会世界和精神世界三部分。传统的认知理论主要建立在个体对物理世界的认识上，但广阔、丰富的社会世界和精神世界，同样也应是个体认知的重要内容。社会认知是一种基本的社会心理过程。广义的社会认知研究包括格式塔学派的社会知觉研究、皮亚杰的道德认知发展理论等。狭义的社会认知研究，主要指基于信息加工范式的社会认知研究。我们这里的社会认知概念取自后者。

一、社会认知的界定

社会认知与其说是一个重要的研究领域，倒不如说是一个介于认知心理学和社会心理学之间的新的研究领域。因此，要正确理解社会认知，就必须首先讨论社会认知与社会心理学和认知心理学的关系。

（一）社会认知与社会心理学

毫无疑问，今天的社会认知，已经被公认为社会心理学的一个重要研究领域。每一本社会心理学书籍，几乎都有关于社会认知的章节。第一本关于社会认知的专著由菲斯克（S. T. Fisk）和泰勒（S. E. Taylor）在1984年出版。同年，威尔（R. S. Wyer）和斯如尔（T. K. Srull）出版了《社会认知手册》。此后，社会认知研究如火如荼迅猛发展。以至于汉密尔顿（D. L. Hamilton）等人曾这样评价：“在整个社会心理学领域，如果说社会认知不居于统治地位，那么也居于中心地位。”社会认知研究的重要性与星火燎原之势，由此可见一斑。相对而言，纯粹的社会心理学较少关注一些个体自身的内部因素，或者与个体自身特征相关的因素，而更多关注的是一些社会心理因素，这些因素是存在于个体自身之外的外部环境因素，或个体与环境相互作用的产物。例如，

个体的态度与其真实行为之间的关系等；

人与人之间关系的建立、维持和发

展等；

小群体的行为，如决策、领导、群体规范和群体角色等；

社会影响过程，如多数人和少数人的影响、对权威的服从等。

社会心理学覆盖面较广，涵盖的内容较多。相对而言，社会认知则更多关注运用信息加工心理学的思路，来研究社会文化环境中个体的内部心理因素以及相关的认知过程。

（二）社会认知与认知心理学

研究者认为，在某种意义上，社会认知或许可以作为认知心理学的一个次级研究领域。然而，认知心理学的研究对象，不仅包括与人相互关系时的思维过程，还包括一般意义上的学习、注意、记忆、思维以及感知觉信息加工过程。在这个意义上，有时研究者把社会认知与**社会知觉**（social perception）视为同义词。然而，社会知觉更多时候是指个体觉察到社会性事物的刺激，从而表现出自己的对应性态度或行为。人类作为认知心理学研究的客体存在。人类与无生命的客体或有生命的客体是不一样的，人类具有意识和自我意识，人类是一切社会关系的总和。人类的复杂性，不仅表现在神经系统和生理解剖特征上，更主要的表现在认知结构和社会性发展上。

社会认知从认知心理学领域借用了许多术语和概念，但是，社会认知与单纯的认知心理学有重要区别。因为社会认知的研究兴趣是把这些术语和概念整合起来，关注推理、判断等高级心理活动并用以研究社会情境下人的心理与行为。

（三）社会认知的定义及其特殊性

人类认知有一个重要特点，即要解决当人们试图去理解身边的人或发生的事，并采取适当的方式行动时，人们基本的心理活动是如何进行的以及认知者过去的经验和对相关线索的分析、推理，对最后的判断有什么影响等问题。这恰恰也是社会认知的关键所在。社会心理学家用社会认知这个术语，来界定人们对周围世界的解释、推理、记忆以及使用社会环境信息的方式。简而言之，**社会认知**（social cognition）是指个体如何理解与思考他人，如何根据环境中的社会信息形成对他人或事物的推论。社会认知的许多方面涉及人们的日常生活，并且会对人类的健康和幸福产生重要的影响。

如前所述，由于社会认知的主客体都是人类，因此与一般意义上的认知相比较，社会认知自然有其特殊性。社会认知所研究的社会刺激主要是人以及由人所组成的各种社会关系。人是有思维、有意识、有感情的生命体。因此，社会认知对人的认识并不是仅仅停留在认识面部表情、身体姿态和行为表现的水平上，而是要根据外部行为表现理解人的整个内心世界，判断其行为动机、信念、能力、性格和人际关系等，从而达到对人、社会的综合认识。所以，社会认知是人所特有的高级认知活动形式。这种特殊的认知活动具有以下几个特点。

第一，选择性。人们对社会刺激的态度不同，选择的认知对象也不同，这显然与社会刺激物本身的强度不无关系。所谓刺激强度，主要不是社会刺激物的物理特征，而是其社会文化意义和价值，即它给人们带来的是奖励还是惩罚，是有益的还是无益的。每个个体都会以已有的认知结构为基础，从自身知识和生活经验出发，对当前的社会刺激做出判断与评价。如果个体确定该社会刺激可能会给自己带来奖励，对自己有益，就倾向于选择它作为认知对象。

第二，协调性。任何社会刺激都不是孤立存在的，而是与其他社会刺激存在着千丝万缕的联系。在各种社会刺激面前，个体的认知态度往往是相互协调的，而不是相互矛盾、杂乱无章的。换言之，社会认知不局限于或等同于某一单一过程，而是将这些过程有机地结合起来，构成完整的社会认知活动。社会认知的协调性使社会认知的结果形成了有序的结构，为个体适应社会生活打下了坚实的基础。

第三，投射性。对于一定社会刺激的认知，往往投射着个体的动机、态度、情感和人格特征等因素。人们的社会经历不同，所处的社会环境不同，从事的活动千差万别，这就决定了每个人积累的经验及形成的动机、态度、情感、人格也各有千秋。这些特征或多或少会在个体的认知活动中反映出来。例如，一个自私的人会以自私的态度来看待他人善意的行为，即所谓“以小人之心，度君子之腹”；而一个单纯的人对他人行为动机的推测也会比较简单。

二、社会认知的基本内容

人们生活在纷繁复杂的社会中，纷繁的社会形成了复杂的社会刺激，复杂的社会刺激构成了个体多方面的社会认知。社会认知研究涉及人们如何对他人或社会群体、社会角色以及人们自身的经验做出判断。这些社会认知概括起来包括三方面的内容：对他人的认知（特别是对他人情绪和人格特征的认知），对人际关系的认知以及对自我的认知。

（一）对他人的认知

他人是社会认知的一个重要对象。个体作为一个社会人存在时，主要的意义在于与他人的相互作用。相互作用的第一步就是对他人的认知，包括对他人情绪（如表情）的认知和对他人人格（如性格）的认知等。对他人的认知也遵循一般的认知规律，即由表及里、由现象到本质。

对他人表情的认知属于较感性的社会认知。按照情绪表达的身体部分来区分，我们可以把表情划分为三种类型：面部的情绪表达，即面部表情；身体各部分姿态的情绪表达，即身段表情；言语中声调、快慢、音色随情绪的变化，即言语表情。

在社会生活中，人们往往根据他人的面部表情来判断其情绪状态，如是高兴还是难过，是快乐还是悲伤等。然而，这种判断是否准确，在很大程度上依赖于认知者对他人表情的认知和解释。人的表情线索是一种十分重要的社会刺激，人们往往通过表情，向他人表达自己的情绪，展示自己的心理状态。研究表明，面部表情具有超文化性。埃克曼（P. Ekman）等人以巴西、美国、阿根廷、智利和日本受过高等教育者为对象，让他们对相同的面部表情进行情绪命名，结果发现他们的命名有很高的一致性。其中，对愉快、厌恶和惊奇的情绪判断尤为准确。进一步地，社会认知神经科学家认为，社会情绪信息（如面部表情）的加工是由大脑的梭状回面孔区域（fusiform face area）负责的。对面孔失认症病人的研究和正常人脑成像的研究都发现，面孔知觉依赖于这一区域。可见，对此的研究已经深入到了神经机制领域。

然而，有时内心真实的情绪状态与社会期望的在该情境下的表情不适合时，个体还需要通过各种表情调节策略来进行调节，以达到预期的社会目标。例如，生日时朋友送了一件令人失望的礼物，如果直接表达失望的情绪，与社会期望的高兴、喜悦等情绪不合，也与一般社会习俗礼仪相悖。所以，此时最适宜的情绪表达是掩饰自己的失望，笑容满面地收下，并礼貌地道谢。可见，认知者需要了解一些人们的表情与情绪表达规则与调节策略，才能更好地、更准确地把握他人的情绪状态，使人际交往有序地进行。

对他人人格的认知，属于较理性、复杂和高级的社会认知。它需要认知者在对他人表情或其他感性材料的认知基础上，进行分析、比较和综合，形成对他人较综合的印象或认识，进一步认识他人的内部品质。一个人的内部品质，诸如能力、性格和品德等是非常复杂的，是不易直接观察到的。此外，相对于其他动物而言，人类更善于掩饰自己的内心世界，即使受同一动机驱使，表现出来的行为也不一定相似。再加上目前尚缺乏客观的标准和有生态学效度的评价工具，这就大大增加了人们认识他人性格的难度。中国有句话很形象地说明了这一点："路遥知马力，日久见人心。"这说明，对他人内心世界的准确而全面的把握，通常需要多次的接触与长时间的交往，需要了解他人的过去生活情况和现在的生活环境、经济条件等。研究表明，人格自评—他评的一致性水平会随着双方熟悉程度的增加而递增。但是，现实中也有彼此认识交往很久，却互相不了解内心世界的情况，所谓"知人知面不知心"。这是因为除了熟悉程度外，所评价的具体人格特质的特性、评价者和评价对象之间的关系质量以及特质相似性等因素，都会对人格的自评—他评一致性产生影响。这恰恰显示了人类心理现象的高度复杂性。

（二）对人际关系的认知

对人际关系的认知，包括对自己与他人关系的认知，以及对他人与他人关系的认知。在现实生活中，个体总是处于各种各样人际关系的"旋涡"中，如他人和他人的关系如何、自己和他人是什么样的关系、他人是否把自己当作朋友等。这些问题是十分棘手的，也是人们在交往中经常会碰到并需要予以观察和分析的。

社会心理学家塔旧里（Tagiuri）曾做了一个人际关系认知的经典实验。这个实验至今仍被研究者引用。实验中，被试是10个素不相识的人。研究者先让他们在小组内自由交往，畅所欲言，使这些成员之间相互熟悉、彼此了解；然后让他们完成开放式问卷。所有参加实验的被试都需要回答以下几个问题。第一，在这个小组里你最喜欢谁？第二，你认为这个小组里谁最喜欢你？如果两个人对于彼此喜欢能够互选（例如，甲认为“自己喜欢乙”，而且也认为“乙会最喜欢自己”；同时乙也认为“甲最喜欢自己”，而且“自己也最喜欢甲”），就说明他们之间具有相悦的一致性，即他们两个人认识的自己与对方的关系是正确的。否则，就说明他们对于双方关系的认识不正确。第三，如果这个小组要选择一位组长，你会选择谁？你认为谁最可能当选？有哪些人会选他？如果小组最后确定的结果与自己的估计是一致的，则说明此人对于人与人之间关系的认知是正确的。

塔旧里从其研究结果中，归纳出人际关系认知中常见的三种倾向。其一，自己喜欢某人，就可能认为对方同样也喜欢自己。其二，个体会认为自己喜欢的人，其他人也会喜欢。其三，人缘好的人倾向于低估自己的人缘，人缘较差的人倾向于高估自己的人缘。

我们从这个实验结果中可以发现，人际关系是非常复杂和微妙的，处在动态发展变化中，同时又受到多种主客观因素的影响。因此，人际关系认知要达到准确无误的水平，的确不是一件容易的事情。当然，这并不是说人际关系深不可测、难以认识。个体交际的范围越广、社会阅历越深厚、知识经验越多、对个体心理以及群体心理的认识越丰富，越有助于提高个体的人际关系认知水平。

（三）对自我的认知

对自我的认知，我们已在第五章中进行了详细讨论。简而言之，**自我认知**就是自己对自己的认识，是个体对自己的心理及行为的认知。自我认知把自己的心理或行为作为认知的客观对象，同时自己又作为认知的主体，因此，自我认知既带有主观性，又具有客观性。在个体自我认知的过程中，个体的知识经验、情绪、人格、认知风格等心理因素制约着自我认知，并反映在自尊、自我概念和自我意识等自我认知的结果中，所以，自我认知比其他类型的社会认知，带有更浓厚的主观色彩。同时，个体在认识自我的时候，也常常从他人对自己的态度和评价中检视自己，反省自己；在活动中通过与他人比较，进一步剖析自己，从而较正确地认识自己的优、缺点。从这个角度看，自我认知又带有客观性。个体在逐渐逼近正确的自我认知过程中，不断根据主客观情况对自己的心理状态、情绪情感、行为意识等进行着自我体验、自我评价和自我调节。正确而稳定的自我认知，是个体有效的自我调适、适宜的社会行为和健康的心理的基础。

三、社会认知的理论框架

从20世纪七八十年代开始直至今天，社会认知研究异常活跃，而且研究成果丰富。然而，社会认知研究并未形成统一的理论，实际上它也不依赖于任何一种统一的理论。确切地说，社会认知更可能是研究社会心理现象的一种思路或范式。

（一）社会认知是一种研究范式

社会认知究竟是一种方法，还是一个相对独立的研究领域？这是研究者必须首先回答的问题。汉密尔顿等人曾明确指出“社会认知是一种方法，而不是一个内容领域”。他认为，社会认知是一种通过探查认知的结构及其运作过程，来理解社会心理现象的经验性方法或范式。社会认知不能被界定为任何特定的内容或实际的课题，而是适用于某一内容或课题的方法。这种基于信息加工分析的方法，能够有效地指导人们对某一领域的认知过程进行理论和经验的研究。这一观点为大多数研究者所接受。坚持社会认知心理学观点的研究者（D. F. Barone；J. E. Maddux；C. R. Snyder）也有类似看法。但是，我们更倾向于认为，社会认知是指导人们进行社会心理学研究的一种范式或取向。它不是一种具体的研究方法，而是一种研究思路，即用认知心理学的概念（如图式、表征等）与方法（如启动、反应时等），来研究社会性刺激与社会性信息，探讨个体如何加工、组织、提取与利用这些信息，来形成对人、事、物的知觉，解释社会行为与社会事件。它虽然不特指某个具体的研究领域（如归因、偏见、印象形成、攻击行为等），但是相对集中于社会心理现象形成和发展的过程层面。

（二）社会认知的过程观范式

受信息加工心理学的直接影响，社会认知范式采用信息加工过程的观点来理解社会心理现象。它不像行为主义那样，仅关心外部刺激引起的可观察的行为反应，而回避内部心理过程的研究。社会认知范式转向研究认知过程，考查社会刺激信息加工的各个阶段，即人在面对社会刺激时经过哪些加工阶段才能做出反应，以及各个加工阶段有哪些特点。研究者曾提出过不同的社会信息加工模式理论，如弗拉维尔（J. H. Flavel）的社会认知发展模型等。其中由道奇（K. Dodge）及其同事提出的儿童**社会交往中的信息加工模式**最具代表性，也最能体现认知的过程观（见图8-1）。该模式认为，儿童在社会交往中首先面对的是各种需要加工的信息，即社会性刺激，如他人的表情、动作、话语等。儿童为这些社会性刺激赋予个体的意义，并据此决定如何做出反应的过程，就是**社会信息加工**。个体在对社会性刺激加工的基础上，产生各种社会行为。这些行为又作为社会性刺激被同伴加工，并影响其行为。如此循环互动，实现了对社会性刺激的信息加工，最后为人的社会化打下基础。其中，同伴，当然也可以换成教师、父母或其他人。儿童的社会信息加工过程具体包括5个步骤。第一，编码，即对社会性信息给予充分的注意和感知，并选取有意义的信息。例如，一个儿童想要参加一个已经开始了的游戏，同伴对他的表情和动作就是重要的社会性线索，儿童必须首先对这些线索进行编码，才能进一步进行解释和反应。第二，解释，即将获得的社会信息与已有的知识经验（图式、原型等）进行对照和比较，解释该社会信息的意义。譬如，儿童要解释同伴对他微笑意味着什么，就要回忆以前在类似的情况下，这种微笑产生过什么结果，从而理解他人是友好的，还是带有敌意的。显然，儿童对社会性刺激解释的能力受其年龄、知识经验的影响。第三，搜寻反应，即在理解社会性刺激意义的基础上产生一系列可供选择的反应计划，从中选择合适的行为反应。儿童的社会能力水平和知识经验的程度，都影响可供选择反应计划的数量和质量。第四，反应评估，即儿童在形成各种反应计划后，还要对其进行比较和评价，预测各种反应的效果。对反应计划的评价将决定儿童采取何种行为反应及其成功程度。第五，执行反应，即最后儿童必须执行他所选择的反应计划，做出真正的行为反应。该理论在社会认知和发展心理学研究中得到了广泛的应用。

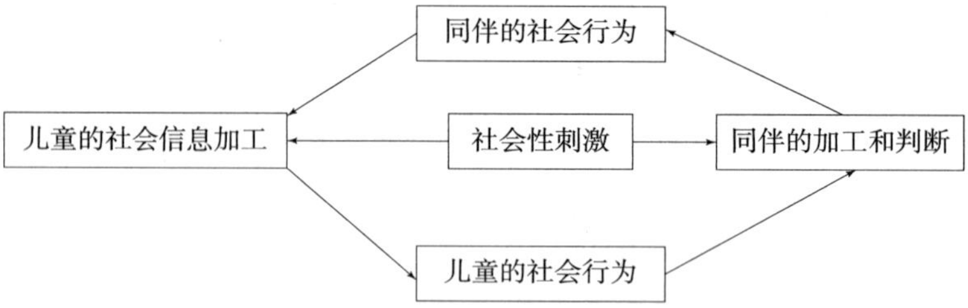

图 8-1　儿童社会交往中的信息加工模式

（三）社会认知的主、客体相互作用论范式

我们认为，社会认知研究应该坚持主客体相互作用论的观点。如果把来自外部的社会性刺激信息视为社会认知加工的客体，把人视为认知加工的主体，那么在信息加工过程中，主体和客体之间存在动态的相互作用。人在与自然界和社会、他人的相互作用中获得了一定的信息加工能力（如认知图式、认知结构），以及影响信息加工的其他主体特征（如情绪、动机、态度、习惯等），这就使人具备了成为认知主体的条件。当人接收内外环境提供的信息并进行加工时，人作为主体，信息作为客体，就构成了主客体相互作用的对象关系。信息的特征、主体的特点都影响着信息加工的过程。例如，在面对同一类情境时，信息的来源、信息量的多少、主体的认知结构和情感都影响着主体对情境做出的解释和反应。同时，个体的信息加工能力、情绪状态在主客体相互作用的信息加工过程中也会得到改进或改变。社会认知就是这样一个动态的过程。

另外，值得注意的是，社会认知研究人如何认识自己和他人，而认知加工的信息来源于有能动性的自我和他人，这就使社会认知在许多方面不同于对无生命物体和抽象概念信息加工的研究。个体为达到目的而试图控制环境的需要，是社会认知的动因。这种动因使个体在认知过程中，自觉不自觉地改变了环境，同时自己也会有所改变。例如，人总是力图为控制他人对自己的印象，而改变自己的行为和表现，所以，有研究者认为（林崇德和张文新），儿童社会认知发展不是一般认知的简单表现或反映。因为社会认知的对象是他生活于其中的社会环境，儿童主要不是作为单纯的认知者，而是作为积极的行为者，在与他人频繁地相互作用过程中实现着对社会环境的认知。总之，在社会认知中，主体、客体及其关系的复杂性，使社会认知比一般认知更加复杂，研究的难度也随之增加。

但是，无论如何，这为人们理解个体的社会性发展和社会心理现象，提供了一个可以参照的范式。例如，研究者可以通过考查儿童社会信息加工的过程来理解其攻击行为的发展。因此，从最基本的理论意义和个体社会化的角度来理解，社会认知可以理解为社会信息加工过程。个体的社会知识结构和认知结构影响着这个过程，并在这个过程中不断发展，最终推动着个体的社会化进程。因此，社会认知的发展，既有“结构”意义上的发展，也有过程意义上的发展，以及作为二者相互作用结果的社会认知“能力”的发展。

四、社会认知的影响因素

社会认知由认知者、被认知者和认知情境等要素组成。这些要素互相联系、彼此制约、交互作用，共同构成了复杂的社会认知过程。社会认知受多种主观因素和客观因素的影响。

（一）客观因素

第一，认知对象的特点。认知对象即社会刺激。它可以是个体、群体或其他具有社会意义的事物。由于社会刺激本身的特点不同，会导致社会认知结果的差异。一般而言，社会认知对象对认知者的意义越大，越容易引起认知者的注意，认知者投入的认知资源也越多，越易形成清晰的认知。有意义的社会认知对象可以是物，比如，如果一个人正在路上走着，此时一张百元钞票可能比一张白纸更能引起他的注意；也可以是人，个体在人际交往活动中的表情、言语声调、行为以及言语活动所包含的实际意义等，都是社会认知的重要信息。如果遇到一个陌生人，社会情境也无特殊之处，则其外在的信息，如服饰等，会成为重要的认知因素；但是，如果遇到的是一个熟悉的朋友，因为有许多其他信息做参考，认知活动就会更关注其内在的东西，而对外表等外部信息则可能关注较少。

第二，认知情境的特点。社会认知活动总是在一定的社会背景下展开的，所谓“到什么山上唱什么歌”，对他人或善或恶的行为的认知总是离不开当时特定的情境。人们对认知情境的理解能够转换到认知对象身上，影响对该对象的认知。研究者发现，人们对情境的认知与控制可以使人避免焦虑。人们特定的行为总是被特定情境制约着，这种情况也广泛存在于日常生活中。例如，当一个人打了他人，如果撇开当时的情境来分析其打人行为，可能大多数人都会认为他做错了。但是，当认知者获悉是对方先动手打了他，他还手打人仅仅是出于自卫时，就会对他的行为予以同情或理解。可见，既然社会行为是由情境规定的，长此以往，人们便理所当然地根据社会情境来推断人的行为。

（二）主观因素

影响社会认知的主观因素很多，主要是认知者的心理特点。人们的心理特点千差万别，对同一个认知对象所获得的认知结果也会有所不同。认知者心理特点对社会认知的影响，概括起来，大致有以下几个方面。

第一，兴趣与动机。兴趣的个体差异往往决定着认知的选择性。人们的兴趣会使他们把不感兴趣的事物，排除到认知的背景中去，而把注意力集中于感兴趣的事物；动机则是推动人们行动的内驱力，是一个人行为发生和维持活动的心理倾向。符合当事人动机的事物，往往会成为知觉的对象与注意的中心。

第二，需要与价值。需要是个体缺乏某种东西时产生的一种内在状态，当个体因缺乏某种东西而产生需要时，该东西对他而言就具有较大的价值和较重要的意义。而对个人具有意义与价值的东西，容易成为认知刺激的中心，而且对个体而言有价值的特征常常被有意识地夸大。

第三，个性心理特征。一个人的能力、气质和性格组成了个性心理特征。人们在认识世界的时候，总会无意识地把自己的个性心理特征投射到认知对象上。如果自己为人诚实、直率，就会以这种性格特征去看待对方，并且更有可能会认为对方也具有这种人格特征。

第四，认知者的经验。认知者的经验不同，知识结构不同，文化背景不同，即使社会刺激一样，也会有不同的认知内容和分析问题角度。例如，对人进行认知时，艺术家重视其外貌、身材、姿势、风度与气质等，学者专家则可能侧重其人品、智慧、能力及专业知识。

第五，情绪状态的影响。个体对事物的认知受情绪的影响。一个人当前的情绪状态，多少会影响他对人的判断。人们在愉快的状态下，会感到眼前一片阳光明媚，即所谓“人逢喜事精神爽”；人们感到忧郁烦闷时，会感到一切都毫无希望，即所谓“黑云压城城欲摧”。巴克拜（Bagby）利用立体镜的两个不同图像（一边是斗牛图，另一边是棒球比赛图），让所有的被试（一组美国人，一组西班牙人）左右两眼同时看到两种不同图景。结果84%的美国被试报告看到了棒球比赛，70%的西班牙被试说看到了斗牛图。这说明社会经验因素对认知者有重要的影响。

总之，社会认知经过近30年的发展，已经有了相对完整和系统的体系。最近10年来，社会认知传统领域之间以及传统领域与新生学科形成的交叉课题，催生了大量新的研究领域，如认知与行为、态度、情感之间的关系，动机与情感对社会信息加工的影响，记忆在个体理解过去和预测未来的心理过程中所扮演的角色等。内隐社会认知包括内隐态度、内隐自尊及内隐刻板印象等，是当前乃至以后相当长时间内的一个主要研究领域。伴随着认知神经科学在社会认知中的不断渗透，社会认知神经科学将成为未来研究的主流，尤其是与社会认知相关的大脑活动机制。不同人群社会认知心理特征的跨文化比较，也将是社会认知研究发展的另一个方向。

第二节 图式与社会认知偏差

图式（schema 或 scheme），又被译为基模。它是按一定格式组织在一起，用于表征事件、事件系列、规程、情景、关系和客体等的概念群。作为社会认知的一个核心概念，它是以一个特定的事物或主题为中心，帮助个体组织社会信息的心理框架。社会心理学家采用这一概念来阐释人们如何进行社会认知活动，以及如何据此做出相应的行为和恰当的反应。图式一旦形成，就会对社会认知产生强烈而持久的影响。它是组织信息的方式，被用来认识世界、解释世界，并进一步影响个体的社会行为。这种影响有积极的一面，也有消极的一面。其中，消极影响之一便是由图式引起的社会认知偏差，往往会导致一定的心理定势，使人们难以客观地对待人和事，导致人际关系中出现这样或那样的问题。

一、社会认知中的图式

人类有各种不同的社会图式。它是一种仪式化的“剧本”，如就餐、考试、洗涤或参加足球比赛，都有一个按序列形成的小事件，并就此构成了一个简单的、连贯的知觉单位。泰勒和克劳克（Crocker）经研究后把社会图式划分为四类：自我图式、人的图式、角色图式及事件图式。

（一）自我图式

什么是自我？心理学家一直从不同的角度研究这个问题。社会认知心理学家从自己的角度提出了对自我的独特理解，即自我图式的概念。马克沃斯（H. Markus）在 1977 年提出了对自我图式（self-schema）的理解。他认为，自我图式是关于自我的信念，如“我长得不漂亮”。这些信念组织并引导着与自我有关的信息加工，帮助人们形成一个处理自我信念的心理框架。它与自我概念有密切联系。换句话说，自我图式帮助人们解释针对自己的特定事件，并理解该事件隐含的意义。比如，假设某人一门课程的考试考得很差，或者在班里考了最高分，这时自我图式就会帮助他解释该事件：分数代表了相关的知识掌握情况，还是代表了总体上的智力水平？它会影响老师、朋友或家人的看法吗？它会改变你对自己的看法吗？自我图式在人们处理日常社会信息的过程中，起着非常重要的作用，这也得到了实证研究的支持。

（二）人的图式

显然，自我图式不是唯一一个关于人的有组织的信念结构。人们熟悉的所有他人，可能都有他们的图式。人的图式（person schema）是用以组织某个特定个体的信息，以及对此个体的感受。有时，人们熟悉的某个人会以一种令人吃惊的方式行事，尽管同样的行为出现在其他人身上时，并不令人觉得奇怪。之所以令人吃惊，是因为他的行为与人们对他的期望行为不一致。换言之，该行为与人们对他的图式不符。

人的图式是怎样建立起来的呢？近几年，镜像神经元的研究发现，灵长类动物存在一类神经元。它们亲自完成目的指向任务和看到实验者完成同样的任务时，这类神经元会出现激活。这表明这类神经元具有相同的运动表征，这类神经元就是镜像神经元。他们认为，镜像神经元是理解他人行为、意图和经历的基础。人们通过社会交往认识某人，开始时可能通过交谈、阅读而了解，也可能通过他人介绍、朋友推荐而认识，所有这些都可能建立起对一个人的图式。例如，一个“好朋友的图式”可能包括期望行为，与特定的态度与信念结合在一起的人格特征等。随着交往时间增加，了解也增多，并逐渐建立起“好朋友的图式”中更多细节的人的图式。这有助于当事人预期他将来可能产生的行为，以及对友谊质量的判断。当然，一个人的图式仅仅是有关某一个体的图式。除此之外，人们还有另一个更加理想或者说完美的图式，一般被称为原型（prototype）。一个“好朋友的图式”应该包括当事人认为好朋友应该具有的所有理想特质（如人格、信仰、态度、兴趣等）。当某个人的图式与好朋友的原型有许多共同点时，这个人就有可能成为好朋友。然而，如果好朋友改变或者产生了新的特质，或者与好朋友原型差异很大，那么，就会造成朋友原型与个人图式之间的差距。这时，当事人可能会感觉对方已经不适合成为自己的好朋友了。实际上，原型与刻板有一些相似之处，唯其如此，原型很容易导致偏见，这个问题将在下面再进行详细阐述。

（三）角色图式

角色图式（role schema）是指在某种特定的社会情境下，个体根据角色规范和社会预期扮演特定角色时，可能出现的一系列行为的心理框架。简而言之，就是对社会角色的心理分类。一般地，人们头脑中拥有大量的角色图式。第一次听一个新的摇滚乐队演唱，第一次看一个新的领导，第一次拜见新的导师，尽管我们以前从来没见过他们，但仍会对他们的行为模式有相当明确的预期。实际上，诸如学生、丈夫和妻子、父亲和母亲、警察、服务员和恋人等角色，都有明确的角色规范、角色期望、角色观念和角色行为。从角色理论来看，这就是角色定型；从社会认知理论来看，则是所谓角色图式。

角色图式大体可以归为两类，一类是归属的（ascribed）角色图式，如父母角色，是社会文化规定的角色；另一类是成就的（achieved）角色图式，即经过努力实现的角色，如警察和教师角色等。当一个人获得了成就角色时，周围人就会按照该角色赋予他很多的期望，如果他与其成就角色所需要的行为出现偏离就会引发严重问题。例如，一个警察接受了贿赂就是腐败，一个教师体罚了学生，就会受到谴责，一个医生接受患者的红包就会违规。归属角色是因出生、性别、年纪或种族等原因自然而获得的角色，一个人可能同时获得多种归属角色。可以同时是儿子、丈夫、父亲等，但一个人很难同时获得多种成就角色。相对而言，成就角色行为受到较多的社会期待与社会压力。

（四）事件图式

事件图式（event schema）是指人们对社会情境中会出现何种情况的一般预期的认知表征，是对社会事件的心理分类。例如，我们有去餐馆吃饭的图式，有面试的图式，有教室内的行为图式，有开派对的图式，有去看电影的图式等。下面的一个事件就是很好的注释：

丈夫：“今天是周末，我有两张电影票。据说电影很好看！”

妻子：“噢，太棒了，我最近这段时间工作太忙了，好久没出去看电影了！”

半个小时后，两人走到了电影院，丈夫在低头寻找座位上的号码。

如果现在问你“丈夫为什么要看座位上的号码”，你很可能回答得非常快，他在找自己的座位号，因为要对号入座看电影。这个问题似乎太简单了。然而，这个过程却需要许多有关人和周围环境的参考信息。人们之所以不费吹灰之力就预先知道走到电影院后，可能会发生的一系列行为，而不需要谁提前告诉他们在看电影之前要买票，走进影院后要先找座位，这是因为人们头脑中有关于看电影的事件图式。显然，事件图式包括了社会事件发生前后以及因果关系上的普遍特征。

虽然这里区分出社会认知的四种图式类型，但它们之间并非彼此割裂的，而是相互影响、相互制约的。例如，自我图式会影响到人的图式，人的图式同样可以影响事件图式以及角色图式等。

二、图式对社会认知的影响

图式如何影响社会认知呢？要回答这个问题，研究者认为可以从图式对社会认知影响的三个主要过程入手：注意、编码和提取。注意指人们对信息的关注，编码是大脑存储所关注的信息，提取是从大脑中恢复信息的过程。在这个过程中，一个基本的原则是，在每一个加工过程中，都有一些信息被过滤掉。人们注意的仅是外部世界所有信息中的一部分，编码的也仅是人们所注意的一部分信息，提取的则是先前进入记忆的一部分信息。另一个需要思考的问题是这些信息被过滤的方式。在这三个加工过程中，人类的需要选择机制会从可能的事件中决定哪些信息被我们注意、编码和提取。当然，这种选择并非随机的，而是按照自己偏好的方式来选择需要注意和记忆的信息的，其余信息则被过滤或舍弃，而这也正是图式的用武之地。在人类社会的思维中，图式是个体应付外界大量超载信息最重要的武器。它有助于信息加工、回忆、自动推理和解释，同时能加快信息处理、添加信息和提供预期等。可见，图式并非仅仅作为“认知过滤器”而存在。图式在一些认知加工过程中，扮演着重要的角色，如在改变或弯曲输入信息的过程中，填平输入信息的缺口。一句话，图式正塑造着人们对现实世界的理解。

注意的影响。注意先于编码和提取过程。显然，人们难以记住从来没有注意过的信息。正是图式通过告诉人们应该期望什么，来指导和分配人们的注意。有时，那些与人们期望不一致的信息也可能凸现出来。例如，在一个盛大的宴会上，大家都身着光鲜明亮的礼服，因为人太多而且与事件图式的信息一致，以至于人们很难注意所有的信息。然而，这时一个衣冠不整、不修边幅的人进来，人们则更可能注意这个人，因为他与人们头脑中的宴会事件图式不一致。这样，这个人与宴会事件不一致的信息就被人们注意到了，并且吸引了大部分参加宴会者的“眼球”。然而，在另一种情况下，图式对注意的影响表现为人们可能更容易忽视与图式不一致的信息。例如，你如果喜欢某一个人，就很容易忽视其行为中与你对他的图式不一致的信息。所以，人们往往很难看清自己亲人或伴侣身上的缺点，即所谓“情人眼里出西施”。

编码的影响。毫无疑问，受到注意的信息并不能全部存储到记忆中。相反，更多的时候，人们对信息进行了选择。图式对个体选择哪些信息进行编码并储存起来，起着强有力的影响作用。一般地，成为注意焦点的信息，最有可能被选择并进入长时记忆，这是一个基本的事实。换言之，与图式一致的信息即被编码的信息。然而，正如图式对注意影响的两种情况，与图式完全不一致的信息，以及在特定情况下与人们的期望差异较大的信息，有时候也会获得编码，并进入长时记忆。毕竟，这个信息如此出乎人们意料，以至于它们完全获得了注意。它们有可能作为人们对某个人、事、物的独特的“标签”形式，存在于人们的长时记忆中。

提取的影响。图式影响着在特定情境下哪些信息能够被提取出来。对于人们储存在记忆中的信息，思维会选择一些或者歪曲一些信息，以符合当时被激活的图式。这种被选择或被歪曲的信息提取得到了实验研究的支持。麦克弗兰（C. McFarland）和罗斯（L. Ross）的研究指出，人们更倾向于提取与目前情境相类似的信息。为了证明人们是否容易夸大过去印象和现在的相似性，研究者要求被试按照一系列的特质，为自己和他们的约会对象评出等级；两个月后，被试需要为当前的印象再次评出等级，同时回忆他们两个月前的评定等级。结果发现，随着时间的增长，印象变得越来越好的被试，回忆他们较早的印象的等级比他们实际所评的等级更高。同样，印象变得不太好的被试回忆较早的印象的等级比他们实际评定的等级更低。因此，关于他人的图式，人们倾向于选择与当前印象或认知相一致的信息。然而，人们到底对哪一种信息记忆得更为牢固？是与人们图式所期望一致的信息，还是不一致的信息呢？这个问题并没有简单的是或不是的答案。一般而言，人们总是报告与他们图式一致的信息。事实上，与图式不一致的信息或许在人们的记忆中有很深刻的印象，只不过没有被报告出来而已。

可见，图式影响人们对社会信息的感知和注意、记忆和编码、推理和提取。图式还影响人们的行为。同时，图式对社会认知的影响也强烈地受到其他方面的影响。例如，当图式本身是强有力的，并且发展得很好时，它对社会认知的作用会更强烈，否则就相对弱一些。此外，当认知负荷较高——特定时间内人们做出的心理努力较大时，图式的作用就更强。也就是说，当人们需要在同一时间内，处理大量的社会信息时，人们就会求助于图式，因为图式可以帮助人们简化社会认知过程，用较少的努力加工较多的信息。当然，图式也会对社会认知产生消极的影响。诚如前述，图式一旦形成，就很难改变。当环境中的信息与原有图式不一致时，该信息就会被歪曲或扭曲，以与原图式相符，这样就会在一定程度上影响人们对环境中信息的加工处理，形成“自我实现者预言”（self-fulfilling prophecies）的效果。

图式影响社会认知的推理和评估过程。受图式影响的一些社会判断，是在接受社会刺激的一刹那做出的，而不会依赖于对以往记忆信息的提取。一般而言，图式会导致个体在对自身所属群体的成员进行认知时，做出有利的推理和评估；而对非所属群体成员的推理和评估时，则因采取过分的简化图式，导致极化（polarization）的积极或消极效应。

三、社会认知中的偏差

值得注意的是，尽管图式基于人们过去的知识经验和认知结构，并可以帮助人们简化社会认知过程，但是，图式也往往会把人们推向错误的或歪曲的社会认知中。此外，图式一旦形成，往往具有一定的稳定性，显示出较强的维持作用，即使面临与图式相矛盾的信息时，也可能会保持不变，于是便会导致社会认知偏差。首先，人们会过度地接受那些与图式一致的信息。研究表明，当接受与图式相联系的新信息时，人们更倾向于选择那些与已有图式一致的信息，忽视那些与已有图式不一致的信息。其次，当面对信息缺失时，人们更可能填充一些与他们的图式相一致的信息进去。事实上，有时这些后来被填进去的信息是错误的或不准确的。因此，根据这些信息做出的关于个人、群体、事件的推论和解释也都是不准确的。最后，由于人们不愿丢弃和修改他们已有的图式，因此，即使当这些图式已经不适用于目前社会情境下的人或事件的时候，人们仍倾向于运用原有的图式。显然，错误图式会导致错误的判断和推论，进而导致对与其关联的其他的人或群体做出不恰当的评价或反应。例如，下面要讨论的刻板印象就是一种由图式引起的社会认知偏差。

然而，图式造成的社会认知偏差经过个体有意识的努力是可以减少或被克服的。例如，有研究表明，当感知者有时间、动机和认知能力时，他们可以部分地抵消刻板印象的影响。针对这一点，韦哥纳(Wegner)在1994年提出了思维抑制模型(thought suppression)。这个模型包括两个部分：思维监测和注意力分散。思维监测是指感知者充分认识到刻板印象的消极作用，因而在接收外界刺激时有意识地抑制或减少定型的影响；注意力分散则是将注意力集中于一个与认知事物无关的实体上，把意识从思维定势中分离出来，从而达到减少因刻板印象造成认知偏差的目的。

拓展苑

社会信息加工特点的实验研究

如前所述，一些研究者提出过不同的社会信息加工模式理论，其中以道奇的社会信息加工模式最具影响力。已有研究者采用道奇的理论对学习困难儿童和一般儿童进行了比较研究，收到了较好的效果，但是这些研究大多只是针对社会信息加工的某个阶段或与其他方面的联系进行了考查。我们（俞国良，辛自强，曾盼盼）从更加整合的角度，探讨了学习困难儿童和一般儿童社会信息加工各阶段的具体特点。

[被试] 被试来自某小学的四年级、五年级、六年级，其中学习困难儿童25人，一般儿童26人，共51人。

[方法和材料] 本研究采用学习困难儿童与一般儿童比较研究的思路。收集资料的主要方法为结构性访谈。具体如下：设置儿童与同伴、成人相互作用的3类情境。第一类，加入同伴群体情境。主角儿童提出与同伴群体一起进行游戏或活动，结果被拒绝。第二类，同伴激惹情境。主角儿童被同伴激惹或挑衅。第三类，权威指导情境。主角儿童被有权威的成人要求做出令人不愉快的行为。每类情境都有两种情境，一是模糊情境；二是意义清晰情境。区分这两种情境的目的是控制信息资源的不同特征所产生的影响，以区分在信息资源充分（意义清晰情境）和不充分（模糊情境）时，儿童的社会信息加工特点。这些情境以主试展示图片和简要叙述图片中故事的方式呈现。

研究中使用的材料有：联合型瑞文测验（CRP）及专用答题纸，最近一次期末考试的语文、数学成绩，社会信息加工过程访谈提纲和评分表，小型录音机及其他辅助材料。

［研究程序］

第一，编制访谈提纲和编码表。针对每组图片与故事的问题及编码方法如下。

（1）研究者询问被试“这个故事从头到尾发生了什么事”或“你告诉我这个故事共说了哪些内容。”该问题是考查社会信息加工过程中，儿童对社会性刺激进行编码的全面性和准确性。每个故事一般包括两个人物和他们各自的行为、二者构成的关系，以及他们所在的环境（时间、地点等）6个要素，说对一个得1分。如果被试在利用主试提供的故事信息的基础上，又注意观察了图片的信息，且描述得非常准确，就得7分。

（2）根据所提供的信息划分为模糊情境和意义清晰情境。在模糊情境中，研究者分别问被试：“为什么他的同学只是自己玩儿，而没邀请他一起玩儿”“为什么他的同学又吵又闹?”“为什么放学后，老师还让他帮着干活儿?”在意义清晰情境中，研究者问：“故事中的其他儿童（成人）是有意的还是无意的?”“他们为什么这样做?”这些问题旨在考查社会信息加工的第二阶段——儿童如何解释故事中同伴或成人的意图。从善意和恶意的角度，这些意图可分为：①善意；②恶意；③其他。研究者记录儿童在6类情境下选择各种意图的频次。

（3）研究者询问被试：“请告诉我，你认为图片和故事中的这个儿童在处理这种情况时，可能采取的所有方式。还有别的吗?”该问题考查社会信息加工的第三阶段——反应计划的生成。研究者记录儿童产生的反应数量。

（4）问题一：“如果你那样做，其他同伴（或成人）会喜欢你吗?”这个问题考查的是社会信息加工过程的第四阶段——反应评估中的人际效能感维度，即采用某种反应策略可能被别人喜欢的程度。问题二：①加入同伴群体情境中，问：“如果你那样做，其他同伴让你跟他们一起玩吗?”②在同伴激惹情境中，问：“如果你那样做，其他儿童会停止干扰你吗?”③在权威指导情境中，问：“如果你那样做，老师（家长）会取消对你的惩罚吗?”问题二考查反应评估中的工具效能感维度，即反应策略作为工具本身的有效性。这两个问题都是考查儿童对自己反应计划的评估。

（5）研究者要求儿童进行角色扮演并做出一种有能力的反应。研究者对其行为表现进行5级评分，标准是口头语言的一致性、目光的接触情况、表现的流畅性。这个步骤是考查社会信息加工的第五阶段——反应执行。

第二，施测联合型瑞文测验，查阅学生成绩档案。研究者选取最近一次期末考试中的语文、数学成绩作为学绩测验结果；访谈每个班主任和任课老师，请他们根据学习困难的操作定义确定学习困难儿童。

第三，培训主试。主试为具有一定访谈经验的4名心理学专业硕士研究生，通过学习有关理论、讨论访谈提纲等方式进行培训。

第四，正式实验和访谈。在安静的场所内，主试对儿童进行个别实验和访谈。每个儿童大约需要30分钟，主试在访谈全程中进行录音，并记录访谈过程中观察到的被试的主要非言语行为。在实验和访谈过程中，主试不知道哪些是学习困难儿童，哪些是一般儿童。

第五，对收集到的资料进行整理、编码和统计分析。两个发展心理学专业的研究生根据评分标准，进行独立编码，最后利用SPSS18.0软件进行统计处理。

［**研究结论**］无论在模糊情境还是意义清晰情境下，就儿童的社会信息加工过程而言，各阶段有其特点和规律，不同阶段也有其特殊的重要性；就学习困难儿童而言，学习困难儿童和一般儿童在对权威指导情境进行编码时存在显著差异，学习困难儿童的编码准确性和全面性显著低于一般儿童；在模糊同伴情境下，学习困难儿童的反应数量显著多于一般儿童，其消极或侵犯性反应也多于一般儿童。

第三节 印象及其形成

社会认知的复杂性，不仅表现在社会认知的主体受到许多主客观因素的制约，而且还表现在社会认知对象会通过印象形成、管理或控制，来影响他人对自己的认知与判断过程。因此，**印象**（impression）作为人们对认知对象能力、性格、品质等总体特征的反映，实际上是对人际知觉的结果，是个体对人、事、物的整体反映。日常生活的经验和科学研究的成果都表明，人们对他人形成的印象并不都是完全客观的，许多因素会影响对他人印象的形成。因此，对印象、印象形成以及印象管理的探讨，有助于人们更深入地理解社会认知的本质。

一、印象与第一印象

上大学的第一天，你走进宿舍，一个先到的同宿舍同学热情地上来帮你拿东西，告诉你开水房在哪儿、浴室在哪儿等。你对他的印象非常好，后来你听到别人说他有些冷漠，你认为这一定是别人在诋毁他。

新学期伊始，高年级的同学告诉你，这学期的英语老师非常棒，不但平易近人，而且对帮助同学很有热情。他还说着一口地道的英语口语，只不过有时非常固执。从这些描述中，你会迫不及待地想这位老师来上课。

上面描述的这两个例子具有以下共同点：第一，都与印象形成有关；第二，都是在有限的信息资料基础上形成的印象；第三，每一个事例都显示了第一印象的重要性。尽管这两个事件一个来自直接经验，另一个来自间接经验，但均会对人际交往对象的判断和随后的行为产生重要和持久的影响。

什么是第一印象？同陌生人第一次见面，对方的仪表服饰、言谈举止、风度气质都会给人留下一个最初的印象，这个印象就是社会心理学中常说的第一印象（first impression）。因为第一印象是“最初”的感觉，所以新鲜、引人注目，也容易被记住；又因为它是以观察到的感觉形象为主，由个体的认知因素和情感因素结合而产生，所以很容易引起人们情感上的反应——喜欢或厌恶。社会心理学中把第一印象对社会认知的作用称为首因效应（primary effect），即最初的印象对他人的社会认知产生较强的影响。良好的第一印象会使对方喜欢你，即所谓“一见钟情”“一见如故”；而不好的第一印象则会使对方讨厌你，成为以后人际交往的障碍。要给人留下良好的第一印象，关键在于自身的修养。尽管第一印象多少带有“以貌取人”的表面性和片面性，但一个情趣低级、知识浅薄、心胸狭隘、品格低劣、以自我为中心的人是不可能给人留下良好的第一印象的。值得注意的是，第一印象并不是无法改变的，随着时间的推移、相互交往和了解的深入，对人的认识会越来越清晰，第一印象的作用会被加强或减弱。

社会心理学对印象的讨论和研究工作主要围绕着人们怎样形成第一印象，第一印象是怎样持续发挥作用的，人们怎样管理与控制别人对自己的印象等方面展开。但是，心理学对印象的开创性研究，需要追溯到阿希在 1946 年所做的研究。

阿希认为印象是个体对所获得的关于某个人的信息的动态整合。然而，在个体的信息中，显然一些信息要比其他信息更为重要。阿希对此做了一个经典的实验研究。

下面是两列词表，均用来描述一个人。

列 1：聪明的，灵巧的，勤奋的，热情的，果断的，有经验的，谨慎的。

列 2：聪明的，灵巧的，勤奋的，冷漠的，果断的，有经验的，谨慎的。

实验中，每个被试得到了两列词表中的一列，然后要求对该个体写一个简单的素描。也许大家注意到了，两列词表中只有一对词不一样：“热情的”和“冷漠的”。那么，被试对两列词表所描述的个体的印象差异应该不会太大。但是，实验结果却告诉人们，阅读包含热情的词表的被试，比阅读包含冷漠的词表的被试，更倾向于认为这个人慷慨、快乐、正直、善良等。阿希认为，一词之差，竟然导致两组被试对此人的印象有如此大的差别。显然，“热情的”和“冷漠的”是影响其他人格特质的中心特质。因此，“热情的”“冷漠的”也被称为中心性品质词（central trait words）。为了验证自己的假设，阿希接着又设计了另一个实验。实验材料是下面两列词表，均用于描述某个人。

列 3：聪明的，灵巧的，勤奋的，礼貌的，果断的，有经验的，谨慎的。

列 4：聪明的，灵巧的，勤奋的，迟钝的，果断的，有经验的，谨慎的。

研究结果表明，被试在阅读完实验材料后，对该个体的描述没有表现出差异。两次研究的实验材料，唯一的差异在于第二次实验设计中用“礼貌的”“迟钝的”代替了第一次实验设计中“热情的”“冷漠的”。于是，阿希据此认为“礼貌的”“迟钝的”属于边缘特质，对个体印象的形成几乎不起什么作用。

当然，阿希的研究也有不足之处。例如，被试仅仅对一个假想中的个体产生印象，而不是现实生活中针对某一个真实的人的印象，即缺乏生态学效度。但是，阿希作为印象研究的先驱研究者的地位是毋庸置疑的。他的许多关于印象的研究方法及观点，经受住了时间的考验，至今仍有指导意义，并对这一研究领域产生了影响。

二、印象的形成

印象形成（impression formation）是一个复杂的社会互动过程。它是指个体对认知对象的某些属性做出判断，或对其总体特征形成印象的过程。阿希的研究开创了印象形成研究的先河。但是，第一印象究竟是怎样形成的？印象，尤其是第一印象是如何影响人们对他人的判断和决定的？对此，研究者提出了各自不同的观点和看法。然而，研究者在这一问题上能够取得进步的主要原因是采用了认知的观点。简而言之，社会心理学家发现用基本认知过程的信息加工观点来考查印象形成，能够解释许多现象。例如，当遇到一个陌生人时，人们并不是对这个人的所有信息都给予同等的关注，而是只注意那些他们认为最有用的信息，即对信息的选择性注意。为了以后能够进行再认，人们必须记住各种相关信息，这就需要进行编码。回忆的过程则是对信息的提取过程。

社会心理学家针对印象形成的过程，从信息加工过程的角度提出了不同的观点。代表性观点有安德森（C. A. Anderson）的认知代数说，以及关注认知者动机的观点。此外，影响印象形成过程的还有社会信息出现的位置效应以及布鲁瓦（M. B. Brewer）的印象形成双重加工模型等。

（一）安德森的认知代数说

安德森在 1962 年通过实验提出了印象形成的两种方式，累加方式与平均方式，即人们通过社会信息的累加或平均将有关他人分散的信息整合成统一的印象。

累加方式（addictive principle）。如果一个人被形容为幽默、聪明；另一个人被形容为幽默、聪明、随意、害羞，同时假设这四种特征的赞同值依次为 5、5、1、1，那么，哪一个人会使人们产生更好的印象呢？如果按累加方式，即对一个人的印象根据其全部特性的赞同值的总和而定，那么，第一个人的得分为 10 分（5＋5＝10），第二个人的得分为 12 分（5+5+1+

1=12)。因此，人们可能对后者比对前者会产生更好的印象。这种印象形成的方式也得到了实证研究的支持。

平均方式（averaging principle)。对一个人的印象等于形容该人的全部特性的平均赞同值。这样，第一个人的得分为 5 分［(5+5)／2=5］，第二个人的得分为［(5+5+1+1)／4=3］。显然，结果恰恰与第一种方式的相反，即人们对前者的印象要好于对后者的印象。这种方式同样也得到了实证研究的支持。在现实生活中人们发现，先给予两个非常好的有关特性的信息，再给予两个一般好的有关特性的信息，最后人们的整体评价不但没有变好，反而降低了。这是因为两个非常好的特质平均的结果要好于两个非常好和两个一般好的特质平均的结果。中国文化也有“言多必失”“沉默是金”的说法。安德森后来不断对自己的模式加以修正，于 1986 年又相继提出了平均加权模式和加重平均模式。平均加权模式就是用刺激物总数 N 去平均加权印象，也就是说，人们对一个人的印象等于形容该人的全部特性的平均赞同值；加重平均模式既考虑到了第一印象的作用，又强调了价值在印象形成中的作用。但是，基本的结论大体上没有改变，即人们在一个相对简单的认知代数基础上形成关于他人的印象。

（二）认知者的动机

人们试图获得初次见面的交往者的哪些信息，在很大程度上依赖于人们遇到陌生人的特定情境。不同情境，就可能有不同的答案。例如，人们要拜访一位知名的科学家，与想获得在生日宴会上遇到的人的信息是不同的。尽管如此，人们对陌生人的第一印象，还是具有某些共同点。研究表明，在大多数情况下，人们首先注意那些与他人的信念、价值观和道德品质有关的信息，然后才可能注意与他人能力有关的信息。

人们对交往对象的认知动机不同，付出的认知努力也有差异。认知努力意味着当个体去认识周围世界时，总是试图少做认知努力，印象形成过程也不例外。因此，人们常常通过把人归入已经熟悉的大的类型（如“她是一名教师”“他是一名罪犯”等)。然后，人们根据对这些群体的了解形成自我的初步印象，如学者类同于“两耳不闻窗外事”的书呆子。此时，如果人们想使印象更为准确，就有可能去关注交往对象更多的个人特质和细节。对个体印象形成的动机研究也发现，当个体发现自己处于一个比别人权力低的情境时，他们要花更多的努力去形成关于他人的准确印象。

总的来说，认知观点为印象形成的研究提供了许多有价值的观点和方法。尽管从表面上看，人们好像对他人形成印象时采取快速且省力的方式，但是，这些印象形成实际上涉及对社会信息的注意、编码、存储及回忆等心理操作，同时还涉及大脑对各种社会信息的有效整合、最后形成一个统一整体印象的认知过程的操作。通俗地讲，在印象和第一印象形成的背后，隐藏着更多的东西，有的已经被人们认识，有的或许还不为人知。

三、晕轮效应与刻板效应

印象形成是一个复杂的社会认知过程，受到多种因素的影响，并会产生这样或那样的认知偏差。社会信息呈现的位置或时间差异，会导致首因效应和近因效应。首因效应，即第一印象的作用，反映在交往中。人们首先获得的信息对印象的形成起主要作用，后来信息的作用不太被重视。这种印象主要出现于一系列的信息呈现过程中。近因效应是指最近的信息所形成的印象对人的认知有强烈的影响，多出现于间断性信息的呈现中，如对人们所熟悉的认知对象的信息。一般地，在印象形成中，更为严重的认知偏差是晕轮效应与刻板效应，因为这两种效应往往发生在对一类人或一群人的社会认知中。

（一）晕轮效应

在人际交往中，第一印象中个体某些方面印象突出，掩盖了这个人的其他特点和品质，起到了类似晕轮（月亮周围有时出现的朦胧圆圈）的作用，从而影响到对整个人的认识和评价，这种现象就被称为晕轮效应（halo effect），也被称为光环效应或成见效应。实际上，成见效应有所不同。它主要是指人们平常积累起来的对某人、某事的看法，直接影响日后评价的心理效应。因此，成见效应更多的表现是知觉上的定势，即“老眼光”“有色眼镜”。这一点与晕轮效应略有出入。晕轮效应是在初次见面时，对对方有好感，在以后的交往中，就会觉得他一切都好；相反，初次见面觉得对方不顺眼，以后的交往中就会觉得他的一举一动都令人讨厌。在这个过程中，“好”或“坏”都成为评价的“光环”。

研究者（Dion Berscheid & Walster）请大学生被试仔细研究三个与他们年龄相仿自己人的照片，其中第一个人外表很吸引人，第二个人中等，第三个人缺乏吸引力。然后要求大学生被试在27种人格特质上对其进行评价，并评价其婚姻美满、事业成功和个人价值实现的可能性。结果表明，被试判断外表有吸引力的人具有更多受社会欢迎的人格特质，更可能拥有美满的婚姻、充实的生活和成功的职业。中国也有一个寓言生动地描述了这种“晕轮效应”。有一个人丢了一把斧子，他怀疑是邻居偷的。于是，他留心观察，发现这个邻居的一举一动都像是偷斧子的人。后来，他在山上砍柴时找到了丢失的斧子，再仔细观察那个邻居，又觉得邻居根本不像偷斧子的人了。“爱屋及乌”说的也是这个道理。

晕轮效应广泛存在于人际交往的各个方面。这种现象一般产生在观察者了解情况不多的条件下，而且因观察者个人的心理因素对人际交往的效果产生微妙的影响。警惕这种晕轮效应有助于获得对别人的全面且正确的认识。显然，第一印象容易产生晕轮效应。因此，在人际交往中我们要充分重视第一印象，为以后顺利地形成良好人际关系创造条件。

（二）刻板印象

人们在人际交往中不仅会对某个人形成印象，而且对一类人或一群人也同样会形成印象。所谓刻板印象（social stereotypical impression）或刻板效应，就是指人们对某个事物或群体形成的一种概括而固定的看法，并把这种看法推而广之，认为这个事物或群体都具有该特征，而忽视了个体差异。研究表明，刻板印象以许多形式影响着人们后继的信息加工。社会认知神经科学家的研究表明，刻板印象与杏仁核有关，也和腹内侧前额皮层有关。

物以类聚，人以群分。生长在同一地域和同一文化背景中的人们，常常会表现出许多相似性。例如，同一民族和国家的人有着大致相同的风俗习惯；职业、地区、年龄、性别、党派一样的人，在思想和行为等方面也较为接近；知识分子大多文质彬彬，商人一般较为精明，英雄人物总是完美的；东方人感情含蓄而不外露，西方人感情外放且热情；英国人绅士、法国人浪漫、德国人严谨、中国人勤劳聪明等。以上这些相似的特点，被概括地反映到人们对人际交往活动的认识中，并被固定化，于是，产生了刻板印象。例如，卡茨(Katz)、吉尔伯特（Gilbert）和卡林基(Karlins) 等人曾研究了对民族群体性格特质的评定。如表 8-1 所示，尽管实验间隔 18 年，但人们的刻板印象仍十分明显。根据人类认识世界的方式，人们的刻板印象一般是经过两条途径形成的，一是通过直接经验获得的，即个体通过直接与某些人或某个群体接触，然后将一些特点固定化而形成刻板印象；二是通过间接方式获得的，即对一些未曾谋面的人，人们会根据间接的资料与信息产生刻板印象。

表 8-1　对民族性格特质评价的百分数

	1933 年	1951 年	1969 年
美国人			
勤劳的	48%	30%	23%
智慧的	47%	32%	30%
实利主义的	33%	37%	67%
进取的	33%	21%	42%
进步的	23%	5%	17%
爱尔兰人			
好斗的	45%	24%	13%
易怒的	39%	35%	43%
诙谐的	38%	16%	7%
诚实的	32%	11%	17%
虔诚的	29%	30%	27%
意大利人			
爱好艺术的	53%	25%	30%
冲动的	44%	19%	28%
热情的	37%	25%	44%
易怒的	35%	15%	58%
爱好音乐的	32%	22%	9%
犹太人			
精明的	79%	47%	30%
唯利是图的	49%	28%	15%
勤劳的	45%	29%	33%
贪婪的	34%	17%	17%
智慧的	29%	37%	37%

（引自：Karlins，Coffman & Walters，1969）

刻板印象一旦形成，就具有较高的稳定性，很难被改变。即使碰到与刻板印象相反的事实，人们也倾向于坚持以前的印象，而不去否定或改变原来存在于自己头脑中的印象。虽然刻板印象简化了人们的认知过程，节省了人们的时间和精力，使人们能迅速地了解某人的大概情况，有利于人们应对复杂的周围世界，但刻板印象毕竟不是一种完全准确的看法，容易产生认知偏差，并且可能带来一系列消极的后果。可见，刻板印象对社会认知既有积极作用，也有消极作用。人们在人际交往和社会认知过程中，要自觉地、有意识地克服错误的刻板印象，以便能够对人、事、物有深入、细致和准确的认知。

近年来，我们（俞国良，王琦，2017；俞国良，赵凤青，2018）聚焦于探讨中国文化中存在的刻板印象和刻板印象威胁现象，并向国外同行介绍了研究成果。以刻板印象威胁的动机经验模型和认同威胁模型为理论基础，系统地研究了刻板印象威胁对女性和学习困难学生等的影响及可能的作用机制。采用访谈法、实验法、问卷法等多种研究方法，探讨刻板印象威胁对学习困难学生学业表现、学习坚持性、认知表现等指标的影响机制，结果发现：学习困难学生消极刻板印象的特征具有多维性、稳定性；刻板印象威胁会降低学生的学习兴趣和内部动机，减少学习投入水平，降低学业表现；且刻板印象威胁主要存在于高学业认同、高自尊的学习困难学生中。基于这些研究，在教育对策上呼吁降低“学习困难”身份的凸显性；开设有针对性的心理健康教育课程。同时，基于刻板印象威胁的研究，设计了一套心理健康课程，对初中女生“数学性别刻板印象”进行为期 3 个月的干预，为切实提高初中女生的自尊水平和学业表现提供了实证支持。

四、印象管理

人们可能在熟人、亲人或朋友面前不拘小节，可到陌生人家里做客时，却变得彬彬有礼、礼貌有加。这不是虚伪，也不是做作，而是遵循社会生活中约定俗成的规则，即人们在交往中总是选择适合环境的服饰打扮和言谈举止，其目的是希望能给他人留下一个良好的印象。这种通过有意识地管理自己，来影响或控制他人对自己印象形成的过程，就叫作印象管理（impression management），又称为印象整饰。

（一）印象管理的形式

印象管理，有多种具体的表现形式和管理策略。例如，根据交往者的倾向、群体任务和交往的环境要求，以及社会肯定和群体声誉来进行印象整饰。其中，自我表现和自我行动是两种基本的形式。

自我表现（self-presentation）是指个体通过选择合适的言行举止、服饰打扮而进行的印象管理，即通过自我美化，来增加自己在他人心目中吸引力。这实际上是有意识地把自己最满意的形象展示给他人。现实生活中这样的例子不胜枚举。例如，个体为了让他人觉得自己是淑女，从穿着到言行都会尽量让自己看起来更像个淑女；

有时人们为了不让家人担心自己在外地的生活，即使在外地生活得很糟糕，回到家时，也会假装生活得很好。自我表现可以是故意掩饰，给自己戴上想要的光环；也可以是故意暴露自己不好的一面，使别人放松对自己的“戒备心理”，其目的均是为了控制和管理别人对自己的印象。

自我行动是指个体通过采取投他人所好的言行举止而进行的印象管理。投人所好，即通过各种途径努力使别人感觉良好，就是印象管理或印象整饰中的“讨好”现象。琼斯（E. E. Jones）认为讨好者有四种战术：称赞和抬高别人，对不重要的问题和重要的问题采用不同的讨好策略，投其所好和自我表现，以及报恩。这便是日常生活中所说的恭维、迎合、施惠和俗称的“拍马屁”。恭维是个体给社会交往对象的品质以正面的和肯定的评价，如称赞对方正直勇敢、心地善良、助人为乐等。迎合是个体在思想或行为上表示与对方完全相同，如果自己的看法并不与其一致，甚至相反时，则要设法隐藏起来。施惠是个体给社交对象以物质或其他方面的恩惠与好处。“拍马屁”就是阿谀逢迎，个体总是随时准备着说些恭维的话，以提高对方的威望或尊严，表现过于夸张，言过其实，多见于下属与上司之间。然而，为了建立、维持和发展良好的人际关系，无论是哪种形式的自我行动，都应该做到恰当和自然，不要矫揉造作。因为，从本质上讲，自我行动类似于一种投资，而投资是需要回报的。如果自我行动得体、恰当，就能在满足对方获得尊重的同时，使对方形成对自己积极肯定的印象。但是，如果自我行动过于虚伪做作，就可能适得其反，还可能因此使对方产生强烈的逆反心理，甚至厌恶情绪，尤其是当自己有求于对方的时候更是如此。这样就会使整个人际交往活动“功败垂成”。

（二）印象管理的意义

“坦诚相见”“肝胆相照”，这些词均是描写人与人之间关系的褒义词，而印象管理则要求人们管理自己留给别人或别人对自己的印象。然而，既然人与人之间要诚实无欺，印象管理岂不显得太虚伪了！其实，这种看法是不恰当的。印象管理只是社会交往的一种工具或手段，而工具或手段本身无所谓好坏，关键是运用这种手段要达到什么目的。就其积极方面而言，印象管理可以调节人际关系，使人际交往能够顺畅地进行下去。这样的例子在生活中俯拾即是。例如，本来你对某个人的印象不好，但偶然听到对方对你真诚的肯定时，你会不知不觉地对对方的态度积极起来。这是正常的人际现象：人们倾向于喜欢尊重自己的人。一般来说，不懂得印象管理的人，常常给人一种缺乏教养的感觉。直率本身是好的，但不分场合地过分直率，则显得粗鲁。试想，如果你和一位很在意自己外表的中年妇女聊天，她说：“唉，我是不是看起来比实际年龄还要大?”这时，如果你说：“没有，你看着挺年轻的，你要不说你的年龄，我真不相信你这么大了!”对方听了，一定会很高兴。如果你说：“是呀，你是看着挺显老的。”对方听了心里肯定会不舒服，还有可能留下坏印象。可见，印象的管理不是虚伪，而是人性使然，是正常人际交往的需要，也是建立、维持和发展良好人际关系的需要。

不可讳言，印象管理也可能产生消极的影响，即所谓过犹不及，过分的印象管理可能产生消极影响。首先，过分的印象管理可能会使自己失去个性。其次，过分的印象管理也可能无法营造良好的人际氛围。把自己包装得过于严实，导致别人根本无法了解，从而也不可能建立信任关系和良好的人际关系，这显然会给正常的人际交往带来消极的影响。最后，如果是出于不良动机和不可告人的目的而进行印象管理，会恶化社会风气，应该为人们所不齿。这不是印象管理的应有之意，是交往动机或者目的有问题了。

第四节 归因与偏见

归因，从本质上说是一种社会判断过程。人们几乎每时每刻都在分析自己或他人社会行为的原因，从而做出社会判断，为自己的社会行为提供指导；而社会行为的复杂性和偶然性，再加上人们对周围世界或人群的固有看法或态度，所有这些都容易导致偏见。在这里，我们要针对归因与偏见两方面内容，讨论归因的概念、理论和归因偏差，以及偏见的产生、根源和偏见的消除。

一、归因的界定

先看现实生活中的一个实例。

张华马上面临大学毕业，刚刚参加了一个公司的面试，几天后，结果出来了，张华没能进入下一轮的面试。

张华会怎样看待这次失败的面试呢？她是觉得公司没有伯乐来识千里马，认为自己面试时的表现可能过于紧张，还是因知识储备不足而显得有些不自信呢？张华对自己面试失败原因所做的分析和推论的过程，就是对自己的面试行为进行归因。人们不但对自己的行为进行归因，同时，也对别人的行为进行归因。很多时候，人们对周围人的行为总喜欢问“为什么”。他为什么选择了轻生？她那么漂亮，为什么嫁给了一个相貌平平的小伙子？他为什么喜欢吹牛？这些探求他人行为原因的过程，均属于归因。社会心理学把这种对自己或他人的行为进行分析，进而推断其原因的过程，称为**归因**（attribution）。

归因作为社会认知中一个十分活跃的研究领域，存在着多种归因理论。近几年来，在归因这一传统的社会心理领域，社会认知神经科学不仅为“心理理论”提供了脑成像数据的支持，还从社会认知神经科学的角度，提出了“镜像神经元”（mirror neurons）理论和“共享表征说”（shared representations）来阐述个体归因的神经机制。从目前来看，这些归因理论在教育心理学、临床心理学和工业管理心理学等领域具有广泛的应用价值。

社会心理学领域对归因的开创性研究是从海德（F. Heider）开始的。海德认为人们对自己或他人的行为做因果解释时，其主要目的是使自己能够预测并控制周围的社会环境。如果人们能够成功地解释过去发生的社会行为背后的原因，那么，人们就有可能预测未来在相似的社会情境下，自己或他人可能的社会行为。

二、归因理论

1944 年，海德和同事在一个有关外显行为的实验研究中发现，“行动者做出判断的方式与这种对于活动起因的归属密切相关”。他富有远见地指出，这种方法可能是一种研究一个人如何知觉他人行为的有效方法。从此以后，海德在研究人际知觉理论的同时，一直关注归因现象的研究。1958 年，海德在其代表作《人际关系心理学》一书中，正式谈到了归因现象和归因理论。由于各种原因，当时其归因思想并未能引起其他研究者的重视。直到 20 世纪 60 年代，琼斯（E. A. Jones）和戴维斯（K. E. Davis）的《从行动到倾向性——人的知觉中的归因过程》与凯利（H. H. Kelley）的《社会心理学中的归因理论》两文发表以后，归因研究的重要性和必要性才真正为社会心理学家所认识、接受。此后，许多社会心理学家提出了自己对归因的认识和理解，形成了各具特色的理论。**归因理论**（attribution theory）就是知觉者推断他人与自己行为、为某种行为找到解释和原因的一组理论集合体。现在，归因与人际知觉不仅是社会心理学家研究的重要课题，而且在几乎所有的社会心理学教科书中都占有一席之地。

（一）海德的朴素心理学

如前所述，归因的研究和理论分析是从海德开始的。在海德的归因理论体系中，有一个基本的概念叫**朴素心理学**或通俗心理学（naive psychology）。朴素心理学主要研究人们通常理解和推断周围事件意义的方法。每个人都在致力于寻找人们行为的因果性解释，这是一种普遍现象。朴素心理学受现象学的影响很深，非常关心现象的因果关系。在海德看来，要了解朴素心理学，只要听一听生活中人们怎样描述其经历的语言就可以了。也就是说，只要认真聆听一个人对他人的看法，就能够基本了解这个人是如何理解他人行为的原因的。如果一个人聆听了许多人对他人的看法，那么，许多人理解他人行为原因的共同之处，就可能帮助他提出一个因果推论的理论。

海德认为，人有两种强烈的需要：对周围环境一贯性理解的需要和控制环境的需要。要满足这两种需要，人们必须要有能力去分析和预测他人行为的原因，因为一个人的行为必有原因。其原因要么来自外部环境，要么来自主观条件，即行为由两种原因引起：一是个体的自身因素，如人格、品质、动机、情绪、态度、心境、努力及能力等；二是情境因素，包括任务的难易程度、活动提供的奖赏和惩罚、运气等。海德试图从人们的内、外归因中去解释一个人的行为，特别是强调行为者的内部因素。如果某种行为是由内在的个人因素引起的，那么，这个人将来在同样情况下发生的行为将不会有太大的变化。控制周围环境的一个关键因素，是能够预测他人在特定情境下如何行动，归因分析的主要目的是能够预测行为者未来的行为动向。所以，为了预测和控制环境，人们需要对他人的内在特质做出全面的判断。

相对于海德具有开创性意义的研究，琼斯和戴维斯提出的一致性推断理论以及凯利提出的三维归因理论更为系统和深入。前者的理论从海德的关注行为转到关注性格，即把他人的行为看作持久特质的体现；后者的因果归因理论，更关注人们如何回答“为什么”的问题。

(二) 琼斯和戴维斯的一致性推断理论

琼斯和戴维斯（Jones & Davis，1965）的一致性推断理论（correspondent inference theory），关心的不是归因本身，而是认知主体的归因过程。他们的目的是建立一种能够系统地解释个体根据具体社会行为，推断行为者意图的过程的理论，即人们如何以他人行为为基础，推断他们稳定特质或性格的理论。为此，他们首先提出的观点是“一致性标准”。这是指通过归因，对行为的定性必须与所依据的知觉到的外显行为相符。这一观点的核心是解释认知主体应该如何从行动者的实际行为或试图做出的行为中，推断与该行为相对应的主体的内部品质或意向。该理论有三个要点。

第一，假定行为者本人能够预见自己行为的后果，即行为者实施的行为总是有目的的行为，只有这个前提条件成立，一致性推断才可能成立。所以，“选择”对于归因的意义十分重要。在归因过程中，认知主体要不断判断社会环境因素对行为者行动的影响，只有确认社会和其他环境因素的影响很弱时，才能转向从行为者内部去寻找原因，即行为必须是行为主体发自内心的，而不是被环境逼迫的。当人们看到一个人从许多可供选择的行为中选择了某种特定的行为时，就较容易确定其行为意图。例如，一个学生从众多大学中选择了一所大学；另一个学生出于无奈只能选择这所大学，否则就上不了大学。显然，只有前者的行为才可能为归因提供线索。

第二，非共同效果（non-common effect）行为，即由某种特殊因素而非其他因素所产生效果的行为。非共同效果行为，可以帮助人们更好地认识他人行为的原因。例如，某公司职员小王在周五准备下周的展览会。老板很喜欢员工加班，而且自己也经常加班。小王既可以在下班之前完成准备工作，也可以拖到下班后继续加班完成。这两种行为的共同效果是为下周的展览会做准备；它们的非共同效果是后者可以让老板看见自己在加班，并可能使自己因此得到赏识。如果小王把工作拖到下班后加班时完成，人们就可以根据这种自由选择行为的非共同效果推测：小王的真实意图是让老板看见自己对工作很尽心尽责，以期得到老板的赏识。

第三，行为的社会赞许度。该观点认为，人们应该多关注他人的低社会赞许的行为而不是高社会赞许的行为，从而增加对他人特质的了解。例如，在公交车上被别人踩了一脚，如果对方非但不表示歉意，还瞪了一眼，好像在说："干吗不把脚往里面放放?"对方的行为无疑是低社会赞许的行为。然而，通过此事，我们或许可以推断对方的一些特点及其看待世界的方式。

当然，人们如果对行为者的能力、性格等人格特征较熟悉，会有助于提高对其行为归因的准确性。如果有人对上述事例中踩脚的人比较熟悉，知道他平时非常有礼貌，那么，就会推断他今天的行为原因可能是心情不好，或者别的原因，不太可能因此推断出他太粗鲁、没教养。

一般而言，人们最可能在他人的行为是自由选择而非强迫的，能够产生独特的非共同效果，并且在具有低社会赞许度的情况下，达到对他人某些相应心理特质的推断的目的。

（三）凯利的三维归因理论

凯利对归因的研究受到海德的很大影响。凯利（1967）认为，归因理论应该回答这样一些问题："对他人行为的归因——是什么引起行为，行为赖以存在的基础是什么，归因于什么?"凯利认为人们行为的原因十分复杂，仅凭短暂的观察难以推断行为的原因，必须在类似的情境中经过反复观察，根据多种线索才能对行为的原因做出判断。在很多情况下，人们面对的主要归因任务是，人们想知道他人为什么如此行动或者事件为什么以其特殊的方式发生。人们在解答"他人为什么这样行动"这一问题的过程中，凯利的三维归因理论提供了一种有效的方式。这一理论的基本假设是"结果自始至终与其原因共变"（转引自威廉·S. 萨哈金，《社会心理学的历史与体系》，贵州人民出版社，1991）。任何事件的原因最终可以归为三方面：行动者（actors）、刺激对象（stimulus objects）和环境背景或情境（contexts）。同时，在归因的过程中，人们应该关注三个重要方面的信息：区别性信息、一致性信息和一贯性信息。所以，有的研究者把凯利的三维归因理论称为**三度理论**（cube theory）。

第一，**区别性信息**（distinctiveness information）。这是指区别有关行为仅仅是对特定客观刺激的反应，还是对多种客观刺激的反应，即与众不同。例如，对于素菜、荤菜、水果三类食物，如果王利只吃素菜，而很少吃其他两类食物，这说明其对不同刺激的反应有区别，由此所产生的信息资料是区别性较高的。如果王利不但吃素菜，也常吃其他两类食物，则说明其对不同刺激的反应区别很小或没有什么区别，由此所产生的信息资料是低区别性的。

第二，一致性信息（consensus information)。这是指在特定场合下，某个个体周围人表现出的行为与该个体行为的类似或相同情况，即众人皆然。例如，上述事件中，王利选择吃素菜，而周围其他人大多选择吃素菜，大家的行为类似程度高，则表明其行为的一致性高。如果王利选择吃素菜，而周围的人大多选择吃荤菜或水果，大家的行为类似程度低，则表明其行为一致性低。

第三，一贯性信息（consistency information)。这表示行为者对刺激反应的频率和稳定程度，即始终如一。如果王利在不同的时间和情境下，无论是在春夏秋冬，还是在家里或餐馆中，都仅吃素菜而不吃荤菜和水果，就说明王利吃素菜的行为是反复出现的，该行为反应的一贯性就高；否则，该行为反应的一贯性就低。

上述三种信息实际上体现了行为所具有的三种特征。这三种特征又与行为的原因紧密地联系在一起。三种特征的不同组合即意味着导致行为的不同原因。凯利认为，行为原因只可能来自三个方面，因此与行为原因相联系的三种特征的组合也只可能是以下三种情形。其一，一致性高、一贯性高、区别性高，即与众相同、总是如此，此时行为的原因是行为指向的外在刺激对象，这属于外归因。其二，一致性低、一贯性高、区别性低，即与众不同、总是如此、不因人而异，此时行为的原因在于行动者自身，这属于内归因。其三，一致性低、一贯性低、区别性高，即与众不同、偶尔为之、因人而异，此时行为原因在于行为发生时的情境，这属于外归因（见表 8-2)。

表 8-2　三种信息进行归因判断的方式

一致性	一贯性	区别性	归因方式
高	高	高	刺激对象
低	高	低	行动者
低	低	高	情境

凯利的三维归因理论提出后，一些有关社会认知的实验也基本支持了他的假设。研究发现，一致性、一贯性、区别性确实是人们进行归因的基础。只是，也有研究者发现，人们在进行归因推论时，虽然会考虑这三种信息，但并不是以三维理论所假设的方式进行的。不仅人们对一贯性的偏爱要明显高于一致性和区别性，而且只要有可能，人们就会运用关于行动者的其他额外信息（如动机、愿望、意图等方面的信息)，即考虑他人行为的理由和其他因素。然而，这些批评并未从总体上否认该理论的价值，只是对其普遍性提出了质疑。

（四）韦纳的成就归因模型

韦纳（B. Weiner）在海德等人归因理论的基础上，专门研究了个体的成就**归因模型**（achievement attribution model)。他提出，人们对于成功和失败一般是按照努力、任务难度、能力和运气这四个因素进行归因的（见表 8-3)。韦纳随后进一步发展了他的归因理论，在 1982 年提出了归因的第三个维度，即可控制性。他认为如果从稳定性—不稳定性、内因—外因、控制—不可控制这三个维度上考查上述四个因素，则得出这样的结论：能力和努力是内因，运气和任务难度属于外因；能力和任务难度是稳定的，而努力和运气是不稳定的；能力和运气是不可控制的，而任务难度和努力是可控制的（见表 8-4）。

表 8-3　个体成功行为决定因素分类

	支配原因	
合并后	内在的	外在的
稳定	能力	工作难度
不稳定	努力	运气

表 8-4　维纳的归因模型

可控制性	内因		外因	
	稳定	不稳定	稳定	不稳定
可控制	努力	暂时努力	偏见	偶然认为
不可控制	能力	情绪	工作性质	运气

韦纳研究了先前的成功经验和目前结果的差异对归因的影响。他发现当个体以前成功率较高，而目前的结果是失败时，或者以前的成功率很低，目前的结果是成功时，人们更倾向于将其成败归因于不稳定的因素。然而，当先前的结果与目前的结果一致时，人们倾向于归因于稳定的因素。

除此之外，韦纳还研究了成就动机与归因模式的关系，认为不同的归因模式会影响个体的情感、期望和行为。他发现成就动机高的个体在对成败进行归因时表现出如下特点。

（1）把成功归因于自己的能力和努力，使成功能够提高其自豪感和自信心。

（2）把失败归因于缺乏努力，使自己在面对失败时能够不放弃努力。

（3）多选择中等难度的任务，因为相对于自己能力，中等难度的任务能产生最大的自我评价反馈。

（4）认为成功是由努力决定的，通过努力工作来赢得成功。

相反，成就动机低的个体在对自己的成败进行归因时，表现出以下特点。

（1）将失败归因于内部原因，在面对失败时，比较容易放弃。

（2）将成功归因于外部因素，很难努力追求成功。

（3）倾向于选择过难或过易的任务，因为它们产生的自我评价反馈较小。

（4）认为结果与努力关系不大，在面对任务时较少付出努力。

（五）对归因理论的简要的评价

显然，上述几种归因理论，并不能给人们复杂的归因现象提供圆满的解释。比较合适的观点是把它们看作适用于不同情境下的理论。例如，一致性推断理论主要适用于推断个体稳定特质的归因情境。相比较而言，凯利的归因模型比较适用于以下情境，即人们了解该个体过去怎样行为，其他人在相同情境下如何行为，以及该个体在其他情境中如何行为等较多的信息。韦纳的归因模型较多关注人们对于自己或他人的成功和失败是怎样归因的。这些理论在社会心理学领域已经被大家所接受，得到了大量实证研究的支持。同时被广泛应用于临床心理学和教育心理学等实践领域。例如，归因和抑郁关系的研究（见表

8-5）也取得了积极的成果。

表 8-5　归因和抑郁

正常的人	肯定的结果	归因于	内部、持久的原因
	否定的结果		外部、暂时的原因
抑郁的人	肯定的结果		外部、暂时的原因
	否定的结果		内部、持久的原因

三、归因偏差

各种归因理论对归因过程的解释，均假设人是理性的，并用符合逻辑的方式进行归因。然而，事实上人们的归因行为并不总是完全理性的，也并不总是逻辑严密的。人在一定情况下受情绪左右，就不可避免地会产生归因偏差，甚至出现归因错误归因偏差（attribution bias）指的是认知者系统地歪曲了某些本来是正确的信息。这有的源于人类认知过程本身固有的局限，有的则是由人们不同的动机造成的。

第一，从归因对象看，归因偏差表现为对他人的归因偏差和自我归因偏差。对他人的行为进行归因时，人们往往将行为归因于态度或人格等内在特质，忽视了引起行为的外部情境因素。这一归因现象被社会心理学家称为“基本归因错误”（fundamental attribution error）。例如，很多热恋的情人把对方的帮助看成关心人等良好品质的表现，而忽视了“对方在热恋”这一特定的情境因素。此时，人们往往忽视某种行为产生的环境因素，而将行为看作行动者自由选择的结果，是个体稳定的人格特征的一种系统反映。但是，归因者对自己的行为归因时，往往倾向于将肯定的结果归因于内部原因，而将否定的结果归因于外部原因。这通常被称为自我服务的归因偏差。这种现象发生的范围广泛，效应也很强烈。它也可能是许多人际冲突的原因，经常使合作者感觉是自己而不是其他合作者做出了主要的贡献。现实生活中也常看到这种现象：两个人共同完成某项工作时，当工作进展顺利时，往往认为是自己的原因；而在工作进展不顺利时，常倾向于责备合作者。

第二，从归因者的动机来看，归因偏差表现为非动机性偏差和动机性偏差。非动机性归因偏差是在归因过程中，由于信息资料和认识上的原因而导致的误差，这种偏差不是归因主体的特殊动机而是在主观上有意造成的。动机性偏差是指在归因过程中，由于主体某些特殊的动机或需要，在加工信息资料时产生的误差。这种偏差实质上是一种防御性归因。防御性归因建立在动机性需要基础上，而不是建立在认知机制基础上，这种归因一般而言均是利己的。例如，人们倾向于把自己的成功归因于能力、努力等内部因素，而倾向于把自己的失败归因于任务难度、运气不佳等外部因素。例如，学习困难儿童就是这样归因的。我们（俞国良，王永丽，2004）对小学三年级至五年级共83名儿童的归因特点进行了研究，结果发现，对消极事件的归因时，学习困难儿童显著高于一般儿童，年级差异显著，四年级的得分高于三年级；在消极事件各维度上，两者在稳定性维度上差异显著，内部性和普遍性维度的年级差异显著。对积极事件的归因，一般儿童显著高于学习困难儿童；在积极事件各维度上，两者在稳定性上差异显著，一般儿童高于学习困难儿童，年级差异显著，三年级的得分显著高于五年级。

为什么个体在看待他人和看待自己的行为时，会存在归因偏差呢？一种最为可能的解释是，自己行为和他人行为的突出程度不同，因此，知觉和认知的效果也不同。具体来说，作为行动者，人们难以清晰地看见自己是如何行动的，自己的行为就显得不那么突出，然而，影响自己行为的外在环境因素却很突出，所以比较容易将自己的行为归因于外部情境因素。反过来，作为他人行为的观察者时，他人的行为就成了知觉对象，而环境则成了模糊的知觉背景，因而，人们常将他人的行为归因于行动者自身。这就是所谓行动者—观察者效应，即把自己的行为归因于情境因素，而把别人的行为归因于内部（性格）原因的倾向，这种倾向的最终目的是利己和自我防御。这种倾向可以在许多情况下被观察到。

第三，从“公平世界”信念的归因看，在现实生活中人们常常持一种抱怨受害者的倾向，认为“善有善报”“恶有恶报”。没有谁会无缘无故地惹祸上身，遭遇不幸全是自己招来的，这就是“公平世界”者持有的理念。卡勒（Carlill）等人让被试阅读不同结局的材料。结果发现，阅读悲剧结局的被试往往认为这种结局是不可避免的，受害者自己应该对这种悲剧结局负责。

一位精神病医生会见了几百个曾被强奸、绑架、侮辱的受害者，结果发现这些受害者在遭遇不幸后，他们的家人、亲友及他人的责难往往多于同情。这些人责备受害者：“为什么与素不相识的人跳舞？”“为什么打扮得那么时髦？”“为什么带那么多钱在身上？”……对此，社会心理学家的解释是，人们有一种对任何人、事、物都力图加以控制的思想与意识。为了加强和维护这种思想与意识，人们就倾向于对遭受不幸的人加以责备。人们普遍认为，如果人人都能对降临的不幸承担责任，那么，也许人们就能以适当的行动来避免灾难和不幸了。

显然，认识到归因偏差，并在社会认知过程中加以注意，会提高人们社会认知的准确性，帮助人们减少或克服种种归因偏差。在日常生活和人际交往活动中，每一个人都应努力地自觉纠正归因偏差，尽量做出合乎实际的归因判断。

四、偏见及其消除

每个个体都生活在群体中，要与形形色色的人打交道，必然会形成一定的看法和态度，也包括偏见。偏见（prejudice）是人们脱离客观事实而建立起来对人、事、物的消极认知与态度。在大多数情况下，偏见是仅仅根据某些社会群体的成员身份而对其形成的一种态度，并且往往是不正确的否定或怀有敌意的态度。换言之，一个人对某个社会群体产生了偏见，就会倾向于用特殊的方式来评价其成员，而群体成员本身的品质和行为表现如何则显得无关紧要。因此，偏见作为一种态度，有认知的、情感的和行为的成分。从本质上来说，偏见是个体不宽容的表现，是采用有利于对待其他群体的信息加工方式来对待单个、特定群体的成员。它会以一种自动的方式被触发出来。它可以是内隐的，也可以是外显的。外显的行为表现便是歧视。歧视（discrimination）是由偏见的认识和态度引起的，直接指向偏见目标或受害者的那些否定性的消极行为表现。歧视源自偏见。歧视的表现程度变化很大，从带有感情色彩的表情性言语交往或社会交往中的故意回避，到暴力行为，乃至灭绝种族或宗教性大屠杀。种族歧视或性别歧视都是典型例子。在这个过程中，情感发挥了重要作用，而认知则显得不甚重要。偏见并不总是消极的，也有积极的。例如，人们可能对电影明星产生抵触的偏见，也可能对他们产生赞同的偏见。不过，这里我们只探讨与消极态度相关的偏见。

（一）偏见的特征

一般来说，偏见具有下面四个特征。

第一，偏见以有限或错误的信息来源为基础。人们常倾向于根据少数人的表现，推断他们所属群体全体成员的特性，或根据道听途说的传闻形成对群体的整体印象。例如，有人到某个城市遭到欺骗，就认为这个城市的人都很坏；听到某个部门有腐败现象，就认为这个部门里所有的人都很腐败。

第二，偏见的认知成分是刻板印象。刻板印象的形成与人类认知的发展有关，为了节省认知资源，利用刻板印象简化了认识世界的过程，在这个意义上讲，是人类智力成熟的表现。但当这种分门别类被固定化、形成刻板印象时就会导致偏见。例如，如果生活在一个处处渗透着大男子主义的社会中，在性别角色社会化的过程中，人们把男性、女性的角色看作固定的、有限的，女性的角色多集中在家庭、孩子和婚姻上，在获得更高地位或更广泛地选择职业时则容易受到限制。因此，有研究指出，个体持有偏见的观点有利于维护他们的自我形象，偏见也许在保护和提高自我概念方面起着重要作用。

第三，偏见有过度类化的倾向。一个持有偏见的人常常有类似晕轮效应或光环作用的倾向。如果他讨厌某个人，就会倾向于认为那个人各方面都不好，也会因为某个人属于他不喜欢的群体，而把附加于该群体所有不好的评价都追加到这个人身上。偏见的认知、情感和行为反应有过度类化的倾向，会忽视个体差异和主客观条件的差异。比如，人们在生活中觉得某个人很自私，善于利用别人，即使此人靠自己的努力获得了成功，人们也倾向于认为他是通过利用别人才获得的。

第四，偏见有先入为主的判断。人们具有在资料尚未收集齐全时，就断然下结论的倾向。对人印象的形成也存在过早下结论的情况中，特别是负面偏见，在印象形成过程中组织信息时会凸显出来。显然，与正面信息比较而言，人们对负面信息有更大的敏感性，这种倾向有一定的大脑神经基础。偏见与误解有所不同。某人对他人有误解时，会在接收新的资料后修改原来的看法，而持偏见者即使面对相反的事实，也不愿改变原来的判断。

（二）偏见的来源

究竟是什么使人产生了偏见？偏见是正常的还是不正常的？简而言之，什么是偏见的来源——何种社会条件会导致偏见产生呢？这个问题的答案十分复杂，因为造成偏见的原因很多，且它们的作用过程常常相互影响。对此，不同的理论提出了不同的观点。这里仅从社会认知角度进行阐释。

利害冲突论。这一观点假定社会资源是有限的或者稀缺的，某一个体或群体利益及资源的获得，往往会牺牲另一个体或群体的利益或资源，这就是造成冲突与偏见的基础。偏见有时候来源于许多特定群体对稀少而宝贵的资源的直接竞争。

一个非常生动的例子是谢里夫和他的同事进行的一项研究。他们让一群来自不同地区的男孩参加一次暑期的夏令营活动，到营地后，将其分为两组。开始，两组成员彼此互不相识，也不往来，各自从事自己组内的学习与活动，逐渐在各组成员内部建立了“我们一体”的群体意识感和归属感。随后，研究者安排两组成员进行各种竞赛活动，竞赛活动的奖惩方式为一组之所得必为另一组之所失。随着竞赛活动的进行，两个群体间的社会距离越来越大，而且产生了对己有利、对对方不利的看法。每个小组成员都认为自己的群体是勇敢的、坚强的、友善的，而对方群体是卑劣的、狡诈的、邪恶的。即使双方的成就差不多，小组成员也倾向于高估自己的成就而低估对方。进一步的研究发现，两个群体的对立态度不仅出现在竞赛活动中，而且也扩散到了其他非竞赛场合。

尽管这项研究存在着一定的局限性，但是，该研究结果仍然引人注目。研究者描述了这样一幅令人心悸的图景：在资源短缺的情况下，人们是如何由合理的竞争迅速演变成全面的冲突的，这种冲突进而还会助长他们形成对竞争对手的消极态度，而这正是形成偏见的基础。

社会学习论。社会学习论认为偏见是习得的。它是通过与其他态度、观念等同样的方式、同样的基本反应机制发展形成的，通过直接或者间接经验获得的。儿童从父母、朋友、老师和周围其他人的言谈举止中，潜移默化地学会了用消极的态度来看待某些社会群体，而且儿童认同这一点之后，还可能得到重要他人（如老师、同伴和父母等）的赞扬、鼓励等直接的强化。

这里有一个个案研究很能说明问题。埃利奥特（Elliot）是一位三年级的老师。他曾告诉自己的学生，蓝眼睛的人比褐眼睛的人更聪明、更优秀，褐眼睛的孩子必须带上特殊的项圈，以便于区分；而且他还给蓝眼睛的孩子很多特权，如可以多玩一会儿、多受到老师表扬等。几小时后，这个原本团结的班集体即刻土崩瓦解了，蓝眼睛的孩子开始嘲笑褐眼睛的孩子，不愿和他们一起玩儿、一起学习，甚至开始发生肢体冲突。可见，偏见也可由直接学习而来。

除了直接学习外，还有模仿学习。周围人尤其是父母等长辈，经常与人接触时的表现和态度是儿童学习的最好榜样。最后，环境气氛的感染是学习者对特殊环境气氛的一种认知。例如，在存在严重种族歧视的国家里，白人和黑人分区而居、分校而读。黑人生活的地方白人很少光顾。儿童生活的整个社会环境传递着“黑白有异”的气氛，长期生活在这种社会氛围下，就会逐渐被感染，产生符合特定社会环境下所期望的态度和认知，但是，这些认知和态度实际上就是偏见。

影响偏见的其他社会认知因素，还有前面已提到的刻板印象，包括内隐的和外显的刻板印象。刻板印象作为一种认知框架，对输入的社会刺激性信息加工具有非常强烈的影响。

有一个测量内隐的种族刻板印象的实验研究，证明了这种内隐的种族偏见。被试看一张黑人头部启动图片（黑人脸部图片）后，判断与黑人种族刻板印象相关的词的反应速度，要比看到一张白人头部启动图片（白人脸部图片）后快得多。同样，被试在看了白人头部启动图片后，判断与白人刻板印象相关的词的反应速度，要比看过黑人头部启动图片之后快得多。这些研究结果表明了自动激活的、内隐的刻板印象的存在。

（三）偏见的消除

偏见是一种不正确的态度，对人们的生活、学习等都会产生不良影响，严重时偏见会造成群体之间或个体之间的隔阂、敌意甚至残酷迫害。因此，减少或消除偏见，不仅对个体来说很有意义，对整个社会来说，更是一件功德无量的大事，是社会和谐的基础。关于偏见的减少或消除，社会心理学家尝试提出了不同的方法。奥尔波特指出，加强群体在追求共同目标过程中的平等交往，可以减少偏见。许多研究支持了奥尔波特的观点。阿伦森等研究者进一步指出，以群体接触的方式来减少偏见，必须具备以下六个条件：第一，相互依赖；第二，追求共同目标；第三，必须以平等的身份进行接触；第四，非正式的人际接触；第五，频繁接触；第六，平等的社会规范。这里介绍一个解决方案，即通过相互依赖消除偏见。

回忆前面介绍的谢里夫的研究，他最终是怎样成功地减少了夏令营孩子之间的那种敌意呢？他的办法是把这些孩子置于一个完全相互信赖的环境中，而不是群体利益的相互竞争环境中。在这个环境中，所有成员为了达到既定目标，唯一的选择是相互合作。为此，研究者设计了几种情境，来建立相互间的信任和依赖关系。经过一段时间的训练和培养，最后，两组儿童的敌意情绪和消极刻板印象逐渐减少了。孩子们跨组交朋友。他们相处得很好，并且开始了在其他方面的积极配合和主动合作。当然，这个研究是一种理想的状态，在现实生活中难以按照实验室的要求进行操作。但这是一个消除偏见的非常有益的尝试，对人们的现实生活具有借鉴意义。例如，公司内部提倡“团队精神”，企业合作倡导“双赢”，校企挂钩鼓励“互惠”等。这些做法的目标之一，便是在双方或多方合作时，减少或消除某一方面的偏见。

此外，还有诸如消除刻板印象，群体间有共同的命运与合作性奖励，使人们以同等的地位相互接触，发挥大众传播媒体的积极作用，熟悉对方的独特性等方法，这些方法对减少或消除来自个体和群体的偏见都大有裨益。

例如，老年化是任何个体都会经历的发展过程和发展任务，但人们普遍存在着对老年人和老年化过程的偏见。从社会心理学角度考查，这种老年化偏见是由一种不公正的、具有否定性和排斥性倾向的社会态度所致的。要减少或消除这种社会歧视，必须从改变社会态度入手。终身化老年教育就是融入家庭、学校和社区的、贯穿人一生的教育活动，旨在帮助人们尤其是儿童和青少年了解与认识老年化问题、消除老年化偏见和老年歧视态度，为成功老年化做准备。实施终身化老年教育，必须了解人们已有的对老年化过程的态度，无偏见地看待老年化过程，关注老年人的积极心理品质，建立高质量的代际沟通。

总之，消除偏见既有赖于个体全面深入地了解事物的真相，也有赖于社会环境充分地提供种种全面的信息。只有双管齐下，才能实现目标。

【本章摘要】

1. 社会认知是社会心理学的核心概念。信息加工心理学认为，社会认知指人们对周围世界的解释、推理、记忆以及使用社会环境信息的方式。简而言之，社会认知是指人类如何理解和思考他人。

2. 社会认知从认知心理学中借用了许多概念、术语，但相对于一般意义上的认知，具有选择性、协调性及投射性等特征。社会认知涉及的范围很广，主要包括对他人的认知、对人际关系的认知和自我的认知。

3. 社会认知是研究社会心理现象的一种思路或范式，相对集中于社会心理的过程层面。它受多方面因素的影响，包括认知情境、认知对象的特点和认知者的心理特点等主、客观因素。

4. 图式是以一个特定的事物或主题为中心，帮助个体组织社会信息的心理框架。图式包括自我图式、人的图式、角色图式和事件图式等。它通过影响人们对社会性信息的注意、编码和提取，来影响社会认知过程。图式可以简化个体的社会认知过程。图式一旦形成，就具有很强的稳定性，从而可能引起相应的社会认知偏差。

5. 同陌生人第一次见面时，对方的面容仪表、言谈举止、风度气质往往会给人留下一个最初的感觉印象，这个印象就是社会心理学家常说的“第一印象”。第一印象对社会认知的作用被称为首因效应。

6. 印象形成的过程是一个复杂的社会互动过程。印象形成容易产生多种效应，其中比较常见的有晕轮效应和刻板效应。因此，人们通过对印象的管理，来影响他人对我们的印象形成。

7. 归因是社会认知中一个异常活跃的研究领域。社会心理学把这种对自己或他人的行为进行分析，进而推断其原因的过程，称为归因。由此形成的一组理论，被称为归因理论。

8. 从海德正式提出归因现象开始，归因理论处在不断创新中。琼斯和戴维斯提出的一致性推断理论，从海德的关注行为转到关注性格；凯利的三维因果归因理论，关注人们如何回答“为什么”的问题；韦纳的成就归因模型，认为人们对于成功和失败一般是按照努力、任务难度、能力、运气这四种因素进行归因的。

9. 归因偏差指的是认知者系统地歪曲了某些本来是正确的信息，其根源有的源于人类认知过程本身固有的局限，有的则由人们不同的动机所致。

10. 偏见指仅仅根据某些社会群体的成员身份而对其成员形成的一种态度，并且往往是不正确的否定或怀有敌意的态度。偏见具有一些自身的特征。对于偏见的来源，不同的理论有不同的观点。偏见可以通过一定的方法被消除，这是一件非常有价值的事情。

【建议参考资料】

1. 侯玉波. 社会心理学（第 4 版）. 北京：北京大学出版社，2018.

2. 郑雪. 社会心理学. 广州：暨南大学出版社，2004.

3. 俞国良等. 社会心理学经典导读（第 3 版）. 北京：北京师范大学出版社，2008.

4. 俞国良，辛自强. 社会性发展（第 2 版）. 北京：中国人民大学出版社，2013.

5. 泰勒（Taylor），佩普劳（Peplau），希尔斯（Sears）. 社会心理学. 谢晓非，谢冬梅，张怡玲，等译. 北京：北京大学出版社，2004.

6. R. A. 巴伦，D. 伯恩. 社会心理学. 黄敏儿，王飞雪，等译. 上海：华东师范大学出版社，2004.

7. Kunda Z. Social Cognition：Making Sense of People. Cambridge，MA：MIT press，1999.

8. Darley J M，Cooper J. Attribution and Social Interaction：The Legacy of Edward E. Jones. Amer Psychological Assn，1998.

9. Stangor C. Stereotypes and Prejudice：Essential Reading. NY，US：Psychology Press，2000.

10. Franzoi S L. Social Psychology. Marguette University，2005.

11. Kenrick D T，Neuberg S L，Cialdini R B. Social Psychology：Goals in Interaction（6th ed.）. Pearson Education，2005.

【复习思考题】

1. 什么是社会认知？简述社会认知的基本内容。
2. 从信息加工心理学角度阐述社会认知的理论框架。
3. 简述道奇的儿童社会交往中的信息加工模式。
4. 什么是图式？简述图式对社会认知的影响。
5. 举例说明社会认知中的偏差。
6. 什么是刻板效应？怎样减少和消除印象形成中的刻板效应？
7. 如何进行有效的印象管理？
8. 简述琼斯和戴维斯的一致性推断理论。
9. 举例说明凯利的三维归因理论，略加评述。
10. 简述韦纳的成就归因模型和成功者的归因特点。
11. 什么是“基本归因错误”？简述归因偏差的心理机制。
12. 偏见的特征有哪些？联系实际说明如何减少和消除偏见？

第九章
人际关系的形成与发展

【学习目标】

正确理解人际关系的概念和其在社会心理学中的重要地位，把握人际关系行为模式及其科学价值；正确评价符号相互作用论、社会交换论、人际反应特质理论和人际关系活动中介理论；了解人际关系形成、发展的过程，以及不同年龄阶段人际关系的特点；分析现实社会生活中的人际关系，并能运用科学的方法加以测定。

【重要术语】

人际关系　社会关系　人际关系行为模式　霍桑实验　社会交换论　人际反应特质理论　公平理论　社会测量法　参照测量法　贝尔斯测量法

人际关系是社会心理学中十分重要的研究领域。研究人际关系，可以使人们明确人际关系形成与发展的条件和背景，了解人与人之间心理上的关系和心理上的距离，使个人需要与他人需要、社会需要互相协调，并使这方面的知识系统化和理论化。这既有助于人们对众多人际事件的预测、调控和疏导，也有助于个体对自身心理活动的理解。正所谓“人生的美好是人情的美好，人生的丰富是人际关系的丰富”。这里，我们着重阐述人际关系的概念和理论、人际关系与社会关系的关系以及研究人际关系的意义，使人们对人际关系有一个整体的认识与把握。

第一节 人际关系的概念

一、人际关系的界定

(一) 人际关系与心理关系

“人际关系”作为科学名词，是在20世纪初由美国人事管理协会率先提出来的。它作为早期的行为科学理论，也被称为人群关系论，在1933年由美国哈佛大学教授梅奥创立。

研究人际关系，首先要明确什么是人际关系现象。从广义看，人际关系是指人与人之间的关系，包括社会中所有人与人之间的关系及其一切方面。显然，该定义没有揭示出人际关系的特殊性。从狭义看，人际关系是人与人之间通过交往与相互作用形成的直接的心理关系。它反映了个人或群体满足其社会需要的心理状态，人际关系的发展变化取决于双方社会需要满足的程度。其外延很广，包括朋友关系、夫妻关系、亲子关系、同伴关系、师生关系、同事关系等。人际关系受生产关系和政治关系的制约，是社会关系中较低层次的关系。同时，它又渗透到社会关系的各个方面，是社会关系的“横断面”，因而又对社会关系具有反作用力，属于个人社会生活的微观环境。每个个体都必定生活在各种各样现实的、具体的人际关系之中。

一言以蔽之，**人际关系**（interpersonal relation）是指人与人在相互交往过程中形成的心理关系。这里包含三层含义。

第一，人际关系表明了人与人在相互交往过程中心理关系的亲密性、融洽性和协调性的程度。人际关系主要指的是人与人之间的心理关系。

第二，人际关系是由一系列心理成分构成的。它既有认知成分、情感成分，也有行为成分。认知成分反映个体对人际关系状况的认知和理解，是人际知觉的结果，是理性条件；情感成分是对交往的评价态度，即交往双方在情感上的满意程度和亲疏关系，是情感条件；行为成分是交往双方在交往活动中的外在表现和结果，即能表现个性的一切外在行为。

第三，人际关系是在彼此交往活动的过程中建立和发展起来的。纷繁复杂的人类社会是人际关系耦合的网络系统，而交往正是联结社会之网中个人与他人、个人与群体、群体与群体、群体与社会的桥梁。没有人际交往，也就无所谓人际关系。不仅如此，人际关系在建立之后，还需要通过不断地交往加以巩固和发展。

人际关系的类型和形式比较复杂。就人际关系内容而言，我们可以把人际关系划分为人际经济关系、人际政治关系、人际法律关系、人际道德关系、人际信仰关系、人际文化关系等；就人际关系的状态而言，我们可以把人际关系划分为正常关系、竞争关系、协作关系、障碍与冲突关系以及封闭状态关系。一般地，人际关系更多从交往的不同角度来分类，如以交往频率、交往距离、交往媒介、交往层次、交往的复杂程度和交往双方所属社会群体的性质，把人际关系划分为不同的类型。例如，交往频率高、关系密切的可称为首属关系；交往频率低、关系疏远的可称为次属关系等。此外，人际关系还可以按其关系媒介归结为四种，即业缘人际关系、血缘人际关系、地缘人际关系和趣缘人际关系。这种划分多少带有社会学的色彩。

从心理学角度考查，我们可以把人际关系划分为四种类型：一是按需求性质，可划分为为满足人际情感交流，形成良好心理气氛的情感关系，以及为了相互协调达到某一目的而建立起来的工具性关系；二是按人际喜欢程度，可划分为相互喜欢、亲近、友好的吸引性关系和彼此厌恶、疏远、对立的排斥性关系；三是按人际双方不同的地位，可划分为一方对另一方控制的支配性关系和彼此地位平等的平等性关系；四是按人际关系存在的时间，可分为长期关系和临时关系。上述划分更符合人际关系作为社会心理学研究范畴的基本要求。

（二）人际关系和社会关系

人际关系是人所特有的一种心理现象，是社会关系的一个侧面。研究人际关系，除了要正确认识人的本质、人性、需要、社会交往等关于人的基本理论问题外，还需要明确社会关系与人际关系的相互关系。

1. 人际关系隶属于社会关系

人际关系是一种心理关系，而**社会关系**是人们在共同的物质和精神活动过程中结成的相互关系的总称，即人与人之间的一切关系。人际关系和社会关系是两个不同层次的概念，不能混为一谈。人际关系作为角色间的一种社会关系，与其他任何一种社会关系一样，不但受生产关系的制约，还受其他社会关系的影响。因而，人际关系应该被置于社会关系中加以考查。

同时也应看到，人际关系是社会关系真正的实在现象。如果截取社会关系体系中的一个单独平面，在这个经济、政治、法律、道德、宗教和其他各种社会关系的“截面”里表露出来的就是人际关系。其他各种具体的社会关系又总是通过各种具体的人际关系表现出来。人际关系不是游离在其他社会关系之外的，而是产生于各种社会关系之中的。所以，分析人际关系是认识其他各种社会关系的必要条件。不仅如此，在分析人际关系时，我们必须把它放在社会关系的总体中去认识，这样才能真正认识各种人际关系背后的社会意义，及其与社会因素和心理因素的直接关系。如果不对人际关系进行分析，那么，对其他社会关系的认识将是抽象的、空洞无物的。

人际关系和客观社会关系是同时产生的。人际关系从一开始就受到社会关系的制约和影响，社会关系存在于人际关系之中。当然，社会关系同人际关系是两个层次的概念，具有不同的理论概括力。社会关系强调现实关系的整体方面，而人际关系则更多地从个体、个性方面来表现。我国社会心理学家龚浩然（1986 年）曾指明了这一点。他认为，西方社会心理学将人际关系与社会关系混淆起来，实际上是用人际关系掩盖社会关系。人际关系是在社会关系的基础上形成的，但二者并不是一回事。社会关系是社会学研究的对象。一方面社会学研究人与物的关系，如在生产过程中的生产关系、财产的继承关系等，这些都是以物的形式表现出来的社会关系；另一方面社会学还研究意识形态的关系，主要有法律关系、道德关系等。人际关系则是人与人直接的心理关系，受社会关系的制约，是社会关系的反映，但却具有某种相对的独立性。他还进一步指出，人们直接的心理关系表现为两个方面：一是心理冲突；二是心理相容。

苏联社会心理学家安德烈耶娃在她所著的《社会心理学》（中译本，1984 年）中，针对有人要把人际关系和社会关系看作“同一类”的看法写道：“要正确认识人际关系的性质，就不要把人际关系与社会关系放在‘同一类’，而把它看成是社会关系中的一个特殊关系‘类’。它产生于每一种社会关系之中，而不是产生于社会关系之外。”她进一步指出，在人际关系之外再也找不到某个地方有“纯粹”的社会关系。

2. 人际关系是社会关系的产物

明确了社会关系与人际关系之间的内在联系后，我们就可以进一步揭示人际关系的本质特征。人际关系是社会关系的产物。这句话言简意赅，说明人际关系是由社会关系决定的。这种决定作用主要表现在四个方面。

第一，任何一种人际关系总是在一定的社会关系中产生的。例如，夫妻关系，是婚姻关系的产物；犯人和法官的关系，是法律关系的产物，如此等等。有一定的社会关系，必然有特定的人际关系。离开一定的社会关系，也就无所谓人际关系的存在了。

第二，人际关系的根本性质是由该社会形态的社会生产关系的性质所决定的。人们常说，角色是人的社会地位或社会身份。但是，如果再做进一步的探究，人的社会地位、社会身份又是由什么决定的呢？归根结底，这些都是由人们的社会关系决定的。有什么样的社会关系，就有什么样的社会地位、社会身份。所谓社会地位，在社会学里一般是指在一个群体或社会中由社会关系所确定的位置。所谓社会身份只不过是在一个群体或社会中由社会关系规定了的身份。个体参与社会生活各方面的活动，如劳动活动、家庭活动、社交活动、娱乐活动、买卖活动等，由此与其他人结成劳动关系、家庭关系、朋友关系、观众与工作人员的关系、顾客与售货员的关系等。由此可见，每个人只要参与一种社会活动便会产生一种社会关系，个体就具有在这一社会活动和社会关系中的位置并扮演相应的角色。

第三，人际关系的变化是由社会关系的变化决定的。人际关系的形成和发展是以社会生产发展为条件的。人类从事的物质文明和精神文明活动，是人际关系形成与发展的基础。一个人由于种种原因而改变目前参与的社会活动和社会关系，从事别的社会活动，建立新的社会关系，那就意味着他处于一种新的社会地位，具有一种新的社会身份，自然就要形成和发展新的人际关系。例如，某人在部队曾是营长，转业后他在一个县民政局担任局长。显而易见，由营长角色到局长角色的变化，也会使人际关系发生变化。

第四，个人人际关系的复杂性也是由社会关系的复杂性决定的。如果一个人参与各种社会活动，便与他人发生各种社会关系，他就处于多种社会地位或具有多种社会身份，从而就要扮演与他的多种社会地位或社会身份有关的各种角色。因此，我们不难得出一个结论：一个人在群体或社会中从事的职业越多活动范围越广，发生的关系越多，其社会地位或社会身份也越多，人际关系的形态也就越复杂。个人人际关系的复杂性充分表明，现实社会的人确实是一切社会关系的总和。形形色色的人际关系都是由社会关系决定的各种社会地位或社会身份的综合体。

当然，我们强调人际关系是社会关系的产物，并不否定人际关系的建立与发展要受到双方心理特质以及群体心理气氛的影响。但归根结底，个体的心理特质与群体心理气氛同样要受到社会关系的制约和影响。

二、研究人际关系的意义

现代社会迅猛发展，科学技术快速进步，个体社会化不断加剧。日益发达的通信技术和现代化交通工具，使地球变得越来越“小”，计算机和互联网技术使远隔千山万水、未曾谋面的陌生人对话成为可能。于是，人际交往、人际关系已成为决定人们能在多大程度上对社会做出贡献、增加知识和技能，满足自己的物质生活和精神生活需要的决定性条件之一。诚如豪斯顿（B. K. Houstone）所言，研究人际关系的兴趣日益高涨的主要原因在于，良好的人际关系有利于生活幸福、心理健康和身体健康。人们已经意识到，对人际关系进行深入细致的研究，是社会发展和现实生活向社会心理学工作者提出的研究课题，也是人类自身完善的迫切需要。

第一，有利于促进和谐社会的建设。和谐社会中的精神文明建设，需要提高全体人民的素质，而这都建立在良好的人际关系基础上。同样，良好的人际关系，有利于培养一代具有现代化素质的人，使他们能把全部精力都用在如何正确按照社会要求发展自己上。这是一个良性循环。尤为重要的是，个体的社会化、人类文明的传承也是在人际关系中实现的。同时，交往中形成的良好人际关系使社会成为一个网络状的有机整体。这又为建立和发展新型的良好人际关系奠定了基础。

第二，有利于发展社会生产力，增强群体的凝聚力。在生产力诸要素中，人是决定因素。在社会生产过程中，建立和维持良好的人际关系，才能使社会和各种组织的生命力增加，群体内聚力增强。人们才能团结一致，协调工作，最终提高劳动生产率，促进社会生产力发展。相反，人们则会互相扯皮，互相嫉妒，产生人际内耗，从而极大地影响工作积极性和劳动生产率的提高，影响社会整体性和组织有效性。

第三，有利于形成一个良好的人际关系环境。现代社会不仅要求人们有健康的体魄和心理，而且要求人们拥有健康的人际环境。友谊可以唤起人们的积极情绪，是使人们获得幸福感的一大源泉。良好的人际关系为此提供了可能性。大量的统计资料表明，人们学习、生活和工作环境中的人际冲突、人际内耗是严重的。这固然与社会文化和客观社会背景等因素有关，但主要的原因在于人际环境建设滞后于个体心理发展。个体没有积极地优化学习环境和工作环境，人际环境也没有为个体提供必要的心理咨询和指导，这就会导致社会消极因素乘虚而入，各种信息刺激通过暗示、感染和模仿等心理机制，形成个体发展的人际障碍。例如，我们（俞国良、金东贤）采用 CBCL 量表、自编的婚姻关系和亲子关系问卷，调查了我国 6 所城市幼儿园的 457 名 3～6 岁幼儿。结果发现，没有心理行为问题的幼儿家庭的婚姻关系在性格相容、问题解决和性生活方面，显著优于有心理行为问题的幼儿家庭；婚姻关系和亲子关系呈显著正相关。所以，个体人际环境的优化，实际上是心理活动的优化。我国心理学家丁瓒早在 1947 年就指出，人类的心理适应，最主要的是对人际关系的适应，所以人类的心理病态，主要是由于人际关系的失调而来。这句话对目前仍有指导意义。

第四，有利于促进个体素质的提高和个体的全面发展。人际关系对人的影响是潜移默化的。正所谓“桃李不言，下自成蹊”。和谐的人际关系，犹如空气之于人，水之于鱼。人们耳濡目染，在深层心理结构中把建立和维持人际关系的原则化为自己的价值体系，并用以调节、支配自己的行为，获得正确的社会文化规范和社会角色意识。这是提高个体心理素质所必需的一个重要环节。同时，良好的人际关系有利于给人的个性自由发展提供广阔天地。教育的最终目的是培养人，为社会培养出大批有知识、有能力、有健康人格的人才。这种人才的成长，需要一个良好而融洽的人际环境，需要不断克服人际交往活动中出现的种种异常现象。许多研究表明“处理人际关系的技巧”是可以通过训练而掌握的。

第二节 人际关系的理论

从1908年社会心理学诞生以来，人际关系历来是社会心理学研究的“保留节目”。许多研究者把人际关系作为自己终身科学研究的重点，并提出了形形色色的人际关系理论。在这里，我们将系统地介绍人际关系的各种理论，并对这些理论进行简要的评述。

一、人际关系的研究

人际关系的思想、理论观点可以一直追溯到古希腊时代。美国心理学史研究者墨菲在《实验心理学史》一书中曾经引用艾宾浩斯（H. Ebbinghaus）的一句名言“心理学有长期的过去，但仅有短暂的历史”来说明实验心理学的历史。这同样适用于说明社会心理学中人际关系的研究。

(一) 人际关系行为模式的研究

人际关系是人与人在相互接触和交往的实践活动中形成的心理关系。一定的人际关系表现出一定的人际行为模式。人际行为模式对人际关系的形成和发展有着重要影响。一般的人际关系行为模式的规律为：一方表示的积极行为会引起另一方相应的积极行为；反之，一方表示的消极行为会引起另一方相应的消极行为。

美国社会心理学家利兰（M. Leland）运用心理统计的方法，从几千份人际关系的研究报告中，归纳出以下八类**人际关系行为模式。**

1. 由一方发出的管理、指挥、指导、劝告、教育等行为，导致另一方的尊敬、服从等反应；
2. 由一方发出的帮助、支持、同情等行为，导致另一方的信任、接受等反应；
3. 由一方发出的同意、合作、友好等行为，导致另一方的协助、温和等反应；
4. 由一方发出的尊敬、信任、赞扬、求援等行为，导致另一方的劝导、帮助等反应；
5. 由一方发出的害羞、礼貌、服从、屈服等行为，导致另一方的骄傲、控制等反应；
6. 由一方发出的反抗、怀疑等行为，导致另一方的惩罚、拒绝等反应；
7. 由一方发出的攻击，惩罚、不友好等行为，导致另一方的敌对、反抗等反应；

8. 由一方提出的激烈、拒绝、夸大、炫耀等行为，导致另一方的不信任、自卑等反应。

这个研究是对人际关系行为模式的总结，说明人际关系受许多社会因素的制约，单纯的行为模式是很少发生的，并认为一方的刺激必定引起另一方的若干反应，强调人际关系双方的相互作用、相互制约，对人际关系的建立和维持有积极意义。但是，这种描述比较笼统、表面，缺乏对行为产生过程的研究，使人际关系行为模式的研究停留在现象上，忽视了个体在行为过程中动机和需要等因素的作用。

莱维特（H. Leavitt）为了探讨人际关系中个体相互作用的交往模式，于 1951 年对正式群体中各个成员的沟通网络进行了实验研究。他提出了四种有代表性的沟通网络模式。

（1）圆形沟通。在这个模式中没有核心，信息传递过程中群体各成员间处于平等距离（见图 9-1）。它的优点是能提高全体成员的士气，调动他们的积极性，使群体中的各个成员都能产生满意感，群策群力解决面临的复杂问题。缺点是解决问题的速度慢，正确性低，领导者或领袖人物不能很好地发挥作用。

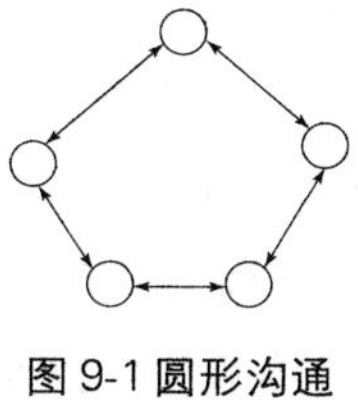

图 9-1 圆形沟通

（2）轮式沟通。这种沟通模式以一个成员或信息为中心，向四面八方传递（见图 9-2）。它的优点是解决问题的速度快，领导者能发挥作用，在沟通中其成员判断的正确性高。缺点是各个成员的积极性很难发挥，主观能动性受到限制。

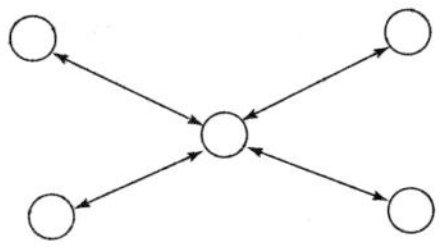

图 9-2 轮式沟通

（3）链式沟通。在这个模式中信息一个接着一个传递（见图 9-3）。它的优点是解决问题的速度快，领导者效能显著，正确性高。缺点是成员士气低，成员的反应是被动做出的。

图 9-3 链式沟通

（4）Y 式沟通。在这个沟通网络中先进行链式传递，然后发生变化（见图 9-4）。它的优点是工作效率高，速度快。缺点是抑制了个体成员的主动性和创造性。

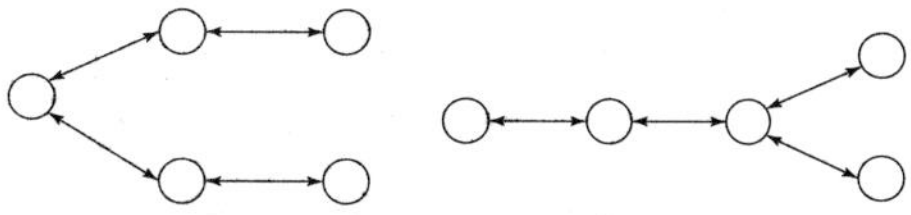

图 9-4 Y 式沟通

我们认为，要提高解决问题的速度和正确性，应采取轮式沟通模式；要发挥个体的创造性，提高积极性，应采用圆形沟通模式。一言以蔽之，各种沟通模式对人际关系的影响有利有弊。在现实生活中应综合应用，扬长避短。

另一个学者戴维斯（K. Davis）对非

正式群体的人际关系交往模式进行了实验研究，他发现在非正式群体的人际关系中存在着四种交往模式。

（1）单线型。单线型的传播方式（见图9-5）是通过一连串的人，把信息传递给最终的接收者。每一个传递的人都互相进行了沟通。它的优点是传递速度快，容量大，个体的主观影响明显。缺点是传递时容易发生信息失真的情况，从而影响传递内容的正确性和完整性。

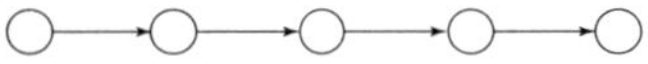

图9-5 单线型

（2）集中型。集中型的传播方式（见图9-6）是把信息有选择地告诉自己的朋友或有关的人，这是一种藤式的沟通传递。它的优点是传递的信息量大，渠道宽，速度快，对信息有选择性。缺点是主观色彩浓厚，受个人情感影响很大，容易产生消极影响。

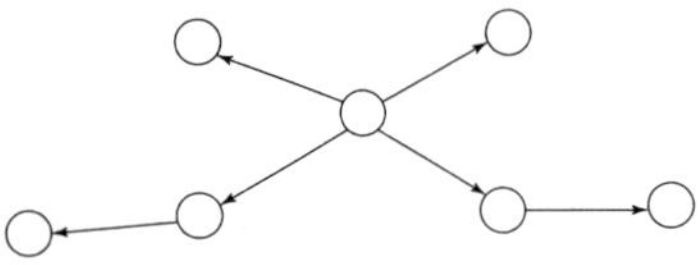

图9-6 集中型

（3）偶然型。偶然型的传播方式（见图9-7）是按偶然的机会来传递信息。有些人未接收到信息，它与个体的交际面有关。它的优点是传递面广，信息量大。缺点是偶然性大，个体不易掌握，交往的主体不能发挥作用，影响其积极性的发挥。

（4）流言型。流言型的传播方式（见图9-8）是一个人主动将信息传递给与他交往的人。其优点是传递的速度快、面积

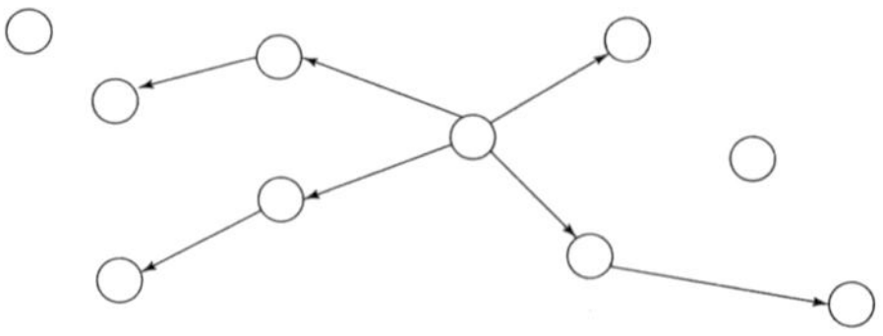

图9-7 偶然型

广。缺点是传递的信息不可靠，易受主体传递者的影响。谣言往往就是这样产生的。

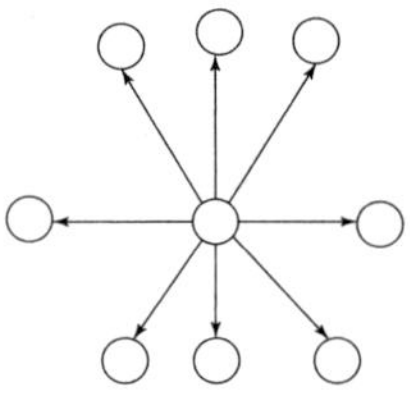

图9-8 流言型

所有这些都是比较零碎的研究，但这些研究为人际关系理论的产生提供了前提条件。米德、戈夫曼、霍曼斯、勒温等学者正是总结了这些研究成果，并把这些研究成果系统化、理论化，从而提出了人际关系的符合相互作用理论、自我呈现论、社会交换论和T组理论等。

（二）人际关系结构的研究

在人际交往活动中，人与人之间建立了不同形式、不同规模和不同程度的联系，构成这种联系的桥梁就是人际结构。

美国心理学家纽科姆（T. Newcomb）对人际关系的结构进行了系统研究。他以哈佛大学的新生作为研究对象，悉心观察、记录这些大学生从入学一直到毕业这段时间中的人际关系结构，即由陌生到熟悉的人际关系结构，结果发现人际关系结构存在以下特点。

（1）群体中的人际关系不是一成不变

的，而是不断地随着时间、情境、地点的变化而发生变化的，自始至终维持良好人际关系的人只是极少数。

(2) 在群体形成初期，外表富于吸引力的成员具有优势。但在相互熟悉后其吸引力将减少，原本具有优势的他们将会被其他人取代，这些人往往具有内在素质的吸引力。

(3) 群体在形成初期，建立了不少 4 人以上的大群体；等到大群体稳定后，则以两人小群体的结合居多。

(4) 随着时间的消逝，由于人与人之间增加了相互了解，因此，人际结构变化越来越复杂。最初的结合群可容纳各种特征的人，结合群内人的个性呈多样化，最后的结合群往往是排除了多样化而变得单一化。

(5) 群体内有少数孤立者，他们不主动参加其他结合群，一些结合群也不主动联系和容纳孤立者。

纽科姆采用现场研究方法，把被试置于自然、真实的生活情境中，观察结果比较可信，该研究有可取之处。但我们认为，这次研究观察历时不久，研究对象特殊，而且在人际关系中没有发生重大意外事故，所以他得出的结论是有局限性的，不能推广到一般情况中。至于人际关系的基本形态，纽科姆认为人类最小、最稳定的群体是两人群体，两个人之间的关系有三种形态。

(1) 相互正关系：双方相互肯定，对对方持积极态度。

(2) 相互负关系：双方相互否定，对对方持消极态度。

(3) 混合关系：双方有时相互肯定，有时相互否定；其态度也同样构成一种混合关系，视情境而定。

不同类型的人际关系结构，会导致不同行为，因此对人们的工作、学习、生活乃至政治、经济、军事都会产生一定的影响。认识到这一点是有意义的。1939 年，勒特利斯贝格尔（F. L. Roethlisberger）和迪克森（W. J. Dickson）在工厂里做过大量研究，发现在同一班组的成员中，以相互间的关心、尊重和同情为基础的人际关系是完成生产指标的重要原因。1948 年，希尔斯（Shils）和贾诺维兹（Janowise）对第二次世界大战军队士兵的行为做过系统研究。他们认为，德国军队的总崩溃有致命的弱点和多种原因，特别是士兵、官兵的人际关系问题。在军队各个连队甚至更小的单位中充满了不信任、不支持、相互拆台、敌视和不能合作的情况。1953 年，古达克（Goodacre）在美国军队中进行的类似研究也得出了同样的结果。这些研究都表明，人际关系的结构不同、性质不同，其产生的行为也就有差异。这一结论导致后来舒茨（W. C. Schutz）等学者提出了人际特质理论。

（三）人际关系中交往积极性的经典实验

20 世纪 20 年代的人际关系的实验研究，主要侧重于分析人们在生产活动中的行为以及这些行为产生的原因，以便调节组织中的人际关系，充分发挥个体的积极性和创造性，并以此来提高劳动生产率。这类研究中的一个重要代表人物是原籍澳大利亚，后又移居美国的梅奥（E. Mayo，1880—1949）。从 1927 年到 1932 年，梅奥和他的学生在美国芝加哥西方电器公司霍桑工厂进行了有名的**霍桑实验**（Hawthorne experiment）。该实验由一系列分实验组成，现已成为人际关系研究中的经典实验，并且第一次把社会心理学正式引入了工业企业管理领域。这个实验由四个分实验组成。

1. **照明实验**。霍桑工厂是一个制造电话交换机的工厂。研究者在厂内选择了一个绕线圈的班组，把它分为实验组和对照组。不断改善实验组的照明条件，而对照组的照明条件不变。实验设计者原来认为实验组的产量一定高于对照组，但结果是两组产量都在提高。后来，研究者把两名女工单独安排在一个房间里，并将照明亮度降低，即实验组条件改变。但结果是产量仍在提高。研究者通过了解发现，这个意外事件有两个原因：一是工人在特定条件下劳动，认为这是雇主对他们的重视，于是产量提高了；二是实验中管理人员与工人、工人与工人之间关系融洽，促使实验中两组的产量都有提高。因此，实验者进一步推论认为，在调动工人劳动积极性方面，照明等劳动条件远没有人际关系重要。

2. **福利实验**。在实验第二阶段，研究者选出 6 名女工，在单独的房间从事装配继电器的工作。在实验过程中逐步增加一些福利条件（如缩短工作时间、延长休息时间、供应免费点心等）。实验设计者原来设想，这些福利条件的改善会刺激工人发挥积极性，一旦撤销这些措施，劳动生产率一定会下降。为此，在实验进行了两个多月后，实验者取消了各种福利条件，结果工人的劳动生产率不但没有下降，反而继续上升。研究者经过分析发现，依然是融洽的人际关系在发挥作用。于是他们得出结论：在提高劳动生产率方面，人际关系的好坏比福利条件的改善显得更为重要。

3. **群体实验**。在这个实验中，研究者选择 14 名男工在单独的房间里从事绕线、焊接和检验工作，对这个班组实行特殊的个人计件工资制度。实行这套制度旨在使竞争中的工人更加努力工作，以得到更多的报酬。但实验结果发现，产量只保持在中等水平上，每个工人的日产量平均差不多，而且工人并不如实报告产量。深入调查研究表明，这是工人内部形成了一个不成文的规则：谁也不能干得太多，突出自己；谁也不能干得太少，影响班组成绩；不准向当局告密，如果有人违反这个规则，就要受到群体的惩罚。工人的目的是维护班组内部的团结，维护群体中各个成员的利益，形成一种融洽的人际关系，使群体内的各个成员都心情愉快地投入工作，放弃物质利益的诱惑。这说明在调动积极性上，良好的人际关系比单纯的物质利益更加重要。

4. **态度调查**。梅奥等人在霍桑工厂进行了两年多的大规模态度调查，谈话达两万人次以上。他们规定在谈话过程中实验者必须耐心倾听工人的意见、牢骚，并进行详细记录，不能反驳和训斥，而且对工人的情况要深表同情。这次谈话实验收到了意想不到的效果，工厂的产量大幅度提高。这是由于工人长期以来对工厂的各项管理制度和管理规章有许多不满与意见，受到压抑，无处发泄，导致了工人和管理者的对立情绪。谈话缓解了工人和管理者之间的矛盾冲突，管理者和工人之间形成了融洽的人际关系。因此，工人心情舒畅，有了主人感、使命感和责任感。这说明管理者和被管理者良好的人际关系比人为的措施显得更为有力。

霍桑实验表明：人们在工作中得到的物质利益对于调动人的生产积极性只有次要意义，人们最重视人的社会心理方面的满足和工作中发展的人际关系。良好的人际关系对于调动人们的劳动积极性具有决定性作用。具体说来，霍桑实验得出了以下几点结论。

第一，人是社会人（socialman）。影响人际活动的积极性因素，除客观物质条件外，还有社会心理因素，人际关系的影响尤其明显。

第二，劳动生产率取决于人际活动的积极性。这是个体士气的主要表现，而士气取决于家庭和社会生活，以及企业中人与人之间的关系。这些归结为一点，就是与个体发生关系并建立的各种人际关系。

第三，工人的生产量是由社会规范决定的。这些规范是在人际关系中自发形成的，群体中各个成员自觉遵守，而人的生理能力、物质待遇处于次要地位。

第四，企业中除了正式群体外，还存在非正式群体，它与正式群体是相互依存的，对劳动生产率的提高有很大影响。人们在人际关系中所需满足的要求中，金钱是一个因素，更多的是情感、安全感、归属感等。领导者要善于倾听下级的意见，使正式群体的经济需要与非正式群体的社会需要取得平衡，保持人际关系的和谐与协调。

继梅奥之后，美国的心理学家马斯洛的人类需要层次论，麦格雷戈（D. McGregor，1906—1964）的X-Y理论，以及原籍德国后移民美国的勒温的群体动力学理论，都不约而同地从人的需求、非正式组织和人际关系出发进行进一步的探讨，从而为人际关系的研究揭开了新的一页。

二、西方的人际关系理论

西方的人际关系理论五花八门、形形色色。在这里，我们选择其中主要的理论，从三个方面来加以介绍和评述。需要注意的是，这些理论的形成与发展都有其社会背景、文化背景，我们应该有选择性地加以摄取。

(一)人际交往理论

人际交往理论建立在对人际关系行为模式研究的基础上。这方面的理论,大致包括符号相互作用论、场合交往论、自我呈现论、社会交换论和T组理论等。

1. 符号相互作用论

如第三章所述,符号相互作用论(Theory of Symbolic Interaction),又称符号交互作用论或象征性交往理论,是一种强调人类生活和行为意义的社会生活理论观。该理论旨在分析社会的多元性和冲突性、社会生活的相对开放性、社会结构的不稳定性、主观解释的重要性、道德和社会规则的文化相对性以及自我的社会结构性。米德是这个理论发展中的一个重要理论家和奠基人。他把实用主义的抽象哲学思想移植到经验和社会现实中,使这个理论得以形成与发展,其思想由其学生整理成了《思想、自我和社会》一书。该书对符号相互作用论做了比较系统的阐述。其主要理论观点如下。

(1)米德把个体看作相互作用的基本分析单元,强调在人类意义上符号和语言的作用。所谓象征,就是用人们在人际交往中展现出来的活生生的具体人来衬托交往另一方的形象,使交往双方的关系明朗起来、清晰起来,并且明确意识到自己在交往中所担任的角色。简言之,这个理论就是以交往者在人际关系中所担当的角色来估计他人的反应。

(2)米德等人最感兴趣的是研究个体、群体、社会如何发出信息、传递信息以及对方的反应。人类区别于动物,就是因为他们能通过语言和相互作用来形成、分享、变化和交流符号的意义。符号相互作用论认为,每个交往者都有自己的一套符号系统。所谓符号就是一种刺激物,代表着一定的人、事或物。符号有两类,一类是具体的自然符号(声音、光源、颜色、动态、姿势、表情等);另一类是抽象的人为符号(语言、文字、音乐、图案、文化等)。在人际交往中,最重要的是语言文字符号,人们用它来指代交往中信息的含义以及语言中所蕴含的社会意义和文化背景,并将它作为交往的外在载体。语言是交流思想、情感的工具,是影响人际关系发展水平和发展方向的工具。自我意识的形成对人际关系具有很大的影响作用。它是交往者运用信息符号作用的结果。

(3)米德从人的心理特点出发,受行为主义心理学思想的启发,提出了一个公式:刺激→符号的意义→反应。显然,反应是以理解语言符号的意义为前提的。这与新行为主义心理学家托尔曼(E. C. Tolman)的S—O—R公式如出一辙。在托尔曼的公式中,S代表刺激,R代表反应,O是介于两者之间的中介过程(主要是指个体的动机、需要等)。由此看来,米德强调主观的我与客观的我的相互作用,强调语言与对象的相互作用,强调交往者之间的相互作用,而这种相互作用是以对符号的统一理解为基础的。根据信息加工的观点,交往者需要具有同样的译码系统。

(4)米德认为人与人在交往中的相互影响,可以用模式图表示(见图9-9)。

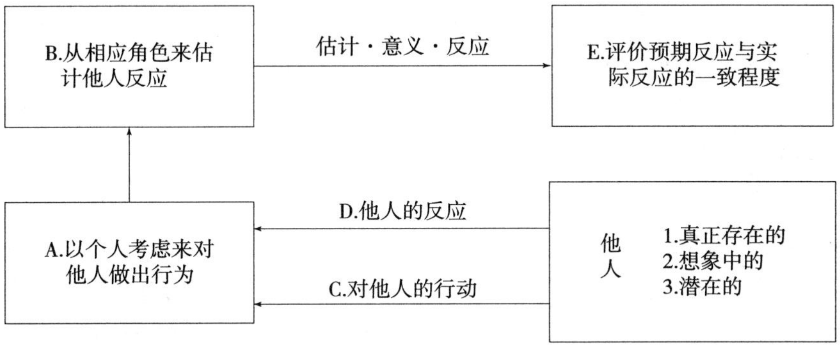

图 9-9 米德符号相互作用模式图

米德认为一个人在产生某一行为时，作为行为的中介过程必须估计到他人对此的反应。这可以通过担当（或想象中）潜在的角色来估计他人的应答，即从 A→B 开始，然后产生对他人的行动 C，同时也产生他人对自己施予刺激的反应 D。然后，评价预期反应与实际反应的一致程度，再对自己的行为进行调节。在整个过程中，B 是最主要的，也是最关键的。对他人角色估计的正确与否，影响以后的一系列反应。这就需要个体正确运用各种知识、经验，运用自己的观察力、思维能力和想象力等。

目前，符号相互作用论有三个不同趋向，以布卢默（H. Blumer）为代表的新芝加哥学派，以库恩（M. Kuhn）为代表的艾奥瓦学派和以戈夫曼为代表的剧作艺术学派。从 20 世纪 70 年代末到 20 世纪 80 年代初，符号相互作用论非常盛行，各种创造性观点和研究计划不断涌现，并广泛吸收了现象学、存在主义社会学、人本主义心理学、传播学的沟通分析、归因理论、社会语言学和情绪社会学等研究成果，在某种程度上已成为一个一般的哲学方法论。现在的符号相互作用论与米德开始时提出的理论相比，已更为丰实，也更符合社会现实和科学观点。

符号相互作用论重视语言符号在交往中的作用，强调对他人行为倾向的预测、估计，要求人们按照自己在交往活动中担任的角色行事，注重行为效果的反馈，认为客观现实是心理反应产生的源泉和内容，所有这些都是有积极意义的。但是，它把整个社会关系和社会文化简单归结为符号，过分夸大了外部行为的影响力，忽视了人在交往过程中的积极性和主动性，把社会中人们复杂的交往关系简单化，有机械主义的倾向。把人的行为仅仅归结为对符号的理解，过分夸大了交际符号的作用，这是不足取的。

总之，符号相互作用论作为西方心理学、社会学的一个代表性理论有其积极的一面，同样也存在着消极的一面。米德的符号相互作用论及一系列实验研究，为后人进一步开展人际交往理论研究和实验研究打下了基础，提供了范式和靶子。

2. 场合交往论

场合交往论建立在康波（A. W.

Comb）和斯尼格（S. P. Snygg）等学者有关研究的基础上。他们认为：

（1）交往中的个体行为受两个因素影响：其一是交往者怎样认识自己所面对的交往情境；其二是交往者怎样认识自己的交往行为。在这个认识的基础上，个体对他人施予的刺激做出应答性反应，采取适当的交往行为。

（2）场合交往论强调特定的情境、特定的场合、特定的人，并由此推演出特定情况下“对情况的解说”，或由于“主角的观点而产生的行为所构成的情境”“在情境下产生的行为”等。所以场合研究的基本单位是行动。

场合交往论强调在交往中应重视情境、场合，重视具体情况具体分析，这对我们是有参考价值的。然而，它把复杂的人际关系情境简单化，忽视了人作为“社会人”的一面，以点遮面，以偏概全，过分夸大了情境、场合的作用。

3. 自我呈现论

自我呈现论（theory of self-presentation）是指人们运用多种策略控制和反馈自己外在印象的理论。自我呈现也可称为印象管理。自我呈现论是戈夫曼（1959年）以及其他人在广泛研究基础上形成的观点。它属于社会相互作用理论中的一种，主要阐述人际交往中的自我表现、自我暴露问题。其理论要点如下。

（1）这个理论认为人际交往在于交往者借助自己的言语行动向对方述说有关自己的事情，即向他人表演自己。每个交往者都面对着把自己向他人呈现的问题，力图在社会情境中保持适当的印象，以求得肯定的评价。这种呈现是显示个体各种属性中的某一种，且这种属性具有稳定性的特点。

（2）这个理论强调自我呈现是社会影响的一种手段。交往者把自己的形象呈现给对方，不但希望给对方一个可接受的角色形象，而且也希望对方做出相应的报答行为，以利于他的判断和决策。呈现是一种手段，报答才是目的。

（3）这个理论认为人在交往中可能有不同的动机和目的。人们根据自己的需要、动机和目的来采取行动，控制别人对自己的印象。同时，把自我呈现给他人，使喜欢引起喜欢、称赞引起称赞、尊重引起尊重。

（4）这个理论自始至终笼罩着一种谋划的气氛。它要求交往者事先有周密的计划，把握自我呈现的范围和策略，并在交往中按计划行事。交往者期望在社会活动中通过适当操纵，保持良好的印象，如窘境的操纵、讨好的策略等，使其自我得到满意的呈现，符合对自我的定义。

斯奈德（M. Snyder）把自我呈现这个概念扩展为“自我监控”。他认为，人们通过自我监控来控制言语和非言语的自我呈现。高度自我监控者会管理和控制自我的语言行为与非言语行为，做出与情境一致的反应，能较好地进行自我呈现；相反，自我监控程度低的人，就不能很好地随情境做出不同的反应，他们的态度与行为往往是一致的，因而也就不能很好地呈现自我。显然，这是对自我呈现论的进一步发展。

这个理论强调人们在交往中的动机和目的，重视发挥人的主观能动性，要求人们积极地、主动地自我呈现，把自己毫无保留地呈现给他人、社会，试图以真诚来换取别人的信任，这些都符合基本的道德准则。同时，这个理论强调交往中的谋划因素，强调交往活动中人们之间的相互作用、相互影响，对交往采取一种互助的态度，这是具有积极意义的。然而，这个理论认为交往仅仅是为了获得对方的报答，为了实现交往目的，可以不择手段，置他人利益、社会利益于度外，这是极端个人主义的表现。

4. 社会交换理论

社会交换理论（Social Exchange Theories）是一组解释人际交往活动规律的理论。它形成于 20 世纪 50 年代末 60 年代初，其思想基础是行为主义心理学的强化原则、经济学原则和对策论思想；特点是以奖赏和代价来考察人与人之间的交往行为。一般说来，社会交换理论与霍曼斯，布劳（P. Blau）和埃默森（L. Emerson）的研究工作（1958 年）有关。霍曼斯等人于 1961 年正式提出了社会交换理论。这个理论的主要观点如下。

(1) 社会交换理论认为人际交往活动具有社会性。当个体做出其种行为时，必定会引起交往者相应的行为。交往活动实际是一种直接的、随机发生的交换活动。进一步说，人们之间的交往关系可以被视为一种简单的经济交易关系，包括物质上的交换和精神上的交换；通过这种交换，可以维持交往双方的一种“公平关系”。

(2) 这个理论认为各种交往关系都会涉及谋划者的报酬和代价，即对方的反应给个体带来的直接奖赏或惩罚。一般地，如果一个人在交往中给予别人的多，就要从别人那里多取得一些作为报酬。这可以用强化原则来说明人们在交往中的表现。个体同他人的交往给他带来奖赏，那么，当类似的情境出现时，便会再现这种交往活动；如果个体得到的奖赏越多，这种交往活动对其价值越大，则被重复的可能性也越大。当然，如果个体得到的奖赏过多，使个体处于满足状态，奖赏对其价值相对减少，那么交往活动的可能性也会减少。所以，交往的双方总是希望保持“账目”平衡，获得利益（利益=奖赏－投入）。这里的利益指个体所得的某种物质或精神上的好处，投入指个体在交往中付出的生理、心理能量。个体活动的结果（奖赏）减去其付出的代价（投入）便是利益。

(3) 这个理论认为交往中存在着一种分配上的公平原则（equity rule）。这是与他人交往活动后的心理体验。个体若发现自己的利益与自己的投入之比，与对方的这一比例大致相同，则认为实现了公平分配，在心理上是平衡的，类似的人际交往以后还有可能发生。如果个体发现自己利益与投入之比低于对方，便会产生抱怨情绪，从而中断原来的交往关系。如果个体发现利益与投入之比高于他人所得，则会体验到某种程度的负疚感。一言以蔽之，人们总希望自己得到的利益与付出的代价成比例，或者说两者保持平衡关系，从而使自己维持愉悦状态。

这个理论忽视了人的社会性，把人们之间复杂的关系简单化、经济化，用单一理论来解释复杂的现象，把人与人之间的关系看作纯粹的交换关系、金钱关系，忽视了人们之间的相互帮助、无私奉献，甚至献身的行为，贬低了人类社会中人与人的关系。此外，这个理论概念表述明确，可操作性强，强调了人与人的平等关系、交往中的平衡关系，重视交往中的物质利益，重视交往的效果。这些观点对后来的人际关系研究，特别是对遵从行为、竞争过程、社会影响等领域的研究是有启发的。

5. T 组理论

T 组理论的产生和发展同社会心理学家勒温的研究工作是分不开的。20 世纪 40 年代初，勒温和他的助手们对人际交往中接受敏感性训练的 T 组进行了系统实验研究，其目的在于使参加实验的学习者理解和提高群体作业能力，包括运用群体动力学原理发挥影响力、学会分配角色以及建立群体目标等。在此基础上，他们提出了 T 组理论。其主要观点如下。

(1) 在交往中，人们都是按角色来行事的，只是大部分人没有明确意识到。T 组的目的就是向交往者揭示他们无意识遵循的行为模式，使交往者明白自己在交往中所担任的角色、所处的地位。

(2) 交往的动机和目的，对于交往者来说可以像强烈的情绪一样不为人所知，隐藏在人们的无意识中。也就是说，由于有意识或无意识的表现，因此交往双方按既有益又有害的方式行事。T 组的目的就在于提高人们对潜意识交往动机的感受能力，从而便于交往者以双方互利互赢的方式行事。

(3) 交往双方应该努力使隐藏于内心的情感表面化，让交往双方的情感在交往过程中自然地流露出来，并不断进行情感交流，引起情感上的共鸣，形成好感，最终达成彼此默契。

(4) T 组训练的内容包括以下几个方面：广泛从小组参与者的背景及其当前相互作用中选取样本，观察群体行为过程与反馈，同时使用积极的和消极的情感，创造一种紧张的情绪气氛，强调个人和组织变化的价值。这种训练已经深入到了教育、军事、管理、经济和服务等专门领域。

T 组理论注意到了人际交往中人们的动机和目的，并强调对这些潜意识的特质加以训练，以便提高其敏感性，这是可取的一面。然而，T 组理论忽视了在交往中对人际交往行为的研究，重意识而不重行为，有其偏颇。

20 世纪 70 年代后，勒温等研究者首创的敏感性训练（T 组）和人类潜能运动部分合流，出现了研究群体内人格成长的倾向。虽然两者的理论基础和基本技术类似，但后者更重视人格的发展。T 组理论与自我表达、人际交往技巧以及紧张情绪体验等结合起来，使其意识形态特点日益削弱，而学术和专业性重新得以加强。

（二）人际反应特质理论

什么是人际反应特质？社会心理学家认为在个体心理发展过程中，尤其是在个体的人格体系形成过程中，形成的其特有的人际关系的基本倾向，称为人际反应特质。人们的人际关系具有不同的人际特质，由此构成了不同群体的发展水平。

人际反应特质理论的代表人物是心理学家舒茨。他认为每一个人都具有与别人建立人际关系的愿望和需要，只是有些人表现得明显，有些人表现得不明显而已。这种需要是与他人建立心理相容的人际关系的基础，是人际关系得以建立的内在动力。人们有三种不同类型的需要，构成了三种不同形式的人际关系。这三种类型的需要具体如下。

(1) 包容的需要 (inclusive need)。包容的需要表现为希望和他人交往、交际，有与别人建立并维持良好人际关系的愿望。这种需要得到满足后产生的行为特征是沟通、相容、相属、参与、出席等。反之，人际反应特质是孤立、退缩、疏离、排斥、忽视等。

(2) 控制的需要 (dominance need)。控制的需要表现为在权力上有要求控制别人的愿望。这种需要得到满足后产生的行为特征是使用权力、权威，超越、影响、控制、支配、领导他人等。反之，人际反应特质是抗拒权威、忽视秩序、受人支配、追随他人等。

(3) 感情的需要 (need for affection)。感情的需要表现为在爱情和友谊上同别人建立并维持良好关系的愿望。这种需要得到满足后产生的行为特征是喜爱、亲密、同情、友善、热心、照顾等。反之，人际反应特质是憎恨、厌恶、反感、冷漠等。舒茨根据人际反应特质，不仅区分了人际关系需求的三种类型，而且把人际关系的取向划分为两种：主动型和被动型 (A 型和 B 型)，并从中划分出六种基本的人际关系倾向 (见表 9-1)。

表 9-1 不同需求的基本人际关系倾向

需要的类型	主动型 (A 型)	被动型 (B 型)
包容的需要	主动与他人往来	期待别人接纳自己
控制的需要	主动支配他人	期待被别人领导
感情的需要	主动对他人表示亲密	期待别人对自己表示亲密

根据舒茨的观点，这三种需要对人际关系的影响表现如下。

(1) 如果包容的需要强烈，行为主动、积极，就喜欢与别人交往，愿意积极参与各种人际交往活动。

(2) 如果包容的需要强烈，而且感情的需求强烈，就会处处关心别人、爱护别人、尊重别人，在人际关系中得心应手，左右逢源，重视情谊，受人爱戴。

(3) 如果只有控制的需要，没有感情的需求和包容需求，就必然争权夺利，脱离群体，使人憎恨、厌恶，从而造成人际关系紧张。

舒茨的人际反应特质理论重视人际关

系的需要及其变化的分析，有助于人们对人际关系实质的了解，有助于预测人与人之间可能发生的交互作用，从而采取适当的配合行为。这是建立良好人际关系的基础。但是，我们应该看到，这种理论忽视了社会关系、政治关系及意识形态关系对人际关系的巨大作用。我们在运用这个理论观点的同时，应当注意此类问题。

另外，心理学家霍妮（K. Horney）根据个体与他人的关系，把人们相互作用形成的人际关系分成三种类型。

（1）逊顺型。其特征是“朝向他人”。这种类型的人无论遇到什么人、在什么场合下，他都首先会想到“他喜欢我吗”。在得到肯定或否定的答案后，他才会采取适当的行动。这种人在人际交往中往往是被动的。

（2）进取型。其特征是“对抗他人”。这种类型的人总是想窥探交往对方力量的大小，或其他人对自己的用处，从而采取相应的交往策略。这是一种自我中心主义的表现。

（3）分离型。其特征是“疏离他人”。这种类型的人经常想躲避别人的影响干扰，不愿主动与人进行交往。这种人往往自命清高，易产生空虚、孤独的心境。

根据这个模式，霍妮提出了这三种类型特征与职业的相互关系。她认为逊顺型的人多从事社会工作，如医学、教育等与人直接接触交往的职业；进取型的人多从事商业、金融、法律和科研方面的工作；分离型的人多从事艺术、雕塑和美术方面的工作。

（三）人际激励理论

如前所述，从 20 世纪二三十年代以来，心理学家、社会学家、管理学家们就从不同角度探讨了应怎样激励人，如何调动人的积极性处理和改善人际关系的问题，并形成了诸多关于激励的理论（如需要理论、期望理论、公平理论等）。这些理论均是对人际关系理论的贡献，也可被称为人际激励理论。我们认为，人际激励理论主要是建立在霍桑实验的基础上的。

1. 需要理论

需要理论着重研究激励的原因，以及起激励作用的因素等具体内容，这一理论受人本主义思想影响比较大。其中著名的是马斯洛（A. H. Maslow）的需要层次理论，奥德弗（Alderfer）的 E. R. C. 理论以及麦克芙兰（D. McClelland）的成就激励理论等。

（1）需要层次理论。在前面（第五章）我们已经简要论及需要层次理论，这里将从人际交往活动过程角度，对此进行进一步的概括和评述。需要层次理论的主要观点如下。

第一，人最迫切的需要是激励人的行为的直接原因和动力。在某一时期内最重要的需要的强烈程度，取决于这种需要在需要层次中的位置，以及低于它的需要是否得到了满足。

第二，需要的激励处于一种动态水平，它依次逐渐发展变化。当前最迫切的需要决定着人的行为。低层次的需要得到满足后，就上升到较高层次的需要。只有高级需要得到满足，才能产生令人满意的主观效果。

第三，需要的满足次序是从低级到高级的，如有颠倒或超越的情况，也是正常的。这是因为人的个性和教育在发挥作用。

第四，每个人都具有生理需要、安全需要、友爱与归属需要、尊重需要、认知需要、审美需要和自我实现需要，只不过在不同时期、不同年龄阶段，所表现出来的各种需要的强烈程度不同而已。

在需要层次理论中，把人类的生理需要作为需要层次的根本是正确的；把社交、尊重和自我实现的需要作为较高层次的需要也是科学的。同时，需要层次理论中把低层次的需要与高层次的需要区分开来，并且指出低层次的需要是人和动物共有的，而高层次的需要是人所特有的，高级需要的实现与人格形成有关联，这与传统心理学中的人兽不分形成了鲜明的对照，是难能可贵的。同时，马斯洛把需要看作一个多层次、多水平的系统，提出了逐步实现的观点，这对实际工作有一定的参考价值。他把人的需要看作由低级到高级的发展，有辩证的因素。但是，我们必须指出，需要层次仅仅是一个典型的模式而已，只是一种预测行为的手段，绝不能把它看作绝对的模式，是人人都有的同一结构，忽视了个别差异，仅仅指出了需要层次间的相互关系，而忽视了层次之间的矛盾和斗争。马斯洛忽视了人的需要的真正社会性，而把需要看作一种生物的过程，没有指出人的需要的实质和社会性。另外，他的研究对象是经过选择的特殊人物。这就使结论缺乏全面性和科学性。虽然这样，我们认为人际关系的建立和发展，确实需要考虑个体需要满足的情况。最迫切的需要的满足，如在人际关系中找到安全感、归属感，受到他人尊重和接纳，实现自我心理潜能的最大限度发挥等，都可以激励人际关系向良好的方向发展。

人物栏

马斯洛（1908—1970），美国比较心理学家、社会心理学家、人本主义心理学创始人（见图9-10）。1908年4月1日生于纽约，1970年6月8日卒于马萨诸塞州的沃尔瑟姆市。1934年获哲学博士学位，1935年去哥伦比亚大学从事研究工作。1951年任布兰代斯大学心理学教授兼系主任，开始对健康人或自我实现者的心理进行研究。于20世纪50年代中期召开“人类价值新知识”讨论会，影响甚大；于20世纪60年代初建立人本主义心理学会，该学会后来归并为美国心理学会第32分会。他曾于1967年任美国心理学会主席。

图9-10　马斯洛

早在20世纪30年代，马斯洛就已初步认识到整体论、动力论和对文化因素的强调三者间本质的联系。在1954年出版的《动机与个别》一书中，他系统地阐述了他的理论酝酿过程和基本观点。他认为人生的最高追求就是自我实现，也就是人的价值的完满实现。他从生物进化论和比较心理学方面探讨人的内在价值，强调人的需要都具有类本能性质，是由人的潜能决定的。马斯洛为自我实现者列出若干人格特征，认为这些人是成熟的、健康的范型，能充分发挥其能力和特长。他在这些特征中，特别强调高峰体验的概念，认为高峰体验本身是一种同一性的感受，人在此时有一种返归自然或与自然合一的欢乐情绪。他深信人本主义心理学的未来发展可能是一种“超人的心理学”。他的主要著作有《科学心理学》(1966)、《存在心理学探索》(1968)、《人性能达到的境界》(1971) 等。

（摘自《中国大百科全书·心理学》，中国大百科全书出版社，2002）

(2) E. R. C. 理论。奥德弗的 E. R. C. 理论是在进行大量的科学研究的基础上形成的。他把马斯洛的需要层次压缩为三种需要，认为人的需要只有生存需要（E)、相互关系需要（R）和成员发展需要（C）三种（见图 9-11）。

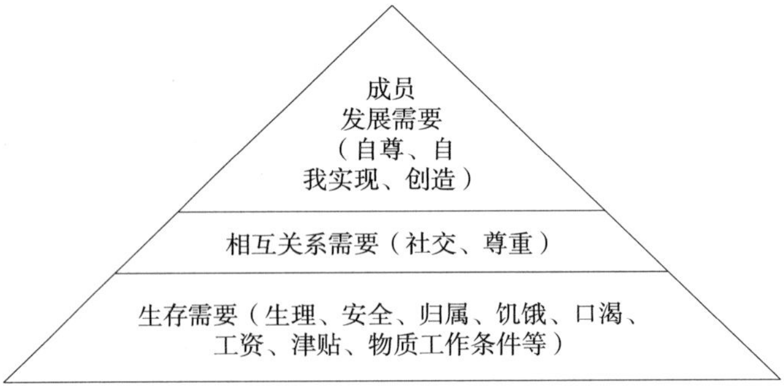

图 9-11　E. R. C. 理论的需要层次模型

第一，个体在各个层次中的需要得到的满足越少，这种需要的满足就越为人所期望。

第二，较低层次的需要越是得到满足，对较高层次的需要就越渴望。因为个体总是希望自己不断进取、不断发展。

第三，较高层次的需要满足得越少，则对较低层次的需要满足的渴求越多。

我们认为，在人际交往中满足人际关系的多种需要是很重要的，只有人际关系中的低级需要得到满足，才能向高层次的人际关系发展，这为建立新型人际关系提供了参考价值。但是，奥德弗像马斯洛一样，忽视了人的需要的社会实质，把人类的复杂需要简单化、机械化，忽视了人的主观能动性。

(3) 成就激励理论。美国哈佛大学心理学家麦克芙兰在 20 世纪 50 年代初期，对成就需要这一因素进行了大量的调查研究，提出了成就激励理论。他认为在人的生理需要基本得到满足的前提下，人还有权力需要、友谊需要和成就需要。他的基本观点如下。

第一，不同的人对这三种基本需要的排列层次和比重是不同的。个人行为主要决定于其中被情境激励的那些需要；这些需要得到满足后，相应的行为也就产生了。

第二，具有高成就需要的人的特点是，事业心强、注重实际、敢冒一定的风险。这种人把个人成就看得比生命更重要，从成就中得到的激励超过物质奖励的作用。

第三，通过教育和培训可以造就具有高成就需要的人才，如举办培训班、宣传高成就人物的形象、交流经验等。

这个理论告诉我们，把人们培养成为具有高成就需要的人，提高其抱负水平，并使其矢志不渝为此努力，使群体具有更大的内聚力，人际关系就会变得更和谐。

2. 期望理论

期望理论是美国心理学家弗罗姆（V. H. Vroom）于 1964 年在《工作与激励》一书中提出来的。这个理论是通过考查人们的努力程度，及其所获得的最终奖酬之间的因果关系，来说明激励过程中人们通过选择合适的行为，从而达到最终的奖酬目标的理论。这个理论的要点如下。

(1) 当人们内心有某种需要，有达到这个需要的明确途径，又有实现这个需要目标的可能性时，其积极性最高，往往能表现出个体的主动性和创造性。

(2) 激励水平取决于行为的期望与行为效价的乘积。用公式表示如下：

激励水平（M）＝期望值（E）×效价（V）

激励水平主要是指个体动机的强烈程度；期望值是指人们对自己的行为导致所想得到的工作目标的主观概率的估计，即对实现目标的可能性估计；效价是指对某一目标的重视程度与评价高低，即人主观上认为实现这个目标的价值所在。

(3) 影响激励的因素除期望值与效价外，还有关联性（工作绩效和所得报酬之间的关系）、报酬、能力和个人选择的特定行为方式等因素。

期望理论在人际关系上具有较大的应用价值。在人际关系形成和发展过程中，人们只有自觉地评价自己努力的结果，预测别人的行为对自己的影响，对需要实现的目标做出主观评价，才能提高其激励水平，主动与别人建立良好的人际关系。但是，这个理论也存在着明显的不足，它把人们的激励行为简单化，过分夸大了主观因素对人的影响，忽视了外界环境、物质奖励对人的作用；强调了个体，忽视了群体、社会对个人的作用。

3. 公平理论

公平理论是美国心理学家亚当斯（U. S. Adams）于 1965 年提出来的。这个理论旨在探讨社会比较中个人的贡献与其所得到的报酬之间的平衡。它侧重于研究公平性对人际关系的影响。

亚当斯把人的社会活动看作以自己的潜能同社会交换的过程，这一过程以个人期待公平结果为前提。期待公平是个人内部愿望，他人的情况常是个人确定公平标准的依据之一。当个体发现自己付出多、获得少，或者获得多、付出少时，就会体验到心理上的紧张感，并会出现以下几种行为：第一，改变自己的付出量；第二，在活动过程中给他人施加影响，以改变他人的获得与付出量；第三，选择不同的人进行比较；第四，歪曲对自己或他人付出和获得的认识；第五，离开当前的情境。亚当斯认为，一个人察觉出他工作的努力与由此工作得到的报酬之比，同其他人的投入与结果之比相等时，就觉得公平，否则就觉得不公平。总之，这种公平与不公平是在社会比较中得来的。唯其如此，公平才能激励人，不公平则会使人消沉、颓唐。人们能否得到激励，不仅取决于他们得到的报酬，更取决于他们看到了别人或以为别人所得到的报酬与自己所得到的报酬是否公平。人们通过与周围其他人比较，采取多种措施（见图 9-12）减少和消除不公平，以维持个体的激励状态。这样就可以在人与人之间，或工作与绩效之间维持一种平衡关系。

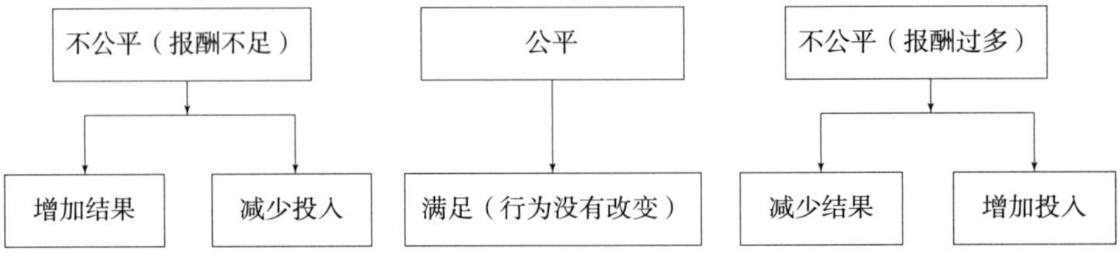

图 9-12　公平理论的模式

公平理论说明个体是在与他人的比较中评价自己、发现自己的，也就是把他人的行为及其结果作为自己行动的参照系。个体在群体中以竞争的面目出现，往往会造成人际关系紧张。然而，如果个体在与他人的比较中，觉得自己的行为及结果是公平的，他在群体中就会以团结合作的面貌出现。这样就有利于形成一种激励的心理气氛，个体对他周围的人际关系持积极进取的态度，有助于形成良好的人际关系。因此，在人际关系中应该增加公平性，减少不公平性。

20 世纪 70 年代，沃尔斯特（B. H. Walster）和波谢德（E. Berscheid）等人对公平理论进行了进一步研究。他们认为个人会从对别人的伤害中体验到紧张，并试图恢复交往关系的平衡。此时有两种方式来实现这个目标：一是使自己的行为和受害者的遭遇合理化；二是个人给受害者某种补偿，为其提供帮助以消除紧张，恢复交往的公平状态。沃尔斯特等人将研究结果用于解释利他行为，从而在公平理论与现实社会问题之间建立了桥梁，为公平理论的进一步发展提供了广阔的前景。

三、苏联的人际关系理论

苏联的人际关系研究，历来强调把交往和活动作为人际关系研究的基本范畴。以彼得罗夫斯基为代表的一批学者，对集体及集体中的人际关系进行了系统的实验研究，提出了一系列见解独到的理论，如群体中人际关系层次理论、人际关系活动中介理论等。

(一) 人际关系层次理论

群体活动中的人际关系层次理论由彼得罗夫斯基首先提出。他认为集体中的人际关系一般显现出一种多层次的网络结构，为了分析群体中人与人之间关系的实质，就必须剖析人际关系结构的心理实质。彼得罗夫斯基认为，人际关系就其结构而言可分为三层。

(1) 第一层(表层)。人际关系表层结构，又称外层结构。在这里，彼得罗夫斯基肯定了人与人之间直接的情绪关系，是个人直接依从关系的总和。它主要表现为个人在人际关系中情绪上的好感与恶感、群体的相容与冲突、接触的难易、趣味是否相投、受暗示的多少等群体心理现象。在该层人际关系中情感成分占优势，很少有认知因素的参与。这种关系的后面看不到它的内在决定因素，是对人际关系的表面性感知，但通过人际关系表层现象的了解，有助于个体掌握人际关系深层次的动机趋向，并决定其行为的倾向性。与此同时，通过对人际关系表层现象的观察，我们还可以将其作为衡量区分群体形态的参数。如果群体的表层心理现象与深层动机脱节，表层心理现象越炽热，就表明这个群体的发展水平越低，越是一个低级群体，如松散群体。

(2) 第二层(中层)。人际关系的中层结构。它是以集体活动的内容及价值取向为中介的人际关系总和。这里的人际关系具有间接性，以共同活动为媒介，表现为群体成员对涉及共同活动过程的主要价值定向是一致的。群体成员的关系不是建立在依恋或厌恶的基础上的，而是以间接的情绪关系为基础的。它包括了认知成分的参与。这种人际关系是构成集体的特征，因为集体是由有社会价值和个人意义的目的与理想结合起来的群体，而这种目的和理想归根到底是从社会生活中获得的。这一层次所表明的群体心理现象特征在于，对人的态度表现为把别人看作有社会意义的共同活动的参加者，看作学习、生活和工作上的同事。人际关系是通过共同的交往活动实现的。

(3) 第三层(内层)。人际关系的深层结构。它是形成人与人之间依恋关系的总和。具有这种人际关系的群体，具有把社会与个人的价值统一起来的特点，并把共同活动的目的、任务和价值作为群体活动的基础。一般地，作为深层人际关系的心理特点主要表现在：

第一，个体的集体观念；

第二，以群体利益作为个体价值定向的根据，并统一在群体价值之下；

第三，群体成员与整个群体在情绪情感上的一致性；

第四，群体使每个参加者的个性得到全面发展。

第三层是群体中人与人之间相互关系的核心，体现着该群体的基本风貌，以及对个体行为的制约、影响与控制能力。群体成员接受群体活动的统一目标，并在此基础上发展群体内部关系。这层结构要求个体在更大程度上参加群体的共同活动，更好地接受群体活动的目标和价值。

群体中的人际关系层次理论，使人们能看到每个群体走过的发展道路，并把群体结构逐步深化的各层次不断地纳入群体成员间多种接触交往活动之中。在人际关系中，如果善于明察这些层次，并了解这几种水平发生的层的实质，人们就能更好地把握该群体中人际关系的性质及其发展方向。因此，正确认识这个问题，不仅具有理论意义，而且具有实践意义。

（二）人际关系活动中介理论

人际关系活动中介理论是对人际关系层次理论的发展和改造，它同样和彼得罗夫斯基的研究工作紧密联系，是运用活动原则研究人际关系的产物，其基本思想是彼得罗夫斯基在1969年至1977年阐述的。

人际关系活动中介理论撇开了各种心理学派别的理论观点，如新行为主义观点、新弗洛伊德主义观点、认知心理学的观点，并且在基本观点方面实际上与整个西方小群体社会心理学的观点相反。它用唯物主义的基本观点解释群体中人际关系的相互作用，把活动看成是人际关系得以形成的中介手段，把交往看成是人际关系的工具，并用一些巧妙的实验解决了基本理论的难解之谜。该理论的主要观点如下。

（1）人际关系可以被看作以群体有社会意义的活动内容、目的和任务为中介，群体中各个成员每时每刻都在参加活动，通过具体活动对象实现自己的目的，同时改变自己、完善自己的心理结构和内部关系。人际关系改变的性质和方向取决于活动的社会价值。活动的主要表现形式是交往。人们通过交往，满足各种心理需要，解决心理矛盾，缓和人际冲突，促进个性和谐全面发展，也有利于提高群体的发展水平。

（2）群体被看作社会的一部分，人是社会关系的总和。群体中的各个成员都在参加社会实践活动，并在活动中形成稳固的人际关系。这种人际关系与内容丰富的活动和相应的目标、价值有密切关系，也与人际选择的动机、有效群体的情绪认同和参照性有密切关系。因此，人际关系可被看作一个社会心理共同体，而群体的最高发展水平是集体。同样，完善的人际关系应是集体的人际关系。

（3）群体中人际关系的发展规律，可以推广用来说明具有高级发展水平的集体。群体和集体是两个不同层次的概念。群体和集体在态度、目标、价值观等方面是有差别的。因此，活动的方式不一样，发挥的作用也不一样。以活动为中介使人们能了解群体分化和态度的性质，发现高水平群体的特征，澄清小群体和集体的本质区别，从而有助于群体的诊断和引导群体向集体转化。集体是有特定内涵的概念，集体中的人际关系也是有特定内涵的。

（4）集体的社会心理规律与具有低级发展水平的群体相比，不仅有量的区别，而且有质的区别。集体中的人际关系是一种较高的发展境界。显然，集体特征所决定的各个层次上的人际关系也各有特点，集体中人际关系共同活动的作用显得更为重要。

第三节 人际关系的形成与发展特点

人与人之间相互关系的形成和发展，要经过一系列错综复杂的变化过程。这个过程既包括正向的发展（人际关系的优化），也包括反向的发展（人际关系的恶化）；既包括童年期、青少年期人际关系的发展，也包括成人期和老年期人际关系的发展。因而，探讨人际关系的形成与发展，需要从上述诸方面展开。

一、人际关系的形成过程

（一）良好人际关系的形成过程

一般地，良好人际关系的形成和发展，经历了一个从注意表层接触到亲密融合的发展阶段。在人际交往刚开始时，彼此未意识到对方的存在，双方关系处于零接触阶段。只有当一方开始注意到另一方，或双方相互注意时，交往关系才开始确立，人际交往活动才开始全面展开。此时，如果彼此的情感不断地卷入和融合，共同的心理领域就会不断扩大，那么，一段时间后，良好的人际关系就会水到渠成。

莱文格（G. Levinger）和斯诺克（G. Snoek）以图解的方式，对人际关系相互作用水平随时间的递增关系做了直观的描述（见表 9-2）。

表 9-2　人际关系状态及其相互作用水平

图解	人际关系状态	相互作用水平
○　○	零接触	弱
○→○ ○↔○	单向注意 双向注意	↓
○ ○	表层接触	
○○	轻度卷入	
	中度卷入	
	深度卷入	强

注：（其中“○”符号代表交往者），下同。

奥尔特曼（I. Altman）和泰勒经过对人际关系的系统研究，认为良好人际关系的形成和发展，一般需要经过定向、情感探索、情感交流和稳定交往阶段。这和莱文格等人的研究结论是基本一致的，说明人与人之间的关系从开始时的无关，到最后形成良好的人际关系，确实需要经过不断地积累和演化，彼此相互作用的水平由低级向高级发展、由弱逐渐变强。

从人际交往由浅入深的发展历程来考察，一般可以把良好人际关系的形成和发展划分为三个阶段。当然，这三个阶段并不是截然分开的，有时候是相互交叉和重叠的。

第一，注意阶段，即由零接触过渡到单向注意或双向注意的定向阶段。在这个阶段中，由开始时的彼此无关，即零接触状态，逐渐实现选择性注意。这种选择本身反映着交往者的某种需要倾向、兴趣特征和个性心理特征。只有当对方的某些特质能引起自己情感上的共鸣，才会引起人们的注意，从而把对方纳入自己的知觉对象或交往对象的范围内。当交往双方互相注意时，这种状态更为良好，说明双方进行了互相选择，处于一种互动状态中，这就为人际关系的建立准备了更好的心理基础。但是，我们必须认识到，这种作为初步沟通的注意，仅仅可能是良好人际关系的开端，是一种尝试，目的是对别人获得一个初步的印象，使自己明确是否有必要与对方进行更进一步的交往。只有在价值观念等方面达成共识时，对方才有可能成为进一步交往的对象。因此，在注意阶段交往的双方都希望给对方留下一个良好的第一印象，试图为彼此的人际关系的发展赢得一个良好的走向。当然，有时这个阶段是非常短暂的，且引起注意的原因也可能是偶然的，但它是形成人际关系的一个必经阶段。同时，由于个体差异，其时间跨度也有所不同。总的说来，这是人际关系的准备和起步阶段。

第二，接触阶段，即由注意逐渐向情感探索、情感沟通的轻度心理卷入阶段转变，此时交往双方开始建立初步的心理联系。在这个阶段，交往双方开始了角色性接触，如打招呼、聊天、工作上的联系、学习上的帮助和生活上的相互照顾等。这种一般性人际接触的目的是为了探索彼此的共同情感领域。经过一定的情感探索、情感沟通后，双方自我暴露的深度和广度有所增加，但仍未进入对方的私密性领域或隐秘敏感区，双方都遵守交往规则，不越雷池半步，即不涉及对方牢牢守护的根本方面。此时，双方在一起时能友好相处，离开对方也无关紧要，彼此没有强烈的吸引力。因而，这个阶段也是普通的人际关系阶段。

第三，融合阶段，即由接触而导致情感联系不断加强，心理卷入程度不断扩大，进入稳定交往阶段。随着交往双方接触频率的增加，彼此间了解不断加深，情感联系越来越密切，心理距离越来越小，在心理上逐渐有了依恋和融合。这标志着人际关系性质已经发生了实质性变化。此时，交往双方的安全感已经确立，并有中度或深度的情感卷入，自我呈现的广度和深度大大扩展，心理相容性也有进一步增加，对事物的看法、评价逐渐趋于一致，并引起情感上的高度共鸣，各种信息的输入输出不再“失真”，彼此也已成为知己、好友。一旦分离或产生冲突，交往双方会出现某种焦虑、烦躁的情绪，仿佛“一日不见，如隔三秋”。当然，人际关系的融合阶段仍然有一个逐渐深化的过程。在其低水平的层次上，人际关系主要表现为交往双方的适应与合作，即求同存异；在其高水平的层次上，才是知交和融合，即心心相印、唇齿相依。恋人关系即属此例。

有研究表明，在上述过程中，好奇心也发挥了重要作用。人际好奇是个体对他人的信息产生的好奇，其中包括对他人的生活经历、生活习惯和细节、想法、感受以及动机产生的好奇。人际好奇受到个体性别、年龄和个体状态等因素的影响，而且人际好奇在人际关系的建立与维持、人格判断、文化学习和维护社会规范等方面有积极影响。人际好奇可以用本能论、认知失调理论和社会比较理论等加以解释。

（二）人际关系恶化的过程

如前所述，人际关系的发展过程同样包含着反向（负向）发展，即人际关系的恶化。从日常生活中人们发现，有一见如故成知己者，有瞬间反目成仇人者，也有点头之交成知己者。大千世界，芸芸众生，纷繁复杂。人际关系的恶化只是其中的一种。

皮尔逊在《如何交际》（中译本，1987年）一书中，就提出了人际关系的恶化过程（见表 9-3，作者略有改动）。这对我们更好地理解人际关系的负向发展有所启迪。

表 9-3 人际关系恶化的过程

图解	人际关系状态	相互作用水平
←○○→	漠视	强
←○ ○→	冷淡	↓
←○ ○→	疏远	↓
○ ○	分离	弱

一般说来，人际关系的恶化是人际冲突和人际侵犯的结果，根据这种冲突和侵犯的性质与程度，可以把人际关系的恶化过程划分为冷漠、疏远和终止三个阶段。

第一，冷漠阶段。这是指交往的一方把交往的另一方视为一种负担，在心理上形成一种压力，并伴随交往活动产生一种痛苦的情绪体验。人际关系的恶化始于冷漠，不但对交往者持漠不关心的消极态度，严重者甚至表现为否定性评价和行为。例如，对交往者注意力的转移，不断故意地扩大与对方的心理距离，不愿与对方进行交往、沟通，更谈不上情感联系了；在公共社交场合，千方百计地避免与对方的接触，迫不得已时的交往也是出于纯粹的客套和应酬；心不在焉，一副与己无关、高高挂起的旁观者姿态。实际上，在其内心深处，已不愿意再与对方交往了。

第二，疏远阶段。交往者在痛苦情绪体验的基础上，进而产生一种对交往双方人际关系的厌恶和反感情绪。人际关系的恶化是从冷漠开始，以疏远的形式具体表现出来，并渗透到彼此人际交往的各个方面。在这个阶段，双方又回到了原来的交往位置，形成了一种远离的状态，或零接触状态。不同的是，这时并不是双方互不认识，而是一方故意不理睬另一方。在双方均出现的交际场合，彼此避免接触，即使不得不寒暄，也是以嘲弄、讽刺、挖苦对方为能事，并在非言语行为上也有所表现，如表情的不自然、脸部肌肉的呆板、身体姿势的不自然、交际距离的扩大以及举手投足的生硬等。出现这些现象，表明双方的人际关系已经很难再维持下去了。

第三，终止阶段。交往双方冷漠、疏远的必然产物和符合逻辑的推论，便是结束这种人际关系，双方处于完全失去联系的状态。在这个阶段，交往者不仅把相互接触视为强加给他的额外负担，感到烦恼、不安、焦虑、痛苦，而且把这种对交往的厌恶情绪用来指导自己的行动——终止人际关系。人际关系的恶化，一般均从冷漠开始，经过疏远阶段的恶性发展，进而出现终止这种人际关系的动机和行为。人际关系的终止，可能是自然形成的，但在更多的情形下是人为造成的。我们必须指出，人际关系的结束并不都是有害的或不道德的，对此要具体情况具体分析。例如，结束原有给人带来痛苦的、实质上已经死亡的某种关系（如名存实亡的婚姻关系等），对人是有益的，也是合乎社会道德的。

二、不同年龄阶段人际关系的特点

（一）儿童期人际关系的特点

儿童的人际关系最早是从父母或抚养人开始的。尽管此时仅是一种情绪性交往，但他从别人的态度中逐渐积累起一些感受，开始形成对别人的态度。例如，妈妈总是给孩子喂奶、拥抱、与他亲热，5 个月的婴儿就会要妈妈抱而排斥陌生人。这种情绪依恋对婴儿的交往与人际关系的发展起着重要的作用。许多研究表明，婴儿与母亲的关系是以后诸多社会关系形成的基础，母婴关系也在很大程度上影响了婴儿以后人际关系的形成。父亲与婴儿的游戏也有助于促进婴儿的社会交往。脱离这种交往，形成和发展人际关系就会出现困难。研究者对两组孤儿进行观察研究。一组孤儿出生后不久便被人领养，有机会得到养父母和周围人的爱抚；另一组则是在孤儿院生活了 3 年后才被领养。在所有这些孩子进入小学后，研究者对他们进行了观察和测验。结果表明，后一组儿童在情绪发展、交往能力和人际关系方面都表现了许多不适应性，如自闭、孤僻、自卑、对别人不信任等。此外，婴幼儿的同伴交往也很重要。婴儿的同伴交往有助于促使其获得社交技能及策略，并使社交行为向友好、积极的方向发展，这是他们日后建立良好人际关系的基础。

儿童的人际关系以垂直关系为主，学前期关系最密切的是父母，进入小学后对教师（特别是班主任）的信任超过了父母。学习成为儿童与成人交往的主要形式。此时，师生关系中容易出现心理学家罗森塔尔（R. Rosenthal）所说的“皮格马利翁效应”。研究表明，低年级儿童的平行人际关系尚不成熟，一般还谈不上根据何种标准选择朋友，多数是由于同桌、邻居或亲戚等而成为伙伴。有研究者的调查表明，友好、亲社会、有反应和积极交往使儿童易于被同伴接纳。但小学生身心发展的特点，决定了这种人际关系是不稳定的，他们常常为一点小事就“闹翻”，但很快又言归于好。我曾在小学低年级、小学高年级和初中生中进行了一项研究，每隔 3 个月就让学生写他最要好的 3 个朋友，结果发现，小学低年级学生中有 60％的人每次都换了全部或一部分的朋友；小学高年级学生中只有 38％的人在 3 个月内有更换新朋友的现象，初中生中则只有 31％的人有此类现象。

班集体和少先队组织对发展平行人际关系起着重要作用。李伯泰等人对小学生集体观念发展的研究表明，随着年龄的增长，小学生选择为集体的行为动机的人数比例逐年增加。这说明，小学生在教育的影响下已形成较强的集体意识。此外，小学高年级学生已有较强的集体荣誉感，关心集体和同伴，对教师和同伴都有一定的评价标准，在择友上也开始有了自己的看法。

（二）少年期人际关系的特点

“成人感”的出现，使少年的人际关系开始发生质的变化。他们对父母、教师的态度已经明显分化。他们喜欢那些理解他们的、教育方法比较民主的父母，愿意接近教学水平高又尊重学生的教师。当成人关心少年、重视他们的意见、尊重他们的行为时，他们便会感到满足。成人必须充分估计少年的这种变化，转变他们在童年时期形成的人际关系、亲子关系模式，否则就容易出现亲子冲突。研究表明，青春期亲子冲突是生理—心理社会因素交互作用的结果。亲子冲突的有效管理直接关系到冲突的结果是积极的还是消极的；亲子冲突的研究不但要关注量的特征，更要关注质的特征，从中发现亲子冲突的互动模式及双方使用的管理策略。然而，这种管理、关心毕竟是不平等的，是建立在要求少年“听话”的基础上的，因此，少年总是想尽量摆脱垂直型人际关系的束缚。他们在人际关系方面表现出新的需要。

第一，获得权力与尊重的需要。这是少年学习社会规范和接受社会教化的基础，也是他们“成人感”的主要表现形式。但这种权力和尊重在与成人交往中获得的可能性要比在与同龄人交往中获得的少，故少年特别向往与同龄人建立亲密关系。陈仙梅的研究表明，在初中生课余时间的交往选择、遇到烦恼或喜悦向谁倾诉等方面，同伴、朋友所起的作用都比小学时更大。

第二，强烈的独立和自主需要。俞国良曾在八年级和九年级 6 个班 300 人中进行过一次问卷调查。问题是“你认为怎样的生活最快乐”。供选择的答案有三个：生活富足，但必须一切事情由成人安排（A）；家里只保证温饱，其他物质欲望不能满足，但在学习、兴趣和交友等方面可以独立自主（B）；生活不依赖别人，自己享有充分自由（C）。调查结果如表 9-4 所示。

表 9-4 对生活独立自主程度的选择

参加调查人数	选择 A 项人数	选择 B 项人数	选择 C 项人数	选择 D 项人数
男生 146 人	28 人	88 人	19 人	11 人
女生 154 人	35 人	106 人	12 人	1 人

这说明少年一方面具有要求独立自主的强烈愿望，另一方面又要依赖成人。苏联学者费尔德斯坦调查了初中生在完成社会工作时与成人的交往情况，结果表明有30.7%的初中生与班主任或任课教师联系，这种选择明显高于对父母、同学或朋友的选择。因此，他们的人际关系处在一个半成熟与半幼稚、独立性与依赖性、自觉性与幼稚性共存的错综复杂的时期。

第三，与同伴建立亲密友谊的需要。生活条件的变化与活动范围的扩大，使少年具有强烈的求知欲与好奇心，他们不满足于单调的学习生活，喜欢较大运动量的游戏，迷恋惊险小说、武打电影、网络游戏……所有这些都只能在同龄人中找到知音。少年们以彼此相似的需要、愿望、兴趣、体验和活动而互相吸引着。研究者指出，亲密的同龄朋友间建立更多的相关关系，表现出更多的利他行为和分享行为。一般地，少年把周围的同龄人分为三种水平：一般的同学、谈得来的朋友和知己。少年特别重视朋友之间的忠诚（但他们对忠诚的理解有时却是片面的，仅限于不向成人告状等行为）与亲密。少年如果与成人的关系不好，则更需要这种友谊，同龄人对他的影响也更大。我们的研究发现，学习困难的初中生不但亲子关系比较紧张，且同伴关系也比一般同学差。

（三）青年期人际关系的特点

到了青年期，少年期人际关系的特点继续发展着。但青年期人际关系发生着质的变化，主要表现为从精神上脱离对父母或成人的依赖，新的友伴关系（特别是异性关系）的建立和适应，自我意识的进一步发展和完善，对成人权威的抵触和反抗，以及竞争和对抗的激化等方面。因而其人际关系具有广泛性、自主性、易变性和异性敏感性等特点。

埃里克森对青年建立家庭以外的亲密人际关系进行了长期的研究。他认为这种人际关系的建立在青年期是非常重要的。在这个阶段，无论是大学生还是非大学生，对于他们的生活来说，一件非常重要的事情就是恋爱、结婚、建立家庭生活和良好的人际关系。他们的情感焦点从家庭转向朋友。如果人际关系紧张，他们就有可能产生孤独、寂寞的心理体验。同时，我们必须意识到，这个阶段的人际关系发展包括了一种自我同一性的融合，使人际关系中每一个伙伴都有明确的自我感觉。由于青年的生活更丰富了，他们站在人生的十字路口，要在德（品德）、识（见识）、学（学问）、体（体魄）等方面走向成熟，“使命感”或社会责任感成为这一时期社会性发展的主要特点。职业准备的需要、求偶的需要、建立家庭的需要等一系列的需要，使青年必须同各种各样的人打交道，建立不同层次的人际关系。垂直的人际关系是重要的。他们不再像少年期那样有意地疏远父母，而是变得对父母关心和体贴。对于他们尊敬的成人，他们也能与之建立“忘年交”。与同龄人（同性的、异性的）的关系大大地发展了，内容也十分丰富，包括政治、科技、文学、艺术、体育等方面的活动。他们希望获得新的信息。追求友谊、爱情、家庭和事业的成功，成为他们发展人际关系的巨大推动力。“朋友是支持和安全的来源，是知己，是‘治疗者’”。我们（衣新发、俞国良）在线调查了全国 8 个城市使用“同城约会”网络服务的 3048 名青年网民，对互联网双向交流功能使用者的交往特点进行了研究。结果发现，网络双向交流功能使用者以男性为主，同时异性之间的交流远远多于同性之间的交流，“约会”的目的以征友和寻找恋人为主。总之，青年交往的内容由游乐型向知识型转化，人际关系也由玩伴向志同道合的生活之友发展。

（四）成年期人际关系的特点

青年期向成年期的过渡，是不可抗拒的自然规律。从统计材料看，这个时期处于平均生命期的中点，是一个人人生的转折时期。在这个阶段中，人际关系主要表现在家庭生活和职业生活两大领域，而在家庭互动关系中，突出的表现形式是代际关系和夫妻关系。

成年人代际关系包含两层含义：其一是与孩子的关系；其二是与父母的关系。无论是哪种关系，其影响都是双向的。哈格斯特（G. Hagestand）的研究表明，在老、中、小三代组成的家庭中，关于饮食、健康、政治态度和儿童教育等问题上，他们是相互影响的。研究还表明，此阶段的亲子关系仍然很密切，成年人往往在经济上需要父母的接济，在生活上需要父母帮助照看孩子，而父母也可从中体验到满足感。夫妻关系也是这种互动关系。双方不断地调适，使婚姻关系得以维持并进一步发展和完善。

成年人的职业生活是为人类创造物质文明和精神文明的过程。职业生活中形成的人际关系，就是埃里克森所讲的获得创生感、避免停滞感的产物。在对成功事业的追求中，成年人不只是一个劳动者，同时也是一个导师。他们不但要与同行发展良好的人际关系，而且还要与“受教育者”形成融洽的人际关系。较强的事业心、荣誉感、竞争性使他们在人际关系上内心活动更为突出，由人际关系带来的情感体验也更加深刻。对于老年人来说，“丧失感”引起的深刻情绪体验，以及“老之将至”的心理感受，也需要他们对人际关系及时进行调适。特别是退休和生活中的紧张事件，会对老年人的人际关系产生一定的影响。因此，老年人热爱生活、心情愉快、性格开朗是维持良好人际关系的重要保证。同时由于生活阅历和知识、经验、思想的积淀，以及社会交往机会的减少，因此老年人比其他年龄阶段的个体对人际关系有更加深刻的认识。他们已经深深体会到人际关系的质量比相互交往、接触的频率更为重要。伯曼（J. S. Berman）等人在几个研究中都证明了上面这个观点。确实，在现实生活中，经常可以看到老年人喜欢结交同龄朋友。在退休回家后，他们仍希望过去的朋友上门聊天、下棋，或者参加一些社交活动、文体活动。这反映了老年人人际关系的新趋势、新特点。

值得注意的是，不同年龄阶段的人际关系发展到一定水平后，便会形成友谊。友谊是个体认同的，对其产生影响并有可能相互作用的持续、稳定的关系。它具有不同的特征。友谊数量用于衡量友谊的有无，友谊质量用于衡量友谊的发展，友谊稳定性用于衡量友谊的持续时间。个体因素、情境因素和环境因素都会对友谊的形成与发展产生影响。友谊对个体的影响体现在心理健康、情绪和行为等方面。随着网络的发展，未来研究的热点在于网络友谊的测量和评价标准，以及它与传统友谊的关系。

拓展苑

师生关系研究：以研究生为例

我们（文书锋、俞国良）从研究生认知的角度，以北京地区 21 所不同类型、不同层次高校的 1725 名在读硕士、博士研究生为研究对象，通过半结构访谈和问卷调查的方法，编制了研究生师生关系量表（GMRI），探讨了研究生与其导师师生关系的基本结构维度和师生关系类型。研究结果具体如下。

第一，该研究编制的研究生师生关系量表，具有较好的理论构想和较高的信度与效度，符合心理测量学的技术要求，是测量研究生师生关系的一个有效工具。探索性因素分析和验证性因素分析发现，研究生师生关系包括接受性、冲突性、友好性和严谨性四个结构维度。

第二，研究生师生关系具有一定的特点，主要表现在以下几个方面。一是师生关系性别差异显著，女生认知的师生关系显著好于男生，研究生对女性导师在接受性和友好性两个维度上的认知也明显好于对男性导师的认知。二是学历差异显著，博士生认知的师生关系的友好性和严谨性显著好于硕士生。三是年级差异显著，并呈现“U”形特点，一年级是师生关系的“蜜月期”，二年级为“低谷期”。四是学科专业差异显著，艺术专业和人文社科专业师生关系好于理工科及其他学科专业的师生关系。

第三，聚类分析发现，研究生师生关系可划分为“融洽和谐型”“平淡合作型”“友好冲突型”“疏远对立型”四种基本类型。其中“友好冲突型”可能是只存在于研究生等成年人师生关系中的一种特殊类型，反映了成年人平等交往的特点。

第四节 人际关系的测量

人际关系测量是改善人际关系的基础，所谓“知己知彼，百战不殆”。人际关系测量方法多种多样，这里主要介绍社会测量法、参照测量法和贝尔斯测量法等。

一、社会测量法

社会测量法（Sociometry）又称社交测量法。这是心理学家莫雷诺于 1934 年创立的用来测量群体成员之间人际关系的一种方法。其目的是从群体的角度，定量地揭示整个群体以及各成员在该群体内的好感、反感、冷漠等情感关系。社会测量法认为，人与人之间的人际选择，实际上反映了他们心理上的联系状况，肯定的人际选择意味着接纳，否定的人际选择意味着排斥。人际选择的不同状况，不仅是人们在心理学意义上对对方的一种评价，而且也体现了心理距离或心理上的联系，其实就是人际关系的状况。有鉴于此，人们可以通过考查人与人之间相互选择的情况，定量测量整个群体人际关系状况以及群体内各成员之间的人际关系状况。

运用社会测量法时，先要确定选择内容的标准，接着规定选择数量，再向群体成员提出问题。例如，被试最愿意跟谁在一起，首先是谁？其次是谁？提出的人数可以是一人、两人、三人或多人，然后整理测量所获得的结果。实际施测时，除了明确测量目的，确定测量变量和选择标准外，重要的是选择方法。一般地，社会测量法运用的选择方法包括以下几种。第一，参数顺序选择法。这种方法通常适合于 30～40 人的较大群体，要求被测量在肯定或否定选择上都选择 3～5 个被选人，并明确标明选择顺序。如“我最愿意与之一起郊游的人，第一是______第二是______第三是______”。第二，非参数选择法。这种方法适合于群体规模不足 15 人时，人际选择接纳及排斥的数目完全由被测量者自由选择，并按选择的重要性排序。第三，非参数简单选择法。这种方法对群体规模没有限制，只考虑接纳、不选择和排斥三种情况，对选择人数和选择顺序不加限定。第四，参数简单选择法。这种方法是非参数简单选择和参数顺序选择法的变式，其不同之处在于限定选择人数而不限定选择顺序。第五，接纳水平等级分类法。这种方法是将人们的接纳水平按 5 点量表划分为 5 个等级，要求被测量者将群体所有成员按上述等级归类。每一类的人数不做限定，被测量者可以自由选择。接下来的工作便是根据选择的方法，编制问卷和实施测量了。测量的结果可以用数字加以整理，并利用社会测量矩阵和群体分析图表示出来。这样就可以揭示群体内部的情绪倾向的层次和网络，即群体或个人的人际关系状况了。

社会测量法的结果可以通过图表方式表达出来，常用的方法有矩阵表示法、图示法和数学公式表示法三种。

(1) 矩阵表示法。根据被测量者的总人数 n，制成 n 阶矩阵，表内记入各成员的选择关系（喜欢或排斥关系），被选择次数最多的，则为受人喜欢或受人讨厌的个体（见表 9-5）。此外，被测量者也可以依照选择的强烈程度打分，然后将分数填入表中（见表 9-6）。不同的得分情况说明个体在群体中的选择情况。这种矩阵可根据不同的项目一一列表，最后各表加以综合，就能反映每个成员总的好恶关系。

表 9-5 “选谁做班长”测量矩阵

序号	1	2	3	4	5	6	7	8
1					+	+		
2	+		+	−				−
3		+		−				
4	+							
5	+					+		
6	+				+			
7								
8	+				+			
合计	5	1	1	−2	3	2	0	−1

（“+”表示喜欢，“−”表示讨厌）

表 9-6 “喜欢座位和谁排在一起”测量矩阵

序号	1	2	3	4	5	6
1		3	2	1	−1	−2
2	3		2	1		−2
3	2	1		−2	3	−1
4	2	−1	1		3	−2
5	3	2	−1	1		−3
6	1	−1	2	−2	−3	
分类合计	+11	+6 −2	+7 −1	+3 −4	+6 −4	−10
合计	11	4	6	−1	2	−10

(2) 图示法。如果把上述矩阵绘制成社会测量图，我们就能更直观地看到群体内人际关系的状态（见图 9-13），即 1 是最受欢迎的人，6 是最不受欢迎的人。这实

际上反映了每个个体在群体内的地位。此外，在群体规模较大的情况下也可以用“靶形图”（见图 9-14）或“坐标图”（见图 9-15）来反映群体内的人际关系。

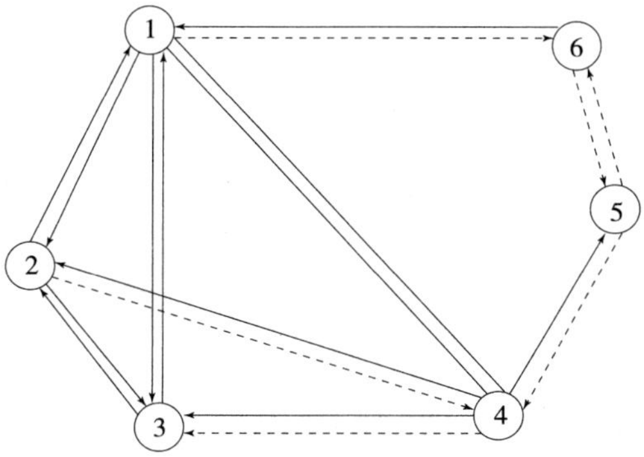

图 9-13　“喜欢座位和谁排在一起”人际关系结构图
（实线表示友好，虚线表示不友好）

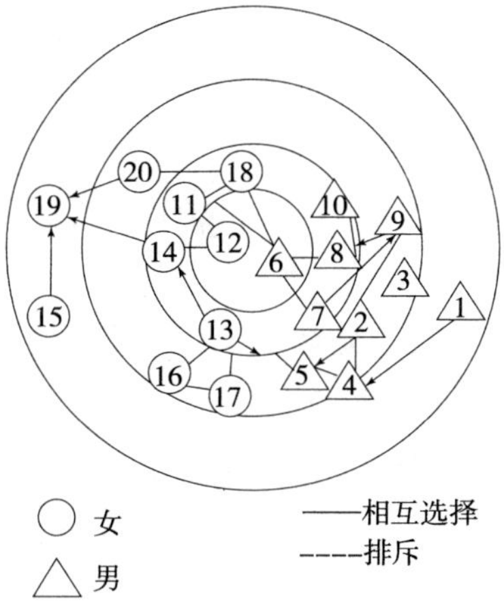

图 9-14　靶形图

（3）数学公式表示法。研究者常用社会关系状况指数 S 和群体内聚力指数 C。S 值和 C 值越大，说明该群体人际关系越好，或群体内聚力越强。

$$S_i=(M_{i+}+M_{i-})/(N-1)$$

［（Σ为总加符号，N 为群体总人数；M_{i+} 表示其他人对成员 i 的正选择；M_{i-} 表示其他人对成员 i 的负选择。］

$$C=\frac{\Sigma M_{i+j}}{C_N^2}$$

［M_{i+j} 表示群体成员 i 和成员 j 相互正选择数；C_N^2（如上式）表示一个组合公式，其值为群体中可能存在的相互选择的总数目。］

目前，社会测量法已得到了广泛的认识和应用。这种方法可以较快地揭示群体人际关系的状况，并能进行量化的描述，

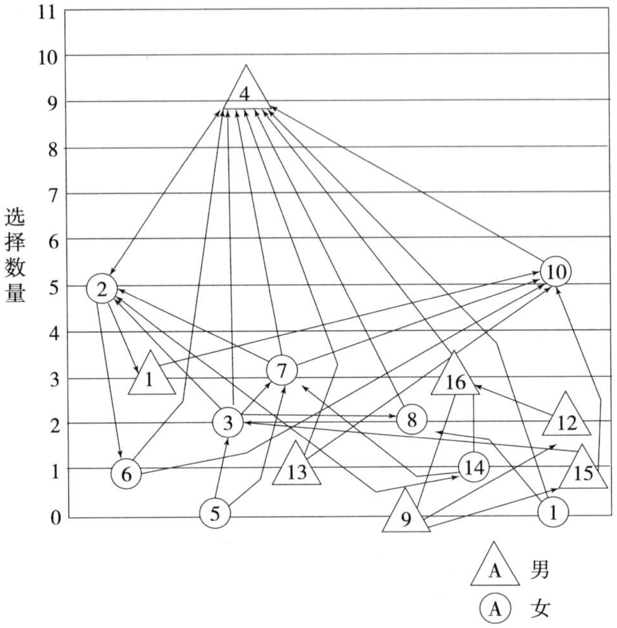

图 9-15　坐标图

尤其在测量松散的非正式群体人际关系时颇有使用价值。但此法无法揭示出隐藏在情绪倾向性行为背后的行为动机，反映的人际关系状况也是外部的、表层的方面，对于群体内各种关系的深层结构和动态发展无能为力。此外，由于它根据问卷得到的资料来确定群体人际关系，因此易受测量者的主观因素影响，尤其是在被试有意隐瞒人际选择的真正动机时，测量的结果就无法反映真实的人际关系状况。此外，这种测量因涉及成员之间的好恶感和态度，因此，其测量结果必须保密，以免引起不必要的人际纠纷，造成不良的后果。

二、参照测量法

苏联心理学家彼得罗夫斯基在社会测量法的基础上，创立了**参照测量法**。这是一种测量群体最能发挥作用和最有影响力人物的一种方法。彼得罗夫斯基认为，动机是人际关系选择的心理机制，被人们喜欢的人，不一定就是群体中最能发挥作用和最有威信的人。莫雷诺的社会测量法对上述问题无能为力，而参照测量法可以解决以上矛盾。它从个性品质、行为方式及意见、目标方面揭示出对被测量个体均有意义的权威人物，即把一个人所属的群体内部潜藏的参照群体揭示出来。与社会测量相比，它具有内容更为丰富的群体分化特征和群体中人际关系的价值标准，而不仅仅局限于好感或恶感，这是社会测量法无法做到的。

在进行参照测量时，首先让群体中各个成员相互进行书面评价，并把所有对某人的评价集中起来，放在一个信封内，然后告诉全体成员，大家可以了解别人是如何评价自己的，但是，不允许看到对自己所有的评价材料，而只能看到自己提名的3～4人对他的评价。一般地，每个人都会要求看自己心目中最有威信、最有见解和最受人尊重与信赖的人对自己的评价。研究者通过各成员的提名，可以了解到群体中最受人尊重与信赖的人。这些人虽然不一定是群体领袖，但很可能是最有影响力的人物，即在群体中起重要作用并处于群体中心位置的人。这些人有独立性、有见解，是群体内潜在的权威，多数人都想了解他们对自己的意见和评价。

参照测量法的优点在于隐藏了测量的真实目的，使人们在不知不觉中反映自己的真实想法和真正动机，便于获得可靠的结果。其缺点是在群体成员人数很多时，要求个人对每一成员均进行评价，会费时太多，且组织工作也并非易事，此时可以改用多重选择法进行评价。

三、贝尔斯测量法

美国心理学家贝尔斯（R. Bales）于1950年创立了一种分析群体内人际关系的方法，即**贝尔斯测量法**。他根据“相互作用过程分析”，提出了社会行为分类理论。在这个理论中，他把相互作用的类型划分为小到可以作为实验观察的单位，认为只要考察人们相互作用的全过程，就能测量出群体内人际关系的性质。他通过对人与人相互作用的实验研究，把这种相互作用的变量划分为4类12个变量（具体如表9-7所示）。

表9-7　相互作用的变量分类

肯定情感	否定情感	提出问题	解决问题
1. 支持情感	4. 反对和贬低	7. 询问资料	10. 提供资料
2. 表示满意	5. 表示不满	8. 征求意见	11. 表示意见
3. 和睦	6. 不和睦	9. 请求指示	12. 给予指导

从表9-7中我们可以获悉，群体内人们的相互作用的类型，实际上可以概括为两类，一类是以满足对方交往需要、情感需要为目标的，即情感因素；另一类是以提供信息方向或指示为目标的，即功能因素。情感因素对人相互间的情感融洽发挥作用，功能因素则对协调一致完成工作中的共同目标发挥作用。这两种分类既有整合功能，又有离散功能，即有正负两个方向。

贝尔斯在实验室里对儿童群体的观察、小群体决策过程的分析，以及相互作用过程的测量，都发现存在上述4类12个变量。但不同群体由于性质不同，这些变量的分布有不同的特点。例如，在一个企事业单位中第三、第四类功能性行为居多；在一个家庭中则是第一、第二类情感性行为居多。当然，同一群体内，不同的个体表现也不同。一个厂长，可能更多是提出问题，由其下属解决问题。一个父亲，可能更多是对孩子的错误行为进行批评，而母亲则是体贴、关心和鼓励。在上述过程中，情感因素和功能因素往往交织在一起发挥作用，只是主导行为有所差异而已。如果把 4 类 12 个变量进行整理分析，以美国家庭讨论问题为例，就可以得到如图 9-16 所示的行为表现—时间曲线图。

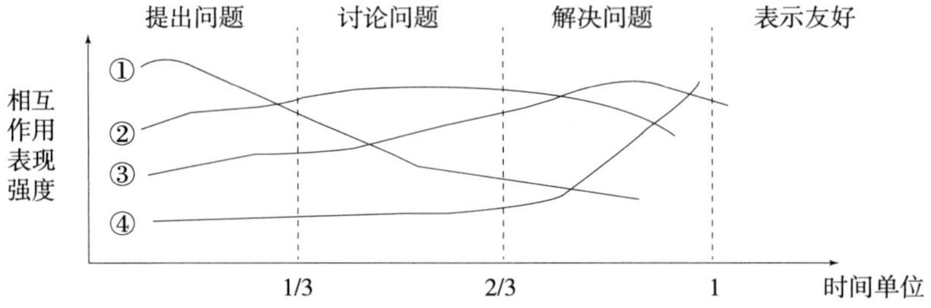

图 9-16　行为表现—时间曲线图

图中曲线①为提出问题，包括变量 7、8、9；曲线②为讨论问题，包括变量 4、5、6；曲线③为解决问题，包括变量 10、11、12；曲线④为表示友好，包括变量 1、2、3。但是，对于同一文化背景下的不同群体，同一群体的不同时期以及不同文化背景下的群体，图中曲线的顺序、特征、性质等会有所变化。因此，根据 12 个变量数量化后得到的曲线图，不但可以了解群体不同的性质和特点，而且可以了解同一群体发展变化的过程。

我们应当承认，贝尔斯测量法具有一定的实用价值。它可以用来测量小群体的特征和变迁，也可以用来作为跨文化心理研究的工具，客观地定量测定不同文化背景下群体的差异，还可以用来预测小群体内人际关系建立的具体阶段及其特征。但是，由于贝尔斯测量法是建立在实验室测量的基础上，而实验室观察和创设的情境毕竟与现实生活有一定距离，因此，把从中得到的结论推广到活生生的现实生活中小群体内人与人的相互作用时，从方法论上说，存在着较大的缺陷。所以，在使用这种方法测量人际关系时，要用其他方法，如现场研究等，加以补充。

人际关系的测量方法还有彼得罗夫斯基的分层测量法、雷诺奇的人际关系测试游戏以及社会距离尺度法等。在具体进行人际关系测量时，研究者要根据研究目的和研究对象加以选择。分层测量法用来研究发展水平较高的群体内的人际关系状况。雷诺奇人际关系测试游戏主要适用于测量、调节情侣和夫妻间的相互关系。社会距离尺度法主要用来测量群体某一成员对人际关系的基本倾向，以及成员人际关系状况的比较。例如，章志光等人对“个人在班集体中的地位及其对品德影响的心理分析”(1984)，黄希庭对“大学班集体中人际关系的研究”(1988、1989) 和方晓义的“青少年友伴网络结构和友伴相似性的研究”

(1994) 等，就采用了不同的人际关系测量 法，因而有诸多有意义的发现。

【本章摘要】

1. 人际关系是社会心理学的重要研究领域。人际关系是指人与人在相互交往过程中形成的心理关系，既有认知成分和情感成分，也有行为成分。它是在人际交往活动过程中形成和发展的。

2. 社会关系是人们在共同的物质活动和精神活动过程中结成的相互关系的总称。人际关系隶属于社会关系，受到社会关系的影响和制约。人际关系是社会关系的产物。

3. 霍桑实验是人际关系研究中的经典实验，由梅奥和其学生从 1927 年到 1932 年主持的照明实验、福利实验、群体实验和态度调查组成。该实验表明，良好的人际关系对于调动人们的劳动积极性具有决定性作用。

4. 人际交往理论包括符号相互作用论、场合交往论、自我呈现论、社会交换论和 T 组理论等。其中，符号相互作用论是一种强调人类生活和行为意义的社会生活理论观，米德是这个理论发展中的重要理论家和奠基人；社会交换理论则是一组解释人际交往活动规律的理论，以奖赏和代价来考察人与人之间的交往行为，该理论与霍曼斯的研究工作有关。

5. 人际反应特质理论的代表人物是舒茨。他认为每个人都具有与别人建立人际关系的愿望和需要，包括包容的需要、控制的需要和感情的需要，从而形成了主动型和被动型的人际关系。

6. 人际激励理论是包括需要理论、期望理论和公平理论的一组理论。这些理论从不同角度探讨了调动人们积极性、处理和改善人际关系的原则与方法。

7. 人际关系的形成和发展，既包括正向的发展（人际关系的优化），也包括反向的发展（人际关系的恶化）；既包括童年期、少年期和青年期人际关系的发展，也包括成人期人际关系的发展。

8. 社会测量法是莫雷诺于 1934 年创立的一种测量群体成员人际关系的一种方法。其目的是定量地揭示整个群体以及各成员在该群体内的好感、反感等情感关系，从而确定整个群体人际关系状况以及群体内各成员的人际关系状况。

9. 贝尔斯测量法是美国心理学家贝尔斯于 1950 年创立的一种分析群体内人际关系的方法。他认为，只要考察人们相互作用的全过程，就能测量出群体内人际关系的性质，即群体内人们相互作用的类型。

【建议参考资料】

1. 时蓉华．社会心理学．杭州：浙江教育出版社，1998.

2. 乐国安．20 世纪 80 年代以来西方社会心理学新进展．广州：暨南大学出版社，2004.

3. 侯玉波．社会心理学．北京：北京大学出版社，2002.

4. 郑全全，俞国良．人际关系心理学. 北京：人民教育出版社，2011.

5. 俞国良主编．心理学大师人际关系思想经典研究书系（8 册），北京：人民教育出版社，2017—2020.

6. 古畑和孝. 人际关系社会心理学．王康乐，译．天津：南开大学出版社，1986.

7. Hendrick S S，Hendrick C. Liking，Loving and Relating. Pacifice Grove，CA：Brooks/Cole，1992.

8. Hogg M A，Vaughan G M. Social Psychology（7th ed.）. Pearson Education，Inc，2014.

9. Kenrick D T，Neuberg S L，Cialdini R B. Social Psychology：Goals in Interaction（6th ed.）. Pearson Publishing House，2015.

10. Baron R A，Branscombe N R，Byrne D. Social Psychology. （13th ed.）Pearson Education，2012.

【复习思考题】

1. 如何理解人际关系在社会心理学研究中的地位？
2. 简述人际关系和社会关系两者的关系。
3. 评述纽科姆对人际关系结构的系统研究。
4. 什么是霍桑实验？请略加评述。
5. 什么是符号相互作用论和社会交换论？择其一详加说明和评述。
6. 如何理解舒茨的人际反应性质理论？
7. 人际关系是如何形成和发展的？以某一年龄为例说明其特点。
8. 什么是社会测量法？举例说明其应用。
9. 什么是贝尔斯测量法？举例说明其应用。

第十章
人际喜欢与吸引

【学习目标】

了解人际喜欢与吸引现象，能运用社会心理学的相关理论进行阐释；知道影响人际喜欢与吸引的因素包括情境、个人特质、相似和互补等，理解人际喜欢与吸引中的首因效应和晕轮效应；正确、有效地进行自我暴露，在人际喜欢与吸引的基础上营造和谐氛围以及建立亲密关系，促进人际关系的健康发展。

【重要术语】

人际吸引　个人特质　相似性　亲密关系　自我暴露　得失现象　喜欢回报原则

众所周知，人际关系的主要成分是情绪因素，即对人的喜欢与厌恶。“知己”“忘年交”“冤家路窄”，这些社会现象说的就是人际的吸引与排斥。拉森（Larson）通过研究人们的时间利用发现，人们大部分时间与他人在一起（青少年 74%，成人 71%），在这个时候个体表现得更快乐、警觉和兴奋。社会心理学研究人际喜欢与吸引问题，是以一种评价、衡量的方式，就人际交往由快至慢这两个极端间的吸引关系进行科学探讨。

第一节 人际喜欢与吸引的理论

什么是人际吸引？**人际吸引**（interpersonal attraction）又称人际魅力，是指人与人之间在情感方面相互喜欢和亲和的现象，即一个人对他人所持的积极态度。这种情感占优势的特殊人际关系形式就是人际吸引。在社会心理学中，人际吸引属于人际知觉的一个领域。由于它使个体处于一种积极的心理状态，因此对于满足个体的人际需求、建立良好的人际关系具有重要指导意义。对此，社会心理学家进行了一系列实验，并提出了许多理论来解释这种现象。这些理论大致可以归为两类。一类是强化的，这类理论强调人们对周围世界评价时的情绪反应，把个体视为非理性的、非逻辑的、常常依据感情来行事的情感人。另一类是认知的，这类理论强调人们对周围世界评价时所经历的思维过程，把个体视为理性的、按逻辑办事的理智人。

一、强化理论

强化是一个心理学术语。它是指行为与影响行为的环境（包括行为产生之前的前因和行为产生之后的结果）之间的关系，也就是通过不断地改变环境刺激来达到增强、减弱或消除某种行为产生频率的过程。这个过程借助于奖励、惩罚等强化方式来实现。强化理论以强化概念为核心，试图揭示情感强化和人际吸引之间的关系。这种关系可以用拜恩（D. Byrne）和克洛拉（G. L. Clore）的情感强化理论加以说明。

拜恩和克洛拉认为，评价任何人或事物（包括交往对象）都基于其所引起的肯定或否定、满意或不满意的情感。由此激发的对交往者喜欢或厌恶的程度，产生的好感或恶感的情绪，是进行再次交往的基础。个体如果处于肯定评价阶段，一般就会产生对对方的好感或喜欢；如果处于否定评价阶段，就会产生对对方的反感或厌恶。这种印象一旦形成定势，就会构成一种心理准备状态，很难一下子改变。因此，人际关系中会发生首因效应。诚如第八章所述，首因效应即第一印象的影响较大，持续的时间也较长，对于事物整个印象产生的作用比以后得到的信息更大。这是因为人对事物的整体印象，一般是以第一印象为中心而形成的。研究表明，当人们根据一系列信息去知觉某一认识对象时，最初得到的信息比以后得到的信息具有更多的优势。人们对开始知觉到的信息较为重视，并会以此为依据，对刺激对象进行评估，然后决定随后的行为。在人际交往活动中，对人的认识和评价也往往是从第一印象的强化开始的。

强化理论还认为，人际吸引的强弱和奖罚有相应的关系。如果在个体与交往对象的接触后紧跟着奖励，如表扬、称赞、报答等，就会引起个体对对方的喜爱，产生愉悦的情绪体验，与对方形成良好的人际关系。个体的这个行为在一定程度上得到了强化，就会形成稳固的心理特征而积淀下来，从而在人际关系中处处表现得得心应手。游刃有余。相反，如果在个体和交往对象的接触后紧跟着惩罚，如批评、讽刺、谩骂等，就会使个体产生对对方的厌恶与反感，减弱或失去与对方交往的热情。这种情感上的挫折，会使个体丧失对下一次交往的欲望和积极性，因此，也就无所谓“人际吸引”了。

总之，人们喜欢给他们奖励、酬赏的人，而不喜欢导致他们不愉快、给他们带来惩罚的人。

二、相互作用论

相互作用论着重探讨交往双方（如朋友、夫妻、交谈双方）相互影响、相互制约对人际吸引的影响。这是西方社会心理学互动理论的一种，是一种“真相倚”情形。

“真相倚”情形是指两个个体在相互交往中经常感到情感上的满足和安定，感到心情愉悦，并且非常乐意继续与对方交往的情形。他们之间容易建立起良好的人际关系。个体对对方来说有一种难以言喻的吸引，这是一种互酬行为或者一种报答行为。我注意听你讲话，你也重视我的意见；我有事找你商量，你有事找我帮忙；双方相互尊敬，相互喜爱，相互称赞，相互报答。这种行为大多在对方没有准备的条件下表现出来，显得自然、贴切、不做作，富有说服力。但是，一旦交往的双方中任何一方对交往不满意时，这种关系就会受到损害，并影响两人之间的继续交往。这样，对方要建立良好的人际关系就比较困难了。

莱文格（G. Levinger）和斯诺克（J. D. Snoek）把上述关系确定为一个有规律的逐步发展的过程，与双方为交往做出的共同努力有关。也就是说，交往需要双方精诚合作、共同奋斗。这些研究者通过调查研究，试图用各种客观的指标（时间、交往频率、交往强度等）来区分人际各种不同的吸引等级。他们用 0 表示毫无接触的交往关系，即两个毫无关系的人。街上擦肩而过的行人就是这样的人。他们用 1

表示认识、知道对方一些情况，或者表示单方面留下的态度或印象，没有任何交往行为，如男人对漂亮女人的单相思等。他们用 2 表示表面接触，了解双方的态度，有一面之交或偶然间有些交往，如舞场上的舞伴等。他们用 3 表示一种亲近、亲密的关系，如朋友、夫妻、亲戚、同乡等。上述这种人际关系的建立又可以被视为一个连续发展的交往过程，有浅交、深交、知交之分。根据这一观点，通过客观的指标，我们可以确定人们之间相互关系的发展水平，了解人际吸引的大小。显然，如果用数量级来表示，在上面这个理论观点中，人际吸引是由小到大的。实际上，这是人们在人际交往中勾勒的理想模式。在现实生活中，人与人之间的交往是非常复杂的，有时候多种交往水平交织在一起，所以我们一定要坚持具体情况具体分析的原则，以免贸然下结论，影响对人际吸引的正确判断，从而影响双方的人际关系。

三、得失理论

人际吸引中的得失理论是美国社会心理学家阿伦森提出来的。他经过研究后认为，在人际关系中，一成不变地讲好话，并没有先讲坏话再慢慢地改变成讲好话的情形来得更吸引人、讨人喜欢。我们对这样的人的喜欢程度，会比对那些一直说我们好话的人更高些。这种先贬后扬的吸引效应，就是人际关系中存在的“得”与“失”现象。和谐的人际关系就是要使这种“得”与“失”达到平衡。他认为在交往中一个人的外貌特征与个性心理特点对交往影响很大。有时这些特点使对方决定是否要进行交往，以及交往进行的程度。但不可否定，人的主观意识（如对一个人的评价，对交往动机、目的的预测，对交往行为的估计、个人的偏好等），在人际关系建立过程中起着更为重要的作用。这里最重要的是一个人主观体验和主观评价的过程，得与失就是在这种评价过程中产生的。如果评价得高，就促使双方继续进行交往，否则，双方就会终止这种交往关系。

人们之间相互接触交往的结果、交往者的自尊心和自我意识，往往直接与他人的反应以及他人如何对待这种反应有关。人们是在与别人的比较中真正认识自己、发现自己的。在这种认识和比较的过程中，人们就会产生一个判断、评价。由于人们在交往中对他人的期望，与他人实际具有的水平和给予我们的东西，往往并不是时时相吻合的，因此就会产生得与失的矛盾。在“得”的情况下，人们乐意继续交往；在“失”的情况下，人们就要对交往对象进行重新考察。结果呢，得与失的矛盾在建立良好的人际过程中得到解决。实际上，这个过程是很多人不曾意识到的，但是，人们确实在交往中注入了这种主观的东西。这个理论认为，交往中别人对自己的评价有所改变时，更能影响自己是否喜欢那个人的态度。因此，交往中的评价、判断等主观意识过程显得非常重要。在交往中每个人都在对对方进行评论，这是对进一步交往的准备，是建立良好人际关系所不可缺少的。因此，在交往者主观判断为“得”

的情况下，我们对于赞扬我们的人、尊重我们的人、喜欢我们的人，会产生更多的好感，乐意与其建立并保持良好的人际关系。在主观评价为“失”的情况下，对于经常看不起我们的人，批评、指责我们的人，和我们过不去的人，我们也采取同样的行为，越来越失去交往的动机和欲望，导致人际吸引的反面——人际排斥，使人际关系显得紧张、复杂化。

梅特（D. Mett）在 1973 年认为这种得失论是否得当，必须考虑两个因素。一是得失的评价应该是谈论同样的人格特质或事物，明白地显示出批评者在基本态度上有了改变。二是态度的改变必须是逐渐的，而不是突然的。突然的改变容易引起疑心和困扰，从而影响人际吸引。

四、相等理论

相等理论属于社会交换理论的变式。这个理论认为，以最小的代价换取最大的报酬是天经地义的事情，是一般人孜孜以求的行为目标。人人都希望做一本万利的事，寻求并维持报酬大于付出的人际关系的。然而，在现实生活中，人们往往是以代价和报酬来衡量自己周围的人际关系。人们希望在交往中自己的代价和报酬自始至终保持平衡，投入与支出相匹配，以此作为衡量人际关系吸引大小的尺度。如果在交往中代价和报酬是相等的，或者得到的利润是正的，那么，交往的对方对于个体来说就具有吸引力，个体就愿意继续交往下去。反之，个体就会失去交往的欲望和动机，也就失去了交往中的人际吸引力。

这个理论认为，两个人之间关系的建立、维持和发展，由当事人觉得这种关系的维持是否对双方都有益处来决定，即建立人际关系时个体要看是否获利、是否有需要，从而决定自己的交往行为。如果双方感到友谊友情的存在，并且彼此可以从中获得好处，如情感能得到依靠，能享受物质财富，有利于自我发展等，那么，这种友谊的存在就会使双方都得到心理上的满足，双方的关系就可以继续维持下去。如果双方都愿意与对方交往，都愿意彼此建立良好的人际关系，那么，在其中一方看来，交往者就具有某种吸引力。毫无疑问，这显然是一种功利主义的态度。

第二节 人际喜欢与吸引的影响因素

决定人际喜欢与吸引的因素是错综复杂的。许多社会心理学家对这种现象进行了卓有成效的研究，并提出了影响人际吸引的因素群。1961 年，美国社会心理学家奥尔波特首先对一群陌生人的首次集会进行了人际吸引的研究，发现人际吸引受多种因素影响，并在这种影响下形成了一种动力系统。具有类似的信念、态度、价值观和个性心理特征，能满足人们的需要，具有身体方面的吸引力，有能力和才干，令人愉快或能为人接受，能报答人们对他的喜欢，在空间位置上接近，职业、地位、收入、年龄、性别和生活目标的相似等因素群影响人际喜欢与吸引。对这些因素群进行概括，我们认为影响人际喜欢与吸引的主要因素有三类：情境因素、个人特质因素、相似与互补因素。

一、情境因素

人与人之间的人际关系是在一定的情境因素下展开的，这种情境因素作为人际关系的有效载体，反映了人际关系的结构与性质。这些情境因素包括人际的距离、结群或集群性和情绪体验等。

（一）时空距离

时空距离是影响人际吸引的一个因素。如果其他一切条件不变，个体与个体之间、群体与群体之间的距离越接近，交往的频率可能就越高，越容易建立良好的人际关系。正所谓“远亲不如近邻”，一般说来，与自己的同学、同事、同乡、近邻等接近的机会多，交往的机会多，更容易产生好感和建立友谊。

1. 距离

在人与人之间的交往中，地理位置相对接近者，自然容易激发人际交互关系。距离的远近对人际关系的影响，尤其在一些被自然地理区域隔开的住宅区里，表现得更加明显。与距离较远的人形成或继续保持友谊就显得比较困难。美国社会心理学家费斯廷格等人在 1950 年曾对住在西威斯特哥特（Westagte West）同一楼层里的彼此成为亲密朋友的情况进行了研究，结果如图 10-1 所示。

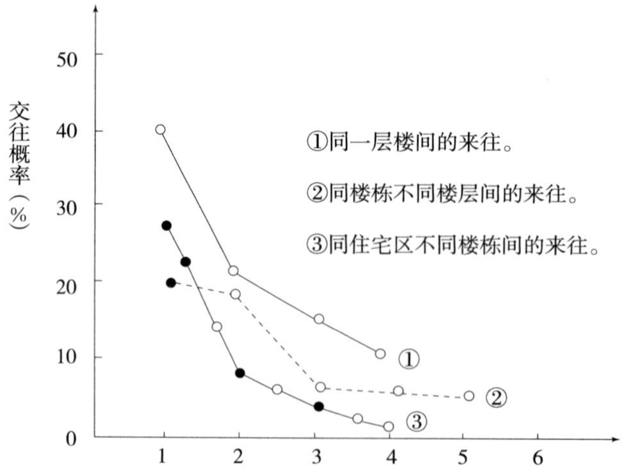

图 10-1　居住距离与交往密切程度的关系

这一实验表明，人们交往的次数与距离的远近呈反比关系。两人住得越近，越容易成为朋友。不住在同一层、同一楼减少了成为朋友的可能性。费斯廷格指出，两家相距 6.71 米者容易成为朋友，而那些距离在 6.71 米以上者，很少能成为朋友。这是因为物理距离加大了。这个结论与沙赫特和贝克的研究结果接近。住公寓的人更喜欢和自己住同一楼或同一层的人交往，而不愿与住另一栋楼或另一层的人打交道。

怀特（W. H. White）、普里斯特（K. Priest）和索耶（D. Sawyer）进一步在一个叫派克森林的郊区居民点进行了类似的研究，对上述实验结果进行了验证。结论与此相似，那些住得近的人要比住得远的人更容易成为朋友。在加利福尼亚的一个新兵营里，人们都愿意和近距离的人谈话。与此相反，个体如果想保持隐私或喜欢独处，则往往倾向于远离他人。这样的学生则倾向于选择教室的后排座位。总的说来，邻近性能提高喜欢的程度，容易建立和发展良好的人际关系。

为什么邻近性能产生喜欢呢？其中部分原因可能是由于熟悉，同时简单的人际互动也会提高彼此间的好感。西方社会心理学家最简单的解释认为“离得近的人会比离得远的人更有用”。离得近，接触交往的机会多，刺激频率高，选择朋友就比较容易。一个人和我们住得越近，我们就越能了解他，也就越能成为朋友。我们认为，人们对连续相互作用的期望也是一个因素。有人住在隔壁，我们会经常接触他、碰到他，所谓“抬头不见低头见”，我们会努力想让接触愉快一些，于是总是试图说服自己，这个环境是令人愉快的，这个人是令人喜爱的，至少不特别让人难受。如果人们期望与邻居保持友好关系，就会对邻居做出积极评价，夸大邻居的积极品质。对邻居来说，这样的交往者是富有魅力的。同时，由于经常接触，互相了解，容易预测他人的行为，因此能常常发生适宜的反应，促进相互关系的发展。另外，根据人们的经验，交往时距离接近可以节约时间和精力，使双方不会感到个人负担过重。随着交往机会的增多，相互熟悉程度的提高，彼此互有好感，人际吸引就会增加。

人们应当注意到，距离并不是形成人际关系的主要因素。西方心理学家在人际吸引的研究领域中，夸大物理距离的影响力，是不符合实际情况的。我们认为，它只是影响人际关系的众多因素之一。

2. 交往频率

交往频率是指人们互相接触次数的多少。一般说来，人们彼此之间交往频率越高，刺激对方的机会越多，“重复呈现”的次数越多，越容易形成较亲密的关系。交往频率高，容易形成共同的经验，有共同的话题、共同的兴趣和共同的感觉。对素不相识的人来说，交往的频率在人际关系形成初期起着重要的作用。

美国心理学家扎琼克（R. S. Zajonc）在1986年进行了交往频率与人际吸引的实验研究。他将被试不认识的12张照片，按概率分为6组，每组2张，按以下方式展示给被试。第一组2张照片只给被试看1次，第二组2张照片给被试看2次，第三组2张照片给被试看5次，第四组2张照片给被试看10次，第五组2张照片给被试看25次，第六组2张照片从未给被试看过。在被试看完全部照片后，实验者再出示全部照片，加上从来看过的第六组照片。要求所有被试按自己喜欢的程度给照片顺序。结果发现一种极明显的现象：照片被看的次数越多，被选择排在最前面的机会也越多。由此可见，简单的重复呈现确实会导致吸引，彼此接近、常常见面，的确是建立良好人际关系的必要条件。一个熟悉的面孔不仅能得到正面评价，还会激发正面的情感，激活表层肌肉及大脑的活动，在某种程度上还包含着一种正面的情绪反应。在日常生活中我们也可以经常观察到，医生和护士、教师和学生、领导和秘书等人由于工作需要，接触机会多，空间距离近，容易建立良好的人际关系。

另有一些心理学家对此问题进行了实验研究。他们以尝试某种饮料的适度为借口，要求互不相识的女孩子去不同的房间走动，使她们有不同次数的见面机会。实验要求她们在见面时不许谈话，然后实验者要求她们评定对不同对象的喜欢程度。结果表明，相互见面次数的多少与相互吸引的程度有正相关。见面的机会多，相互喜欢的程度就大。此外，当人们之间越来越熟悉时，对对方行为的预测也会更加准确和有把握。不确定性的减少，使得我们在对方出现的时候感觉更加舒适。另外，我们会理所当然地认为与自己经常见面的人与自己更为相似。研究发现，让被试对与自己一起上课的同学进行评价时，他们会认为那些上课次数更多的同学与他们自己在人格、背景和对未来的计划等方面更为相似。

然而，我们应该认识到上述社会心理学家的研究，过于夸大了交往的频率对喜欢与吸引的作用。他们把研究重点放在交往的次数上，重视交往的形式，忽略了人们之间交往的内容、性质和动机。这是不恰当的。实际上，人们彼此之间交往的内容等常常比次数更为重要，对于具有一定素养的个体来说尤其是这样。

（二）结群或集群性

人是一种群居性动物。从人类社会诞生时起，人们就开始结成群体进行活动，共同努力奋斗来获得大自然的庇护，满足生存、安全和归属的需要。因此，社会心理学的创始人之一麦独孤认为人有群居的本能，并把它解释为是由生物遗传特性所决定的。当然，这种观点是片面的。然而，我们不得不承认，结群的需求确实是一种很普遍的现象。不仅人类如此，其他动物也是如此。不过人类的这种需求有相当大的个体差异。有些人喜欢社交，有些人喜欢孤独；有些人喜欢活动，有些人喜欢闲座静思。这样，对于不同的人来说，在不同的时间和场合表现出来的结群需求也就有所变化。这种变化体现出来的人的结群性远比动物的结群性来得高级和复杂。

心理学家克劳斯（Crouse）和梅拉比安（A. Mehrabian）对人际关系中的结群性吸引进行了实验研究。他们的实验结果表明，结群需求较高的男性，大都自信心强，比较喜欢和异性朋友攀谈，会主动与陌生人接触交往，对交往者表现出一种无形的人际吸引，形成了一个人际引力场。在这种引力场的作用下，人们都愿意与他们进行交往，即所谓“风流倜傥”。

我们已经指出，人的需要是使人产生某种行为的内在动机，是行为的先兆。因此，在交往过程中如果两人的物理距离比较接近，而且交往者又有这种结群的需要时，交往的机会便可大大增加，双方都表现出交往的渴望、主动性和积极性，并且在交往过程中热情地应答对方，使对方也沉浸在交往的热烈气氛中，这就容易使人际关系显得轻松、愉快、和谐和融洽。反之，如果双方无意进行接触，虽然距离很近，也会因擦肩而过而错失良机，这种情况是经常发生的。

（三）情绪体验

在人际关系中，人与人之间交往中的情绪体验也是导致人际喜欢与吸引的一个重要因素。这种体验着重表现在交往者对交往对象的态度上，如印象的好坏、个人的喜恶、情绪状态等。研究表明，情绪状态在很多时候影响人际喜欢与吸引。总之，我们喜欢那些喜欢我们的人，以及能带给我们愉快或惬意体验的人。

克洛拉和拜恩（1974 年）用实验研究证明：个体的情绪体验乃是决定人际喜欢与吸引的主要因素。给人们带来不良情绪感受的体验会导致嫌恶的人际关系。在日常生活中，我们知道，如果一个人的存在能使别人感到快活舒适，我们就会喜欢这个人，而那些使我们感到生气、焦虑的交往对象，则会引起我们的反感。个人的情绪是受多种因素影响的，特别是交往情境因素会左右我们的情绪体验，而这些情绪体验又会影响人际吸引力。

个体的情绪体验确实影响着人们对一个人的评价，虽然这种评价有时带有浓厚的主观色彩，受个人的知识、经验、个性等因素的影响。但是，人们的确在有意或无意地进行评价，对交际者进行选择。问题在于我们应该进行适当的自我控制和调节，尽量能客观地评价交往对象。例如，一般地，我们都喜欢整天嘻嘻哈哈、开开心心的乐天派，能从他们那里得到情绪的感染，感觉轻松、愉快。我们喜欢和他们待在一起。这样的过程经过不断强化，增加了他们的吸引力。一旦碰到一个悲伤、忧愁、焦虑、整天垂头丧气、无精打采、“阴云密布”的人，我们也会受到感染，从而远离他，丧失与他交往的动机。可以说，积极情感导致对他人的积极评价（喜欢），而消极情感导致消极评价（厌恶）。无法产生情绪共鸣的人，对我们也产生不了吸引力。由于“积极的情绪能使个体寻找和探索环境的新奇方面，消极的情绪造成警惕性提高和必要时撤退”（J. T. Cacioppo & G. G. Berntson），因此，可以说，交往动机决定交往行为，交往中的情绪体验决定交往结果。西方心理学家进行的实验研究往往把两者对立起来，因而也就不可能得到一个正确的答案。

梅（J. L. May）和汉密尔顿（P. A. Hamilton）进行过系统的实验研究。他们以女大学生为被试，首先测定她们最喜欢和最不喜欢的音乐，然后请她们评定陌生人的照片，在评定过程中播放不同的音乐作为背景音乐。结果发现当遇到她们喜欢的音乐作为评价背景时，照片中的人会被评价为吸引人的；但是当用她们不喜欢的音乐作为评价背景时，照片中的人往往被评定为最不吸引人的；而在没有音乐背景配合时，吸引力的大小介于上述两种情况之间。诸如气温、噪音等许多可以左右人们情绪的因素，也使人产生了不同的情绪体验，从而对人际喜欢与吸引产生影响。

二、个人特质因素

个人特质因素是导致人际吸引的重要因素。**个人特质**包括个体的外表和容貌、才华和能力以及个性品质等，这些因素对人际关系的影响是通过个体的心理内化来实现的。

（一）外表和容貌

古希腊哲学家亚里士多德曾写道：“美丽是比任何介绍信更为强大的推荐书。”这种情形在今天并无多大改变。外表和容貌，对初次交往的人来说，是重要的吸引因素。人们倾向于对那些漂亮的人产生积极反应，而对那些外貌普通的人产生消极反应，特别是与异性交往时表现得更为显著。外表美给人们以心理上的愉悦感。人们都相信肤色、面貌、高矮、胖瘦、胡须、发型、服饰、风度等对人的吸引作用。两个人在进行交谈以前，往往会根据交往者的外貌特征来评价他，形成肯定或否定的形象，从而影响或左右以后相互之间关系的发展。

沃尔斯特（E. Walster）等人让男女大学生各332名（每两个人组成一对）进行了两个半小时的舞会。在舞会结束时，他们询问大学生是否希望再次同对方进行约会。结果表明，与希望再次约会的回答有关系的因素只有对方的容貌。表10-1是回答希望同对方再次相会的学生所占的百分比。

表 10-1 希望同对方再次相会的学生所占的百分比

	对方的容貌		
	丑的	一般的	美的
丑的男性	41	53	80
一般的男性	30	50	78
美的男性	4	37	58
丑的女性	53	56	92
一般的女性	35	69	71
美的女性	27	27	68

布里斯林（J. C. Brislin）和刘易斯（H. B. Lewis）的研究报告认为，个体所感觉到的伴侣外表以及希望下次再能与之相遇的相关系数为 0.89。特塞尔（A. Teser）和布罗代（M. Brodie）的实验研究发现两者的相关系数为 0.69。这两个实验都支持了上面的结果，表明外在越吸引人，就越为人喜爱，特别是初次交往时这种现象表现得尤其明显。

在另一个研究中，戴恩（K. K. Dion）和她的同事给大学生看三个大学生的照片：第一个外貌漂亮，姿色超群；第二个相貌平平；第三个相貌丑陋。然后，请被试根据 27 种人格特质进行评价，并要求被试估计他们三人未来是否会幸福。结果发现无论评价的对象如何，最美满的预言都在外貌富有吸引力的人身上。他们还对儿童进行了类似的研究，结果表明甚至在幼儿园时期，儿童对外貌的吸引力就有反应。

阿伦森（L. P. Aronson）等人的一系列研究表明：漂亮的女人比不漂亮的女人对男人的影响更大，人们倾向于帮助外貌美丽、姿色出众的女人。同样，一个男人与一位漂亮的女人在一起时和与一位不漂亮的女人在一起时，人们对这个男人的评价也是不一样的，人们更喜欢与漂亮的女人在一起的男人。诸多实验都表明，在其他条件相近的情况下，美貌和姿色可以使人喜欢你。漂亮的人会引起积极情感，而且，我们知道积极情感会导致喜欢与吸引。有魅力的人即使办了错事后也会得到宽恕。例如，埃尔弗朗（1974 年）的实验研究表明，外貌有吸引力的人会受到较少的惩罚。

为什么漂亮的人会受人喜欢？我们从心理学、社会学中可以找到原因。我们认为漂亮的人受人喜欢的理由有以下四条。

第一，现实生活经验告诉我们，大多数人认为只有“漂亮”的人才值得被爱。在日常生活中，被爱的总是“漂亮”的。即使相貌平平的人，也会因“情人眼里出西施”而变得美丽。美貌唤醒了激发爱和反映爱的线索。既然是被爱者，那么受人喜欢当然就具有充足理由了。

第二，人们同漂亮的人在一起，常常觉得有荣耀和光彩，仿佛自己的身价也随着提升了。为了满足自己的虚荣心，人们不但愿意与漂亮的人接触、交往，而且也会更喜欢他们。

第三，人们传统地认为，漂亮的人还具有其他方面的优秀品质，并且人们非常自然地把一些好的品质强加到漂亮者身上，产生晕轮效应或光环效应。与外貌不吸引人的个体相比，外貌好的人被视为更愉快、更成功的人。于是，人们就把好的个性品质与美貌相互对应起来，如聪明、机灵、开朗、活泼等，并形成一种习惯性思维。为了顺应这种习惯性思维，人们更愿意与漂亮者交往。当然在这个心理定势的作用下，人们会觉得漂亮者更令人喜爱。

第四，爱美是人的天性。漂亮的人看上去就舒服，使人沉湎于美的满足和美的享受中，而忽视了漂亮者其他方面的缺陷。这里实际上产生了一种成见效应，即从认知对象的个别特征推及其他有关特征，从而形成整体印象的现象。这种效应可能产生良好的作用，也可能产生不利于人际交往的影响。例如，“一俊遮百丑”就是对好的品质不断夸大，而对缺点和不足视而不见。但是，随着人际交往的深入，外貌的作用会逐渐减弱。

（二）才华和能力

在其他条件都相同的情况下，较聪明的人容易受到人们的喜欢；一个人越有能力，人们就越喜欢他。尽管外貌吸引力是一个显著而稳定的因素，但才华和能力最终很可能更为重要。可能的解释是因为人们与有能力、有才干的人在一起，可以少犯错误，觉得更安全些。然而，才华和能力的吸引力是相当复杂的。有研究指出，在一个解决问题的小组中，那些被认为最有能力且能出最佳主意的人，并不是最讨人喜欢的人。

阿伦森对此进行了实验研究。他让被试聆听四种不同的录音。四种录音的内容不同，但都是一个人的讲话录音。他告诉被试：两个录音人十分聪明，而且学习成绩与体育等课外活动成绩也都很好；另外两个录音人中等智力水平，成绩平平；录音中有两个人（一个为高智力水平，另一个为中等智力水平）因为不小心打翻了咖啡，并溅了一身，而其他两人无意外事故。当被试听过四种录音后，让他们评价更喜欢录音中的哪一个人，结果发现最受人喜欢的是那个打翻了咖啡而且又聪明的人，最不受人喜欢的是那个打翻了咖啡而且智力中等的人。这表明，人们喜欢有能力、有才干的人，意外事故并不影响人们对一个人的评价态度，有时反而可以增加其吸引力。难道这是否定后的肯定效应？

为了验证这种否定后的肯定效应，阿伦森等人在1970年做了这样一个实验：准备好四个人的讲话录音，让每个被试听其中的一个。这四个人为：几乎是一个完人；一个犯过错误的完人；一个平庸的人；一个犯过错误的平庸人。然后要被试对四个人的可接受程度进行评价。结果表明，犯过错误的能力超凡的人被认为最有吸引力。犯过错误的平庸人被认为最无吸引力，几乎是一个完人的人的吸引力排第二（见表 10-2）。这项实验结果说明能力非凡可以使一个人富有吸引力，犯错误使他同普通人更接近，为其吸引力又增加了筹码。这一发现被阿伦森称为“犯错误效应”。

表 10-2 能力与吸引力

能力高低	吸引力高低
甲能力高超	20.8 分
乙能力高超，有小差错	30.2 分
丙能力平庸	17.8 分
丁能力平庸，有小差错	−2.5 分

阿伦森等人的实验研究表明“犯错误效应”最适用于男性。大多数男性更喜爱犯了错误且能力非凡的男人。女性喜爱无错误且能力非凡的完人，并不考虑其性别。有中等程度自尊的男性喜欢犯了错误且能力非凡的人，自尊低的男性喜欢那些没有错误的完人。大部分人都不喜欢能力平庸的人。

有关个人才华和能力对人际吸引影响的研究结果，符合人们的日常生活经验。它告诉我们，一个人在交际活动中拥有的“资本”“财富”（如才华、能力等）越多，就越能产生吸引力，使人喜欢他，而不是厌恶他。每个人都应该使自己的潜力得到最大限度的发挥，在学习、生活、工作中表现出最佳的精神状态。如此，我们才能受人喜欢与吸引他人。

（三）个性品质

一般而言，个性品质具有无与伦比的吸引力，而且这种吸引力持久、稳定和深刻。在其他方面一样的情况下，如果有人诚实、正直、乐于助人、友好、和善，而不奸诈狡猾、损人利己、敌对冷酷等，那么，人们就会产生喜欢他的倾向。说得具体些，男性吸引人的个性品质是勇敢、冒险、创造、坚韧不拔、不屈不挠、宽宏大量、襟怀坦荡、不拘小节、理智、正直、忠诚、有思想、思维灵活、事业心强、期望水平高等；女性吸引人的个性品质是温柔、体贴、善解人意、富有同情心、为人随和、情操高尚、有正义感、待人真诚、值得信赖、开朗活泼、可靠等。无论是男性还是女性，作为个性品质而言，最有吸引力的是真诚，最富排斥力的是虚伪。

诺尔曼·安德森（1968 年）曾进行了一个研究。他共列出了 555 个描写人的个性的形容词，让被试指出他们在多大程度上喜欢一个有这些特点的人。研究结果（见表 10-3）表明：被试评价最高的品质是真诚和真实，而评价最低的是说谎和虚伪。我国社会心理学家沈德灿（1990 年）结合国内外学者的研究，认为阻碍人际吸引的个性品质包括：为人虚伪；自私自利；不尊重人；报复心强；妒忌心强；猜疑心重；苛求于人；过分自卑；骄傲自满；孤独固执。

表 10-3 个人品质受到喜欢的程度

值得高度喜欢的	介于积极作用与消极作用之间的喜欢	最不值得喜欢的
真诚	固执	作风不正
诚实	循规蹈矩	不友好
理解	大胆	敌意
忠诚	谨慎	多嘴多舌
真实	追求至善	自私
信得过	易激动	目光短浅
理智	文静	粗鲁
可靠	好冲动	自高自大
有思想	好斗	贪婪
体贴	腼腆	不真诚
……	……	……

西方心理学家认为，待人热情是决定人际吸引力的一个特别重要的品质。福克斯（V. S. Folkes）和西尔斯（D. O. Sears）在 1977 年进行了一系列实验，试图论证“喜欢别人的人最受别人喜欢”这一命题。该命题建立在热情的个性品质的基础上。他们要求被试阅读和听一些谈话、调查报告，然后评价列在长长单子上的问题，结果表明“喜欢别人的人最受人喜欢”。福克斯和西尔斯解释说，热情得以表示的途径，主要表现为人们喜欢一些人，对他们持积极肯定的态度，并且赞美和称颂他们，而不是轻视、厌恶，或者说他们的坏话。可见，积极的肯定评价源于双方的热情，热情容易导致喜欢与吸引。

个性品质的吸引，实际上是个体人格美的具体表现。人们经常说外表美取悦一时，而心灵美是经久不衰的。这里的心灵美的本质内容乃是人们的个性品质和道德品质。日常生活经验告诉我们，一个人只有美的心灵，才会真正受人欢迎和喜欢。当然，西方心理学家谈论的个性品质往往是表面上的东西。例如，有的人在热情的个性品质后面掩盖着的是心狠手辣和尔虞我诈。有的人尽管表面上文质彬彬，对人有礼貌、有修养，但是在背后干的都是见不得人的勾当。因此，我们认为，在提出问题方面，西方心理学家的观点有可取之处。但是，对他们所得出的结论，我们应该持更加科学、全面的态度。

三、相似与互补因素

导致人际喜欢与吸引除以上所述因素

外，还有相似与互补因素。交往对象的熟悉程度、态度的相似、兴趣爱好价值观的一致、需要和个性的互补、相互尊重、相互愉悦等因素，都影响人际喜欢与吸引的深度和强度。

（一）相似性

相似性（Similarity）吸引包括许多方面。态度、信念、兴趣、爱好、价值观等的相似是一个方面。例如，人们更喜欢那些态度相似的人。另外，同年龄、同性别、同学历和同经历的人容易相处；行为动机、立场观点、处世态度、追求目标、个人爱好一致的人容易相互支持；具有共同信念、情投意合的人容易建立起亲密关系。例如，在已婚夫妇中，夫妻相似的程度越大，生活就越幸福，离异可能性就越小，各自性格改变的程度也就越少。同民族、同宗教、同行业、同国籍的人容易产生好感等。所有这些相似性都能导致吸引。总之，人们喜欢和自己相似的人，并总是以自己的模式去要求和观照别人。现场研究为这种观点提供了较明确的解释。

美国心理学家纽科姆让互不相识的 17 名大学生住在同一间宿舍里，对他们的亲密化过程进行了近 4 个月的追踪研究，陆续让这些学生自由选择同室的对象。结果发现在见面的初期，多是住在附近的人成为好伙伴，后来，态度的相似逐渐成为吸引的主要因素，而且学生对自己的朋友各方面相似的评价远远超出了实际的情况。由此可见，在相互间的一致性增加时，好感程度和吸引力也在逐步增加与深化。拜恩（D. Byrne）进行了更为详尽的研究。他先对大学生进行了态度调查，几天后，让学生看到别人回答的有关态度的问卷表，要求被试回答对此人的好感。实际上让他看的态度问卷是实验者看过他的态度之后制成的。这样，态度的相似性就由实验者进行了操纵控制。研究结果表明，态度越相似就越容易导致喜欢（见图 10-2）。后来，他在《人际吸引领域的研究和理论》（1997 年）一文中，对该领域的研究成果进行了系统的总结和概括。

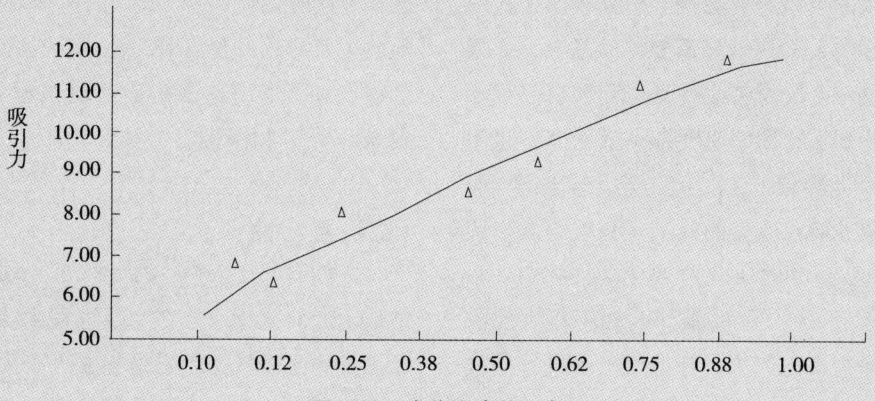

图 10-2　类似态度的比率

有研究者指出，相似的价值体系和社会文化背景是决定喜爱或选择别人的因素。许多实验结果显示，价值体系、对象身份、社会背景和文化程度的相似性均能成为影响个体选择他人的因素。社会心理学家柯尔等人 1955 年在研究最好的朋友时指出，个人指出的最好的朋友都是同等地位的人，一般来说，他们的教育水平、经济条件、社会价值观等方面都很相似。在日常生活中人们也经常可以看到，政治主张、宗教信仰和对社会重大事件看法比较一致的人比较谈得来，在感情上较为融洽，容易成为好朋友。甚至，外表相似性也影响着人际喜欢与吸引。心理学家在对恋爱、婚姻的研究中发现，人们往往倾向于选择与自己长相相似的异性作为伴侣，并称其为"匹配假设"（matching hypothesis），这些长相和背景相似的人一年以后分手的可能性也小。这是因为在他们看来，与自己长相接近的人与自己有相同的社会交换价值。

另外，哈罗德和西格尔还进行了一个出色的实验研究。这个实验要探讨改变观点对人际吸引有何影响。研究表明，在一个对于某人来说十分重要的问题上，如果他能使一个反对者改变意见而和自己观点一致，那么，他宁愿要那个反对者，也不要一个无异议的支持者。这个实验表明，人们喜欢观点改变的人甚于喜欢一向忠实于自己观点的人。拜恩和埃温（C. R. Errin）于 1970 年按相同的和不相同的态度把学生搭配起来，让他们出去进行一次半小时的约会，在约会后测量他们相互喜欢的程度。结果表明，态度相似性的确和喜欢有联系。这些实验验证了上面这个研究的结论。

为什么相似性能导致吸引？鲁宾（Rubin）认为相似性的作用在于，提供同另一个人一起从事令人愉快的活动的基础；使相互间的矛盾和冲突保持在最低水平；使自己更自信，对方看起来更通情达理。对此，我们认为有五条理由。

第一，相似与相符本身具有一种增强作用。

第二，相似与相符能保证态度正确的基准。

第三，相似与相符能得到预期的报偿。

第四，相似与相符能作为一个同一体而被感受。

第五，相似与相符验证了自身的能力和才干。

实际上，相似性不仅是人际喜欢与吸引的原因，也是结果。一个纵向研究发现，结婚超过 21 年的伴侣在心智能力、人格特征（如语言流畅性、归纳性思维等）方面的表现比刚结婚时更为相似。这表明相似性在开始时促使两个人走到了一起，然后随着关系的进一步发展，他们会分享更多的观点和经验，这使得他们越来越相似。这是一个良性循环。

（二）互补性

人们需要（个性）的互补性（complementarity）是指双方在交往过程中获得互相满足的心理状态。它是构成人际关系的重要因素之一。双方的需求或个性能互补时，就能形成强烈的吸引力。这里涉及交往者的动机和目的问题。例如，一个有支配性格的人易和被动型的人相处，相互喜欢、建立和维持密切的友谊关系；独断专行者和优柔寡断的人会成为好朋友；活泼健谈的人和沉默寡言的人会结成亲密的伙伴。这是因为彼此之间可以取长补短，互相满足对方的要求。

社会心理学家凯利（H. H. Kelley）、西保（J. Thibaut）等人曾在1973年观察了大学生在迎新会上如何与人交往的情形。大学生初次见面时，先经过试探期，进行一番整体观察后，找些话题与人交谈，交谈中彼此发现对方具有魅力，便继续交往下去。如果另一方的交谈不符合自己的愿望和要求或不符合交往以前的估计，他们就会退出交谈的圈子。他们的研究认为：两人相处对双方都有裨益；彼此有友好意愿，或者在某些方面能进行互补时，人际关系才得以维持和进一步发展。罗伯特·温（R. F. Wineh）对已订婚和已结婚的若干对青年的个性特征做了详尽考察，结果表明，支配型的人和依存型的人能相互合作。在某些条件下人们往往选择具有某些需要和特征的人，而对方的需要和特征能补充自己的需要和特征。研究者由此提出了“需要的互补性”观点。实际上这是一种“取长补短”的观点，这个观点为西方社会心理学家所推崇。

一般而言，人际吸引中的互补因素的作用多发生在交情较深的朋友、恋人、夫妻间。曾有心理学家，如克切霍夫（Kerchhotf）和戴维斯（Davis）等人，以大学生为对象，研究了从朋友到夫妻关系的演变过程。结果发现，在初次交往时，距离因素，外貌因素及社会资源（如经济地位、职业、学历、文化背景等）在人际喜欢与吸引方面是重要因素。结交后，两人的态度、信仰、价值观、人生观、世界观等方面的相似性显得更为重要。在友谊和婚姻前期阶段，双方在人格特质上的互补和在需要上的互补，具有举足轻重的作用。例如，双方均有互补的需要，而又各自从对方那里获得需要的满足，如此形成彼此相依的情形，增加了人际吸引力。温奇详尽研究了若干对已婚和已订婚伴侣的个性特征后发现，在某些条件下，人们往往选择能修正自己人格缺陷的人。例如，支配型的男性和服从型的女性能很好地相处，爱唠叨的女性嫁给少言寡语的男性会生活得很安宁。在某些人格范围内，相反的品质会使人们更加相互喜欢。显然，互补建立在互动理论的补偿概念基础上。张春兴（1989年）基于这种观点认为，对于男女双方来说，友谊是爱情的基础，友谊未必成为爱情，但爱情的发展必须始于友谊。精神分析学派的荣格（G. G. Jung）认为，人际人格特质的互补是双方相爱的主要原因。进而有人提出了“匹配选择的筛选因素理论”，认为在发展恋爱关系时，存在着许多筛选器。第一是社会学和人口统计学方面的一些变量，如社会地位、经济地位、宗教信仰、年龄等；第二是恋爱期间相对的价值观的一致性；第三是恋爱期间需要的互补性。鲍斯（D. M. Buss）于1989年对37个文化群体的研究发现，在异性关系中，男性喜欢年轻的女性，而女性喜欢年老一些的男性。这种现象被称为相貌换地位（look-for-status），即男性喜欢年轻女性是因为她的年轻漂亮，而女性喜欢年长一些的男性是因为他们有地位。这种情形得到了实验的支持。对恋爱、婚姻关系中互补性的作用，争议较多，还有待于进行更深入的研究。

我们认为，个性的互补无疑是导致人际喜欢与吸引的一个原因，但不是一个根本原因。人们的世界观、价值观和人生观的一致性，才会导致真正的喜欢与吸引。同志首先应该是“志同道合”的，然后才会去追求其他方面的和谐。

第三节 人际喜欢与吸引的其他现象

人与人在交往过程中建立起来的亲密关系是人际喜欢与吸引的具体结果，也是个体自我暴露的必然产物。然而，自我暴露的“度”的把握却取决于许多其他因素。因此，我们还有必要对人际吸引的其他现象有一个基本的认识。

一、自我暴露

（一）亲密关系和自我暴露

在人际喜欢与吸引的基础上，人们之间的关系会从一般关系发展到亲密关系。密友、知己、恋人、夫妻以及家庭成员等关系均属此例。在人际关系中，当交往双方的互倚性（interdependence）很大时，我们就把这种关系称为亲密关系（close relationship）。社会认知神经科学家认为，从对亲密关系者的脑机制研究中发现，边缘系统（如杏仁核、脑岛、纹状体和前扣带回等）可能是亲密关系的神经基础。亲密关系具有几个明显的特征：一是双方有较长时间的接触、沟通；二是双方在交往过程中形成了基本相似的价值观、需要和兴趣；三是双方“互倚”和“真相倚”，在思想、情感和行为等方面有很大的相互影响力。阿伦（A. Aron）等人认为，亲密关系的实质是把他人融入自我概念中，即他人成为自我的一部分。这样，人们在分配资源和利益时就不分彼此，以及敢于在这种亲密关系中进行自我暴露。其中，爱情和婚姻是一种特别的亲密关系，是亲密关系的最深层次。20世纪80年代末，美国耶鲁大学教授斯腾伯格（Sternberg）提出了爱情的三角形理论。该理论认为爱情由亲密（促进亲近、连属、结合等体验的情感），激情（爱情中的驱力）和承诺（维持爱情关系的决定）三个部分组成。它们处于三角形的三个顶点。这三种成分并非平均存在，而是有多寡之分。后来，他又提出了爱情的多重三角形原理。这是对爱情本质的最新理论阐述。

目前，亲密关系中的权力认知已成为一个研究热点。所谓亲密关系中的权力，就是亲密关系中的一方改变另一方的思想、情感和行为以使其与自己的偏爱相符合的能力或潜能，以及抵抗另一方施加影响企图的能力或潜能（Farrell，Simpson & Rothnam，2015）。二元权力——社会影响模型和权力的关系阶段模型是关于亲密关系中的权力进行测量。亲密关系中的权力能够对认知、情绪情感、亲社会行为、攻击行为、性行为产生影响。在未来的研究中，研究者应注意从社会关系的角度看待亲密关系中的权力，并探讨亲密关系中的权力与一般权力的关系、亲密程度对亲密关系中权力效应的影响，以及关系阶段对亲密关系中权力影响策略的影响（俞国良，王浩，2017）。

自我暴露（Self-disclosure）是社会心理学尤其是人际交往研究领域内颇受人关注的问题之一。自我暴露的意思是向别人说心里话，坦率地表白自己、陈述自己和推销自己，即一个人自发地、有意识地向另一个人暴露自己真实且重要的信息。笼统地说，自我暴露就是“指个体把有关自己个人的信息告诉给他人”，与他人共享自己的感受和信念。许多心理学家（Jourard；Derlega，李林英等）认为，人要使真实的自我至少让一个重要他人知道和了解，具有这种能力的人在心理上是健康的。这是自我实现的个性所必需的，更是建立亲密关系的前提条件。但是，太少的自我暴露和太多的自我暴露都会引起人际环境适应方面的一系列问题。一个从不自我暴露的人不可能与其他人建立密切的和有意义的人际关系。同样，习惯于喋喋不休地向他人谈论自己的私密信息，也会被他人看成是适应不良的自我中心主义者。社会心理学家认为，理想的模式是对少数亲密的朋友做较多的自我暴露，而对其他人做中等程度的暴露。因此，虽然关于自我暴露和顺应环境之间的关系有待于人们深入地研究，但是，对自我暴露在人际关系中的原因和结果，人们已了解得较多。研究指出，自我暴露的决定因素既与个人有关又与社会有关。种族、性别和文化因素都是主要的。例如，研究表明，女性之间对对方暴露自己的程度要比男性之间高，而且女性更倾向于要求对方暴露自己。人们对性别角色的不同期望导致了自我暴露的性别差异，即这是由性别亚文化所致的。另一个研究者发现美国人倾向于在一个广阔的社会情境中展示自我，而来自集体主义文化的中国人和日本人自我暴露的范围则非常有限。在亚洲文化圈中，那些不爱表达的人反而被认为是诚实可信的。这便是社会文化因素的影响。当然，还有其他一些构成个体情景的因素的影响。

（二）回报与自我暴露

在自我暴露的研究中，互惠性（reciprocity）规则指的是接受者按他们所接收到的表露私密程度回报给对方。人们与自我暴露水平较高的个体交往时，最有可能进行较多的自我暴露。人们往往会回报或模仿其他人所欣赏的自我暴露水平。回报发生在现实生活的广阔范围中，包括知己关系、婚姻关系等亲密关系。我们从婚姻关系中可以看到，妻子和丈夫自我暴露水平具有良好的一致性。因为我们所有人都喜欢得到积极的反馈而不喜欢得到消极的评价。如果一个人的表露在内容、强度或稳定性上不匹配，可能会引起对方的不愉快。

社会心理学的研究告诉我们，人际关系由低水平的自我暴露和低水平的信任开始。当一个人开始自我暴露时，这便是信任关系建立的标志。对方以同样的自我暴露水平做出反应，成为接受信任的标志。这种自我暴露往复交换，直到双方达到满意的水平为止。于是，人际的亲密关系就逐步形成了。这便是研究者所提出的自我暴露的社会渗透理论（Social Penetration Theory）。根据这一理论，人们之间亲密关系的建立与人际交往中的沟通水平有关。随着双方沟通话题由浅入深，人们之间的关系也由一般转向亲密。从社会心理学角度看，自我暴露是发展和维持人际关系、亲密关系的重要方面。人们是在不断暴露自我的过程中互相认识和接受对方的。从心理健康角度看，自我暴露有助于减少与他人的疏远，抒发郁积的情感，达到振奋精神的目的。但是，我们应该把握“度”。任何再进一步的自我暴露都会引起对方的不舒服感，使对方退缩到原来关系中的恰当水平。相反，如果一个人在与他人交往时缺乏这种自我暴露，也很难与他人建立有意义的联系。可见，自我暴露中“度”的把握是十分重要的。

（三）喜欢、赞同和自我暴露

喜欢和自我暴露是紧密地联系在一起的。例如，在朱拉德（1959 年）进行的研究中，当问及女性被试她们喜欢谁时，她们常常回答愿意向她们进行自我暴露的个体。后来的许多研究都确认了这一发现。个体会对那些他们一开始就喜欢的个体暴露更多的个人信息；个体也倾向于喜欢那些向自己暴露更多个人信息的人。此外，对婚姻关系的研究也表明自我暴露和婚姻满意度是紧密相关的。那么，人们是不是总喜欢对他们自我暴露的人呢？答案是：不一定。社会心理学家发现过分亲昵的暴露会引起对方的焦虑，对方是女性时更是如此。研究表明，自我暴露中的“回报”原则决定着喜欢程度。人们最喜欢那些和他们有着相同自我暴露水平的人，也就是说，自我暴露遵循相互对等原则。如果某人的自我暴露比人们暴露自己时更亲密和更详细，他们会害怕过早地驶进亲密关系的港湾，反而会考虑由此刹车。

一些社会心理学家认为，喜欢与自我暴露之间的联系还有性别差异。许多研究表明，只有对于女性被试来说，喜欢和自我暴露才有联系，而且女性被试报告的亲密朋友比男性多。朱拉德（1960 年）发现，对于男性被试来说，他们所喜欢的人与对方所做的自我暴露的水平没有关系。同样，埃利希（Ehrlich）也没有发现男性被试的自我暴露对喜欢有什么影响。这些性别差异，可能反映出以表达喜欢和亲密的性别角色社会化方面的一般差异。

自我暴露对社会赞同是相当敏感的。获得对方赞同时，人们的自我暴露就增多；对方表示不置可否或冷淡时，人们的自我暴露显著地减少。泰勒等人（1969 年）曾训练助手对他们谈话的对象提供持续的正面奖励、持续的负反馈，或奖励与负反馈相混合的反应。正如研究者所预期的，收到持续正面的赞同，或者在谈话过程中助手的赞同逐渐增加的被试，变得乐意以亲密的暴露的方式谈及自己。根据社会渗透理论，亲密关系是随着自我暴露的广度和深度的增加而逐步形成的。双方所交换的自我暴露程度，可被视为亲密性发展的标志。它传递了暴露者的喜欢程度和对建立更加亲密关系的愿望，是对接受者的回报或积极反馈。因此，人们会更加喜欢那些向他们提供更多回报性反馈的人。事实上，自我暴露和喜欢之间的关系非常复杂，有研究发现这两者之间根本不存在相关关系。甚至有的研究还发现，在某些条件下，两者之间还可能出现负相关。实际上，很多情境变量可能会影响自我暴露和喜欢之间的关系，如暴露的适宜性。研究者阿尔塔（Altman）在 1973 年提出，在关系的早期阶段就暴露太多的个人信息，会被认为是社会适应不良，并且不招人喜欢。接受者对暴露者行为的归因方式也会影响暴露和喜欢之间的关系。研究者科林斯（Collins）和米勒（Miller）在 1994 年提出，当一个人进行暴露的时候至少有三种原因：倾向（disposition）归因，即暴露行为被看作个体在某个特定层次的正常暴露趋势，如他是一个友好的人；情境归因，即暴露者的行为被看成是某个特殊环境线索的结果，如他所做的是实验者要求他做的；个体归因，即暴露者的行为被看成是暴露者的某种特殊个人品质，如他信任我。一般地，如果人们表现出对暴露对象有所选择时，对他们的评价会更加良好。当人们认为他们之所以这么做，是因为信任和喜欢对方的时候，也会有更加积极的评价。

（四）非语言行为和自我暴露

非语言行为在选择恰当的自我暴露和人际亲密关系水平方面，也起着重要的指导作用。这些行为之一是目光接触。埃尔斯沃思（Ellsworth）和罗斯在 1972 年所做的研究中涉及三个人。谈话者以亲密的语气与同一性别的倾听者交谈，同时，一位观察者从单向玻璃背后记录谈话者的亲密水平。主试给一半被试以指导语，告诉他们在谈话期间保持高水平的目光接触。剩余一半被试被告知说，在谈话期间只能保持少量的目光接触。在这样的相互交往之后，参与实验的三个人都要评定谈话者的自我暴露水平。

研究结果表明，女性与男性有着明显的差别。对于女性来说，所有三位参与者都同意：在高度目光接触条件下，谈话者比较亲密。对于男性来讲，倾听者和观察者认为在高度目光接触条件下，男性谈话者实际上较不亲密。为什么会有不一致性意见呢？我们看看高度目光接触条件下的情况。对男性谈话者来说，情境中最明显的特征自然是倾听者频繁的目光接触。谈话者可能会感到不自在，因为来自先前完全陌生的男子的高度目光接触，对于这种人际交往是不恰当的。因而，谈话者用减少自我暴露的方法来降低谈话的亲密水平。但是，倾听者在整个谈话过程中继续维持高度目光接触。谈话者认为，大概“我”的谈话影响了倾听者，因此目前“我”的自我暴露会引起倾听者的兴趣，它是恰当的。这样，谈话者是以谈话对倾听者的影响来判断自己的自我暴露水平的。相反，倾听者和观察者是根据谈话者的实际行为做出判断的。由于他们用以判断的信息来源不同，因此他们对谈话者的亲密水平，得出了不同的结论。

为什么目光接触在自我暴露情境中有着性别差异？为什么女性被试面对另一女性被试的频繁目光接触时，会增加她的亲密水平，而男性被试对男性被试却不会呢？人们认为这种差异主要因为文化规范的不同。这种规范指的就是在先前不熟悉的男性对男性、女性对女性互相面对面的交往时，什么东西是恰当的和可接受的。这种规范影响了男性和女性的性别社会化过程。怀特（S. C. Wright）1982年把男性交友的方式称为**面对面**（face-to-face）方式，而把成年女性交友的方式叫作**肩并肩**（side-by-side）方式。

阿特曼和泰勒认为，自我暴露仅仅在精心对待暴露速度的条件下才会引起喜欢。自我暴露在开头比较缓慢，并且具有“试探”的性质。在对方这种自我暴露也以同等的自我暴露水平作为回报后再进行进一步的自我暴露，如此，对方才不会感到惊讶，也避免了令人尴尬的情形的出现，使交往能顺利地进行下去。如果一开始对不熟悉的人进行大量的自我暴露，试图加快亲密关系发展的速度，就会使对方产生焦虑和怀疑，并采取心理上的自我防御和自我防卫方式进行退缩，反而加大了双方的心理距离，而不是缩小了心理距离。此外，一旦这种情况出现之后，如果要弥补则需较多的努力和较长的时间。总之，一种亲密关系的建立是比较缓慢的，是需要时间的，主要依靠信任和共同在一起时的情绪体验。“两情若是久长时，又岂在朝朝暮暮。”所以，人们应小心谨慎地发展亲密关系，在进行自我暴露时要重视对情境因素的考察和审视，尽量使得对方及自己觉得这种相处的情境令人愉快，并能加深对彼此的了解。

二、喜欢的回报和得失现象

一般而言，如果我们知道他人喜欢我们，那么，我们往往也会喜欢他们。同样地，如果对于一个人，我们只获得了一点信息，即他喜欢我们，我们也会用这种喜欢去回敬他。可以说，人存在着一种强烈的心理压力去回报喜欢。有人认为整个相似性和吸引的关系，都可以用对喜欢进行回报的压力来解释。在前面提到的一系列实验中，被试和其他人的相似性产生了一个含蓄的假设：他人喜欢被试，于是被试就产生了要回报这种喜欢的压力。

有关喜欢对人际吸引影响的研究中，巴克曼（C. W. Backman）等人于1959年让陌生的被试组成一个小组。他们对每个被试说，对他们所做的个性测验表明，小组里有几个特别的人会喜欢他们。事实上，这些信息是假的，分配也与小组成员的个性无关。作为非正式的讨论小组，小组成员聚在一起共6次。每次讨论结束时，主试告诉被试说：有可能解散小组，分成两人小组。主试要求被试指出，他喜欢和哪一个成员配成两人小组。结果表明，在第一次讨论后，被试会选择主试说喜欢他们的成员组成两人小组。但在最后一次讨论之后，就没有这个现象了。显然，在第一次讨论后，那些被试感到对他有好感的成员对自己也有着吸引力。而后来，来自小组成员的反馈信息代替了主试提供的信息，这两人小组就不再存在了。这个实验说明，人们在互相作用过程中，确实存在着“喜欢的回报”原则。

“喜欢的回报”原则也在阿伦森和林德（D. E. Linder）1965年所做的实验中表现出来。他们要求被试同另一个被试进行一系列短暂的接触。这里的另一个被试实际上是实验者的助手。每一次接触之后，被试能听到助手和实验者的谈话，助手谈的是他对被试的印象。在第一个条件下，助手高度赞扬被试，说一开始他就喜欢被试。每次接触之后，他都一直坚持对被试做肯定的不同评论。在第二个条件下，助手对被试持批评的态度。在整个实验中，他一直坚持对被试做否定的评论。在第三个条件下，助手先对被试持否定的评论，慢慢地转变为肯定的评论。其结果如表10-4所示。

表10-4 评论与喜欢程度的关系

条件	喜欢
全部肯定的评论	6.42
全部否定的评论	2.20
否定一肯定的评论	7.67

从表10-4中的结果可以看出，被试回报了助手对他的不同评论。当助手喜欢他时，他也喜欢助手；当助手不喜欢他时，他也不喜欢助手。但第三个条件的结果表明了一个现象，也就是阿伦森和林德所说的**“得失现象”**。这就是：我们最喜欢的人是表示对我们的喜欢程度在增加的人，我们最不喜欢的人是表示对我们的喜欢程度在减少的人。这个原则表明，对我们抱肯定态度或对我们抱否定态度的人的反应不是绝对的。在上述第三个条件中，助手先对被试做否定的评价，然后在整个实验中变得越来越肯定。虽然在第一、第三两种条件下，被试都喜欢助手，但助手以批评开头，以表扬结束时，要比整个过程都进行表扬时更为被试所喜欢。请注意，这个现象与简单的强化或奖励理论相反，因为当助手在整个实验中都对被试做肯定的评价时，要比助手仅仅在结束时对被试做肯定的评价时，助手给予被试的奖励多得多。对于这个现象有两种解释。

第一，阿伦森和林德提出，最初否定的评价使被试产生某种焦虑、自我怀疑等，所有这些都是消极的情感。但当评价逐渐变得肯定时，它们不仅本身是一种奖励，而且减少和消除了先前的消极情感。这样，后来所做的肯定评价比先前没有消极的情感、一直做肯定的评价具有更多的奖励性质。否定的评价增加了对肯定评价的需要。当最后肯定评价终于来到时，肯定的评价更具有奖励的性质。

第二，有关被试对助手的知觉方式。当助手一开始喜欢被试，并且继续喜欢他时，被试头脑中可能会产生某种怀疑。他们怀疑助手是否真诚，是否具有鉴别力。他们会对自己说“这个人对谁都喜欢”。当助手以否定的方式开始时，他给被试的印象是，他敢说些令人不愉快的话，并且善于思考，然后再做出决定。也就是，批评表现得更有鉴别力，或更可靠。接着，当他说些有关被试的好话时，他的观点就更有分量，所以也就具有更多的奖励性质。被试会想：“这个人在做决定时是相当仔细的，但是他喜欢我。”这个解释后来为许多实证研究所支持。

拓展苑

儿童孤独感、同伴接受性的特点

俞国良和辛自强（2000 年）的研究主要探讨三方面问题：第一，是否可以稳定地测量出小学高年级儿童的孤独感；第二，学习困难儿童的孤独感和同伴接受性有什么特点；第三，儿童的孤独感、同伴接受性和家庭功能是否存在相关。

［被试的选择］ 本研究对象既有一般儿童，又有学习困难儿童。在本研究中，“学习困难”是指学生的学业成绩比根据其智力潜能期望达到的水平显著落后，而且他们常常同时在学习、品德、社会性上存在问题。根据上述标准和方法，研究者从一所普通小学 4～6 年级共 390 人中选出了学习困难儿童 34 人，同时随机选出一般儿童 64 人。最后，访谈家庭（均指的是核心家庭）50 个，其中学习困难儿童家庭 18 个，一般儿童家庭 32 个。

［方法和材料］ 本研究主要采用量表法、同伴提名法和半结构访谈法。研究中用到的材料具体如下。

（1）阿舍（Asher）等人于 1984 年编制的专用于 3～6 年级学生的儿童孤独量表，该量表包括 16 个孤独条目（其中 10 条指向孤独，6 条指向非孤独）和 8 个关于个人爱好的插入条目，因子分析表明插入条目与负荷于单一因子上的 16 个孤独条目无关，16 个孤独条目的 Cronbach α 系数为 0.80。

（2）同伴提名法问卷，包括正向提名和反向提名两个维度。正向提名的题目为：“一般说来，在你们班中，总有你最喜欢的同学，你最喜欢与他（她）们一起学习，一起玩。

请写出你最喜欢的3位同学的名字：________、________、________。”反向提名与此相反。

(3) 家庭功能访谈提纲和评分表。访谈提纲包括指导语和涉及家庭功能6个维度的若干问题。问题既有封闭性的，要求回答“是”或“否”，也有开放性的，要求对“为什么”“如何做”等问题做出详细回答。根据有关理论和被访谈者对每个问题的回答情况，研究者可以判断问题涉及的家庭功能是否健康，健康记1分，不健康记0分。家庭功能每个维度的得分均在0～5分，6个维度得分之和为家庭功能总分。为了便于记分，我们设计了相应的评分表。本访谈有较好的内容效度，分半信度为0.70，评分者信度为0.74。

(4) 联合型瑞文智力测验（CRT），以及最近一次期末考试的语文、数学成绩。

[研究程序]

第一，编制访谈提纲和评分表。根据McMaster家庭功能模式理论和爱波斯坦（Epstein）等人在1983年编制的家庭功能量表，编制半结构访谈提纲，并在征求专家意见和试用基础上加以修改，最后形成正式访谈提纲。

第二，施测联合型瑞文智力测验，查阅学生的成绩档案，选取最近一次期末考试的语文、数学成绩作为学绩测验结果。访谈每个班的班主任和任课教师，请他们根据学习困难操作定义确定学习困难儿童。根据前述选择标准确定学习困难儿童。

第三，对选出的34名学习困难儿童和64名一般儿童施测儿童孤独量表；请4～6年级共10个班的390名儿童填写同伴提名法问卷。

第四，正式访谈。在学校帮助下，请家长（父母）到校进行访谈。每个访谈约为半小时，对访谈全过程录音，并记录主要信息。统计分析表明，被访谈者是父亲还是母亲对访谈结果没有显著影响。

第五，资料的整理、编码和统计分析。首先，由两个心理学专业研究生根据评分标准，利用评分表对访谈资料进行独立编码。其次，根据研究者科因（J. D. Coie）和道奇（K. A. Dodge）于1983年提出的分类标准，以班级为单位将正向提名（ML）、反向提名（LL）次数标准化，二者之差为社会喜好（SP）分数，二者之和为社会影响（SI）分数。在此基础上将儿童分成五类：受欢迎儿童（SP＞1.0，ML＞0，LL＜0）、被拒绝儿童（SP＜−1.0，ML＜0，LL＞0）、被忽视儿童（S_1＜−1.0，ML＜0，LL＜0），有争议儿童（S_1＞1.0、ML＞0，LL＞0）和普通儿童。③利用SPSS7.5软件进行统计处理。

[研究结论] 本研究表明，小学4～6年级儿童存在孤独感。与一般儿童相比，学习困难儿童孤独感明显偏高，同伴接受性明显偏低，而且同伴接受性与孤独感之间存在显著负相关。造成这一现象的直接原因可能是其社会行为不良和社会能力低下。家庭功能也可能是重要的影响因素。在以后的类似研究中，如果引入社会能力和行为这一变量，将有助于全面揭示同伴关系、孤独感和家庭功能的关系。

【本章摘要】

1. 人际关系的主要成分是情绪因素，因此，人际喜欢与吸引便自然成为人际关系的重要特征。一般地，人际吸引是指人与人之间在情感方面相互喜欢和亲和的现象，即一个人对他人持有的积极态度。

2. 对人际喜欢与吸引现象进行科学阐释的是两类理论：一类是强化理论，强调对周围世界评价时的情绪反应；另一类是认知理论，强调人们对周围世界评价时经历的认知、思维过程。

3. 影响人际喜欢与吸引的情境因素主要包括人际间的交往距离、交往频率、交往中的集群以及个体的情绪体验等。个人特质是影响人际吸引的重要因素。个人特质包括个体的外表和容貌、才华和能力以及个性品质等。这些因素对人际关系的影响是通过个体的心理内化来实现的。

4. 交往对象的熟悉程度、态度的相似性、兴趣爱好价值观的一致性、需要和个性的互补、相互尊重、相互愉悦，即相似和互补因素也会影响人际喜欢与吸引的深度和强度。

5. 亲密关系建立在人际喜欢与吸引的基础上。在人际关系中，当交往双方相互依赖，即互倚性很大或“真相倚”时，我们就把这种关系称为亲密关系。

6. 自我暴露指个体把有关自己个人的信息告诉他人，与他人共享自己的感受和信息。自我暴露的决定因素既与个人有关，又与社会有关。种族、性别和文化因素都是重要的影响因素，其他还有构成个体情境的因素。

7. 如果人们知道他人喜欢自己，那么人们往往也会喜欢他人。个体有一种强烈的心理压力去回报喜欢，这是喜欢的回报原则。其中，人们最喜欢的人是表示对人们的喜欢程度在增加的人，最不喜欢的人是表示对人们的喜欢程度在减少的人，这是喜欢中的“得失现象”。

【建议参考资料】

1. 郑全全，俞国良. 人际关系心理学. 北京：人民教育出版社，2011.

2. 俞国良主编. 心理学大师人际关系思想经典研究书系（8 册）. 北京：人民教育出版社，2017—2020.

3. 俞国良，王浩. 社会转型：社会阶层结构变迁对国民心理预期的影响. 黑龙江社会科学，2017（3）：97-104.

4. E. 阿伦森. 社会性动物. 张珠江，王利群，等译. 北京：新华出版社，2001.

5. R. A. 巴伦，D. 伯恩. 社会心理学. 黄敏儿，王飞雪，等译. 上海：华东师范大学出版社，2004.

6. Harvey J H，Wenzel A. Close Romantic Relationships：Maintenance and Enhancement. Hillsdale，NJ：Erlbaum，2001.

7. Berscheid E，Reis H T. Attraction and Close Relationships. （The Handbook of social psychology，193-281）. New York：Mc Graw-hill，1998.

8. Franzoi S L. Social Rsychology. Marquette University，2005.

9. Heatherton T F，Kleck R E，Hebl M R，et al. The Social Rsychology of Stigma. New York：Guilford，2013.

10. Taylor S E，Peplan L A，Sears D O. Social Psychology（12th ed.）. Pearson Education，2006.

11. Farrell A K，Simpson J，Rothman A J. The ralationship power inventory：Development and validation. Personal Relationships，2015，22（3）：387-413.

【复习思考题】

1. 为什么说人际喜欢与吸引是人际关系发展的必然产物？
2. 如何理解人际喜欢与吸引的理论阐释？
3. 简述晕轮效应在人际交往中的重要作用。
4. 什么样的个人特质才有吸引力？请举例说明。
5. 为什么相似和互补会导致人际喜欢与吸引？
6. 什么是交往中喜欢的回报和得失现象？
7. 联系现实生活，具体说明怎样把握人际交往中自我暴露的“度”。

第十一章
人际影响与社会影响

【学习目标】

正确理解从众现象及其理论阐释，掌握从众研究的基本范式；了解从众的影响因素，以及服从、偏离和独立的意义；理解感染、模仿和时尚的概念及其社会心理机制，知道社会舆论和社会风气对于建设和谐社会的重要价值，能运用社会影响原理分析现实生活中的社会心理现象。

【重要术语】

人际影响　从众　群体压力　自主运动效应　阿希实验　克拉奇菲尔德技术　服从　感染　模仿　时尚　社会舆论　社会风气

个体的心理和行为反应，是处在周围人或社会环境的相互影响中的。这便是人际影响（interpersonal influence）或社会影响（social influence）。人际影响是社会中个体或由个体组成的群体对其他人心理与行为的影响。毫无疑问，人与人的思想和行为总是相互制约、相互作用的，这是形成和谐社会的基础。一个人在独处或与人共处时，可能会表现出截然不同的行为方式，这便是由人与人相互作用所致的。但是，怎样才能最有效地增进积极的人际影响、控制与避免消极的社会影响呢？这就需要人们了解和认识从众、感染、模仿、服从、偏离等人与人相互作用方式的机制，以及社会规范、社会舆论和社会风气等对个体的影响。

第一节 从众的界定、理论和研究范式

一、从众的界定

（一）从众的概念

什么是从众？是不是成千上万的人喜欢喝茶，你也喜欢喝茶，就表明是一种从众？又如剧场、电影院禁止抽烟，而抽烟者在中途休息时纷纷到吸烟区抽烟，这是否是一种从众行为呢？大多数人都说雪是白的，这一事实是否意味着我们服从了其他人的态度呢？

大多数社会心理学家会同意，这些例子都不属于从众或从众行为的范畴，群体在行为或态度上的一致性不一定就是从众行为。为了判定一种行为是否属于从众行为，必然要涉及个体的屈从或对群体的让步。研究者指出，哪儿有从众，哪儿必然就有冲突。冲突发生在两个方面：一方面，个体想要按照自己的意愿去行动；另一方面，群体施加压力，要求个体保持与群体一致的态度和行为。因此，从众行为有时也译为“相符行为”。

我们认为，从众（conformity）是指在真实的或想象的群体压力下群体成员的行为或信念上的改变，及其伴随的行为方式。这个定义的实质是，群体压力使得个体改变其行为，并以某种方式来行动，这种行为方式在没有群体压力时，在个体身上是不会出现的。这里，我们应该注意到，群体的压力可能是明确的，也可能是含糊的，也就是定义中所说的“真实的”或“想象的”。明确的群体压力是指，如果个体不从众，群体会采取威胁或惩罚等进一步的行为；含糊的或想象的群体压力指的是，个体认为如果他不从众的话，群体可能会惩罚他，即使群体实际上并没有威胁或惩罚他。

（二）从众行为的分类

1. 群体中个人行为的分类

群体中个人行为可以划分为两大类：从众和非从众。从众已诚如前述。非从众至少又包括两种形式。一是“反模仿”，指的是个体观察了群体中其他人的行为后，采取一种与他们对立的、相反的或者极端的行为。“反模仿”又被称为“反从众”。二是“非模仿”，指个体对如何行动会做出自己的决定，而不是简单地对群体压力做出反应。“非模仿”又被称为“独立”。

应该注意到，“反模仿者”或“反从众者”，实际像“从众者”一样，也受到群体压力的影响。不过，他们不是服从群体的压力，而是反对它们。这种人的行为模式是群体要这样做，他偏要那样做。例如，每个人在晚宴中都穿得整整齐齐，而他偏要穿得邋里邋遢；人们都说地球是圆的，他硬要说地球是方的。“非模仿者”或“独立者”则经过考察群体行为来决定这种行为是正确的还是错误的，然后根据自己的判断，做出服从或不服从群体的决定。这种人的行为受群体压力的影响较少。

2. 群体中从众行为的分类

从众可以是表面的，也可以是深入内心的。换言之，一个人的公开行为表现可以是服从群体的，但内心却仍然坚持与群体不一致的信念；一个人的从众也可以不仅仅表现在公开行为中，而且在内心的信念方面也与群体的行为和信念相一致。

迈尔斯（D. G. Myers）认为，同一种从众行为从心理上可以被划分为“简单服从”和“内心接受”两种形式。个体保留他的个人观念而仅仅改变其公开行为，这种从众形式叫作“简单服从”；个体既在公开行为中又在私下态度上与群体保持一致，这种从众形式叫作“内心接受”。“简单服从”和“内心接受”之间的区别是重要的，因为它可以使人们预测群体压力撤销之后个体的行为。“简单服从”的个体在群体压力撤销之后，仍然保留着与群体不一致的信念，人们无法肯定他以后会按照群体的规范行动；但对于“内心接受”的个体而言，人们对其行为进行预测的把握就较大。

克尔曼（H. C. Kelman）1958 年提出了其他分类法。他集中考虑的是个体选择从众的原因。他认为，为了受到群体的奖励或者为了避免惩罚，个体表现出与群体相一致的行为，这时简单服从就会产生；当个体相信群体的观点或行为是正确的时候，内心接受（或内在化）更有可能发生。然而，克尔曼提出了第三个范畴，被称为认同。当个体为了维持与一个他认为重要的他人或群体的关系，而模仿这个人或群体的行为时，便会发生认同。随着时间的推移，只要个体继续认为这种关系是有价值的，这种形式的从众便会长期继续下去。

因此，在讨论从众行为的表现形式时，应重视对一致性行为的考查，以决定它是否是真的从众以及代表了什么类型的从众。从众的不同类型决定了它产生的条件和持续的时间。

二、从众的理论

对从众现象的解释，主要有个性理论和群体压力理论。

（一）个性理论

关于人们为什么会从众，一个最简单的解释就是，人们具有一些预先决定他们会从众的个性特征。那么，如果我们发现了从众者的一些内部特征或个性特征，那就有可能预测谁会从众，并在一定程度上能解释为什么会从众。

一些研究者试图找出能恰当描述从众者的个性特征。克拉奇菲尔德（R. A. Crutchfield）研究了在行政职位上的一些商业者和军事人员的从众行为。他发现，在实验中，经常从众的人一般说来智力较差，缺乏领导能力，有较高的自卑感；而那些有较多专制、独裁特性的人常常不从众。克拉奇菲尔德描述从众者具有较少的自我力量，有较少的忍耐自己冲动的能力以及忍耐模糊性的能力，不愿意接受责任和委托，较少自省，具有较少的创造性，而具有较多的偏见。进一步的研究发现，有偏见的个体比不具有偏见的个体更容易从众。

正如其他领域的个性理论一样，解释从众行为的个性理论有两个问题必须考虑。

第一，上述描述从众者个性特征的理论似乎表明从众者是一个适应不良的、神经质的人，好像从众是一种消极行为，进一步的研究表明事实并非如此。测量神经质（神经过敏）的明尼苏达多项人格测验（MMPI）的统计结果表明，从众者和独立者之间并没有什么差别。

第二，如果个体存在从众个性的话，那么，在许多情境下它必然持续地发挥作用。也就是说，具有从众个性的人必然在许多情境下表现出一致性从众行为。但有人研究了 4 个不同形式任务中被试对待群体观点的从众行为后发现，在不同情境下，从众的倾向只具有微弱至中等的强度。没有证据表明，具有从众特征的人在相同情境下都会屈从群体的压力。所以，个性理论虽然能够有助于人们弄清楚有可能从众的个体，但不能完全解释人们为什么会从众，以及人们最可能从众的特殊情境。

（二）群体压力理论

群体压力理论注重群体施加于个体身上的压力，该理论的代表人物是阿希和凯利等人。这个理论的核心概念是群体压力（group pressure），即群体对其成员形成的约束力与影响力，包括信息压力和规范压力两种。他们认为存在两种信息来源，个体长大之后，可以根据这两种信息来源来体验现实及学习正确的行为。一个孩子的手碰了烧热的炉子，知道了手因此会被灼伤。人们称这种信息为**“个人的信息”**，因为这来自“尝试错误”的学习。一般说来，个人的信息来自环境中直接获得的物理现实。人们的第二种信息不是根据物理现实或个人的体验，而是来自社会现实，这种信息被称为**“社会的信息”**，因为它是由其他人或其他群体提供的。社会的信息也有可能涉及有关物理现实的知识。例如，因为父母告诉了孩子，所以孩子知道了炉子是热的，不能碰；人长大后，懂得了世界并非由绝对物理现实构成的。人们会提出许多问题：上帝存在吗？什么是信仰和价值观？什么是美？这些问题涉及社会现实，因为人们必须依赖他人或群体提供答案。

费斯廷格和凯利指出，当人们依赖他人获得社会信息时，他人就获得一种权力，来影响人们的行动或态度。这些他人对人们具有信息性压力。因为人们需要他们提供信息，所以人们才会服从他们。

每一个群体都有它的规范，这就叫作群体规范。如前所述，群体规范指的是群体所确立的行为标准，群体的每个成员都必须遵守这些行为标准。但群体规范不规定成员的一举一动，而是规定规范行为可以被接受和容忍的范围。群体规范可能是明文规定的，但大部分规范是约定俗成的、非正式的。所以，群体除了具有信息性影响力外，群体还能够利用“规范性社会压力”来说服个体从众。规范性社会压力指的是“服从其他人积极期望的一种影响力”。处在某个群体中的个人，想继续成为这个群体的一部分，都会了解被该群体拒绝所激起的那种焦虑。这不是没有根据的害怕，这种拒绝是令人痛苦和烦恼的。群体可以用拒绝或否定的强化来惩罚不愿从众的人。所以，在拉坦内（B. Latané）看来，从众实际上就是群体中少数派受多数派影响的结果。此外，与群体保持一致会使个体很容易对自己的决策或看法进行证实。

在这里我们应该指出，群体也许不会惩罚偏离者，个体也没有见到过群体实施这种惩罚。事实上，也许根本不存在对偏离者的惩罚。然而，个体始终相信偏离者会遭到惩罚，这一事实本身就产生了群体的规范压力。

因此，一般来说，群体对个体施加压力使其从众有两种形式：一种是来自群体的信息性压力，就是提供有关个体应该如何行动、把事情办好的信息；另一种是来自群体规范性社会压力，就是如果个体不从众的话，群体拥有拒绝（嘲笑、打击、排斥等）该个体的可能性。在绝大多数场合中，两种影响形式同时作用于个体。在某些特定场合中，一种形式可能比另一种形式更强烈。此外，某些个体可能对一种形式要比对另一种形式更敏感。一般来说，两种形式是共存的。

我们可以从前面提到的简单服从和内心接受的区别上，对上述两种形式的压力进行考查。社会心理学家一致认为，群体的规范性压力很可能导致公开的服从，而没有伴随着内心接受。人们对规范性压力做出反应，这种反应是因为害怕或焦虑，他们常常愿意公开服从，而不是内心接受。服从群体信息性压力的个体更有可能产生内心接受。这种对群体规范的服从的基础不是害怕，而是想要把一些事做得更正确的愿望。因为这时群体可以决定行动或信念的正确方向，所以公开的服从常伴随着内心的接受。

（三）强化学习理论

大量脑成像研究发现，社会从众过程

中会激活大脑奖赏脑区，如纹状体、眶额皮层（orbitofrontal cortex）、内侧前额叶（medial prefrontal cortex），这与强化学习涉及的脑区一致，因此，从众可能与强化学习有关。奖赏脑区可以整合价值与奖赏信号，激励目标寻求，促进社会规则的遵从。导致期待奖赏结果的特定行为会被强化，以后出现的概率提高；而导致厌恶结果的行为会被抑制，再发生的概率会降低。与群体保持一致往往会得到奖赏（如社会认可和接纳），这种追求社会奖赏的动机促使个体调整观念或行为，与群体保持一致。此外，从众过程中除了涉及奖赏动机外，还可能涉及避免惩罚的动机。趋利避害是人的一种本能反应，人在人际交往过程中需要极力避免社会惩罚。与群体不一致往往导致惩罚、游离于群体之外，会没有归属感、被社会拒绝，感受到一种社会疼痛。这些负面情绪体验作为一种冲突、错误信号，激活生理预警系统，促使参与加工生理疼痛的相关脑区和神经递质调节行为，最终导致个体做出与群体一致的行为。

三、从众的研究范式

（一）规范形式的自主运动范式

研究从众有几种主要的经验方法，或称其为实验研究范式，其中最早的是谢里夫（M. Sherif，1935）的研究，他的兴趣在于考查群体是怎样形成规范的。他利用自主运动效应（autokinetic effect），认为群体将会建立起成员愿意服从的规范。

研究者让被试进入一个黑暗的房间，给被试看一个发光点，要求他判断光点移动的距离。事实上，光点是静止不动的，但是，对于在黑房间里、注视着光点的被试来说，光点似乎在移动，这种运动叫作自主运动效应，又称为游动效应或似动错觉。被试所看到的运动距离因人而异，但对于一个特定的人来说则是一致的。

当个体报告了光点移动的估计距离之后，他同一个或两个新的被试再次进入黑暗的房间，继续估计光点移动距离，并大声报告估计距离。这样做的目的是让其他群体成员都能听到。很有意思的是，群体成员的估计数逐渐接近。一段时间后，第一个人报告说，他看到了同其他组员一样的移动距离。这样，虽然在开始的时候，组员在所知觉的移动距离判断上有很大的差异，但是在研究结束时，全体成员所报告的运动距离已经很接近了（见图 11-1）。

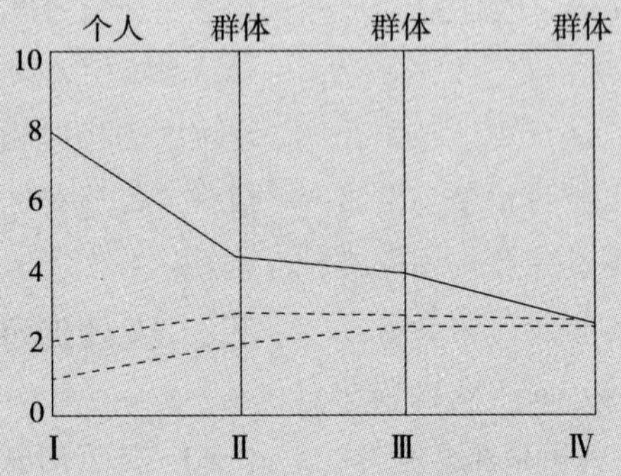

图 11-1　自主运动判断的聚合性

（注：阶段Ⅰ，被试单人判断；阶段Ⅱ和阶段Ⅲ，被试听取其他群体成员的判断；阶段Ⅳ，他们进行单独判断。）

谢里夫的研究发现，后来再要求被试单独在黑暗房间里判断运动距离时，他的估计与群体的最后估计距离基本相同。谢里夫认为，这些研究表明，在模糊的情境中，群体会逐步建立规范和标准，并且各个群体成员会形成适合于群体信息影响或群体信息压力的观点。关于这一点，我们在前面已有论述。在这里，被试利用了其他被试提供的信息来决定运动距离。谢里夫的结果也表明了内心接受——被试离开群体之后，仍继续报告群体所规定的运动距离。

在以后的研究中，雅各布斯（A. Jacobs）和坎贝尔（D. T. Campbell）提出在利用自主运动效应实验范式时，如果给被试以错误的反馈，是否对被试的判断有很大的影响。于是他们重复了谢里夫的研究。在某些条件下，他们让一个真的被试和三个“助手”形成一个群体。被试所看见的平均运动距离为 10.16 厘米（4 英寸）。然而被试听到其他三个助手报告说他们看到了 38.10～40.64 厘米（15～16 英寸）的运动距离。在这种情况下，“助手”们的反馈建立了 38.10～40.64 厘米（15～16 英寸）的运动距离规范。到实验结束时，被试也报告说他看到光点运动距离为 38.10～40.64 厘米。为了考查这个规范是否持久，研究者后来让其中一个“助手”替代真正被试。他们发现，即使群体都由真正的被试组成，较大数字的群体运动距离的规范还是保持着的。这说明，即使群体成员完全改变，这一规范仍然会影响他们的距离估计，说明这时形成的群体规范已具有一定的稳定性。

（二）阿希的线段判断实验范例

阿希认为，谢里夫实验中的被试从众的原因之一，就是他们所要判断的刺激是模糊的。为此，阿希设计了一个研究从众的独特方法，即将人们置于其他群体成员的意见之中，这被称为阿希实验。

当被试走进实验室时，已经有 6 个其他被试坐在那里了，他们都是实验助手。因为其他人都是围着桌子坐的，真正的被试也就挑了桌子旁边的空位置坐下来。实验者进来告诉所有被试说，这个实验是有关精确性和视知觉的。他向被试们显示了两张卡片，其中一张卡片上只有一条线，另一张卡片有 A、B、C 三条线。单条线实际上是 25.40 厘米，A 线段是 22.23 厘米，B 线段是 25.40 厘米，C 线段是 20.32 厘米（见如图 11-2）。实验者告诉被试说，他们的任务是要从三条线中找出与单线相匹配的长度相同的线段。倒数第二个回答的人是真正的被试。

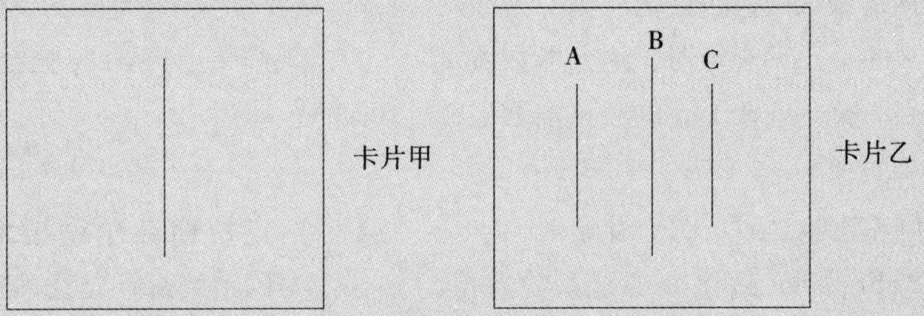

图 11-2　阿希实验中的一个典型刺激

实验者要求每个被试轮流说出匹配线条的字母，第一个被试说是“B”，第二个被试也认为 B 线是正确的回答，下面四个被试都说是 B，现在轮到那个真正的被试了，真正的被试也说 B。下一次尝试以同样的程序开始：实验者向被试显示了 5.08 厘米的标准线。在真正的被试之前的其他人都将 5.08 厘米的线与标准线相匹配。真正的被试也这样做了。他又等待着下一次尝试。

在下一次尝试中，实验者展示了一条 7.62 厘米的标准线条。其余三条线的长度分别是：A=9.53 厘米，B=10.80 厘米，C=7.62 厘米。真正的被试认为 7.62 厘米是正确的回答，然后第一个被试报告说正确的答案是 A。真正的被试怀疑第一个被试哪儿出了毛病，因为明显 C 是正确回答。真正的被试可能正要嘲笑第一个被试时，第二个被试十分仔细地看了看线条，说“A 线是正确的”。真正的被试惊讶地靠着椅背。接着，在真正的被试前面的所有被试都坚定地报告说 A 线是正确的答案，现在轮到真正的被试。真正的被试该怎么办呢？

这就是阿希设计研究从众的实验程序。实际上开头 5 个被试都是实验中的“助手”，主试早就告诉他们该如何回答。在 18 次尝试中，有 12 次他们都一致地给出了错误的回答。倒数第二个被试才是真正的被试。主试感兴趣的是真正的被试是服从群体的观点，还是坚持正确的回答。

阿希之所以采取线条判断的任务，是

因为他发现，当要求人们单独判断线条时，即没有群体影响时，他们几乎没有什么错误地就能完成任务。这个情境与谢里夫的情境是不同的。在谢里夫的研究中没有正确的答案：一个人所知觉的光点运动距离与另一个人所知觉的距离本身差别就很大。然而，阿希发现他的被试有1/3以上的时间附和了群体不正确的观点，即使当他们知道群体是错误的，也会这样做。当面对群体一致的不正确观点时，绝大多数被试至少从众一次，只有1/4的被试能够坚持自己正确的意见。

继阿希实验之后，约翰逊等人（Jockson & Sahzstein）1958年通过实验发现，群体在其成员心目中的魅力是影响从众的重要因素。成员认为群体越有魅力，越屈服于群体压力，就越会发生从众现象。罗斯等人1976年进一步评述了阿希实验情境中被试心理上的压力。首先，人们会想到的是被试必然会怀疑自己对判断线条的能力。被试必然会想："为什么除了我，其他人都这样认为？是否我有什么地方错了？"其次，还有其他的压力。如果他如实地按照他所看到的那样报告（与群体观点相反），是不是他在对"其他群体成员的能力、智慧、明智"进行挑战呢？在其他群体成员之后，再表达自己与众不同的观点，那么，这个被试就是告诉其他成员，他们没有完成简单任务的能力，如完成判断线条的任务，对于被试来说这可不是个好处境。

阿希的实验结果使得许多心理学家感到吃惊，引起他们对从众研究的极大兴趣。我们（俞国良，陈朝阳）在1986年将小学五年级学生作为被试，重复验证了阿希的实验，其结果也是令人满意的。从众率比阿希实验中的更高，这可能是由被试的年龄和文化背景所致。

阿希的实验程序有许多优点，如简单易行，但也有其缺点，主要缺点是不够经济。因为要进行很长一段时间的实验，才能获得一个被试的反应数据。鉴于这个缺点，人们又对阿希实验在技术上进行了改进。

（三）克拉奇菲尔德技术

对阿希实验研究范式的改进中最有影响的当数克拉奇菲尔德技术。这个改进是针对阿希从众研究范式中不经济这一弊病的。在克拉奇菲尔德技术所创设的实验情境中，被试进入一个小的可关闭的房间，房间的桌子上放置着一块控制板，上面有一排开关，以及4盏排成一排的灯。开关是让被试用来表示反应的，4盏灯是用来表明其他4个被试的反应，主试告诉被试说，其他被试会在看到他做出反应之后，他们才反应。同样也告诉他说，其他被试会看到他所做出的反应。实际上，一共有5个房间，5个房间里的每个人都是真正的被试，每个被试都认为他是第5个被试，也就是最后一个做出反应的人。实验者问了一个问题后，从控制室里操作了1～4个被试的反应，于是，真正的被试就相信，他们看到了其他4个被试的反应，但是，实际上他们看到的只是实验者操纵的反应。在4个"被试"做了反应后，真正的被试才反应，实验者加以记录。这个技术被用来完成像阿希实验中的线条判断，以及态度和观点的叙述等任务。

克拉奇菲尔德技术并不要求有实验“助手”，所有的被试都是真正的被试，作为“助手”的反应是模拟的。这样，每一次要开始新研究时不必再去训练“助手”了。这个技术也能进行更好的实验控制，而在阿希实验的场合下，“助手”在几次实验过程中有可能产生不同的行为。

克拉奇菲尔德技术的程序也有缺点。其一，像阿希的实验情境一样，与人们的现实生活情境相差较远，因此不可避免地有较大的人为性。其二，与阿希实验程序相比，这个程序中被试的介入较少，因为被试没有面对群体的成员，只是面对灯泡及开关。这种孤立感会减少被试对群体的关心，也就会削弱群体对他的影响。因为面对一些仪器设备和面对一群鲜活的人，个体的反应是有差异的。

因此，研究从众行为的实验者必须事先决定采用哪一种程序。如果目的是强调群体对个体的影响，就用阿希实验的程序；如果实验者要求严格实验控制，追求经济实际，那么，就应该选择克拉奇菲尔德技术的程序。即使这样，阿希实验及克拉奇菲尔德技术的程序所产生结果的普适性，即外部效度，依然是个问题。例如，文化背景和个别差异就是值得重视的因素。

第二节 从众的影响因素

通过对从众研究范式的系统总结，研究者发现有三种因素影响了从众，这就是个体的特点、群体的特点和任务的特点。这里将分别讨论这三种因素。

一、个体的特点

人们研究个体特点与从众之间关系所用的程序几乎是一样的。操纵一个变量，如个体在群体中的地位，或使被试处于阿希式或克拉奇菲尔德式情境中，然后，记录他对群体的从众程度。

（一）个体的处境

研究表明，个体期望将来还需要与该群体交往，与个体认为将来不会再与该群体交往相比，前者更会从众。个人认为该群体对他具有较大的吸引力，与个体认为该群体对他没有什么吸引力相比，前者更会从众。个体在群体中所处地位相对较低，与个体在群体中处于较高地位相比，前者更会从众。另外，权威人士的行为有较大的影响力。个体感觉到群体对他没有完全接受时更会从众。

令人感兴趣的是，在这些研究里，个体从众的群体压力形式是什么？显然，在上述种种情形中，这些个体都很关心他在该群体中的成员资格，并不想被群体拒绝。所以，这类个体是从众于群体的规范性压力，因为他们主要关心的是群体是否能接纳他们，而不是为了从群体那里得到信息。阿希 1956 年的研究也发现，自尊水平较低的被试从众可能性更大。因为他们担心受到群体的拒绝和惩罚。

（二）个体的能力

研究发现，如果一个人觉得自己有能力完成任务，他就不大可能去从众。例如，罗森伯格在实验（1961 年）中，让一半被试得到结果反馈，这些反馈表明他们对于判断线条的长度有较高的能力；而另一半被试听到的反馈是他们的判断能力较差。然后，让被试处于阿希式的实验情境中。那些认为他们有能力完成任务的被试，比那些认为无能力完成任务的被试从众程度要低。虽然在罗森伯格的研究中，规范性压力可能影响被试的反应，但是信息性压力起着很大的作用。如果个体认为他在完成某个任务方面能力低下，他就倾向于从群体那里获得信息，而认为自己能力较高的被试这种倾向就比较微弱。

（三）性别差异

一系列早期研究发现，女性比男性更容易产生从众行为。一项元分析结果表明，不同性别的从众行为在各个国家略有不同，但基本一致，女性比男性更易从众。伊格利（A. H. Eagly）1987 年提出，这种在从众方面的性别差异被认为是由“社会化过程”引起的。因为在社会化过程中，人们往往教育男孩要“成为一个独立思考者”“凡事要依靠自己”，而在培养女性时却不强调这些内容。然而，有研究指出，性别差异效应可能是由实验中所使用的判断项目引起的。他们认为，早期研究所用的实验任务对男性来说更为熟悉，而女性不熟悉，所以，女性被试要比男性被试更依赖于群体的信息。为了检验这个想法，他们使用男女被试都可能精确地判断、也更可能对这些项目感兴趣的实验任务。他们共进行了 4 次研究，记录了被试对不同形式实验任务的反应。结果表明，对与男性有关的项目，女被试要比男被试更容易从众，而对与女性有关的项目，男被试要比女被试容易从众。这些研究指出，从众与其说与被试的性别有关，还不如说与被试对实验任务的熟悉程度有关。伊格利（A. H. Eagly）进一步研究（1987 年）指出，如果说男女在从众行为上有差异，那也仅仅发生在要求女性当面反对对方的情境下。

（四）文化差异

个体的文化背景会影响从众行为。一些跨文化研究发现，某些民族比其他民族更易产生从众行为。举例来说，米尔格拉姆（S. Milgram）于 1961 年和 1971 年对挪威、法国被试进行的研究表明，社会化影响了从众行为。与法国被试相比，挪威被试频率很高地一致从众。这些结果显示，从众行为受到个体所处的社会、文化和历史条件的影响。对此，米尔格拉姆对法国和挪威社会文化做了一番描述。

“我发觉挪威社会具有高度的凝聚力，挪威人有一种群体认同的深厚情感，他们强烈地与周围其他人的需要和爱好协调一致，他们的社会责任意识可以在挪威保护和照顾挪威公民的制度里找到……毫不奇怪，我们发现这种社会凝聚力与高度从众伴随在一起。”

“与挪威人相比，法国人在社会和政治生活表现得远没有那么一致。挪威人早在1814年就拟定了一部宪法，而法国人在四个共和国时期尚没有完全安定……不管如何分析研究资料，结果都说明，法国人要比挪威人表现出更多的独立性。”

在最近的研究中，邦德（Bond）和史密斯（Smith）于1996年用阿希的方法在17个国家做了133次实验，结果发现在中国、挪威等这样的集体主义文化里，比在美国和法国那样的个人主义文化里，个体更容易从众。邦德等人认为，在集体主义文化中，认同他人的意见与其说是一种从众行为，倒不如说是一种在人际关系中的老练、圆滑和明智。因此，在集体主义文化中的从众是一种受尊重的积极品质，而在个人主义文化中从众常常被视为一种负性品质。这说明文化差异确实对从众行为产生着重要影响。

二、群体的特点

个体依赖或偏离群体的程度会受到群体本身特点的影响。这些特点主要有群体的规模、群体的一致性等几个方面。

（一）群体的规模

阿希（1951年）对群体的规模如何影响从众十分感兴趣。为了研究这个问题，他改变了真正的被试所处的群体人数，用1，2，3，4，……，8和15个“助手”来进行实验。阿希发现，当群体规模增加至由4个“助手”组成时，从众程度增加了。在要求对线段进行比较的实验中，当被试只受到一个人的反对时，他的意见基本上不受影响；当面临着两个以上的反对者时，他的从众性会大大增加，并倾向于对群体的压力让步，有将近13%的次数，被试的回答是错误的；当面临3个人组成的多数时，实验对象的错误接近33%；在面临4个人组成的多数时，实验对象的错误最多，达到35%，随后的从众量就持平了（见表11-1)。所以，人数是15人组成的群体时的从众的程度与3人或4人组成的群体相差无几。

表 11-1　群体规模与从众程度

一致性多数的规模	阿希的研究（男性）	杰勒德的研究（男性）	杰勒德的研究（女性）
1	2.8	12.6	21.0
2	13.8		21.0
3	33.3	25.9	
4	35.0		33.6
5		24.1	
6			34.6
7		30.1	
8	32.0		
15	31.3		

这些发现看起来似乎难以理解，但是，如果用我们前述的信息性群体压力和规范性群体压力来考查，就一目了然。如果个体是对群体规范性压力做出反应的话，他们主要关心群体是如何反应的，然后模仿这种反应。当 5 个人的群体中的 4 人都以一致的方式做出某种行为时，其余的一人就很容易了解规范是什么。对他来说，群体规模的增加并没有使辨别群体规范变得更困难。所以，从规范性群体压力影响角度上，当群体的规模增加到 4 人以上，人们不能期望从众程度也会相应增加。此外，如果个体主要关心的是从群体那里获得信息的话，给出肯定回答的人数越多，真正的被试对这个答案正确性的信心就越足。所以，当信息的影响发挥作用时，我们认为群体规范与从众有着线性的关系，群体规模越大，从众的程度也越高。阿希用的是十分简单的实验任务，为了找到正确答案，个体不需要从群体处获得许多信息。因为 4 个左右成员的回答，就足以使他知道规范是什么了。

（二）群体的一致性

一般情况下，群体一致性水平越高，群体的凝聚力越大，从众的压力也越大，人们的从众行为就越有可能发生。相反，群体的分歧有损群体的力量，同样有损迫使成员从众的力量。

阿希在 1956 年的研究中发现，当一个成员偏离了群体的大多数人时，真正被试的从众减弱了。在一些条件下，阿希指示一个“助手”在其他“助手”给出错误回答时给出正确的判断；在另一些条件下，所有的“助手”都有一致的反应。结果，当群体给出一致的不正确回答时，从众现象的发生率是 35%。然而，当有一个偏离者给出了正确回答时，从众的比例马上下降了，只相当于前者的 1/5。此外，这与群体的规模没有关系，不论它是由 3 个人还是 15 个人组成的，只要有一个偏离者就会急剧地减少从众的程度。更有意思的是，即使偏离者给出了不正确的答案，真正被试的从众程度也下降了。在研究中的其他条件下，阿希指示“助手”给出一个不正确答案，这个答案与群体其他成员给出的不正确答案又不同，这种情况下的从众度也剧烈地下降了。

人们对偏离者对从众的影响进行了大量的研究。例如肖（Shaw）等人 1968 年发现，偏离者甚至用不着给出一个回答，也会减少被试的从众程度。他们在研究里，指示一个“助手”回答说：“他对如何回答还没有想好。”这种模糊的回答也会减少真正被试的从众程度。其他研究者也发现，当个体注意到群体中存在偏离者时，即使偏离者的意见是错误的，也会大大减少个体的从众行为。

虽然偏离者减少了规范性压力，但是也有研究表明，被试还是利用偏离者来获得有关任务的信息。艾伦（Allen）等人于 1971 年让被试判断视觉刺激，在第一个条件下，被试面临群体的一致多数，即群体多数成员给出一个不正确的回答；在第二个条件下，群体中有一个偏离者，他给出了一个正确的回答；在第三个条件下，也有一个偏离者，但这个偏离者不像第二个条件下的偏离者，而是明显地表现出视力缺陷，戴着眼镜，表现得很关心他是否有能力看清刺激，并且在实验开始之前未通过简单的视力测验。结果表明，两个偏离者都减少了从众，但相比之下，正常的偏离者导致的从众减少程度要比视力有缺陷的偏离者导致的程度高。因此，我们说，被试也在某种程度上关心偏离者所提供信息的可靠性和正确程度。

关于偏离者对从众影响的研究，研究者把研究重点放在处于从众情境下被试身上的压力形式。研究表明，如果被试对于信息性影响做出反应，那么，出现一个偏离者对从众影响很小，一个偏离者不会使得个体对大多数人提供信息的效度抱有很大的疑虑。然而，因为个体原来是对群体的规范性影响做出反应的话，那么，出现一个偏离者就会极大地影响从众。如果个体认为他不从众的话，群体就会拒绝他，并因此觉得非常害怕。现在，一个偏离者并没有遭到群体的拒绝，于是就会显著地减少规范性压力。当然，如果群体嘲笑偏离者，或者威胁偏离者，偏离者的影响也就大大地不同了，群体对偏离者的反应实际上增加了从众行为。由此可见，群体必须确保偏离者“不越轨”，以免群体的其他成员也来反对群体的愿望和目标。

此外，个体所属群体的重要性，也会影响个体的从众。研究者吉蒙（Guimond）以及霍格（Hogg）发现，一个群体对个体越重要，它对个体施加的规范性压力也会越大，个体选择从众的可能性也会越大。

三、任务的特点

为了回答被试对某些任务是否要比另一些任务更易产生从众行为这个问题，社会心理学家进行了一系列研究。研究结果表明，这个问题的答案是肯定的。特别是模糊的、困难的任务与较容易的、较清楚的任务相比，人们在完成前者时表现出更多的从众行为。例如，阿希发现，在他的实验中，互相比较的线段之间的差异越小，人们就越会从众。从图 11-3 中可以发现，得出正确的结论时，任务（a）比较困难，而任务（b）则比较容易。阿希发现，与容易的任务相比，人们更容易对困难的任务表现出从众行为。

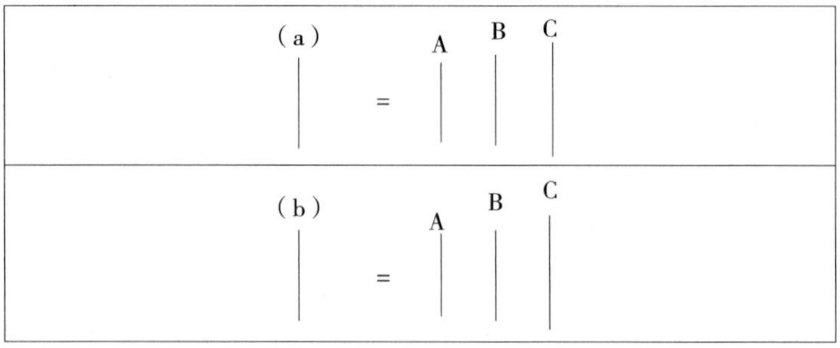

图 11-3　线条判断中困难的（a）任务与容易的（b）任务一例

当任务是困难的或者是模糊的时候，被试就把群体作为信息的来源；当任务比较容易或者清楚时，在从众中，规范性群体压力应起主要作用，因为此时，被试不再需要答案是否正确的信息。于是，人们可以看到，任务的性质不仅决定了从众程度，而且也影响了个体将要对之反应的群体压力的形式。

进一步的研究还发现，当任务要求个体在听到其他群体成员反应之前，私下记录自己最初的反应时，从众减弱了。多伊奇和杰勒德（Deutsch & Gerard）在 1955 年使被试处于修改过的阿希范式实验情境里，在这个情境里，有三位实验的“助手”。在这种条件下，被试私下里写下他们觉得是正确的自我反应；在第二个条件下，没有要求被试这样做。在第一个条件下，听到三位“助手”给出了一个不正确的反应后，从众行为显著地降低了。多伊奇和杰勒德推论说，在被试了解群体观点之前，被试承诺的任何行为都会减少从众的倾向。显然，被试本身并不愿意表现出自己很容易受到群体的影响。

克拉奇菲尔德发现，当问题涉及说出对图画的个人偏爱，与任务是要在观点中找到一个正确答案相比，在前一种情况下，被试表现出较少的从众。其他研究者也发现，在观点项目方面比视觉刺激方面，被试表现出更多的从众行为。个人的偏爱和视觉刺激的一个共同点是这两种形式都不需要社会现实性。一般来说，我们都知道自己喜欢什么和不喜欢什么，并且，大部分对视觉刺激的判断都是根据物理现实的。此外，态度主要是根据社会现实性，群体就成为一个重要的信息源。所以，各种项目类型方面所表现出从众的程度，依据群体给予被试不同的信息压力而不同。

最后，任务指导语与从众也有关系。如果指导语说明，任务是要求群体达成正确的答案，与指导语说明，任务是要求每个人得出他认为最准确的答案相比，在前一种情况下，被试表现出更多的从众行为。

总之，谁会从众和什么时候从众，要受到个体的、群体的特点和任务的特点的影响。在决定究竟是信息性影响更有效，还是规范性影响更有效方面，这三种因素都起着重要的制约作用。

第三节 服从、偏离和独立

一、服从

服从（obedience）是指在他人和群体的直接命令下产生某种行为的倾向，即个体根据别人的意愿、社会要求或群体规范表现出来的一种相符行为，它是在两人或双方关系中产生的。就其对象而言，有个体对尊长者、所属群体和社会规范的服从；就其心理状态而言，有自愿和不自愿的服从之分。在现实生活中，确实存在着许多情境，这些情境中群体的压力是明显的和直接的。例如，第二次世界大战期间，德国纳粹的反犹太人运动。在纽伦堡军事审判中，许多在集中营里当过刽子手的纳粹党徒辩解说，他们对那些人的死亡不应当负责任。因为他们只是“简单地执行命令”。当然，这是一种狡辩，并不能逃脱历史的审判和人民的惩罚。

在战争期间或非常事件中，此类盲目效忠，无条件服从命令，以致丧失人性和理智的情况是屡见不鲜的。由此，社会心理学家对于人们在正常状态下因受到压力而服从命令的情况产生了浓厚兴趣。有关这方面的著名研究是米尔格兰姆（S. Milgram）的研究。米尔格兰姆在 1959 年到 1960 年期间与阿希一起工作过。他认为阿希实验范式中所采用的判断线段过于简单。他希望能够设计出一种情境，使得被试觉得更有压力。现在让我们来看一看米尔格兰姆所设计的实验情境。

被试走进实验室，见到已有另外一名被试B坐在那儿。被试B也是参加这个实验的，而且实际上这位被试是实验者的“助手”。后进来的被试（我们称他为被试A）才是真正的被试。这时，实验者进来了，对两位被试说，本实验是研究惩罚对学习的影响的。两位被试应该抽签，来决定谁当“教师”、谁当“学习者”。被试A抽到了“教师”的签。实验者说，教师将要问学习者一系列问题，学习者如果回答错了一个问题，就要受到一次电击的惩罚（事实上，“学习者”是由实验人员假冒的，通过录音机播放尖叫声模拟被电击的反应）。

然后，实验者向教师介绍“教育仪器”，并说它会产生电击。仪器上有一长排开关。每个开关上面标有电压强度的数字，从15伏一直到450伏，每个开关的间隔电压为15伏。较低的数字范围标有“轻微电击”字样，最高数字范围标有“危险：严重电击”字样，最高电压435伏，450伏处标有“×××”字样。实验者告诉教师说，你必须按照问题表上的顺序读给学生听，他要是回答错了就要给他电击。每回答错了一次，就增加一级水平的电压予以电击。就是说，从15伏开始，然后是30伏，以此类推。

教师开始阅读问题，学习者错了一个，又一个，接下去又错了一个。每次回答错了，教师就增加15伏电压电击学习者，再接着读下面一个问题。到了90伏时，学习者受到电击之后痛苦得叫了出来。到了150伏时，他尖叫着，要求停止实验。教师看了看实验者。实验者只是简单地回答：“继续下一个问题。”到了180伏时，学习者哭着说他再也忍受不了痛苦了，并且用拳头去打房间的墙壁。教师看了看实验者，要求停止实验。然而，实验者冷冷地说：“你没有其他选择，你必须继续实验。”到了300伏时，学习者拒绝回答任何问题，乞求停止实验。实验者却告诉教师继续进行。从这时候开始，学习者再也不做任何反应了。

处在这种情境中，你将会怎么办呢？你会继续进行电击一直到450伏高压吗？你认为，进行这类实验的教师能坚持做完直到450伏的百分比有多少？这些问题就是米尔格兰姆想要了解的问题。他曾把实验情境描述给14名耶鲁大学心理系的高年级学生以及一群精神病医生听，要他们预计能做完一直到450伏实验的被试的百分比有多少。结果，他们预计只有2%的被试会全部做完。实际情况如何呢？

米尔格兰姆是在耶鲁大学做的实验，被试年龄为20岁到50岁，其中40%的人没有专门的职业，40%的人是白领销售人员，20%是自由职业者。他发现，40个被试中有26名，即65%的人竟做完了整个实验，施予电击达到450伏的水平。结果可见表11-2。从表11-2中我们可以见到，几乎2/3的被试服从了命令，直接把极大的痛苦强加在了无辜的受害者身上。

表 11-2　米尔格兰姆的服从研究中不同电压水平下拒绝服从的人数

语言指示及电压数	拒绝服从的被试人数
轻微电击	
15	0
30	0
45	0
60	0
中度电击	
135	0
150	0
165	0
180	0
非常强烈电击	0
195	0
210	0
225	0
240	0
猛烈电击	
255	0
275	0
285	0
300	5
极端猛烈电击	
315	4
330	2
345	1
360	1
危险—严重电击	
375	1
390	0
405	0
420	0

续表

语言指示及电压数	拒绝服从的被试人数
×××	
435	0
450	26

当然，事实上，被试B，即学习者是实验的助手，他是故意回答错误的。实际上，他根本没有受一点电击。但是，被试A不知道这一点，他确实认为被试B受到电击后非常痛苦。

我们应该注意到，米尔格兰姆设计的情境与阿希的范式在许多重要方面是不同的。首先，在米尔格兰姆研究中的被试受到了如何行动的直接命令，而在阿希研究中的被试并不是这样的。其次，在米尔格兰姆的研究中，实验者（压力来源）和被试（压力指向的目标）之间存在着明显的地位差别。在阿希范式中，在被试看来群体都是由被试的同伴组成。正由于这两者的差别，因此米尔格兰姆把自己的研究称为对服从的研究而不是对从众的研究。

研究中表现出来的服从程度，甚至连米尔格兰姆本人也感到十分惊讶：这不是在战争期间，而是在和平时期的美国本土；这些人不是专门受到训练去杀戮对方的杀手，而是平民百姓。有人对此研究提出了批评，说由于实验是在耶鲁大学做的，并且由于被试认为实验不会真的让他们伤害另一个人，因此就显得高度的服从。为了回答这种批评，米尔格兰姆把实验从耶鲁大学移到城中的一座年久失修的办公楼去，事先不让被试知道这个实验与耶鲁大学有联系。实验结果表明，虽然服从在程度上有所下降，但下降程度并不明显，有48%的人达到了最高的电击水平。

米尔格兰姆认为他已较完满地诠释了服从现象，许多其他国家的研究者也证实了这种行为的普遍性。在澳大利亚，这个比例是68%，约旦为63%，法国为85%。接下去，他进行了一系列其他实验，进一步考查是什么变量影响了服从。

（1）权威人物的接近程度。米尔格兰姆在一次研究中改变了权威人物与被试之间的物理距离。条件有三种：第一种条件下，当被试惩罚学习者时，实验者站在离被试几英尺远的地方。第二种条件下，实验者说完指导语之后，当被试开始实施电击时就离开了房间。第三种条件下，被试从录音机里听到指导语，而不和实验者见面。实验结果表明，当权威人物（实验者）离开之后，服从的程度显著下降，服从的被试人数只有权威人物在场时的1/3。

（2）学习者的接近程度。在另一次研究中，米尔格兰姆改变了学习者与教师之间的物理距离。条件有四种：第一，在远距离反馈条件下，学习者被安置在一个独立的房间里，教师既看见他，又听见他的声音，除了拳头撞击墙壁的“砰砰”声。第二，在声音反馈条件下，教师能听见学习者发出的声音，但看不见他。第三，在最接近条件下，学习者与教师处在同一房间里，教师既可以看见又可以听见学习者。第四，在接触条件下，学习者坐在教师的右手边，教师实施电击时，必须把学习者的手按在电击板上。

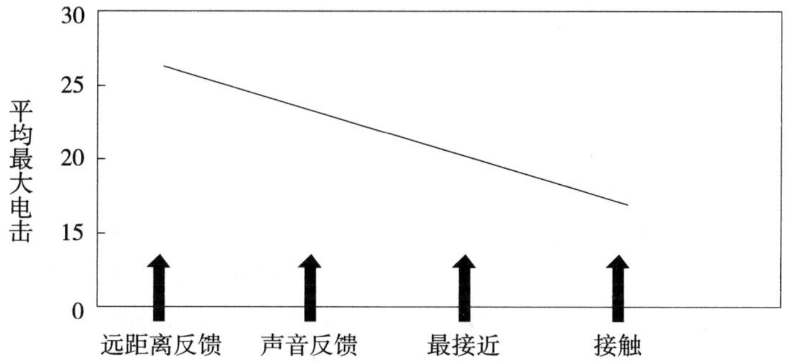

图 11-4 “受害者”接近程度对实际的平均电击水平的影响

（注：被试从受害者那儿收到的反馈越多，对他实施的电击越少。）

在有关服从的研究中，人们常常引用米尔格兰姆的实验，不过，研究者在其他一些情境中也发现了高度的服从。例如，奥恩（Orne）等人 1965 年发现被试会服从实验者的命令去完成一些危险的任务，如抓一条有毒的蛇、从放满硫酸的罐子里取钱币等。

米尔格兰姆的研究以及其他类似的研究提出了一系列有关的问题。最主要的问题是被试为什么会服从。奥恩提出两个理由来回答这个问题。第一，高度服从的原因在于实验程序本身。被试被置于这样一个情境中，他们对这个情境完全不熟悉，他们对于电击毫无具体经验，并且在实验中他们没有权力。况且，他们面对着的是实验者。实验者完全了解实验程序，当“受害者”遭到电击时，他毫不在乎。实验者的行为使被试相信，用不着对“受害者”表示关心。第二，高度服从的原因就在于被试觉得他们不用对自己的行为负责。实验者明确地告诉被试，实验由实验者个人负责。一系列研究表明，在米尔格兰姆的实验范式中，如果使被试觉得他们要对自己的行为负责的话，服从就会大幅度下降。米尔格兰姆进一步发现，当被试看到其他人不服从的情形时，服从就减少了。这可能是因为，看到其他人不服从后，被试觉得如果他们继续对“受害者”进行电击的话，他们就要对行为后果负责了。

对于米尔格兰姆的研究，人们提出了一些批评。这些批评主要集中在伦理问题上。第一，研究使质朴的被试遭受了大量的心理痛苦，使他们被迫以很不愉快的方式去行动。第二，被试了解到关于自己的他们本来根本不想了解的某些事情。也就是说，人们可以使他们服从命令，服从可能会使无辜的他人受到伤害甚至死亡的命令。了解到自己有这么一个特点，也是很难过的事情。（“我原来是这么一个坏的或软弱的人啊!”）

毫无疑问，伦理问题确实是存在的。虽然研究的结果是有价值的，表明了个体会服从命令而去伤害另一个人，但是，研究中的被试确实遭受了心理痛苦，并了解了一些令人不愉快的事实。米尔格兰姆曾经用更为一般的方法减少有害的结果。例如，不让被试直接施予电击，而把要施予电击的电压数在纸上写下来。然而伦理问题仍然没有得到妥善解决。

二、偏离和独立

（一）研究偏离和独立的意义

从众行为是一种很普遍的现象，它一直是社会心理学家研究的课题。理解人们为什么会从众，当然是很重要的。但是，理解人们为什么不从众，也具有重要的意义。非从众行为也是日常生活中的普遍现象。在每一个从众研究中，我们都可以发现非从众的事例。在阿希的研究中也是如此。从正面看，历史上有许许多多的伟人都是非从众的人。举例来说，在伽利略时代，人们普遍认为地球是宇宙的中心，但伽利略提出了“日心说”，因而受到了迫害；在哥伦布时代，绝大多数人并不认为地球是圆的，而哥伦布相信地球是球形的，因而受到人们的嘲笑。以心理学领域来说，弗洛伊德提出的精神分析理论与当时流行的观点相对应，以致出版界不愿出版他的著作。从反面说，暴力犯罪、男盗女娼、贪污受贿以及其他反常行为，亦都属偏离正常行为这一范畴，但这些现象仍屡见不鲜，有些犯罪分子甚至亦步亦趋。了解人们为什么要这样做，对于社会的安宁、人民的福祉，都是有意义的。所以，无论从哪一个角度，研究这些人为什么要偏离大多数，且甘愿冒着被人嘲笑或法律惩罚的危险，是一个重要的社会心理学课题。

我们知道，服从群体，对于个人来说较为安全，偏离者的处境就有所不同。在日常生活中，我们经常发现，群体经常拒绝偏离者，把偏离者或一部分人作为攻击行为的替代性目标。总之，脱离群体或违背群体的意愿就得冒一定的风险。

（二）研究偏离和独立的理论

对从众感兴趣的绝大多数社会心理学家都在研究从众。然而，有些理论也可以用来解释人们为什么不从众，也就是用来解释偏离和独立等社会心理现象。

1. 对抗理论

研究偏离和独立的理论之一是**“对抗理论”**（reactance theory）。它是由布雷姆在1966年提出来的。这个理论认为，人们试图保护和维持完成某些行为的自由，特别是与一个人生存有关的行为，因为这些行为是以个体的生存需要为出发点的。此外，个体认为他有完成其他一些行为的自由，如与自尊、能力等概念密切联系的行为。如果个体完成这些行为的自由受到威胁或减弱，他就会体验到要重新获得这种自由的一种动机上的“激起”，这种动机上的激起被称为“对抗”。

在日常生活中，人们常常会发现这样的例子。当父母要求孩子去做某件事情时，孩子说：“我不去！”父母紧接着说：“好吧，你不去就算了。你别去了！”这时候孩子又会跑去做父母要求做的事情。这个行为就是对抗心理的体现。这种现象在青春期表现得尤为明显，研究者称其为“逆反心理”。

在阿希实验范式中，个体至少有两种可供选择的行为：他们可以从众，随大流；也可以反对从众，按与群体不同的方式行事。当个体感觉到群体要求保持一致的压力时，不管这种压力是规范性压力还是信息性压力，他们都会体验到来自内心的“对抗”，因为压力威胁到他们不从众的自由。于是，非从众变成了更有吸引力的选择，个体就必然要表明，他们有不顺从的自主性。所以，根据对抗理论，来自群体要求保持一致的压力会使个体体验到“对抗”，从而产生非从众行为。这种非从众是感受到从众压力的直接结果。

一系列研究表明，人们确实会抵制群体对他们的影响，特别是群体威胁到个体满足一些基本需要的自由、自尊以及能力时，他们的自我防御机制就会发挥作用。沃切尔和布雷姆在1971年让被试挑选两项任务，即任务A和任务B。实验“助手”试图施加压力使被试选择任务A，被试往往进行抵制，而选择任务B。研究者认为，这种说服的企图威胁到了被试选择任务的自由，被试就产生了对抗心理，以选择任务B来获取选择任务的自由。

当然，对抗理论不能解释所有反从众现象，在现实生活中，确实存在这样一些人，他们喜欢成为偏离者，绝不愿遵从群体而不管是否受到了威胁。然而，有许多例子确实表明了“对抗”是反从众行为背后的动机力量。

2. 去个性化理论

关于非从众行为研究的第二个理论，称为**去个性化理论**。人们在群体中通常会表现出在独处时不会表现的某些行为。例如，处在团伙中的个体有时会跟团伙中的其他成员一样，表现出一些暴力行为，而这种行为在个体独处时不会被表现出来。费斯廷格等人于1952年提出，群体中的个体觉得他对于行为是可以不负责任的，因为他隐匿在群体中，且不易作为特定的个体被辨认出来。这样，他们融入群体中，缺乏个体的可辨别性，导致了禁止某种行为的约束力降低，个体觉得自己融入群体中的程度越高，去个性化就越厉害，约束就减少得越厉害。有人曾列举了去个性化的特征：匿名性、类似性、激起、情境的新异性和无组织性。在去个性化的群体中，成员不会以个体的方式对外部刺激做出反应。

我们把去个性化（de-individualization）概括为，去个性化是指处在群体中的个体不是以个人的方式来行动而是“溶化”于群体中，丧失个体可辨别性的一种状态。对这个概念的具体含义，我们将在第十四章中进行详细论述。

群体中的去个性化程度，将会极大地影响群体中的从众程度。辛格等人在1965

年提出当群体的行为与个人的愿望相反时，较少去个性化的群体与较严重的去个性化群体相比，前者表现出更多的非从众行为。他们认为，在阿希范式中，被试处于使其从众的压力下，这种压力抑制了他非从众的愿望。如果该群体是去个性化的群体，这种限制就必然减少了。因为个体不再能被辨别出来，所以他们做出一个非从众的反应所冒的风险必然也较少。为了检验这个假设，他们进行了一个实验。实验分两个条件进行：第一个条件下，被试全都穿上实验室的白长褂，于是就不容易被辨认出来；第二个条件下，他们穿上自己的制服或外套，衣服上还系着自己姓名的卡片，于是就容易被辨认出来。实验被试由一位真正的被试和三位“助手”组成，任务也与阿希实验相同。结果表明，去个性化的群体与更为个性化的群体相比，前者有更多的非从众反应。显然，增加了个体感的非个性化导致了更多的从众行为。

所以，从这个理论来看，去个性化的群体中所发现的非从众应属于“独立”行为的范畴。个体不像反从众那样，仅仅以与群体相反的方式去行动。在这里，个体知道他本人行为的愿望是什么，而且顾及群体的愿望。这样，去个性化使得他能维持独立和按他自己的意愿去行动，即特立独行。

3. 个人特质信任学分理论

霍兰德（Hollander）通过对个体从众压力的考查，研究了“独立”行为。他提出，每次群体成员活动时，群体都给予一个成员信任学分或接受一个成员信任学分，而个体可以把这些信任学分储存起来，个体拥有的信任学分越多，他在群体中的地位就越高。所以，这些信任学分是十分重要的。其重要性还有第二个理由，那就是，每当偏离群体一次，个体就会失去他积累起来的一些信任学分。这样，个体就必须为他的偏离“付出”学分。只有当个体能够偿付时，群体才愿意容忍这种偏离。这个理论还提出，群体不会容忍一个新来的成员的偏离，因为他还没有从众的历史，所以还没有信任学分。但是，群体会容忍资历较深的群体成员的偏离行为。因为他们储存了许多信任学分，所以他就获得了独立行动的权利。

霍兰德 1960 年在一次研究中探究了这种关系。在这个研究中，他把 1 位“助手”安插在 5 人群体内。让群体完成 15 个任务，被试说出自己的决定，然后，让群体达成群体决策。“助手”偏离群体规范越晚，群体采纳偏离者的观点的可能性越大。这就是说，由于偏离者在早期任务中顺从了群体，因此他就储备了信任学分，获得了偏离的权利，并且群体也接纳了这种偏离。

由此可见，许多因素影响了偏离群体的可能性。这些因素决定了什么时候个体会遵从群体，什么时候会抵制从众压力。这些因素中包括一些个体的因素，如自由采取行动、自尊等；也包括一些群体因素，如施加于个体身上使之从众的压力程度，以及群体中去个性化的程度；还包括历史因素，如个体先前从众的次数及程度。

拓展苑

污名效应的实验研究

污名是社会对某些个体或群体的贬低性、侮辱性标签。群体相关的污名对被污名者有深刻的影响。张宝山和俞国良于2009年以污名对学习困难少年的效应为主题，采用实验法和问卷法，较为系统地考查了污名对学习困难少年所产生的社会心理效应。

本研究主要有以下发现。

(1) 青少年学生对学习困难学生普遍持有消极的内隐态度和外显态度，并且具有较大的效应值；进一步分析发现，学习困难少年对学习困难学生持有相对积极的外显态度；不同类型、不同性别的学生对学习困难学生的内隐态度均没有显著差异。

(2) 对872名中学生进行的两次试测表明，新编制污名知觉问卷和自我污名问卷具有较好的内容效度、结构效度、效标关联效度和较高的内部一致性信度。随后，我们应用两个量表比较了优秀学生、一般学生、学习困难学生的污名知觉和自我污名的特点。结果表明，学习困难少年被社会文化轻度或中度污名化；学习困难少年的污名知觉和自我污名显著多于一般学生和优秀学生；二年级学习困难少年污名知觉和自我污名多于一年级和三年级的学生，男学习困难少年的污名知觉和自我污名均多于女学习困难少年。

(3) 我们以186名学习困难少年为被试，采用潜变量的路径分析检验了污名对学习困难少年学业目标产生影响的中介路径。结果发现，学习困难相关的污名对学业目标没有直接影响；污名知觉通过自我污名和学业效能感的中介传递作用对学业目标产生影响。

(4) 刻板威胁对任务反馈和自尊的关系有着一定的影响。对84名学习困难少年研究的结果表明：在没有启动消极刻板印象的控制情境中，任务成败的反馈对学习困难少年自尊产生了明显影响，即获得积极反馈时，学习困难少年的自尊提升，获得消极反馈时，学习困难少年的自尊降低；在启动消极刻板印象的刻板威胁情境中，获得积极反馈和获得消极反馈的学习困难少年的自尊之间没有显著差异。结果表明激活的关于学习困难学生的消极刻板印象削弱了任务成败反馈对学习困难少年自尊的影响。

第四节 感染、模仿和时尚

一、感染

我们正处于社会性感染时代。个人不仅经历自己的生活，而且也自觉不自觉地经历着时代和他人的生活。我们接触的时代和他人，甚至环境和社会，都会逐渐成为我们自己的一个组成部分。

在从众现象中，个体想要以某种方式行动，但由于群体以另一种方式行动，因而使个体处于心理冲突中。然而，也有个体想要以某种方式行动，但感到内心有些犹豫或束缚，阻止自己这样做。当他看到群体中有人以他想要做的方式行动后，他便跟着以这种方式行动。显然，观察学习和榜样行动，减少了阻止个体以某种方式行动的内心限制，解除了约束。由榜样解除内心约束就是行为的感染。

人们早就注意到了“行为感染”的过程。社会学家曾用“感染”的观点，描述了暴徒的行为，如流氓团伙。雷德尔(Redl)提出了一个有关“行为感染”的更为简明的定义。他指出，在感染发生之前，必须存在四个条件：第一，观察者受到激励，想要以一定的方式行动；第二，观察者知道如何完成这种行为，但是没有完成它；第三，观察者看到一个榜样完成了这种行为；第四，观察了榜样之后，观察者完成这种行为。我们认为，从一般意义上说，**感染**是对某种心理状态的无意识、不由自主的屈从；从个体意义上说，感染是通过言语、表情、动作及其他方式引起他人相同的情绪和行为，这里主要是情绪的传递。

情绪的感染是在无压力的条件下产生的，是一种无意识的和不由自主的屈从，感染者往往产生与发出刺激者相同的情绪，即这是一种情绪上的从众现象。而行为的“感染”不同于从众的地方在于，感染中涉及的冲突发生在个体观察榜样之前，而在从众范式中，冲突发生在个体观察榜样之后。但无论情绪感染还是行为感染，都是受感染者和发出刺激者有相近的背景，并在理智制约下完成的。

惠勒等人的研究表明，被试在观察了一位榜样实施侵犯性行为之后，与没有榜样的情况相比，更有可能出现侵犯性行为。在惠勒等人所做的一系列研究中，实验者让“助手”使一部分被试愤怒，而不使另一部分被试感到愤怒。接着实验者指使第二个实验中的“助手”攻击第一个“助手”，即引起被试愤怒的“助手”，让被试观察第一个“助手”受到攻击的情况。最后，允许被试攻击第一个“助手”。结果表明，看到过侵犯性榜样的愤怒被试比没有看过侵犯性榜样的愤怒被试，更具有侵犯性。愤怒了的被试本来就想攻击使其愤怒的“助手”，但感到有约束而不能这样做。榜样的行为减少了这种约束，于是愤怒了的被试就更有可能实施侵犯性行为。

在这方面有影响力的是米尔格兰姆等人关于群众感染的实验。在实验中，他们让实验的合作者从自己所在的地方，观察马路对面一座办公大楼的第六层窗户。他们试图了解实验合作者群体的规模是否会影响产生模仿行为的过路人的数量。实验合作者分别为1、2、3、5、10和15人。过路人的活动情况说明了实验合作者的规模与这一地区实际上停下来的人的数量呈线性相关。从图11-5中我们可以看到，当看窗户的只有1个人时，停下来的过路人只有4%。但是当实验合作者是15个人时，停下来的过路人则高达40%。由于不必站下来便可以很容易地看到，因此相当数量的人只是朝着实验合作者所观望的方向给予注视。一个人可以把42%的过路人的目光引向他所注视的方向。

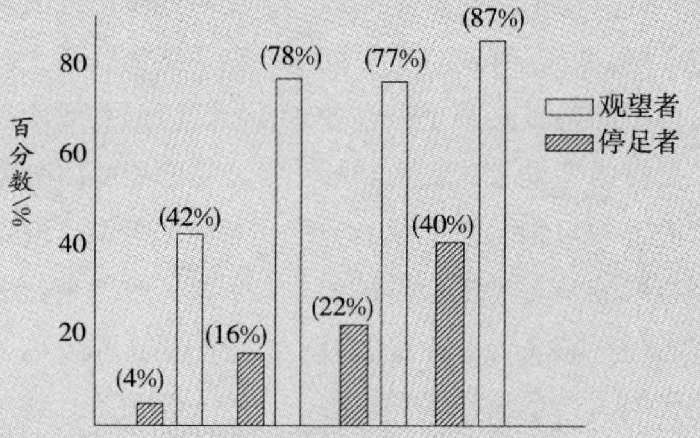

图 11-5 由于团体规模的作用，实验合作者影响过路人的平均比例

当实验合作者增多时，观望者的百分比亦迅速增加。这个研究结果表明，在一个有限范围内做出某一特定行为的人的比例越高，行为感染的效果就越明显。

西格尔曼（Sigelman）等人研究了违反法律的“感染”效果。他们观察了驾驶员在街道拐角处的行为。这些街道拐角竖着交通禁令标志，即禁止在红灯时向右拐。一种条件下，有一位穿制服的权威人物站在拐角边；另一种条件下没有这样一位权威人物在场。通过拐角的驾驶员中有的人可以观察到一个榜样进行一次违反交通法的右转弯，有的人就看不到这样一个榜样。当有一位权威人物在场时，违反交通法的右转弯就很少出现。然而，一位触犯交通法的榜样会减少权威人物在场时的效果。在这种情况下，跟着榜样向右转弯的驾驶员就多。如果从“行为感染”的角度来解释，被试本来是想右转弯的，但由于一个权威人物在场，使他对自己有所抑制。榜样的行为减少了这种抑制，“行为感染”就发生了，被试按照榜样的样子进行了非法的右转弯。

二、模仿

模仿是一种普遍的社会现象，从个体无意识的动作，到衣食住行，以及风度、性格、行为方式、工作方法，乃至于整个社会生活的风俗、习惯和礼仪等，都存在着模仿现象。例如，有的观众看了某部电视剧后，会按照主人公的行为方式待人处世。

究竟何谓模仿？**模仿**（imitation）是在没有外界控制的条件下，个体仿效他人行为举止而引起与之相类似的行为活动。其目的是使自己的行为与模仿对象相同或相似。在理解这个概念时，有两点应引起注意：一是引起模仿的刺激必须是一种非控制的刺激；二是模仿者发生的行为与榜样行为相似。模仿是学习和习惯形成的方式之一，也是社会影响、人际相互作用的重要方式。许多心理学家认为，简单的模仿是一种本能的倾向，儿童最初的知识经验往往是从模仿中获得的，而复杂的模仿包括对模仿对象的感知和理解，并与思维过程相联系。它起因于个体对当前这个问题的认识，或者起因于他对模仿后得到的奖赏的理解，这些认识或理解均是理性的。皮亚杰（J. Piaget）进一步认为，儿童的模仿能产生表象，成为日后思维发展的基础。

霍布豪斯（L. T. Hohhouse）和霍尔特（E. D. Holt）认为模仿是后天习得的。米勒也持这种观点，认为这是熟练、习惯与学习的基本方式之一。一般而言，儿童的模仿对象总是由近及远、由小及大的。最初模仿的对象是父母、兄妹，而后是老师、同学，随后发展到社会范围内的英雄、先进人物。模仿的基本趋势是从无意模仿到有意模仿，从游戏的模仿到生活实践的模仿，从对外部特征的模仿到对内部实质性内容的模仿。模仿者模仿他人的行为，总是他自己所倾向的、所希望达到的行为，最低限度是对自己无害的。模仿这种行为，或是出于好奇，得到心理上的满足；或是为了消除焦虑，更好地适应环境；或是为了获得进步，取得成就。各种不同的社会动机，驱使个体产生各种模仿。模仿的性质，决定了模仿只能是对外显行为的模仿，而不能模仿他人的内隐心理。一个人的深刻情感体验就无法模仿。例如，高贵的气质、潇洒的风度就很难模仿。当模仿达到内在的更深层次时，个体就表现出认同了。对个体来说，模仿是其实现社会化的一种手段；对整个社会来说，模仿可以促进社会的整合和发展，有利于建立和维持良好的人际关系。

模仿作为一种相符行为和人际相互作用的一种方式，是由内部控制的外部刺激引起的，而不是通过社会或群体的命令产生的，因而被模仿的对象具有一种榜样作用。模仿者的行为与榜样的行为是相似的或相近的。诚如第二章所述，法国早期社会心理学家塔尔德（C. Tarde）对这一现象进行了系统研究，并于 19 世纪末提出了模仿律（law of imitation），撰写了《模仿律》一书。在塔尔德看来，模仿是社会发展和社会存在的基本法则，由于模仿而产生了群体的规范和价值，可以用模仿来解释社会心理与社会行为，如犯罪现象等。随后鲍德温（Baldwin）也强调模仿，并把它作为儿童心理发展的中心概念。角色理论的代表人物米德认为，社会角色和行为的学习是由模仿他人角色和行为获得的，在这个过程中语言占有重要位置。但是把模仿作为解释个体行为的单维原因，现在已经不被人们接受了。

尽管如此，模仿现象仍引起了许多社会心理学家的兴趣。20 世纪 60 年代以后，班杜拉结合人类的认知过程，比较系统地研究了模仿现象。他认为模仿有三种功能：一是使原有的行为得以巩固或改变；二是学到新的、原来不会的行为动作；三是使原来潜在的未表现的行为得到表现。此外，他还认为模仿是人们相互影响的重要方式之一，是实现个体行为社会化的基本历程之一。例如，儿童模仿成人攻击行为的实验，就表明儿童的攻击行为是模仿成人而产生的。

这里介绍一下班杜拉等人利用两难故事的模仿学习实验。其实验步骤如下。首先，让被试判断两难问题中人物的行为是否正确，以此了解他先前的判断能力。其次，把被试分为三组，通过控制实验情境，让他们进行道德判断。第一组为强化组，第二组为榜样强化组，第三组是榜样不强化组。最后，给三组被试呈现 12 个两难故事，要求他们进行道德判断。结果表明，第二组与第三组被试的成绩远远超过了第一组。这表明，模仿的作用是很大的，第二组和第三组被试是以成人的道德判断个体为榜样做出自己的反应的。但班杜拉主张最好说范型，而不要说模仿。

不仅儿童模仿，成人也存在着模仿。著名的“野外实验”设置了两种情境：第一种情境是一辆轮胎跑了气的汽车旁站着一位女驾驶员，在等待他人来帮助她；第二种情境是有两辆相隔一定距离跑了气的汽车，较近汽车旁有位男人正在帮助女驾驶员换轮胎，较远汽车旁也站着一位等待帮忙的女驾驶员。然后研究者观察了路过这里的 2000 辆摩托车驾驶员的反应。在第一种情境下，有 35 位驾驶员（占 1.75%）停车来帮助女驾驶员；在第二种情境下，有 58 位驾驶员（约占 3.0%）停车来予以帮助。这个实验结果表明，模仿是第二种实验情境中的停车人数比第一种情境几乎多一倍的主要原因。近期的研究认为，模仿的学习是一个复杂的过程，它超出了对榜样行为的简单复制和重演，包括观察他人的行为、回忆所看到的行为等。自我调节和自我控制在模仿学习中发挥着重要作用。

当然，模仿受到许多因素的影响，如年龄、地位和类似特质等。一般说来，年龄较小、地位较低以及具有相似人格特质或生理特点的个体，更容易产生模仿行为。

三、时尚

（一）时尚的概念

时尚（fad）又称流行，指在一定时期内社会上或一个群体中普遍流行的，并为大多数所仿效的生活方式或行为模式。时尚既体现在物质生活（如衣、食、住、行）方面，也反映在精神生活（如文化、娱乐、活动）方面。它经过模仿、感染和从众等大众连锁反应，成为社会上一时的普遍倾向。时尚行为既是一种群众行为，又是一种普遍的社会心理现象。它同风俗一样，也是众人一致的行为模式。因此，时尚现象是调节大群体活动不可缺少的一种重要因素。无论是人们的服饰打扮、仪表风度，还是思想观念、行为方式都在不同程度上反映了时尚现象。时尚一般有三种传播渠道：一是自上而下的纵向传导，即由社会政治、经济、娱乐界领袖人物倡导而形成的风气；二是社会群体的横向扩散，即由某一群体兴起，借助于社会作用，广泛普及与传播到其他群体中；三是自下而上的纵向扩散，即先由社会上的普通群众开始，然后向上推广、传播。

时尚的特点不仅在于它的时间性强，而且还在于它的变化的方向，在于它的新、奇、特。第一，新奇性。新奇性是所有时尚项目最显著的特征。一个新近出现的现象必须具有新、奇、特三个特点，才能被人们追随。当然，所谓新奇性是相对而言的，如牛仔裤 20 世纪 80 年代在我国被视为新奇物，但其实它早已在国外存在，并不是新事物，只是相对当时的服装而言具有新奇性。第二，时效性。时尚有很强的时效性，扩展与蔓延的速度很快，消失的速度也很快。因为再新奇的事物，当人们对它司空见惯的时候，也就失去了其新奇的特点，人们自然很快就会对它失去兴趣。不同流行项目的时效性也有所不同，如服装的流行相对来说持续时间长一些，流行歌曲、电影、玩具等走向衰落的速度较快。第三，周期性。流行与时尚虽然短暂，但是往往会出现周期性反复。今天时髦的事物，在一段时间后也许变成了陈旧的东西，今天陈旧的事物在一段时间后可能又被看作新的。克鲁伯（Kloeber）曾研究过妇女时装的变迁，发现 1844—1919 年，时装的变化大约每 5 年到 25 年出现一个循环。当然，现在妇女时装的变迁速度要快得多。

时尚现象按其发生和发展的过程，又分为阵热、时髦和时狂。阵热是一种短时期内流行起来又迅速平息下去的生活方式，其持续时间不长，较少有计划性。例如，20 世纪 60 年代全国青少年中的乒乓球热，20 世纪 80 年代的排球热和 20 世纪 90 年代的足球热。时髦（fashion）是流行或时尚的一种典型表现。它是指人们偏离传统而倾向于当时新颖入时的生活方式。和阵热相比，它显得有些极端，发端于少数人身上，以后逐渐为人效仿，在现实生活中常指时尚的初始阶段。时狂（extreme fad）是时尚的极端行为，指阵热追求某种生活方式达到丧失理智的程度。它可能出于个人对社会潮流的盲目追随，也可能是对社会强大心理压力的屈从。它持续时间较短，来时猛烈去时匆匆，如 17 世纪荷兰的郁金香时狂。

（二）时尚的社会心理机制

时尚不具有社会强制力，人们追求时尚是为了满足心理上的种种需求。

第一，求新欲望。人类本能地具有对新鲜事物的渴望，以及对陈旧事物的厌弃的基本心理倾向。这种心理倾向与人们对流行的追求有密切的关系。麦独孤等社会心理学家均指出“求新”与“好奇”是人的本能需求。流行和时尚本身的新奇性特点恰好可以满足人的这种需求。美国社会心理学家博格达斯（E. S. Bogardus）提出流行与时尚是人类“追求冒险和新奇经验”的冲动作用。流行与时尚正是以其创造的新的生活方式、不断变化的新面目满足人们的求新欲望。

第二，模仿与从众心理。模仿是人类有意无意地对某种刺激做出类似反应的行为模式。不管模仿是先天倾向还是后天习得的，它都是客观存在的，是人们追随流行与时尚的心理机制之一。人们对流行事物的模仿分为虔诚性模仿和竞争性模仿。周晓虹认为两者都是赶潮者模仿领潮者，前者的目的是出于对被模仿者的尊敬，后者是为了要赶上或胜过被模仿者。流行与时尚一旦传播开来，便会形成一股社会力量。这股力量作为群体的追求目标会对人们造成无形的压力，人们为了求得与大众的一致，会先后步入赶潮者的行列，成为流行与时尚推波助澜的大众力量。

第三，自我防御与自我展示。社会地位较低、受到忽视或自卑的人，往往用追求时尚来进行自我防御。比如，过去美国黑人的社会地位很低，他们经常喜欢穿最新流行的奇特华丽的服装。又如，不受同学和老师欢迎的学生，有时候总想用一些流行的新奇词汇、标新立异的行为，来消除自己的自卑感。当然，更多的人是在“张扬个性”“标新立异”“表现地位”的冲动下追求流行与时尚的。

从时尚的社会心理机制可以看出，人的心理动机常常是互相矛盾的，既要求同于人，又要求异于人。当一个流行项目刚刚兴起时，人们为了标新而追求流行；当该项目广为传播时，人们因趋同而追求流行；当该流行项目持续一段时间，变得司空见惯、毫无新意时，人们又产生厌弃心理，开始追求另一些新颖的事物。于是，新一轮的流行又开始传播。求同和求异这一对互为矛盾的心理动机，使得人们在社会生活中互相模仿、互相追逐、互相竞争，使得时尚的钟摆永不停歇。

第五节 社会舆论和社会风气

一、社会舆论

社会舆论（public opinion），简称舆论。它实质上是对社会存在的反映，是众人对普遍关注的社会事件或社会问题公开表达的一致意见，或者说是信息沟通后的一种共鸣，从中反映了公众的知识水平、道德水平、价值取向、需要和期望。社会舆论包括自上而下的舆论（top-down public opinion）和自下而上的舆论（down-top public opinion）两种。前者是政府部门通过大众传播媒介的大力宣传而形成的，如电视台的“全国质量万里行”活动；后者是非官方、无组织、自下而上地自发形成的，如群众的“医疗改革”呼声。社会舆论按其性质来说是群体的判断，即群体用赞同、指责、忠告或批评等方式，来表达该群体对舆论对象的评价与态度。简言之，社会舆论就是群体中多数人所支持的意见，即公众意见、群众言论或民意，抑或是在大家共同关心的有争议问题上大多数人意见的总和。

社会舆论是社会（群众、群体、周围的人）对个体行为和社会组织的活动施加精神影响的手段，是道德关系和人际关系的一种表现，对群体执行着调节、教育与管理的职能。社会舆论也是对人们的个性、责任感、义务感、荣誉感、羞耻心与集体主义精神、组织纪律性施加强有力的心理影响的手段。从某种意义上说，个体的社会态度、抱负水平与自我监督能力，都是在社会舆论影响下形成与发展起来的。一般认为，对个人社会行为起调节作用的不是某个人自己的意向，而是那些以社会公认的道德标准和原则为基础的社会舆论。社会中大多数人自愿遵守的社会生活规范（风俗、习惯、传统），就是通过社会舆论的权威来维护的。没有这种赞扬某些行为，批评和谴责另一些行为的社会舆论，社会规范就不能维持，社会秩序就会发生混乱，人际关系就会全面崩溃。

从过程看，社会舆论的形成大致可以分为三个阶段。第一阶段，问题发生。社会舆论的发生总是起因于社会上所发生的特殊事件，或超越、违反社会规范的特殊行为，然后特殊事件或行为成为人们普遍关注的社会问题。第二阶段，引起议论。正是由于人们对特殊事件或行为的关注，因而会出现众说纷纭的现象，议论中可能还会夹杂着种种情绪表现。第三阶段，意见的归纳与综合。在形形色色的议论中，凡是能符合大多数人愿望的意见，逐渐成为主流，经过宣传推广，最终成为社会舆论。所以，社会舆论从形成的过程看，主要是通过人际交往途径实现的。

从结构看，社会舆论包括认识成分、情感成分和意志成分。艾尔贝格（W. Albig）从社会心理学角度对社会舆论的结构进行了分析。他认为认识成分包括事实陈述、价值评价、思维观点和信仰信念，统称为见解（view）；情感成分包括肯定或否定的价值取向、喜怒哀乐的情绪选择，统称为偏好（preference）；意志成分包括动机、意图、愿望要求，统称为意向（intention）。他认为这三种成分相互影响、相互作用，从而使社会舆论变得扑朔迷离、错综复杂。确实，社会舆论首先是在了解舆论对象的知识基础上，即信息水平上形成的。社会舆论的正确性与客观性取决于其中科学的、知识的成分。科学的、知识的成分越多，则发展水平越高。反之，如果社会舆论中情绪成分占主导地位，则容易“感情用事”，产生不适当的舆论导向。社会舆论的情感、意志方面的成分主要是以其批判性、严肃性，以及人们对其的态度来衡量的。评价一种社会舆论水平的标准主要看它对社会生活的积极性、一致性、广泛性和权威性。

一般来说，社会舆论是社会上大多数人赞同，并从心理上产生共鸣的意见，这种意见经过长期的辩论、讨论，因而具有为人所采纳、赞同和支持的合理性成分。个体在人际交往活动和人际关系的形成发展中，均须充分考虑社会舆论的影响。虽然舆论是一种有效力的意见，会对个体的行为产生影响，但它并不代表政府意见，其影响目标总是针对社会上出现的某种与社会大多数成员息息相关的现象或事件。这些现象或事件通常有悖于社会规范和准则，不利于社会安定和个人幸福，于是引起议论，直到形成社会舆论。社会舆论一经形成，就成为一种世代相传的固定化的心理制约力量，即风俗。根据风俗，人们往往会自觉地采取比较一致的行为趋向。这种趋向由于历史的延续和经过舆论倡导，因而被公认为行为的标准。在人际交往活动中，每个个体都必须遵守这些行为规范和标准，否则人际关系就会遭到破坏。

社会舆论是影响人的心理的重要手段。它提供大量的信息，给人提供社会规范，影响个体的社会化过程，并大大加强了对个体的约束力。但是社会舆论的影响或作用，有积极和消极之分。就积极方面而言，社会舆论具有控制作用（对个人、群体乃至政府的制约与监督），指导作用（指导个人或群体的言论与行为），以及协调作用（增强团结、纠正不正当意见）。在社会舆论形成过程中，个体可以与他人交流信息，沟通感情，满足交往动机，在交往过程中表达个人意见，发挥个人作用，体会到自己的力量和在群体中的地位，产生归属感和力量感。可以预料，随着社会经济发展水平提高和政治民主化的进一步扩大，社会舆论的积极影响将会越来越大。就消极方面而言，不健康或错误的社会舆论具有负面的控制、指导和协调作用，特别是少数人在认识上的错误会影响大多数人，抑或大多数人的错误意见压制少数人的正确意见，从而造成严重的后果。特别是在网络时代，互联网使公共事务讨论权利日益分散化，人们都可以不受时空限制并匿名地讨论话题，政府和主流媒体不再是信息发布传播的唯一权威者；信息发布权力也呈分散化，传统媒介下“我说你听”的单向度的主客体分化的舆论场，变成了“众声喧哗”的多向度的主客体分化的舆论场。“马甲”掩护的结果便是网络“碎片化”，例如，网络环境下贫富差距现象随着比较范围扩大、信息碎片不断增多，而被无限放大，怨恨情绪也会愈演愈烈。确实，在网络环境中传播的信息，除一些正常信息和积极的意见外，还存在着大量的网络谣言、偏激言论、负面事件和不良企图的非法信息，这些恶意信息在传播中通过网民模仿、他人暗示和群众交叉感染等大众连锁心理反应，迅速发酵、酿成事端。由于集群情绪渲染与个人理性的迷失，因此他们更容易受群体行为和情绪的感染而肆意言说、无所顾忌，其效应呈几何级数递增。对此，我们应采取一分为二的辩证态度，并予以足够的重视。

同样，社会心理变迁也会影响社会舆

论引导。社会心理是社会舆论的基础，社会舆论是社会心理的产物。随着社会变迁，新旧社会规范的共存使社会心理处于一种暂时的无序状态，随着社会的进一步转型，社会心理会由无序向有序变迁。社会阶层的不断分化使社会舆论的感性程度增强，人们应重视将社会舆论由感性引向理性。社会心理变迁会影响社会舆论引导的内容，社会舆论引导会主导社会心理变迁的方向，两者互为因果关系。在社会舆论引导过程中，应以提高政府公信力为首要前提，以正确的社会价值观为主要内容，以发展议程设置为重要途径，促进社会心理的有序变迁。

二、社会风气

社会风气，简称风气，是指社会上或某个群体内，在一定时期和一定范围内竞相仿效与传播流行的观念、爱好、习惯、传统、行为。它是社会经济、政治、文化和道德等状况的综合反映，同时也反映了一个民族的价值观念、风俗习惯与精神面貌。从微观角度来看，社会风气实际上是群体中人际关系的一种氛围，是影响群体意识、群体凝聚力和群体工作效率的一个重要因素。社会风气表现在社会生活的各个方面，渗透在人们的言论和活动中，对人们的思想、心理和情感常发挥潜移默化的作用。如何处理个人与他人、个人与群体及国家的关系，则是社会风气好坏的最重要的指标。

社会风气是推动或阻碍社会前进的巨大力量。它直接关系到人民群众的身心健康、社会安危、国家存亡与民族兴衰。形成良好的社会风气，对于振奋民族精神，培养积极乐观、勤劳朴实、道德高尚的现代市民以及维护社会安定具有重要意义。

社会风气，应该结合时代的特点进行分析。正如上面已经谈到的，当前开拓创新已成为潮流，追求发展、追求知识、追求成才、追求奉献等已蔚然成风。所有这些都体现了时代精神，表现了一代人的新风尚。然而，传统观念的裂变和否定与对新观念的理解之间的矛盾，使一些文化水平较低和缺乏批判能力的人们染上了不良的习气。怀特（R. K. White）和利普特（R. Lippit）经过对社会气氛的多年研究，认为促进和维持良好社会气氛须满足 6 个心理条件：第一，敞开思想去接受别人的影响；第二，对自己在群体中的作用具有充分的信心；第三，对任务和人际情境的客观性质抱现实主义态度；第四，从地位观念中解脱出来；第五，合理的权利和机会的平等；第六，对别人的态度和行为抱着友善、良好的愿望。上述建议对于我们树立良好的社会风气不无裨益。应该特别指出的是，社会风气是整个社会环境的折射。要使人们身心健康、人际融洽、心理和谐，还必须优化整个社会环境，这才是根本之道。

【本章摘要】

1. 从众是一种十分普遍的社会心理现象，是由于群体成员行为或信念上的改变。这种改变是真实的或想象的群体压力的结果，即放弃或转变原来的意见、态度，采取与大多数人一致的行为或态度。

2. 群体中的从众行为可以划分为“简单服从”和“内心接受”两类。对从众现象的解释有两种理论趋向：一是个性理论，二是群体压力理论。屈从于群体规范是从众现象产生的重要原因。群体规范指的是群体确立的行为标准，群体的所有成员都必须遵守这些标准，它有群体规范性压力和群体信息性压力之分。

3. 谢里夫规范形式的自主运动效应是研究从众现象的一个范例。他认为，利用自主运动效应，群体将会建立起成员愿意服从的规范。阿希的线段判断实验范例是研究从众现象的另一个范式。许多研究者进一步验证了阿希实验结果的规律性。影响从众的主要因素有个体特点、群体特点和具体的任务或情境，这是一个因素群。

4. 服从是指在他人或群体的直接命令下产生某种行为的倾向。这方面的经典研究是米尔格兰姆设计的“电击”实验情境。许多研究者也证实了服从行为的普遍性。对于米尔格兰姆的研究，人们的批评主要集中在伦理问题上。

5. 由榜样解除内心约束就是行为的感染。感染是对某种心理状态的无意识、不由自主的屈从。个体通过语言、表情、动作及其他方式引起他人相同的情绪和行为。

6. 模仿是一种普遍的社会现象，是个体在没有外界控制的条件下，效仿他人行为举止而引起与之相类似的行为活动，其目的是使自己的行为与之相同或相似。

7. 时尚指在一定时期内社会上或一个群体中普遍流行的，并被大多数人所仿效的生活方式或行为模式。经过模仿、感染等连锁反应，这种生活方式或行为模式成为社会上一时的普遍倾向。

8. 社会舆论实质上是社会存在的反映，是众人对普遍关注的社会事件或社会问题公开表达的一致意见，或者说是信息沟通后的一种共鸣。社会舆论的形成过程大致可以分为问题的发生、引起议论、意见的归纳与综合三个阶段。

9. 社会风气是指社会或某个群体内，在一定时期和一定范围内竞相仿效与传播流行的观念、爱好、习惯、传统、行为。这是社会经济、政治、文化和道德状况的综合反映，同时也反映了一个民族的价值观念、风俗习惯和精神面貌。

【建议参考资料】

1. 时蓉华．社会心理学．杭州：浙江教育出版社，1998.

2. 吴江霖，戴健林，陈卫旗．社会心理学．广州：广东高等教育出版社，2004.

3. 俞国良．社会转型：社会心理学的立场．北京：中国社会科学出版社，2016.

4. 俞国良等．社会心理学前沿（第3版）．北京：北京师范大学出版社，2016.

5. 俞国良等．社会心理学经典导读（第3版）．北京：北京师范大学出版社，2016.

6. R. A. 巴伦，D. 伯恩. 社会心理学. 黄敏儿，王飞雪，等译. 上海：华东师范大学出版社，2004.

7. Aronson E，Wilson T D，Akert R M. Social Psychology（8th ed.）. Prentice Hall，2013.

8. Mcllveen R，Gross R. Social Influence. Mahwah，NJ：Erlbaum，1999.

9. Milgram S. The Individual in a Social World：Essays and Experiments. Pinter & Martin Ltd.，2010.

10. Taylor S E，Peplau L A，Sears D O. Social Psychology（12th ed.）. Pearson Education，2006.

【复习思考题】

1. 运用群体压力理论解释从众现象。
2. 什么是自主运动效应？评述阿希的线段判断实验。
3. 简述克拉奇菲尔德技术，并与阿希的线段判断实验进行比较。
4. 影响从众的因素包括哪些？如何理解群体特点对从众的影响？
5. 什么是服从？评述米尔格兰姆的服从实验。
6. 如何理解感染和模仿的意义与机制？
7. 什么是社会舆论？举例说明社会舆论形成的过程。
8. 试述社会风气对于建设和谐社会的重要意义。

第十二章
亲社会行为

【学习目标】

知道亲社会行为的概念，能够从社会认知的角度了解亲社会行为的研究成果；把握亲社会行为发生、发展的规律及其影响因素；加深对利他行为和助人行为的正确理解；能够运用亲社会行为的理论模型阐释亲社会行为现象，并联系现实社会生活加强亲社会行为的培养。

【重要术语】

亲社会行为　利他行为　助人行为　亲社会行为理论　旁观者效应　社会进化论模型　内疚感

在现实社会生活中，人们不可避免地会遇到需要别人帮助或帮助别人的情况。此时，有的人乐于助人、见义勇为；有的人袖手旁观、见死不救。显然，助人为乐、舍生取义、无私奉献的行为，反映了人类美好的心灵，这便是人们常说的亲社会行为。因此，了解亲社会行为的概念、发生和发展的规律，对于人们更深刻地理解人际关系的本质、建设和谐社会、促进精神文明建设具有十分重要的意义。

第一节 亲社会行为的概念

亲社会行为是心理学家用来表达社会所确定的道德规范的术语，如分享、助人、合作、同情等。亲社会行为这一概念，更多为比较心理学和社会心理学者所使用。在比较心理学领域，亲社会行为指有机体为了同类中其他成员的生存，而减少自身或后裔生存机会的一种行为。在社会心理学领域，亲社会行为指关心他人利益、福祉的行为。这里我们着重对亲社会行为的概念进行梳理、分析，试图勾勒出个体亲社会行为的发展模式和发展特点。

一、亲社会行为的界定

社会心理学家对亲社会行为的研究兴趣，是在对其他社会行为，特别是对攻击行为方面进行了大量研究后产生的。自20世纪二三十年代起，研究者广泛研究了合作、奉献、助人、援助等亲社会行为，特别是近20年来社会认知学派的心理学家从社会认知角度，对亲社会行为的发生和发展规律、亲社会行为获得的条件以及亲社会行为在儿童个性发展中的地位和对个性的影响，进行了有益的探索和阐释。在这里，首先必须对亲社会行为进行正确的界定。

一般而言，亲社会行为（prosocial behavior），又译为利社会行为，指符合社会期望并对行为者本身并无明显好处，而行为者却自觉自愿给行为的受体带来利益的一类行为。这个定义包含帮助他人、符合社会期望、自觉自愿等行为特征。对亲社会行为研究的课题，是在对反社会行为特别是攻击行为进行了大量研究后产生的。对于诸如犯罪等社会现象，设法减少攻击行为是重要的，但促成亲社会行为显得更重要，这是维持社会良好秩序、建设和谐社会相辅相成的两个方面。一般地，亲社会行为可以分为利他行为（altruism behavior）和助人行为（helping behavior），其中助人行为要比利他行为的外延更大。在一般的社会心理学著作中，有时候也把这几个概念等而视之，但利他行为是最高意义上的亲社会行为。真正的利他行为是不带私利地关注他人的幸福，即人们平时常说的“无私奉献”。但由于不同的研究者对亲社会行为概念的理解不同，研究的侧重点不同、因而导致了关于亲社会行为理论的不同建构。这是一个方法论问题。

关于亲社会行为的大部分文献都较少考虑行为者的动机。拉什顿（J. P. Rushton）认为，亲社会行为就是对其他人有益的行为。显而易见，在这个概念中，亲社会的建构就相对容易，而且包含的行为范围也较大。若把亲社会行为定义为牺牲自己的利益，不期望得到任何内部或外部奖励的条件下做出的善行，那是一种理想模式。大部分研究者把这种无私地关心他人的行为称为利他行为，并把它视为高级的亲社会行为。综合考虑行为的动机和后果两个方面，罗森汉等人认为可以把亲社会行为区分为两类：一种是自发的亲社会行为，即动机是关心他人的亲社会行为；另一种是常规性亲社会行为，即期望得到对自身有利的好处，如避免惩罚等。我们认为这种划分显得比较绝对，在日常生活中，更多的情形是人们无法对某些行为做出这样的归类。

克雷布斯（Krebs）等人整合不同研究者的观点，提出可以把亲社会行为设想为一个社会行为的连续体，一端是最大限度增加自我利益的行为朝向，另一端是最大限度增加他人利益的行为朝向。在这个行为的连续体中，行为利他成分的量由两个标准来确定：第一，行为的方向性是直接朝向有利于他人而背离自我利益的方向；第二，在行为中包含的利益总量。在上述观点中，我们认为利他行为和亲社会行为是同义的，利他行为在连续体上是朝向最大限度增加他人利益的方向的。

这种认为亲社会行为是一个连续体的观点，从社会认知的角度出发，把亲社会行为视为动机、环境线索因素、行为者对环境的认知、可供选择的行为反应等变量的函数，即亲社会行为取决于上述主变量及次变量之间的关系。与其他研究者的看法相比，这个观点有以下几个特点。

第一，和道德概念一样，亲社会行为包括某一范围的普遍行为，以及这一范围内的典型行为。一般地，人们可以认为某种行为是亲社会的，但并不意味着这种行为一定是纯粹意义上的牺牲自身利益的行为，即完全地利他。此外，人们也可以比较不同类型行为中的利他成分，即哪种行为利他主义的成分更多。

第二，克服了非此即彼、自私—利他的两分法，也就是说大多数亲社会行为可以同时有利他和利己两种动机。

第三，亲社会行为是依据直接引发行为的动机，而不是只依据行为的后果来定义的。很多研究者都赞成这一点。尽管也有研究者只从行为结果是否对他人有利来判断，而不考虑行为的动机或目的，但大多数学者认为出于偶然的，或者无疑是为了追求自我获得（self-gain）和自我利益的行为，是称不上亲社会行为的。

第四，在这个概念中，纯粹意义上的亲社会行为并不必然与付出高代价相联系。

第五，自我和他人并不一定是截然分离的心理学实体（entities）。把亲社会行为看作一个连续体，也就接受了在朝向自我的行为和朝向他人的行为中，他人利益和自我利益组合是可变的这一看法。这包含有辩证法的成分，即用动态的、发展变化的观点来看待亲社会行为。

第六，理想的亲社会行为是一种最大限度地对他人有利的行为。相对而言，在为他人提供大量的帮助与利益这一目标和动机下产生的行为，比没有这种动机的亲社会行为的利他主义成分更多。

二、亲社会行为的发展研究

就个体内部因素而言，个体是否表现出亲社会行为，是受个体的内部因素和外部因素制约、控制的。精神分析学派的创始人弗洛伊德于 1933 年曾使用“超我”（通常所说的良心）这一概念来理解个体的亲社会行为。其后，社会认知学派从认知发展这一角度对亲社会行为进行了深入探讨。其最基本的观点是强调个体的认知发展是亲社会行为发展的直接动力，不同年龄阶段的认知能力由性质不同的思维模式构成，而且不同的思维模式是以不变的顺序发展的。个体只有在认知水平达到相应的程度时，社会认知能力的发展与亲社会行为的发展才会匹配对应起来。

对亲社会行为的发展研究，主要通过创设一定的实验情境或假设情境，观察个体行为的特点，并在亲社会行为的动机和利益取向等方面来评价个体的亲社会水平。同时通过分析个体观点采择能力和道德认知发展等社会认知发展与亲社会行为表现的相互关系，研究者一直致力于探索亲社会行为的起源、发展过程和内部心理机制。这里，我们根据亲社会行为朝向这一标准，可以认为随着年龄的增加，个体亲社会行为的利益取向是从自我中心向他人取向、社会取向发展的，亲社会行为观念与实际行为逐渐变得一致起来，行为动机系统也变得越来越复杂。下面我们以个体利益取向这一标准，尝试勾勒亲社会行为发展的年龄特点。

婴幼儿亲社会行为的研究，对于解决亲社会行为的产生和起源有重要意义，尽管严格意义上的亲社会行为在婴儿期还处于萌芽状态。婴儿的特点决定了研究者主要通过婴儿的情感和有限的行为表现，来观察婴儿亲社会行为倾向。研究者霍夫曼（Hoffman）等人于 1976 年对出生不到两天的婴儿进行实验，发现移情能力是天生就有的，成为后天利他行为发展的基础。皮亚杰认为，8～12 个月的婴儿有同情行为、利他行为和分享倾向。在与母亲和抚养者的相互沟通过程中，婴儿逐渐学会使用社会参照系，注意与他们自身安全有关的抚养者的情感反应，婴儿对他人的忧虑进行反应的方式是自己变得忧虑起来。1 岁后，婴儿开始安慰他人，而且其帮助行为发生的频率也随着年龄的增长而增加。这种对社会环境中情感线索的积极认知活动，是亲社会行为产生和维持的基础。研究发现，14 个月的婴儿能对其兄妹表示关心，知道如何使他们高兴，使他们喜欢自己，并以自己特有的方式向他们提供注意、同情、关心、分享和帮助。随着年龄增加，婴儿身心的迅速发展，行为表现从情感的过分概化和简单的反射反应向较分化的、自发的、自我维护的、社会敏感的形式发展。这些行为与社会认知能力和自我再认（self-recognition）有关。

到了幼儿期，儿童的认知能力和思维水平的发展达到一个新的阶段。皮亚杰认为这一时期儿童的显著特点是思维的“自我中心性”。尽管许多研究者认为皮亚杰低估了幼儿的认知能力，但从亲社会行为的利益取向这一角度来说，幼儿区分自我和他人的认知能力是较低的，他们还不能很好地区分“自我—他人”维度。幼儿都是根据自己的经验，如把自己喜爱的玩具送给他人等方式，去安慰处于困境中的人们。年幼儿童还不能像年长儿童那样区分出自我和他人的认知状态。伯里曼（Bridgeman）于1983年对幼儿在家中的行为进行录像，对亲社会行为和自我中心行为在频率、性质维度上进行编码，包括行为出现的方式（自发的、模仿的、游戏中的）和行为的目的（如同情、引起注意、避免惩罚、顺从等），发现幼儿的亲社会行为大多表现出顺从，极少的亲社会行为是自发的，而且母亲在幼儿的亲社会行为的发生中发挥着重要作用。研究者对幼儿进行移情训练后，发现短期效果明显，随着年龄的增长，与婴儿相比，其分享行为更多地受移情作用的影响。这也表明幼儿亲社会行为的产生与对周围环境和他人的认知有一定的联系。

学龄儿童最显著的特点是进入学校后，社会生活环境发生了重要改变。社会认知学派强调认知发展对亲社会行为有重要作用，但他们对社会环境的交互影响也相当敏感，特别是随着同伴交往在时间和数量上的增加，亲社会行为的特点和行为方式也相应发生了变化。他们指向成人的亲社会行为是带有服从、赞同和避免惩罚性质的，而同伴指向的亲社会行为更多的是合作、互惠互利和对他人需求的敏感性。在这一阶段，亲社会行为的工具性特点逐渐减少，他人取向的行为动机逐渐发展并占主导地位，具体表现在以下几点。

第一，随着年龄的增长，个体行为的一致性程度逐渐增加，道德行为和道德观念更趋于一致。小学儿童道德认知和判断能力提高，直接或间接地影响亲社会行为的发展，并与其相关。

第二，从亲社会行为的动机来看，随着奖励取向动机的降低，他人取向动机逐渐增多。当然，自我报告可能不完全符合实际行为，但至少反映出个体对亲社会行为的认知存在着年龄差异。亲社会行为的发展越来越符合社会环境的利益取向和道德规范，与幼儿期有质的差别。

成人期各方面的发展已趋于稳定、成熟，个体社会化过程基本完成，同时也掌握了比较完整的社会认知技能，亲社会行为的表现形式更为多种多样，也更高级。例如，成人的道德观念较强，社会公益取向也较强，亲社会行为发展水平更高。这也反映了发展的延续性。与儿童表现的亲社会行为相比，成人的亲社会行为更关注社会，更多地体现社会取向的标准。成人亲社会行为的动机系统也更复杂。外部表现相同的亲社会行为的动机可能不尽相同，而这也恰恰意味着成人亲社会行为的复杂性，以及由此带来研究的复杂性。与道德发展相似，亲社会行为与环境因素的相互作用更是多向性，往往不能根据单一的标准和规则来界定。研究也明显地受研究者自身的理论观点制约，研究结果很难统一。其实，这反映了亲社会行为研究中关于外部指标的问题，根据我们前面提到的克雷布斯的两个标准，“利益总量”这一标准是相当难以界定的，在研究中很难真正绝对地做出量的判断。这两个标准如何科学地结合在具体的研究中，仍然有待研究者的进一步努力。

通过概括亲社会行为的发展研究，我们看到目前的研究还存在一些局限：第一，对亲社会行为高级阶段的研究较少；第二，大部分研究是在实验室条件下进行的，给予被试较强的遵从实验的需要；第三，大部分研究只得到社会性发展或亲社会行为的一种测量结果；第四，在同一年龄阶段，不同的研究采用不同的方法来评价；第五，对个体社会性发展的评价不足；第六，对亲社会行为的评价不全面；第七，大多数研究依据不充分，或者是在预先期望下研究亲社会行为阶段和年龄的关系，这样就带有预先的偏向。

这些方法上的不足，为人们以后开展亲社会行为的研究提供了研究空间。

人物栏

图 12-1 皮亚杰

皮亚杰（1896—1980），瑞士儿童心理学家、日内瓦学派的创始人（见图 12-1）。1896 年 8 月 9 日生于纳沙泰尔，1980 年 9 月 16 日卒于日内瓦。1915 年、1918 年相继获纳沙泰尔大学学士学位和理科（生物学）博士学位。1921 年任日内瓦大学卢梭学院实验室主任，后升任助理院长并先后执教于纳沙泰尔、日内瓦、洛桑和巴黎大学。1955 年，在日内瓦创立“国际发生认识论中心”并担任主任直至去世。曾被哈佛、巴黎、布鲁塞尔、剑桥、耶鲁、坦普尔等 20 多所著名大学授予名誉学位，并获得依拉斯米、巴尔赞、桑代克等多种科学奖。他的主要贡献在发展心理学领域，他对儿童关于现实、因果、时空、几何、各种物理量的守恒等概念的形成和心理运算的起源与发展进行了大量的实验研究。他创立的发生认识论体系已成为当代儿童与发展心理学的主要派别之一。他一生发表了 500 余篇论文和 50 多部专著。主要的著作有：《儿童的语言和思维》(1923)、《儿童的判断和推理》（1924)、《智慧心理学》（1947)、《发生认识论原理》(1950)、《儿童的道德判断》(1952)、《发生认识论》（1970)。

（摘自《中国大百科全书·心理学》，中国大百科全书出版社，2002）

三、亲社会行为的中介过程

认知发展学派认为社会认知就是对社会信息进行加工，分析社会事件，解释社会事件，预测和控制社会事件，从而理解人际关系以及解决人际关系中存在的问题。这种认知结构对亲社会行为的产生主要有两种作用方式：一是提供做出某种亲社会行为所必需的信息；二是导致情感和动机倾向的产生。这两个相互关联的认知和情感过程对亲社会行为的中介作用，主要通过下面三个步骤实现。

第一，注意过程。这包括注意他人的需要、对帮助时机的知觉。亲社会行为发生的一个必要条件是认识到他人需要帮助。对他人帮助需求的敏感性有显著的个体差异，而且做出帮助他人的推论能力随年龄增长而提高。尤其是在线索比较微弱的情境下，处于不同认知阶段的个体对他人需求的敏感性就表现出明显不同。另外，不同年龄的个体，对不同类型需求的敏感性不同。在早期，儿童往往对满足自己需要和讨好权威人物的时机较敏感，以后则对人际关系越来越敏感；发展到高级认知阶段时，就开始关注社会公正公平和正义。个体随着观点采择能力的获得和提高，就更有可能理解较大范围内人们的深层需要并理解不同社会情境下人们的需求。

在注意过程中伴随认知过程的还有情感状态，两者是相互联系、相互作用的。个体通常随着认知能力发展而获得处理复杂的情感诱发的信息加工能力。对目标唤起的认知和解释影响人们的亲社会行为，若把唤起归为合理的需求，就会产生积极的情感状态，如移情等，这对亲社会行为的产生有积极的引导作用；若把唤起归为不合理的需求，就不会产生亲社会行为。同时，当个体的自我概念越来越整合到其他人的自我概念中去时，对他人的痛苦就会越敏感，产生亲社会行为的可能性也越大。

第二，评价过程。个体主要通过三类标准来评价可能采取的行为。

(1) 代价和利益。不同的发展阶段对不同类型利益的取向不同，会导致个体以不同的方式来权衡付出的代价和期望获得的利益。在发展的低水平阶段，儿童对物质的、身体的代价和利益比较敏感（如“为什么会发生在我身上”），之后则对分享的代价和利益较敏感（如“为什么会发生在我们身上”）。处于高级认知阶段的个体更关注心理成长、自我和他人的整合以及与社会系统整合的功能，对代价和利益的评价也更精确、更深刻。对社会行为的代价和利益进行评价过程中，必须伴随着情感反应，考虑获得的利益会引发积极的情感，而考虑付出的代价则可能导致消极的情感。这些情感反应会激起相应的趋向或回避亲社会的行为。

(2) 道德准则。在决定如何助人时，人们常常根据社会道德标准和价值来评价行为选项。这里主要涉及两个问题：如何从许多准则中选择出引导行为的某一准则？为什么不同的人会采用不同的准则？道德准则的运用与道德推理能力有关，与个体的认知发展水平直接相关。

（3）自我。随着个体自我意识的发展，自我系统对个体评价过程的影响也越来越明显。把行为归因为利他的动机，会增加将来亲社会行为的可能性；强调自我是利他主义的，对亲社会行为的发生有积极作用。这说明个体的自我、道德和理想对利他主义的认同程度越高，越有可能选择趋于他人利益方向的亲社会行为。

第三，计划过程，即形成目标和实施行动计划。个体认知结构的发展意味着有效的问题解决方式产生的可能性，这是认知学派的基本观点。在亲社会行为的计划和执行过程中，问题解决能力和社会技能对采取有效的帮助形式有重要作用。同时，亲社会行为的实际执行也受与自我力量有关的心理机制的影响，如对诱惑的抵抗、坚持性、延缓满足、自我效能感等。这些因素都对这一过程起调整作用。

关于亲社会行为的决策过程，研究者们已积累了一定的资料。例如，有研究者（B. Latané & J. M. Darley）在 1970 年将亲社会行为的决策概括为五个基本步骤：注意（个体注意到发生的事件了吗）、解释（个体把它解释为突发事件吗）、质疑（个体觉得自己要承担行为的责任吗）、评价（个体有提供帮助的技能和训练吗）和决定（个体决定履行帮助的决定吗）。马庆强根据柯尔伯格道德认知发展理论，提出了利他行为贯穿于毕生发展过程的观点，把利他行为的发展划分为自我中心、互补性、首属群体、规范性、自我牺牲、自然的和圣人式的利他主义七个阶段，并认为利他行为的各阶段具有跨文化意义，并与马斯洛关于人的五种基本需要息息相关。

认真分析上述研究，我们发现其中仍存在以下问题：第一，许多研究中用定量方法测得的亲社会行为，与研究者的理论所假设的亲社会行为的概念并不完全对应；第二，在实验中提供给被试的亲社会行为的表现形式（如奉献）往往只有一种，由于不同的被试对问题的理解不同，信息加工的方式也不同，由此得到的解决方式的类型也会不同；第三，大部分研究只集中在一个或两个决策过程，常常在脱离社会情境的情况下考查被试的表现。这些局限对将来亲社会行为的研究构成挑战。

可见，从个体的内部特征来考查亲社会行为时，学术界存在这样一些观点：越是外部唤起的行为越不是利他的；亲社会行为形成的主要基础是具有个人特质的认知结构；亲社会行为是一种不断发展的个体能力，而不是与生俱来的或早期习得的稳定特质；亲社会行为的发展方向应是趋向成熟的，但理想形式经常与实际行为不符；具备表现高水平亲社会行为能力的个体并不做出实际的高水平的亲社会行为。这些观点对于人们正确理解亲社会行为的概念有重要价值。但是，人们也应该看到，制约个体亲社会行为的因素除了认知学派强调的内部特征外，还有外部因素。人们一般认为行为的情境有重要意义。

有鉴于此，目前，对亲社会行为的研究应着重分析与亲社会行为有关的各种影响因素，如个体的气质、同伴关系、与同伴交往的能力、儿童的被抚养史、与母亲的情感交互作用等变量，从而探讨个体、环境、行为三者的关系。此外，研究者开展了一系列跨物种的比较研究。瓦内根（Warneken）和托马塞洛（Tomasello）于2006年对比了婴儿和黑猩猩在相似情境中帮助行为的表现，为人类亲社会行为的发展研究提供了新视角。目前，亲社会行为的神经机制和认知机制也得到了研究者（如朱莉琪等人）的高度重视。特别是亲社会行为研究出现整合的趋势，在此基础上涌现出一些新的研究视角。其中较有代表性的是志愿者活动的研究、群体过程与助人行为关系的研究，以及群体间助人行为的研究。未来的亲社会行为研究整合各层面、各学科的可能性会不断提高。从方法上考察，许多研究者运用纵向研究和横断研究对个体亲社会行为进行细致深入的探讨，研究注重生态效应，并结合多种方法，把亲社会行为视作与认知发展相关的过程。在这个发展过程中，亲社会行为是个体差异、社会化经验、文化模式和情境的需要、限制等复杂因素相互作用的产物，这是值得肯定的。但必须指出，如何促进个体亲社会行为的发展，是当今心理学、教育学和社会学等领域共同关心的研究课题。通过特定的学习经验，尤其是通过社会化经验来促进个体亲社会行为的发展是完全可能的。无疑，这给儿童青少年教育工作者提供了一个新的思维空间。

第二节 亲社会行为的理论阐释

亲社会行为通常指对人或社会有益的行为。因此，在社会学意义上，它属于“向社会行为”的范畴，如谦让、帮助、合作、捐赠等。同时，在心理学意义上，亲社会行为往往是符合社会期望、符合社会道德规范要求的。社会心理学研究通常用“亲社会行为”概念指代道德行为。

一、利他行为与亲社会行为

社会心理学家认为，“亲社会”是合乎社会道德标准的意思，它与“反社会”，即违反社会道德标准是相对的。这就进一步扩大了亲社会行为的外延，囊括了一切积极的、有社会责任感和道德感的行为。

与亲社会行为相近的概念是“利他行为”。这个概念不仅强调行为结果上的利他，而且强调利他动机。一般地，利他行为是指关心他人的利益而不考虑自己利益的行为。它是一种不期待任何报答的自觉自愿的、有益于他人的行为。我们可以从四个方面来理解其中的含义：

第一，利他行为的目的是有益于他人；

第二，利他行为是一种自觉自愿的行为，不是在外界压力的影响下做出的；

第三，利他行为不期待任何形式的回报或奖励；

第四，利他行为具有自我牺牲性，要在时间、精力、物质上付出一定的代价，有的甚至是生命的代价。

亲社会行为的产生既可能是由利他主义引起的，也可能不是由利他主义引起的，而是包含一定的目的性。

与亲社会行为相近的另一概念是“助人行为”。助人行为是指带有一定个人目的和利益倾向的，同时也有益于他人和社会的行为。显然，从亲社会行为的概念可以发现，亲社会行为不一定都是由利他行为引起的。它也包括为了某种目的、有所企图的助人行为，如为了获得社会赞许、获得报酬或避免惩罚等。因此，亲社会行为和助人行为比利他行为的外延更大，既包含直接的行为，也包含间接的行为。亲社会行为也比助人行为的范围更宽泛。只要是任何对他人或群体乃至对社会有益的行为，都属于亲社会行为。这种行为要求人们抑制自己感兴趣的反应，不能只以自我为中心，而要充分考虑满足他人、群体或社会的需要。因此，我们认为，亲社会行为包括了利他行为和助人行为。

二、亲社会行为研究的理论模型

亲社会行为是人类的一种普遍社会现象，也是一种道德规范，对个体的发展、人类的生存以及社会的进步具有重要作用。随着社会心理学对亲社会行为研究的不断深入，社会心理学家开始建立自己的亲社会理论模型，从而更深入、细致地考查亲社会行为的内部心理机制。

（一）社会学习理论

社会学习理论认为，道德行为的获得是通过与其他行为获得相同的机制来完成的，即通过直接教授和模仿过程来实现。

对于社会学习理论家而言，模仿（而不是精神分析的“认同”概念）对道德行为的获得发挥了作用。社会学习理论家把认同定义为一个持续不断的，由于直接教授以及对父母和其他榜样的简单观察而产生的反应获得及修正过程。这与精神分析学派把认同看成一个在4～5岁以前就相对完成的，或多或少是被动的过程的观点形成鲜明对照。此外，社会学习理论不像精神分析理论那样，强调个体在早期与父母的养育及惩罚的关系，对道德行为发展的决定作用。社会学习理论认为，道德判断与年龄相对无关，并可以通过环境影响加以改造。

社会学习理论家通过很多实验说明了榜样、模仿、观察学习和替代性强化，在获得亲社会行为过程中的作用。

研究者拉什顿（J. P. Rushton）先让7～11岁儿童观看成人玩滚水球的游戏，成人把赢得的部分奖品捐赠出来作为救助穷苦儿童的基金。然后，让这些儿童单独玩这种游戏。结果表明，他们把奖励所得捐赠出来的数量，远远超过没有观看成人榜样的控制组儿童。即使是几个月后，实验组儿童仍表现得比别人更慷慨。这个例子表明，儿童是通过观察榜样来学习道德行为的。社会学习理论关于道德行为获得的解释是令人信服的。由社会学习理论引发的道德行为研究，还有很多类型，如对拒绝违法、延迟满足等行为的研究。所有这些实验都证明，道德行为的各方面都可以通过榜样观察来学习。换言之，亲社会行为是通过社会学习实现的。

（二）艾森伯格的亲社会行为理论

艾森伯格（Nancy Eisenberg）是美国亚利桑那州立大学的心理学教授，是美国当代有影响力的心理学家之一，一直致力于儿童亲社会行为的研究。在柯尔伯格道德发展理论的基础上，艾森伯格（1991年及1998年）和合作者进行了一系列儿童亲社会行为的实验研究，创立了**亲社会行为理论**。艾森伯格认为，亲社会行为产生的过程分为三个阶段（转引自王美芳，庞维国，1997）。

（1）对他人需要的注意阶段。一个人要帮助别人，必须先确认他人是否存在某种需要和愿望，因此，注意他人的需要是产生亲社会行为的初始阶段。能否注意他人的需要，受个体因素（如个体的先前状态、特质特征）和个体对情境的解释的影响。例如，观点采择能力会影响到对他人需要的理解和注意，而他人需要的清晰程度也影响助人者的注意。

（2）亲社会行为意图的确定阶段。一个潜在的助人者一旦注意到他人的需要，就会决定是否要助人，从而进入亲社会行为意图的确定阶段。艾森伯格认为，这个过程至少可以通过两种方式进行。第一，在紧急情况下，情感因素在助人决策中发挥主要作用；第二，在非紧急情况下，个体的认知和人格因素可能起主要作用。在紧急情况下，不容许潜在助人者全面分析个人得失，认知因素在助人决策中所起的作用很小，而情感因素，如移情、内疚感等起主导作用，从而激发亲社会行为。在非紧急情况下，助人者则可以分析亲社会行为的主观效用，即评估代价和收益（例如，帮助别人对自己造成了损失，但可以得到别人的表扬），还要分析他人需要的原因（例如，如果认为别人是在假装可怜，就不会帮助他）。除了认知因素发挥作用外，这种情况下的决策还受到人格特质的影响。例如，一个人认为自己具有仁慈、慷慨等特质，就更倾向于帮助别人。

（3）意图和行为建立联系的阶段。通常有了助人意图后，助人者会采取相应的助人行为，然而，二者并不总是一致的。因为助人意图和亲社会行为的联系受很多因素的影响，如个人的能力、情境因素等。很多人试图帮助别人，但“心有余而力不足”。值得注意的是，亲社会行为的实施本身，会加强以后的亲社会行为，因而产生良性循环。

艾森伯格的亲社会行为理论解释了亲社会行为的产生过程，全面考虑了这一过程中的多种影响因素，可以解释亲社会行为产生的机制。此外，艾森伯格还研究了亲社会道德推理的发展问题。

艾森伯格认为，柯尔伯格只是运用道德两难故事研究了儿童道德判断的禁令取向的推理（prohibition oriented reasoning)，而他则区分并设计了另一种道德两难情境，即亲社会道德两难情境，并以此来研究儿童的亲社会道德判断。这个情境不强调法律、惩罚、权威的责任。一个人必须在满足自己的愿望、需要、价值与满足他人的愿望、需要、价值之间做出选择。助人者的个人利益和接受帮助者的利益之间存在着不可调和的矛盾。艾森伯格及其合作者利用亲社会两难故事进行了许多横向和纵向研究，并在此基础上，划分了儿童亲社会道德判断的五个阶段。

阶段 1：享乐主义的、自我关注的推理。助人或不助人的理由包括个人的直接得益、将来的互惠，或者由于自己需要或喜欢某人才关心他。

阶段 2：需要取向的推理。他人的需要与自己的需要发生冲突时，儿童对他人身体的、物质的和心理的需要表示关注。儿童仅仅对他人的需要表示简单的关注，并没有表现出自我投射性的角色采择、同情的言语表述等。

阶段 3：赞许和人际取向、定型取向的推理。儿童在证明其助人或不助人的行为时所提出的理由是好人或坏人、善行或恶行的定型形象，他人的赞扬和许可等。

阶段 4：分为两个子阶段。阶段 4a 为自我投射性的移情推理。儿童的判断中出现了自我投射性的同情反应或角色采择。他们关注他人的权利，注意到与一个人的行为后果相关联的内疚或情感。阶段 4b 为过渡阶段。儿童选择助人或不助人的理由涉及内化了的价值观、规范、责任和义务，以及对社会状况的关心，或者考虑到保护他人权利和尊严的必要性等。但是，儿童并没有清晰而强烈地表述出这些思想。

阶段 5：深度内化推理。儿童决定是否助人的主要依据是他们内化了的价值观、规范或责任，以及尽个人和社会契约性的义务、改善社会状况的愿望等。此外，儿童还提到与实践自己价值观相联系的否定或肯定情感。

艾森伯格关于儿童亲社会道德判断的理论在一定程度上得到了跨文化研究的支持，具有一定的普遍性。例如，我国研究者程学超和王美芳在 1992 年对儿童亲社会道德推理的发展进行了研究，其结果支持了艾森伯格的理论。

（三）其他的理论模型

除了社会学习理论、艾森伯格的亲社会理论等对亲社会行为产生机制的解释外，还有其他的理论模型也对此做出了解释，如舒瓦茨（Schwartz）的规范激活论的利他行为模型。该理论认为个人的行为受个人行为规范的支配，如果个体将利他的社会规范内化为个体的规范，并形成道德义务感、社会责任感，就会推动个体做出利他的行为；反之，即使有社会的要求、提倡、鼓励，个体也不会表现出利他行为。

坎贝尔提出了**社会进化论模型**。该理论认为，在人类发展和文化进步中，人类将选择进化的技能、信念和技术。亲社会行为是社会普遍存在的行为，因此它们也在进化中得到了提高，并成为社会责任规范、社会公平规范和相互性规范的一部分。正是人们意识到有责任和义务去帮助他人，有价值和有意义去帮助他人，并在这个过程中实现互惠，人们的利他和助人行为才成为可能。

目前，大多数研究者认为，人们会产生亲社会行为，是因为这样做可以使他们感觉良好或者消除不良情绪。与此观点相近的有三种理论模型。其一，移情—利他主义假设。巴东（Baton）和奥利森（Oleson）认为亲社会行为完全是由助人动机驱使的。其二，消极状态消除模型。这个模型认为亲社会行为是由旁观者试图减少或避免消极情绪引发的，它是一种避免消极情绪的自助手段。其三，移情喜悦假设。助人行为或亲社会行为对接受者会产生积极影响，而助人者会预期双方对此的积极情绪和喜悦心情，从而让自己感觉良好。针对这三个理论模型，研究者做了大量的实证研究。实验发现亲社会行为之所以发生，是因为这种行为确实会增加积极情感或减少消极情感。

此外，还有摩根（C. J. Morgan）和佩克（R. F. Peck）的助人代价—报偿模型。这一模型指出，人们决定是否做出助人行为时，会考虑帮助他人时要付出的代价和可能得到的报偿之间的关系。当助人得到的报偿超过所付出的代价时，助人行为最容易发生。显然，由于个体的价值观不同，在特定情境下每个个体权衡的结果不同，是否做出助人行为的决策也会不同。

三、亲社会行为发生与发展的理论阐释

（一）亲社会行为的发生

关于亲社会行为的发生，社会心理学上有两种对立的理论，即本能论和习得论。

本能论认为，亲社会行为是由遗传决定的，是一种为保证物种的生存而牺牲个体的内部机制。为群体利益而冒生命危险是利他主义的最高境界，这种行为不是人类所独有的。为种属生存而牺牲个体是“社会性”动物中普遍存在的现象，如蜜蜂、蚂蚁等动物都有舍弃自身保护群体的本能倾向。据此，本能论认为人类的亲社会行为是先天存在的，而不是受社会环境影响、在后天逐步习得的。这种理论受到了很多批评和质疑。比如，利他者比懦弱者更可能面对危险而更早死亡，他们没有太多的机会来传宗接代，因此，把利他行为简单地归结为本能是不妥当的。

习得论认为，亲社会行为是在后天环境中通过不断学习而形成的。研究表明，亲社会行为与年龄有关。刚出生的婴儿是没有利他行为的，利他行为要到一定的年龄才可能发展起来。例如，赞-威克斯勒（Zahn-Waxler）等人采用横向研究和纵向

研究相结合的方法，对 24 名 12～30 个月儿童的早期亲社会行为进行了研究。结果发现，年幼儿童（大约 20 个月）和年长儿童（20～30 个月）有两个突出的变化：年幼儿童经常注意到他人的痛苦并经常哭喊、烦躁或啜泣，但很少做出亲社会行为；年长儿童则表现出更多的亲社会行为，形式多种多样，如安慰、好战的利他行为、给东西或者从第三者那里寻求帮助。研究还证明了亲社会行为的发展会受到父母、同伴及教师和社会环境的影响。通过树立榜样和正面强化等方式，可以提高个体亲社会行为的发生率。因此，习得论认为，亲社会行为是个体在社会化过程中逐步形成和发展起来的，绝不是与生俱来的。

（二）亲社会行为的发展

前面我们已对个体亲社会行为发展的研究进行了梳理。不难发现，儿童的亲社会行为随年龄的增长不断发展起来，助人行为、利他行为不断增多。这和皮亚杰道德认知发展理论的观点是一致的。

皮亚杰认为，儿童的道德认知发展经历了从他律到自律的过程。在他律阶段，儿童认为规则是外在权威给予的，是不能改变的，必须遵守，并根据对它服从和脱离的程度来辨别是非善恶。这一阶段的儿童具有自我中心性，缺乏移情能力，无法正确区分自己和他人，因此，儿童只有在权威者的要求下才会做出帮助他人的行为。而在自律阶段，儿童认为规则是通过相互约定形成的，而且能够变化。在这个阶段，儿童摆脱了自我中心主义，开始按意志判断事物的善恶，而不只是按结果来判断事物的好坏。他们开始关心他人的立场和观点，移情能力增强，助人行为和利他行为随之增多。

一般地，儿童早期亲社会行为的发展特点，主要集中于以下几个方面。

（1）助人。儿童的助人行为很早就出现了。研究表明，儿童关心他人，包括对他人痛苦的情感反应和试图帮助他人的利他行为，在出生第二年就出现了。他们很小就感觉自己对他人负有责任。瑞哥德（A. Rheingold）对 18 个月和 30 个月的婴儿在父母、陌生人做家务时的表现进行了研究。结果发现，半数以上 18 个月的儿童和所有 30 个月的儿童帮助成人做了一部分家务。这与儿童对成人及其所从事的活动很感兴趣，喜欢模仿和富有创造性的特点是分不开的。儿童的这种行为是随着儿童社会化和社会认知的发展而不断发展变化的。在这个变化过程中，父母的榜样示范及利他价值观的教育，起到了非常重要的作用。儿童时期形成的观念及父母的言传身教都是利他主义形成的重要原因。

（2）合作。合作行为是指两个或两个以上个体为达到共同目标而一起工作的行为。它是个体间一种基本的互动形式。在出生后的第二年，合作行为开始发生并逐步发展起来，这与他们认知能力的发展有着密切的联系。许多研究证实儿童的合作行为是随着年龄的增长而不断增加的。有人对儿童与父母的合作游戏进行了研究，发现 12 个月的儿童很少表现出合作性，而绝大多数 18～24 个月的儿童进行了合作性游戏，而且这类游戏发生的频率迅速增加。

(3) 安慰与保护。安慰行为是儿童对他人的悲伤情感所做出的亲社会性反应，包括注视悲伤者、哭泣、呜咽。这些反应随着年龄的增长而增加，形式也逐渐多样化，如寻找看护人、模仿和明显地具有利他性的干预意图。

拓展苑

关于心理和谐

个体心理和谐是亲社会行为的基础和必要条件。什么是心理和谐？从字面上理解，“和谐”一词，“和”即禾＋口，民以食为天，百姓有饭吃，整个社会人人可安居乐业，此为“和”；“谐”即言＋皆，意谓人人皆可以说话，言论自由，彼此信任，此为“谐”。有鉴于此，和谐可被理解为人们处理与协调各种各样关系时的平衡状态；心理和谐则是指人的基本心理过程和内容彼此之间，或者各部分与整体之间保持动态的均衡、完整、协调一致的自在轻松状态，即认知、情绪情感、意志和行为以及人格的完整及协调，同时能够与外界环境进行有效沟通，减少内部或外部冲突。这个定义可以从以下两个方面来理解。

一是人的基本心理过程和内容之间彼此协调，包括以下三方面内容。第一，认知和情绪情感的协调一致。例如，对于任何认知对象，在情绪情感上都会产生积极感受，触景生情且能情随意动。第二，认知和意志的协调一致。对于自己认为正确的事情，即使困难重重仍然能够坚韧不拔，矢志不渝。例如，永不放弃地追求人生目标便是认知和意志协调一致的结果。第三，认知和行为的协调一致。知行统一，言行一致，认知和行为较少冲突，即使有冲突也可以成功解决；同时，敢于表达自己的观点，不随波逐流，能够自主行事。

二是人的基本心理过程和内容与整体相互协调统一，并表现出相对的稳定性。心理和谐作为一个心理关系系统，与内外界环境沟通时，能够使人的基本心理过程和内容各部分协调工作、步调一致并受整体的统摄，从而达到与内外界环境的有效沟通。实际上，这是人对环境的适应过程。它包括两个方面：第一，内部各心理过程和内容是一个相互协调的工作系统，表现出较少内部冲突的、相对稳定的个性心理特征；第二，在保持内部和谐的同时，能够作为一个整体被外部环境理解和认识，在人与环境的相互作用过程中，完成由一个独居的“自然人”到群居的“社会人”的转变。

心理和谐作为人的一个心理关系系统，自然有其特殊的内在结构，并在社会现实生活中不断发展和完善。这种动态的结构使相似的心理活动在不同的社会生活圈中得到实现，具体表现在我与自己、我与他人、我与自然、我与社会等关系系统的形成和发展中。

第三节 亲社会行为的影响因素及其培养

亲社会行为是人类进步和发展的驱力之一，是人类社会生活中一道美丽的风景线。父母长年累月抚养孩子，邻居无私帮助孤寡老人，同事节衣缩食支援灾民，青年给孤儿送去温暖，英雄为救人而不怕牺牲。影响这些亲社会行为的因素究竟是什么？一般认为，影响亲社会行为或道德行为的因素有很多，人们好像在做一道“认知代数题”，在助人的积极后果与消极后果之间不断权衡。这里具体分析亲社会行为的外部和内部影响因素。

一、亲社会行为的外部影响因素

（一）旁观者效应

1964年的一个晚上，美国纽约市一名妇女在回家途中遭到歹徒袭击，当时在场的38位邻居竟无一人施救和报警，导致该妇女被歹徒残忍杀害。该事件引发了许多研究者的深思，社会心理学家认为恰恰是旁观者的存在，导致了助人行为的缺失。拉塔纳和达利认为，当有其他人存在时，人们不大可能去帮助别人；旁观者越多，助人的可能性越小，帮助延迟的时间越长。研究者据此进行了一系列实验后提出了旁观者效应。

旁观者效应（bystander effect）是指个体在面对紧急事件时，单个人与同他人在一起时的反应不一样，他人在场会抑制亲社会行为的发生。现场旁观者的数量影响了突发事件中亲社会行为产生的可能性。他人在场，会抑制或激发个体的利他行为。拉塔纳和达利首先设计了一个实验来证明旁观者效应的存在。

他们让一些大学生被试参与城市生活中存在的一些问题的讨论。当被试在等待室填写预备问卷时，实验者开始通过通风口向等待室释放很恐怖的白色烟雾。这个研究分三种实验情境：第一，等待室只有一个被试；第二，等待室有三个被试，且互不相识；第三，等待室有三个被试，其中两个是研究者的助手装扮的，他们表现出消极的态度，看到烟雾什么也不说。结果表明，在三种情境下被试走出等待室报告情况的比率分别为75%、38%、10%。他们由此推论，在紧急情况下，有许多人在场足以成为比感情冷漠和情感上疏远重要得多的制约行为的因素。

显然，这并不能成为冷漠旁观者推卸责任的理由，但这让人们看到了这种现象的复杂性。人们认为仅从道德、品质和素养方面寻找原因是不够的，心理因素不可等闲视之。原因在于，他人在场造成了责任分散。为了给处在困境中的个体提供帮助，个体必须感到自己有责任采取行动。但很多人在场时，帮助人的责任被分散到每个旁观者身上，这样每个人就减少了帮助的责任，很容易造成等待别人去帮助或相互推诿，个体不清楚自己到底是否应该采取行动。如果有两个旁观者，每个人就承担50%的责任；如果有100个旁观者，每人就只承担1%的责任，即旁观者共同承担责任。然而，对于早期儿童的助人行为的研究发现，其他儿童的在场可能会减少儿童的恐惧从而增加助人行为。斯陶布（Staub）发现，他人是否在场对儿童的助人行为的发生有重要影响。单独在场时，只有31.8%的儿童表现出助人行为，而两人在场时，上升为61.8%。这说明儿童是有“善良”的天性的，那么成人呢？回答这个问题显然并不是一件容易的事。

（二）榜样的示范作用

旁观者在场会使想提供帮助的个体犹豫、彷徨，榜样行为却会引发他人的亲社会行为。研究表明，成人的榜样行为会增加儿童的助人行为，而且可以增加儿童对于规范和正确行为的认知理解。研究者做过实验，发现通过榜样学习，儿童的分享行为增加了。如前面提到的拉什顿的实验：7～11岁儿童观看一个成人的捐赠行为后，会表现得很慷慨，主动捐赠自己获得的奖品，这说明了榜样对儿童亲社会行为的积极影响。榜样形象激发了儿童效仿的需要，儿童把榜样在具体情境中体现的助人原则、规范与自己的行为相对照，从而增强了学习者与榜样的相似性，有助于儿童亲社会行为的发展。布赖恩（J. Byran）和特斯林（M. Test）考查了男性摩托车手是否愿意在高速路上停下来，帮助正在修汽车轮胎的妇女。结果发现，刚刚看到过男性驾驶员帮助一名妇女修轮胎的车手，与没有看到过这一景象的车手相比，前者更可能提供帮助。这就是榜样的影响力。

（三）情境的模糊性

作为制约个体亲社会行为的外部因素，一般认为，行为的情境有着特别重要的意义。情境的模糊性会影响个体亲社会行为的发生。个体在不能确认发生了什么事情，是否需要自己提供助人行为时，往往会退缩。任何增加情境模糊性的因素，都会抑制旁观者采取有效的利他行为。在一项实验中，一个清洁工扛着一把梯子，拿着一个水桶经过被试房间的窗口。不久，被试听到重物撞击地面的声音，所有被试都跑去看，发现清洁工躺在地上，抱着脚踝，呻吟不止，但只有29%的被试去帮助这个工人。在另一个设计情境中，清洁工叫喊着请求他人去帮助他，结果有81%的被试帮助了他。很显然，这个工人要求人们帮助他，就减少了情境的模糊性。

另外，还有很多外部因素会影响个体的亲社会行为，如物理环境——舒适的天气比恶劣的天气产生更多助人行为；社区大小——在帮助处于困境中的陌生人时，小城镇居民帮助陌生人的比例显著高于大城市居民；噪声强弱——在噪声处于正常水平时，72%的被试有助人行为，当噪声很大时，这个比例只有37%；被帮助人的特点——一般来说，人们总是愿意帮助那些弱小、善良、聪明、没有伤害过自己、和自己相似、受他人喜爱和有吸引力的人。性别因素有时也会影响助人行为的出现。例如，休梅克（Shumaker）的研究表明，当他人所需要的帮助是诸如同情等社会与情绪支持时，女性的助人倾向比男性更大。一般情况下，男性比女性表现出更多的助人倾向，尤其是帮助对象为漂亮女性时；而女性助人者的助人行为则很少受性别因素的影响。

二、亲社会行为的内部影响因素

（一）认知因素的影响

韦纳指出，面对失去能力需要帮助的人，人们往往通过认知归因做出决定。确实，在现实生活中，个体在做出某种亲社会行为时，首先必须对有关信息进行认知加工。亲社会行为的发生不仅涉及知觉、推理、问题解决和行为决策等一系列基本认知过程，而且与个体认知能力尤其是社会认知能力的发展有直接关系。研究证明，社会观点采择能力与亲社会行为之间存在着密切的联系。观点采择是一种信息收集的过程，它为儿童更好地理解情境和他人的需要及情感提供了认知前提。具有观点采择能力的儿童能充分理解他人的需要，从而引发个体的亲社会行为。个体的亲社会行为还受社会规范和社会期望的调节引导，主要包括社会责任规范、相互性规范和应得性规范。

众所周知，柯尔伯格（1969年）提出了道德认知发展的六阶段模式。他认为，包括个体的亲社会行为在内的道德行为与其道德认知有着极为密切的关系。个体越是朝着道德成熟的水平发展，对社会行为的结果就会理解得越清楚，就越能把握道德规范和行为准则，也就越能表现出成熟的道德行为，其中主要是亲社会行为。霍根（Hogan）的理论则系统地考虑了认知因素对道德行为的影响。他认为道德行为是由一个人认知发展过程中逐渐出现的五个相对独立的因素决定的。第一，个体能意识到规则。懂得了规则，就开始发展自我控制的能力。在上学前，父母和哥哥姐姐对他的指导，促使他要考虑别人的意见；上学时，他开始关心与同伴的交往关系。相应的社会职能，更是要求他考虑别人的意见。第二，个体有进入角色的能力（或者移情作用）。一个能进入角色的人，才能考虑到自己行为与别人的关系。第三，个体能认识到规则是可以改变的，服从应该服从的决定是重要的，但要从实际情况出发。第四，个体可以违背由别人强迫制定的标准。第五，个体不断地按照由他的生活环境建立起来的各种道德行为模式办事，使道德决定建立在直觉或个人道德准则的基础上。在霍根等人看来，道德行为不仅依赖于对自己地位、角色和职能的认识以及对别人的考虑，而且也依赖于情感和对某种结果的期望。

（二）个体的情绪状态

个体的心理状态也会对其亲社会行为产生影响。安德曼做过一项实验，让一组被试阅读描述“兴高采烈”心境的文章，另一组被试阅读描述“抑郁”心境的文章，结果发现，前一组被试更可能做出助人行为。在积极的心境下，个体更可能回忆起积极的思想、情感和经验。这些正性情绪增加了人们助人的意愿，“心态对了，这个世界也对了”，从而激发了个体的亲社会行为。为此，研究者们提出了许多理论模式来解释积极心境的助长作用。这些理论认为，个体在积极的心境下会减少对自己的关注，更多地去了解他人的需要，把亲社会认知转化为亲社会行为。

消极心境与亲社会行为的关系比较复杂。它既可能阻碍亲社会行为的发生，也可能促进亲社会行为的发生。这里值得一提的是内疚感。内疚感（guilt）是一种比较特殊的消极情绪，是指人们做了一件自己认为是错误的事情时所唤起的一种不愉快的情绪体验。为了减少或降低这种情绪体验，人们常常会选择去帮助他人，从而增加亲社会行为的出现频率。弗里德曼的研究指出，诱发内疚感可以使人们产生更多的助人行为。这可能是因为人们在帮助他人的过程中，内疚感会获得一定程度的释放。但是，如果让内疚者有机会忏悔时，利他行为又有可能减少，还有一些研究得到了同样的结论。这种现象可能是因为忏悔降低了罪恶感，能使个人的心里感到好受，从而恢复了心理平衡。

人们在体验他人的内部情感时需要共情，即个体对他人情绪状态的理解及对其行为的预测。共情要求个体能够意识到自己的情绪性反应，是对他人经历的具体化模拟，切不可与自己的经历混淆。共情是亲社会行为研究中的一个重要变量。研究者辛格（Singer）等人认为共情包括：第一，共情的人和他人处于同形情绪状态中；第二，这种情绪通过观察或模仿他人情绪而形成；第三，产生共情的人意识到该情绪来自他人。另一些研究者，如拉姆（Lamm）等人，认为共情包括对他人的情绪反应、站在他人角度看问题的认知能力和该情绪的监测机制。他们都同意共情不仅包含情绪成分，还包含认知和调节成分。研究发现，与共情有关的脑区集中在前脑岛和前扣带回附近，被试自己疼痛和看到他人疼痛时会激活这两个脑区。更为重要的是，这些区域的反应强度和被试自我报告的共情程度呈正相关。辛格等人的进一步研究还指出：个体的共情反应会受到性别、个体与共情对象的关系等因素的影响。

（三）个体的人格特征

在日常生活中，人们不难发现，有些个体很容易做出助人行为。那么，什么样的人容易做出亲社会行为呢？关于助人者的人格特点，社会心理学家进行了很多研究。例如，斯陶布（E. Staub）1972 年研究发现，助人者具有如下特点：第一，具有强烈的社会动机；第二，相信自己对事情有影响力；第三，有适合于情境需要的特殊能力；第四，同情、理解他人，有责任感。据此，我们可以认为确实存在着一种利他人格（altruistic personality）。它是一组与亲社会行为相关的性格变量的综合体。另外，卡普拉拉（G. V. Caprara）等人发现早期乐于做出亲社会反应（合作分享）的儿童，成年后也乐于助人。从总体上来说，有两种个性特点与利他行为有关，即赞同的需要和公正世界的假设。有着强烈赞同需要的个体，会比这方面需要较弱的个体更有可能提供帮助；有着强烈的公正世界信念的个体，富有爱心和道德感的个体与没有这方面信念的个体相比，更可能自愿提供帮助。例如，第二次世界大战中冒死救助犹太人的基督教徒和反战人士。

最近，关于人格特质与亲社会行为关系的元分析发现（Thielmann，Spadaro，& Balliet，2020），51 种人格特质中有 30 种（如大五人格、暗黑人格等）与亲社会行为存在关联，关联强度介于－0.18～0.26。首先是社会价值取向与亲社会行为的关系最为密切，亲社会化倾向表现出更多合作行为，而亲自我倾向个体会表现出更多竞争和背叛；其次是内疚，当个体意识到自己的行为伤害了他人，内疚体验会驱使人们去补偿，以减轻或消除这种负性的体验，而进行亲社会行为是一种最常见的措施。此外，内疚特质水平较高的人还具有强烈的责任感，当看到他人需要帮助时，更有可能挺身而出；诚实—谦逊人格与亲社会行为的关系也较为密切，他们很好地代表了亲社会行为的两个准则——互惠和公平，因而更有可能帮助他人。最重要的是，虐待狂、马基雅维利主义、反社会人格、贪婪等人格特质最能抑制亲社会行为的发生。

三、亲社会行为的干预与培养

亲社会行为主要是后天习得的行为。希罗德（S. Hearold）1979 年用统计学方法，对 108 个有不同程度（高、中、低）亲社会行为的电视节目进行了比较。结果发现，如果被试观看亲社会行为水平高的电视节目，那么，其亲社会行为的百分位数会从第 50 位提高到第 74 位，而且这些亲社会行为都是典型的利他行为。福格（Forge）和费斯特（Phemister）1987 年的研究支持了这个结论。因此，有必要通过一定的方法对亲社会行为加以干预和培养。其中，**道德教育**应处于首要地位。

（一）学会抵制诱惑

个体在没有外部监督的情况下，能够抵制诱惑，并不仅仅是因为习得了道德规范，更重要的是因为内部有坚持道德规范的动机。这是培养亲社会行为的动力。

1. 强化对道德行为的影响

行为主义心理学的研究表明，强化可以促使行为的发生和重复，道德行为和亲社会行为也不例外。例如，佩里（Perry）和帕克（Parke）于 1975 年研究发现，允许儿童玩别的不太吸引人的玩具，可以使儿童得到强化，有助于儿童服从成人给他的禁令（不许动那些非常吸引人的玩具）；同时，也有助于让儿童抵制诱惑，坚持道德的行为。在日常生活中，温和的、充满关爱的父母，对儿童的惩罚往往比那些严厉的、冷酷的父母更有效果，因为关爱本身是一种社会性强化，是一种亲社会行为，有助于让儿童坚持自己的道德规范，抵制住诱惑。

2. 惩罚对于建立道德禁令的影响

通过强化可以培养符合社会规范的道德行为，可以促进道德判断和亲社会行为的发展。然而成人很少意识到儿童抵制住诱惑也应该得到表扬。相反，成人总是通过惩罚违规行为来告诉儿童有哪些过失与错误。惩罚能够培养儿童的道德控制能力，进而培养亲社会行为吗?

帕克在 1972 年和 1977 年通过“禁玩玩具”的范式，研究了惩罚对儿童抵制诱惑的影响。在实验中，当儿童想动那些很吸引人的玩具时，就让他们听难听的嗡嗡声；当他们玩那些不太吸引人的玩具时，什么也不会发生。当儿童接受这种禁令时，实验者离开并暗中观察儿童是否会动那些禁玩的玩具。帕克发现，并不是所有的惩罚都能有效促进儿童的道德控制，但惩罚确实能减少或抑制儿童的不良行为，诱发亲社会行为。

(二) 学习道德价值和亲社会行为

如何才能让儿童学会道德价值和亲社会行为呢? 学习道德价值和亲社会行为，需要向人们传递关于群体、忠诚和群体参与的积极态度，传递关于亲社会行为在群体成员进步中扮演重要角色的信念，并把这种信念转化成为实际的亲社会行为的道德实践。研究者们认为道德价值的教育不仅需要由父母还需要由教师来进行。学校是进行道德教育的一个重要场所。

1. 价值澄清课程

价值澄清课程的关键在于确定个人珍视而又愿意维护的价值观。例如，人们经常思考这些价值观问题：我应持什么样的价值观? 为什么不能更平均地分配财富以消除贫穷? 既然我的很多朋友吸烟，为什么我不能? 我要做什么样的人? 价值澄清课程的目的就在于引导学生深入思考这些问题。

价值澄清中使用的程序并不着眼于这些问题所要求的正确答案；相反，价值澄清的目的在于帮助学生学会评估的过程，使学生意识到他们所持的观点，学会从正反两方面权衡，学会考虑不同选择的意义。通过直接教导如何分析和提高个人的价值观，以及通过对书面资料的间接学习，学生可以掌握个人应该坚持的价值观，并认识到其中的个人差异。这样，个体在考虑他们所持的价值观以及一般的价值观问题上变得更为全面和深刻，为亲社会行为的培养奠定理论基础。

2. 行为修正和道德行为

顾名思义，行为修正以道德发展的社会学习理论为基础，目的在于训练道德行为与亲社会行为。它与价值澄清或道德判断的教学过程相反，强调的是教育儿童青少年以道德上被认为是正确的方式做出行为。

第一种方法是直接对特定行为给予奖惩。实际上，这是父母常常使用的道德教育方法，当父母因孩子做了被认为是不合适或错误的行为（如与邻居家孩子吵架、打架)，而撤回某项特权（如不允许孩子再看电视再玩电脑游戏）时，他们就是在使用行为矫正技术以改变行为，使其与他们的目标一致。教师也用同样的手段控制学生在课堂上的行为，让学生了解违反学校规章制度会有严重后果。第二种方法是确定合适的成人榜样，进行榜样教育，向个体示范良好的道德行为和亲社会行为。父母的行为能为个人提供在不同环境中应如何行动的榜样。相似地，教师应该是公平、守规则、负责等的榜样。这样，父母和教师都在进行道德行为教育。社会则树立了更多的道德典范，如雷锋是助人为乐、为人民服务的典范，其他一些英雄人物则树立了见义勇为、舍生取义的榜样等。这都在促使个体学习和模仿榜样行为。

3. 教授道德推理

教授道德推理的课程是从柯尔伯格的理论衍生出来的。典型的方案是柯尔伯格在1974年建立的。方案的重点在于讨论学校环境中产生的现实问题，同时也强调取舍、互相关心和集体承担义务的重要性。在这一系统中，教师被看作促进道德问题讨论的人。他提出不同的选择对集体（学校）的重要性，目的在于使学生最终感受到对集体的强大责任感，如与柯尔伯格道德思维第四阶段一样。树立道德信念，学习道德规范，培养道德情感，锻炼道德意志，重视道德实践，最终养成道德习惯。“智商第一，道德第二”的情况必须改变。

4. 移情训练

道德行为和亲社会行为不仅受制于道德推理，还受到道德情感的强大影响。通常情感因素被视为道德行为的动力基础，而移情训练（transference training）则体现了这一观点。移情作为精神分析的术语，是个体将先前对某人或事的某种情感转移到其他新对象上的潜意识心理过程。这里的移情指在人际交往中，个体因感知到对方某种情绪而把自己置于对方位置上，体验到与对方同样的情绪或情感的能力，即所谓将心比心。移情能力是个体在社会实践活动中通过训练而形成的。移情中的主要认知成分是“角色采择”，即理解并推知他人情绪情感反应、思想、观点、动机和意图的能力。许多研究表明个体的角色采择能力与亲社会行为有显著的正相关。个体通过移情和角色采择，设身处地理解他人的想法，共享他们的情绪情感体验，减少消极感受，增加积极感受，在心理上引起情感共享和道德共鸣，在行为上实施助人行为和利他行为。

总之，亲社会行为的干预与培养不只是社会心理学要关注的问题，更是整个人类和社会都应重视的问题。

【本章摘要】

1. 亲社会行为是用来表述社会所确定的道德规范的术语，指符合社会期望并对行为者本身并无明显好处，而行为者却自觉自愿给行为的受体带来利益的一类行为。亲社会行为可以分为利他行为和助人行为两大类。其中，利他行为是最高意义上的亲社会行为。

2. 从社会认知的角度，可以把亲社会行为设想成一个行为的连续体，一端是最大限度地增加自我利益的行为朝向，另一端是最大限度地增加他人利益的行为朝向。研究者认为亲社会行为是动机、环境因素、行为者对环境的认知、可供选择的行为反应等变量的函数。

3. 随着年龄的增长，个体亲社会行为的利益取向是从自我中心向他人取向、社会取向发展的。亲社会行为观念与实际行为逐渐一致，行为动机系统也变得越来越复杂。其中，亲社会行为的中介变量包括注意过程、评价过程和计划过程。

4. 社会学习理论认为，榜样、模仿、观察学习和替代性强化在亲社会行为形成过程中发挥着重要作用。艾森伯格的亲社会行为理论则把亲社会行为划分为：对他人需要的注意、亲社会行为意图的确定、意图和行为建立联系三个阶段。其他理论模型也对亲社会行为进行了阐释。

5. 影响亲社会行为的外部因素包括旁观者效应、榜样的示范作用、情境的模糊性等；影响亲社会行为的内部因素包括认知因素、个体的情绪状态和个体的人格特征等。

6. 内疚感是一种比较特殊的消极情绪。它是指人们做了一件自己认为是错误的事情时所唤起的一种不愉快的情绪体验。为了减少或降低这种情绪体验，人们常常会选择去帮助他人，从而增加亲社会行为频率。

7. 亲社会行为主要是后天习得的行为。道德教育旨在培养个体良好的品德，增加亲社会行为，因此，学校、家庭和社会的道德教育任重而道远。

【建议参考资料】

1. 沙莲香. 社会心理学（第四版）. 北京：中国人民大学出版社，2015.

2. 郑雪. 社会心理学. 广州：暨南大学出版社，2004.

3. 俞国良，辛自强. 社会性发展（第 2 版）. 北京：中国人民大学出版社，2013.

4. 马庆强. 中国人的利他行为发展的理论探讨//杨国枢，余安邦. 中国人的心理与行为——理论及方法篇. 台北：桂冠图书公司，1992.

5. 俞国良等. 社会心理学前沿（第 3 版）. 北京：北京师范大学出版社，2016.

6. 阿伦森（Aronson，E），威尔逊（Wilson，T D.），埃克特（Akert，R. M.），社会心理学（原书第 8 版）. 侯玉波，朱颖，等译 . 北京：机械工业出版社，2014.

7. Shroeder D A，Dovidio J F，Penner LA，et al. The Social Psychology of Helping and Altruism：Problem and puzzle. New York：Mc Graw-Hill，1995.

8. Spacapan S，Oskamp S. Helping and Being Helped：Naturalistic Studies. Newburg park，CA：Saga，1992.

9. Kenrick D T，Neuberg S L，Cialdini R B. Social Psychology. Pearson Education，Inc. Newburg park，C A：Sage，2005.

10. Taylor S E，Peplau L A，Sears D O. Social Psychology（12th ed.）. Pearson Education，2006.

11. Thielmann I，Spadaro G，Balliet D. Personality and prosocial behavior：A theoretical framework and meta-analysis. Psychological Bulletin，2020，146（1）：39-90.

【复习思考题】

1. 如何从社会认知角度正确理解亲社会行为的概念?
2. 简述亲社会行为发展的研究及其存在的主要问题。
3. 试述亲社会行为的中介过程及其存在的主要问题。
4. 如何正确理解利他行为、助人行为和亲社会行为的关系?
5. 用一种理论模型来分析亲社会行为现象。
6. 什么是旁观者效应? 简述影响亲社会行为的外部因素。
7. 什么是内疚感? 简述影响亲社会行为的内部因素。
8. 用典型个案阐释道德教育在亲社会行为培养中的作用。

第十三章 攻击行为

【学习目标】

理解攻击行为的概念与含义，掌握攻击行为的实验研究技术；知道攻击的各种理论及其目前进展，能运用攻击的理论解释现实生活中的攻击行为；了解不同年龄阶段攻击行为的发生与发展特点；正确认识攻击行为的各种影响因素，能够掌握有效的方法预防和控制攻击行为。

【重要术语】

攻击行为　敌意性攻击　工具性攻击　拳击玩偶实验　挫折—攻击说　武器效应　社会信息加工模型　宣泄　习得性抑制

攻击行为（aggressive behavior）是一种普遍的社会心理现象。因为，无论人类社会怎样努力，亲社会行为并没有像人们期望的那样成为普遍的人类行为方式，攻击行为也没有销声匿迹。在社会、家庭、学校以及各种社会情境中，人们经常可以发现形形色色的攻击行为，大到国家、种族之间的冲突战争，如美伊战争和国际恐怖活动；小到人与人之间的侵犯、攻击，如吵架、斗殴、抢劫及虐待他人或动物等，这些都可以被统称为攻击行为或侵犯行为。攻击行为是众多学科的研究对象，社会心理学主要研究：攻击行为是天生的还是习得的；它是怎样产生的，受哪些因素的影响；攻击行为有什么特点。除了对上述问题的研究外，社会心理学家还关注预防和矫治等方面的问题。

第一节 攻击行为的概念

一、攻击行为的界定

在日常生活中，人们常能耳闻目睹一些攻击行为，每个人似乎都知道什么是攻击行为，可要对它下一个准确的定义并不容易。通过综合考察国内外该研究领域内一些研究者的意见，我们认为，界定攻击行为时首先应该考虑下面一些理论问题。

首先，攻击行为的意图与结果问题。究竟是应该根据行为的意图，还是行为的结果来判断它是否属于攻击行为？这个问题一直是研究者争论的焦点。巴斯（A. H. Buss）认为，攻击指任何伤害他人的行为，而不管其目的是什么。但是，伯克威兹（L. Berkowitz）持相反的意见，认为攻击必须有伤害的目的或动机，而不能只看伤害的结果。还有研究者，如齐尔曼（D. Zillmann），只重视伤害的动机，认为攻击是对他人造成身体或心理伤害的企图。如果只考虑结果，显然会把许多没有攻击意图的行为也纳入攻击行为的行列。在体育课上，一个学生接别人传过来的篮球时不小心伤了手指，会被视为遭到了攻击，这种看法显然不妥当。因此，是否有伤害他人的意图，应该被视为界定攻击行为的重要前提。虽然强调动机和意图的重要性是必要的，但是在实际操作中却有一定困难，因为人们不能轻易确定行为者头脑里有攻击的动机，还是仅仅是一种过失。这就好像在足球场上，一个球员和对方球员的冲撞究竟是违规的，还是合理的，或者是过失，裁判有时也很难判定。人们一般通过行为发生的社会情境、行为者的社会角色、行为发生前的有关线索和行为者的身份特征等方面，来推断行为者是否具有攻击意图。

其次，必须明确攻击是就个体的外显行为而言的，而不包括只停留于主观层面的动机、态度、情感和想法。换言之，仅有意图而没有付诸行动就不是攻击行为。例如，有的妄想症患者经常认为自己杀死了某个著名人物，事实上他根本就没有见过和接触过这个人，也没有采取任何实际行动，这显然算不上攻击行为。而用暴力殴打他人，或者故意刁难、辱骂他人，以及用散布谣言的方法毁坏他人名誉等，则都是攻击行为。

再次，从严格意义上讲，攻击是指向有生命个体的行为，并可能损害该个体的身心健康。例如，两个人斗殴，哥哥和弟弟因争夺玩具而打架，爸爸出手教训儿子，孩子谩骂父母和他人等。此外，有的研究者，特别是发展心理学家，会从更宽泛的意义上理解攻击行为，并把“破坏行为”也纳入其中。例如，有些儿童故意摔打物品、故意损害公物、故意欺负同学等。这些都属于“攻击行为”。

最后，攻击行为指向的对象，在知情情况下通常有避免伤害的动机。例如，某个个体试图攻击同伴时，同伴会采取逃避或反抗等方式，尽量避免遭受攻击。如果被伤害的对象心甘情愿地接受伤害，就不能视为遭受了攻击。例如，有的“受虐”患者非常喜欢别人攻击他、虐待他，此时别人的行为就不能被视为攻击行为。还有的人试图自杀，故意撞上正在行驶的汽车或火车，我们也不能因此认为司机有攻击行为。

综上所述，作为亲社会行为的反面，攻击行为的首要特点在于，攻击者有伤害他人身心健康的意图并付诸行动。据此，巴伦（R. A. Baron）和里查森（D. R. Richardson）于 1994 年对攻击行为的界定基本上是可以接受的。他们认为：“攻击是以伤害某个想逃避此种伤害的个体为目的的任何形式的行为。”这个定义得到了很多研究者的认可（如郑全全、俞国良等）。大家几乎一致认为，攻击行为是以伤害另一生命的身体或心理为目的的行为，即对他人的敌视、伤害或破坏性行为，包括身体、心理或言语等方面。

二、攻击行为的类型

一般地，从不同的角度或依据不同的标准，我们可以对攻击行为进行不同的分类。20 世纪早期把攻击行为分为言语攻击和身体攻击两类。目前，有如下几种主要的分类方式。

（一）依据意图或目的分类

根据攻击意图或目的的不同，可以将攻击行为分为两种类型：敌意性攻击（hostile aggression）和工具性攻击（instrumental aggression）。敌意性攻击一般由痛苦或不安引起，是情绪性行为，其目的是伤害别人，将给他人造成痛苦作为最终目标，如打架斗殴。工具性攻击并不直接由愤怒或某种情绪引起，而是把伤害他人作为一种手段，目的是通过攻击获得希望的奖励或有价值的东西，如抢劫获取财物。

为什么要做这种区分呢？一个理由是人们的攻击行为是由不同的原因引起的。敌意性攻击由痛苦的情绪体验刺激（如侮辱、挫折或嫉妒）引发，而工具性攻击并没有这些情绪上的原因。敌意性攻击可能转变为致死的行为，以伤害对方的身体为最终目的；而像抢劫这样的工具性攻击，主要是为了获得他人的财物，不一定会伤害别人的身体。此外，敌意性攻击和工具性攻击可以通过不同的方式加以控制或矫正。例如，对勃然大怒的人可以通过分散他的注意力来减少敌意性攻击；而通过改变维系或抑制攻击行为的奖励和惩罚，就有可能减少工具性攻击。

（二）依据行为性质和方式分类

根据攻击行为的性质和方式，即是否违反社会规范和准则，可以把攻击行为划分为反社会、亲社会和被认可的攻击行为。亲社会攻击行为（prosocial aggressive behavior）是按照社会道德标准所接受的范围，以一种社会认可的方式采取的攻击性行为，如逮捕罪犯等。也有一些社会心理学家认为它不是严格意义上的攻击行为。一般人们在谈到攻击行为时，往往是指反社会的攻击行为。心理学家巴斯（A. H. Buss）按身体的和语言的、积极的和消极的、直接的和间接的 3 个标准对这种攻击行为进行排列组合，把攻击划分为 8 种类型（见表 13-1）。

表 13-1　攻击的 8 种类型

攻击的类型	例子
1. 身体的—积极的—直接的	冲撞、殴打、开枪
2. 身体的—积极的—间接的	设置陷阱、使用刺客暗杀
3. 身体的—消极的—直接的	静坐、示威、罢工
4. 身体的—消极的—间接的	拒绝做应做的事（如罢工）
5. 语言的—积极的—直接的	侮辱他人或非难他人
6. 语言的—积极的—间接的	散布流言蜚语
7. 语言的—消极的—直接的	不回答他人的问话
8. 语言的—消极的—间接的	当别人受到不当的非难时，不为其辩护

这种对攻击行为的详细分类，对于人们理解攻击行为的性质以及攻击行为研究的精细化都是有帮助的。例如，很多关于儿童攻击行为的发展研究，都是通过自然观察法进行的，只有预先有了详细的攻击行为的细目和界定，才能保证观察的效度和评分者信度。此外，儿童的攻击行为确实表现出不同的特征，只有准确理解攻击行为的类型，才能找到控制和干预的方法。例如，有的儿童的攻击行为属于主动的、直接攻击型，这些儿童总爱故意找碴，挑起事端；而有的儿童只是在遭受到挑衅后，才被动还击，这种属于反应型攻击行为。很显然，这两种攻击行为的性质不同。在

矫治攻击行为时，那些主动攻击别人的儿童应该作为重点和突破点。他们的攻击行为减少了，其他儿童的反应型攻击行为也会相应减少。

三、攻击行为的实验研究技术

对攻击行为的研究，可以采用不同的方法，如观察法、实验法等。这里主要介绍几种研究攻击行为常用的实验技术。通过实验室研究攻击行为，大致可以采用如下四种方法。

第一，言语攻击他人。在言语攻击实验中，通常先使被试遭受某种形式的挫折，从而引发被试使用言语进行攻击。例如，在齐尔曼和坎托（Cantor）1976年的一项研究中，一名实验者先诬赖被试考试作弊，然后观察他们对这位实验者的反应。接下来，另一位实验者问被试："你们是否满意自己在本实验中受到的对待方式?""这名实验者是否还应该继续做研究助手?"这时就可能引起被试的言语报复。这样设计的实验情境比较类似于真实的生活情境，可以得到生态效度较高的研究结论。然而，要找一个实验者当攻击对象，似乎有些不近人情。

第二，攻击无生命对象。在这种实验中，首先使被试观察学习某种攻击行为，或者引发其攻击欲望。然后，把被试带到放有可以攻击的物品的房间里，观察被试的行为表现，如有哪些攻击动作、攻击的频率和强度。这方面最著名的例子就是班杜拉进行的一系列"拳击玩偶"实验（在第二节中详述)。这类实验可能缺乏真实性，因为日常生活中的攻击行为多指向人，而非物体。

第三，设计不至于产生伤害的攻击。在这种实验中，让被试有机会对某个不还击的受害者（一般是主试的同伙）进行攻击，攻击的工具通常是玩具枪。为了引发被试的攻击行为，可以通过让同谋者故意在被试完成一项任务时，制造出巨大的噪声来干扰他们。然而，这种方法有太强的游戏性质和人为因素，缺乏真实性。

第四，看起来真实，实则无害的攻击。这种方法是最典型的考查攻击行为的技术。很多心理学家都曾采用过这种方法。该方法的程序是告诉被试将参与一项考查学习中惩罚效应的研究。被试以抽签的方式决定各自的角色，一名被试充当教师，另一名被试则充当学生。充当教师的被试坐在一台机器前，机器上标有1至10的按钮代表从低到高的不同电击强度。当学生对呈现的材料反应正确时，教师要按亮灯光，作为对学生正确反应的奖励；当学生出现错误时，教师要按电钮对学生进行电击。事实上，研究者已经安排好，充当教师的总是真正的被试，充当学生的是研究者的助手。那台看上去十分"科学"的机器，实际上也不产生电击，但被试并不知道实情。这样就可以根据使用电击的强度和持续时间等指标，考查他们的攻击行为特点，但这种方法往往在伦理上授人口实。

研究者还非常重视在现实社会生活中研究人们的攻击行为，这就用到一些现场研究技术。巴伦曾采用现场创设情境，激发并观察攻击行为的方法。

研究者让一名汽车司机（研究者的同伙）在交通信号灯变为绿灯后的15秒钟才开动自己的车子；两名观察者躲在附近的车内记录此汽车后面司机们的反应，如记录他们的谩骂、手势、面部表情等行为的频率、持续时间、潜伏期等，并录下喇叭声。这样，就可以研究司机们的攻击行为了。哈里斯（M. B. Harris）在1973年的研究则创设了更真实的情境。当一位事先毫不知情的被试在现场观看时，主试的一名同伙在拥挤的环境中撞挤另一名同伙，被撞者根据实验要求，或采取言语攻击，或采取礼貌反应。稍后，第三名同谋跟在那位被随机确定的被试后面，并从后面撞挤他。结果发现，此前目睹言语攻击的被试比先前看见礼貌反应的被试，更倾向于用言语进行攻击。

然而，虽然这种研究可以提供具有较高生态效度的结论，却违反了社会心理学研究的伦理学原则。例如，制造攻击是“不道德的”，甚至会导致冲突情境无法控制。此外，在被试事先不知情的境况下，有“利用”被试之嫌。

除了实验室实验和现场实验外，还可以进行相关研究。例如，安德森（C. A. Anderson）和迪尔（J. C. Dill）在2000年采用相关设计，考查玩暴力电子游戏与攻击性的关系。结果发现，在现实生活中，玩暴力电子游戏的多少与侵犯行为和行为不良之间呈正相关；对于那些在性格上本身就有攻击性的男性而言，这种相关尤其明显；而学业成就和玩电子游戏的时间长短呈负相关。这种研究容易实施，但很难得出因果结论。

今后的攻击性研究，将会更加强调社会文化因素和个体的认知、人格、生物因素等的影响；重视攻击性的发展规律、机制和研究技术手段的规范化，攻击性和社会支持、应对方式及人格特点的关系，特别是社会心理因素与生物因素在攻击性发生发展上的因素关系；进一步整合多元化的方法探索攻击性的干预模式；对攻击性进行跨文化研究，比较不同文化背景下攻击性的差异，深入探讨人类攻击性形成的原因。这对于有效理解攻击性的认知及预防攻击性有着重大的意义和价值。

第二节 攻击行为的理论

目前，关于攻击行为的本质和原因的解释，形成了各种不同的观点。有的观点强调本能的力量，如弗洛伊德从死亡本能的角度解释攻击；有的强调环境的刺激，如挫折—攻击说认为攻击的产生是因人们受到了挫折；有的强调个体的认识，如社会学习理论和认知理论认为人们的攻击行为是由学习获得的，受到社会认知的影响。可谓仁者见仁，智者见智。

一、本能论、习性学和生理学的观点

（一）本能论

人类暴力或战争产生于攻击他人的遗传倾向。弗洛伊德是这个观点的坚定支持者。弗洛伊德作为一个本能（instinctive）决定论者，认为人的行为和心理是由潜意识中的本能力量决定的。在他早期的著作，如1915年的《本能及其变化》中，本能被划分为性本能和自我本能两种。但是，当亲眼看见第一次世界大战造成的严重破坏和无尽灾难，看到了人性残忍、恐怖的一面后，他开始认真地思考关于攻击和侵犯的问题。同时，他的思想观点也发生了变化。在1920年出版的《超越快乐原则》一书中，他将性本能和自我本能合称为生命本能，代表着对生命的追求以及爱与创造的力量，指向于生命的增长与促进，这是有利于个体存在和种族延续的本能力量；同时，他还提出了一个与生命本能相对的概念——死亡本能，指个体内部固有的破坏性本能力量，体现了人对杀戮和死亡的原始欲望。死的本能指向外时，就成为破坏、伤害、征服、侵犯、战争的动因，引发对他人的攻击行为。在他看来，人的攻击行为是本能的、无意识的，是死亡本能的必然产物。

弗洛伊德的观点受到了进化论的影响。在进化论看来，一切脆弱的、不稳定的原始生命都来自没有生命的无机物的组合，而无生命状态是稳定的。尽管人类生命经过漫长的进化，已经远离了原始的生命形态，但它仍然有一种回到非生命状态的倾向，这种倾向在个体生命中就表现为死亡本能。弗洛伊德1920年认为，生命本能和死亡本能“从严格意义上讲都是保存性的，因为二者都致力于重建一种由于生命的出现而遭到破坏的存在状态。生命的出现既是生命继续的原因，同时也是奔向死亡的原因。生命本能正是这两种倾向之间冲突的调和方式”。

当个体的生命本能开始衰竭或耗尽的时候，死亡本能就在与生命本能的对立中获得优势地位，从而直接表现出来，这就产生了攻击或侵犯行为。这种死亡本能如果指向自身，就表现为自毁、自杀；如果指向他人，就表现为攻击、侵犯、破坏或杀戮。从这个意义上说，战争作为一种攻击性的集中体现，正是死亡本能使然。人类正是试图通过战争来消灭异己，保存自己的生命的。有人统计过，自有文字记录的5560年里，共发生过14 531次战争，平均每年就有2.6次之多，不知这是否反映了人类有攻击的本能。

（二）习性学的观点

习性学（ethology）是20世纪30年代形成于欧洲的一个动物学分支。习性学的研究表明，动物的一切行为的表现方式，都是该物种在进化过程中生存适应的结果，并表现为该物种特定的“固定行为模式”。所谓固定行为模式，是指构成某一物种的某种行为表现的全部动作反应之间具有的某种固定时空关系。一旦适当的刺激物出现，这种动作反应就以刻板化的系列方式表现出来。攻击行为也是这样一种适应性行为。

奥地利习性学家、1973年诺贝尔生理学或医学奖获得者洛伦兹（K. Lorentz），曾经对动物和人类的攻击行为进行过深入的研究，并出版了《论攻击》（1966年）一书，系统阐述了习性学关于攻击行为的理论观点。他认为，攻击是人类和动物一种好斗的本能，攻击的驱动力源于有机体内部能量的不断积累。内部能量累积达到一定水平后就要通过适当的争斗予以释放，从而引发攻击行为。他通过对鱼类的观察，发现鱼类的攻击行为往往是不择对象的。这说明动物的习性导致了其本身的攻击性。这是与生俱来为保存生命而不可缺少的一部分，它的释放具有生物学的价值。

动物界的攻击主要发生在三种情况下。一是维护社会等级秩序。例如，猴子为了争夺或保存王位，会发生激烈的攻击和战斗。二是保护领地。领地是动物繁衍和获得食物资源的重要保障。为了生存，它们会奋力攻击入侵者。三是争夺资源。例如，在干旱的季节，动物会为了争夺水源而发生激烈的战斗。

虽然动物界的争斗是常见的，但是动物同人类的大多数攻击带有很强的“仪式性”，并不是要达到你死我活的目的（在很多情况下，人类喜欢这样）。对动物界的这种有限攻击行为，有三个方面的解释：首先，族内的殊死斗争会降低基因的存活率，降低本物种的适应性；其次，攻击行为会造成伤害，消耗体力，会影响交配机会和生殖能力；最后，杀死同类并不一定会提高自己的生存能力。因此，动物同类的攻击大多是一种有限的、仪式性攻击。

洛伦兹的攻击本能论受到学者们的广泛批评。特别是洛伦兹的实验没有提供涉及人类的任何实验证据。虽然对动物的攻击行为有许多有趣的习性学研究资料，但是我们不能简单地把它推广并用于解释人类的攻击行为。当代神经生理学的研究证据，如动物脑内某些部位与攻击有关、人脑内某些部位损害也可以产生攻击，都只说明了攻击性的生理机制，而不是原因。例如，人的攻击或许不只是一种本能，还受到社会环境及对社会环境认知的巨大影响。

（三）生理学的观点

关于人类攻击性的生理基础，研究者主要是从激素、遗传基因、染色体等生物学因素方面进行阐述。研究者发现，攻击与雄性激素的分泌有关，雄性动物比雌性动物具有更强的攻击性。但从动物的行为推断人的行为应持慎重态度。据目前的研究水平，我们只能说人类的攻击行为部分受激素影响。遗传基因也影响攻击行为。拉什顿等人对296对同卵双生子和277对异卵双生子进行了攻击行为的追踪研究，发现同卵双生子攻击行为的相关（$r=$

0.40)，远远高于异卵双生子（$r=0.04$）。这从一个方面说明人类的攻击行为在一定程度上受遗传的影响。至于染色体与攻击行为的相关性则早已被证实了。

很多研究者认为，攻击行为的产生可能有着一定的神经基础。对动物的研究表明，人类大脑最古老、最原始的下丘脑与暴力、攻击有关。用微弱的电极刺激猫的下丘脑，猫会嘶叫、竖起毛发、瞳孔放大，并突然袭击笼子里的其他物体。还有一例是，实验室里饲养的一只老鼠从来没有咬死过同类，它和另一只老鼠和平相处在一只笼子里，但是，一旦它的下丘脑受到刺激，它就会扑向同类并咬死它。如果把一种神经化学阻断剂注入这只老鼠脑中的同一部位，它就会暂时变得温顺平和。

神经生理学家认为，愤怒、凶暴的情绪和攻击行为还与杏仁核有关。例如，马克和埃文（Mark & Ervin）的《暴行和脑》（1970 年）一书中提到的一个例子可以说明这一点。一个名叫怀特曼的男子在杀死自己的妻子和母亲后，又在得克萨斯大学的一座塔楼上用枪任意射杀 14 个过路的行人。他被击毙后，其尸体被解剖时，人们发现，此人杏仁核处有一个胡桃大小的肿瘤。其他临床病例也表明，杏仁核发生病变者极易产生暴力和攻击行为。然而，损毁患者的杏仁核后，患者在手术后的 2～4 年中非但没有表现出愤怒情绪，反而变得淡漠、麻木不仁。动物实验也证实了这一点：领头罗猴的杏仁核受损后很快就失去特权地位，对下属猴的反叛与不恭也无动于衷，不再使用原有的权威。目前的研究表明，额叶和颞叶机能缺陷以及 5-HT、儿茶酣胺和荷尔蒙等神经物质，确实与攻击和暴力行为有关。甚至有研究指出，严厉的家庭教养方式与血小板中 5-HT2A 受体的浓度降低有关，并会引发更多的攻击行为。诚然，这有可能对攻击行为做出神经生理学机制方面的解释，然而，目前的研究仍有待进一步深入，才有可能真正揭示攻击行为的生物学基础。

二、挫折—攻击说

毫无疑问，尽管人类的攻击行为有其生物学基础，但更多受到后天环境和生活的影响。例如，生活中的挫折（frustration）就直接与攻击行为有关联。在日常生活中，我们经常可以发现这种现象，一个人受了某种挫折后，会大发脾气，并表现出各种攻击性和破坏性。例如，有的男人在公司里被老板批评后，回家后会冲着妻子和孩子发火，并动手打人。从这个意义上说，挫折是任何妨碍个体获得快乐或达到预期目标的外部刺激。

美国耶鲁大学人类关系研究所的多拉德（J. Dollard）等人在《挫折与攻击》（1939）一书中提出的**挫折—攻击说**（the frustration-aggression hypothesis），可以对此做出一定的解释。该学说随着本能论的日益衰弱而逐渐受到人们的重视。20 世纪 70 年代至 80 年代，研究者纷纷把注意力集中到这个方面。多拉德认为，挫折是个体对目标做出的反应受到干扰时所产生的状态。挫折—攻击理论认为，攻击总是挫折的结果。挫折总会导致某种形式的攻击，挫折和攻击行为之间存在着普遍的因果联系。多拉德等人还提出，直接的身体和语言攻击是最常见的攻击形式。当直接攻击受到阻碍或抑制时，个体也可能采取其他形式的攻击，如散布流言等。这种替代性攻击不仅会发生在攻击的形式上，而且还可能发生在攻击的对象上。比如，当挫折的来源，即攻击的对象不在身边或害怕攻击后自己会受到惩罚时，个体会替代性地攻击其他目标。在他们看来，挫折和攻击之间存在着必然的联系。但是，随着研究的深入，人们越来越怀疑两者之间的因果联系，对这个理论提出了一些批评，并由此展开一系列实证研究。

后来，贝克威茨（L. Berkowitz）引入情绪唤醒、对攻击线索的认知等中介变量，对多拉德等人的挫折—攻击说进行了修正（见图 13-1）。贝克威茨认为，挫折导致攻击是因为消极情感与攻击行为之间存在一定的关系。挫折是令人讨厌的、不愉快的情感体验，由这种挫折产生的消极情感（如愤怒），确实能够引起最初的攻击倾向和准备性，但会不会产生外在的攻击行为，外在的攻击行为取决于对攻击线索（如刀枪）的认知等一系列因素。贝克威茨曾生动地说：“枪不仅容许暴力，而且也能激发暴力。手指勾动着扳机，但扳机也可以牵引着手指去勾动它。”这就是一种“武器效应”。进一步地，卡尔森（M. Carlson）对攻击行为的 23 项研究所做的元分析表明，与攻击有关的线索不仅可以引发攻击，而且能够使已经愤怒的人更加愤怒，从而大大增强攻击性。然而，攻击线索只是增加了攻击发生的可能性，并不是攻击产生的必要条件。有时愤怒的情绪本身直接就可以引发攻击行为。此外，个体的攻击习惯也影响到攻击的准备性，从而影响是否做出攻击反应；反过来，新的攻击反应将加强攻击习惯。由此看来，挫折引起的只是一种攻击准备状态，是攻击行为的一个原因，但不是唯一的原因。

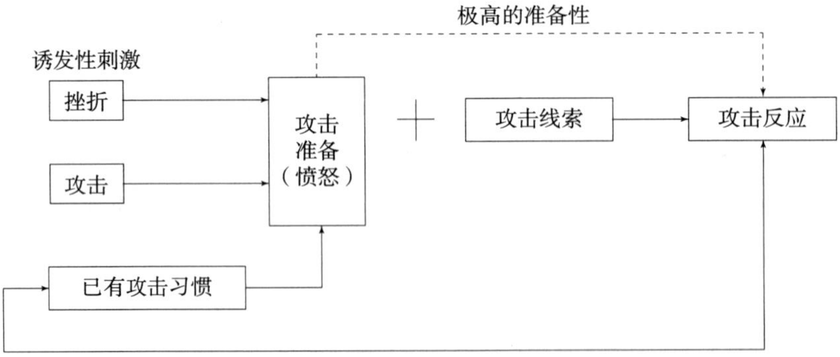

图 13-1　贝克威茨修订的挫折—攻击假说

［资料源自 Berkowitz L. “Some determinants of impulsive aggression：Role of mediates associations with reinforcements for aggression，” *Psychological Review*，1974，81（2），pp. 165-176］

三、社会学习理论

社会学习理论从人类特有的认知能力角度，来探讨人的攻击行为的获得及其表现形式。这个理论虽然认为刺激—反应在攻击行为形成与发展中起着重要作用，但同时它又十分重视对外显行为发生影响的那些内部的认知决定因素，所持的是一种认知/刺激—反应的观点。根据这个观点，攻击行为的过程与其他外显行为的学习、操作和保持的过程在本质上是相同的。社会学习理论家班杜拉（A. Bandura）认为："攻击是一个具有多种决定因素并服务于多种目的的多面现象。仅从挫折因素和行为的伤害性目的来理解攻击的理论建构，其解释能力是十分有限的。"

班杜拉认为，人类并非生来就有一个固定的行为模式库，一切行为方式都是后天学习的结果，攻击行为也是如此。个体学习攻击行为的方式有两种：观察学习和直接学习。个体可以实际操作某一行为方式，经直接经验在结果的基础上获得攻击行为，也可以通过观察榜样的行为及其结果在替代经验的基础上获得攻击行为。例如，一个幼儿通过武力从同伴手中抢夺玩具，如果成功了那就强化了他进一步的攻击行为；当然，他看见别人这样做而且得到了积极的结果时，也会获得攻击行为。

为了说明这个道理，班杜拉做过很多"拳击玩偶"类实验。这些实验大都表明，个体有从观察和模仿中习得攻击行为的倾向。

一个经典实验（1965年）是这样的：让4岁的儿童单独观看一部简短的电影。电影的内容是一个男子狠命地用拳击打一个玩具娃娃，一面打一面大声喊叫。此人的攻击行为受到三种不同的对待。第一种情况是，攻击者来到一组儿童面前，受到另一个成年人的表扬，还被奖励以汽水、巧克力等。第二种情况是，这个攻击者受到了另一个成年人的惩罚，被称为"大暴徒"，并被打得落荒而逃；第三种情况是，既没有奖励也没有惩罚。三组儿童分别观看了同一个攻击者被不同对待的影片，然后被带到与电影情境类似的房间里，房间里也有一个玩具娃娃。结果发现，观看因攻击行为而受到惩罚的影片的儿童，几乎没有表现出攻击行为，而其他两组儿童的攻击行为几乎一样多。这说明，通过观察"榜样"的行为及其结果，儿童可以模仿相应的行为。这就解释了儿童通过模仿暴力电视或电影而犯罪的这一现象。

班杜拉认为，攻击行为的获得和保持有三种机制。

（1）外部强化。攻击行为获得的外部强化通常包括三类。一是实物奖赏。例如，幼儿从别人手里夺来的食物或玩具，抢劫者得到的财物，士兵缴获的战利品，这些都是对他们攻击行为的一种外部强化。二是社会性奖赏。通过攻击获得的声望、名誉、权利、地位等都是一种社会性奖赏，有助于保持攻击行为。在现实生活中，人们为了赢得更好的名誉和更多的权利而咄咄逼人，甚至不惜采取诽谤、诬蔑、欺骗等卑劣手段攻击竞争对手，就是出于对社会性奖赏的渴望。三是痛苦遭遇的排除。例如，挨骂、遭打、被虐、被辱等都是痛苦遭遇。如果能通过攻击行为排除这些遭遇，个体同样可以获得对行为的强化。这可以解释为什么有的儿童或成人在被攻击时会“以牙还牙”，坚决还击。

（2）替代性强化。个体的很多社会行为，特别是攻击行为，可能都不是通过直接强化获得和保持的，而更多的是依靠替代性强化。这种替代性强化来自三方面的榜样影响。一是家庭，如受体罚的儿童攻击同伴；二是亚文化，如青少年模仿崇拜者的行为；三是符号性榜样，如大众传媒的替代性榜样。一般而言，看到别人因为攻击行为而得到表扬和奖励，能够增加观察者在类似情境下来产生同样的攻击行为的可能性；相反，看到别人的攻击行为遭受惩罚，会抑制观察者类似行为的“表现”。请注意，这里说的是“表现”，意思是说个体可能学会了这种行为，但是为了避免惩罚而不表现出来。

（3）自我强化。个体的行为并不只取决于外部的强化和替代性强化，因为个体不是外部影响力的被动反应者，人具有自我指导和自我调节等能力，能主动地对自我行为施加影响。例如，个体在表现出攻击行为后，良心的自我谴责会使自己减少这种不良行为表现。儿童成功地攻击了别人，不以为耻，反以为荣，并获得自我满足感和成就感，这无疑将强化他继续攻击别人的行为。

总之，在班杜拉看来，攻击行为是主体和环境之间复杂的相互作用的结果。在这个过程中，外部强化、替代性强化和自我强化起着重要的作用。值得肯定的是，以班杜拉为代表的社会学习理论家通过一系列实验来论证自己的观点。他们认为攻击是学习的结果，这是非常可取的。这个理论也被大多数研究者所接受。

人物栏

图 13-2　班杜拉

A. 班杜拉（A. Bandura，1925—2021），美国心理学家（见图 13-2）。1925 年 12 月 4 日生于加拿大的曼达尔镇。1949 年毕业于温哥华不列颠哥伦比亚大学，后入美国艾奥瓦大学师从斯彭斯（K. W. Spence）研究学习理论。1952 年获临床心理学博士学位，1953 年到斯坦福大学任教，早期主要研究心理治疗问题。1958 年以后与博士研究生沃尔特斯（R. H. Walters）合作研究青少年的攻击性行为，以后又致力于社会学习理论的建树，强调认知过程、替代性强化和自我调节在人类行为中的重要作用，并提出区别于其他行为主义者的相互作用论，认为人的行为是由环境、行为和人三种变量交互作用决定的。

班杜拉对心理学的突出贡献是用实验法研究儿童的观察性学习，即在控制条件下，让儿童观察别人（模式）的行为，过后看他在类似情境中是否模仿模式的行为。他认为人类许多复杂的行为都是通过观察性学习获得的，学习者无须事事通过亲身接受外来的强化进行学习，而可以通过观察别人的行为，代替性地得到强化。班杜拉曾任多种学术职务，并获得多种科学奖。1974 年当选美国心理学会主席。1980 年获美国心理学会颁发的杰出科学贡献奖。主要著作有：《青少年的攻击行为》（与沃尔特斯合作，1959）、《社会学习和人格发展》（与沃尔特斯合作，1963）、《行为矫正原理》（1969）以及《社会学习理论》（1977）。

（摘自《中国大百科全书·心理学》，中国大百科全书出版社，2002）

四、社会信息加工理论

自 20 世纪 80 年代以来，研究者从认知过程和信息加工过程方面来探讨攻击行为产生的原因，认为个体对环境信息的认知加工偏差，或社会能力和社会技能低下，都可能导致攻击行为。其中有代表性的是道奇（K. A. Dodge）的社会信息加工模型。他认为，社会信息加工包括五个步骤：编码、解释、反应搜索、反应评估和抉择、反应执行。实际上，道奇提出这个模型主要是为了解释儿童攻击行为产生的机制。

道奇认为，如果儿童在社会信息加工的某个环节出现偏差或缺陷，就有可能导致攻击行为，并进入恶性循环。如图 13-3 所示，对他人敌意性意图的情境性推理，会使儿童产生攻击性报复，从而招致同伴的敌意性反击和拒绝，这又强化了攻击性儿童对同伴敌意性意图的预期，从而导致此后对社会性线索（如他人的语言、表情和动作）的扫描偏差，并引起对他人敌意性意图的推理，使这个恶性循环不断地进行下去。

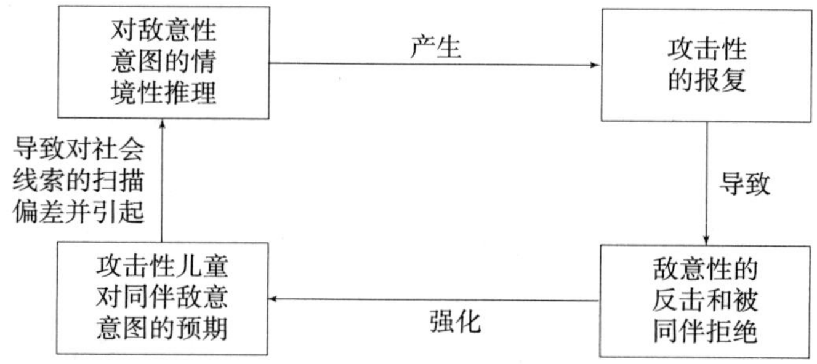

图 13-3　攻击性儿童的社会信息加工偏差及其结果

道奇等人的研究发现，儿童的攻击行为可能与如下四个方面的认知缺陷有关系：第一，对敌意线索表现出有偏向的注意；第二，对他人行为的解释存在归因偏见；第三，对反应的搜索和问题解决策略存在缺陷；第四，对攻击行为后果乐观的预期。

道奇等人在较早的一项研究中认为，在社会交往中，儿童对他人意图线索的识别技能与儿童的社会行为和社交地位密切相关。受欢迎的和一般的儿童比被拒绝的、被忽视的儿童对意图线索的识别更准确，后者常误以为他人的意图是有敌意的，因而采取相应的攻击或退缩行为。我们（俞国良、辛自强和曾盼盼）对学习困难儿童社会信息加工的研究也证实了这个研究结论。也就是说，儿童对同伴行为的反应取决于对同伴意图的主观理解，而不是意图本身。由此可以推论，儿童对刺激线索的编码和解释能力落后，是导致其产生攻击等不良行为的重要原因。

后来，克瑞克（N. R. Crick）等人于1996年的研究也证明，如果将攻击行为分为敌意性的和工具性的两种，那么在编码和解释阶段，具有敌意性攻击行为的儿童带有敌意性归因偏见，在同伴激惹情境中总是将同伴的意图理解为恶意的，对同伴进行恶意的报复；而具有工具性攻击行为的儿童是在行为评估阶段，错误地认为攻击能产生有利于自己的结果，从而采取工具性攻击行为。可见，对他人意图的不同归因和对行为计划的不同评估，导致儿童采取了不同性质的攻击行为。

阿德雷（Erdley）的研究也表明，要达到各种社会目标就需要一定的能力，个体的自我效能感不同，他们对模糊的激惹情境所采取的行为反应也会不同。对同伴激惹采取攻击性反应的个体，确信攻击行为是解决问题的有效手段；而采取退缩反应的个体缺乏自我效能感。相反，有自我效能感的个体相信通过自己的能力和努力，能解决面临的问题并与同伴保持良好的人际关系。

近十年来的一些研究，逐渐认识到社会认知对攻击行为的影响，与个体和社会情境的交互作用有关。例如，安德逊（C. A. Anderson）等人提出了一个情感性攻击模型（GGAM），这个模型认为攻击是由大范围的输入变量激发的，这些输入变量影响唤醒、情感状态和认知，再加上其他因素，从而决定攻击是否发生以及以什么方式发生。研究者伊根（S. K. Egan）等人在追踪研究社会认知对攻击行为的影响时推断，社会认知对行为的影响取决于个体和社会环境的交互作用。这种交互作用具体表现在，不仅信息加工主体的各种特征会影响社会信息加工过程，信息加工的对象——信息资源的特征，如社会刺激的性质不同、情境中可资利用的信息量的多少，也会产生影响。例如，瑞奇（D. A. Reich）等人研究发现，在信息资源充足的情况下，认知图式（如抑郁者的图式）对社会推理过程并没有影响，而在信息资源不充足的情况下则不然。这说明作为主体的人的特征和作为客体的信息资源的特征，对社会信息加工过程有交互作用。在有关社会信息加工的许多研究中使用的实验刺激材料，都区分了模糊情境和意义清晰情境，目的就是控制信息资源的不同特征所产生的影响。

第三节 攻击行为的发展特点

尽管许多关于攻击行为的研究都以儿童为被试，然而真正关于攻击行为的发展的研究并不多。这里，我们从社会心理学的角度，了解个体攻击行为的发生、发展特点。

一、攻击行为的发生

对于儿童什么时候表现出有意图的攻击这个问题，学术界一直存在着争论。从经验上看，人们经常能看到很小的婴儿变得非常生气和愤怒，并击打别人，然而这并不能确定他们有攻击的意图。皮亚杰（1952 年）描述过这样一件事情：他把手挡在一个非常吸引人的玩具前面，使他 7 个月大的孩子劳伦特因无论怎样努力也够不着玩具而受到挫折。这个孩子就拍打皮亚杰的手，好像要把他的手推开。这看起来好像是一种“工具性”攻击行为，然而劳伦特并没有吓唬或伤害他父亲的意图，他可能只不过把他爸爸挡在玩具前面的手视为一种必须挪开的障碍物而已。有的研究者，如尚茨（Shantz）声称，即使是 12～15 个月大的儿童在为玩具争斗时，也很少注视对方，而仅仅把注意力放在对玩具的占有上，并没有伤害竞争对手的意图。

然而，并不是每个研究者都赞成把这种行为看作非社会性的和非攻击性的。凯普兰（Caplan）等人在 1991 年发现，1 岁大小的儿童，就对控制着他也想玩的玩具的同伴施加“强力”。这些儿童总是觉得别人手里的玩具更有价值，即使那儿还有一个，甚至自己手里已经有了一个，也是如此。12 个月大的儿童，总是不管其他的玩具，而去制服拿着玩具的儿童，以便控制他们手中的玩具。很明显，这些儿童的行为可以称为工具性的攻击行为，因为他们有了明确的攻击意图。

然而，2 岁儿童的攻击和冲突行为并没有增加，因为他们开始学会了以协商和分享的方式避免争端。例如，美国心理学家霍姆伯格（M. S. Holmberg）较早的一项对“12～42 个月儿童社会交流方式”的发展研究发现，12～16 个月的婴儿相互之间大约有一半行为是破坏性和冲突性的；但是随着年龄的增长，儿童之间的冲突行为呈下降趋势；到 2 岁半时，儿童与同伴之间的冲突行为只有最初的 20%。这可能反映了儿童有效解决冲突的能力在不断提高，已经开始用和平的方式，而非使用武力攻击解决冲突。

二、攻击行为的发展

关于攻击的实证研究大多以儿童为对象。霍姆伯格 1977 年的研究证实了 20 世纪 30 年代比勒（C. Buhler）和格林（E. H. Green）的观察研究结果，即儿童之间的社会性冲突在他们出生后第二年就开始了，随年龄增长，这种冲突行为的数量呈下降趋势。实际上，从发展的角度讨论儿童攻击行为数量的年龄变化趋势，并不是一个明智的做法，因为儿童攻击行为的性质在不断变化，使得这种不同年龄之间的比较失去了意义，而讨论攻击行为性质上的年龄特点，则更有价值。

（一）幼儿攻击行为的特点

我们首先来看幼儿期攻击行为的特点。谢弗（Shaffer）于 1994 年对以往的实证研究进行总结后，认为幼儿攻击行为的特点表现在如下几个方面。第一，散乱的、无目的地发脾气行为在幼儿期会消失，而且通常在 4 岁后很难再出现了。第二，3 岁以上儿童对攻击的反击和由挫折引起的攻击行为明显增加。第三，攻击行为的引发者有很大的变化。2～3 岁儿童通常在父母对他们施加权威以阻碍或限制他们时，由于挫折和愤怒而对父母表现出攻击性；稍大一些的儿童，主要是与兄弟姐妹或同伴发生冲突。第四，攻击的形式和原因也在发生变化。2～3 岁儿童攻击别人的主要原因是争夺玩具，攻击的方式多为咬人、踢打别人，攻击行为通常是工具性的；幼儿园大班儿童的身体攻击行为减少，但是此后的“心理攻击”增多，如采用嘲弄、取笑、取外号等方式攻击别人，这在小学低年级阶段尤其明显。这个年龄的儿童一旦爆发身体的攻击行为，通常很激烈，并且有强烈的敌意。

我国研究者（张文新等人）采用自然观察法对幼儿园小班、中班、大班的 270 名儿童攻击行为的起因、类型及其年龄差异进行了研究，得到了类似的结果。根据对儿童攻击行为的观察记录，该研究把儿童攻击行为的起因分为 8 种类型，按照出现频率从高到低依次为：第一，报复还击（在受到他人伤害或干扰后进行攻击）；第二，保护自己的物品；第三，无故挑衅、欺负他人；第四，游戏或其他活动的纠纷；第五，他人违反纪律或行为规则（如游戏规则、幼儿园行为规则等）；第六，获取他人的物品（如玩具、食物、图片等）；第七，争夺空间（如座位、活动场所等）；第八，帮助好朋友或者受人指使。在被观察到的攻击行为中，小班、中班、大班儿童的工具性攻击行为分别为 73、52、51 次，敌意性攻击分别为 36、48、79 次。可见，工具性攻击行为随着年龄的增长在减少，而敌意性攻击行为却在增多。

（二）小学生攻击行为的特点

随着儿童能更熟练地、友善地处理纠纷，小学生的身体侵犯和其他形式的反社会行为明显减少。然而，小学生经常对直接的挑衅采取攻击行为，而且这种反应性攻击行为的意图常常是为了伤害挑衅者，因而会很猛烈。这似乎是在验证上面提到的幼儿的敌意性攻击行为随年龄增长而增多的事实。为什么会这样呢？这主要是因为小学生对他人意图的理解能力或者观点的采择能力都有了很大的发展，他们一旦识别他人的恶意与险恶动机，就会愤然反击，以惩罚挑衅者。道奇等人1984年的一项研究调查了幼儿、小学二年级和四年级儿童对他人意图（敌意的、中性的、亲社会的）理解的准确性。很显然，随着年龄增加，他们理解的准确性也在提高。只有42%的幼儿能够准确理解他人的真实意图；而二年级儿童的正确率为57%；四年级儿童的正确率则达到72%。

儿童对他人意图线索的识别和解释，还与儿童已有的攻击习惯有关，高攻击性的儿童通常“误解”别人的意图。道奇曾做过一个有趣的实验来研究社会情境意义的清晰程度、儿童的攻击性高低对其社会信息加工的影响。

道奇研究的是小学二年级、四年级和六年级男生。一组儿童的攻击性较高，另一组没有攻击性，让他们分别单独待在房间里做游戏。休息时，研究者安排他们分别到对方房间里检查游戏的进展。这时分别让他们听到假装的对手的声音，具体包括三种情况：第一种，敌意的。（“呀！他弄了这么多了，我要毁掉它！”）第二种，善意的。（“我要帮他一下，哟！我不是故意的。”）第三种，意图不明的。（“哟！他弄了这么多了。”）然后是一阵倒塌的声音（假装拼图被弄乱了）。这时，这些男生有什么反应呢？结果发现，无论是攻击性高的，还是没有攻击性的儿童，在听到敌意的声音时都比听到善意的声音时表现出更高的攻击性（破坏掉对方的拼图或者在口头上表示敌意）。但是，当同伴的意图不明确，也就是情境提供的信息比较模糊时，儿童会错误地解释别人的意图，认为别人是充满敌意的，从而采取报复性攻击行为。

由此可见，在社会交往中，儿童采取什么样的行为，可能取决于他们的社会信息加工方式。

（三）青少年攻击行为的特点

大量研究都发现，打架和敌意性攻击行为在青春期迅速上升，在13～15岁时处于高峰，此后迅速下降。然而，青少年犯罪行为则在青春期随年龄增长而增加，这似乎与攻击行为的下降相矛盾。这主要是因为虽然攻击行为的绝对数量在下降，然而他们反社会行为的程度却在增加，从而导致了犯罪行为。例如，他们更有能力使用武器，这会诱发他们的暴力行为。莱夫科维茨（M. Lefkowitz）等人在《暴力的形成》一书中指出，对于19岁这一年龄群体来说，攻击行为具有统计学意义的特征：8岁时攻击行为，这是最有力的特征；父亲地位的提升情况和对暴力电视节目的爱好等。麦科德（J. McCord）则认为统计学特征应包括：童年期缺乏管教，母亲缺乏自信，父母经常表现出攻击行为等。无论如何，更令人担心的是，青少年的攻击行为，还表现为两个集团或团伙之间的火拼与械斗，另外抢劫、谋杀等犯罪行为也时有发生。

青少年的攻击行为还有一个特殊表现。那就是欺负弱小同伴和低年级儿童，如殴打、勒索他们。与一般意义上的攻击行为类似，欺负行为指有意地造成接受者身体或心理的伤害。但是，欺负行为也有着与攻击行为不同的三个特点：在未受激惹的情况下，有意采取攻击行为；欺负者与被欺负者的力量往往不均衡；这种欺负行为往往重复发生。

大部分研究发现，儿童早期的攻击性对青春期甚至成年期的攻击性都有较强的预测作用，而且男性的攻击行为尤其稳定。霍斯曼（L. R. Huesman）等人对 600 名被试历时 22 年的追踪研究发现，个体在 8 岁时的攻击行为能够很好地预测他 30 岁时的攻击行为（如犯罪行为、家庭暴力等）。另一项追踪研究（Stevens & Truss，1985）也得到了类似结果。研究者史蒂文斯（Stevers）和特拉斯（Truss）用人格量表测量了 18～20 岁大学生的攻击行为，并且在他们 30 岁时进行了重测，发现在这么长的时间里他们的攻击行为相当稳定。

三、攻击行为的性别差异

个体的攻击行为存在性别差异，似乎是不争的事实。20 世纪 80 年代泰克（Tiaker）的一个综述指出，来自全世界各个国家的 100 多项研究报告都认为，男性无论在身体上，还是在言语上都比女性更有攻击性，这种差异甚至在 2 岁多的时候就会表现出来。然而，有的研究结果与此稍有出入。毕奥克昆兹（Björkqvist）等人采用同伴提名法对 8～15 岁儿童攻击类型及其年龄特点的研究表明，男孩普遍使用直接的身体攻击，而女孩则普遍使用间接的身体攻击，但是在言语攻击上男女无显著差异。随着年龄的增长，儿童逐渐从直接进行身体攻击转向使用多种攻击方式。虽然，在具体的攻击类型上，性别差异的资料可能没有达成一致，但是攻击行为在总体上有性别差异，已基本上为大多数研究所证实。研究者池丽萍和辛自强以 Achenbach 儿童行为核查表，对 246 名小学 3～5 年级儿童的内部问题行为和外部问题行为进行了测量。结果表明，在外部问题行为上性别的主效应显著，男生的外部问题行为明显高于女生。这里所说的外部问题行为包括攻击行为、违纪行为、冲动行为等。此外，对儿童欺负行为性别差异的研究也有类似结果，即男女儿童参与欺负行为的比率明显不同。莱格斯皮策（E. Lagerspetz）等人的一项针对 1774 名 5～16 岁儿童的研究表明，男生成为欺负者的可能性大约是女生的两倍，男生比女生更容易卷入欺负行为中。

为什么攻击行为存在性别差异呢？我们可以从生物、社会文化两个角度来解释。麦克比（Macoby）和杰克林（Jacklin）于 1980 年归纳了四个原因，以说明生物因素对攻击行为性别差异的影响。第一，在各种社会条件下的研究都显示男性比女性更富有攻击性，可见，不是文化背景在起决定作用。第二，攻击性的性别差异从很小

(2岁多)就开始显露出来，这就很难归因于社会学习和育儿方式。第三，与人类进化相近的那些动物，如狒狒、黑猩猩等都是雄性比雌性更富有攻击性。第四，在人类和动物中，雄性激素与攻击性有关。

从社会文化的角度考察，成人对男女儿童的不同期望，可能是导致攻击性性别差异的原因。例如，父母给男孩的玩具，通常是刀枪、飞机之类的，这些都与进攻或者攻击性有关，而女孩则不然。在教科书里，男性通常是以富有攻击性的、有进取心的、有征服能力的、勇猛的形象出现，而女性则相反。这些都有意无意地影响到了儿童的攻击行为。当然，更好的理解攻击行为的性别差异的方式，应该是把生物因素和社会文化因素结合起来。

第四节 攻击行为的影响因素及其干预

社会心理学研究表明，影响攻击的因素有很多，包括一系列的社会、个人和情境变量。这些可以分为外部因素和个体因素，外部因素又可以分为直接导致攻击的外部因素，以及对攻击有影响的背景因素。这些因素单独或交互地作用在一起都可能导致攻击行为的发生。

一、攻击行为的直接外因

(一) 挫折

前述的挫折—攻击说已经清楚表明，挫折是引发攻击的重要外部因素。根据多拉德的定义，挫折是“对目标做出的反应受到干扰时产生的状态”。他认为，挫折总会导致某种形式的攻击，攻击总是某种挫折的结果。

根据挫折—攻击说，剧烈的挫折可能激发直接的、指向挫折来源的攻击行为；而较弱的、来源不明的挫折则只引起间接性、替代性的攻击行为。例如，有些儿童在校学习不好，在同学中没有影响和地位，长期受冷落、轻视，久而久之，情绪易冲动，喜欢惹是生非，对别人进行攻击，或破坏公物等。他们受挫折的原因不明确，因此会产生这种间接性的、替代性的攻击。

在攻击对象或者其他人没有报复的情况下，攻击行为可能一直继续下去。例如，稍微年长的儿童都知道，当他欺负年幼的儿童或弟妹时，教师或父母会对他进行惩罚。多拉德认为，虽然挫折会引发攻击行为，但实际的攻击行为会由于预测攻击会受到惩罚因此被抑制。如果受到挫折之后，不能产生攻击，受挫折的人将保留着遗留的挫折，并有一种准备攻击的状态；此后，随着挫折的不断积累，到某一点后，会激发十分剧烈的攻击反应。例如，一个人在工作方面不断受到挫折，回家后对于孩子或妻子的一点点冒犯都会勃然大怒。

根据贝克威茨修正的挫折—攻击说，挫折主要引发一种攻击的准备状态，最终是否表现出攻击行为，还受到情绪唤醒等中介变量的制约。贝克威茨认为，挫折是令人厌恶的、不愉快的体验，这种消极的情感体验会激发攻击行为。此外，认知因素也起着中介变量的作用。如果受挫者认为挫折是意料之外的、不合理的，就会产生更强烈的攻击反应；但是，如果受挫者认识到自己做出攻击行为会带来不良或不利的后果，可能会抑制攻击行为的出现。

（二）挑衅

当人们受到他人直接的挑衅或被激怒时，往往不会视而不见、听而不闻，而会以牙还牙、以眼还眼。研究者让被试完成一个产品的广告设计任务，他们的工作质量由另一位被试（实际上为研究者的助手）来评价，助手给了相当消极的评价。但是，这种评价有两种方式。一种是“破坏性批评”，助手的评语是诬蔑和贬低的。（“我没有想到你们原来是这个样子，真蠢”！）另一种是“建设性评价”，评语是比较谨慎、委婉的。（“我认为还有很多可以改进的余地。”）在得到评价后，让被试填写一份问卷，以说明他们是否还愿意与这位被试（助手）共事。结果表明，那些得到破坏性评价的被试，不仅不愿意和助手合作，而且表现出很强的攻击性；得到建设性评价的被试的表现则与此相反。

但人们做出什么样的反应，还取决于对他人行为原因的解释。因此，这些挑衅行为的认知过程在很大程度上影响着个体的攻击行为。例如，一个个体被同伴拍了一下肩膀，他可以把同伴的行为视为友好的表现，也可以视为一种挑衅，从而产生攻击性报复行为。前面提到的道奇的很多研究都表明，很多儿童有敌意性偏见，会将模糊的或中性的社会线索理解为敌意的挑衅，从而进行报复。

另一项研究则可以从反面说明如何解释挑衅在攻击行为中发挥的重要作用。研究者让实验助手对被试进行挑衅，然后测量被试的生理反应和对助手进行报复的倾向。其中，一半的被试在受到助手的挑衅之前，被告知这位助手由于在化学考试中得到了一个不公正的低分数因而心情很坏；另一半的被试则在助手挑衅之后才被告知这一信息。结果表明，同在被挑衅之后得到信息的被试相比，在被挑衅之前得到信息的被试表现出了较低的情绪唤起（以心率为指标）和较低的报复倾向（以是否给予助手强烈刺激为指标）。这说明对挑衅的认知和解释，是挑衅发挥作用的关键因素之一。

（三）诱因

诱因是与挫折来源以及总的攻击行为相联系的刺激。贝克威茨于 1965 年提出的攻击的诱因理论认为，挫折导致攻击的准备状态，只有环境中具有适当的引发攻击的诱因，真正的攻击行为才会发生。班杜拉对不同情景下攻击行为的各种诱发因素及作用机制进行了更深入的分析。他把诱因分成如下五类。

(1) 厌恶性刺激诱因。在现实生活中，产生痛苦性厌恶体验的刺激有多种不同来源和形式，它们都可能诱发个体的攻击行为。这些刺激包括：暴力殴打事件、言语性威胁和侮辱、生活条件的恶化、目标行为的受阻。当个体遭遇殴打等暴力事件时，自然会体验到痛苦，从而激发暴力性反击。同样，言语性攻击也是一种厌恶性刺激。有研究表明，当众受到侮辱以及名誉、尊严等受到威胁，是诱发个体暴力行为的主要因素之一。生活资源匮乏或者被剥夺时，就会激发游行示威、武装暴乱等集体性攻击行为。这说明生活条件的恶化是导致攻击的诱因之一。班杜拉指出，是否会产生这种集体性攻击行为，还与民众对这种行为的自我效能感有关。只有认为游行能解决问题时，他们才会这样做。例如，某地出租汽车公司的司机为解决劳资纠纷，曾集体把多辆出租车开回老家，要求解决劳资双方的矛盾。此外，目标行为的受挫也是攻击的诱因。对此，班杜拉和贝克威茨的看法相似。

(2) 奖励性诱因。在班杜拉看来，上述厌恶性刺激因素诱发的攻击行为，主要是被动性攻击或反应性攻击；对于主动攻击而言，更有效的诱因是主体对行为后果的积极预期。如果主体预期的结果是奖励性的，这种预期对攻击行为就有很大的诱发力。例如，在谋财害命、拦路抢劫、纵火伤人、强奸妇女等方面的暴力犯罪中，罪犯首先会在认知上对预期的奖励性后果充满向往，因为抵制不住诱惑才付诸行动。

(3) 示范性诱因。做出攻击行为的榜样的示范作用，能够诱发观察者对榜样行为的学习。特别是当观察者处于情绪激愤状态时，或者发现被示范的攻击行为能给榜样带来好处时，示范作用对观察者攻击行为的诱发力量尤其强大。

(4) 训导性诱因。在社会化过程中，个体不断接受社会规范的约束，接受权威性主体的要求。有时，社会化的结果是接受权威发出的进行攻击行为的训导和命令，从而使个体做出服从性的攻击。例如，在战争时期，人们会为权威人物发出的命令或战争信仰而冒死作战。

(5) 幻觉性诱因。很多精神错乱的病人会因为头脑里稀奇古怪的幻觉和信念而表现出攻击性。例如，偏执型精神分裂症患者常会产生被害妄想，总怀疑自己正在受到别人的追杀或迫害，于是进行报复性攻击。可见，他们的被害幻觉是诱发攻击的原因。

我们（俞国良，李森）就社会排斥对攻击行为的影响进行了研究，并向国外同行介绍了研究成果。四项研究分别对初中生、高中生及大学生进行了大规模问卷调查。结构方程模型结果显示，社会排斥会导致个体抑郁、攻击水平的增加以及亲环境行为的减少。研究进一步探索了社会排斥发生作用的内部机制。中介分析结果表明，社会排斥通过削弱个体的积极心理资源（如心理资本、自我控制感），增加个体的消极心理体验（如特质愤怒）进而影响个体的心理行为问题。更为重要的是，我们从实践干预的角度，提出了人格可变观和高宽恕水平能有效缓解受排斥者的不良心理与行为反应，为临床心理学、心理健康教育提供了理论基础和干预方向。

二、攻击行为的背景影响因素

上面阐述的外部因素都是直接与攻击行为有关的因素。此外，还有一些外部因素对攻击行为起着间接的、背景性影响作用，如温度、家庭冲突和暴力、暴力性的大众传媒和游戏等。

（一）温度与攻击性行为

早在 19 世纪，一些科学家就发现气候、温度、天气变化与犯罪行为之间存在着千丝万缕的联系。随着社会发展和科学技术进步，人们发现更多的证据表明温度与攻击性行为存在着某种关联。

众所周知，温度对个体的生活有举足轻重的影响。极端的温度（高温或低温）会影响人们的健康、攻击行为和人际吸引等。大多数研究关心的是潜在温度（ambient temperature），指的是当时周围环境的温度；有效温度（effective temperature）则是指个人对潜在温度的知觉，它会受到空气湿度的影响。一般来说，湿度大使人们觉得温度比实际的更高。目前，对温度的研究大多集中在高温对个体的影响上。研究表明，高温的持续效果会导致筋疲力尽、头疼、易怒、昏昏欲睡、精神错乱、心脏病等，高温甚至会导致死亡率增加。可见，高温对行为的影响是消极的。与处于温度舒适的房间的被试相比较，处在炎热和潮湿房间里的被试表现出较消极的情绪、较不喜欢陌生人和人际吸引力降低；在高温下，工作绩效下降。安德森(C. A. Anderson) 对谋杀、强暴、抢劫和偷窃等犯罪的发生率进行了研究，发现暴力犯罪随温度上升而增加。高温对攻击行为的影响也是该领域的重要课题，但这一课题极为复杂。过去的研究和最近的一部分研究认为，高温使人们的攻击行为增加，暴力犯罪的多少取决于温度的高低。但巴伦等人的一系列研究表明，高温实际上会减弱愤怒个体的攻击行为。研究表明，在消极情感和攻击行为之间存在着曲线关系。在某一点上，消极情感（不论是由温度、侮辱还是其他因素引起的）的增强使攻击行为加剧；超过这一点后，再增加的消极情感使个体感到沮丧以致产生其他反应（如逃避行为）而不是攻击行为。他们在 1976 年对曲线进行了检验。被试被分为 8 个小组，分别接受由气温、另一个人的积极或消极评价、这个人的一致或不一致态度等构成不同的实验条件。他们相信，当条件由积极（舒适的气温、积极的评价、一致的态度）向中等消极以及最消极的条件转换时，攻击行为会增加。然而，结果并不是如此，在最消极的条件下（高温、消极评价、不一致的态度），攻击行为反而减少了（见图 13-4）。因此，他们认为，在温度上升到某一点之前，攻击行为会随之增加，之后温度若继续上升，攻击行为反而会下降，两者呈“倒 U 形”关系。

鉴于上述，我们唯一可获得的结论是温度和攻击行为之间必然有关系，但要描

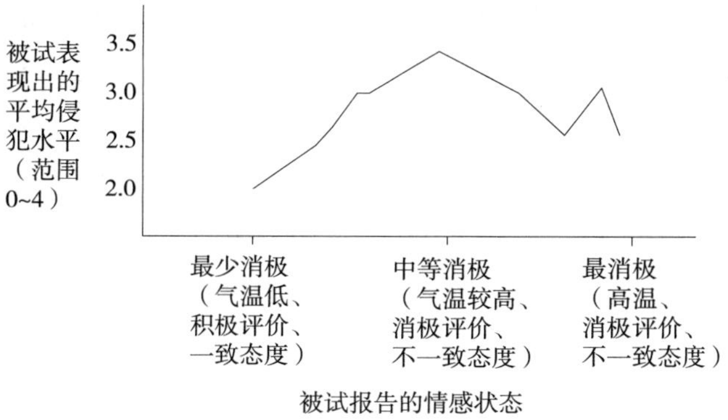

图 13-4　消极情感和攻击行为的关系曲线

述两者关系的性质和因果性显然还为时过早，需要进一步研究。

（二）家庭冲突和暴力

无论在哪里，家庭暴力都是影响儿童攻击行为的重要因素。1979 年对美国一个样本容量为 2000 人的随机抽样调查表明，有 16%的夫妻之间发生过暴力行为（从打一巴掌到真正的殴打）；整个婚姻关系期间平均约有 28%的夫妻之间有暴力行为。近年来的调查表明，美国的家庭暴力有 95%的受害者是妇女；在美国妇女的一生中，每 4 人中有 1 人会遭受家庭伴侣的暴力侵犯；每年都有约 600 万名妻子受到丈夫的虐待；每年约有 2000～4000 名妇女被殴打致死。国内的家庭暴力现象也值得关注。池丽萍（2002 年）一项对北京市近 300 对夫妻日常生活中矛盾冲突的调查发现，有 9.8%的夫妻从来不吵架；有 78%的夫妻偶尔吵架；有 4.4%的夫妻经常吵架，而在这 4.4%中有 2%的夫妻已经准备离婚或开始分居。可见，家庭冲突和暴力已经有相当的普遍性。它所产生的消极影响不仅破坏了婚姻关系，还影响到儿童的社会性发展，特别是导致攻击行为。一项研究发现，已婚而且曾看到父母相互攻击的男性，有 35%的人在过去 1 年中有家庭暴力行为，而从未见过父母相互攻击的人中有家庭暴力行为的比例有 10%。女性有家庭暴力表现的比例是 27%和 9%。可见，无论是男性还是女性，儿童期曾受过惩罚或看到惩罚的人，长大后更有可能出现攻击行为。这可能是父母将其攻击行为倾向传给了下一代。施特劳斯（Straus）于 1980 年形象地称其为“家庭暴力的社会遗传”。

班杜拉的社会学习理论可以用来解释婚姻冲突以及家庭暴力与儿童攻击行为之间的关系。例如，研究者贝尔斯基（Belsky）认为，充满暴力攻击的婚姻冲突为儿童提供了一系列不良的人际交往模式，儿童通过观察父母的行为及其后果，获得有关人际交往的知识和不恰当的攻击性冲突解决策略。在社会学习过程中，父母在冲突中的行为和结果，间接强化了儿童的错误观念：攻击行为是一种解决矛盾的可行方法。这种错误观念导致了儿童的各种问题行为。研究者发现在婚姻满意度没有显著差异的家庭中，发生在儿童面前的婚姻冲突（公开的婚姻冲突）比隐蔽的冲突更可能导致儿童的问题行为。卡明斯（Cummings）等人的实验研究也发现，在目睹成人激烈争吵后，儿童对同伴的身体攻击或言语侮辱行为增多了。这些都说明，在公开的婚姻冲突中，儿童对父母冲突行为的社会学习，比婚姻满意度更能精确地预测儿童的问题行为；而且，公开冲突发生的频率越高，儿童进行观察学习的机会越多，其产生问题行为的可能性就越大。

除了家庭暴力的消极影响之外，家庭过分溺爱儿童、对儿童行为放任不管等，都会导致较高的攻击行为发生率。因为在这种环境下成长的儿童，道德观念薄弱，是非不分，没有正确的行为准则与规范，以自我为中心，自控能力差，为所欲为，社会适应困难。攻击行为便会随之产生。

（三）暴力性大众传媒和游戏

班杜拉的社会学习理论认为，即使是年幼的儿童，也可以通过观看电影或电视上的暴力行为，习得攻击他人的种种方式。他有一个经典实验，被试是幼儿园儿童。第一组儿童看一部攻击娃娃的电影，第二组儿童看有相同攻击性内容的卡通，第三组儿童看成人现场攻击行为，第四组儿童完全没有看到榜样或者看到的是温顺的榜样。然后，让所有儿童面对一个与电影中相同的娃娃，研究者观察记录儿童攻击该娃娃的次数。结果如图 13-5 所示，儿童的攻击行为明显受到榜样的影响。约瑟夫森（W. D. Josephson）的研究结果也表明，大众媒体中的暴力情节与那些攻击倾向较弱的人相比，更多地助长了本来就有强烈攻击倾向的人的攻击行为。此外，与没有接触大众媒体中暴力或攻击情节的被试相比，接触到暴力或攻击情节的被试表现出更高程度的攻击行为。

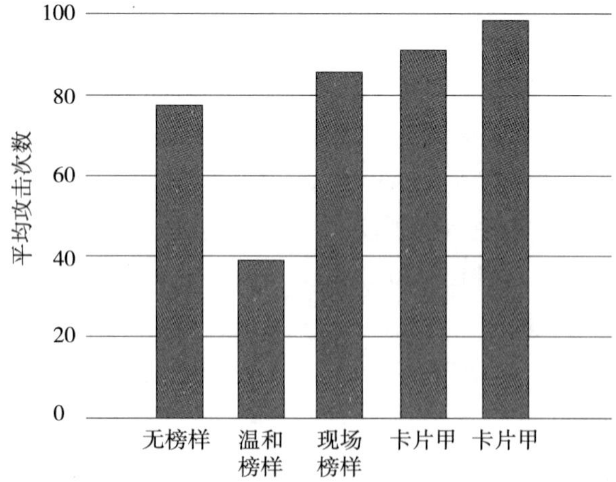

图 13-5　榜样与攻击性

随着暴力游戏的泛滥，研究者们开始日益关注它所产生的不良影响。1999 年 4 月 20 日，名叫哈瑞斯（Erie Harris）和科勒伯得（Dylan Klebold）的两个少年，在科罗拉多州的一所高中开枪打死了 13 人，打伤了 23 人，然后自杀。尽管不能完全确定这两个少年对同学和老师行凶的确切原因，然而，有一个因素不容忽视，那就是暴力电子游戏。哈瑞斯和科勒伯得都沉溺于玩血腥的“死亡”游戏。这个游戏是美国军界用来训练士兵有效攻杀时所用的。这个游戏里有两个射手，每个都有出色的武器和无限的弹药，用来射杀那些“不能还击的”人。玩这种游戏不到 1 年，这两个少年就把“剧情”搬到了真实的生活中，制造了这起骇人听闻的谋杀悲剧。

很显然，娱乐媒体影响了人们的生活。儿童，甚至成人认为正确的那些行为，很多都来自对媒体的“学习”。同样，暴力电子游戏也可以影响攻击行为。然而，这方面的实验资料并不多，其中一部分因为这个问题近年来才凸显出来。最早的电子游戏在内容上，多是简单的、无伤害的。从 20 世纪 70 年代后，开始有了少量的射击游戏，90 年代后，这种血腥的射击和屠杀类游戏迅速增多。研究者迪茨（Dietz）调查了 33 个世嘉公司（Sega）和任天堂（Nintendo）公司的游戏，发现其中近 80％是暴力性质的。尤其值得注意的是，21％的游戏暴力的对象是女性。

关于暴力游戏影响的研究之所以较少，还有一个原因是，有些游戏制造者和评论家认为“玩游戏是释放累积的攻击能量的一种有用方式”。然而，这个观点忽视了游戏对儿童模仿攻击行为的巨大影响。暴力电子游戏提供了学习和练习攻击方案的场所。安德森和迪尔认为暴力电子游戏的影响可能是认知性的。从短期影响来看，玩暴力游戏通过引起攻击性的想法和念头影响攻击行为；从长期影响来看，玩游戏者学习和练习了与攻击相关的新的脚本，这些脚本在现实的冲突情境下很容易被唤起和使用。个体如果不断沉溺于暴力游戏中，就创造了各种与暴力有关的知识结构，并加强了其可触接性。此外，暴力游戏电视还可能改变了游戏者的人格结构和日常交往方式，从而导致暴力行为的不断增加。安德森和迪尔通过两项研究，考查了暴力电子游戏对与攻击行为相关的变量的影响。他们在第一个研究中发现，在现实生活中，玩暴力电子游戏的多少与攻击行为和行为不良之间有正相关。对于那些在性格上本身就有攻击性的男性而言，这种相关尤其高。而学业成就和玩电子游戏的时间长短呈负相关。接下来的实验研究发现，让被试玩暴力电子游戏，可以增加其攻击的念头和行为。总之，暴力电子游戏的不良影响不容忽视，而且电子游戏较强的交互性质使得其中的暴力内容产生的影响远远高于电视和电影的影响。因此，那些游戏的消费者（包括儿童的监护人），应该对其的消极影响给予足够的重视。

除了暴力家庭、暴力传媒、暴力游戏之外，个体经常接触到的暴力环境因素还有很多，如社区和同伴环境中的暴力行为。一些街道、社区的人粗暴、野蛮、爱斗殴，个体生活在这种打斗成风的环境里，不可能不受影响；还有的个体则是从喜欢惹事、爱打架的同伴那里学会了攻击行为。

三、攻击行为的个体影响因素

我们在前面介绍攻击行为的理论时，已经介绍了生物因素、社会认知、情绪唤醒等个体因素的影响。不可否认，遗传因素与攻击多少也有些关系。但更应引起重视的是个体的认知水平。这是影响攻击行为的一个重要因素。当个体认识到攻击行为将会给自己带来一定的消极后果时，其攻击行为可能被抑制。此外，还有很多个性因素影响攻击行为，如自我控制能力、归因方式、性格特征等。

（一）自我控制能力

梅加吉（E. I. Megargee）在考查犯袭击罪的罪犯后，提出这类人普遍具有以下两种个性特征。第一种为“控制不足攻击型”，即对攻击行为的抑制力不足。第二种为“长期过分控制攻击型”，即对攻击行为有着很强的控制力。梅加吉认为，第一种类型的人在愤怒时会毫不犹豫地使用暴力，但极度暴力的罪行，如杀人越货等，都是由第二种类型的人实施的。他认为这些人平时把愤怒积压在内心，一直到最后才爆发。所有积压的情绪和仇恨在一个极端暴力的行动中被全部发泄出来。可见，能否进行合理的控制是问题的关键。

（二）归因方式

在社会认知中，人们的归因方式并不相同。有的人总是倾向于把原因归结于外部，属于外控型；有的人则相反，属于内控型。控制源的差异反映了人们以特定方式看待客观世界普遍的、相对稳定的倾向性。

登奇林克（H. A. Dengerink）等人利用控制源理论中的内在—外在维度研究了攻击行为，发现内在控制源的人使用攻击性的程度，比外在控制源的人要高。因为内控型的人会把攻击看作减少人们对他们自己进行攻击的一种行为；而外控型的人觉得采取攻击行为对发生在自己身上的事情没有影响，于是就很少采用攻击行为来做出反应。登奇林克通过实验证明了这一观点。研究者让被试处于这样的情境中，不管他们付出多大的努力，在一系列任务中总是失败，而其他被试则能取得成功。结果表明，那些认为能够用自己的行为改变和控制自己命运的被试，对于别人得寸进尺的攻击会采取逐渐升级的反攻击；而那些总是失败的被试感到无力控制自己的命运，没有用逐渐升级的攻击行为来对付别人的进攻。可见，个体的控制方式或归因类型影响攻击行为的产生。

（三）性格特征

个体的性格特征在攻击的“启动”中发挥着重要作用。有人把性格简单地化分成A型性格和B型性格两类。A型性格的人，指的是说话与行动节奏快，性子急，缺乏泰然自若的态度，争强好胜，容易发火，常常充满失落感与懊丧情绪，总是迫使自己处于紧张状态的人。B型性格与此相反。研究表明，A型性格的人常常有意无意地攻击他人，以此作为达到某种目的的手段。他们常常进行工具性攻击，这种攻击的首要目的不是伤害他人，而是实现某种目标；同时，还会进行敌意性攻击，对受害者进行某种伤害。在学习、生活和工作中，由于高竞争性、时间紧迫感和敌意，A型性格的人更容易与人发生冲突，产生攻击行为。

（四）敌意性偏向

在对来自他人的社会性线索的解释上，也存在相当稳定的个体差异。有的个体有稳定的敌意性偏向。这些个体不能按照真实情况来理解他人的行为意图，而总是倾向于相信他人是恶意的，即使他人实际上没有这种意向。道奇等人的研究发现，敌意性偏向高，反应性攻击程度也高。克瑞奇（Crick）等人的研究也证明，如果将攻击行为分为敌意性和工具性两种，那么，在编码和解释阶段，具有敌意性攻击行为的儿童带有敌意性归因偏见，在同伴激惹情境中总是将同伴的意图理解为恶意的，进而对同伴进行恶意的报复。

四、攻击行为的预防和控制

诚如前述，个体的攻击行为是不可避免的，即使社会不断发展、人类不断进步，这种现象也不可能彻底消失。瑞文（Raven）和鲁宾（Rubin）于1983年总结了过去40多年关于攻击行为的研究，提出了攻击行为的综合模型（参见图13-6）。这个综合模型，对于攻击行为的预防和控制有借鉴意义。

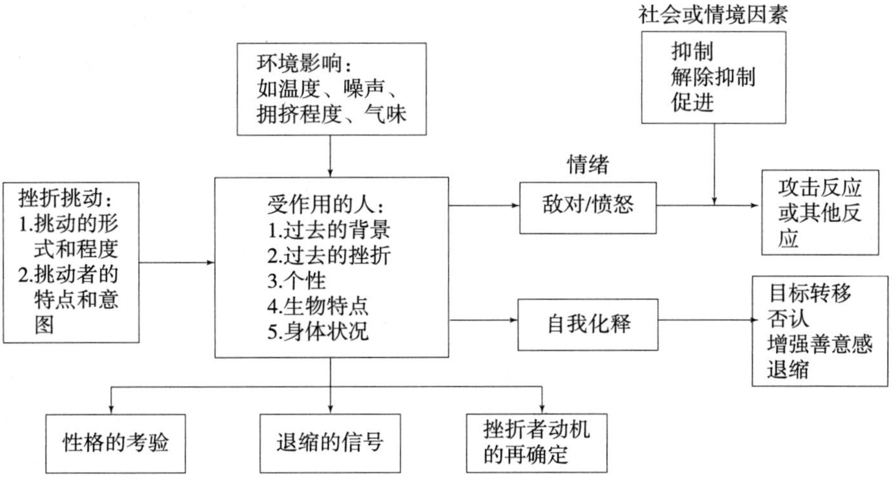

图13-6 攻击行为的综合模型

我们应该强调，攻击行为的减少是必要的，也是可能的。当人们能预测攻击，即了解到谁将会有攻击行为，以及它发生在何时、何地的时候，攻击就会得到最理想的妥善处理。这需要“对症下药”。例如，分配公正、减少挫折感、惩罚攻击行为、说服教育和榜样教育、学会自我控制和宣泄等都是行之有效的方法。

（1）惩罚。惩罚是在发生不良行为之后施以令人厌恶的刺激，是控制攻击等不良行为最常见的手段。惩罚对减少攻击是有效的，但是，只有在一定条件下才有效。要使惩罚能够发挥作用，必须满足三个条件：首先，惩罚必须在攻击行为发生之后尽可能快地实施；其次，惩罚必须要有足够的强度，以起到惩前毖后、杀一儆百的作用；最后，惩罚必须具有一贯性和连续性，即发生攻击行为后必须进行惩罚。

同时，惩罚还要注意以下几点。一是惩罚要适度，过轻的惩罚起不到惩戒的作用，而过重的惩罚会适得其反，并可能使公开的攻击变成隐蔽的攻击。二是注意攻击者的个性，对于抑郁质的人不能责之过严，因为他们的心理承受能力较差，而对于胆汁质的人则可以严厉一些。三是注意分析攻击的动机，具体问题具体分析。四是注意惩罚不能代替循循善诱的其他教育方法，不能滥用惩罚。

（2）宣泄。宣泄这个词来自希腊文，其本意指用文学作品中悲剧的手法使人们的焦虑和恐惧得到合理的释放。宣泄的途径有：参加激烈的、大量消耗体能的对抗性体育运动，向无生命的替代物进行攻击等，如有些企业设有“情绪发泄室”。但吉思（R. Geen）等人认为宣泄作为减少攻击行为的方式，其效果仅仅是暂时的，并不总是有效的，有时反而会助长攻击行为。

（3）认知干预。认知干预是让个体学会正确认识事件，提高反应能力。奥勃奇（K. Ohbuchi）等人针对道歉这个认知干预因素进行的研究结果表明，对产生愤怒的来源做出的道歉，是防止对方攻击的一个有效方法，特别是在令对方受挫折的原因是出于当事人不能控制的外在因素的时候。

（4）习得性抑制。习得性抑制指人们在现实生活和社会实践中所学到的对攻击行为的控制机制，包括社会规范的抑制（用社会规范、行为准则来抑制攻击行为，提高对攻击行为后果的忧虑感和内疚感）；痛苦线索的抑制（通过被攻击者受到伤害时的悲痛迹象或状态，引发同情心，控制攻击性）；对攻击后报复和制裁的畏惧；等等。

（5）置换和寻找替罪羊（scapegoat）。置换是指在挫折来源明确的情况下，对造成挫折的来源不能或不敢加以还击时，采用置换法，寻找合适的目标来满足自己的要求，达到心理平衡。在挫折来源模糊的情况下，个体可能会寻找一个可以攻击的替罪羊，以此来发泄自己的愤怒与不满。替罪羊往往是代人受过者。

（6）社会交往技能训练。发生攻击行为的一个重要原因就是缺乏基本的社会交往技能。这些技能有助于他们避免对抗性事件和攻击行为的发生。因此，对缺乏社会交往技能，且具有高攻击倾向性的人进行社会交往技能的训练，使其掌握人际交往的方法和技能，提高人际沟通能力，有助于减少攻击行为的发生。

(7) 利用积极感情。因为一个人同时产生两种互不相容的反应，或表达两种互不相容的情绪状态是不可能的，所以，通过引导一种与愤怒或外在攻击行为不相容的情绪状态或不相容的反应，有可能减少愤怒和攻击行为。让愤怒的被试体验一种与愤怒或攻击不相容的情绪状态，如同情、幽默等，确实能够减少被试的愤怒情绪或攻击行为。

(8) 创造良好环境。攻击行为多与周围的环境有关，如攻击当时的情境、个体成长的环境等。因此，在儿童成长时期，教师、家长提供非攻击性榜样，减少大众媒体的攻击和暴力信息对儿童的影响，创造一个良好的环境，将有助于减少其在儿童时期和成年后的攻击行为。

此外，就个人而言，减少攻击行为还有放松训练、自我控制训练和个体心理治疗等方法；就群体而言，有心理技能训练、价值观辨析、性格教育和道德教育等干预方法。当然，人们应该清醒地认识到，攻击性行为的消除和控制，并不是社会心理学一门学科所能完成的。它是多个学科（如社会学、伦理学、教育学等）共同的研究对象和关注的重大问题，解决这一问题需要政府、社会、学校、家庭、社区和个人等诸多方面的共同努力。

拓展苑

影视暴力与攻击行为

电影或电视暴力（film or TV violence）指的是在电影或电视节目播出中身体力量的公开暴露（使用工具或不使用工具，针对自己或他人）。这种身体的力量在违背受害者意愿的情况下强制执行，导致他人死亡、受伤或自残、自杀。50 多年来，社会心理学家运用实验室实验研究、现场实验研究、横向研究及纵向研究等多种方法，探索了影视暴力的观看与攻击行为习得二者之间的关系。显然，实证研究已经表明，影视暴力有力地影响了个体的行为、情绪、认知等各个方面，尤其是攻击行为。俞国良和衣新发对这个问题进行了系统梳理（2005 年）。

首先，对于个体收看到的电影或电视暴力内容的数量，一直缺乏一个明确的衡量标准。有的研究者使用总的收看时间长度，有的研究者采用自我报告的时间数量，有的研究者采用父母报告的方法，有的研究者采用某段时间家庭记录或录像的方法，但这些方法都存在不同程度的误差。

其次，虽然在实验室研究、现场研究、横向研究和纵向研究中都一致发现，影视暴力与攻击行为之间正向的关系是肯定存在的，但这些不同取向的研究之间所发现的影视暴力对攻击行为的影响程度并不相同。这种差异是由研究的系统误差导致的，还是不同研究方法中群体受到影视暴力的影响不同？这些方法上的问题如果不能恰当解决，也不利于对这个问题的深入认识。

再次，影视暴力对攻击行为影响的短期效应与长期效应之间的关系，有待更深层次的探索。长期效应是否是短期效应的连续积累？如果答案为肯定的，那么这个积累的过程是怎样的？如果不是，那么短期效应和长期效应的非线性关系又是怎样的？

最后，对于影视暴力与攻击行为的关系，还有哪些变量会产生影响？尽管有研究者考查了人口统计学因素、攻击的直接诱因、家庭因素和个体因素等，发现了一些联系，但还需要更多的研究来说明其间的内部影响机制。

这些问题的提出对我国有关影视与个体发展的研究具有参考价值。尤其在影视与个体发展研究的诸多课题中，影视暴力与攻击行为一直是人们普遍关注的重要课题，其研究结果对于相应政策的制定有重要的影响。

首先，应大力加强在这方面的研究投入。从可以查到的资料来看，国内从实证角度探讨有关影视暴力与攻击行为之间关系的研究较少。虽然陆续开通了儿童专用的电视频道，但是，儿童还是避免不了来自媒体的相关暴力内容的伤害。对此，我们可以参考国外相关的研究成果和实践经验，但出发点应当放在解决我国影视暴力引发的攻击行为上。

其次，在统一标准的基础上，应加强各类调查机构对影视暴力在我国城乡、电视频道的内容比例进行抽样调查，掌握主要影视暴力内容的分布状况，深入研究影视暴力与个体攻击行为之间的关系。此外，还应考虑年龄、性别、社会文化和经济地位等因素的影响。

最后，通过科研和决策部门联合，在实证研究的基础上，一方面制定相应的法律、法规，使易于受到负面影响的人群尽量少受到来自影视暴力的刺激；另一方面，全面加强媒体素养教育，开展受到负面影响人群的心理干预，尽力减少或降低影视暴力对人们攻击行为的影响。

【本章摘要】

1. 攻击行为是一种普遍的社会心理现象。一般认为，攻击行为是以伤害另一生命的身体或心理为目的的行为，其主要特点在于，攻击者有伤害他人身心健康的意图并付诸行动。研究者常采用观察法、实验法等研究方法，有时也采用现场研究和相关研究，具体视研究目的而定。

2. 根据攻击行为的目的不同，攻击行为可以划分为敌意性攻击和工具性攻击。前者一般由痛苦或不安引起，是情绪性的行为，其目的是伤害别人；后者并不直接由愤怒或某种情绪引起，只是把伤害他人作为一种手段，其目的是通过攻击获得所希望的奖励或有价值的东西。

3. 挫折—攻击说认为，攻击总是挫折的结果，挫折会导致某种形式的攻击，与攻击行为存在普遍的因果联系。贝克威茨对上述理论进行了修正，引入了情绪唤醒、对攻击线索的认知等中介变量，并认为挫折导致攻击是因为消极情感与攻击行为之间存在一定的关系。

4. 社会学习理论认为，人类并非生来就有一个固定的行为模式库，一切行为都是后天学习的结果，攻击行为也是如此。个体学习攻击行为有两种方式：观察学习和直接学习。社会信息加工理论认为，社会信息加工包括编码、解释、反应搜索、反应评估和抉择、反应执行五个步骤，并用这些步骤来解释儿童攻击行为的产生机制。

5. 攻击行为的发展在婴儿时期就开始了。不同年龄阶段儿童的攻击行为具有不同的特点。儿童早期的攻击性对青春期至成年期的攻击性都有较强的预测作用，而且这种稳定程度对于男性来说尤其明显。攻击行为存在性别差异，这可以从生物的、社会文化的角度进行解释。

6. 影响攻击行为的因素有很多，包括一系列的社会、个人和情境变量。这些变量单独作用或交互作用在一起都可能导致攻击行为的发生。导致个体攻击行为的直接外因包括挫折、挑衅和各种诱因；影响个体行为的背景因素包括温度、家庭冲突和暴力、暴力性大众传媒和游戏；影响攻击行为的个性因素包括自我控制能力、归因方式、性格特征和敌意性偏向等。

7. 攻击行为的预防和控制是必要的，也是可能的。一般地，人们常常通过惩罚、宣泄、认知干预、习得性抑制、置换和寻找替罪羊、社会交往技能训练、利用积极情感和创造良好环境等方法与途径，来减少和控制攻击行为。

【建议参考资料】

1. 章志光．社会心理学．北京：人民教育出版社，2002.

2. 时蓉华．社会心理学．杭州：浙江教育出版社，1998.

3. 俞国良，辛自强．社会性发展（第 2 版）. 北京：中国人民大学出版社，2013.

4. 俞国良等．社会心理学前沿（第 3 版）．北京：北京师范大学出版社，2016.

5. 詹姆斯·W. 范德赞登，托马斯·L. 克兰德尔，科琳·海恩斯·克兰德尔．人类发展（第 8 版）．俞国良，黄峰，樊召锋，译. 北京：中国人民大学出版社，2011.

6. R. A. 巴伦，D. 伯恩. 社会心理学. 黄敏儿，王飞雪，等译. 上海：华东师范大学出版社，2004.

7. Groebel J，Hinde R A. Aggression and War：Their Biological and Social Bases. Cambridge：Cambridge University Press，1989.

8. Baron R A，Richardson D R. Human Aggression（2nd ed.）. New York：Plenum，1994.

9. Moeller T G. Youth Aggression and Violence：A Psychological Approach. Mahwah，

NJ：Erlbaum，2001.

10. Kenrick D T，Neuberg S L，Cialdini R B. Social Psychology：Goals in Interaction（6th ed.）. Pearson Education，2005.

【复习思考题】

1. 什么是攻击行为？如何才能正确理解攻击行为？
2. 运用攻击行为的实验研究技术，设计一个简单的攻击行为实验研究方案。
3. 简述挫折—攻击说，并略加评述。
4. 简述社会信息加工理论，并用该理论分析儿童攻击行为的机制。
5. 攻击行为是怎样发生、发展的？试以儿童期为例加以分析。
6. 联系现实生活，从生物和社会文化的角度对攻击行为的性别差异进行阐释。
7. 从外部因素和个体因素的角度，分析攻击行为的影响因素。
8. 如何才能有效地预防和控制攻击行为？联系社会现象（如犯罪）加以说明。

第十四章
群体与个体

【学习目标】

了解群体的概念、特征和类型，群体规范在群体形成和发展中的重要作用；理解群体内聚力的概念、影响因素和对工作绩效的意义，知道群体中合作与竞争的重要性，学会合作和正确的竞争；正确理解群体对个体的影响，了解社会比较、社会助长与社会惰化、集群行为和去个性化等现象，知道群体决策对个体的影响；正确理解文化因素对个体心理与行为的作用，特别是中国人的心理特点与行为方式；能应用群体心理学的知识和原理，正确分析日常生活中的群体心理现象。

【重要术语】

群体　参照群体　群体规范　内聚力　社会比较　社会助长　社会惰化　集群行为　去个性化　制服效应　群体极化　群体思维　边际人

群体生活是人类基本的生活方式，是社会协作的必然产物。个体生活在群体中，通过群体与社会发生联系，群体在社会关系体系和结构中具有特殊地位。个体在不同时间、场合属于不同的群体。群体的规模、类型、结构和功能对其成员有不同的影响。同时，个体的身份、角色和特点也会反作用于群体。这样就构成了群体和个体的相互作用。在这里，我们着重讨论群体和个体在心理方面的相互影响与相互作用，特别是个体在群体影响下的心理活动规律。

第一节 群体的概念

“物以类聚，人以群分。”群体与个体相对，是个体的共同体。不同个体按某种特征结合在一起，进行共同活动、相互交往，就形成了群体。个体往往通过群体活动达到参加社会生活并成为社会成员的目的，并在群体中获得安全感、责任感、亲情、友情、关心和支持。

一、群体的界定

什么是群体？群体的特征是什么？群体的含义包括哪些内容？这些问题都涉及对群体概念的界定。

（一）群体的定义

在日常生活中，同一个电影院中的观众、同一架飞机上的乘客构成一个群体吗？群体是否就是一群具有共同目标且一致遵守的个体？社会心理学家正是在思考上述问题的基础上，确定了一些基本特征后对群体进行了科学的界定。

肖（E. Shaw）认为，群体由两个或更多相互作用和相互影响的个体组成。他指出，所有的群体都有一个共同的特征，即群体成员间有着彼此的互动，而且群体的存在是有原因的。例如，为了满足某种需要、提供信息或者实现统一的目标等。可见，按照肖的定义，同一个电影院的观众、同一架飞机的乘客仅能说是一个集合体，而不是一个真实的、互动的群体。

贝克认为，对群体概念的理解，关键是它的所有成员彼此之间必须有一种可观察到的和有意义的联系方式；个体间的互动使人们成为一个群体，并为一个共同目标而努力奋斗。越来越多的研究者认为，群体是所有上述含义或具有更多含义的一种混合体。还有人认为群体是一群以某种方式紧密相连的人。更进一步地，巴伦等人认为群体是通过某种纽带联系在一起，并具有不同程度内聚力的一群人。

根据上述理解，我们可以对群体的定义进行概括。群体是一群拥有同一目标和规范的个体，是相互影响、共同活动、具有内聚力的一个集合体。它作为一种普遍的社会心理现象，涉及人类生活的各个方面。一般来说，群体具有组织功能和个人功能，即完成群体交付的基本任务，满足个人的安全感、亲和感、自尊感、力量感、自我确认和自我表现等心理需要，这些功能构成了个体加入群体的主要理由。其中，规模是群体最重要的维度之一，夫妻是最小的群体。心理学的许多研究集中在3～30个人的小群体规模上。科学家邓巴(R. Dunbar)的研究指出，人类的社会群体规模都在150人以内。这150人决定了我们到底是谁。最近，群体内部的公平性问题受到了研究者的重视。

(二)群体的特征

尽管群体之间在类型、大小、性质、规模等方面千差万别，但所有群体都有下面几个特征。

首先，各成员之间具有共同的群体目标与利益。任何一个群体必须具有群体目标(group aim)。群体内有相互协作与配合的组织保证。群体内每一个成员有共同的兴趣，并为实现群体目标而做出自己的努力。通常，群体的目标是单个个体无法独自实现的。

其次，各个成员都具有群体意识(group consciousness)。群体中的每个成员都意识到自己是群体的一员，意识到其他成员的存在，并与他们相互影响，建立起相互依存的关系与情感，群体成员之间经常进行必要的交流与沟通。群体的成员资格有助于建立积极的社会认同，有利于形成一体化的自我感觉。几个人或更多人集合在一起，若彼此在心理上没有多大联系，那么这几个人就称不上是群体，只能被称作一堆人或一群人。

再次，各成员之间能够密切协作和配合，即群体内部要有群体分工，有一定的组织结构。群体中的每一个成员都在群体内有一定的地位，扮演一定的角色，执行一定的任务，有一定的权利和义务，即群体分工(group devision)。例如，一个公司群体有董事长、总经理、供销、技术、宣传等分工，群体成员各司其职。

最后，群体要满足各成员的归属感需要。这是个体自觉归属于所属群体的一种情感，在心理上有依存关系和共同感。有了这种情感，个体就会以这个群体的目标为准则，进行自己的活动、认知和评价，自觉地维护群体的利益，并与群体内的其他成员在情感上产生共鸣。

(三)群体的作用方式

群体究竟是怎样影响其成员的呢？这涉及群体的作用方式。我们从群体本身的角色、地位、规范及凝聚力四个方面进行探讨。

一是群体角色。这主要指群体内的职能差异。在一个群体中，并不是所有的人都做同样的事情，起着相同的作用；而是不同的人完成不同的任务，扮演不同的角色。无论角色是如何获得的，人们都倾向于使其内化，并把所扮演的角色与自我概念相联系。无论他是否在该群体内，都会在行为中体现角色的期望和特征。

二是群体地位。它主要指群体中的位置和等级。在一所学校中，当校长走进教室时，学生可能都会起立。直到他入座，学生才坐下。为什么会这样？其中一个解释就是群体中存在着地位差异。个体在群体中的地位对个体的影响很大，所以人们往往对它极其敏感，拥有较高地位就意味着拥有更多权利。主张进化论的心理学家普遍认为，在生存和繁衍上，地位高的人比地位低的人更容易获得食物或配偶。简言之，地位实际上是群体给成员的一种奖励，也是群体影响的一种表现。

三是群体规范。群体对个体施加影响的第三个因素是群体规范，这些规范告诉成员如何行事。遵守这些规范往往是获得在群体中的地位和其他利益的必要条件。

四是群体凝聚力。凝聚力不同，群体对成员心理与行为的影响力也不相同。凝聚力高的群体对个体的影响更大。

总之，群体的角色、地位、规范和凝聚力四个要素一起发挥作用，共同决定了群体成员的各种心理与行为。其中，角色、规范、凝聚力尤为重要，参见图 14-1。

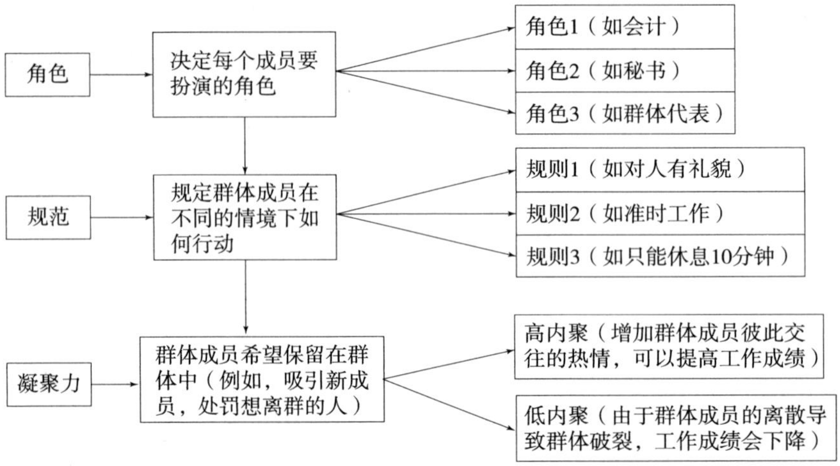

图 14-1　角色、规范和凝聚力群体功能的三个重要方面

二、群体的类型

群体是多种多样的。每种群体的性质、结构、作用和活动方式各不相同。根据群体的目的、联系的机制、影响群体成员的方式、群体成员间的交往特点等，可以对群体进行不同的分类。

（一）正式群体与非正式群体

根据群体内各成员相互作用的目的和性质，可以把群体分为正式群体和非正式群体。这种划分最早由心理学家梅奥在霍桑实验中提出。

正式群体（formal group）是指根据成员编制、章程或其他正式文件而建立的群体。正式群体结构明确，规定好了成员的地位和角色，明确提出了各成员的权利和义务，具有良好的群体规范，有清晰的信息沟通路线和权力控制机制，对所要完成的任务也有详细的规定。政府、企业、工厂、学校、班级等都是正式群体。

非正式群体（informal group）是指那些无正式规定的，自发形成的，成员的地位、角色、权利、义务都不明确，也无固定编制的群体。它主要用于满足人们某种生活需要，并且带有明显的情感色彩，即以个人的好感为基础。形成非正式群体的原因有三个：一是某种利益或观点的一致性；二是由于有共同的价值观、兴趣和爱好；三是由于有相似的生活经历或背景，如集邮爱好者、自发的钓鱼队、旅游同伴、同学会、同乡会等。由于非正式群体以情感为纽带，以兴趣和爱好为基础，所以有着较强的内聚力和对成员的吸引力。

社会心理学研究与生活实践表明，在正式群体中总会存在着各种非正式群体，非正式群体在一定程度上会影响正式群体。其影响可能是积极的，也可能是消极的。如果非正式群体本身具有很强的凝聚力，就更能促进正式群体的巩固。当正式群体的目标和规范与其成员的个人需要不一致时，两个群体就会发生冲突，成为正式群体发挥作用的障碍。

（二）大型群体与小型群体

根据群体的规模和沟通方式，可把群体分为大型群体与小型群体。这样的划分界限比较模糊，因为群体的大小是相对的。但是，从心理学角度来看，群体大小规模的划分是有标准的，即群体成员是否处于面对面的联系和接触情境中。

大型群体（large group）指群体成员人数众多、以间接方式取得联系的群体。例如，通过群体的共同目标、通过各层组织机构等，使成员建立间接的联系。大型群体还可以进一步分为不同形式、不同层次的群体。例如，可分为乡镇、街道、村等群体；也可分为社会职业群体和人口群体等；还可以分为政治群体、工作群体、娱乐群体等。这些大型群体没有直接的社会交往和社会互动，都可以作为社会心理学的专门研究对象，但更多的时候是作为社会学的研究对象。

小型群体（small group）指相对稳定、人数不多、为共同目标而结合起来的、各个成员直接接触的联合体。它有共同的目标，全体成员为此目标共同努力。小型群体成员间相互熟悉，往往面对面交往沟通，心理感受也较明显。其规模不能少于 2 人，但一般也不超过 30 人。夫妻、家庭、亲戚、小组、班级等都可以视为小型群体。一个人可以承担不同的社会角色，可以同时作为几个小型群体的成员，可根据自己的愿望与需要与他人直接交往。

在人数较多的小群体中，由于各种原因，某些人的交往活动较多，沟通较频繁，交往更加带有亲密的性质，这可以被称为“小集团”。“小集团”人数不多，一般为 2～7 人。“小集团”可能是正式群体也可能是非正式群体，同时还属于某个小群体。小型群体历来是社会心理学家很感兴趣的研究对象。奥尔波特、梅奥、勒温、谢里夫等都对小群体进行过系统的研究，并取得了丰硕的研究成果。

(三) 成员群体与参照群体

按照群体成员对于该群体的心理向往程度，可以把群体划分为成员群体和参照群体。成员群体又称隶属群体，是指个体为其正式成员的群体，如个人所在的球队、小组、班级、学校、学区等。所谓参照群体（reference group）是指个体自觉接受其规范和准则，并以此来指导自己行为的群体，是人们心仪的群体。它的价值和规范体系常常是个人的目标或标准。参照群体也称榜样群体，如先进班级、优秀球队等。我们（俞国良，王勍）于 2016 年调查了北京、江西两地青少年榜样群体选择及理由，发现被试选择的榜样类型丰富，且两地青少年选择的榜样类型差异显著。青少年选择榜样的理由主要是奉献、决心、积极等品质，以及榜样的能力与成就。这反映了他们的社会化程度、自我及社会认知的发展，并受到了社会转型这一时代背景的影响。参照群体对于群体成员可能有积极影响，也可能有消极影响。在一个人的心目中，常常会出现两个或更多的参照群体。如果这些参照群体的规范、准则及目标是一致的，那么，对个体会起到增强行为动机，以及良好的示范作用；反之，则会引起个体内心的动机冲突和斗争。

在现实生活中，有些青少年表现出越轨行为或犯罪行为，原因就是他们把犯罪团伙当作自己的参照群体，将他们的行为规范和准则当作自己的行为标准。因此，人们要加强对参照群体的研究，以便探明个人内心的参照群体，使正确健康的群体规范转化为个人的行为标准。

三、群体的研究历史

对群体本身以及个体心理发生的群体背景的考察，是社会心理学成为独立学科的一个关键。施泰纳（Steiner）于 1986 年曾指出："如果想重构一个在体现'心理'的同时也体现'社会'的社会心理学，群体研究正是开始这种变革的好地方。"

群体心理研究的发展大致与社会心理学的发展同步。众所周知，作为社会心理学直接来源的德国民族心理学和法国群众心理学，都以研究群体现象为核心内容。但系统的群体心理实验研究始于 20 世纪 30 年代，一直持续到第二次世界大战前夕。当时，各种激动人心的研究计划的实施以及多种研究方法（如社会互动观察法）的运用，都预示着群体研究作为一个新的研究领域的产生。例如，谢里夫（M. Sherif）利用似动现象对群体规范形成的研究，勒温等人对群体领导风格影响儿童攻击行为的研究等。群体研究在 20 世纪 40 年代有了一个短暂的下降趋势，随即在 20 世纪 50 年代中期获得了迅速的发展。这一时期，群体研究在理论、实证研究方面都获得了重要的发展。在理论方面，费斯廷格（L. Festinger）的社会比较理论、希伯特（J. Thibaut）和凯利（H. Kelley）的社会交换理论，都是对群体研究产生重要和持续影响的理论，即使在整个社会心理学领域也有着举足轻重的地位；在实证研究方面，多伊奇（M. Deutsh）对群体冲突的研究和阿希的从众研究都在各自的领域里树立了经典问题和主导研究的范式。当时，似乎每一个社会心理学家都在研究群体，并收获了大量研究成果。

然而，群体研究在随后近 30 年的时间里经历了一个衰落期，即 20 世纪 50 年代中期以后到 80 年代中期。维滕鲍姆（G. M. Wittenbaum）等人总结了衰落的原因：（1）研究结果累积的速度远远超过了理论形成的速度，理论指导的缺乏使研究者不知道如何继续进行研究；（2）研究领域与实践领域颇有成效的合作趋于瓦解，双方在独立的情况下不能有效地对群体进行研究；（3）对成本和效益的分析使研究者感到对群体的研究得不偿失，因而失去了兴趣；（4）群体研究的状况是对社会现实的滞后反映，20 世纪 40 年代的社会冲突促进了 50 年代群体研究的繁荣，50 年代社会冲突的减少导致了 60 年代群体研究的衰落。

20 世纪 80 年代中期以后，群体研究重新获得了繁荣并出现了新特点。在研究内容上，群际关系这一新的研究主题迅速成为群体研究的重点内容，而一度作为群体研究核心的群内过程则被主流社会心理学轻视。产生这种现象有两个相互联系的原因，即欧洲社会心理学（尤其是社会认同及社会分类理论）的影响和社会认知理论及方法在群体研究中的应用。然而，群内过程的研究并没有消失，而是得到了组织心理学等应用社会心理学领域的研究者的重视。因此，像社会心理学的整体发展趋势一样，群体的研究同时朝着基础和应用两个方向发展，但这两个方向并不矛盾。例如，对群体认同和偏见的研究既受到社会认知研究的影响，又对种族和文化冲突的解决具有重要的应用价值。

四、群体规范

（一）群体规范的定义

群体形成后，为了保证群体目标的实现，群体本身必须具有制约其成员思想、信念与行为的准则。这种要求群体成员必须严格遵守的准则就是群体规范（group-norm)，即群体所确立的在特定环境中群体成员的行为准则和标准。正是由于群体规范，群体才会表现出某种程度的一致性。它确定了群体成员行为的规则，同时也是群体成员间相互期望的行为的基础。但是，群体规范并不对成员的一言一行加以约束，它只是规定了一个可接受的和不可接受的范围。

一般地，群体规范是由群体的领导者根据群体成员的需要而制定的，或是自然而然形成的。从广义上说，群体规范包括制度、法律、道德、文化、语言、风俗等；从狭义上说，群体规范包括常规、守则、纪律、公约等。它涉及的内容非常广泛。其中既有明文规定的，也有无明文规定的。这些行为规范与标准也许与一些正式颁布的条文不一致，但群体成员往往还是以前者作为自己的行为准则。由于群体规范是在群体成员的共同活动中形成的，因此一经形成便是一种公认的社会力量，赋予个体行为和外界事物一定的意义，特别是当它内化为个体的心理特质和内部观念时。实际上这就实现了个体的社会化。可见，群体规范是影响个体社会化的重要因素。社会心理学家勒温曾指出，要想改变个体的行为，与其从个体入手，不如从改变其所属群体的规范入手，这样做的效果可能会更好。

（二）群体规范的分类

一般地，绝大多数群体都有规范，群体规范的内容十分丰富，这些规范有的是明确的，有的是蕴含的。按照其性质大致可以划分为以下几种类型。

正式规范与非正式规范。这是心理学家常用的划分方法。正式规范是指群体内明文规定的规章制度，如学校规章制度中不能迟到、早退的条例等。非正式规范是指群体成员约定俗成的、无明文规定的行为标准，风俗、习惯就是非正式规范。只要大家同意，非正式的标准便成为一致的价值取向，非正式规范的作用有时甚至比正式规范的作用还要大。它不仅存在于非正式群体中，而且也存在于正式群体中。

描述性规范与指令性规范。描述性规范是表明人们在特定情境下应该做什么的规范；指令性规范详细说明在特定情境下，什么是人们必须做的，以及什么是被人们赞同或者反对的行为。描述性规范仅指出在某些特定条件下大多数人应该做什么。它简单地告诉人们，在某些特定情境下，哪些行为是有效的和合适的，从而影响人们的行为。然而，指令性规范却很明确地告诉人们，在某种情境下，人们必须去做什么，以及在这种情况下怎样做将获得肯定性评价，怎样做将获得否定性评价。

所属规范和参照规范。所属规范是指成员参加的群体，即他们所归属的那个群体的规范，一个人的行为首先要受其所属群体的规范约束。参照规范是指个体除遵守前者外，又将其他群体的规范作为自己的行为准则。个人虽然属于某一群体，却将另一群体的规范视为自己行为的榜样，如儿童的“过家家”游戏。个人对参照规范的遵守有的是自觉的，有的是不自觉的(需要通过暗示、模仿来实现)。

专制型群体规范和民主型群体规范。前者往往是领导者意志的产物，容易脱离被领导者的实际，被领导者不是自愿遵守规范的，各成员间联系不紧密，惯于推卸责任。民主型规范与其相反，大家愿意自觉遵守并推动这一规范，成员之间较为团结，相互尊重和体谅。有时专制型的群体规范在开展某些工作时，可使任务目标更明确也更容易尽快得以完成。

一般社会规范和反社会规范。在社会所承认的群体里，有些规范体现了社会要求。我们可将其视为一般的社会规范。而在另一些不为社会所承认的群体里，存在着反社会规范，这是指那些有害于社会公共利益的犯罪群体的特殊规范。

（三）群体规范的作用

群体规范对群体内每个成员都发挥着作用，约束着群体成员的行为，并维护着群体的生存与发展。群体规范的作用一般有以下几个方面。

一是群体规范可以保持群体的一致性。群体规范影响各个成员的行为，使各个成员保持情感上和认知上的一致性，维护群体的整体性和持续发展。群体规范一方面从外部制约着成员的思想、信念与行为方式；另一方面又从内部为成员提供彼此认同的依据，从而从内、外两个方面促使成员与群体保持一致。

二是群体规范为成员提供认知、行为准则与判断、评价标准。群体规范是各个成员行为的准则，因此，群体成员可以通过它对各种事物和言行做出肯定或否定的判断。由于不同的群体有着不同的群体规范，所以不同群体会对同一种行为做出不同的评价。比如，盗窃、打架为人所不齿，但在反社会规范的群体中却被视为“正当”和“勇敢”的行为。

三是群体规范对其成员有惰性作用。群体规范有时也制约成员的努力水平。它要求成员不能表现得太好或太差，而是要在一个适中的水平上。这一点最明显地表现在霍桑实验中。一旦有人违反了这种规范，其他成员就会千方百计予以责罚，所谓“枪打出头鸟”。

当然，群体规范并不是总能对人们的行为产生影响。例如，“不准随地吐痰”这条指令性规范，是人们迫切要求的，但是很多人仍在各种公共场所随地吐痰。这是为什么呢？这可以从规范焦点理论中找到答案。该理论认为规范影响行为取决于规范卷入个体行为发生时关注的程度。也就是说，当某种行为规范与人们的行为有关，并且人们很在意这种规范的时候，人们才会去遵守。研究者卡尔格伦（C. A. Kallgren）雷诺（R. R. Reno）和恰尔迪尼（R. B. Cialdinn）在 2000 年的报告中进一步提出，规范只有在很明显而且能引起人们注意的时候，才会影响人们的行为。例如，阅读“不乱扔垃圾”规范标语牌的被试，越接近该标语牌，越少会乱扔垃圾。这一发现也支持了规范焦点理论，即规范只有被个体关注，并被个体认为与自己有关时，才真正发挥作用，并进而影响个体的行为。

（四）群体规范的持久性

群体规范是怎样形成的？群体规范的持久性如何？美国心理学家谢里夫是这一领域的奠基人。诚如第十一章所述，他有一个著名的自主运动效应或似动错觉实验证明了规范的持久性。

后来一些研究者对谢里夫的实验程序稍做改动，以确定最初建立起来的小组规范，在有新成员加入后是否还可以流传下来并保持一致。结果表明，新成员加入小组后，很快就采用了现存的规范，其反应也和其他成员基本一样。另外，老成员一旦离开小组，其反应也与原来保持一致。这些研究表明，即使是一些在毫无意义的情境下形成的规范，群体的各成员也倾向于保持一致。

还有许多研究者在不同的且更具戏剧性的情境中检验了这一现象。研究者科恩（D. Cohen）和尼斯比特（R. E. Nisbett）以一位虚拟求职者的身份向全美 1000 家机构发出求职信。一半的求职信中描述求职者曾因个人名誉受到极大侮辱，而引起枪战并杀死了一个人（被杀的人与求职者的未婚妻有暧昧关系，并侮辱求职者的未婚妻和母亲）。另一半的求职信中描述求职者曾犯有其他罪，如偷车。研究结果发现，对于偷车这类犯罪所得到的反馈，在全国各个机构中并没有什么差别；然而，对于因个人名誉受到侵犯而犯罪的反应，却存在很大的差别。经过对研究资料的统计处理，研究者发现来自美国西部和南部公司的反应更积极。因为西部和南部有着自己的名誉文化，即当人的名誉被侵犯时，人们支持那些为捍卫名誉而采取的暴力行为。

这一研究虽与谢里夫的研究不同，但他们都同意，规范一旦建立，人们就倾向于坚持它，群体规范具有持久性，当然这并不意味着规范本身是不变的。相反，在某一群体中被人们认为是合适的行为，在另一个群体中却并不尽然，而且会经常发生变化。

第二节 群体的合作与竞争

尽管群体的种类繁多，但它们都有一个共同特征，即促使群体成员结合在一起、区别于其他群体成员的一种内聚力。这是群体有效合作的基础，也是群体存在、活动和发展的必要条件之一。

一、群体的内聚力

（一）内聚力的概念

群体的内聚力（group cohesiveness）或群体的凝聚力，指群体成员凝聚为一体，合力于群体或组织目标活动的心理结合力。社会心理学家常在内聚力概念的框架下使用群体相容、群体满足、群体团结和成员吸引等术语。内聚力包括两个方面：一是群体对成员的吸引力；二是成员彼此之间的吸引力。内聚力表现在成员的心理感受方面，即认同感、归属感与有力感。

（1）认同感（identification）。这是个体在认知和评价上与群体保持一致的情感倾向。内聚力较强的群体，各个成员对一些社会事件与原则问题，都持有一致的认识与评价，即认同感。这种认同感往往会相互影响，并且这种影响是潜移默化的。特别是在个体对社会刺激束手无策时，群体其他成员对其影响就会更大。

（2）归属感（belongingness）。这是个体自觉地归属于所参加群体的一种情感。体现群体内聚力最重要的形式，就是每个成员在情绪上加入群体；作为群体的一员，他们以群体的规范为准则，进行自己的活动、认知和评价，自觉维护群体的利益，并与群体产生情感上的共鸣，即归属感。必须指出的是，每个人对自己所从属的某个最主要的群体怀有最为强烈的归属感，以此来实现自己的安全感。一般地，人们对家庭的归属感要比对工作群体和学习群体的归属感更为强烈。

(3) 有力感 (sense of strength)。在群体内聚力较强的前提下，当一个成员表现出符合群体规范、符合群体期望的行为时，群体就会给予肯定性评价，以支持其行为，从而使其行为得到进一步强化，使该成员信心更足、意志更强，即有力感。

可见，群体内聚力表现为知、情、意三方面。认同感给予个体认知上的支持，归属感是给予个人情感的依靠，有力感则带给个体意志的力量，从而使群体与个体的相互作用能持续下去。

值得注意的是，人们常常将群体内聚力与群体的团结相提并论，实际上这两个概念是有差别的。群体内聚力往往指群体内部的团结，但它也可能包括排斥其他群体的倾向；而群体的团结既包括群体内部的团结，也包括群体之间的团结。

(二) 内聚力的作用

群体内聚力对群体及其成员发挥的作用主要表现在增强群体的稳定性，提高群体成员的自尊感、自信心与安全感，影响群体的工作效率等方面。

第一，增强群体的稳定性。在内聚力较强的群体中，各成员之间的人际沟通更多，大家都愿意留在自己所属的群体中，害怕被群体排斥或拒绝，因此，成员容易接受群体的监督与控制，遵守群体的规范，参加群体组织的活动，完成群体规定的任务，从而保证该群体的稳定性。

群体成员为了保持与群体的一致，在遇到群体压力时，容易产生从众行为和服从行为。内聚力越强的群体，成员的从众性和服从性也越高。

第二，提高群体成员的自尊感、自信心与安全感。在内聚力较强的群体中，各成员之间目标一致，意见统一，相互支持，从而在心理上增强了自信心与安全感。各成员对于自己所属的群体，以及对自己的评价也会随之提高，自尊心也会提高，从而会更加热爱自己所属的群体。

第三，影响群体的工作效率。社会心理学家在 20 世纪 30 年代就意识到，由于内聚力是群体各个成员的“心理结合力”，因而内聚力的高低必然会对群体的工作效率有影响。然而，群体的内聚力与群体的生产率之间的关系并不十分明显。研究表明，群体内聚力与群体工作效率并不总是呈正相关的。

沙赫特（Schachter）将被试分为五个组，控制不同的实验情境：强内聚力＋积极诱导；强内聚力＋消极诱导；弱内聚力＋积极诱导；弱内聚力＋消极诱导；对照组。其中，内聚力的强弱是由指导语的控制而产生的。积极或消极的诱导是将群体其他成员的名义写的纸条递给被试：积极诱导要求增加生产，消极诱导则要求减少生产。各组的生产任务是制作棋盘。对照组是在没有上述两种控制的条件下从事生产劳动。实验分两个阶段进行：第一阶段共16分钟，对四个实验组被试都不进行诱导，只给以中性纸条：第二个阶段共16分钟，每个实验组被试都收到6次诱导。结果表明，在实验的第一阶段，各组成绩并无差异，而在实验的第二阶段，内聚力的强弱和不同的诱导产生了两种明显不同的效应，从而使群体生产率产生明显的差异。积极诱导能提高生产率，尤其是对强内聚力组的作用更大（该组成绩最好）；而消极诱导则会降低生产率，其反作用也很大，尤其是对弱内聚力的组（该组成绩最差）（参见图14-2）。

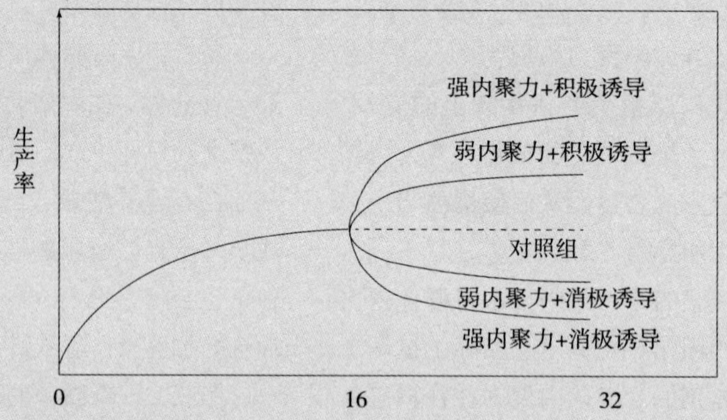

图 14-2　群体内聚力对生产效率的影响

上述结果说明，要提高一个群体的工作效率，除了提高群体的内聚力外，还必须对群体成员加以正确的引导，即不能仅通过加强群体成员之间的情感联系来提高内聚力，只有双管齐下，才能有效地提高生产效率。相反，如果引导失误，群体内聚力越强，本位主义倾向越严重，群体的工作效率越低。

（三）影响群体内聚力的因素

群体内聚力会受到很多因素的影响。一般地，所有影响人际喜欢与吸引的因素，都会影响群体的内聚力，但综合起来主要有以下几个方面。

第一，群体成员的地位和相似性。群体中地位越高的人，他们的内聚力越高；群体中成员与其他成员相类似的程度越高，该群体的内聚力也越强。

第二，进入群体所付出的努力和激励

机制。个人进入群体，付出努力越多，内聚力越高；群体为其成员所提供的奖励（如尊重、经济报酬等）越多，内聚力也越高。

第三，外界的威胁和激烈竞争。这种威胁会提高成员对群体的亲和力与责任感。群体与群体之间处于竞争状态时，各自的群体内部就会产生压力与威胁，迫使所有的成员自觉地减少分歧，统一意见、一致对外、提高忠诚度和向心力、增强对群体目标的承诺程度，以避免所属群体受到损失。例如，研究者进行的三人一组的步枪射击小组实验表明有竞争的小组比没有竞争的小组结合得更紧密。

第四，群体规模。小群体比大群体内聚力更高。小群体成员间直接接触和交流的机会更多，他们之间交往频繁，共同活动，内聚力自然也就提高了。

一般地，高内聚力的群体具有作为群体成员的自豪感、对群体其他成员的喜欢和群体帮助个体实现其理想与目标等特征。

二、群体的合作

合作是一种普遍的社会现象。球赛中球员们配合默契，协调一致；科研中科技人员团结配合，协力攻关；家庭中各个成员同舟共济，共渡难关。可见，合作现象广泛存在于群体内部成员之间，即合作是群体内部成员交往或互动的典型方式。

（一）合作的定义

合作（cooperation）是多学科的研究对象，是展开社会生活的重要保证。研究者伦敦（London）在1991年指出，合作是指至少两个人在学习、工作、休闲或社会关系中通过共同活动，相互帮助和配合，以追求共同目标、享受合作成果，或增进友谊的行为。

多伊奇在1968年指出，合作有三层心理上的含义。第一是相互帮助。参与合作的所有成员的行为是可以互相替代的。第二是相互鼓励。成员们彼此为完成任务而产生彼此肯定的情绪。第三是相互支持。当合作中群体成员的行为能促使群体更接近共同目标时，其他成员会接受并支持他的行为。

一言以蔽之，合作是指群体成员一起活动以实现共同目标的行为。这些目标通常是无法通过个人努力实现的。在合作条件下，群体成员彼此之间表现为团结协作、亲密友好的关系。这是个体间协调作用的最高水平的行为。多伊奇做了一个实验，要求一半被试以合作为基础讨论一个问题，该组全部被试将获得同样的成绩；要求另一半被试以竞争为基础，按照每个人对讨论的问题的贡献，给每人以不同的成绩。实验结果表明，合作讨论问题的成员之间协调一致，彼此友好；而处于竞争状态的成员之间则很少沟通，更多成员表现得忧心忡忡。这个简单的实验表明，合作要求有较高的认知能力，合作中每个成员不仅要参与并监控自己的行为，而且必须参与和监控合作者的行为，即合作需要双方的理解与认同。

（二）有效合作的条件

社会心理学家一直对群体中的合作现象感兴趣，认为这是开启群体心理现象研究的一把“钥匙”，对于认识群体内人际交往活动的心理机制有重要意义。20 世纪 60 年代初，有一批研究者投身到了该研究领域。其中，谢里夫的研究表明，有效的合作必须具备一定的条件：目标、利益共同，相互依存，共同活动。

谢里夫采用参加野营生活的自然实验方法，研究了群体之间从对立到合作的整个过程。共有 22 名 12 岁男孩参加了此项研究。整个实验分为三个阶段。

第一阶段是建立两个互不相关的群体。通过实验者的诱导，在一个星期内反复组织各项活动，如整理游泳池、安排郊游、野餐等，使两个群体形成各自的规范，成员角色产生分化，从而形成了群体意识——“我们”。群体成员对于未曾接触的“外来者”，即另一群体会产生一种敌对情绪。

第二阶段是开展两个群体之间的竞争。实验者组织了各种比赛，这些活动必然导致一方胜利而另一方失败，于是双方的矛盾、纠纷也接踵而来。群体间相互吵架，攻击性言行明显增加。此时，实验者让每个成员选择朋友，结果许多成员都选择了自己所属群体中的其他成员。这种比率分别是 92.5%与 93.6%。这说明群体内成员关系友好，而不同群体之间人际关系紧张。

第三阶段是两个群体实现协作。开始时，两个群体持相互对立情绪。于是，实验者创造条件与机会，使双方成员增加联系与接触，如安排共同活动的时间一起劳动、进餐、看电影等，但这并未减轻双方的敌对情绪，吵架、攻击的现象时有发生。后来，实验者安排了必须由双方成员齐心协力才能完成的活动，即设置双方为实现共同目标而分工合作的情境。例如，野营用水的蓄水池已损坏，必须由双方投入大量人力加以修复；野餐时运载食品的卡车陷入泥潭中无法转动轮子，必须由大家一起用绳子把卡车牵引出泥潭；看电影的钱不够，必须把成员的零花钱凑集起来；等等。经历了一系列为实现共同目标而齐心协力的活动，群体成员之间逐渐消除了对立的情绪，感到谁也离不开谁，而且在共同活动过程中增进了对对方的理解。野营生活结束时，实验者要求每个成员再次选择朋友，结果选择对方群体成员作为朋友的比例达到 33%，与上次选择相比有了显著的变化。

这个实验有力地证明了群体之间合作的必要条件，即相互合作的各方有共同利益和目标，并有人从事协调、组织和领导工作。这些条件对于社会生活中各种群体以及个人与个人之间的合作来说，都是适用的。

（三）影响合作的因素

一般认为，合作对参与者有利。然而，在某些情况下，合作本应发生，却没有发生，这就涉及一种社会两难情境。在这种情况下，个人可以只为自己着想以得到更多利益，但如果所有人或多数人都这么做，那么，群体的总利益就会减少。因此，参与者就十分矛盾，他们应该合作，以避免大家都得不到利益，但同时他们又希望自己能获得最多的利益。毕竟只要有些人不那样自私（和他们一样），他们就能从中获得更多的利益。这一情境最简单的形式，就是经典的“囚徒困境”（罪犯两难情境）实验。它主要反映了两个合谋的罪犯在审讯时所面临的两难情境。情境中的两个人，他们可以选择合作或竞争。由于警方没有足够的证据指控他们，如果两人都选择合作，则两人可以一起获得很多奖励，有可能无罪释放或判罚很轻；如果都选择竞争，每人得到奖励将最小，甚至会有巨大损失，即两人都会得到严厉的判决。如果一方选择合作，而另一方选择竞争，情况就变得十分有趣，选择竞争的一方会获得比合作一方更多的利益，并由于检举对方对办案有功而得到从轻处罚。

社会心理学家应用囚徒困境、信任博弈、最后信任博弈等这类情境或相似情境研究信任、合作和不信任、竞争之间的动态平衡，发现很多因素都在其中发挥作用，但最重要的是三个因素：回报、个人合作定位和沟通。

第一，回报。回报是指个体倾向于像别人对待自己那样对待别人，这一作用最为明显。社会中普遍存在的回报规范强有力地影响着个体的行为。所谓“善有善报，恶有恶报”，这一俗语就反映了这种回报规范。在交往中人们始终会遵循礼尚往来的原则，无论选择合作还是竞争，人们都是如此。如果别人与我们合作，放弃他们的利益，我们也会给予善意的回报。反之，如果别人自私自利，我们也会那样做。考斯米德（L. Cosmides）和托比（J. Tooby）的交互利他理论对互惠倾向的进化过程提供了一个可能的解释。该理论认为，分享资源可以提高物种的存活率，因而物种会把这个基因代代相传。社会认知神经科学的研究也表明，合作、公平、信任等回报会激活杏仁核、腹侧纹状体和腹内侧前额皮层等奖励相关的脑区。合作行为的另一表现形式是惩罚那些不合作的人，人们会对那些背叛自己信任的人进行惩罚，这种惩罚回报会激活奖励相关的脑区（如纹状体等）。

第二，个人合作定位。在日常生活中，有些人乐于与人合作并在合作中总会努力工作，而有些人更关注个人利益且不愿合作。确实，个体在与人合作的倾向性上存在很大差异。这种差异表现为观点和态度上的对立，而且这种对合作的看法具有跨情境的稳定性。研究发现，个体面对社会两难情境时主要有三种不同的定位：第一种，合作定位，即倾向于群体所有成员成果的最大化；第二种，个人主义定位，即倾向于个人成果的最大化；第三种，竞争定位，即倾向于打败别人，获得比别人更多的成果。这些定位对人们在不同环境下的行为有很大的影响，因此，它们也是影响合作的重要因素。

第三，沟通。研究表明，允许进行沟通的群体，与不允许进行沟通的群体相比，前者成员表现出更多的合作行为，而且会积累更多的合作成果。显然，只要满足一些前提条件，如群体间的交流和沟通，确实可以提高合作的可能。尤其是当成员做出合作的承诺并为了个人荣誉遵守承诺时，合作的可能性更大。群体内成员的沟通，增加了成员对群体的认同感，而认同感的增加又反过来从正面扼制了自私自利地试图攫取群体资源的行为，也减少了利用其他成员的劳动成果“搭便车”的现象。

此外，群体的规模、个人倾向性、性别、文化、个人修养因素以及群体中的威胁等，都会影响双方的合作。因此，对于具体情境中人们的合作行为的研究应该具体情况具体分析。

（四）群体间的合作——中断效应

个体间的合作是合作的一种情形，群体间同样也可以选择合作。例如，美国的医院近年来就在开始进行这种方式的合作：有的医院专门负责心脏手术，有的医院专门负责器官移植。心理健康机构也开始进行这种合作，如有的机构负责自杀问题，有的机构负责药物成瘾问题，有的机构负责青少年犯罪问题，诸如此类。合作的理由很清楚：每个专业的医疗设备都相当昂贵，况且专业人员有限，通过合作可以实现资源的共享和最优化。

可是，研究发现，这类群体间的合作很难真正实现。其中最重要的原因就是中断效应，即在多动机并存的情况下，群体比个体更倾向于选择竞争。原因有以下三点。第一，不信任，即人们对其他群体的不信任要远高于对其他个体的不信任。对个体，人们很希望与之合作，但对一个群体人们却不抱有这样的幻想。第二，对自私行为的社会支持。当群体只为自身利益选择竞争方式时，成员之间会彼此支持，并认同这种做法；而个体如果选择这种自私的方式就得不到这种支持。第三，弱化的可鉴别性。个体间的竞争，敌我明确；而在群体中，个体可以有所隐匿。有研究证据表明这些因素确实导致了群体比个体更倾向于竞争，如英斯（C. A. Insko）等人在1999年和2001年的研究。

三、群体的竞争

与合作对应的是竞争，合作与竞争是一对“孪生姐妹”。竞争也是社会生活中十分常见和普遍的一种社会心理现象。从某种程度上可以说，竞争促进了人类的进步和社会发展。

（一）竞争的定义

竞争（competition）是个体或群体间力图胜过或压倒对方的心理需要和行为活动，即每个参与者不惜牺牲他人利益，最大限度地获得个人利益的行为，其目的在于追求富有吸引力的目标。竞争是个人或群体的各方力求胜过对方的对抗性行为，因此，其积极作用是能使人振奋精神、奋发进取，促进社会进步，提高劳动生产率。其消极作用是挫伤双方的积极性，使有限的资源难以得到最佳效益，造成个体间或群体间的不团结，不利于人际关系的建立与发展。因为一方成功，就要意味着另一方失败。可以说，个人或群体的竞争机会越多，则成功和失败的机会也越多。

在社会生活中，竞争往往通过竞赛的形式表现出来，如球赛、卫生评比、数学竞赛等。其实，许多社会现象都是另一种形式的竞争，如政治、经济、军事、教育、文化和卫生等方面的现象。在目前社会政治、经济体制的改革中，竞争是一种极为重要的发展机制。

竞争可分为个体间竞争与群体间竞争两种。多伊奇于 1949 年曾设计了一个现场实验，以比较两种竞争的效果。该实验以大学生为研究对象，从志愿者中选出条件相似的 50 人，分为 10 组，每组 5 人。5 个小组在内部开展个人竞争，5 个小组在组与组之间开展群体竞争。实验结果表明：无论个人间还是小组间，只要是在竞争条件下，每个群体中的各个成员的工作都是相互支持的，共同活动的目的指向性很强，彼此的情况及时交流，成员之间相互理解、相互配合，能提高单位时间的效率。问题在于，竞争也会导致小团体主义等情绪的滋长，不利于建立群体之间的良好关系。

（二）竞争状态下的心理效应

竞争作为一种社会性刺激，会对个体产生一系列心理效应。

第一，唤起动机，超常发挥。个体的需要多种多样，在处于竞争条件下时，人们的自尊需要和自我实现的需要更为强烈，对于竞赛活动将会产生更加浓厚的兴趣，克服困难的意志更加坚定，争取成功的信念也更加坚定。个体将动员一切力量，全力以赴，充分发挥内在潜力与创造力，力争使自己在竞争中立于不败之地。

第二，应激状态，全身动员。在竞争时，人们处于一种应激状态，产生了强烈的情绪体验，刺激着肾上腺体分泌激素，血糖升高，从而使全身肌肉产生了一种紧张感。全身各器官和组织也都被动员起来，应对突然面对的紧急情况。这种紧张感对参加体育竞赛及其他项目的竞赛都是有益的。

第三，知己知彼，扬长补短。通过与他人的竞争，个体对自己的特点和能力有了进一步的认识，因此能客观地评价自己，扬长补短，精益求精。即使是遇到失败、遭到挫折，个体也能寻找原因争取“东山再起”，即所谓“失败是成功之母”。

第四，急功近利，鼠目寸光。由于个体一心想战胜对方，便经常将自己与对手进行比较，但往往会过高地估计自己，对竞争对手的优点、友好的表示等视而不见，不想做出公正的评价，甚至采取妒忌、贬低和仇视的态度，不利于与他人建立良好的人际关系。从长远的发展看，这样做会导致个体因小失大，也是鼠目寸光的表现。

此外，个体与个体、群体与群体频繁地进行竞争，容易产生紧张、忧虑、自卑等消极情绪体验，不利于个体的身心健康。在有些场合，如国际体育比赛、升学考试和职业竞赛等活动，参加竞赛者的心理压力特别大。由于求胜心切，他们反而会怯场与失误，从而影响正常水平的发挥，而且对个体的心理健康也会产生长期和深远的消极影响。

四、合作与竞争的关系

在现实生活中，群体与群体之间、群体中的各成员之间，总是处于竞争与合作状态中，有竞争，也有合作，往往两者并存，从而使社会生活变得千姿百态。

（一）合作与竞争各有特点

毫无疑问，合作和竞争都有各自的特点。合作能有力地协调人际关系，提高工作效率。然而，在合作过程中，群体成员之间也有竞争，竞争对于提高个人工作效率有显著的作用。例如，在篮球对抗赛中，队与队之间是竞争关系，而每个篮球队内各成员之间则是合作关系。每个队员都想为全队多做贡献。投篮命中率高的队自然是优胜者，而投篮球员则需要其他成员的密切配合。另外，一个群体内部在进行合作时，必然与其他成员展开竞争。所以说，竞争与合作相互依赖，缺一不可。

约翰逊（Johnson）1981年控制了四个群体进行比较研究。四个群体指合作的班群体、竞争的群体、在本群体内合作与外群体进行竞争的群体，以及各成员自己单独活动的群体。科目有阅读、语文、数学、自然科学、社会科学、心理学以及体育。该研究包括了从幼儿园到大学的各个年龄组。结果表明，在班级中与他人合作的人，比彼此竞争的人和自己单独学习的人学得好。各科、各年龄段都是如此。对于大学生来说，合作的积极作用稍弱一些。约翰逊根据实验结果指出，一个学生若在合作情境下成绩处于中间水平，那么，在竞争或单独学习的情境下，如果按100名排列，他大约就要落到第80名左右了。这也就是说，他的成绩要从中游降到下游。约翰逊强调，合作不仅对提高成绩有重要作用，而且在促进个体社会化，形成互相支持、喜欢和接纳的人际关系，提高自尊心，形成对同伴、教师和学校工作人员的积极态度，保持心理健康等方面都有重要意义。

合作能促进人际关系，提高工作效率。竞争也有利于提高个人工作效率。奥格登（Orgdon）做过一项关于警觉性的实验。实验是用一光源在暗室内随机调节发光强度，要求被试加以判断，实验者记录判断的正确次数和错误次数。实验者将被试分为三个等组，给以相同的要求和时间。除A组外，其他两组分别接受不同的指导语，即A组是控制组，不做任何激励。B组是个人竞赛组，实验者告诉该组成员说，实验目的是要比较谁的注意力、观察力最强。C组是群体竞赛组，实验者告诉他们说，实验目的是进行群体之间的比赛，看哪一组成绩最好。结果表明，在个人竞赛条件下，B组成绩最好，每人判断错误为8次（平均）；A组最差，每人判断错误为24次

(平均)；C 组成绩居中，在合作条件下，每人判断错误为 14 次（平均）。实验结果说明合作也能提高工作效率，但次于个人竞争。

(二）人们倾向于竞争

从 20 世纪 40 年代开始，社会心理学家对合作与竞争问题进行了大量研究。许多研究认为，尽管合作是最好的策略，但许多人宁可选择竞争也不愿意合作，如多伊奇和克劳斯（R. Krauss）的卡车竞赛实验。实验要求被试两人一组，分别充当甲、乙两个运输公司的经理。两人的任务都是使自己的车辆以最快的速度从起点通向终点，速度越快赚钱越多，要求他们尽可能多地赚钱。每人都有两条路线可选。一条是个人专用、但较远的通道；另一条近道是两人共用的，但路很窄，每次只能通行一辆车。十分明显，为了多赚钱双方应该合作，轮流走近路。轮流走近路比走远路少费时间。只有合作才是上策。然而实验的结果表明，双方都力图抢先通过，结果狭路相逢，谁也不肯让步。

竞争的趋势并不是由卡车竞赛的性质决定的，其他游戏竞赛情境中也同样存在竞争。例如，鲁斯（R. Luce）和赖法（H. Raiffa）的囚徒困境实验，探讨的也是在相互作用的双方既有利害冲突，又有共同利益的混合动机情况中，人们究竟是采取合作还是竞争行为的策略问题。弗里德曼（B. M. Friedman）把囚徒困境实验改成赌博游戏（参见表 14-1）。该游戏也由两人进行，他们互不讲话。结果由释放或判刑变为得分或金钱。游戏双方 A 与 B 都面临着合作或竞争两种行为选择。如果规定 A 和 B 都选 X，则每人得 10 分。如果一人选 X 而另一人选 Y，则选 Y 者得 15 分，选 X 者输 15 分；如果两人都想多赢分而让对方多输分，而同时选 Y，则两人都输 5 分。

表 14-1　赌博游戏的选择情境

		A	
		X	Y
B	X	+10（右上） +10（左下）	+15（右上） −15（左下）
	Y	−15（右上） +15（左下）	−5（右上） −5（左下）

结果表明，现方都有强烈的竞争倾向，只有 1/3 的被试选择合作；另外 2/3 的被试即使知道通过合作能稳得高分，对双方都有利，但还是选择带有冒险性的竞争。我们再来看看米纳斯（J. S. Minas）等人的鼓励合作实验。米纳斯提供的是没有合理理由作为支持竞争策略的实验模式。在这个实验中，选择 X，即选择合作策略总是较好的，是能得高分的。如果 A 选 X、B 选 X，则 A 得 4 分；即使 B 选 Y，A 得

1分也比A选Y得分多。若A选Y。则不是得0分就是得3分。对于B来说，选X不是得4分就是得1分，选Y则得3分或0分（见表14-2）。然而，即使合作可以稳得最高分，大多数被试还是宁愿竞争也不合作。因为对于多数人来说他们不是为了多得分，而是要战胜其他人。

表14-2　鼓励合作实验的选择情境

		A	
		X	Y
B	X	+4 / +4	+3 / +1
	Y	+1 / +3	0 / 0

研究者张智人对大学生竞争与合作策略取向的研究也发现，大学生竞争策略平均分显著高于合作策略平均分。这说明大学生更崇尚竞争策略。

确实，随着社会生产力的发展和科技的进步，社会生活中出现了更多的竞争。但是，我们必须正确对待竞争与合作的关系。只有竞争，没有合作，竞争缺乏潜力；只有合作，没有竞争，合作缺乏动力。竞争与合作是相辅相成、密不可分的。如果过分强调竞争，以致损害了其他目标，就对集体精神和集体道德有所破坏。竞争中经常遭受失败，则会使人产生挫折感、失败感与自卑感。所以，竞争中可以设有多种标准，参加竞争者可以根据各自的具体条件，提出自己的奋斗目标，努力争取胜利，获得成功感。虽然竞争是社会活动不可缺少的一种动力，但竞争中也可以包含合作和相互分享各种有效的资源，使合作成为人们提高竞争力的手段。合作是人类生存的必要方式。人们通过合作，既可以发挥个人的优势，又可以弥补个人的缺陷。这是在竞争中获胜的前提。一言以蔽之，在合作中有竞争，在竞争中有合作，这是提高个体核心竞争力的关键。

（三）竞争与合作的性别差异

有关竞争与合作的性别差异，一直是研究者十分关注的话题。一些研究者提出，由于女性比男性更倾向于表达友好或表现出宜人性的一面，因此相较于男性而言，女性更有可能表现出合作意愿或合作行为（Conway, Pizzamiglio & Mount, 1996; Feingold, 1994）。然而，在早期研究中，研究者发现男性和女性在合作与竞争方面并不存在显著差异。例如，有研究者（Maccoby & Jacklin）1974年对男性和女性的一系列社会行为进行了综述分析。结果表明，以往的实证研究虽然发现在某些社会行为中确实存在性别差异，但是在大多数行为领域，包括合作行为方面，研究结果并不一致，大量研究均未发现男性和女性在博弈游戏或独裁者游戏上存在显著差异。

21世纪以来，研究者对合作与竞争行为的性别差异进行了更为具体和细致的探索，进一步考虑到调节变量的影响。例如，巴利埃特（Balliet）等人于2011年对50年来社会困境的研究结果进行了元分析，结果发现：虽然男性和女性在总体平均效应量上没有显著差异，但进一步的调节效应分析则表明，男性—男性之间的互动比女性—女性之间的互动存在更高的合作性；但是，在男女混合的互动中，女性比男性更愿意合作；此外，在重复的互动中，男性比女性更愿意合作。

第三节 群体中的社会比较

个体在现实生活中定义自己的社会特征（如能力、智力等）时，往往是通过与周围他人、群体的比较，在一种具有比较性的社会环境中获得其意义的，而不是根据纯粹客观的标准来定义的。费斯廷格把这种现象称为社会比较（Social Comparison）。社会比较又可被称为人际比较，是一种普遍存在的社会心理现象，其研究具有重要的理论意义和实践价值。关于社会比较的研究，最早可追溯到西方哲学、社会学、社会心理学等关于自我和社会影响等相关领域的研究。从费斯廷格提出社会比较的概念以来，研究者对社会比较进行了不断探索。

一、社会比较的界定

（一）社会比较的概念

1954年，费斯廷格第一次提出了社会比较的概念和理论，被称为经典的社会比较理论。该理论认为，人类存在一种评价自己观点和能力的驱动力，这种把自己的观点和能力与他人进行比较的过程，即为社会比较。费斯廷格进一步认为，个体在这两个维度上的社会比较是有区别的。首先，个体在与他人进行能力比较时，有一种向上的驱动力，这种驱动力源于个体要求自己做得更好的价值取向，正是这种单向向上的驱动力推动个体不断追求进步与发展。其次，个体在能力的社会比较过程中存在一种非社会抑制（non-social restraints），即个体可以完全改变自己的观点，但无法完全改变自己的能力。

沙赫特对经典社会比较理论进行了拓展。他认为当个体处于一种新的或模糊的情绪状态，无法用生理的、经验的线索判断自己的情绪状态时，他们就有可能通过社会比较来对自己的情绪状态进行评价。这样，社会比较的维度就扩展到了情绪领域。其实，社会比较的内容和范围是很广泛的。有关人类自我的各个方面（如身体健康、学业成绩、成就动机等），都可以作为个体进行社会比较的内容和维度。半个世纪以来，随着社会比较研究的逐渐深入，研究的内容和维度也在不断扩充。

简而言之，所谓社会比较，就是把自己的处境和地位（包括能力、观点、身体健康等）与他人进行比较的过程。这一过程包括认知、情感和行为等不同的成分，社会比较过程的信息对于人类来说具有基本的进化价值。

（二）社会比较的类型

关于社会比较的类型，研究者进行了不断探索，提出了各种不同的理论假说和模型。一般来说，社会比较可分为三种类型：平行社会比较、上行社会比较和下行社会比较。

1. 平行社会比较

在经典的社会比较理论中，费斯廷格提出了相似性假说（similarity hypothesis)。他认为个体想了解自己的观点和能力，在现实生活中往往没有直接客观的手段，这时个体就会倾向于与其他，而且与自己能力和观点相似的人进行比较，因为相似的他人可以提供更多真实有效的信息。这就是相似性假说。如果既没有客观的标准，也没有相似的他人与之进行比较，个体对自己观点和能力的评价就是不稳定的、不精确的。

后继研究者戈瑟尔斯（G. R. Goethals）和达利（J. M. Darley）利用归因理论进一步发展了相似性假说，提出了相关属性假说（related attribute hypothesis)。该假说认为个体不是与行为表象相似的他人进行比较，而是与行为表现相关的特定属性（如性别、努力程度、经验等）相似的他人进行比较。相关属性假说主要运用归因理论来阐述个体社会比较对象的选择，比相似性假说更清楚、更具有描述性色彩。当个体获得比较对象的相关属性信息时，社会比较对自我具有更大的影响力。

惠勒（L. Wheeler）等人在相关属性假说的基础上，提出了代表比较模型（proxy comparison model)。该模型认为个体想利用社会比较信息，形成对自己要执行某项新任务的未来行为表现的预期；该行为对于个体来说是未曾经历过的，一旦失败，代价很大，因此个体希望对自己未来的行为做出一个正确的预期。这时某个人正好在这种条件下完成了此项任务，因而这个人可以作为“代表”，使个体对自己的未来行为表现做出预期。

后来，惠勒等人进一步提出，代表比较模型必须符合三个前提条件：第一，“代表”在完成此项任务时做过最大的努力；第二，在现实情境中，往往不知道“代表”是否做过最大的努力，所以个体与“代表”之间必须存在相关属性；第三，仅仅是付出最大努力的相关属性，不适合用来预测个体的未来行为表现。

无论是相似性假说、相关属性假说还是代表比较模型，都支持个体的社会比较是和与自己相似的他人进行的，即平行社会比较。

2. 上行社会比较

惠勒等人首次提出了上行社会比较（upward social comparison）的观点，认为个体喜欢和比自己等级高的他人进行比较，寻找与他人的差距，达到自我进步的目的。科林斯（R. L. Collins）在此基础上也认为，上行社会比较更有助于个体的自我评价，但不同的是科林斯认为个体的预期会对上行比较的效果产生决定性作用。如果个体预期自己将来会和想象的比较目标有所不同，就会有一种对比效果（contrast effect），个体就会萌生一种自卑感，产生更为消极的自我评价；如果个体预期自己将来会与上行比较目标状态基本相同，就会有一种同化效果（assimilation effect），提升其自我价值感。所以该理论又被称为上行同化理论。

3. 下行社会比较

早在 1962 年，哈克米勒（K. L. Hakmiller）就提出了**下行社会比较**（downward social comparison）的观点。他认为当个体的自尊受到威胁时，个体会倾向于和自己差的人进行社会比较。1981 年，威尔斯（T. A. Wills）在前人研究的基础上，提出了全面系统的下行比较理论，简称 DC 理论。该理论认为当个体遭遇失败、丧失等任何消极生活事件时，个体的自尊、心理健康水平就会下降，这时个体倾向于和比自己处境差的人比较，以此来维持自己的自尊心和主观幸福感。由于下行社会比较理论从比较的方向和动机两方面发展了经典的社会比较理论，因此它又被称为新社会比较理论。

4. 建构性社会比较

不论是平行社会比较、上行社会比较还是下行社会比较，个体都是和现实中的他人进行比较。但 20 世纪 90 年代以来，关于社会比较建构性研究引起了研究者的兴趣。研究者戈瑟尔斯提出了建构性社会比较（constructive social comparison）理论。该理论认为在社会比较过程中，个体可能仅仅是根据自己的想象，在头脑中主动建构他人可能是如何想的、如何做的，并与自己头脑中建构的信息进行比较；通过建构性比较获得的自我产生式的比较信息，可能会先于通过现实比较产生的信息。

二、社会比较的动机和策略

（一）社会比较的动机

从费斯廷格提出社会比较理论以来，关于社会比较的动机研究很多，并且已经比较完善。研究者从不同的侧面提出了很多观点，概括起来主要有以下三种观点：自我评价、自我完善和自我满足。

1. 自我评价

经典的社会比较理论认为，个体进行社会比较的目的是获得关于自己能力和观点的准确的自我评价，了解自己的观点是否正确以及自己的能力水平，而且只有与相似的他人进行比较才能获得准确、稳定的自我评价。

据此，研究者泰斯（A. Tesser）提出了自我评价维护模型（SEM 模型）。该模型认为人具有维护积极自我评价的需要，个体进行社会比较不是为了减少能力和观点的不确定性，而是为了维护积极的自我评价。该模型进一步提出心理上的亲近、鼓励两种类型的评价过程：对比过程和反射过程。在对比过程中，亲近他人被看作评价自我的标准，产生对比效果，因此个体积极的自我评价受到威胁；而在反射过程中，亲近他人不是被看作评价自我的标准，而是对自我的表征，产生同化效果，个体会沉浸在亲近他人的荣誉之中，以维护积极的自我评价。但研究者麦克法兰（C. McFarland）和比勒（R. Buehler）发现，当亲近的他人对于个体来说已成为其自我概念的重要组成部分时（如恋人、伴侣和父母等），这些重要他人的成功对个体不会产生对比效果，而会产生同化效果。

2. 自我完善

惠勒等人利用等级评定范式设计了实验，把被试分成高低两个动机组。结果发现高动机组的被试倾向于选择比自己等级高的人进行比较。由此，他认为个体进行社会比较的动机源于对自我完善的追求。个体通过经常询问“我和他还相差多远?”来激励自己做得更好。他提出了社会比较的自我完善动机。

当个体与比自己优秀的人比较时，不仅对自己有鼓舞作用，而且可以获得如何提升自己的有效信息。一般来说，积极的榜样可以使人感到受鼓舞和安慰，否则会使人感到焦虑和紧张。研究者布兰顿（H. Blanton）、布克（B. P. Buunk）等人对7年级的学生进行了研究，也发现被试一般会主动选择同性别的、成绩比自己稍好一点的同学进行比较。研究表明，如果选择与比自己学习成绩好的同学进行比较，其学业成绩会得到一定的提高。社会比较水平对学业成绩具有一定的预测作用。

近十年来，研究者洛克伍德（P. Lockwood）和孔达（Z. Kunda）发现上行社会比较对自我的影响，依赖于个体对自己未来达到他人成就状态的知觉。当个体认为自己可以取得同样的成功时，上行社会比较才会产生积极的鼓舞作用。当个体感觉尽最大努力也无法达到比较的目标时，上行社会比较会使他产生挫折感。

3. 自我满足

下行社会比较理论认为，个体倾向于与比自己差的人进行比较，以维护自尊和主观幸福感，从而达到自我满足的目的。下行社会比较有着很好的适应功能和调整作用。同时，时间性自我评价理论认为，人们可能通过贬低时间距离远的自我，赞赏时间距离近的自我来保持良好的自我感觉。也就是说，人们进行下行社会比较不是为了得到一个精确的自我评价，而是为了使自己现在的自我感觉更好一些。

下行社会比较是应对压力事件的一种机制。研究者布克等人通过研究发现，下行社会比较对于出现关系问题（特指恋爱关系）的个体是有效的应对机制，可以使个体降低参照点、改变评价关系的标准。尤其是对那些过度依赖社会比较信息作为评价自己处境的个体来说，下行社会比较可以提高他们对恋爱关系的满意度和主观幸福感。

下行社会比较的潜在影响会随着时间的推移而下降。研究者吉本斯（F. X.

Gibbons）和布兰顿发现学生在考试失败后，降低自己的学业比较水平，与成绩更差的人进行比较，只会暂时地避免心灵的痛苦。因为长时间、反复地进行下行社会比较，会在潜意识中产生一种自我认同感，这样个体就会降低其成就动机、策略的有效性以及对良好结果的期望。因此，有研究者认为下行社会比较是一种以情绪为定向的应对策略，坚持性在其中是不起作用的。从长期效果来看，下行社会比较对人的发展没有益处。

（二）社会比较的策略

在日常生活中，即使能力非凡的人，也会遇见比自己更有才华的人。上行社会比较是不可避免的，正所谓“山外有山，天外有天，人外有人”。但是，有研究者发现，维护积极的自我价值感是人类的根本需要。当面临消极的社会比较信息时，个体会采取各种各样的社会比较策略来应对威胁。这些社会比较策略主要包括下面几种。

1. 回避比较

社会比较可能是令人不愉快的、痛苦的。当两个个体在一个重要的维度上进行比较时，一个人如果相对位置较低，就会采用回避比较的策略来应对消极的情绪体验。回避比较是个体采用的一种自我保护性策略，而不是自我满足策略。也就是说，回避比较不会使个体感觉良好，只是在一定程度上避免或减轻比较带来的烦恼和痛苦。

2. 选择新的比较维度

当个体在某个领域的自我概念受到威胁时，个体会通过关注自己其他领域的才能或长处来应对威胁。斯蒂尔（C. M. Steele）和斯潘塞（S. J. Spencer）认为，当个体某一领域的自我受到威胁时，个体不需要应对这个领域的自我，而是需要维护一个整体的自我，这时个体通过关注自己其他积极的领域，达到维护总体自我价值感的目的。这一策略又被称为补偿策略。所谓补偿就是通过关注自我积极的方面，来抵消或平衡自我消极的方面使自尊受到的威胁。补偿策略被认为是维护个体自尊的一种有效机制和应对策略。

3. 降低社会比较的水平和数量

当个体在一个对自我概念很重要的维度上的表现不令人满意时，个体会在这个维度上降低其社会比较的水平。研究者吉本斯等人发现大多数大学生无论实际学业成绩如何，都会在某种程度上降低社会比较水平。同时他们还发现成绩差的学生不仅会降低社会比较水平，而且会减少社会比较的数量，同时增加与自己过去成绩或自己内部标准进行比较的数量。个人内部的比较可以减少因社会比较带来的不愉快的体验，也可以知道自己过去的学习策略是否有效，以便更好地掌握自己的学习进程。

4. 降低比较维度的重要性

个体具有维护积极自我评价的需要。当社会比较信息对个体的积极自我评价造成威胁时，个体会采取一系列的措施来维护积极的自我评价，如个体首先会降低比较维度对自己的重要性，同时也会从心理上疏远比自己优秀的人。这种结论基于上行比较会引发防御性归因策略这一理论前提。这些防御性归因策略能够有效地维护自我概念，而且个体必须相信自己这些带有偏见性的解释。

5. 天才效应

研究者阿利克（M. D. Alicke）等人发现个体应对消极的社会比较，还有一个相反的维护自我概念的机制——夸大优秀他人的能力，即提升比较目标。这种现象被称为天才效应。这种策略一般是在他人明显地优越于自己，而且不容易否认社会比较信息有效性的情况下，个体采用的维护自我概念的机制。举一个简单的例子，某个学生的考试成绩连续几次不如同学，他会通过夸大这个同学的学习能力来维护自我概念。

三、社会比较研究的展望

惠勒曾对社会比较研究的发展历史做了一个形象的比喻：像覆盖着白雪的花园里的一只小松鼠的脚印，弯弯曲曲、时隐时现，一会儿消失在榆树附近，一会儿又出现在枫树旁边。那么，今后社会比较的研究，其轨迹又会伸向何方？

首先，经典社会比较理论认为，观点和能力都是进行社会比较的重要内容与维度；但是近 50 年来，关于观点比较的研究却并不多见。然而，新的观点是如何在比较中形成的，又是如何传播，并逐渐被大众接受的，这些相关研究都具有重要的理论价值和实践意义。

其次，对社会比较内在的认知过程和心理机制的探索。在未来 10 年内，随着研究方法的日益改进、信息加工心理学观点的日益渗透，关于社会比较认知过程和心理机制的研究将是一个具有挑战性的课题。

再次，虽然社会比较的研究已从理论探索阶段逐渐地转移到了应用阶段，如探索将社会比较与癌症病人、职业枯竭、生活满意度、天才儿童和学习困难儿童的自我概念等相关领域结合起来。但是，目前的应用研究尚处于起步阶段，很多方面还有待研究者进一步探索。

最后，由于社会比较是一种内隐的心理过程，因此其与真正的社会比较尚有一段距离，且运用自我报告方法往往得不到真实可靠的数据资料。生态化和追踪设计有可能是今后社会比较研究方法的主要发展趋势。

总之，社会比较的研究经历了一个短暂而又丰富的发展过程。在这 50 年中，研究方法不断改进，研究领域不断扩展。从理论探索到应用研究，使得社会比较理论不断发展和完善。我们相信，社会比较在未来的研究中，仍会表现出持续的生机和活力。

第四节 群体对个体的影响

群体作为个体的集合体，不仅具有动力功能，而且群体的结构与特点会对个体产生不同的影响。个体的社会化、自我的形成与发展等，都是在群体的影响下完成的。群体对个体的影响主要表现在社会助长与社会惰化、集群行为与去个性化、群体决策对个体的影响以及文化对个体的影响等几个方面。

一、社会助长与社会惰化

当人们进行某项任务时，有时只是独自一人，而在另一些情况下，即使个体只做自己的工作，其他人也会在场。比如，在图书馆里学习，其他人也在学习；或者在房间里学习，室友在睡觉或也在学习。还有一种情况就是，人们和其他人共同完成一个目标任务。那么，在这些不同的情境下，他人或群体对个体的行为会产生什么影响？显然，一个人独处时表现的行为，与其在群体中表现的行为是不一样的。

（一）社会助长

1. 社会助长的概念

社会助长（social faciliation）或社会促进，是指他人在场，可以促进个人活动效率的提高。与社会助长相反，如果别人在场或与别人一起活动，造成了活动效率或行为效率的下降，就被称为社会干扰或社会抑制（social inhibition）。个人的活动由于有他人参加导致的效率变化被称为结伴效应，个人的活动由于他人在场旁观导致的效率变化被称为观众效应。

如第二章所述，最早以科学方法揭示社会助长现象的是心理学家特里普利特，他在1898年的研究中发现，别人在场或群体性活动，会明显促进人们的行为效率的提高。他让被试在三种情境下，骑车完成25英里（1英里≈1.61千米）的路程。第一种情境是单独骑车计时，第二种情境是骑车时让一个人跑步伴同，第三种情境是与其他骑车人竞赛。结果显示，被试在有伙伴的情况下骑车比单独骑车时，速度要快得多。后来，他让被试完成计数和跳远等工作，都发现了同样的现象。这就是社会助长现象。

但是，另外一些研究，如赫斯本德（R. W. Husband）在1931年的研究、佩森（J. Pessin）和赫斯本德在1933年的报告，却得出了相反的结果，即有他人在场的情况下活动效率降低了。显然，这是一个矛盾的结果。由此，关于社会助长作用的研究停了30年之久。后来，扎琼克（R.

Zajonc）的研究初步解开了这个疑团，这就是驱动理论。

2. 社会助长作用的机制

（1）驱动理论，又称优势反应强化说。该理论以动机和内驱力的研究成果为基础，认为他人在场的主要作用是唤醒并增强了优势反应的倾向。即他人在场具有激励性作用，这种激励使熟练的、易学的、优势的行为变得更容易，却使生疏的、难学的行为受到抑制。例如，技术熟练的人在他人在场时，表现会更好，但是对于技术不熟练的人来说，只能适得其反（参见图14-3）。许多研究支持了这一理论。

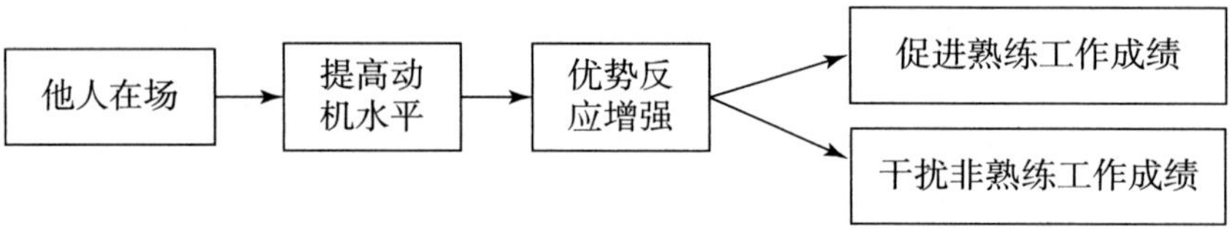

图 14-3　他人在场对个体活动过程的影响

例如，亨特（P. J. Hunt）和希勒里（J. M. Hillery）研究发现，他人在场对大学生学习简单的迷津产生了激励性作用，但对学习复杂的迷津却产生了干扰性作用。在一个实验中，施密特（Schmitt）等人要求大学生顺着把自己的名字输入计算机（简单工作），或倒着把自己的名字输入计算机（困难的、陌生的工作）。被试分别在单独的、主试在场的、戴着眼罩和耳罩的其他被试在场的三种情况下工作。实验得出了同样的结论，他人在场（即使是戴着眼罩和耳罩，不能对被试进行评价），使被试在简单工作上的速度加快，而使他们在困难工作上的速度减慢。

一般地，因他人存在而产生的阻碍作用，往往随旁观者人数的增加而增加，如口吃的人在大众场合下会结巴得更加厉害。现在多数研究者倾向于用驱动理论来解释社会助长作用的机制。但总的来说，这方面的研究证据还不够充分，需要用新的研究范式在实验和理论上做进一步的探索。

（2）评价顾虑说。驱动理论认为他人在场是决定社会助长最关键的因素，正是由于他人在场，使得唤起水平提高，进而影响任务的完成。但是，还有很多研究发现，因他人在场而体验到的评价顾虑也是一种很好的解释。比如，如果观众被蒙住眼睛，或者对观看心不在焉，社会助长效应就不会产生。这说明，社会助长作用的产生与评价顾虑有关。

（3）分心—冲突理论。这是对社会助长效应的又一种解释。该理论认为他人在场时，个体需要同时努力去注意他人和自己的工作，由此产生的冲突会引起社会助长现象。巴伦及其同事的研究表明，社会性唤起在某种程度上是引起被试在工作时分心的原因。进一步的研究证明，他人在场，无论是观众还是合作者都会使人分心，而分心会使当事人认知超载，从而影响任务的表现。尤其是，必须同时注意任务和观众时，既会使唤起水平上升又会有认知超载的可能性。认知超载反过来又会限制个体的注意广度，使注意力只可能集中在关键线索或突然出现的无关刺激上。参见图 14-4。

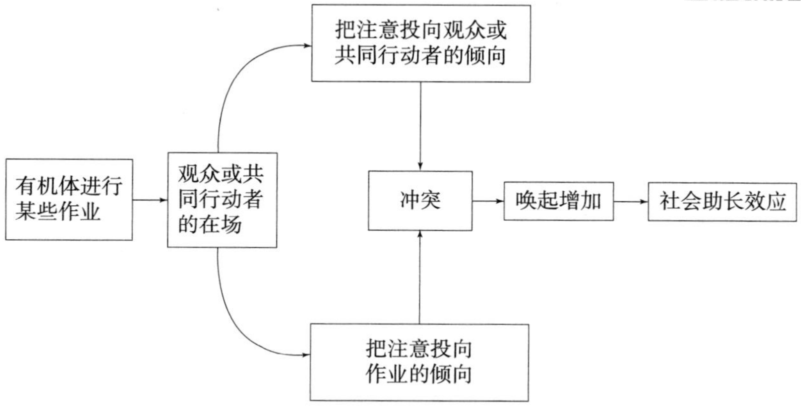

图 14-4　社会助长的分心—冲突理论示意图

那么，唤醒水平的提高和注意范围的缩小哪一个因素更重要呢？这两种情况可能有时会使人对同一个任务的完成产生不同的预期。例如，在呈现一个从未学过的、只呈现几个关键刺激的任务中，驱力理论会预计，由于此任务从未学过，因此行为受到抑制。而按照分心—冲突理论，他人在场会使人更容易去关注重要线索，这些线索对完成任务又很重要，所以成绩将会提高。

休格特（Huguet）和同事一起按照这个思路设计了一系列巧妙的实验。他们采用了有很多个刺激并且不常见的 Stroop 任务。在任务中，要求被试读出一些表示颜色的字（如红、绿），有的字与其本身的颜色一致（如红字用红色表示），有的不一致（如红字用绿色显示）。一般情况下，当字和色不匹配时，个体的反应速度会比较慢，这也叫作 Stroop 效应。实验分四个情境：第一个，没有他人在场；第二个，一个正专心健身的观众（不关心—忙碌的观众）；第三个，一个被试看不见的观众（不可见观众）；第四个，还有一个观看受试者完成任务的观众（专心的观众）。被试完成 Stroop 任务后，还被要求把他们看到过的字从一大堆字中挑出来。研究结果有力地支持了分心—冲突理论（注意力分配理论）。在没有观众的条件下，Stroop 效应最明显；在有观众的条件下，尤其是专心的观众和不可见的观众两种条件下 Stroop 效应会减少。此外，无观众的条件下受试者的再认成绩最好，也可以说明因为有观众在场使被试注意力分散，干扰了其记忆。总之，认知过程在社会助长中起了重要的作用，而不仅仅取决于唤醒水平的高低。

（二）社会惰化

1. 社会惰化的概念

社会惰化（social loafing）是指许多人在一起工作，会降低个人活动积极性的现象，即群体一起完成一件事情时，个人所付出的努力比单独完成时偏少的现象。所谓“出工不出力”，说的就是这种现象。与社会干扰不同的是，社会惰化作用往往发生在那些为一个共同目标而合作，但个人的成绩不能单独计算的情况下。社会干扰则关注他人在场对个体行为的影响，即使和别人一起工作，也并非做同一件事，而是个人完成自己的工作。

法国的一位工程师林格曼（M. Ringelman）做了一个实验。他要求被试们分别在单独的、不同规模的群体的情境下拉绳子，同时用电瓶秤来测量他们的拉力。结果发现随着被试人数增加，每个被试平均使出的拉力减少了。个人拉时平均出力63公斤；3个人的群体拉时，每人平均出力是53.5公斤；8个人的群体拉时，每人平均出力是31公斤。佩欣（Pisher）的实验也表明，如果要求大学生掌握一些无意义的音节，与没有他人在场相比，有他人在场时会花费更多的时间。出现上述情况的可能原因有两个：一是被试未能使他们的努力协调至最佳状态；二是出现了社会惰化现象。有关的元分析为社会惰化现象提供了确凿的证据。研究者（J. M. Jackson & K. D. Williams）在1988年总结了49个相关的实验研究，其中被试超过4000人，结果表明，共同完成任务时的群体人数越多，个人的努力程度越低，当群体规模达到16人时，个人的努力仅为单独工作时的80%（参见图14-5）。

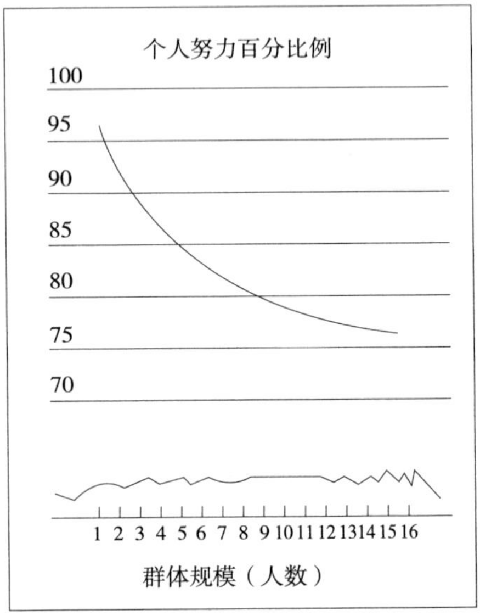

图14-5　社会惰化现象的元分析结果

2. 社会惰化的解释——集体努力模型

集体努力模型（collective effort model, CEM）指个体与他人一起为群体工作时，假如知觉到个人努力与产出之间的关系比较弱，就可能出现社会惰化。他们认为社会惰化效应可以用群体工作下的期望—效价理论来解释。期望—效价理论认为个体努力工作必须具备以下几个条件：第一，他们相信努力工作就会有好的成绩（期望）；第二，他们相信好的成绩会被认可和奖励（工具性）；第三，获得奖励是他们看重并向往的（效价）。研究者卡劳（S. J. Karau）和威廉于1993年发现，以上三个必要因素在群体工作时都会打折扣。以期望来说，期望是相信付出的努力越多，成绩就会越好。当独立完成任务时，这两者的相关较高；而在群体工作中，这就很难估计了。因此，CEM 理论认为，付出和得到之间的不确定状态是造成社会惰化效应的原因，很多研究证实了这个理论的有效性。

根据 CEM 理论，社会惰化效应在以下情况下会减少和得到抑制：群体规模较小；任务很有价值或很重要；与喜欢的成员合作；认为个人的贡献在组中是重要的、不可替代的；预计同伴的表现不会太好。这些假设都已经得到元分析结果的支持。可以说，通过 CEM 理论，人们可以预测在不同情况下社会惰化效应的强弱。

3. 减少社会惰化的途径

第一，让每个人的努力和成果都得到容易的区分，即不仅公布整个群体的成绩，而且公布每个成员的成绩，让成员感到自己的努力是可以单独被评价的。这样就没有人会袖手旁观而坐收渔利，实际上也就减少了社会惰化的发生率。

第二，提高群体成员对任务完成的责任心，使他们了解不仅自己是努力工作的，他人也和自己一样努力、一样有对工作的责任心。

第三，提高任务的重要性和价值。

第四，让个体看到他的贡献是唯一的、不可被他人替代的，即确保个人贡献的独特价值，也会减少社会惰化效应的发生。

此外，控制群体规模、增加工作任务的挑战性、提升群体的内聚力等，都能有效减少社会惰化，提高群体工作效率。

二、集群行为与去个性化

（一）集群行为

1. 集群行为的概念

集群行为（collective behavior），是一种在人们激烈互动中自发的、无指导的、无明确目的、不受正常社会规范约束的众多人的短暂性狂热行为，也被称为群集行为、群众行为或集体行为。

集群行为不同于群众运动和群众活动，它具有以下几个特征。

（1）自发性。集群行为并不是预谋的，而是一群人受到某种巨大刺激后，自然哄起的行为。它既无组织，又无领导，也无计划。人们也无法预料其发展的趋势。它只是一群情绪激动的人聚集在一起，竞相做出某种过激行为。

（2）狂热性。这种行为的每个参加者的情绪都异常激动，处在狂热之中，行动完全被激情支配。他们没有方向，没有目的，缺乏理智的考虑。大家聚集在一起，相互发泄，相互刺激，狂呼乱喊，盲目行动，完全不考虑行为的后果。

（3）非常规性。这种行为往往不受正常社会规范的制约。他们肆意践踏和破坏社会准则，扰乱社会秩序，甚至产生越轨行为和犯罪行为。

（4）短暂性。集群行为由于是一时情绪冲动产生的，因此，它持续的时间不会长久，往往是在大家发泄了内心的积怨和愤怒、减轻了心理紧张后，行动即告结束。如果被人利用，一直持续下去，就可能会成为有组织、有目的的活动。这时就不再是集群行为，而是群众运动了。

在群体性事件中，群众与集团对立，双方产生矛盾冲突，会给社会稳定与和谐带来隐患。实际上，对于这种社会冲突，科学上可预测，政治上可控制，关键在于预警优于应急处置。因此，了解和认识集群行为及其机制，具有重要的现实意义和实践价值。

2. 集群行为的过程

集群行为的发生，首先是高度的刺激和暗示。一群人聚集在一起，注意力高度集中在共同关心的问题上，并发生直接接触。这时，意外的事件一旦发生，高度刺激就会打断人们的正常生活秩序，于是人们的情绪就激动起来，并产生感情冲动和狂热。这时，人们理智的河堤被冲溃了，而且还容易被限制眼界，目光限制在目前的狭小范围内，而无视其他刺激。在这样的高度暗示下，个人便失去了评判能力，变得完全不考虑行为的后果了。

其次是情绪感染。在人群密集的场合中，人与人的距离非常近，因此，情绪极易感染，并且感染的传递也非常迅速。这种感染多以循环式和连锁式的形式进行。在集群行为中，这种情绪感染相互刺激、相互激发、相互强化，传遍整个人群，直至达到狂热的状态。

最后是情绪激发。情绪感染使整个人群激动起来，狂烈的气氛笼罩着整个群体。这种情绪达到一定状态就会爆发出来，表现出一定的行为，如狂呼乱喊、手舞足蹈等。这时，人群中的每一个成员的感情都充分地被发泄出来，变得狂热激动。大家有着共同的信念和态度，表现出一致的行为，而且这种行为在情绪的支配下将冲破现行规范准则的约束，使人们做出一些违反常规、社会规范和社会准则的事情来。当整个人群的情绪发泄完以后，激动的情绪就会逐渐平息下来，人们也会恢复常态。

在集群行为发生和发展过程中，有两个重要的心理机制：一是感染，二是模仿。

如前所述，感染是一群情绪激动的人的疯狂举动，吸引了原来无动于衷的参与者和旁观者，使他们的情绪也被调动起来，变得情绪激动与高涨，并参加到激动的人群中去，从而把整个一群人的情绪统一起来。某些时候感染还会使人丧失理智，削弱个人的责任感和社会控制，使人淹没在人群中，表现出一些过火的行为。模仿则是再现他人行为。在集群行为中，大家互相模仿，从而发生共同的行为。一人呼喊，应者云集；一人疯狂，群体疯狂。模仿使整个人群产生一致的行为。人们在突然发生的事件前不知所措，只好看别人怎么做。对榜样行为加以模仿，这样就为集群行为的产生奠定了基础。由此可见，情绪感染和模仿在集群行为中起着重要的作用。

3. 集群行为的理论

（1）反常行为理论。反常行为理论由克特·兰（F. Lang）和格莱迪斯·兰（G. E. Lang）提出，又被称为兰氏理论。他们认为，集群行为的前提是要有一群人聚集在一起，不能太少，也不能太多；以达到无法辨认其地位和角色，又能直接互动为佳；这些人必须要受到外部刺激，并产生情绪感染，使情感达到所有参与者所共有的顶点；个人感到自己被群体淹没了，成了身份不明的人，社会规范准则等社会约束力对于他们而言仅是一种摆设，无法产生任何效果。更为严重的是，参加者感到只有打破社会规范，做出反常行为，才可获得在场人的赞许，而且还可以逃避责罚，免除自我罪恶感。这样的情境为破坏性行为提供了环境氛围，最后必然导致集合在一起的许多人相互传递和相互感染，以同样的方式做出反应，从而爆发集群行为。

(2) 紧急规范理论。特纳（R. Turner）和基利安（L. Killian）提出的紧急规范理论认为，集群行为的发生，是在场的人群在情绪感染和行为模仿下，发现了指导他们的行为规范，这样才使整个人群的行为统一起来。这样的规范并不是通常意义上的社会规范，而是人群在情绪激动的紧急场合下，不知所措而临时形成的。例如，它指导人们应付意外情境下的行为，如商场突然失火，顾客一窝蜂地向出口跑去。向商场出口处转移，就是在失火的紧急状态下的行为规范。

紧急规范理论认为，集群行为的发生并不仅仅在于情绪感染和模仿，而在于参加者的认知和评价。人们认知到了在紧急情况下的行为规范，并用共同知觉来代替感情的扩散，从而出现一致性行为。但是，这种理论并没有解释清楚是什么因素决定出现紧急规范，为什么总是出现破坏性规范而不出现其他规范，以及集群行为中的去个性化现象等问题。

(二) 去个性化

1. 去个性化的概念

去个性化现象，最早由费斯廷格及其同事开始对这一现象的实验研究。费斯廷格和他的同事在 1952 年设计了一个这样的实验：让一群人评价自己的父母。实验分为两组：一组在课堂上进行，具有高辨认性；另一组在一间昏暗的教室里进行，并且每个人都套上一件布袋，把自己掩盖起来，具有低辨认性。结果表明，低辨认组的被试对自己的父母批评较多，而高辨认组的被试对父母的批评较少，且不激烈。

因此，去个性化（deindivid ualiza tion）是指群体中的人们感到自己被淹没在群体中，丧失了对自我的控制，失去了通常的所谓个性感，进而丧失了他们的个人身份。利帕（R. Lippa）研究表明，在群体的庇护下，一旦人们处于去个性化状态，就会表现出无自知、行为与内在标准不一致、自制力低、放弃对自己行为的控制等现象，结果可能导致人们加入重复的、冲动的、情绪化的，有时甚至是破坏性的行动中去。这种现象在集群行为中表现得尤为突出。群体对个人行为的促进作用，使个人在群体中敢于做独处时不敢做的事情，如歌迷对歌星的疯狂追捧、足球场上球迷的挑衅闹事等。许多社会心理学家认为，去个性化是反社会行为的一个原因。因为去个性化条件强化了个体对特定群体规范的相符行为，于是个体便不再按照自己的规范和准则行事了。

2. 去个性化的原因

在去个性化的研究中，津巴尔多（P. G. Zimbardo）做出了突出的贡献。

津巴尔多不仅在实验室实验中，而且在现场实验中验证了群体中的去个性化现象。他和助手在纽约大学的一个热闹区域，放置了一辆看上去被抛弃的汽车，拿掉了贴在玻璃窗上的行车执照，还打开了汽车引擎的盖子。26 小时后，这部汽车很快被拆毁了，凡是容易拿走的汽车零件，如电瓶、轮胎、汽油桶等都被拿走了。研究者用望远镜在远处观察，发现偷汽车零件的人都是一些衣冠楚楚的人，有的甚至是全家出动，母亲望风，父亲和儿子一起偷拆零件。虽然有时过路人会停下来望一望，但是并没有人询问和干涉。然而，把这辆汽车放在一个人口较少的城市，汽车则没有被拆掉。据此，津巴尔多等人认为，城市人口密集地区比人口稀疏地区存在较高的去个性化，即会有更多的人会违反社会行为规范和准则。

为什么在群体中会产生去个性化现象，可能的原因有如下几个。

（1）匿名性。根据津巴尔多于 1970 年的研究，群体处于激励性、心情紊乱的刺激状态下，尤其是群体成员不易被识别的情境下，易使成员产生去个性化。当群体成员穿着统一的服装时，个体被淹没了、被匿名了，即发生了制服效应（uniform effect）。津巴尔多发现，实验室穿白色外套和戴头套的女性被试，比穿着普通衣服、佩戴有姓名的身份牌的女性被试，在实验中对受害者（由实验助手扮演）施以更长时间的电击（其实是假电击）。可见，匿名可能会导致无克制的攻击。匿名性（anonymity）是指个人在去个性化的群体中隐藏自己个性的一种现象。它往往由去个性化引起。个体觉得自己是一个匿名者，别人不知道自己的“庐山真面目”，做出违反社会规则的行为并不会被人发现，这样就助长了个人的冒险心理，使其表现出平常不敢表现出来的行为。某些犯罪团伙（如贩毒团伙、恐怖组织）的反社会行为及攻击行为，往往就具有匿名性。

（2）丧失了责任感。一个人在单独行动时，往往能从道德伦理和社会规范准则的角度考虑自己的行为，尽力避免受到社会舆论的谴责或法律的制裁。可是在群体中，其成员就会感到反社会行为是以整体的形式出现的，责任落到群体身上，或者分散到每个个体身上，个人不会承担对群体行为的谴责。同时个体感觉到“法不责众”，即使惩罚也是惩罚群体，而不会惩罚自己，因而责任感大大降低，于是便产生了责任分散效应。

（3）群体的淹没性，即去个性化者的主观状态。群体中成员的活动往往并不是以个人身份出现的，而是具有群体的意义，以群体形式出现，这样群体就淹没了个性。群体成员越是无个性特征，他们的自我感觉越少，行为也就越缺乏自我控制。普伦蒂斯-邓恩（S. Prentice-Dunn）和罗杰斯（R. W. Rogers）在研究中，让去个性化的男大学生对一个无辜受害者施以电击（其实是假电击），然后要求他们将自己在实验过程中的体验描述出来。去个性化的被试认为自己情绪稳定，自觉性不够。群体的淹没减少了个体的自觉性，行为上表现出冲动性、无约束性与破坏性，因此个体可以肆无忌惮地为所欲为。匿名的暴徒往往无恶不作。可以说，犯罪群体规模越大，其成员越容易丧失自我意识，变得丧心病狂。

三、群体决策对个体的影响

在日常生活中，人们会碰到无数需要做出决策的问题。大多数人都相信群体决策比个人决策更准确。毕竟群体决策需要集思广益，可以避免极端决策。那么，这些观点正确吗？群体决策真的更准确吗？

（一）群体决策的概念

群体决策（group decision）是指群体对未来行为实践的方向、目标、原则和方法所做的决定并加以实施的活动，即群体的讨论、选择与决议。群体决策一般经过发现和诊断问题、确定决策目标、提出可供选择的解决方法，分析可选择的方法，做出决定以及提供反馈等阶段。群体决策虽然是实现群体目标的有效手段，但它对个体也有很大的影响。

由于人们的背景信息和观点看法都不同，因此群体很难在一开始就达成一致意见。但群体最终能做出一致决定。那么，决策的过程是如何实现的？研究者采用社会决策图式来解释群体决策过程。

根据社会决策图式的几个简单原则，可以相当准确地预测出最后的决策结果。社会决策图式是指从最初的成员观点分布，推断出最后群体决定的原则。这些原则主要与最初观点的倾向性有关。

（1）多数获胜原则。在很多情况下，群体最终会选择最初大多数成员所支持的决策。按照这个决策原则，这时讨论的意义就是进一步稳固、强化多数人的最初观点，而少数人的不同观点再积极、有效也没有用。

（2）追求真理原则。正确的解决方案或决策，最终会被越来越多的人认识和接受。

（3）先入为主原则。群体决策会倾向朝着群体最先提出的方案的方向发展。

这些原则乍看起来似乎有些不可思议，但是很多研究最终都证实，无论决策多么复杂，这些简单的原则都具有非常好的预测性。斯塔瑟（G. Stasser）、泰勒（L. A. Taylor）和汉纳（C. Hanna）的研究表明其精确率达到了80%。因此，我们可以认为这些原则揭示了群体决策的内部规律。

那么，成员之间是如何相互影响并达成一致呢？这便是规范化社会影响和信息性社会影响的作用。规范化社会影响根植于人们都渴望得到别人的接受和喜欢，群体用这种影响很容易感化不同意见者。同时，人们还渴望正确，所以群体也会应用这种信息性社会影响去保证采纳正确的观点。很多研究证实，这两种社会影响可以用来说服持不同意见者。

（二）群体决策对个体的影响

1. 群体极化

群体决策可能使个人更加冒险，也可能使个人更加保守。大量的研究发现，群体决策比个体决策更容易走极端，即群体极化（group polarization）。群体讨论使群体成员所持观点变得更加极端的倾向，亦称群体两极分化，但它不是指群体意见分为对立的两派或两极，而是指意见的最初倾向得到进一步强化。同时，个体也发生了这种转移，即原来保守的趋向于更加保守，原来冒险的趋向于更加冒险（参见图 14-6）。

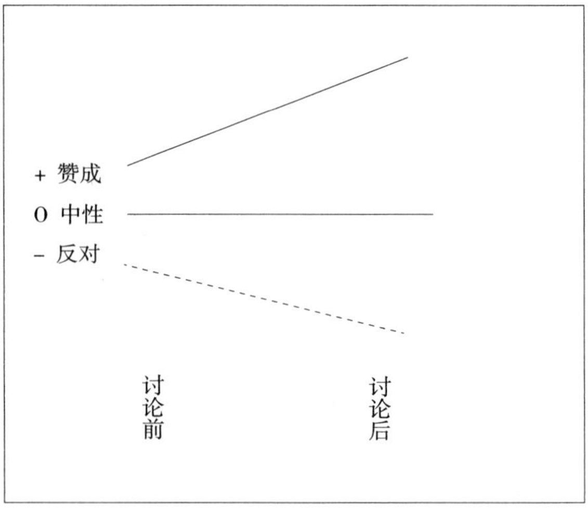

图 14-6 群体极化现象

斯托纳（J. Stoner）对此进行了实验研究。实验中所使用的问卷是一篇短文。大意是某人是位工程师有两份工作可供选择。一份是在薪水一般的大公司工作，但能提供很好的医疗保险金；另一份是在一家新开的、风险较高的公司从事创造性工作。如果新公司成功了，他将有美好的前途，但如果新公司失败了他就要失业。现在高风险的新公司赢利可能性是 1/10、3/10、5/10……甚至到 10/10。让被试回答在有多大可能赢利的情况下会支持这位工程师去新公司工作。实验者先让被试单独做出选择，然后群体共同讨论，最后再让被试单独选择。斯托纳预言，群体推荐的意见比个体的要保守。然而结果发现，经群体讨论之后，群体的意见比个体的意见更加趋向于冒险，即冒险性转移（risky shift）。

产生群体极化的原因可以概括为两种途径，即信息影响途径和社会比较途径。信息影响途径是指在群体讨论过程中，成员提供的绝大多数信息都支持自己的观点，因此，群体成员逐渐相信了自己观点的正确性。当意见倾向于某一个方向时，大多数论据都用来论证该观点的正确性。于是，最初占优势的意见渐渐获得越来越多的支持。即它是在了解了新的信息和听到了新的说服性意见时产生的。社会比较途径是在群体讨论中，群体成员原来认为自己的意见比其他人的更好、更合理，但是现实中，不可能每一参与者的观点都超过所有成员的平均水平，于是许多成员开始省悟过来，发现自己的观点不像原来所认为的那样合理，结果发生了向极端转移。它是在成员了解了群体的一致意见时产生的。在现实生活中，信息影响和社会比较途径常常一起出现，甚至是相辅相成的。此外，责任分配、群体压力、文化背景和群体领导者等因素也会导致群体极化现象。

群体极化具有双重意义。从积极的一面来看，群体极化能促进群体意见一致，提高群体内聚力和群体行为的一致性。从消极的一面看，它能使错误的判断和决定更趋激化、极端。

2. 群体思维

群体思维（group thinking）是指高内聚力的群体认为他们的决策一定没有错误，为了维持群体表面上的一致，所有成员都必须坚定不移地支持群体的决定，与此不一致的信息则被忽视，即群体决策时的倾向性思维方式。

由于群体思维使得群体局限于少数几个方案的讨论，不能很好地听取反面意见，又压制了群体其他成员的首创精神，因此，群体会做出拙劣的决策。那么，群体思维发生的原因是什么呢？一是强势领导者带领的群体成员间的高内聚力。由于他们有相似的背景、利益和价值观，因此他们会彼此欣赏。二是群体规范，规范要求成员确认群体的一贯正确和崇高的地位。基于以上两点理由，群体成员应该做的就是尽可能地支持和履行群体的决议。

詹尼斯（I. Jants）通过对一系列著名的、错误的群体决定分析后提出了这一概念。例如，美国三位总统（肯尼迪、约翰逊、尼克松）对越战的不断升级。每次战争的升级都给美国带来了巨大的人员伤亡和经济损失，而且没有任何能使越南政府实现独立的进展，然而每位总统的内阁都继续支持增加战争投入。显然，在处理这个事件时，三位总统都犯有群体思维的错误。此外，美国在珍珠港事件、入侵朝鲜、猪湾惨败和“挑战者号”航天飞机爆炸等事件，都存在着群体思维问题。

3. 信息加工偏差

群体和个体并不总是追求准确，而是经常为最初的选择寻找理由。鲍迈斯特（R. F. Baumeister）和纽曼（L. S. Newman）认为，人们更像一个律师，试图找到支持自己一方的证据，而并非像一个科学家那样追求真实和准确。这种倾向可能源于自私自利，也可能源于社会认同、宣扬的价值和原则。因此，群体决策中都会出现信息、加工的偏差，也就是说他们总是在为他们想要得到的决策获取更多信息，并对这些信息进行加工。

让我们举一个陪审团的例子。法官总会提供三个合法原则供陪审团进行选择：第一，比较过失——原告应该承担因自己的过失造成的损失，原告要求的赔偿也就相应降低；第二，有过失——如果原告也对损失有一定的责任，则原告得不到赔偿；第三，严格责任原则——如果被告对后果负有全部责任，则应该全额赔偿原告。显然，只有第一个原则体现了分配公平。研究者萨默（K. L. Sommer）、霍罗威茨（I. A. Horowitz）和布儒瓦（M. J. Bourgeois）做了一个实验，要求被试听一盘民事案件的录音。案件中原告的汽车燃料过滤器设计存在问题，导致油箱爆炸，炸死了原告的妻子，原告要求厂家赔偿 100 万美元。在以上三个原则规定的情境下，要求陪审员分别进行判断。研究者假设陪审员为了坚持分配公平性原则，会在信息加工时发生偏差。实验结果证实了该假设，陪审员会在有过失的要求下（有利于被告）讨论更多对原告有利的证据，而不是在严格责任规则的要求下（有利于原告）进行讨论。

4. 分享共同信息

许多决策之所以被派给群体来做，主要原因是人们认为，参与决策的成员能够集中各自的知识、观点、专长等信息资源，使决定更为准确、全面和客观。那么，群体讨论是否能分享这些知识和专长信息呢？有关研究发现，群体在讨论任务时，更倾向于使用多数人掌握的信息，而不是仅仅掌握在少数人手里的信息。因此，做出什么决策，恰恰反映了共享信息的质量。如果分享的信息确实有利于做出决策，就没有负面影响；反之，就会做出错误的决策。

很多研究证实了这种倾向。即使在医疗诊断的过程中，实习医师和学生都更倾向于讨论大家都知道的信息，而不关心那些只有少数人知道的情况。如果他们更多地讨论那些最初只为少数人知道的情况，诊断可能更正确。

（三）提高群体决策的方法

1. 魔鬼鼓吹手法

魔鬼鼓吹手法（devil's advocate technique）是指为了提高群体决策质量，特别指定一名群体成员专门负责给正在考虑的决定和计划提出批评与不同意见，即任命一个组员承担特定的任务。他可以否决任何一个不成熟的计划或决策。这个策略的有效性在于强迫成员仔细斟酌他们所要做出的方案或决议。

2. 可信异议法

可信异议法（authentic dissent）是指为了增强群体决策的质量，一个或多个群体成员主动地提出与群体最初倾向不一致的建议，而这一角色并非预先设定的。研究者内梅特（C. J. Nemeth）等人发现，可信异议法客观上鼓励对最初群体想法的审慎思考，能提供更多的选择，在态度改变的程度上也比魔鬼鼓吹法要好。

无论从理论上还是从实践上考查，群体决策的质量确实可以改善，但必须有积极的改进步骤。例如，奥斯本（A. F. Osborn）的脑力激荡法（brain storming）、德尔菲法（Delphi method）的背靠背决策技术和电子会议法（electronic meeting）的匿名意见与反馈技术等。如果任其自生自灭，没有外部干涉，群体决策就很容易陷入泥沼中，从而导致群体做出错误的决定。

第五节 文化对个体的影响

个体生活在特定的社会文化背景下，其心理与行为的发生、发展均受到文化变量直接和间接的制约。可以说，社会心理现象是社会文化的产物，文化因素与社会心理现象存在着千丝万缕的联系。文化不仅对个体的心理与行为产生深刻的影响，而且对个体的人格特征也发挥着举足轻重的作用。中国人心理就是在中国文化背景下产生和发展的。越来越多的社会心理学家意识到，在社会心理学研究中忽视文化因素是片面的、得不偿失的。研究社会心理现象，必须尊重文化，特别是尊重个体生活在其中的“本土”文化环境。

一、文化与个体的认知

（一）文化与个体的感知觉

处于不同文化背景中的人类群体，不仅在信仰、态度和行为方式等方面表现出明显的差异，而且在感知空间、大小、距离、颜色等基本心理过程方面也表现出一定的文化差异。最早发现在不同文化背景下，个体存在感知觉差异的是英国文化人类学家与心理学家里弗斯（W. H. Rivers）。他发现，居住在新几内亚沿海的托列斯海峡的默里岛民和英国人相比，较容易出现**“水平一垂直错觉”**（等长的两条线，垂直线平分水平线，看起来垂直线比水平线长），而不易出现**“缪勒一莱依尔错觉”**（两条等长的线条由于箭头朝向不同看起来不一样长。箭头向外扩张的线条看起来比箭头向内收缩的线条显得长一些），如图14-7所示。众所周知，错觉是指知觉的经验与对象特征不一致的一种正常知觉现象。人们一般认为错觉是人类知觉的普遍现象，引起错觉的原因也是共同的。但里弗斯的发现首次提出，生活在不同文化中的民族可能会有不同的视错觉经验。

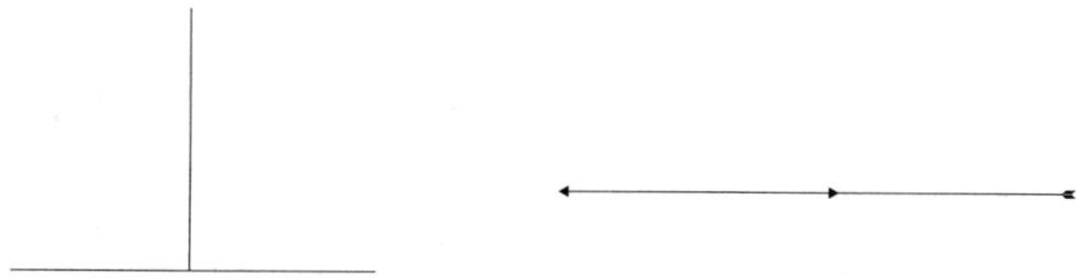

图 14-7 水平一垂直错觉与缪勒一莱依尔错觉

里弗斯的实验抽样范围较小、数量较少，为进一步证实文化对知觉的影响，20世纪60年代，心理学家西格尔（M. H. Segall）率领一批人类学家和心理学家进行了一次历时6年的错觉问题研究。研究对象包括非洲、亚洲、欧洲等不同文化生态背景下的人。这项研究的结果支持了里弗斯的研究结果，而且找到了造成不同文化的成员在视错觉上有差异的某些规律：第一，住在"木器化"世界（方形环境）中，具有理解三维图形的二维表象能力的人（如美国人），比住在"非木器化"世界中的人（如住在圆形环境中的布须曼人和祖鲁人），容易产生缪勒—莱依尔错觉；第二，住在广阔平原上的人（如塞内加尔人）比住在浓密丛林中的人（如达荷美人）更容易产生水平—垂直错觉。近来的研究也表明，不同文化语言会造成婴儿物理认知发展的差异。

（二）文化与个体的认知发展

对文化与认知发展的研究，主要是针对皮亚杰提出的认知发展阶段理论的跨文化研究。这方面的研究表明，认知发展的阶段在不同文化中的顺序基本是一致的，而且不同文化背景下的儿童的认知结构具有一致性。但研究者也发现，非工业化国家及文化发展水平较低地区的儿童的认知发展可能存在滞后现象，甚至有的文化中儿童认知发展会停滞于某一阶段而不能进入下一阶段。其实，根据文化生态学的观点，每个文化群体都会优先发展与他们的生存方式密切相关的那些概念、运算、推理和思维。达森（P. R. Dosen）指出，在从事游牧、狩猎和采集的社会中，人们由于需要在一个广阔的地域中确定自己的方位，因此，他们空间领域中的具体运算推理的发展就比较快；而在农业社会中量的概念显得比较重要并发展较快，因为他们必须以各种方法来处理他们的收成，包括储存、交换等与数量打交道的工作。总之，不同群体之间认知发展的差别与其生存的文化生态环境密切相关。

近年来，跨文化心理学家比较了具有东方（以中国、日本和韩国为代表）文化背景的人群与具有西方（以美国、加拿大为代表）文化背景的人群在知觉、注意、记忆、社会认知等方面的差异，取得了重要研究成果。研究发现，具有东方文化背景的人在知觉任务中更关注外在刺激的整体性和背景的变化，在自我概念上更强调人与人的社会关系，在分析社会行为的原因时强调社会环境对个人行为的影响，在需要合作的任务中更容易为他人考虑。具有西方文化背景的人在知觉任务中更关注外在刺激的局部属性和凸显于背景的物理变化，在自我概念上更强调个人内部特质对社会环境和社会关系的独立性，在分析社会行为的原因时强调个人内部特质对个人行为的决定性作用，在需要合作的任务中不易从他人的视角看问题。这反映了社会文化的影响力。

（三）文化与个体的认知风格

1954年，心理学家威特金（N. A. Wthn）通过框棒实验研究了场依存性、场独立性的问题。

框棒实验要求坐在黑屋里的被试调整一根倾斜的荧光棒体，使之处于真实的垂直水平。框的倾斜易使人产生错觉，使人难以把棒调到垂直水平。能够把棒准确地调到真实垂直位置的人，是认知风格属于场独立性的人，因为他们能摆脱使人易产生错觉的框（也就是“场”）进行独立的操作。反之，认知风格则属于场依存性。威特金在实验中发现，男性比女性更具有场独立性，即更具有把环境中的一部分从整体中独立出来的能力。这种倾向是儿童社会化过程中发展侧重点不同的结果。

后来，文化人类学家贝利（J. W. Berry）发现，在狩猎和采集社会中，人们有较强的场独立性；而在农业社会中，人们往往倾向于场依存性。他对这一差异的解释是，依靠狩猎为生的人必须具有场独立性才能获得成功，因为打猎要求人们能够在视觉上将动物与背景分离开来。那么，狩猎者的这种场独立性是怎么发展起来的呢？有人认为跟该文化背景下的家庭教育有关。狩猎和采集社会倾向于培养儿童的个体意识与自信心，而农业社会倾向于培养儿童的顺从性和群体意识。

（四）文化与个体的价值观

价值观是某一群体中成员所共有的、用以评价其现实生活中各种事物的根本观点。价值观在无形中支配着人的行为。人们往往基于此对世界做出好与坏、对与错等判断。一个群体的价值观是该群体文化或生活方式的核心，突出地表现出不同文化的差异。因此，人们一直关注对不同文化的价值观进行比较研究。

美国芝加哥大学的文化人类学家莫里斯（C. Morris）曾于 20 世纪 40 年代初建立了一套生活方式量表的测验。他在前人研究的基础上将世界各地的生活方式划分为 13 种形态，如太阳神型、酒神型、普罗米修斯型、基督型、佛陀型、穆罕默德型、烈士型等。他让来自美国、中国、印度的被试在看过有关这 13 种生活方式的描述后，按个人的好恶程度，在七分量表上对每一种生活方式进行评估。测验结果表明，美国被试较为强调适应性和多元取向的价值观，中国被试倾向于社会取向，而印度被试则偏向社会约束与自我控制。

继莫里斯后，美籍华人许踉光的价值观研究较有影响。他比较了中国、印度、美国这三种文化下个体的价值观差异，认为中国人的处世态度是以情境为中心的，这培养了中国人一种向心的世界观，在人际关系中表现为相互依赖。以超自然为中心的印度教徒的处世态度，则培养了印度教徒一种离心的世界观。这在人际关系中表现为片面依赖，倾向于推动个人脱离他对家庭的依赖。但印度教徒也需要与同伴紧密的社会和心理联系，于是他们通过“种姓”这种地域性集团，使自己与同伴相互结合以满足社交、安全和地位的需要。以个人主义为中心的美国，则培养了个人对自我的强烈关心，遵从自我独立和个人自由，因此美国人为解决社会需要而采取的方法是平等的契约关系下结成相互关系的同辈群体。

二、文化与社会动机、情绪

（一）文化与社会动机

对社会动机，我们已在第五章中进行了详细阐述，这里仅从文化角度加以审视。最早考察文化与社会成员的成就动机之间关系的，是美国哈佛大学的心理学家麦克莱兰。他和其他一些研究者认为，成就动机受制于各种文化与亚文化因素，这些因素主要包括以下几类。

一是宗教信仰的影响。麦克莱兰认为欧洲强调灵魂的自我拯救、禁欲主义和辛勤工作的新教改革，大大刺激了人们的成就动机，促进了西方经济的发展。其他一些研究也证明新教徒的成就动机确实要高于天主教徒。

二是家庭与学校教育。麦克莱兰的研究发现，新教徒具有的强烈的成就动机，往往来自家庭教育。父母创设条件鼓励儿童在控制环境方面独立自主，这是他们长大以后产生强烈的成就动机的原因所在。

三是社会阶层。研究发现，人们的经济地位对成就动机的影响比宗教信仰的影响大得多。一般来说，中等社会地位的人，容易受到强烈的追求成功的社会压力的影响，成就动机较强；而社会地位较低的人成就动机较低。事实上，把造成这种差异的真正原因，也许是不同的社会生活条件在给予高社会阶层成员充分发展个人才能的同时，剥夺了低社会阶层成员发展成就动机的机会。实际上，这是文化环境造成的结果。

麦克莱兰提出的成就动机概念，具有高度的自我取向或个人取向的特征，并认为成就动机的本质、内涵或特征是具有文化普遍性的。事实上，麦克莱兰提出的成就动机概念应用到其他文化中是有问题的。比如，杨国枢认为，东方人基本上不是自我取向或个人取向的，而是他人取向或集体取向的。也就是说，中国人优秀的标准不是内在的、自发的，而是外在的或他人确定的。这个标准是父母、老师、领导或集体的标准。因此，杨国枢将成就动机分为两类：自我取向或个人取向的成就动机与他人取向或集体取向的成就动机。每个人都同时具有这两种成就动机，只是西方人自我取向的成就动机较强，而东方人他人取向的成就动机较强。这也是东西方文化差异造成的结果。

（二）文化与社会情绪

比较不同文化背景群体的情绪始于达尔文。他通过自己的研究得出结论：人类存在着普遍的面部表情，而且人的表情与动物的面部行为有一些相似性。对于情绪体验和面部表情之间关系的研究，有的研究者坚持情绪的泛文化特征，即情绪的面部表情在不同文化间存在着共同性；但也有研究者认为，身体运动和面部行为具有文化特征。弗里森（W. V. Friesen）的实验非常典型。他让来自美国和日本的被试观看惊险影片，先让他们单独看影片，再让本文化的成员待在一起看。结果发现，单独看影片时，两种文化下的被试都表现出很相似的面部表情。但当与本文化的其他成员一起看时，比起美国人来，日本人则很少表现出否定性情感。这种情感表达的差别说明了人际因素对情绪表达的影响，也体现出情绪的文化差异性。这些内容，我们已在第七章中进行了诠释。

（三）文化与社会变迁

文化变迁是社会变迁的重要组成部分，也是人类学、社会学、心理学等学科的重要研究领域。其最新研究进展包括动态社会影响理论、文化传播的共识模型、关注社会结构限制对文化的影响，以及社会、文化和心理的动态变化。这些研究进展表明，该研究领域逐渐从跨学科发展成为多学科融合。不仅表现在理论建构的多水平和多层次互动上，还体现在多学科研究方法的运用上。例如，自我抽离就是从个体或心理学角度对文化变迁的回应。个体对负性事件的反省会产生积极或消极的结果，而自我反省的视角能够解释不同结果的原因。以旁观者的文化视角审视自己过去的经历，即从自我抽离的视角进行反省是一种适应性的反省，它具有一定的文化差异以及应用边界。从群体角度看，文化变迁对群体心理预期和社会阶层的变化也产生了深刻的影响。心理预期是社会预期的核心，意指一种不确定情境下的主观预测和期望。不同社会阶层既有共同的心理预期，也有不同的心理预期。不同社会阶层的心理预期可能导致较难形成社会共识、影响社会稳定、预期公共危机等社会效应。在社会阶层结构变迁的背景下，心理预期的形成既受到自身社会阶层的影响，也受到其他社会阶层的影响。改革开放 40 多年来，我国已涌现出许多新兴社会阶层。对不同群体的心理需要、心理预期和社会心态等社会心理特征进行剖析，可以揭示其社会心理与社会行为特点。

三、文化与个体的人格取向

（一）文化震荡与心理震荡

多元文化的融合是世界文化发展的必然趋势，文化震荡引起的心理震荡是急速的社会文化变化引起的一种特定的社会心理反应。自第二次世界大战以来，伴随着全球性新技术革命的发展，社会文化变化的速度越来越快。这种现代社会的骤然巨变，对人类的心理生活造成强烈的影响。这种影响甚至能够使人在前所未有的社会压力面前张皇失措、无所适从，产生心理上的麻痹与震颤。社会心理学家将这种由于内在文化积累或外在文化移入引起的急剧变迁对人的心理生活的冲击与震动，称为心理震荡。米德和墨菲（H. Muephy）等人都专门研究过西方文化的移入对原始民族的心理与行为的影响。墨菲认为，不发达国家的精神疾病患病率增高与行为变态者的增多是西方文化移入过快的一种必然反应；而米德则从对马努斯文化的变迁考察中得出结论，认为只要人们能够针对变动中的文化进行有效的调适，心理的变态或心理的震荡都是可以避免的。

“未来的震荡是一种时间现象。它是社会变动急剧加速的产物。它是发源于依附在旧文化基础上的一种新文化的附加物，是人们在自己生活的社会里所遇到的文化震荡。”这种特殊的现代社会的文化震荡，描绘出“人们在一个极短的时间里承受过多的变化之后感到压力重重，晕头转向，不知所措的现象”（转引自托勒夫：《未来的震荡》，四川人民出版社，1985 年版，第 6 页）。中国人在改革开放以后就体验到心理的震荡，面对西方文化的突然“光临”和移入，产生了强烈的心理反差。

（二）文化震荡中常见的人格取向

文化震荡对人格以及社会行为的影响是多重的，不同个体对社会文化变化的心理与行为反应不尽相同。一般来说，社会文化变化中最为常见的两种人格取向是进取型、守旧型和反社会型。

进取型的个体虽然在原来的社会文化环境下，已经形成了自己的人格、价值观和行为规范，但亦能随着外界事物的变化重新调整自己。这类人具有较强的再社会化能力，能较快地接受新事物和新思想。他们生活态度积极，并能随时迎接新的挑战。守旧型的人在完成社会化之后，便始终坚持已经形成的价值观和思维方式。他们思想保守，喜欢以不变应万变，甚至表现出偏执狂式的人格障碍。反社会型的人在发现自己原有的价值观和生活方式不起作用，而新的观念还没有形成或难以形成时，会产生一种对现有社会形态或文化类型的不满，导致越轨或犯罪。

社会文化变化中还有一种常见的人格取向是“边际人”。从社会心理学的角度看，边际人是社会文化变化或地理变迁过程中产生的一种转型人格。它是个体在新旧文化或本族文化与他族文化的碰撞、选择和冲突下，人格分裂呈多变双重化的产物。边际人分两种类型：一种是历时态边际人，又被称为“过渡人”，指处在两种社会形态的转折点或者两种时代交界处的特定人格；另一种是共时态边际人，又被称为“边缘人”，是指处在两种文化接壤处的特定人格。历时态边际人通常出现于社会动荡或社会大变革时期。根据勒纳（D. Lerner）在《传统社会的消逝》（1958 年）一书中的观点，这类过渡人是置身于“传统—现代”连续体上的人。他们既处于传统之中，又置身于传统之外；既跨进了现代的门槛，又未完全投身于现代的怀抱中。与此相应，他们的行为也受着“双重价值体系”的支配，既渴慕现代的刺激，又摆脱不了传统的制约。共时态边际人与历时态边际人不同，国际联姻、出访、留学、移民等原因导致他们生活于两种不同文化中。这种生活经历使他们几乎同时受到两种不同文化类型的影响、熏陶和教育。虽然他们的内心仍有两种价值观念的冲突，但他们基本上摆脱和超越了本土文化，能够客观、理智、清楚地认识自己民族和其他民族的文化差异。过渡人和边缘人都是边际人，区别是前者是文化转型的结果，后者是文化交融的产物，两者的人格均是文化变化的产物。例如，最近有研究考查了社会文化影响自我概念的内部脑机制。中国研究者发现，中国人和西方个体的自我参照效应不同，中国人母亲参照和自我参照无论在记忆成绩上，还是自我觉知的程度上都非常类似，而且他们还发现母亲参照和自我参照都激活了内侧前额皮层，这个区域没有出现差异，这一结果和西方研究者的结果不同。母亲可能是中国人自我概念的一个组成部分。这为建立中国本土化的社会心理学理论体系积累了研究资料。

四、中国文化与中国人心理

中国是一个具有五千年历史的文明古国，在长期的历史发展过程中，形成了博大精深的中国传统文化。中国传统文化形成、发展与演变的过程，与中国人的认知、思维方式和性格的形成、发展与演变可以说是同步进行的，中国人的心理是中国传统文化系统的反映和积淀。这里仅以中国人性格、认知过程和思维方式为例加以阐释。

影响中国人性格的中国传统文化因素是多种多样的，但对中国人性格的影响最为明显的是以下几个方面。

第一，提倡以人为本的思想，强调伦理道德的作用。从古到今，中国人就有“人为贵”的人本主义传统。心理学家潘菽曾指出，“中国古代心理学思想中很独特的一种思想就是人贵论”。中国古代人本主义思想是以伦理道德为核心的。不少哲学家、思想家都认为，人之不同于禽兽以及人之所以可贵，在于人生来就具有发展社会道德的可能性。

第二，以家庭为基础，带有强烈的宗法色彩。在中国，家庭可以被看作整个社会的缩影，中国人对家庭的依赖要远远超过西方人。传统的中国文化正是利用人们尊祖孝道的情绪，使得家庭在建立社会秩序、社会规范等方面发挥了很大的作用。

第三，以自给自足的小农经济为土壤，形成一种封闭的独立文化系统，这一系统具有排他性的一面。在中国传统社会中，商品经济不发达，群体与群体之间缺乏沟通，家庭与家庭之间缺少交流，人们的思想得不到交流和更新。如果安于现状，固步自封，这样便接触不到外国文明。家庭被封闭起来了，国家也被封闭起来了。

第四，政治制度中的专制主义。中国古代的政治理论是神权政治理论。统治者把他们的统治说成神的旨意，代表他们意志的法律就是神的法律。这样，皇权就会高于一切。皇帝不仅是最高立法权的掌握者，也是最高司法权的掌握者。这种专制主义对一般人的影响是对权力的崇拜与狂热追求。有权就有一切，加之中国古代社会的宗法制度可以使权力直接或间接地“遗传”下去，于是人们对权力就会更加渴求。

第五，以儒家文化为核心，但也不断吸收了各种异质文化。

在上述社会环境下，中国传统文化对中国人性格的主要影响是形成了集体主义的人格特质。集体主义是相对于个人主义而言的。这两个概念既可以指文化特征，也可以指人格特质。在西方文化下成长的人表现出个人主义者的人格特征，在东方文化下成长的人表现出集体主义者的人格特征。沃特曼（Waterman）认为，个人主义者的人格特征具有较强的自我同一性，有自我实现的信念，属于内控型的人格，能按道德规范行事。与个人主义相反，集体主义人格特征则是与人际关系有关的，由情感、信念和行为组成的症候群。它包括：考虑到自己的行为或决定对他人的影响；能与他人共享物质与非物质资源；自我暴露水平高，对社会影响敏感；有介入他人生活之感。集体主义者在社会行为上通常表现为对权威较高的服从性，对家庭与亲友有较强的依赖性，以及解决现实中的人际冲突时倾向于采用协商的方法，而不像个人主义者那样更多地诉诸法律。

中国传统文化还影响中国人的认知过程和思维方式。这种认知过程和思维方式不仅体现了文化的特征，而且反过来又影响着文化，并在很大程度上制约着人们的心理和行为。从本质特性上说，中国人的思维方式体现出以下几个特征。

一是折中性。彭（Peng）等人通过对中国大学生和美国大学生看待问题方式的比较，总结出中国人与美国人在思维方式上的差异。中国人的思维方式一般是辩证的，他们从世界是普遍联系的、变化的及复杂的观点出发看待矛盾，认为任何事物中都蕴含着矛盾。因此，折中是处理矛盾最好的方式。相反，美国人则从世界的相对稳定性出发，认为有可能从一个大的环境中提取单个事物并对其进行对错判断。这种差别使得中国人在处理矛盾时更多地求助于协商，而美国人则更多地求助于规则和法律。

中国人折中性思维方式最明显的体现就是儒家文化的“中庸之道”，即认为任何事物存在着适度的合理性。“中庸之道”既有消极的一面，也有积极的一面。消极的一面如鲁迅所言：“中国人的性格总是喜欢调和的、折中的。譬如你说，这屋子太暗，必须在这里开个窗，大家一定不允许。但如果你主张将屋子拆掉屋顶，他们就会来调和，愿意开窗了。没有激烈的主张，他们总连平和的改革也不可行。”积极的一面是能使人避免极端性和片面性，使思想和行为趋向合理。

二是整体性。与西方人相比，中国人在思考问题的时候，喜欢从整体的角度对问题加以分析，强调事物之间的联系；而西方人则倾向于把问题从一个大的背景中分离出来加以考虑，注重事物本身所具有的特征。有研究发现，中国人在完成框棒实验时的成绩比美国人差，主要就是因为中国人把背景和判断目标当作整体看待。中国人的这种整体论，在社会生活中表现为经常把一个人的生活背景、家庭出身以及周围环境联系起来，而不是根据此人本身所具有的特性去评价他。这样做的结果是有时候会夸大环境的作用，忽视个人的作用，犯与“基本归因错误”相反的错误。

目前，中国社会正发生着翻天覆地的变化，这些变化不仅包括经济、制度、文化等方面的变化，还包括人的心理和行为的变化。现代化是人类社会和文化发展的总趋势，但并不存在一种固定不变的、适用于全人类的现代化模式。每个国家或民族都要在自己独特的文化传统和社会条件下实现现代化。人的心理和行为的变化不仅仅是现代化的衍生物，它们事实上甚至是现代化的前提条件。美国学者英格尔斯（A. Inkeles）在《人的现代化》一书中指出，现代化不仅仅指经济或制度的变革，而且也是一种心理、态度、价值观和思想的改变过程。“从社会心理学的角度看，最切合实际而又具有挑战性的工作，似乎莫过于解释人们从具有传统的人格转变为具有现代人格的过程。”（引自英格尔斯：《人的现代化》，四川人民出版社，1985 年版，第 9 页）从一个国家看，人的现代化实际上就是民族心理的变化过程。民族心理中落后的因素不改变，整个国家的现代化就无法实现。20 世纪 50 年代盛行的“经济增长第一”的战略在发展中国家并不成功，原因就在于这些国家的国民心理还被牢固地锁在消极传统文化之中，这对国家的经济和社会发展形成了严重阻碍。要使社会文化趋向健康、成功，其核心在于加强对国民心理和行为方式的现代性调适，塑造出具有时代特征的国民性格。这也是我们讨论中国人心理与行为的现实意义所在。

拓展苑

跨文化心理学研究

作为一门分支学科，跨文化心理学（Cross-cultural Psychology）研究不同群体、民族、国家、地域和种族在不同文化影响下人的心理差异及共同规律，以及物质文化和精神文化对个体心理行为的影响和不同文化群体成员的经验，以及预期行为差异与共同规律，也被称为交叉文化心理学、民族文化比较心理学。它的诞生以 1970 年《跨文化心理学杂志》的创刊为标志。跨文化心理学研究之所以受到这样的关注，与心理学内部的一些变化有密切关系。传统的主流心理学由于受实证主义和实验主义的影响，热衷于对超文化、超历史的普遍规律的探索。这种研究取向显然忽视了社会文化因素对人的心理与行为的影响，实则降低了心理学对人的本质的认识，而且难以解决具体的社会问题。

跨文化心理学对于纠正主流心理学忽视文化的研究取向是有积极意义的。首先，跨文化心理学通过研究不同地区、不同民族的人的心理结构与心理差异，可以检验现有的心理学理论或研究结果的适用范围和普遍性。其次，跨文化心理学研究可以扩大自变量的范围。比如，研究断奶年龄与人格特点的关系。在美国文化背景下正常断奶时间是 1 岁以前，但在不同文化背景下人的断奶年龄相差很大，最大能达到 5 岁。最后，跨文化心理学研究还有利于变量的区分。比如，研究年龄和受教育程度对人格的影响。在统一的文化背景下儿童的入学年龄基本一致，所以很难将年龄与受教育程度这两个变量相分离，但在不同文化背景下儿童入学年龄不一致，因此上述两个变量得以分离。

其实，跨文化心理学对于主流心理学而言，最重要的意义还在于：它是心理学中最早联系文化变量开展的一种研究范式。正是从跨文化心理学研究开始，“文化”才挤进了心理学研究的对象表，促使心理学研究走出象牙塔，走出实验室，去接近现实的社会文化生活。

特别是20世纪80年代以后，多元文化论产生了。它从文化多样性角度，论述文化与行为的联系，强调各种文化价值的平等特性，给了跨文化心理学家一些有益的启示，最终促使真正文化取向的心理学研究出现，其主要理论形态是“文化心理学”（Cultural Psychology），又称“多元文化心理学”（Muti-cultural Psychology）。过去的跨文化心理学仅仅将文化作为心理过程发生的“场地”或“背景”，并把文化作为寻找具有普遍意义的心理规律所要排除、克服的干扰因素。然而现在的文化心理学认为，人的任何内在深层的心理结构及其变化不可能独立于文化的背景和内容；心理和文化既是有着相对区分的各自不同的动态系统，又彼此贯穿、相互映射、相互渗透。心理学永远不可能将自己的研究对象与文化情境相剥离。也就是说，研究者们不再以一种心理学理论为研究背景，寻求理论在异域文化中的检验，而是从某种社会文化背景下特有的社会问题、心理问题出发，以社会化过程、人际互动过程为研究重点，以“本土心理学”取代“普遍性心理学”。例如，从21世纪初开始，中国心理学家以独特的辩证思维方式，就社会文化对社会认知的影响进行了系统研究。这些研究包括社会文化对知觉、计算、自我参照加工、共情等社会认知加工的神经基础的影响，取得了有特色并被国际同行普遍认可的原创性研究成果。可见，只有具备“民族化”，才能实现“国际化”。这也同样适用于社会心理学的研究。

【本章摘要】

1. 群体是一群拥有同一目标和规范的个体是相互影响、共同活动、具有内聚力的一个集合体。它具有组织功能和个人功能。根据群体的目的、联系的机制、影响群体成员的方式、群体成员间的交往特点等，可以将群体划分为正式群体与非正式群体、大型群体与小型群体、成员群体与参照群体等。

2. 群体内聚力是群体有效合作的基础，是指群体成员凝聚为一体，合力于群体和组织目标活动的心理结合力。它包括群体对成员的吸引力和成员彼此之间的吸引力两个方面，具有增强群体的稳定性、提高群体成员的自信心与安全感、影响群体的工作效率等作用。

3. 合作是指群体成员一起活动以实现共同目标的行为，这些目标通常是无法通过个人努力实现的。有很多因素会影响群体的合作，其中最重要的是回报、个人合作定位和沟通等影响因素。与合作对应的是竞争。在竞争状态下，个体会产生一系列的心理效应。在现实生活中，人们总是处于合作与竞争状态中，两者虽然各有千秋，但人们还是倾向于竞争。

4. 社会助长或社会促进是指他人在场可以促进个人活动效率的提高。如果他人在场造成了活动效率的下降，则被称为社会干扰。社会惰化和社会懈怠是指他人在场往往会降低个人活动效率的现象，即所谓“出工不出力”。针对上述两种现象可以用不同的理论进行解释。

5. 集群行为是一种人们在激烈互动中自发发生的、无指导的、无明确目的、不受正常社会规范约束的众多人的狂热行为，也被称为群体行为或集体行为，具有自发性、狂热性和短暂性等特征。

6. 去个性化是指群体中的人们感到自己被淹没在群体中，丧失了对自我的控制，失去了通常的个性感，并丧失了个人身份的现象。这种现象往往是由群体中的匿名性、责任感丧失和群体的淹没性等因素造成的。

7. 群体决策是群体对未来实践的方向、目标、原则和方法所做的决定，并加以实施的活动，即群体的讨论、选择和决议。它往往根据多数获胜、追求真理和先入为主等原则进行决策。群体决策对个体的影响一般表现在群体极化、群体思维和信息加工偏差等方面。

8. 社会心理学越来越关心社会文化对个体心理和行为的影响。生活在不同社会文化和民族群体中的个体，具有不同的社会生活条件和经验，其行为和活动要受到文化、生活经验的制约，这种影响主要表现在社会文化对个体的认知，如感知觉、认知发展、认知风格、价值观、社会动机和情绪以及人格发展等方面。

9. 文化震荡与心理震荡是急速的社会文化变化引起的一种特殊的社会心理反应。社会文化变化中最为常见的三种人格取向是进取型、守旧型和反社会型。还有一种比较特殊的人格取向是“边际人”。中国传统文化的形成、发展与演变过程，与中国人认知、思维方式和人格的发展是同步进行的。中国传统文化对中国人认知过程和思维方式的影响主要表现在折中性、整体性等方面，而对人格发展的影响则主要表现在形成了集体主义的人格特质。

【建议参考资料】

1. 吴江霖，戴健林，陈卫旗．社会心理学．广州：广东高等教育出版社，2004.

2. 汪凤炎，郑红．中国文化心理学．广州：暨南大学出版社，2004.

3. 杨国枢，余安邦．中国人的心理与行为——理念及方法篇．台北：桂冠图书公司，1992.

4. 俞国良等．社会心理学经典导读（第 3 版）．北京：北京师范大学出版社，2016.

5. 俞国良．社会转型：社会心理学的立场. 北京：中国社会科学出版社，2016.

6. 阿伦森（Aronson. E.），威尔逊（Wilson T. D.），埃克特（Akert，R. M.），社会心理学：阿伦森眼中的社会性动物（原书第 8 版）. 侯玉波，朱颖，等译. 北京：中国轻工业出版社，2014.

7. Triandis H C. Cultural and Social Behavior. New York：McGraw-Hill，1994.

8. Tyler T R，Blader S. Cooperation in Groups：Procedural Justice，Social Identity，and Behavioral Engagement. Philadelphia：Psychology Press，2000.

9. Kenrick D T，Neuberg S L，Cialdini R B. Social Psychology. Pearson Education，2005.

10. Taylor S E，Peplan L A，Sears D O. Social Psychology（12th ed.）. Pearson Education，2006.

11. Coway M，DiFazio M T，& Mount L. Status，communality，and agency：Implications for stereotypes of gender and other groups. Journal of Personlaity and Social Psychology，1996，71：25-28.

12. Feingold A. Gender differences in Variability in intellectual abbilities：A cross-cultural perspective Sex Roles，1994，30：81-92.

13. Maccoby E E & Jacklin C N. The Psychology of Sex Pifferences. Stanford，C A：Stanford University Press，1974.

【复习思考题】

1. 简述群体的特征及其发挥作用的方式。
2. 什么是群体规范？简述群体规范的作用。
3. 以沙赫特的实验说明群体内聚力的作用。
4. 什么是合作？简述有效合作的条件和影响因素。
5. 什么是社会助长与社会惰化？简述这两种群体心理现象的机制。
6. 什么是集群行为？举例说明集群行为的过程。
7. 简述去个性化的含义与原因。
8. 联系现实生活说明提高群体决策水平的方法。
9. 如何理解社会文化对个体心理与行为的影响？
10. 从中国传统文化的角度分析中国人的心理与行为特点。

第十五章 社会心理学的应用

【学习目标】

知道社会心理学在社会生活各个领域的应用形成了许多心理学的分支学科；了解社会心理学在政治、经济、军事、法律和教育等领域的应用及其基本内容；能够运用社会心理学的理论、知识和方法，分析犯罪与司法过程、工业与组织管理过程以及环境、教育、消费和健康领域的社会心理现象，加深对社会心理学学科性质和研究对象的进一步认识。

【重要术语】

民意测验　政治心理学　人—机关系　心理战　组织心理学　环境心理学　教育社会心理学　广告心理学　消费者心理学　健康心理学

社会心理学既是一门理论学科，同时也是一门实践性很强的应用学科。本章关注的正是社会心理学在政治、经济、军事、教育、法律和医疗卫生等领域的应用问题。事实上，社会心理学有着极其广阔的应用领域，有些领域业已发展成为专门的心理学分支学科。因此，对上述应用领域的介绍和讨论就只能简要一些了。

第一节 社会心理学在政治和军事领域的应用

政治和军事生活是社会心理学极其重要的研究应用领域。社会心理学在政治领域的应用，促进了政治心理学的诞生和发展；社会心理学在军事领域的应用，促成了方兴未艾的军事心理学或军事社会心理学的发展。

一、社会心理学在政治领域的应用

政治生活是人类社会生活的重要组成部分。现实生活中有许多政治行为令人费解。例如，政治领导人的决策风格为何如此迥异？投票地点或者领导人形象的改变，会不会改变选民的投票意向？对政治的研究必定涉及那些政治人物的信仰、价值、态度、社会动机和社会人格等方面，而这些内容属于社会心理学的研究范畴。社会心理学在政治领域的应用包括诸多方面，如民意、政治意识、政治社会化、政治人格、政治家的身心健康、政治宣传等。这些内容又被有的研究者概括了在政治心理学的范畴内。

（一）民意、政治意识与政治社会化

一般地，民意代表了大多数人的意愿。要想对民意进行量化以增加说服力和科学性，就离不开**民意测验**（public opinion pow），即收集民众对某种事物的看法、意见和态度的调查方法。很多国家都会在领导人选举前进行民意测验，以初步确定可能当选的人。现代民意测验开始于 20 世纪 30 年代，其代表人物是盖洛普（G. Gallup）和罗珀（E. Roper）等人。民意测验包括两类：一类是其准确性能被以后的事件所证实，如预测选举结果；另一类是其准确性能由其他民意测验或指标来检验，如调查公众对税收、房价、物价等的看法，后者又称民意调查。民意调查与民意测验在人类政治生活中得到了广泛的应用。在 1996 年的美国总统选举中，虽然多尔的支持率稍微被低估了，但主要的民意测验结果还是很准确的（参见表 15-1）。这主要源于政党认同、经济投票和意识形态以及人格影响力等因素。

表 15-1　1996 年主要新闻媒体最终的民意测验结果

	实际结果	民意调查结果				平均
		盖洛普—美国有限新闻	华尔街杂志—国家广播公司	纽约时报	美国广播公司	
时间	11 月 5 日	11 月 3—4 日	11 月 2—3 日	10 月 30 日—11 月 2 日	11 月 2—3 日	
克林顿（%）	49	48	49	50	51	50
多尔（%）	41	40	37	34	39	38
佩罗（%）	8	6	9	8	7	8
调查数量（人）		1448	1020	1515	703	

（采自 New York Times，November，1996）

实际上，民意是社会成员政治意识的一种反映，即个人对社会政治生活的理解、观点和信仰。个体对政治的兴趣大约在青少年期觉醒。研究表明，儿童对政治现实的意识早期是凌乱模糊的。个体只有到了青少年期才会逐渐参加一些政治活动，并建立起自己的政治思想，但这种现象并不是普遍规律。15～18 岁标志着一个人“意识形态的诞生”，包括推理中的“秩序”与内在连续性、对政治功能的充分认识，以及对政治信仰的“一种内在协调”。这与他们的认知能力的发展是一致的。社会组织与家庭背景对个体的政治意识有着显著的影响。例如，我国在社会经济发展新常态下必须进一步加强倡廉反腐，这是时代发展的需要，也是全国人民的最强民意。我们（俞国良、王浩）于 2016 年通过调查研究和个案研究，以及对 50 名腐败者“忏悔录”中语意词、关键词的分析发现，侥幸心理、心理定势和心理成瘾是导致其腐败的三大心理成因，进而提出防腐反腐、惩治腐败实际上是与腐败者打一场持久的“心理战”，并从责任与问责的角度提出了反腐倡廉的心理对策。

政治社会化（political socialization）是政治系统通过各种途径，使不同个体具有共同的政治价值、政治观点和政治认同等政治文化的过程。社会心理学研究个体的政治社会化，旨在理解和预见个体如何看待政治环境并对其做出反应。一个社会成员从婴儿到成人，不断从学校、家庭、社区、政党、社团和大众传媒中汲取政治信息，逐渐形成了一定的政治态度、政治情感和政治价值观，这是特定政治文化传播和延续的过程。研究者海曼（Hyman）认为，基本的政治态度是在成年之前形成的。美国的一个调查显示，高中生的政党认同很容易偏向其父母的认同，只有约 10%的人有相反的认同，这说明家庭是影响个体政治社会化的直接因素。对子女有最大政治影响的父母很可能自己就是最政治化的，这种影响具有一定的持久性。只有当子女进入大学后，这种情况才有所改变。现实世界的政治比父母的建议或命令更加有用。值得注意的是，不同的社会有着不同的政治社会化模式，决定着该社会政治文化的总体性质。所有的政党和社团都在灌输自己的政治文化，并通过正式和非正式互动组织机构来实现政治社会化的任务和目标。

（二）政治人格、政治行为与政治家的身心健康

政治人格对政治活动的效能有重要影响。政治人格（political personality）是政治人物由政治刺激引起的持续的、有组织的和动态性反应组合，其核心是政治性格，决定了个体参与政治活动的态度及行为方式。美国心理学家拉斯韦尔（H. Lasswell）认为，具有政治性格的人视权力高于一切，为获得和扩张权力可以牺牲一切，甚至发动战争，如法西斯的典型人物希特勒。这个观点夸大了个体人格特征的作用，具有一定的片面性，但为政治性格的分析、研究政治人格和政治行为提供了参考。不同政治人格的政治领袖人物对政治的影响，特别是对重大历史和政治事件的影响是不同的，并通过政治行为表现出来。它既包括可观察到的外显行为（如投票、演讲、反抗、游行、政党活动等），也包括直接支配其行为的内部政治反应（如政治思想、政治态度和政治价值观等）。任何个体的政治行为都受到所处社会的法律制约。

显然，政治行为的适宜性反映了个体的身心健康状况。政治家的身心健康对国家安危来说举足轻重。历史上有些政治家尽管身心不健康，但仍占据高位，抓住权力不放，给国家带来了不同程度的损失与灾难。研究者通过对医学、历史和政治史料的分析，论证了罗斯福、威尔逊、丘吉尔和斯大林等人患高血压病、中风、扩散性动脉粥样硬化症、阿尔茨海默病、癫痫病以及帕金森病等疾病的情况，进而揭示了他们所处的历史环境和身心疾病对他们决策的影响。他们虽然对国家和民族做出过巨大的贡献，但也几乎都在罹患身心疾病的艰难时刻，把国家推上了危险的道路。可见，研究政治家的身心健康状况，对于国家发展、民族强盛、社会进步和人类发展具有重要价值，切不可等闲视之。

（三）政治思想、政治宣传与政治说服

政治思想是开展政治活动的基础，囊括了个体对该社会政治制度、政治生活、国家、阶级或政治集团及其相互关系的观点、理论，具有强烈的阶级性，是经济基础和阶级利益的集中反映，在社会意识形态中居主导地位，是社会存在制约社会意识其他形式的传导者和执行者。政治思想的推广和普及，依靠政治宣传来实现。这实际上是一项态度形成和改变的工作，也是一种人际相互作用和社会影响的艺术。

政治宣传作为一种社会舆论活动，涉及群体心理的发生、发展过程，其目的是传播和解释自己的政治纲领、政治观点及其理论基础，影响个体的信仰、态度和行为，进而动员和组织人们为了政治目标而

采取政治行动。它带有浓厚的情绪色彩，从众、暗示、模仿和感染等都是宣传效果的内部心理机制。一般地，大部分政治宣传依靠大众传媒来实现。在信息化时代，人们的政治思想更多地受到报纸、电视和互联网的影响；政治宣传的效果也在很大程度上取决于人们对这些大众传媒工具的把握。

例如，20 世纪 20 年代至 30 年代，丘吉尔、罗斯福、希特勒和墨索里尼通过收音机、新闻媒体影响了大批公众；20 世纪 60 年代，肯尼迪总统遇刺后，美国的三大电视新闻商在四天内连续进行了铺天盖地的报道，导致美国的成年人平均花了 34 小时观看这些新闻报道。肯尼迪总统的影响力剧增，一半人认为他是美国历史上十分出色的总统。显然，这一事件中电视的覆盖起了最重要的作用。

当然，我们也应该看到，态度形成后具有一定的稳定性，这就是有些政治宣传没有达到预期效果的原因之一。换言之，大众传媒的说服效果是有限的。例如，克林顿的性丑闻虽然在一年多时间内受到公众的极大关注，媒体也进行了大量的曝光和报道，但公众对他的态度基本上没有什么变化。这说明媒体的说服效果的确是有限的。此外，偏见、群体思维、敌方印象和信念系统等，都会对政治思想的宣传和说服产生不同程度的影响。

（四）政治心理学的形成与发展

把社会心理学的理论、知识和方法应用到政治领域，直接导致了政治心理学的形成与发展。何谓政治心理学？政治心理学研究政治活动中人的心理和行为规律，也就是研究政治行为的心理学问题。其研究对象是政治过程和心理过程的相互作用，既包括个体的心理过程（如态度、信念、需要、情绪、价值观等）对政治行为的影响，也包括政治组织、政治事件等对个体心理的影响。其研究方法主要是问卷法和访谈法，也包括观察法、实验法和文献资料分析法等。这是一门新兴的边缘学科，其标志是 1978 年国际政治心理学会的成立和 1979 年斯通（W. F. Stone）《政治心理学》（中译本，1987 年）的问世。但是，迄今为止尚未出现对各种政治心理现象进行高度抽象和概括的理论。政治心理学的研究范围十分广泛，从个体的民意与投票、政治社会化、政治意识和政治说服，到群体冲突、民族冲突、国际冲突；从种族主义等政治行为的心理分析、政治家的身心健康与领导作风的评估，到战争与和平的心理定向；从政治宣传、舆论研究和政治谣言的分析到政治文化模式对个体思想、行为的影响，涉及人类政治生活的各个方面。具体而言，政治心理学研究内容可以分为四个层次的内容。

（1）个体政治心理。研究个体在社会政治情境中的心理过程，包括个体的政治社会化、政治态度、政治行为和政治领袖心理等。例如，种族偏见、宗教偏见、政治冷漠、政治人物偏见、发表政见、制造舆论、游行集会、投票选举、政治领袖的性格和能力等。

(2) 群体政治心理。群体政治心理研究群体的政治心理机制与政治群体的心理活动规律，包括群众心理和政治群体心理学。例如，谣言、集群行为、群众心理的去个性化、群众需要与群众情绪、政治群体的内聚力、政治群体的决策、政治群体的领导结构以及政治群体的冲突与协调等。

(3) 社会政治心理。社会政治心理研究的是政治事件、政治运动、战争、民族等的心理条件与心理结构，包括政治运动心理、战争心理、政治与民族心理、政治与改革心理。例如，政治舆论、政治宣传、心理承受力、战争中的士气和激励、民族心理特征、文化变迁与人格发展以及改革的心理障碍与消除等。

(4) 国际政治心理。国际政治心理研究的是地区与地区、国与国之间政治交往活动的心理特点，包括和平、国际冲突、危机事件、外交谈判、制定外交政策的心理依据、国际友谊等。这是政治心理学研究的"后起之秀"。

近年来，从研究内容上，政治心理学关注的热点问题包括人格与政治的研究；认知、社会认同、情绪和态度的研究；群体政治心理的研究；政治领导人的研究；投票、媒体的作用和容忍度的研究；种族和民族的研究；政治极端主义者的研究等。在研究特点上，政治心理学集中于政治和心理现象的相互影响的研究，且研究方法呈现出兼容并蓄多学科交叉的特点。未来的发展趋势表现为：侧重现实问题的研究；过程研究和结果研究并重；关注上下文情境的研究；重视政治认知中的情绪和动机；强调国际政治中的心理问题；学科理论化和系统化的趋势明显。

二、社会心理学在军事领域的应用

军事力量是一个国家强盛的重要标志。由于军事对政治的极端重要性，因此军事历来都备受瞩目。受第一次世界大战和第二次世界大战的影响，以及社会发展和国防建设的需要，许多研究者把心理学的知识、理论和方法应用于军事领域，重视军事领域的心理学研究。这种研究虽然涉及实验心理学、学习心理学和临床心理学等心理学诸多分支学科，但社会心理学在其中发挥了特别重要的作用。新版的《心理学大辞典》直接把社会心理学在军事领域的应用确定为军事社会心理学（Military Social Psychology），这不无道理。

(一) 军队测验和军事训练

在第一次世界大战时，为了对大量征用兵进行分类以适应战争需要，军人团体测试开始发展了起来，主要应用为美国军队甲种团体测验和军队乙种团体测验。前者属文字性智力测验，适用于会英语的大中学生及一般成人，测试时间为 40～50 分钟，内容涉及遵循指导、算术、判断推理、词义异同、语句重组、数序完成、类比、常识 8 个部分。后者是非文字性测验，适用于文盲和不懂英语的人，测试时间为 50 分钟，包括迷津、数立方体、图序完成、译码、数字核对、图案补缺、几何图形分析7个部分。在第二次世界大战期间，早期的军队甲种测验被军队普通分类测验（Army General Classification Test，AGCT）所替代，同时，出现了许多针对特殊需要的测验，如飞行员、轰炸员、无线电操作人员的选拔测验。第二次世界大战后美国**武装部队资格测验**（Armed Forces Qualification Test，AFQT）逐步代替了原来的军队普通分类测验。1976年颁布的军队职业能力倾向测验系统中含有AFQT测验。另外，人们还运用计算机实施具有针对性的能力测验。军队测验是心理测量原理在军事领域的具体应用，并进一步促进了心理测量的发展。

军事训练与军队测验的关系是密不可分的。一个人从普通公民成为军事人员，有赖于训练和再教育。军事训练的职能及作用在军事机构和军队建设中占有重要地位，因为训练是战备系统的主要工作，是实战的基础工作，如军人的学习动机和学习积极性，军人的智力结构和能力培养的心理学问题，军人心理素质的形成过程和影响因素，以及各种武器装备的操作特点、技能与训练的方法。一句话，军事训练的内容十分广泛，取决于各种特殊的军事工作需要。例如，医务人员、后勤人员的训练通过模拟战争中的实际环境来学习，并掌握如何在实战中发挥各自的职能，或通过各种设备（如飞机）和情境（如战壕）来模拟训练，传授各种战争和生存技能。然后，通过各种测验来确定其训练效果。

（二）人一机关系、心理健康和军队群体心理

军队中人一机关系主要是指军人与操纵机器、执行任务、所处环境之间的各种关系，即把人与装备、环境有效整合为一个完整系统的研究，其内容包括促进人的操作、提高训练效率，提高安全系数，改善人一机关系等，这属于人类工效学范畴。在军事领域内，该方面的研究最初是在飞机座舱、控制台、操作仪及显示仪的设计等方面展开的，目的是通过系统设计来优化人的活动绩效，提高武器的系统效能。文化差异也有可能影响感知觉和人的活动绩效，这方面研究的最终结果构成了整个工作系统中最重要的组成部分。目前，由于高技术武器、新概念武器和指挥自动化系统的发展，该领域计算机技术发挥的作用越来越重要。这在飞机、武器及信息系统的研究方面尤为突出。

有关军队群体心理，特别是战场上群体心理的反应，研究者已积累了很多研究成果。斯托弗（S. A. Stoaffer）的研究表明，战争中士兵与其所处的群体（一起工作和战斗的班、排、连等小集体）的关系，是决定士兵对战争危险及苦难忍受性的重要因素。大量研究都指出，只要这种群体关系是坚定的、稳固的，那么，即便面对种种艰难险阻，这种内聚力仍能发挥巨大作用并能促使这个群体顽强战斗直至胜利。长津湖战役就是一个鲜明的例子。

与人一机关系这样传统的研究项目相比，军人的心理健康研究相对晚了一步。然而，未来战争瞬息万变，军人职业决定

了他们常处于艰苦、孤立、危险的境地中，从而产生了极大的心理压力。据报道，美军驻伊拉克的部队中，52%的士兵士气低落，17%的士兵出现创伤应激反应，自杀率居高不下。为此，美国派出了历史上最大的心理健康医疗队。可见，军人心理健康问题已成为现代战争不可或缺的组成部分。我国军人心理健康的理论研究和实践工作也在展开。例如，乔红霞和俞国良于2013年在对680名军人预测的基础上，编制了包含适应性和发展性两维度90个条目的军人心理健康量表。一般地，军人心理健康的主要研究内容包括军人的心理诊断、心理咨询、个体和群体的行为矫正、军事人员的行为评估以及特殊兵种的个体评估等。同时，军事心理学家还与其他专业人员进行密切合作，研究如何应对紧张、减少心理障碍和心理疾病，提高军人心理健康水平等临床问题。

（三）军队组织管理心理学问题

军队的组织管理一直是研究者感兴趣的问题。过去的研究集中在军队领导者的挑选、培养和评估方面，目前对该领域的研究已从过去的问题发展到对环境和组织因素的研究。研究内容包括军队组织意见沟通的途径和手段，实施军队管理的心理学原则和方法，军队活动中的社会心理学特点（如暗示、模仿、感染、冲突、挫折、上下级之间的接纳与排斥），军人之间的人际关系和军事领导者必须具备的心理品质，衡量普通军人和军官的能力、素质的标准与方法，以及军队信息交流对军事决策的影响等。随着现代化科学技术的发展和计算机的普及与应用，军事决策也进入了现代化阶段。纳入计算机的信息系统会使军事决策有更准确的依据，从而产生更有价值的决策。例如，伊拉克战争在一定程度上也可以说是一场“信息战”和“心理战”(psychological warfare)。何谓心理战？心理战是战争或对抗性竞赛活动中双方心理上的较量。为取得胜利，双方通常都对对方施加心理刺激和影响，如渗透分化、伪装欺骗、心理威慑、暗示诱导等。其目的是诱使对方放松警惕；向对方施加心理压力，形成心理负担；涣散对方的战斗斗志及减少其群体的内聚力。一般而言，心理战通常能达到武器和仪器装备难以实现的目标，因此，为军事领导者所青睐和高度重视。

社会心理学的知识、理论和方法，还可以应用于战前鼓动、战时激励、战后评估、作战决策过程、军事宣传过程。此外，社会心理学在领导、士气、经验、动机、纪律、文化差异、选拔、环境、药物依赖、咨询、妇女从军等诸多方面也有应用。

（四）军事社会心理学

社会心理学在军事领域应用范围的不断扩大，使军事社会心理学的形成与发展“水到渠成”。军事社会心理学作为应用社会心理学的分支学科，是主要研究军事环境中个体和群体的心理活动发展及其规律的科学。军事社会心理学在美国、德国、英国、法国等国家的发展最为迅速。1991年，盖尔（R. Gal）和曼格斯多夫

（A. D. Mangelsdorff）组织了美国、英国、德国等 7 个国家 60 多名军事心理学家编写出版了《军事心理学于册》（中译本，2004 年）一书。军事社会心理学的研究内容主要涉及以下一些方面。

• 军人的角色社会化过程，揭示个体从普通人向军人角色转换过程中获得的角色期望和角色规范。

• 军人的社会认知特点，包括军人对军队各种人际关系的知觉和认知，以及对军事环境的认识等。

• 士气与动机的激励与保持，包括军队内聚力形成的特点和规律，军队集体的团结、士气激励与保持的方法和途径。

• 军队态度的形成与保持，包括军人对军队的认知、情感和行为特点，军人态度形成与改变的策略等。

• 群体意识的形成与发展，包括军队中集体的作用，团队精神的形成，人际关系的协调，军队正式群体效能的发挥和非正式群体的作用。

• 军队领导者的领导方式，包括不同的领导方式会产生不同的战斗力，有效军队领导者领导方式的探索与完善。

• 军队的组织管理方式，包括军人的有效管理与思想教育工作，军队指挥员与战斗员的心理素质选拔和训练。

• 作战的社会心理问题，包括战斗环境中军人克服恐惧和惊慌的方法，以及军人特定的社会心理状态及其对作战活动的影响。

众所周知，中国古代的军事著作（如《孙子兵法》）中蕴含着丰富的军事心理学和军事社会心理学思想。在 1949 年以前，我国心理学家肖孝嵘曾对军官的团体智力测验、军人的情绪、军队人事心理和心理战等进行过研究，出版了《军事心理学》一书并译介了有关著作。在 1949 年以后，研究者对航空心理学（如飞行员的智力测验、心理选拔和训练、操纵过程的心理因素），以及战士心理、军事教育心理、战争心理、军事组织管理心理等进行了研究，取得了一些可喜的研究成果。目前，我国在军事人员心理选拔、军人心理健康、特殊军事环境对军人心理活动的影响、军人心理训练、军队心理医师培训、思想政治心理学以及飞行员、航天员、初级军官选拔等方面，通过课题攻关形式，形成了许多有价值的研究成果。毫无疑问，心理科学特别是社会心理学，对军事活动提供了有力的支持和帮助。这是一个大有可为的研究领域。

在今后一个时期内，军事社会心理学关注的研究热点有：军事人员心理选拔与分类、军事人因学、特殊军事环境与心理适应、军队领导与组织、军队临床心理、心理战以及特殊军事心理学问题等。未来发展将呈现出研究范围日趋广泛，学科体系更加科学，重点从注重应用研究向理论与应用研究并举转变的态势。

拓展苑

权力是否滋生腐败：社会心理学的回答

社会心理学认为，权力指影响他人和控制他人结果的能力。有权力的人通过提供或不提供资源对他人和群体进行控制。权力具有控制性、相对性和不对称性，它附属在组织和人际关系的结构中。从这个定义和权力特征中，有人会问权力会滋生腐败吗。俞国良和韦庆旺2009年对权力的研究，为这一古老问题提供了更丰富的答案。首先，我们把权力看作一种心理状态，认为任何时候对权力感的触发都可以激活与权力有关的心理和行为倾向，并且这种激活在很多时候是无意识的。其次，被激活的与权力有关的心理和行为倾向最初应是中性的，其本身并不必然产生腐败，只有进一步在现实社会生活中经过“发酵”，即当权者与社会文化的互动，才会产生消极或积极的远端后果。

如果说权力并不必然产生腐败，那么它究竟具有哪些社会心理效应呢？根据社会心理学对权力的研究，提高权力将产生自动化认知、抽象认知、积极情绪、接近行为、目标导向行为等。这些权力的效应本身都是中性的。例如，自动化认知（走捷径）一方面可能提高工作效率，但另一方面又可能使认知不够准确，导致“以偏概全”“一叶障目，不见泰山”的错误。同样，权力产生抽象认知（看到事物之间的联系），但这种抽象认知有时会导致统筹兼顾、高瞻远瞩的工作思路，有时也会导致好高骛远、脱离实际、追求形象工程的工作错误。再如，权力产生目标导向的行为。如果当权者具有自我服务的目标，就将产生对他人和集体不利的结果；如果当权者具有社会责任的目标，就将产生对他人和集体有利的结果。更值得注意的是，社会心理学家还发现，权力感与控制感、自由度相联系，使行为更具有主动性和灵活性。权力大的人自我调节能力更好，更具有创造力。试想，如果拥有权力的人能够将权力蕴含的这种个人巨大的潜能用来为集体和社会服务，那么权力无疑会展现出良好的积极价值，而不再被某些群众看作负面的东西。

可见，权力是一把锋利的双刃剑，关键要看如何使用权力。我们认为，责任意识是消灭权力腐败的关键。具体而言，我们有三条建议。第一，授权与约束权力同等重要，要在约束权力过大者以及缺乏责任意识的当权者的同时，授权给权力过小者以及责任意识强的当权者。第二，把责任因素设计到干部管理的全系统中，即从干部选拔、培训、考核到晋升都把责任之“德”作为首要的指标和维度。第三，在全社会倡导“责任”文化。如果说权力产生的腐败不仅是个人问题和社会问题，也是深层的文化价值观问题，那么，责任感和责任意识就不只需要制度来保障，更需要社会教化和文化熏陶。

第二节 社会心理学在法律、组织和环境领域的应用

犯罪与司法、工作与组织、人与环境是社会生活的重要主题。为什么有些人会犯罪？什么人更可能成为组织中的领导者？噪音、拥挤会对个体的心理产生什么影响？社会心理学在这些领域的应用研究成果颇丰。

一、社会心理学在犯罪与司法领域的应用

犯罪与司法领域是社会心理学应用最广的一个领域。社会心理学研究与犯罪和司法过程有关的各种心理现象，包括犯罪的社会心理原因，犯罪的社会心理过程与心理状态，罪犯于在逃、拘押、审讯、审判、监狱服刑期间的心理特点，犯罪心理的改造与转变，司法人员的法律观念、法律态度和办案时的社会心理状态与特点等。

（一）犯罪行为原因的理论探讨

为什么有些人会犯罪，而另一些人不会？这是研究者普遍关注的问题。对此存在着三种典型的解释：生物发生论、社会发生论和心理发生论。

生物发生论者认为，生物学因素在一般意义上决定着人类行为。意大利人类学家隆布罗素（C. Lombroso)、哈佛大学体质人类学家胡顿都是生物发生论的积极倡导者。生物发生论者试图从生物遗传因素(如染色体)、体形特质等方面解释犯罪行为。

社会发生论者强调社会环境是犯罪的根源，认为人的犯罪行为是后天习得的，个人所处环境中的某些社会情境因素，会导致个体习得并发生犯罪行为。社会发生论包括标签理论、区分性联系理论、学习理论等多种理论。这些理论尽管侧重不同，但都强调社会情境和社会环境对犯罪行为的影响。

心理发生论主要致力于确定引起特定个体反社会行为的心理因素。其主要假设是，犯罪的原因是犯罪者存在某些心理上的缺陷。根据这种观点，是犯过错还是犯罪的原因存在于“个体内部”。

以上这些观点都从某一方面解释了与犯罪有关的因素，具有一定的价值，但都有一定的片面性、局限性。要揭示犯罪的真正原因，必须以辩证唯物主义的观点，分析犯罪这一复杂的社会现象。结合系统论思想，我们认为个体犯罪的原因是一个整体系统。这一系统由若干相互联系和相互作用的主体内外因素构成，形成多维度、多层次的原因结构。主体内因素包括生理因素、心理因素、行为因素。主体外因素

包括社会环境因素、自然环境因素、情境因素。各种因素的相互作用使个体犯罪原因处于一种动态变化之中。

（二）目击者证词的研究

人们都希望证人能够在法庭上提供准确的证词，因为目击证人对判决有重要影响。多数情况下，目击证人对自己的证言确信无疑。然而，遗憾的是，证人的证词常常是不准确的。心理学家们早就知道人们不能像镜子一样，准确无误地感知周围的世界，并正确地描述它的本来面目。

围绕证词的可靠性，心理学家展开了大量的研究。早在 1893 年，卡特尔就在哥伦比亚大学向大学生提出了类似于法庭中可能提及的一些问题，要求大学生给予回答，并说明他们对回答的确信程度。结果发现大学生们的回答常常与实际不相符。据此，卡特尔认定，法庭中证人的证词也可能存在不准确成分。

20 世纪初，法国的比纳（A. Binet）、德国的斯坦因（L. W. Stein）、西班牙的山特马利亚（F. Santamaria）等实验心理学家开始对证词心理学感兴趣。他们分别重做了卡特尔的实验。斯坦因后来出版发行了第一本讨论法庭话题，尤其是证词心理学话题的期刊。这本刊物发行量不断增加，后来成了德国第一本应用心理学期刊。同期，许多心理学家被请来做专家证人，从事实和意见两个角度来证明犯罪案件。

在评价目击者证词准确性时，研究者洛夫特斯（E. F. Loftus）指出，准确性的主要障碍是目击事件和作证事件之间的间隔。为了提高记忆的准确性，研究者通常检查做出结论的三个不同记忆阶段。

第一阶段是获取。在信息获取阶段，许多变量影响目击者的记忆编码。这些变量包括事件本身的特征，以及与目击者本人相关的一些因素。不可否认，更好的观察机会和更长的观察时间与记忆准确性之间有高相关，但这种关系会随着观察场景复杂性的增加而降低，随着其他重要事情的出现而降低，如武器或血可以把人的注意力从其他关键线索上（如犯罪人的脸）分离出来。研究发现，脸部识别存在稳定的种族差异，人们识别本族人的脸谱比识别其他民族的脸谱更为准确。

第二阶段是存储。目击者记忆痕迹的存储阶段，即信息编码和后继的信息提取的时间间隔。关于记忆存储的研究，集中在误导的言语信息对目击者回忆的影响上，这种影响叫作“信息失真效应”。研究指出，在存储阶段获取的新信息，自然会影响目击者报告的准确性。

第三阶段是提取。在提取阶段，目击者被要求尽可能精确地回忆起始事件。这里，研究集中在找到能够改善提取过程的方法。许多有益的技术和改善的程序得到了检验，如催眠术、辅助记忆。认知面谈是一种改进的辅助技术。研究表明，催眠不能促进认知绩效，但它有时可以帮助提高目击者的回忆成绩。另外，认知面谈确实能提高对细节的回忆。在一项研究中回忆成绩达到了 40%～45%，但它不会影响脸部识别的成绩。

实验室研究的主要发现为识别潜在的

偏差提供了依据。这些偏差与下列因素有关：(1) 指导语；(2) 陪衬的数量和质量；(3) 着装效应；(4) 呈现类型；(5) 调查人。例如，指导语引起的偏差对错误识别率有深远的影响。就正确地识别而言，犯罪嫌疑人的序列呈现比传统的同时呈现效果更好。此外，影响偏差的因素还包括后事件的信息（目击者的证词往往反映的不只是其实际看到的，还有后来获得的信息），酒精中毒，种族倾向，武器聚焦和儿童暗示感应性（儿童比成年人更易屈从提问者的建议、同伴压力和其他社会影响）等。

（三）陪审团研究

世界上有不少国家采用陪审团制度。在法庭上，陪审团是确定有罪或无罪的实体。从理论上说，法律应该是公平的，陪审团所做的决定应该完全以案件本身的性质为依据。但是社会心理学家发现，人们的公正观念与文化价值观是交织在一起的，案件的判决结果可能取决于审判者与被审判者是什么人。陪审团的作用非常关键，社会心理学家不能不对它进行研究。

陪审团由多少人组成最为合适？目前尚无定论。以美国为例，早在 20 世纪 70 年代，在审议陪审团组成人数时，就引用了社会心理学的研究成果作为其决策的依据。一些法律社会心理学家的研究揭示，群体规模对陪审团决策存在影响。陪审团的规模原本为 12 人，后来出现一种人数逐渐缩小的倾向。1994 年，美国有 30 个州允许民事案件陪审团成员可以少于 12 人。对此，一些法律社会心理学家提出异议，认为这种改变缺乏系统实验的证据支持，法院的确引用了阿希著名的从众实验，但却曲解了研究本意。研究者格罗夫曼（Grofman）指出，小规模陪审团所做裁决的正确性、可靠性一般都比较低，集体商议也不是很有效，更重要的是它不能充分代表整个社区的意见，因此，最高法院缩减陪审员数量的决定的正确性值得商榷。

陪审团群体动力学问题也值得关注。观察和研究都发现，陪审团各成员的参与程度不同。陪审团的领袖最活跃，而社会地位较低、接受正规教育较少的成员，在讨论中较少发表意见。在讨论过程中，有些人较易被人说服，而另一些人则更喜欢坚持己见。在时间有限的情况下，陪审团不可能达成完全一致的意见，因此，明确裁决标准（完全通过或 3/4 通过）非常重要。

被告如果是陪审团成员第一次遇到的陌生人，陪审员自然会对这个陌生人进行评价。诸多因素（非言语沟通、归因、印象形成与印象管理、偏见、人际吸引等）都会影响到这种判断和评价。第一印象、刻板印象、晕轮效应、人际吸引本应与判决无关，但戴思（F. C. Dane）研究发现它们确实会影响现实的和模拟的审判结果。

信息加工方式也发挥着作用。有研究表明，挑选出来作为陪审团的人中有三分之一的人，在公开辩论之前，对审判就有了决定。随着审判的进行，75%～85%开始支持一方、反对另一方，这一偏向会影响到对后继证据的加工。一旦陪审员的偏向形成，有罪或无罪的图式就形成了，接下来的所有证据和证明要么得到图式的合理解释，要么就会被忽视。

此外，不少研究发现，陪审团成员所具有的各种态度、信念和人格特征与最后判决相关。比如，独裁主义者更可能赞成有罪，对精神病学持消极态度者不大可能接受被试心理障碍或心理疾病的证明等。

总之，社会心理学家的许多研究发现，审判的结果不仅取决于证据和逻辑推理(这些因素确实在起作用)，其他因素也在某种程度上影响着最后的判决。这一领域中社会心理学家的研究，对完善审判制度、保证判决的合理性和公正性有着重要影响。

二、社会心理学在工业与组织领域的应用

管理社会心理学在国外心理学界被称为工业与组织心理学（Industrial/ Organizational Psychology)，在工商管理学界被称为组织行为学，这些是一回事。工业与组织心理学是应用社会心理学的一个重要领域，专门研究人在组织中的工作行为。随着工业化社会的迅速发展，20 世纪的典型特点是大型企业越来越多、生产过程日益复杂。企业领导们意识到，只用经济和技术模型是不足以解释和控制组织内的这些发展的。厂长和经理们开始转向社会科学家，特别是心理学家，请他们帮助认识工人的个体需求和动机，促进员工交往，建立和谐关系和高效团队；请他们开发人一机互动的优化方法，建立有效而可靠的员工选拔、培训、评价体系；请他们考察组织文化、工作环境、领导方式以提供建设性意见和建议等。换言之，人们越来越关注企业中人的管理。工业和组织心理学因此孕育而生。

(一) 领导行为研究

如前所述，领导是一个群体中的某个特殊成员（领导人）影响其他群体成员来实现共同群体目标的过程。领导行为研究始于 20 世纪 40 年代，旨在通过对领导者在领导过程中所采取的领导行为的考察，以及对不同领导行为对职工的影响和工作效率之间关系的研究，寻找最佳的领导行为。至今这一研究领域已取得丰硕成果。

20 世纪 40 年代，美国俄亥俄州立大学的研究者们列出了 1000 多种刻画领导行为的因素，通过逐步概括，最后归纳为“抓组织”和“关心人”两大类。“抓组织”包括组织设计、明确职责和关系、确定工作目标等。“关心人”包括建立互信气氛、尊重下属意见、注意下属的情感问题等。根据这两类内容，他们设计了领导行为描述问卷，每类列举了 11 个问题，并分发调查问卷。根据调查结果，研究者发现两种领导行为在一个领导者身上有时一致，有时并不一致，因此他们认为领导行为是两种行为的个体组合。于是，研究者建立以下领导行为四分图把这一概念直观地表示出来（参见图 15-1)。研究表明，人们可以根据调查结果对领导行为类型进行评定。当然，四种类型领导行为哪一种效果好，不能一概而论，要视具体情况（被领导者与环境因素）而定。

图 15-1 领导行为四分图

20 世纪 70 年代，对领导行为的研究凸显出两个维度：一是开拓结构或生产取向，这样的领导主要关心把工作做好；二是关心人或人际取向，这样的领导注重与下属建立良好的人际关系。生产取向的领导行为表现为组织工作，敦促下属遵守制度，制定目标，完成任务；人际取向的领导表现为尊重下属，上下级关系融洽，向下级解释一些事情，关心他们的福祉。这两种领导行为各有千秋。近几年，研究者认为，关于领导行为还有两个维度没有得到深入研究：一个是领导进行决策或者允许群体成员参与决策的程度，即自主—参与维度；另一个是领导通过密切指导群体内部所有成员的活动来进行管理的程度，即指导—允许维度。从领导效率上说，这两个维度的高低不一定代表领导效率的高低，主要取决于具体情境。

（二）组织心理学研究

社会心理学与企业管理实践结合的开端，是哈佛大学教授梅奥 20 世纪 20 年代主持的霍桑实验及其提出的人际关系系统。随着社会心理学理论在企业的广泛应用、人们对人性和行为的新认识、人的因素在经济发展中的实现、动态的组织观取代静态的组织观，作为社会心理学应用性分支学科的组织心理学（Organizational Psychology）应运而生了。组织心理学的发展时期为 20 世纪 60 年代，其标志是 1964 年莱维特（H. J. Leavitt）在《美国心理学年鉴》上发表的“组织心理学”综述，以及 1966 年巴斯（B. M. Bass）和薛恩（E. H. Schein）各自出版的《组织心理学》专著。组织心理学是研究组织结构、组织环境、组织的社会氛围、心理气氛作用与人的心理与行为的规律的科学，以便能更好地协调组织成员的积极性与创造性，提高组织效率和实现组织目标。其研究重点是工作组织作为一个系统对外部环境的适应，对内部各种因素的合理协调，组织内外的沟通、决策、组织结构设计等广泛的组织管理社会心理学问题。这里介绍这一领域的一些重要概念，希望以点带面，使人们能对这一领域的研究范畴有一个轮廓。

（1）组织。组织的定义很多，以下内容通常被认为是必不可少的成分：个体为了共同的目标相互合作，工作和任务分解后在成员之间进行分工，有一个紧密的结构将各项任务整合起来，在一段时间内组织的各特征有连贯性。

（2）组织结构。组织结构是组织各个

部分之间关系的一种模式，它并不像生物或者机械系统的结构那样明确可见，而是体现在组织的实际活动过程中。常见的组织结构有直线制、职能制、直线职能制、事业部制、矩阵式等。

(3) 组织文化。组织文化指一个组织在长期生存和发展过程中孕育形成的具有某种特色的价值观、管理思想、传统、习惯、群体意识和行为规范的总和。它包括精神层、制度层、器物层三个层次。研究者对组织文化有两种视角。一种是将组织文化看作一个变量，是组织的一个特征。这个变量表现出不同的维度。例如，奎因(Quinn) 提出的文化两维模型。他认为文化具有正交的两个维度：外部和内部、灵活和控制。两个维度构成了四种导向的文化：支持导向、创新导向、目标导向、规则导向。另一种是把文化看作组织中根本性、广泛存在的事物，认为组织即一种文化。组织有时也被看成知识系统或认知体系，组织成员将他们的经验储存于“组织记忆图式”中。

(4) 组织变革。组织变革指组织为适应内、外环境的变化而对其自身进行的调整、修正和革新的过程，旨在求得自身的平衡。组织心理学家研究出大量的方法和工具，来促进组织对环境的适应。这些方法包括程序性调整和结构性调整。程序性调整除了关注沟通、决策制定、冲突管理等组织过程的改善外，还关注员工态度和行为的改变。结构性调整致力于改变正式的结构性因素，如任务结构、角色定义、角色关系、工作内容以及操作程序。

(5) 组织发展。组织发展指通过长期的努力来改进和更新组织的过程，特别是实现更有效和协调的管理。组织变革与组织发展关系密切，从一定意义上说，组织发展也是实现组织变革的手段。组织发展通常是在专家的指导和帮助下，运用管理心理学和其他学科的理论和技术，逐步实现预定计划和目标的过程。

三、社会心理学在环境领域的应用

环境心理学（Enviormental Psychology）是研究人类行为与自然的或人为的社会物理环境之间关系的一门科学。作为20世纪70年代后迅速发展起来的应用心理学分支学科，环境心理学主要研究环境与心理的相互关系。这里，环境包括人们周围的一切涉及分析发生在任何地方的行为：办公室、医院、教室、电梯、交通工具、公园、自然空间或其他人们所涉足的区域。环境心理学之所以成为社会心理学的一个应用研究领域，是因为社会心理学研究社会环境中人的行为。从系统论的观点看，自然环境和社会环境是统一的，二者都对行为产生重要影响。目前，互联网环境心理学的研究热潮正在悄然兴起，这是社会心理学在环境领域应用的一个重要方向。

（一）环境与个体

奥曼（Altman）和罗高夫（Rogoff）总结了研究者对环境与个体之间关系的不同观点，把他们归纳为以下四种不同的

"心理世界观"。这些观点包含了环境心理学领域大多数研究者所持有的研究思路。

第一，"特性世界观"。其研究焦点是找出情境因素很少有显著影响时的心理过程、认知特点以及个性品质。在心理过程的基础上做出预测，这就包括了那些焦点是以人为基本分析单元的研究。

第二，"互动世界观"。这种研究思路考虑了三个不同的相互关联的领域：心理过程、环境框架、周边因素。这是一种心理—环境研究最频繁采用的观点。其研究领域非常广泛，涉及诸多与环境相关的认知或情绪问题（如认知地图、态度、压力等）。

第三，"有机世界现"。这方面的研究焦点主要在于展示人与环境要素间复杂的、动态的、整体的交互作用系统。这个思路是用整体论、系统观的方法来探讨问题，分析环境与心理这两个环境心理学基本要素之间的互动关系，因而被看成是更加接近环境心理学本质目标的一种观点。

第四，"转型世界观"。这一观点强调研究应集中在心理与环境间整体统一的动态变化上。心理分析的单元是一个完整的实体，也就是说，它涉及人、心理过程以及所包含的环境。整个处理过程不是一些独立的元素碎片，而是由相互依存、不可分割的因素汇合在一起。这一研究思路非常适合从一个整体的角度来研究行为环境之间的关系，是一种理想的研究思路。

（二）噪音与拥挤

噪音是多学科研究的课题，也是环境心理学研究的重要课题。它主要研究噪音与个体心理、行为的关系问题。从心理学观点看，噪音是使人感到不愉快的声音。对噪音的体验往往因人向异，有些声音被某些人体验为音乐，却被另一些人体验为噪音。研究表明，与强噪音有关的生理唤起会干扰工作，但是人们也能很快适应导致引起身体损害的噪音，一旦适应了，噪音就不再干扰工作。研究表明，长期处于噪音条件下的人受到的伤害是多方面的。研究者研究了住在洛杉矶国际机场跑道附近的儿童，结果发现与同种族且经济条件类似的儿童相比，他们的血压较高、平均学习成绩偏低、解决问题的能力和耐心都较差。此外，有研究表明，噪音是否可控，是噪音影响的一个因素。如果人们认为噪音是他们所能控制的，那么，噪音对其工作的破坏性影响就较小；反之，破坏性影响就较大。

人们习惯于有噪音的工作条件，并不意味着噪音对他们不起作用了。适应于噪音的儿童可能会丧失某些辨别声音的能力，从而导致阅读能力受损。适应于噪音环境也可能使人的注意力变得狭窄，对他人需要变得不敏感。噪音被消除后的较长时间内仍对认知功能发产生不良影响，尤其是不可控制的噪音，其影响更为明显。

拥挤是另一个环境心理学研究的传统课题。从心理学角度看，拥挤与密度既有联系，又有区别。拥挤是主观体验，密度则是指一定空间内的客观人数。密度大并非总是不愉快的，而拥挤却总是令人不快的。

社会心理学家对拥挤进行了各种解释。感觉超负荷理论认为，人们处于过多刺激下会体验到感觉超负荷，人的感觉负荷量有个别差异。密度—强化理论认为，高密度可以强化社会行为，不管行为是积极的还是消极的，如观众在观看幽默电影时，鼓掌的人数在高密度下比在低密度下多。失控理论认为，高密度使人感到对自己的行为失去控制，从而产生拥挤感。

处于同样密度条件下的人如果感到自己能对环境加以控制，则他的拥挤感会下降。一般说来，拥挤不一定造成消极的结果，这还与一系列其他条件有关。社会心理学家还研究了诸如城市人口密度，以及家庭、学校、监狱等拥挤带来的影响和社会问题。

（三）个人空间

个人空间指个人在与他人交往中自己身体与他人身体保持的距离。1959 年霍尔（E. T. Hall）把人际交往的距离划分为 4 种：亲昵距离，0～0.5 米，如爱人之间的距离；个人距离，0.5～1.2 米，如朋友之间的距离；社会距离，1.2～2 米，如开会时人们之间的距离；公众距离，4.5～7.5 米，如讲演者和听众之间的距离。人们虽然通常并不能明确意识到这些，但在行为上却往往遵循这些不成文的规则。破坏这些规则，往往会引起他人的反感。

巴拉什（D. P. Parash）根据研究指出，当个人空间圈被侵犯时，被试会主动放弃原来的地方而避往他处。康内尼（V. J. Konecni）等人进行了一项实验，让助手接近等待穿过繁忙马路的人，助手站在离被试 30 厘米、60 厘米、150 厘米或 300 厘米的地方。结果发现，助手离被试越近，被试就越快穿过马路。

贝尔富特（J. C. Barefoot）、胡普尔（H. Hoople）和麦克莱（D. Mcclay）曾设计了一个让被试入侵实验者个人空间圈的研究。在这项现场研究中，实验者始终坐在一个饮水处附近假装读书，如果有人要喝水就不得不侵入实验者的个人空间。自变量是实验者和饮水处之间的距离。这个自变量有三种水平：1 英尺（1 英尺等于 0.3048 米）、5 英尺或 10 英尺。其中 10 英尺一个控制条件，因为这个距离已经远远超出了实验者个人空间的界限。在实验过程中，还有一位主试的助手在隐蔽的位置，记录在三种实验条件下经过饮水处的人数，因变量是路过的人（也就是被试）去饮水处饮水的比例。实验结果如下：当实验者距饮水处 1 英尺时，只有 10%的路人饮水；5 英尺时 18%的路人饮水；10 英尺时 22%的路人饮水。

个人空间受到很多因素的影响，这些因素包括：性别、年龄、情境、文化等。

（1）性别。男性和女性对个人空间的需求，以及对个人空间受到侵犯时的防御都存在较大差别。费希尔（J. D. Fisher）和伯恩（D. Byrne）选择图书馆为实验场所，研究对象是在图书馆里学习的男生和女生。研究发现，女生在侧面空间受侵犯时感到困扰，男性则对正面的侵入感到不安。不同性别的学生对个人空间遭到侵犯的应对措施也不同。女大学生倾向于防卫两边的空间，她们通常会眼睑朝下，双手抱在胸前；而男性则倾向于防卫前面的空间。研究者还利用校园的长椅进行实验。被试仍然是不同性别的大学生，实验中主试入侵被试的个人空间，要求与他们坐在同一张长椅上。结果表明：如果入侵者保持沉默，则男性会较快离开；反之，入侵者先询问是否可以坐时，女性会较快离开。

（2）年龄。个体对个人空间的需求会随着年龄增长而稳定增加。有研究表明：类似于成人的空间圈形成于青春期。我国研究者顾凡通过对 180 名大、中、小学生进行人际空间距离需求的研究发现，11 岁小学生的人际距离需求是 139.4 厘米，16 岁中学生的人际距离需求是 147 厘米，这与 21 岁大学生所需的人际距离非常接近。目前对年龄较长者的研究还比较匮乏，但是也有研究表明，年长者所需的人际距离通常较近。

（3）情境。个人空间的大小不是一成不变的，它常常随着情境改变而发生改变。例如，人们在室内比在室外公共场所需要更大的空间，坐着比站着需要更大的空间，在角落里比在房间中央需要更大的空间。另外，个人空间也随着交往对象的不同而发生一定变化。

（4）文化。研究发现，具有不同文化背景的人，对个人空间距离有不同的偏好。例如，美国人彼此之间的界限并不明显，德国人的界限意识则非常强烈，英国人的个人空间通常取决于他们的社会地位，日本人在公共区域常能够忍受跟许多人挤在一起等，不同文化背景中的个体情况各不相同。

第三节 社会心理学在教育、消费和健康领域的应用

教育、消费、健康和个体的日常生活息息相关。人的成长、发展与知识的获取受到哪些社会因素影响？广告如何影响个体的心理与消费行为？如何应对工作压力和心理行为问题？这里将引领人们对社会心理学在教育、消费、健康领域的应用进行初步了解。

一、社会心理学在教育领域的应用

教育社会心理学（Educational Social Psychology）是一门正在不断得到教育工作者认可的分支学科。它把社会心理学的基本知识、研究思路和方法渗透到教育领域中，并不断吸收传统教育心理学中的知

识和研究成果，形成一个新的研究领域。教育社会心理学主要研究教育系统、教学过程中个体与群体在交往和相互作用中产生的心理活动，并探讨其发生和发展的规律。从社会心理学的观点来看待学习、教育和教学，从而挖掘、整理影响师生发展的多重因素，是这个领域的最大特色，也是社会心理学对教育研究的独特贡献。

（一）教育社会心理学的基本问题

20 世纪 30 年代普莱西（S. L. Pressey）首先在教育心理学中列入社会心理学内容。1969 年，盖泽尔斯（J. W. Getzels）在其《社会心理学手册》第二版中撰写了“教育社会心理学”（A Social Psychology of Education）一章，系统阐述了教育社会心理学的框架和内容，探讨了社会阶级、社会化、社会对儿童能力的影响以及种族隔离、补偿教育、作为社会体系的学校与课堂、教师与学生的个性特征对学习的影响等。这是一个里程碑，被很多研究者认为是教育社会心理学产生的标志。

如何界定教育社会心理学呢？是否只要是研究教育过程中的社会心理因素就属于教育社会心理学？研究者对此存在不同的认识。

巴-塔尔（Bar-Tal）认为，有必要对“为教育的社会心理学”（social psychology for education）和“教育的社会心理学”（social psychology of education）加以区分。前者的特点是利用社会心理学的基本原理和研究成果，来解释学校中的社会行为，由此提出的课题之间缺少内在的逻辑联系。它没有自己独特的体系，仅仅是应用社会心理学的知识和原理来解释教育问题，是社会心理学观点和教育心理学现象的复合体。“教育的社会心理学”则以教育中的问题来确定自己的研究范围，其课题是教育中那些涉及个体和群体相互作用的社会心理问题。因此，可以说，教育社会心理学的问题定位要在教育中，尽管分析问题的工具是社会心理学的概念和方法。

关于教育社会心理学的研究对象有两种观点。一种是认为它有独特的研究对象、体系和内容。巴-塔尔认为教育社会心理学是一门限于集中研究教育事件中的问题的学科，它主要涉及教育系统中个人和群体的社会功能的社会心理学问题。他认为这是一门专业化的子学科。费尔德曼（R. S. Feldrnan）认为，教育社会心理学既不单单是社会心理学，也不单单是教育心理学，相反，它是两个领域的结合。另一种观点认为，教育社会心理学仅仅是社会心理学在教育中的应用。总之，人们都强调教育社会心理学与社会心理学千丝万缕的联系，但对于究竟如何界定其研究对象尚未得出统一的意见。

我们认为，教育社会心理学是应用社会心理学的基本观点和研究方法来研究教育系统、教学过程中个体或群体在人际互动中产生的心理活动，并探索其发生、发展规律的学科。它同其他学科既有区别又有联系。由于它涉及教育过程中的心理规律，因而与教育心理学有一致性；但由于它研究的范围集中于学校机构、群体和人际关系影响下的心理学规律，因而与教育心理学相区别。由于它借用了社会心理学的研究方法和基本概念（如人际交往、态度、社会化、角色、领导、社会风气等），因而与社会心理学相一致；但由于它主要研究教育范围内的社会心理现象，因而与社会心理学相区别。此外，由于它研究社会文化对教育的影响、研究个体社会化过程，因而与教育社会学相一致；但由于它着重于以微观的角度、分析社会文化对个人心理和行为的影响，因而与教育社会学又相区别。

显然，教育社会心理学研究的内容取决于人们对教育情境的理解。

盖泽尔斯认为，应从学校机构和人两个维度上去分析教育。学校机构具有自己的特色，每个角色都具有一定的期望，学校中的个体都具有自己独特的人格和气质。在机构这个维度上可以研究学生的角色，而不需要涉及某一特殊的学生，这是社会学水平的分析。在人或个体这个维度上可以研究某个特殊学生的人格，而不涉及学生的角色，这是心理学的分析水平。要理解教育情境中人的行为，就要将这两种分析水平结合起来，既要了解学校中的角色期望，又要剖析个人的人格和气质。教育社会学只研究学校中的角色期望模式，而教育心理学只研究不同的个人模式。教育社会心理学不同于二者，它研究以社会系统的文化和社区价值观为背景的学校或课堂中的角色与人格之间的相互作用。

巴-塔尔认为教育社会心理学应在四个水平上分析问题，即个体、群体、学校、社会。个体水平的分析主要是依照个体的态度、动机、知觉、信念、价值来理解其在社会情境中的行为。因为教师的行为直接针对个别学生，而非学生的全体。这种分析的基本假设是个体应是社会心理学研究的重点。群体水平的研究把课堂视为一个群体，并按群体动力学的原则解释课堂情境中发生的行为。这种分析的基本假设是班级是独立的，每个班级都有其独立自主的作用。该水平的研究集中于教师的领导、课堂的互动方式、班级的凝聚力、班级的社会心理气氛等因素上。学校水平的分析是将学校视为带有社会结构（如目标、规则、角色）的系统。这种分析的基本假设是把学校视为一个组织系统对于理解学校中学生的个体行为是必要的。社会水平的分析并不把教育环境局限于教育体制。教育环境受到社会巨大的影响，正如社会也受到教育、学校的影响一样。

（二）从教育社会心理学的视角看学习

麦克米兰（J. H. McMillan）从教育社会心理学的角度，提出了一个整合影响学生行为的各种社会心理因素的模型，其基本假设是学生与周围环境的相互作用是行为的最基本决定因素。该模型可以用下面的公式来表示：

$$BP_s = f(IC_p \quad N_{ps} \quad F_s)$$

麦克米兰学习模型的意思是：特定的情境（S）中的个人（P）行为（B），即 BP_s，是关于具有个性特征（IC_p）的个人，在这个特定情境中的个人需要（N_{ps}），以及从他人那里得到的关于这一情境中适当的行为反馈（F_s）的函数。以下对模型中涉及的几个关键变量做进一步解释。

（1）情境。情境的性质可以从“熟悉”到“不熟悉”分成若干水平。熟悉情境中的个人行为，在很大程度上取决于过去在相似情境中的经验。此时，个性特征对行为决策的作用不太大，因为过去的成败经验以及环境常模的建立，已清楚地给予学生特定的期待和指令。而在某些情况下，行为决策是发生在不熟悉的情境中的，此时学生的个人特征起较大作用。因此，我们必须分析情境对于学生是熟悉的还是不熟悉的，熟悉到什么程度，不熟悉到什么程度。这对于理解学生的行为至关重要。

（2）个性特征。个性特征分为常量特征和变量特征两种。常量特征是在不同情境中保持相对稳定的特征，包括认知方式、成就动机、智力水平等。成就动机对学生的行为有较大的影响。那些害怕在学习或活动中失败的学生，往往将目标设置得过高或过低，以此逃避失败的体验；而成就动机较高的学生则喜欢从事具有挑战性的活动。变量特征依赖于情境，如控制点、焦虑、归因等。以归因因素为例。有的学生相信只要自己努力就可以在数学这门课上取得好成绩，而有的学生却认为由于英语教师对自己有偏见，因此无论自己多么努力都不会在英语这门课上取得好成绩。显然，将学习结果归因为自己的能力、努力时，学生会更加主动地学习；如果认为自己的成绩受制于自己不能控制的外部因素，学生就不可能下功夫去学习。内控的学生比外控的学生在学习上表现出更大的自主性。

（3）个人需要。个人需要对于个体来说是一个强化刺激，因而会影响学生的行为。好奇心强的学生面对教师的启发，对难题会想尽一切办法去解决，因为解题的过程对他的求知欲望是一种极大的满足；而缺乏好奇心的学生则认为，花过多的时间去解决一道难题没有太大的价值。同样，我们也能够理解一位经常被老师忽视的学生，会故意将作业做得特别糟糕，以便老师来找他谈话。学生往往通过多种方式和活动来满足自己的需要。有些需要与求知或学习的需要一致，因此在满足这些需要的过程中，学生就能得以进步；但更多的需要与学习需要并不一致，甚至是互相抵触的，在这种情况下，满足需要的活动便会阻碍学生的学习和进步。

（4）行为反馈。行为反馈包括从重要他人、群体和学校三个方面得到的反馈。重要他人对学生的评价，有助于学生形成对自己能力、学习成绩及个性品质等方面的自我评价。当一个学生在教师评价的基础上，自认为在学习上很有前途时，他会加倍努力使自己适合这种自我形象。罗森塔尔（R. Rosenthal）和雅可布松（L. Jacoobson）在1968年所做的期望实验正说明了这一点。群体环境制度及组织的特点对学生的学习也有影响。个体在群体环境中的作业和行为与其单独一人时很不一样，如从众现象、服从现象和依从现象就说明了群体环境和个人独处时的不同。学校的规章制度、规模、学校风气也对学生的行为产生直接或间接的影响。

从以上模型中，人们可以清楚地认识到教育社会心理学的研究思路与传统教育心理学有着极大的不同。对学习问题，传统教育心理学更关注的是知识传递与接受的过程，对影响这一过程的社会因素影响机制则很少关心。教育社会心理学的研究恰恰弥补了传统教育心理学的不足，在诸如此类的问题上展开了深入研究。其研究成果对教育实践有着重要的指导意义。唯其如此，教育社会心理学才能越来越为广大教育工作者所接受和喜爱。

二、社会心理学在广告与消费领域的应用

当今世界，广告活动对社会的影响越来越大，已成为人们经济生活中不可缺少的组成部分。令人目不暇接的广告，不仅对人们的消费行为、购买行为产生了极大的影响，而且对人们的消费习惯、生活方式也有着不同程度的冲击。

（一）广告与广告心理学

什么是广告？广告是由广告主在付费的条件下，对一件商品、一种观念或一项服务进行的传播活动。广告心理学（Advertising Psychology）是应用社会心理学的一个分支，它是研究广告对人的心理产生的作用、广告宣传过程中人的心理活动的特点及其规律的科学。因此，可以说广告是一种传播工具——广告要将有关商品的信息传递给一群消费者；广告所进行的传播活动是带有说服性的——广告的最终目的是让信息接收人（受众）接受所传达信息的内容，觉得广告中宣传的产品有价值、是好产品，从而购买它。所以，广告具有独特的心理功能。

(1) 广告的认识功能。广告具有帮助消费者了解新产品，重新或加深对原有产品的认识以及了解和认识劳务消费的功能。它主要表现在广告对商品品牌、商标、性能、规格、用途、使用保养、售后服务，以及对服务的具体内容、地点、方式等方面的介绍，由此给消费者以深刻印象。这是广告的基本功能。

(2) 广告的诱导功能。广告可以促成和引发消费者对新产品或不熟悉产品的购买兴趣，或者改变对某些产品或厂商的原有态度，并激发起购买欲望的功能。一则介绍新设计、新构思、新观念的商品广告推出后，会引起消费者新的消费兴趣，并树立商品和企业在消费者心目中的良好形象。广告传递与诱导还可以改变消费者在日常生活中的某些偏见和消极态度，促进新的购买欲望和消费习惯的形成。

(3) 广告的教育功能。就广告的形式和内容而言，它可以对刺激对象起到正反两方面的教育作用。一般来说，文明道德、健康向上的表现形式和内容，对于扩大消费者的知识领域、丰富消费者的精神生活、指导生活消费和促进精神文明建设有着潜移默化的作用。

(4) 广告的艺术功能。广告媒体通过艺术与美的形式来传递商品信息，用美来吸引消费者以达到促销目的。一个普通的商品广告，如果有较高的艺术性和美感，

既可以起到很好的促销作用，又可使广告本身成为优美的艺术品，给消费者以美的享受。有些广告构图简单优美，色彩鲜明和谐，线条舒展流畅，修辞生动准确，不仅是深受消费者欢迎的广告，也是艺术佳作。

(5) 广告的便利功能。广告通过各种媒体，及时、反复地传递商品信息，使消费者在众多的商品中用较少的时间就可以搜集或选择到适合自己需要的商品信息。为消费者提供选择便利是广告的重要功能之一。在市场需求千变万化、新产品层出不穷的今天，如果没有广告的指引，消费者从琳琅满目的商品和星罗棋布的商业网点中，寻找自己所需的商品或服务、了解那些不曾相识的新产品是非常困难的，而广告具有的便利功能能够有效地解决这些困难。

(6) 广告的促销功能。广告通过媒体的传播，把商品信息和企业信息渗透到各目标区域与消费者群中，引起消费者的兴趣和注意，形成购买信息，从而进行促销。促销是企业对广告的最直接要求，也是广告的基本功能之一。

从广告的心理功能上，人们可以发现广告心理学涉及的研究内容主要包括四个方面。

一是从视觉特性上考查广告的图形、文字、符号、颜色、色彩、对比、构图、大小、位置以及表现方式。

二是从听觉特性上探讨广告的遣词造句与声音表达，以提高广告内容的清晰度、可懂性、感染力和抗干扰性。

三是从记忆特性上探讨广告认知的清晰性、注意的选择性、记忆的长久性、情感的鲜明性和决策的果断性。

四是对顾客态度、行为模式、文化特征、民俗倾向、环境要素、性别差异、年龄特点、流行式样和流行色进行预测等。

(二) 消费与消费者心理学

消费者是指在不同时空范围内参与消费活动的人或集团。消费者心理学（Psychology of Consumption）就是研究消费者消费心理和消费行为的特点与规律的应用社会心理学分支学科。对消费者的认识与研究也是广告心理学的核心和营销活动得以开展的基础。目前人们对消费者的认识正在不断深化。

消费者是可以被不断细分直至具体到一个个不同的个体。传统意义上的消费者，通常是一个具有诸多共性特征的大群体概念，今天这种认识显然已不合时宜。消费者被分得越细，对其特征的把握就会越具体、明确，越容易实现有效沟通。

消费者是能动的。他们并非被动接受广告影响，而是信息的主动寻找者、加工者和评价者。传播学中“魔弹论”虽早已过时，但秉承这一思想的广告人却为数不少。

消费者及其行为是不断变化的。消费者的需要、动机、购买行为和品牌信念都处于不断变化中。从这一意义上讲，生产厂商对消费者的认识和把握常常是“相对的”“阶段性的”。

消费者是具有丰富情感体验的生活者。

对于消费者行为规律的探索，过去常常建立在将消费者视为“理性思维者”的前提假设上，现在看来这种倾向必须扭转，因为当今社会消费者的需求中心已由产品转向服务，并正在由服务向体验转变。“体验式营销”方兴未艾，广告也应及时关注消费者的体验与感受。

(三) 目前消费者心理研究的热点

随着对消费者基本认识的转变，对消费者的研究开始从知觉、记忆、理解、学习等传统领域向以下几个方面拓展。

1. 卷入水平与消费者信息加工途径的区分

“卷入”是反映商品与消费者之间关系的概念。它被定义为消费者对产品与自己的关系或重要性的主观体验。消费者在购买产品时，由于产品具有不同的个人关联度，因而表现为高卷入和低卷入两种类型。高卷入购买时，消费者对商品和相关信息表现出很高的热情与兴趣，主动而且努力地去搜寻、评价有关的商品信息，认真地比较产品差异，注重理性分析。低卷入购买时，消费者很少主动地去搜寻和评价可供选择的信息，对广告信息的加工是被动的、肤浅的。佩蒂（P. E. Petty）等人曾提出一个相对应的精细加工可能性模型（参见图 15-2），将消费者对信息加工的途径分为中枢途径与边缘途径两种。在中枢途径，消费者认真考虑和综合各种信息形成态度或决策；而在边缘途径，消费者不深入考虑商品本身的性能，很少进行逻辑推理，倾向于根据边缘线索（如广告中证据的数量、明星、背景音乐等）做出决策。消费者信息加工究竟走哪一条路线则取决于 MAO 水平，即动机、能力与机会。当 MAO 水平较高时，中枢途径起主要作用；当 MAO 水平较低时，边缘途径起主要作用。

2. 对消费者自我意象的关注

自我意象（self image）是消费者对自己是什么样的人的一种察觉，它对人的消费行为有直接的影响。每个消费者可能都有多个自我意象，如现实自我意象、理想自我意象、社会自我意象等。消费者的购买活动被认为是自我意象的延伸与表现。消费者既通过购买与使用特定商品，来增强、扩展其特定的自我意象，也通过商品的购买与使用来“改变”其自我意象。具体地说，消费者选购某一品牌商品时，主要依赖于品牌形象、产品典型使用者形象与其自我意象的一致性程度。两者一致性越高，人们越容易购买和使用特定品牌商品。显然，这一观点为广告策划提供了一个新视角。它提示人们在对消费者自我意象与商品意象进行实际调查的基础上，对消费者市场进行细分，确定广告定位，选择合适的产品代言人和模特，谋求商品意象与消费者自我意象的一致。

3. 从“现代性”到“后现代性”消费行为模式的变化

“后现代性”是一个很难解释清楚其精确含义的术语，它大体是相对于“现代性”提出的，强调对现代的否定。它消解了“现代”的一些确凿无疑的特征，向代表现代文明的理性独断与科学霸权提出挑战，

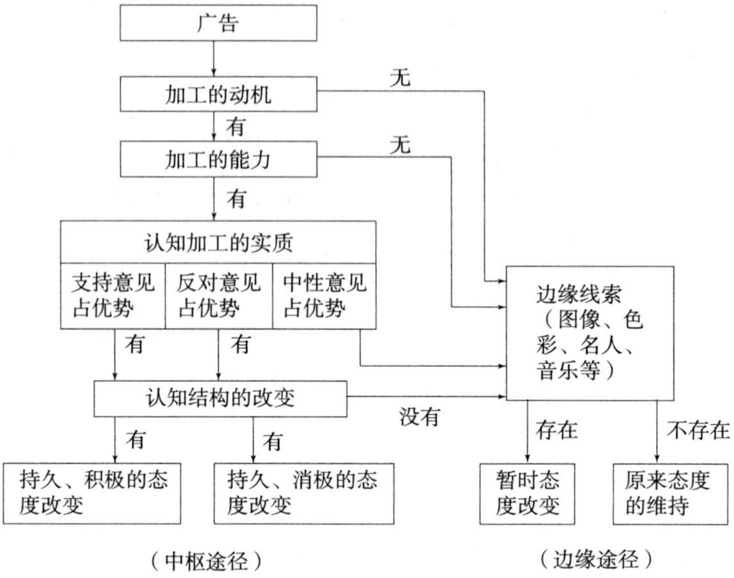

图 15-2　精细加工可能性模型示意图

“去中心”“多元化”“否定权威”“拼凑”……成为其显著特征。消费则被视为后现代主义的精髓、缩影，体现了其基本特征。从现代到后现代的转变，对消费行为的研究具有重要影响。

戈登·福克塞尔（Gordon R. Foxall）等学者在《市场营销中的消费者心理学》一书的前言中，对比了一些现代与后现代消费特征：“现代消费者购买商品或多或少要体现与其价值观的一致性及其可被承认的生活方式，而后现代消费者则利用商品与服务的模糊性去体验一系列的、经常是不一致的生活方式。现代市场研究试图将人群分为一系列被认可的、稳定的消费群体。后现代市场研究则必须认识到，人们并不总是属于某一群体。随着心境和环境的改变，同样的个体可能在某一时刻表现得很大方，在某一时刻又像个斤斤计较、到处找便宜的人……”概言之，在后现代社会中，消费者行为更加充满矛盾、不一致、不相容，更趋于多元化、差异性、独特性和具体性，更加显得变化莫测。对消费者行为的研究把握更加困难，然而又更加富有意义和挑战性。

三、社会心理学在健康领域的应用

健康不仅仅是生理问题，也是心理问题。研究表明，个体生理健康的各个方面都受到心理因素的影响。世界卫生组织明确指出：“健康不仅仅是没有疾病、不体弱，而且是一种躯体、心理和社会功能均良好的状态。”正是社会进步后“疾病谱”与“死亡谱”的改变以及人们对于健康和疾病的深入理解，导致一个社会心理学新兴研究领域的诞生与兴起。它就是以维护和增进人类健康为己任的健康心理学。

健康心理学（Health Psychology）是综合运用心理学的知识以及教育训练、科学研究和职业指导原则，探索健康、疾病和机能失调的原因，分析并促进社会保健系统的发展和健康政策的制定，以促进、维护和保持健康，预防和治疗疾病的学科。作为社会心理学的应用性分支学科，其目的是了解心理因素对健康的影响。它有四个主要研究领域：一是促进和维持健康；二是预防和治疗疾病；三是了解疾病的致病因素；四是改善健康卫生体系和健康政策的构成。例如，人为什么会得病，对疾病如何反应，怎样从疾病中恢复，如何适应慢性疾病和慢性疼痛，怎样保持健康等。健康心理学还关心健康、疾病、残疾的发生和相关因素，对疾病的预防和治疗，对疾病状态的再调节措施，以及良好的生活方式对健康的促进等内容。

（一）人格与健康

一些研究表明，许多疾病特别是心身疾病都有相应的人格特征。例如，哮喘者的人格特征是过分依赖、幼稚、希望受人照顾、暗示性高；癌症患者的人格特征是自我克制、情绪压抑、倾向于防御与退缩反应；等等。人格是否与健康相关？人格是否会影响健康？让我们来看一看这一领域的一些具体研究。

20 世纪 50 年代，美国学者弗雷德曼（M. Friedman）等人报告了一个从古代就受到怀疑的问题：某一族群的人格特征与患病的可能性，特别是与患冠心病的可能性是否存在着相关？这些研究者确定了两种行为模式：A 型和 B 型。其中 A 型者的典型特征为：动作快，明显缺乏耐心，易激动，好争强，雄心勃勃，讲究效率，追求完美，时间观念强，日程安排紧凑，整天忙碌。这些人的另一个特点是说话坦率、言不择辞，往往有口无心，极易得罪人，又习惯于指手画脚甚至挥舞拳头，给人以咄咄逼人之感。B 型者正好相反，表现为竞争性低，进取心和主动性不强，节奏缓慢，反应平静，无紧迫感，处世有耐心，宽容厚道，喜欢娱乐，没有敌意，随遇而安。弗雷德曼的研究报告指出，A 型行为模式的人较一般人群更容易患上冠心病。这一结论目前已被普遍接受。美国国立卫生研究院已把 A 型人格特征与过去公认的高胆固醇、吸烟和高血压并列为引起心脏病的四个危险因子。

A 型行为模式与 B 型行为模式，都用来解释行为与冠心病之间的关系。最近，研究者已经提出了第三种行为族群，即 C 型行为模式，用来预测哪些个体容易患上癌症或哪些人格特征会加速他们的癌症病程。持 C 型行为模式者被描述为善良、忍耐或自我牺牲，合作且愉快，不果断，耐心，服从外部权威，而且不轻易将消极情绪外露，特别是气愤情绪。他们的被动性不是面对疾病的最好办法。不少研究者已经发现了治疗中“斗志”的重要作用，那些不愿意接受他们注定会死亡的个体，通常比那些认命的个体生存时间更长。

（二）应激与应对

应激（stress）通常指紧张、压力。充满压力的生活及人们应对生活中的各种压力事件的方式，对人们的健康和疾病有重要影响。有机体处于应激状态时，会通过一系列神经系统、神经生化、神经内分泌及免疫系统等变化，影响机体内环境平衡，出现器质功能障碍，进而产生器质结构上的改变。应激对健康有双重作用：一是积极作用，可动员机体非特异性适应系统，产生对疾病的抵抗，增强体质和适应能力；二是消极作用，适应机制失效会导致不同程度的心理、行为及身体障碍，产生焦虑、恐惧及抑郁等情绪，使情绪易波动、易激惹、易爆发，进而导致注意力分散、记忆力下降、工作效率降低等。研究表明，应激与某些精神疾病的发生密切相关，如抑郁症、神经症、心因性精神障碍、心身疾病以及与文化密切相关的精神障碍等。然而，充满压力的经历和那些心理反应与紧张、生理反应、疾病之间的关系，很大程度上取决于个体是否有能力解决这些压力事件。

哪些事件会构成应激源？可以肯定，在宏观层面，社会经济的快速发展会带来心理应激。在个人层面，这是一个很个人化的事情。有人认为经历求职面试是一件可怕的事情，但是也有人把它看作一次机会。但同样可以肯定，一些特定情境几乎会对每个人都产生压力，成为应激源。社会心理学家将这些事件分为三类。其一，突变事件，指那些突然发生并且同时影响许多人的强压力来源，如地震、洪水、重大事故等。其二，个人压力，即个体在生活中遇到的产生消极后果的事件，如亲人死亡、失学、失业、更换工作等。其三，日常烦恼。这是人们所熟悉的一些背景压力，或非正式的日常烦恼。尽管是生活中产生较小压力的刺激，但可通过累积的压力产生消极影响。

怎样应对压力呢？除了积极锻炼、增强体质和合理安排营养饮食外，社会心理学家通过研究发现以下策略不失为有效的方式。

- 试着控制情境。可控的事情比不可控的事情给人们带来的压力会更小。一个人如果能够从情境中领略到控制感，也就会产生减少压力的体验。
- 认知重评。换一个角度看待压力，进行认知上的重新评价也是应对压力的重要策略。例如，将原先视为有威胁性的事情看作一种挑战、一次锻炼的机会，压力感就会减轻。
- 寻求社会支持。当人们遇到压力、处于困境中时，如果亲人、朋友、同事热心地帮助，给予精神上、物质上的支持和慰藉，提供有益的忠告、建议，就会帮助他应对压力。

（三）对不良生活方式的研究

目前，大多数人已认识到，不良生活方式是导致多种疾病的重要原因。其中，在不良生活方式中，吸烟、酗酒、膳食结构不合理、缺少体育锻炼是前四位的危险因素。对此，这里选择对吸烟和酗酒这两种不良行为的研究进行介绍。

(1) 吸烟。20 世纪 50 年代，人类开始关注吸烟影响健康的潜在危险。经过系统研究，人们得到了众多的研究数据。研究表明，吸烟者冠状动脉硬化性心脏病(CHD) 的发生率比不吸烟者高 60%～70%。如果美国人戒烟，那么，全美每年的癌症死亡率可以下降 25%～30%。1970—1974 年世界卫生组织召开过四次吸烟与健康的国际会议，加强了吸烟有害健康的宣传，并做了不准在公共场所吸烟的规定。与此同时，社会心理学家们致力于对抗吸烟的研究，建立了对抗吸烟的“对抗过程模型”和“社会学习模型”，为寻找降低吸烟率的方法论奠定了理论基础。

干预吸烟行为的方法是“戒烟”。具体措施有以下四种。第一，预防青少年吸烟。这方面主要采取以缓解“促进青少年吸烟的社会压力”为目的的“预防接种法”。霍斯顿大学的伊文斯 (R. Evams) 等人用此法对青少年进行吸烟接种，使他们产生对来自起示范吸烟作用的父母、兄姐及同伴，以及来自鼓励他们吸烟的传播媒介和社会压力的抵抗力，从而使预防吸烟成为现实。第二，用基本操作性条件反射训练的厌恶疗法。这种疗法大多用于成年人，方法是令吸烟者在每 6 秒钟内快速吸烟一次，直到满足为止，并连续不断地快速进行，一直到他们厌恶香烟才停止。由于这种方法对心血管影响大、潜在危害大，因此不能广泛应用。第三，多重技术法。这是迄今最有效的戒烟方法，是由兰登博士倡导和使用的。这一方法是一组系列的行为矫正技术，包括快速戒烟法，并与治疗者和吸烟者之间签订的不吸烟协议相结合；治疗结束后的小组接触和支持；“援助者”会议。研究者于 1977 年报告，那些接受多重技术法的戒烟者的成功率为 76%。第四，自我戒烟，即在没有设定正规戒烟方案情况下自行节制吸烟。沙赫特地区的人自愿戒烟者成功率均在 60%左右。

(2) 酗酒。用于解释酗酒的理论模型有三种。

其一，减轻紧张模型，或称“TRH”。此模型认为人们饮酒是因为它有减轻紧张的效应。这种假说直观上是颇具吸引力的，因为酒精是一种使人放松和反应迟缓的镇静剂。一项研究显示，饮酒减轻紧张的效应是通过心理过程实现的，它主要表现为饮酒者的快感增加、焦虑降低。另一项研究结果表明，饮酒的同时参加愉快的活动能改善情绪。

其二，疾病模型。对饮酒行为进行开创性研究，并将酒精中毒提高到科学研究地位的是 E. M. 杰利纳克。他特意用模糊的方式定义酒精中毒，认为酒精中毒会导致对个体或社会的损害，这种损害包括生理、心理、社会甚至经济上的损害。

其三，社会学习模型。社会学习理论认为人们的饮酒行为是习得的结果。首先，酒精的味道或它的快速效果能使人产生快感 (正强化)；其次，自我认定饮酒量与自身饮酒水平相符 (认知媒介)；最后，通过观察他人的方式学习饮酒 (模仿学习)。研究者于 1982 年对社会学习模型应用于过量饮酒的原因提供了解释，认为过度饮酒可能起一种应对反应的作用。还有研究者同样为重度饮酒行为提供了模仿学习结果的解释，认为观察重度饮酒示范者的人会喝更多的酒。

社会学习理论不但给人们饮酒的原因提供了解释，而且还提示了帮助人们克服过度饮酒习惯的各种治疗技术。既然饮酒行为是个体习得的结果，那么，人类也可以不学习饮酒或可以重新学习不再饮酒，即戒酒。戒酒的自发有效率为4%～42%。目前强迫戒酒的方法是以彻底戒酒为目标的治疗，这种治疗是综合性的，包括药物治疗、建立嗜酒者互戒协会以及综合性心理治疗。

【本章摘要】

1. 社会心理学在政治领域的应用包括诸多方面，如民意、政治意识、政治社会化、政治人格、政治家身心健康、政治宣传等，这些内容又被囊括在政治心理学的范畴内。

2. 心理学与军事科学的结合，构成了军事心理学的框架。其中，社会心理学发挥了特别重要的作用，它在军队测验、军队训练、军队群体心理、军队组织管理等方面有重要的应用价值。

3. 社会心理学研究与犯罪和司法过程有关的各种心理现象，包括犯罪的社会心理原因、社会心理过程，罪犯于在逃、拘押、审讯、审判、监狱服刑期间的心理特点，犯罪心理的改造与转变，证人心理，司法人员办案时的社会心理状态与特点等。

4. 社会心理学在工业与组织管理领域的应用促进了工业社会的迅速发展，这种作用表现在领导行为研究、组织心理学研究等方面。

5. 以物理环境为主要研究对象的环境心理学，之所以成为社会心理学的一个应用研究领域，是因为社会心理学研究社会环境中的人的行为，而且从系统论的观点看，自然环境和社会环境是统一的，两者都对行为产生重要影响。

6. 社会心理学的基本知识、研究思路和方法渗透到教育领域，并不断吸收传统教育心理学的知识和研究成果，便逐渐形成了教育社会心理学。这是社会心理学对教育领域的独特贡献。

7. 广告作为一种传播活动，具有多方面的心理功能。消费者是指在不同时空范围内参与消费活动的人或集团。对消费者的研究开始从知觉、记忆、理解、学习等传统领域，向消费者信息加工的途径、消费者自我意象等方面转变。

8. 健康不仅是生理问题，也是心理问题。社会心理学在健康领域的应用包括人格与健康、应激与应对，以及对不良生活方式的研究，这些研究成果对健康心理学的形成和发展发挥了重要作用。

【建议参考资料】

1. 乐国安. 应用社会心理学. 天津：南开大学出版社，2003.

2. 俞国良. 为大众服务的心理学探微. 北京：中国人民大学出版社，2012.

3. 俞国良. 为社会服务的心理学探微. 北京：北京师范大学出版社，2012.

4. 俞国良. 为生活服务的心理学探微. 北京：中国人民大学出版社，2012.

5. 俞国良. 为中职服务的心理学探微. 北京：中国人民大学出版社，2012.

6. 俞国良. 为教育服务的心理学探微. 北京：中国人民大学出版社，2012.

7. 俞国良. 心理学大师心健康经典论著通识丛书. 杭州：浙江教育出版社，2013.

8. 俞国良，王青兰，杨治良. 环境心理学. 北京：人民教育出版社，2000.

9. 阿伦森（Aronson E.），威尔逊（Wilson T. D.），埃克特（Akert R. M.）. 社会心理学：阿伦森眼中的社会性动物（第 8 版）. 侯玉波，朱颖，等译. 北京：机械工业出版社，2014.

10. Gal R，Mangelsdorff A D. 军事心理学手册. 苗丹民，王京生，刘立，等译. 北京：中国轻工业出版社，2004.

11. Oskamp S，Schultz P W. Applied Social Psychology. NJ：Prentice Hall，2009.

12. Bass B M. Transformational Leadership：Industrial，Military and Educational Impact. Mahwah，NJ ：Erlbaum，1998.

13. Greenberg J，Baron R A. Behavior in Organization（8th）. Upper Saddle River，NJ：Prentice Hall，2002.

14. Taylor S E，Peplau L A，Sears D O. Social Psychology（12th）. Pearson Education，2006.

15. Baron R A，Byrne D，Branscombe N R. Social Psychology（13th）. Pearson Education，2011.

【复习思考题】

1. 结合西方国家的总统选举，谈谈社会心理学在政治领域的应用。

2. 以伊拉克战争为例，谈谈社会心理学在军事领域的应用。

3. 结合个案，分析社会心理学在犯罪与司法领域的应用。

4. 以一个企业为例，说明社会心理学在工业与组织领域的应用。

5. 以个人空间为例，分析社会心理学在环境领域的应用。

6. 结合教育社会心理学的基本问题谈谈你的看法。

7. 简述社会心理学在广告与消费领域的研究新进展。

8. 结合个体心理健康案例，试述社会心理学在心理健康领域的应用。

附录

作者社会心理学著译一览（2000—至今）

1. 社会心理学导论，威廉·麦独孤著，俞国良、雷雳、张登印译，台北：昭明出版社有限公司，2000。

2. 环境心理学，俞国良、王青兰、杨治良著，北京：人民教育出版社，2000。

3. 社会性发展心理学，俞国良、辛自强著，合肥：安徽教育出版社，2004。

4. 社会心理学（“十一五”国家级规划教材，第1版），俞国良著，北京：北京师范大学出版社，2006。

5. 社会心理学经典导读，俞国良主编，北京：北京师范大学出版社，2008。

6. 社会心理学前沿，俞国良等著，北京：北京师范大学出版社，2010。

7. 社会心理学导论，威廉·麦独孤著，俞国良、雷雳、张登印译，北京：北京大学出版社，2010。

8. 社会心理学（“十一五”国家级规划教材，第2版），俞国良著，北京：北京师范大学出版社，2011。

9. 人际关系心理学（“十一五”国家级规划教材，第2版），郑全全、俞国良著，北京：人民教育出版社，2011。

10. 简明社会心理学，俞国良著，北京：开明出版社，2012。

11. 为社会服务的心理学探微，俞国良著，北京：北京师范大学出版社，2012。

12. 社会性发展（第2版），俞国良、辛自强著，北京：中国人民大学出版社，2013。

13. 社会性发展，帕克、克拉克-斯图尔特著，俞国良、郑璞译，北京：中国人民大学出版社，2014。

14. 社会心理学（“十二五”职业教育国家规划教材），俞国良著，北京：北京师范大学学出版社，2015。

15. 社会心理学（“十一五”国家级规划教材，第3版），俞国良著，北京：北京师范大学出版社，2015。

16. 社会心理学经典导读（第3版），俞国良等著，北京：北京师范大学出版社，2016。

17. 社会心理学前沿（第3版），俞国良等著，北京：北京师范大学出版社，2016。

18. 社会转型：社会心理学的立场，俞国良著，北京：中国社会科学出版社，2016。

19. 心理学大师人际关系思想经典研究书系（8册），俞国良主编，北京：人民教育出版社，2019。

20. 社会心理学的时代实践，俞国良著，北京：商务印书馆，2020。